万卷方法 | 统计分析方法丛书

WENJUAN TONGJI
FENYI SHIWU
SPSS
CAOZUO YU YINGYONG

问卷统计分析实务

——SPSS操作与应用

吴明隆 著

重庆大学出版社

问卷统计分析实务——SPSS 操作与应用。原书由台湾五南图书出版股份有限公司出版。原书版权属台湾五南图书出版股份有限公司。

本书简体中文版专有出版权由台湾五南图书出版股份有限公司授予重庆大学出版社,未经出版者书面许可,不得以任何形式复制。

版贸渝核字(2008)第 034 号

图书在版编目(CIP)数据

问卷统计分析实务——SPSS 操作与应用/吴明隆著. 一重庆:重庆大学出版社,2010.5(2022.12 重印)
(万卷方法.统计分析方法丛书)
ISBN 978-7-5624-5088-7

Ⅰ.问… Ⅱ.吴… Ⅲ.问卷法—统计分析—软件包,SPSS Ⅳ.C819

中国版本图书馆 CIP 数据核字(2009)第 155692 号

问卷统计分析实务
——SPSS 操作与应用
吴明隆 著

责任编辑:林佳木　版式设计:林佳木
责任校对:夏 宇　责任印制:张 策

*

重庆大学出版社出版发行
出版人:饶帮华
社址:重庆市沙坪坝区大学城西路21 号
邮编:401331
电话:(023)88617190　88617185(中小学)
传真:(023)88617186　88617166
网址:http://www.cqup.com.cn
邮箱:fxk@cqup.com.cn(营销中心)
全国新华书店经销
重庆升光电力印务有限公司印刷

*

开本:787mm×1092mm　1/16　印张:34.5　字数:797 千
2010 年 5 月第 1 版　2022 年 12 月第 17 次印刷
印数:89 001—97 000
ISBN 978-7-5624-5088-7　定价:98.00 元

简体版序言

长久以来,许多硕博士研究生或想从事量化研究的研究者,最感困扰的就是资料处理与统计应用分析部分,一是怕误用统计方法,二是不知如何完整地呈现输出结果,三是担心对表格数据的诠释错误,若是有一本内容完整又兼具系统计的书籍,能完备地介绍资料处理、数据表格整理与结果解释的统计套装应用软件的操作,相信对于研究生及想从事量化研究的研究者会有非常大的助益。

《问卷统计分析实务——SPSS操作与应用》一书的撰述即是在前述理念的架构下完成的。书籍内容以实用导向为目标,想从事问卷调查或量化研究的研究者,即使没有理论统计学的基础,只要依照本教材介绍的步骤与数据结果的表格范例,一步一步操作与整理,即能快速有效地进行预试问卷与正式问卷的资料分析处理。由于此书是以读者使用界面为导向,因而各步骤解说清晰、输出结果诠释详细、表格整理完备,内容包括量化研究最常使用的各种统计方法,对于想从事量化研究的研究者而言,是一本非常实用而有帮助的书籍。

工欲善其事,必先利其器,一本优质又实用的统计应用书籍是研究生必备的工具书与参考手册。《问卷统计分析实务——SPSS操作与应用》一书在台湾出版的繁体版,读者的反响非常好,市场销售情况也不错。如今可以以简体版的形式在内地出版,非常感谢重庆大学出版社的鼎力协助及编辑的辛勤工作,相信能给更多的硕博士同学及研究者带来助益。

吴明隆

2009 年 10 月 15 日

序 言

　　SPSS统计分析软件（Statistical Package for the Social Science）是一种亲和性佳、操作简易且普及化的统计软件，在行为及社会科学领域的量化研究中，为很多研究者使用。SPSS自12.0版后功能更为强大，虽然其不断改版，但界面在统计分析的操作与报表大同小异。本书的窗口界面是以SPSS14.0中文版撰写，其操作程序也适用于先前与之后的中英文版本。

　　本书的内容架构，在于完整介绍问卷调查法中的数据处理与其统计分析流程，统计分析技术以SPSS统计软件包的操作界面与应用为主，内容除基本统计原理的解析外，着重的是SPSS统计软件包在量化研究上的应用。内容包括问卷编码、创建文件与数据处理转换、预试问卷之项目分析及信效度检验，以及正式问卷常用的统计方法介绍，包括相关、复选题及卡方检定、平均数的差异检定、单因子多变量变异数分析、回归分析、主成分回归分析、逻辑斯回归分析、区别分析等。

　　本书以实务应用及使用者界面为导向，对于以SPSS统计软件包来进行量化研究的使用者而言，相信有不少帮助，综括本书的内容，有五大特色：1.完整的操作步骤与使用程序介绍，研究者只要依书籍步骤，即能完成数据统计分析工作；2.操作画面与说明以SPSS14.0中文版窗口界面为主，符合多数研究者的需求；3.详细的报表解析与说明，让读者真正了解各种输出统计量的意义；4.报表结果的统整归纳，选用的范例可作为论文写作的参考；5.内容丰富而多元，兼顾基本统计与高等统计。

　　本书得以顺利出版，首先要感谢五南图书公司的鼎力支持与协助，尤其是张毓芬副总编辑的联系与行政支持，其次是感谢恩师高雄师范大学教育学系傅粹馨教授、长荣大学师资培育中心谢季宏副教授在统计方法的启迪与教诲。由于笔者所学有限，拙作虽历经琢磨，校对再三，谬误或疏漏之处在所难免，尚祈各方先进及学者专家不吝指正。

吴明隆　谨志于

高雄师范大学师培中心

2008年6月

目　录

第一篇
SPSS 基本操作与问卷资料处理

第一章 视窗版 SPSS 的基本操作

在 SPSS 中文视窗版中，研究者利用图形界面，就可以进行数据处理与各种统计分析，借由图形视窗界面的简便操作，达到统计分析的功能。

第一节 视窗版 SPSS 的界面介绍

SPSS 是社会科学统计软件包 Statistical Package for the Social Science 的简称。视窗界面的 SPSS 软件，不像早期 PC 的 DOS 系统，要撰写语法程序，才能统计出结果，如果语法有错、拼字有误或不符合其格式，则均会出现错误。视窗界面的改良，使研究者的操作如同一般的软件包一样，只要开启数据文件，以点选鼠标为主，辅以键盘输入，即可顺利进行统计分析，而其操作过程，也可全部转为程序语法文件，加以储存，以便日后编辑或执行相类似的统计分析。数据文件既可以以传统文本处理的方式创建，也可以数据库或电子表格方式创建，视窗界面的 SPSS 软件均能读取，依目前微软 office 软件的使用率、普及率及其简便性，在创建数据文件方面，以 Microsoft 公司开发的 Excel 应用软件最为方便，因为在大笔数据中，Excel 应用软件可以［冻结窗格］与［分割窗格］，对于数据的创建甚为方便。SPSS 对于数据处理的流程可以图 1-1 示：

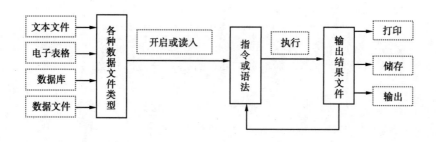

图 1-1

用 SPSS 分析数据非常简便，使用者所要进行的步骤可简略分为以下几种：

（一）把数据文件读入 SPSS

使用者可以开启先前储存的 SPSS 数据文件（扩展名为＊. sav）；读取 Excel 电子表格、数据库（Dbase 所建立的数据库文件以及各种 SQL 格式文件）或一般文本文件（＊. txt）或（＊. dat）；或直接在［数据编辑窗口］中输入数据。

（二）选取程序

选取菜单中的程序，可以重新编码（转换数据文件）、进行数值运算、计算统计量、建立绘制各种图表、筛选特定条件观察值、分割数据文件、观察值排序等。

（三）选取分析的变量

数据文件中的所有变量，会出现在各程序的对话框中，分析的变量选入程序方块中，包含自变量（independent variable）、依变量（dependent variable）及可能干扰变因的协变量（covariate）等。在调查研究中，常将研究变量区分成解释变量（explanatory variable，自变量）、效果变量（outcome variable，依变量）或被划分成预测变量（predictor，自变量）与效标变量（criterion，依变量）。

（四）执行程序

执行程序后，可查看结果，结果会出现在［SPSS 浏览器］（SPSS Viewer）窗口中。执行程序在于数据的数值运算及选择适当的统计方法。

（五）结果存档或打印

结果文件可输出为网页文件、Word 文件、Excel 文件、文本文件，简报文件等，便于继续编辑修改；也可直接存成 SPSS 结果文件（＊. spo），在［SPSS 浏览器］（SPSS Viewer）窗口的结果文件也可以直接打印，以便日后报表的整理。SPSS 14.0 中文版的输出结果表格，可以直接［复制］、［粘贴］在微软 Word 文字处理软件文件中，中文字不会出现乱码。

SPSS14.0 版后的新增功能部分与早期版本比较起来，与使用者操作比较密切的是以下几个部分（SPSS14.0 使用手册）：

（一）数据管理

SPSS14.0 版可同时开启多个数据文件，可以让使用者更简便地将一个数据文件的数据或属性复制到另一个数据文件中，每个数据文件都会有不同的［数据编辑程序］，每个开启的数据文件均可以独立进行数据处理与统计分析程序，只是其统计分析结果均输出在［SPSS 浏览器］窗口中。可以读取与写入 Stata 格式的数据文件，SPSS14.0 版可以读取 Stata 4 到 Stata 8 版的数据文件，并写入 Stata 5 到 Stata 8 版的数据文件，此外也可从 OLE DB的数据来源中读取数据，可定义描述性数值标记多达 120 个字节（之前版本限制为 60 个字节）。可使用不受 SPSS 变量命名规则限制的字段名称将数据写入数据库表格和其他格式中。

（二）直接存取 Excel 文件

视窗版 SPSS10.0 以后的版本可直接存取 Excel 5.0 或更新的电子表格数据文件。之前的版本只能读取 Excel 4.0 之前的工作表。此部分对使用者而言甚为方便，研究者除了在［SPSS 数据编辑程序］窗口中增删变量与键入数据外，也可以直接在微软 Excel 的工作表窗口键入变量与数据，SPSS14.0 版可以直接存取与开启 Excel 文件，因 Excel 工作表界面与[SPSS 数据编辑程序]窗口界面甚为类似,操作上大同小异,其主要优点在于变量的增删与命名较为快速,因而建议使用者在建数据文件时,以微软 Excel 来操作,可能较为便利。

(三)图表与统计量增强

使用新的[图表建立器]界面([统计图]菜单),可从先定义的图库中,或从组成图表的个别部分(如坐标系统与长条图)来建立图表。[趋势]选项中的新 Expert Modeler 可以自动生成一个或多个时间数列识别与估计最适合的模型,不需要通过尝试与错误来识别适当的模型,新的[数据验证]选项提供数据的快速视觉判别,并提供能套用识别无效数据值的验证规则的功能。[表格]选项中改良的显著性检验功能,可让使用者在[小计与复选题集]上立即执行显著性检验,定义复选题集为多重二分法时有更多弹性。

(四)结果输出更为多元

[枢轴表][1]的输出会提供基本模型系统中的[观察值等级化]、[置换缺失值]、[建立时间数列]与[联合]选项中的所有程序。SPSS14.0 的版本统计分析结果可输出为网页文件(.htm)、Word 文件(.doc)、Excel 文件(.xls)、文本文件(.txt),简报文件(* .ppt)等,对于报表的整理与美化更为方便。而数据文件另存新文件时可设定保留所有的变量或只选定某些变量,存盘的方式更有弹性。

英文版的 SPSS 软件可以选择指定的语言形式,中文版直接选择[繁体中文模式](Traditional Chinese)[2],报表的结果会直接以中文方式输出。每个表格可以直接以[复制]、[粘贴]的方式拷贝至微软的 office 应用软件中使用。版本越新与其他软件的兼容性越高,尤其是变量长度的设定,大大地放宽了;此外,较新的版本读取的数据文件种类也较多,输出的报表更为简便美观,转化也较为简便。

对使用者而言,三种 SPSS 的视窗界面是一般使用者最常使用到的:一为[数据编辑窗口](SPSS Data Editor)、二为[语法编辑窗口](SPSS Syntax Editor)、三为[结果输出窗口](SPSS Viewer),三种视窗界面可相互切换,从工具栏点选[窗口]指令即可。数据编辑窗口的操作与 Microsoft Excel 十分类似,可以建立、修改与编辑原始数据,此外在其[变量检视]工作表窗口中,可以设定变量的名称、类型、注解标记、位数或字符数、小数字数、使用者定义的缺失值、直列宽度、变量测量量尺、数据的对齐,等等。语法编辑窗口的功能与 PC 版的编辑窗口十分相似,可以编辑或修改 SPSS 视窗版程序文件。结果输出窗口的操作与 Microsoft 操作系统中的文件总管十分类似,实行树形图的缩放方式,其结果可直接存成.spo 的结果文件,也可以输出为.htm(网页文件)、.txt(文本文件)、.xls(Excel文件)、.doc(Word 文件)等文件。

SPSS 安装完后,在[开始]→[程序集]中即可看到 SPSS 的目录,依照标准安装程序,SPSS 视窗版软件会安装在系统盘(C:)的[PROGRAM FILES]/[SPSS]的次目录下,启动SPSS 时会看到以下画面(中文视窗版界面):

---

1 也称为"数据透视表"。
2 本书中提及的 SPSS 中文版为繁体中文版。

图 1-2

一、SPSS 数据编辑窗口

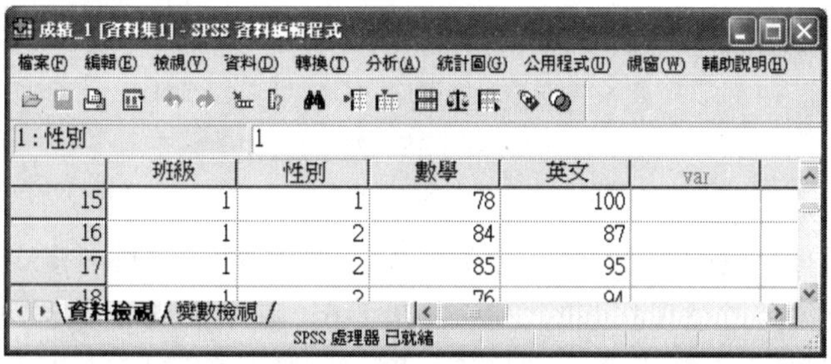

图 1-3

在[SPSS 数据编辑]窗口(SPSS Data Editor)的最上面是十个菜单,包含[文件(F)]、[编辑(E)]、[检视(V)]、[数据(D)]、[转换(T)]、[分析(A)]、[统计图(G)]、[公用程序(U)](Utilities)、[窗口(W)]、[辅助说明(H)]。在工具栏上按一下鼠标左键,会出现该工具栏的下拉式选单。数据编辑窗口的十个菜单所提供的功能,简单说明如下:

(一)[文件(F)]菜单

主要用于开启或建立新的数据库窗口、语法窗口、浏览器结果窗口;存盘、调出最近开启的数据或文件;预览打印或打印数据文件等,其选项内容包括建新文件、开启旧文件、开启数据文件、读取文字数据、储存文件、另存新文件、将文件标示为只读、显示数据信息、快取数据、打印、预览打印、最近使用的数据、最近使用的文件等,如图1-4。[开启旧文件]的次菜单选单包括[数据文件]、[语法文件]、[结果文件]、[程序文件]及[其他类]文件等。

图 1-4

(二)[编辑(E)]菜单

主要用于编辑数据文件或语法文件内容,其功能与一般应用软件类似,包括复原储存数值的设定、取消刚才操作、剪下、复制、粘贴、粘贴变量、清除、插入变量、插入观察值、寻找变量内某一特定数值或字符串(寻找选项)、直接跳到某个观察值、选项(窗口系统基本设定)等,如图1-5。此菜单中的[插入变量(V)]可以在数据文件中新增变量名称,[插入观察值(I)]选项可以在[数据检视]工作窗口中插入新的空白样本观察值到数据文件内。

（三）[检视(V)][1]菜单

图1-5　　　　　　　　　　　　　　　　图1-6

　　主要用于窗口画面呈现的设定,包含状态列、工具列、字型、网格线、数值标记,以及变量窗口的开启、关闭或呈现状态的切换,如图1-6。其中字型可设定数据编辑窗口数据显示的状态,包括字型、字型样式及字号等。网格线的功能可以设定[数据检视]工作窗口或[变量检视]工作窗口中单元格的线条是否出现。为了数据检视的方便性,[网格线(L)]选项最好勾选,否则在[数据检视]窗口与[变量检视]窗口中均会看不到网格线;如果数据编辑程序窗口是切换到[数据检视]工作窗口,则[检视]功能中的最下方选项会出现[变量],若是切换到[变量检视]工作窗口,则[检视]功能中的最下方选项会出现[数据],表示选取[数据]选项会切换到[数据检视]工作窗口。

（四）[数据(D)]菜单

　　主要用于观察值数据文件的编辑修改、整理与检核,如选择观察值、合并文件、分割数据文件、跳到某个观察值、观察值排序、观察值加权等。其选项内容主要包括定义变量属性、复制数据性质、定义日期、定义复选题集、观察值排序、转置、合并文件、整合、复制数据库、分割文件、选择观察值、加权观察值等,如图1-7。转置可将数据文件内容的直列与横行对调,合并文件可将两个或多个数据文件合并,聚合观察值可将一群观察值聚合并视为单一综合观察值来处理。分割文件可将原始数据文件依指定的类别变量各水平暂时分割成数个子数据文件,统计分析时各个子数据文件分别进行统计分析程序,其结果也会根据子数据文件分别呈现,此部分的功能在进行多因子方差分析的单纯主要效果检验时会使用到。

---

1 SPSS 繁体中文版中将 View,浏览译为"检视"。

（五）［转换（T）］菜单

主要用于原始数据的算术处理或编码，如计算、重新编码、计数、等级观察值、自动重新编码、建立时间数列、置换缺失值、执行搁置的转换等。其菜单选项内容包括计算、重新编码、可视化聚集器、计数、等级观察值、自动重新编码、建立时间数列、置换缺失值、随机数产生器、执行搁置的转换等，如图1-8。［计算］次菜单可以进行新变量的四则运算，经由原先变量的四则运算产生一个新变量，［重新编码］与［可视化聚集器］可以将原先变量重新编码或分组，以产生另一变量，具有将连续变量转化为离散变量的功能。此菜单选单中常用的选项有［计算（C）］、［重新编码（R）］、［可视化聚集器（B）］、［置换缺失值（V）］等。

图 1-7

图 1-8

（六）［分析（A）］菜单

主要用于选取不同的统计分析方法，分析菜单选单为 SPSS 统计分析的核心。包括总体统计及无总体统计、单变量及多变量等。分析菜单选单内容主要包括报表、叙述统计、自订表格、比较平均数法、一般线性模型、混合模型、相关、回归、分类、资料缩减、量尺或尺度、（非参数检验）、存活分析、复选题分析等，如图1-9。分析菜单视安装 SPSS 模块的不同，菜单的内容会有所不同，画面中的分析选项内容对应为安装了 SPSS 基础分析模块、SPSS 进阶分析模块、SPSS 回归分析模块。

（七）［统计图（G）］菜单

主要用于绘制各种不同的统计图形，如条形图、线形图、圆饼图、盒形图、直方图、序列图等。统计图菜单与 Excel 图表绘制十分类似，其菜单的选项内容主要包括：图表建立器、交互式、条形图、立体长条图、线形图、区域图、圆饼图、股价图、柏拉图、控制图、盒形图、误差长条图、人口长条图、散布图/点状图、直方图、P-P 图、Q-Q 图、序列图、ROC 曲线图、时间数列图等。各图形绘制完成后，图形可以再编辑修改，在图表编辑程序中有编辑修改图文的工具栏。SPSS 14.0 版使用新的图表建立器，在图表的编辑修改、美化与输出

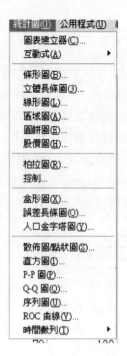

图 1-9　　　　　　　　　　　图 1-10

方面更为简便。

（八）［公用程式（U）］菜单

图 1-11

如图 1-11，主要用于设定或提供 SPSS 视窗版的界面与环境，如变量信息、OME 控制台、OME 识别码、数据文件信息、执行外部应用程序文件、菜单编辑程序的设定、定义集合、使用集合等。

（九）［窗口（W）］菜单

如图 1-12，主要用于各种窗口的切换，主要为［数据编辑］窗口、［语法编辑］窗口、［SPSS 浏览器］结果窗口，可以分割打开的窗口，也可以将所有窗口缩到最小。SPSS 14.0中文版可以同时开启数个数据文件（之前的版本每次只能开启一个数据文件，若是开启第二个数据文件，则原先已开启的数据文件会被关闭），开启的数据文件会依序以［数据集 1］、［数据集 2］……表示。SPSS 14.0以后版本与微软 Word 一样，可以同时开启数个文件，利用［窗口（W）］菜单可以切换到不同的文件窗口。

图 1-12

（十）［辅助说明（H）］菜单

如图 1-13，主要提供各种不同的在线辅助说明及链接到 SPSS 官方网站首页等。中文版辅助说明菜单包括以下各选单：主题、辅导简介、案例研究、Syntax Guide、统计教练、指令语法参考、算法、SPSS 首页、关于、授权精灵、检查更新、注册产品等。

　　[分析](Analyze)菜单选单为 SPSS 统计分析的主轴,在其内的选项中如果有[▶]符号,表示后面还有次菜单,其中常用统计程序如下:

　　1.[报表(P)]次选单包括 OLAP 多维度报表、观察值摘要、列的报表摘要、行的报表摘要等四个。表格次选单中包括:自订表格、复选题分析集、基本表格、一般化表格、复选题分析表格、次数分布表等。

图 1-13

　　2.[叙述统计(E)]/描述性统计(Descriptive Statistics)内包含以下几个统计程序:次数分布表(Frequencies)、描述性统计量(Descriptives)、预检数据(Explore)、交叉表(Crosstabs)、比率(Ratio)等。叙述统计可以求出各目标变量的统计量,包括集中量数、变异量数、偏度与峰度、相对量数与标准分数等,此外也可以进行数据检核、正态性检验与背景变量对目标变量的交叉表的统计量或次数统计。

　　3.[比较平均数法(M)]/均数比较分析(Compare Means)选单可进行平均数间的差异比较,在统计分析中常为一般研究者使用,选单内包含以下几个统计程序:平均数(Means)、单一样本 T 检验(One-Sample T Test)、独立样本 T 检验(Independent-Sample T Test)、成对样本 T 检验(Pair-Sample T Test)、单因子方差分析(One-Way ANOVA)等。一般问卷调查中的平均数差异检验的程序,即在此选单中。

　　4.[相关(C)](Correlate)内包含以下几个统计程序:双变量(Bivariate)、偏相关(Partial)、距离(Distance)等。相关程序可求出变量间相对应的相关统计量数,偏相关的选单程序用于控制某个变量后,求出其余变量间的净相关系数。

　　5.[一般线性模型(G)](General Linear Model)内包含以下几个统计程序:单变量(Univariate)、多变量(Multivariate)、重复量数(Repeated Measures)、变异成分(Variance Components)等。这些程序可以进行协方差、多变量、多因子方差分析、相依样本方差分析等,此外也可求方差分析中的关连强度(效果值)与统计检验力。在[混合模型]下的次选单可进行线性的混合模型的分析。

　　6.[无总体检验(N)]/非参数检验(Nonparametric Tests)内包含以下几个统计程序:卡方分布(Chi-Square)、二项式(Binomial)、连检验/游程检验(Runs)、单一样本 K-S 统计(1-Sample K-S)、两个独立样本检验(2 Independent Samples)、K 个独立样本检验(K Independent Samples)、两个相关样本检验(2 Related Samples)、K 个相关样本检验(K Related Samples)等。当检验的变量为间断变量或次序变量,或样本总体违反正态分布的假定,或抽样样本数为小样本时,最好以上述各种无总体统计法代替总体统计法。

　　7.[分类(Y)](Classify)选单内包含以下几个统计程序:两步骤集群分析(TwoStep Cluster)、K 平均数集群法(K-Means Cluster)、阶层集群分析法(Hierarchical Cluster)、判别(区别)分析(Discriminant)。这些程序可以进行多变量分析中的集群分析及区别分析,[判别(D)]次选单可进行多变量的区别分析。

　　8.[尺度/量尺法(A)](Scale)选单内包含以下几个统计程序:信度分析(Reliability Analysis)、多元尺度分析(Multidimensional Scaling)(PROXSCAL;ALSCAL)等,这些程序可进行量表或测验的信度检验及进行多元尺度分析(MDS)。

9.［复选题分析(U)］程序可以进行问卷复选题项的分析,包含三个次选单:定义集合、次数分布表、交叉表。交叉表可以求出不同背景变量在复选题勾选的次数、百分比等数据结果。

10.［存活分析选单(S)］内包含以下几个统计程序:生命表、Kapan-Meier 统计、Cox回归、Cox／含与时间相依协变量等。

11.［回归分析(R)］(Regression)选单内包含以下几个统计程序:线性(Linear)、曲线估计(Curve Estimation)、二 元 逻辑斯回归(Binary Logistic)、多项式逻辑斯回归(Multinomial Logistic)、次序的(Ordinal)、Probit 分析、非线性(Nonlinear)、加权估计(Weight Estimation)、二阶最小平方法(2-Stage Least Square)等,这些程序可以进行各种回归统计分析。

12.［对数线性(O)］选单内包含三个次选单:一般化、Logit 分析、模型选择程序。

13.［数据缩减(D)］(Data Reduction)选单内包含以下几个统计程序:因子(Factor)、对应分析、最适尺度(Optional Scaling)等。其中［因子］次选单程序可以进行量表的因素分析,将题项分类成几个构念或面向,以求出量表的建构效度。［因子(F)］次选单的功能所进行的因素分析属于一种探索性因素分析,而非验证性因素分析。

14.［时间数列(I)］程序可以进行时间数列分析,选单内包含以下几个统计程序:指数平滑化、自身回归、ARIMA 程序、周期性分解。

视窗界面除了十大菜单外,也呈现了十六个工具图标,如果不知道工具图标的功能,只要将鼠标移到工具图标上面,在工具图标的下方,会出现该工具图标的简要说明。十六个工具图标的功能说明分别为:

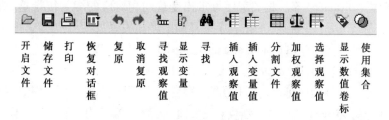

图 1-14

1. ：［开启文件］图示钮,按此钮直接出现［开启旧文件］对话框,开启的文件包括:数据文件、语法文件［Syntax(＊.sps)］、输出文件［Viewer document(＊.spo)］、程序文件、其他文件等。此工具列图标钮,相当于执行工具栏［文件(F)］→［开启文件(O)］的程序。SPSS 可直接开启的数据文件包括 SPSS 文件(＊.sav)、Excel 文件(＊.xls)、dBase文件(＊.dbf)、Lotus 数据库(＊.w ＊)、SAS 数据文件(包括 SAS 中文视窗版所使用的长扩展名、SAS 中文视窗版所使用的短扩展名、SAS 中文视窗版、SAS 6 UNIX 版、SAS 传输文件)、Stata 文件(＊.dta)、文本文件(＊.txt)、一般数据文件(＊.dat)等。如果是电子表格数据文件,也可以读取某个单元格范围。

2. ：［储存文件］钮,第一次按此钮直接出现［储存数据为］对话窗口,如图 1-16可将数据文件、语法文件、结果文件储存起来,相当于执行工具栏［文件(F)］→［储存档(S)］程序。数据文件除可以储存成 SPSS［＊.sav］文件、Excel 文件(＊.xls)、固定字段的 ASCII 文件(＊.dat)、dBASE 文件(＊.dbf)、1-2-3Rel 文件(＊.wk3)、SAS 数据文

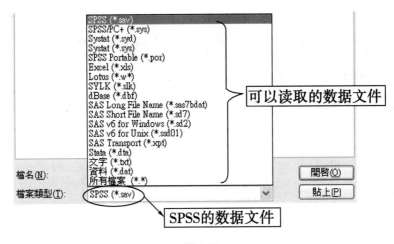

图 1-15

件、Stata(＊.dta)文件外,也可以只挑选部分变量加以储存,而不一定要储存全部的变量。

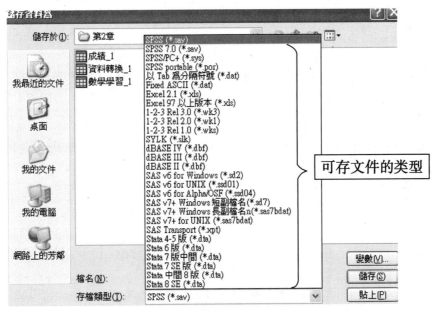

图 1-16

　　第一次执行工具栏[文件]→[储存文件]程序,或执行工具栏[文件(F)]→[另存新文件(A)]程序,会开启[储存数据为]的对话窗口。使用者若是只要储存某些变量为数据文件,按[变量(V)…]钮,开启[另存数据:变量]次对话窗口。如图 1-17 所示的对话框中第一栏中的符号若是标示"⊠",表示此变量数据文件要储存,在⊠符号上按一下变成"□"符号,表示所对应的变量数据不储存,范例中要储存的变量只有三个:班级、性别、数学成就,数学效能八个题项变量不予储存。在下方的提示中出现:"已选择:3 变量的 11。"表示原始数据文件有 11 个变量,选取要储存的变量数据有 3 个。按[继续]钮,回到[储存数据为]的对话窗口,输入文件名,按[储存]钮。

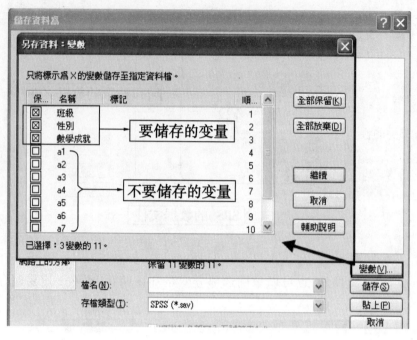

图 1-17

3. ：按［打印文件］钮，直接将开启窗口的文件打印出来，按此图示钮时，对话框的内容会随着窗口型态、数据文件、语法文件、结果文件或图形文件的不同而有所差异。按此图标相当于执行工具栏［文件（F）］→［打印（P）］程序。

图 1-18

4. ：［恢复对话框］钮或［对话框记忆］钮，按此钮在此工具列的下方会出现最近使用的对话框或执行的［分析］程序，即最近操作过的程序。用鼠标左健点击选项，可以快速开启相对应的对话窗口，如图 1-18，如在［双变量相关分析］选项上按一下，可以开启［双变量相关分析］对话窗口，以求出变量间的积差相关系数，此过程和执行工具栏［分析（A）］/［相关（C）］/［双变量（B）］的程序相同。

5. ：复原（Undo）/取消复原（Redo）钮，按此钮窗口执行复原或取消复原程序。如更改一个错误数据后，要还原成原来旧的数据，可以按［复原］钮。

6. ：［直接跳到观察值］钮，按此钮会直接开启［移至观察值］对话窗口，如图 1-19，输入欲移至的观察值编号，光标会直接跳到此观察值的所在列。此图标钮的操作相当于执行工具栏［编辑（E）］→［直接跳到观察值（S）］程序。在一个大型数据文件中，使用者可利用此钮，快速移到目标观察值所在列，至于横行位置则以原先光标位置所在变量名称的横行为主。若是光标在［性别］变量名称字段上，则执行［直接跳到第三个观察值］程序后，光标会出现在第三横行（第三笔样本）和直列［性别］变量交叉处的单元格上。

7. ：［变量］钮，按此钮可查询选择的变量信息，包括变量的注解标记、数值标记、

图 1-19

缺失值、测量的性质等。按此钮后,会出现[变量]对话窗口,如图 1-20,窗口左边会出现数据文件中所有变量名称,选取一个变量名称后,右边[变量信息]对话框中,会出现选取变量相关信息,以图标范例为例,变量名称为"性别",没有标记注解,变量水平中缺失值为 3-9999,0,测量水平类型为"名义的",数值标记中 1 为男生、2 为女生。

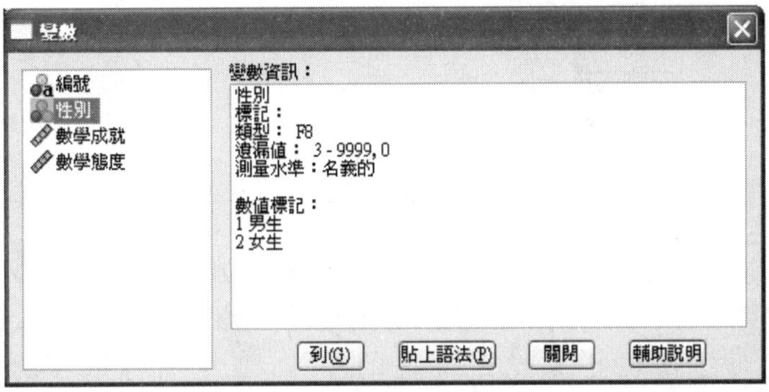

图 1-20

8.  :[寻找]钮,按此钮会出现[在变量中找寻资料 + 变量名称]对话窗口,输入欲寻找的观察值数值内容,可快速寻找此观察值所在单元格。此钮的功能是在某一个变量字段中,寻找某一特定的数值内容,因而在[资料检视]工作窗口中,必须选取一个变量横行,然后按[寻找]钮,开启[在变量中找寻资料 + 变量名称]对话窗口,在[寻找内容]右边的方格中输入要寻找的数字或字符串,按[找下一笔]钮,若找到要寻找的数字或字符串,则光标会停留在数据检视工作窗口中该笔数值的单元格上。按此图标,相当于执行工具栏[编辑(E)]→[寻找(F)]的程序。范例中的内容为选取[数学成就]变量栏,然后寻找数学成就中数值为"84"分的单元格,如图 1-21。

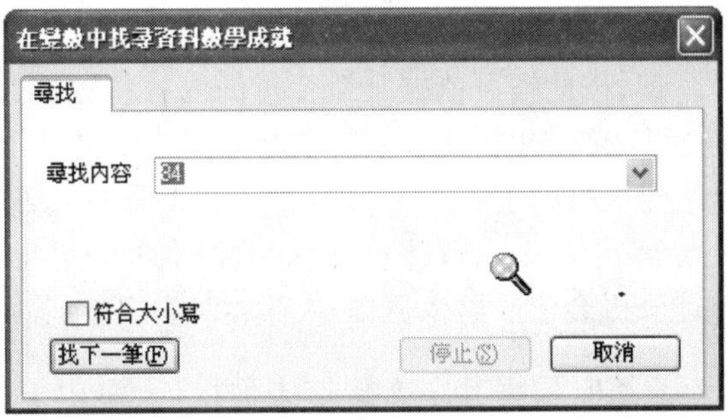

图 1-21

9.  :[插入观察值]钮,按此钮可以快速在光标位置的上方插入一笔新的观察值(新增一横行)。在菜单中,相当于[数据检视]工作窗口中执行[编辑(E)]→[插入观察

值(Ⅰ)]的程序。插入观察值即在原数据文件中,新增一排数据,此数据可能为一位受试者的实验数据或一份受试者填答的问卷或量表。范例中鼠标光标停留在第二笔数据上,按下[插入观察值 ﹏]钮,就会在第二笔数据的上方增列一个空白横行,如图 1-22,此横行即为一笔新的样本观察值。

图 1-22

10. ﹏:[插入变量]钮,按此钮可以快速在光标位置的左方栏插入一个新的变量(新增一列),如图 1-23。此图标相当于执行工具栏[编辑(E)]→[插入变量(V)]的程序。新增的变量字段位于原光标位置的左方,变量名称依序为[VAR00001]、[VAR00002],使用者可在[变量检视]对话窗口中更改变量名称及相关属性,并移动变量的位置。在[数据检视]工作窗口中操作[插入变量],新变量名称会出现在光标的左边栏,若是在[变量检视]工作窗口中,新变量名称会出现在光标的上方。

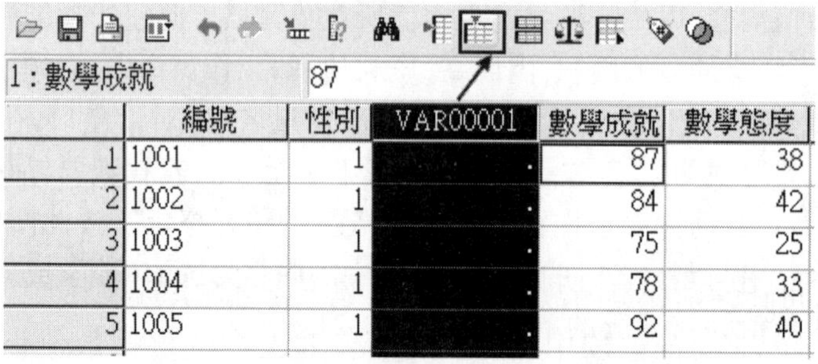

图 1-23

11. ﹏:[分割文件]钮,按此钮可依据某个变量的内容将数据文件垂直分割,分割后的数据文件,会个别进行其统计分析工作,在方差分析中如要进行单纯主要效果检验(Simple main effects),要先根据因子进行文件分割。在工具栏[数据]的选项之内,相当于执行[数据(D)]→[分割文件(E)]程序。如依照性别(1 为男生、2 为女生)变量将数据文件分割,之后的统计分析会依照男生群体、女生群体分开统计。

12. ﹏:[加权观察值]钮,依据某个变量值来加权(大多用于次数已事先统计好的加权),观察值加权用于次数已整理过的数据,可能为二手数据,而非原始创建文件数据。在工具栏[数据]的选项中,相当于执行[数据(D)]→[加权观察值(W)]程序。以学生社经地位和学业成就的研究为例,其创建文件的数据文件如表 1-1,数据文件中交叉表的人次已统计完成,在进行交叉表的卡方检验及列联相关分析之前,必须先将[人次]变量

表 1-1

社经地位	学业成就	人次
1(高社经地位)	1(高学业成就)	84
1(高社经地位)	2(中学业成就)	54
1(高社经地位)	3(低学业成就)	12
2(中社经地位)	1(高学业成就)	42
2(中社经地位)	2(中学业成就)	50
2(中社经地位)	3(低学业成就)	18
3(低社经地位)	1(高学业成就)	10
3(低社经地位)	2(中学业成就)	13
3(低社经地位)	3(低学业成就)	62

加权,加权观察值的变量为[人次],以告知计算机此变量是"填答人次"。

以表 1-1 为例将[人次]变量设为加权观察值变量,就是让计算机知悉数据文件中高社经地位(社经地位变量水平数值为 1 者)、高学业成就(学业成就变量水平数值为 1 者)的样本有 84 个;中社经地位(社经地位变量水平数值为 2 者)、高学业成就(学业成就变量水平数值为 1 者)的样本有 42 个;低社经地位(社经地位变量水平数值为 3 者)、低学业成就(学业成就变量水平数值为 3 者)的样本有 62 个。

13.  ▒ :[选择观察值]钮,按此钮可选择符合设定条件的观察值进行统计分析工作,如使用者只想挑选有自杀意念的填答者进行统计分析,或只是想挑选女生群体进行统计分析等。在工具栏[数据]的选项中,相当于执行[数据(D)]→[选择观察值(C)]程序。问卷编制时有些是跳题回答题项,此种题项在进行统计分析时,要利用[选择观察值(C)]程序挑选符合条件的样本。

14.  ▒ :[显示数值卷标]钮,此钮的功能在于决定数值标记设定内容是否呈现,如图 1-24 中的性别变量中,有两个水平 1,2,数值标记的设定 1 为男生、2 为女生,按[数值标记]钮,可让性别变量的数据内容出现 1,2 或出现其数值注解"男生""女生"。在工具栏[检视](View)的选项中,相当于执行[检视(V)]→[数值标记(V)]程序。在[数据检视]工作窗口中执行[数值标记],可呈现变量的水平数值或水平数值的标记说明。

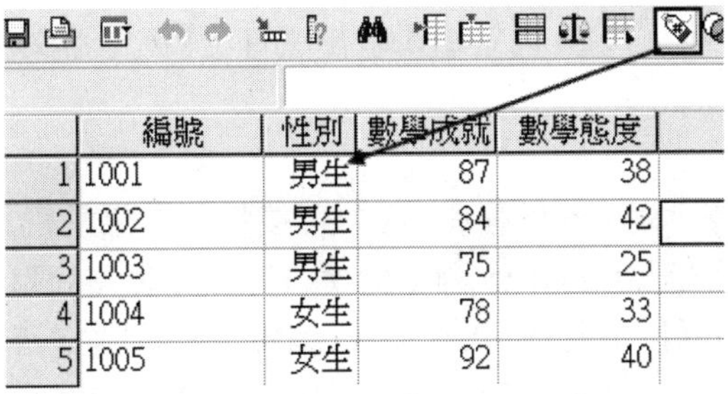

图 1-24

15. :使用集合(Use Sets),按此钮可用来设定哪些变量要出现在统计分析的变量清单中。

二、SPSS 语法编辑窗口

图 1-25

语法编辑窗口(SPSS Syntax Editor)可储存各个程序,在执行工具栏[数据(D)]、[转换(T)]、[分析(A)]程序时,在各对话窗口中按下[贴上语法(P)]钮,可将窗口界面化的操作步骤转换为程序语法文件——[语法(* .sps)]类型文件,此功能与早期 PC 版的编辑窗口相近,不过在语法编辑窗口中提供下拉式的辅助菜单及对话框,供使用者操作。语法编辑窗口提供的菜单包括十一项:[文件(F)]、[编辑(E)]、[检视(V)]、[数据(D)]、[转换(T)]、[分析(A)]、[统计图(G)]、[公用程序(U)]、[执行(R)]、[窗口(W)]、[辅助说明(H)]。与数据编辑窗口最大的差别在于增列[执行](Run)菜单。执行菜单下拉式选项中,包括四个选项:[全部(A)](执行全部的语法程序)、[选择(S)](只执行选取的语法程序)、[目前(C)](执行光标所在列的语法程序)、[到结束(T)](自光标所在列的语法程序开始执行,直到结束)。

当执行各程序时,按下[贴上语法(P)]钮会直接将语法程序呈现为语法编辑程序;此外,如要开启旧的语法文件或建立新的语法文件窗口,可执行菜单,如表 1-2:

表 1-2

文件(F) →开新文件(N) ——→语法(S)	文件(F) →开启旧文件(O) ——→语法(S)

在语法编辑窗口中,也可以开启数据文件或结果文件:[文件(F)]/[开启旧文件(O)]/[数据(A)]——SPSS 内定数据文件为[SPSS(* .sav)],或[文件(F)]/[开启旧文件(O)]/[输出(O)]——SPSS 内定结果输出文件为[浏览器文件(* .spo)]。

三、结果输出文件

当研究者执行[分析(A)]各项程序时,会直接将其结果呈现在结果输出窗口(SPSS Viewer)中(中文版翻译成输出—SPSS 浏览器窗口),结果输出窗口可以打印、编辑修改或储存。结果输出窗口包括以下几项功能:文件、编辑、检视、数据、转换、插入、格式、分析、统计图、公用程序、窗口及辅助说明等几项。这部分的菜单与数据编辑窗口的菜单大同小异。

结果输出窗口的界面,划分成两大部分,如图 1-26,左半部为树状结构,其功能与操作很像微软操作系统中的[文件总管],而右半部为树状结构项目的内容。SPSS 的结果文件存盘时可以直接存盘或设定密码存盘,如用密码存盘,将来需键入正确的密码才能开启结果文件,此操作功能与 Excel 的密码(Password)存盘类似。结果文件存盘的扩展名为[∗.spo],存盘类型为[浏览器文件(∗.spo)];此外,结果文件也可用[输出](Export)方式将结果文件转换成以下几种文件:[HTML 文件(∗.htm)]、[文字文件(∗.txt)]、[Excel 文件(∗.xls)]、[Word/RTF 文件(∗.doc)]、[PowerPoint 文件(∗.ppt)]等。

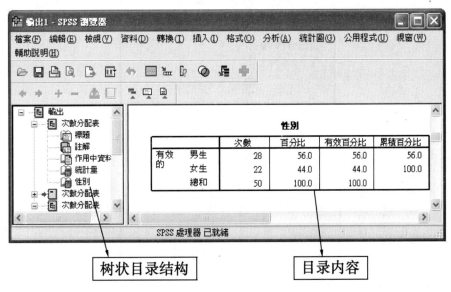

图 1-26

要将执行结果输出,执行工具栏[文件]→[输出]程序,会开启[汇出输出]对话窗口,如图 1-27。在[汇出文件]下方中选取文件存放的数据夹与文件名称,[输出内容]下方有三个选项:所有对象、所有显示的对象、选择的对象,使用者须选取其中之一,在[文件类型]下的下拉菜单中选取一种文件类型,之后再按[确定]钮。

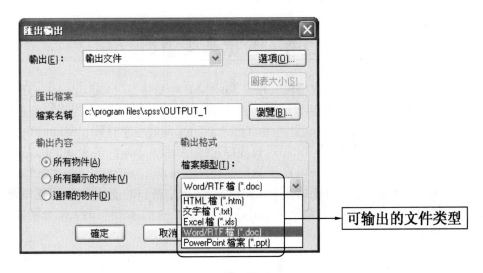

图 1-27

　　在[汇出文件]对话窗口中,按[选项(O)…]钮,可开启相对应类型选项的次对话窗口,如图1-28。次对话窗口中包括输出的文件类型种类的选择、图表大小及图表选项的设定、是否输出脚注与标题(内定为输出脚注与标题)、是否输出全部图层(内定为输出全部图层)等,后两个选项最好勾选,以完整输出相对应的表格内容。

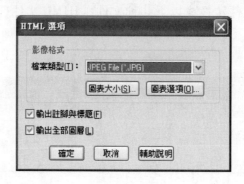

图 1-28

SPSS 结果输出窗口中的预设工具列如下:

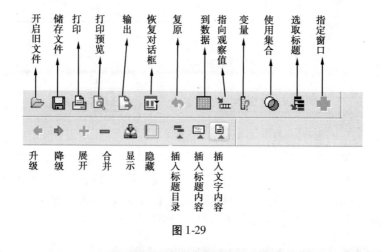

图 1-29

第二节　数据编辑窗口

　　SPSS 窗口工作表包括[数据检视](Data View)与[变量检视](Variable View)两个次窗口。[数据检视]工作表为原始数据键入的窗口,[变量检视]工作表为设定变量内容的窗口,包括变量名称(Name)、变量类型(Type)、宽度(位数或字符数)(Width)、小数位数(Decimals)、变量注解或标记(Label)、数值标记或注解(Values)、缺失值(Missing)、数据对齐(Align)、变量列宽(Columns)、测量尺度(Measure)等。SPSS 与 Excel 类似,Excel 中的工作表可以增删,但 SPSS 中的两个工作窗口[数据检视]和[变量检视]不能增删,每个开启的数据文件,均会包含此两个工作窗口。[数据检视]工作窗口的大部分功能与操作和 Excel 电子表格大同小异,如:

(一)插入新的字段(插入新的变量)

　　执行工具栏[编辑(E)]/[插入新变量(V)]程序,会出现第一个新变量名称,如

［VAR00001］,第二个新变量名称为［VAR00002］,第三个新变量名称为［VAR00003］……使用者可切换到［变量检视］工作窗口,更改变量名称及变量属性;也可以在［变量检视］工作窗口中,在［名称］栏中的空白单元格上连续按两下,以键入变量名称(视窗版 SPSS12.0 版以后可直接选取变量单元格修改变量单元格的内容)。［插入新变量(V)］程序可在［窗口检视］工作窗口中操作,也可以在［变量检视］工作窗口中操作。

(二)插入行(插入新的观察值)

执行工具栏［编辑(E)］/［插入新观察值(I)］程序,可在光标位置列的上方,新增一笔空白数据文件。插入新的观察值必须切换至［数据检视］工作窗口中操作,新的空白横行样本位于光标所在列的上方。在［变量检视］工作窗口,无法执行［插入新观察值(I)］的操作。

(三)删除行(观察值)或直栏(变量)

选取横行或直栏,执行工具栏［编辑(E)］/［清除(E)］程序,可以删除选取的横行的观察值或直栏变量。如果选取多个间断变量或观察值,在选取第二个变量或观察值时,同时按下［Ctrl］键即可。若是选取一个连续的区域,如多笔观察值或多个变量,执行［编辑(E)］/［清除(E)］程序,可以一次删除选取区域数据。若要快速选取大区域的横行或直栏,在选取第二个横行或直栏时,要加按［Shift］键。

(四)指向观察值

执行工具栏［编辑(E)］/［指向观察值(S)…］程序,出现［移至观察值］对话窗口,在［观察值编号］右的方格内输入数值,如［20］,按［确定］钮,可快速跳至第 20 位样本观察值处(第 20 份问卷或第 20 位受试者),此时光标会停留在原直栏变量与横行观察值的交叉的单元格位置处。

(五)寻找单元格中的数值(在变量中找寻数据)

选取直栏,执行［编辑(E)］/［寻找(F)］程序,出现［在变量中找寻数据］对话窗口,在［寻找内容］右边的方格内输入目标数值或字符串,按［找下一笔］钮,即可快速在选取变量清单中找到目标数值或文字符串。

SPSS 的［数据检视］工作窗口和 Excel 电子表格二者之间主要的差别在于以下几点:

(一)［数据检视］工作窗口无法删除

［数据检视］工作窗口与［变量检视］工作窗口均无法删除,无法移动工作表位置,工作表窗口的名称也无法更改。

(二)行(横的)的数值代表观察值

每一横行代表一位受试者或观察值,如一位问卷填答者的全部数据。因而每份问卷或每位受试者填答的数据,需占一横行。受试者数据与变量名称位置如表1-3:

表 1-3

	变量名称一	变量名称二	变量名称三	……
1	受试者一(S1)	受试者一(S1)	受试者一(S1)	…
2	受试者二(S2)	受试者二(S2)	受试者二(S2)	…
3	受试者三(S3)	受试者三(S3)	受试者三(S3)	…
4	受试者四(S4)	受试者四(S4)	受试者四(S4)	…
5	受试者四(S5)	…	…	…

（三）列（竖的）的数值代表变量

每一列代表一个变量或一个要测量的特质,也就是变量名称(每列的第一个单元格必须为变量名称),如"编号""班级""性别""数学成就""数学态度"等,变量名称的命名要与原问卷题项作有机的连接,尤其是背景变量或基本资料变量。不论是名义变量、次序变量或等距变量,如果是[单选题项],每个[题项]即占一栏,亦即每个题项均单独成一个变量名称;如果是复选题或填入重要性程度的题项,每个[选项]均单独为一个变量名称;如果一个题项内有五个选项,则有五个变量名称,如表 1-4:

题项 1:您认为视导人员进行教室观察时,应包含那些内容? (请复选)

表 1-4

□1. 教学计划	□2. 教室气氛
□3. 班级管理	□4. 教学评量
□5. 教学活动	□6. 教具的使用
□7. 师生互动	□8. 情境布置

题项 1 在变量命名上,包括八个变量名称,如 a1_m1,a1_m2,a1_m3,a1_m4,a1_m5,a1_m6,a1_m7,a1_m8,"a1"表示第一题,"m?"表示第几个选项。数据创建文件时选项被勾选键入"1",没有被勾选的选项键入"0",统计分析时可计算 1 的次数及百分比。

上述题项编码及假设两笔数据如表 1-5:

表 1-5

num	a1_m1	a1_m2	a1_m3	a1_m4	a1_m5	a1_m6	a1_m7	a1_m8
001	1	0	1	1	1	0	0	1
002	0	1	0	0	1	1	1	0

对于复选题的统计分析,SPSS 菜单中的[分析(A)]选单中有一个[复选题分析(U)]选单,该选单功能专门处理复选题的题项,选单内包括三个次选单:[定义复选题集合(D)]、[次数分布表(F)]、[交叉表(C)],除可进行复选题的次数分布分析,也可进行背景变量在复选题集的交叉表分析。

SPSS14.0 版的数据创建文件与变量名称的命名与先前的版本差异不大,其中主要的差别在于先前的版本只能读取 Excel 电子表格 4.0 的工作表,而 SPSS10.0 版以后的版本可以读取 Excel5.0 以后的电子表格,SPSS14.0 中文版字符型变量可长达 32 767 字节。变量名称必须符合下列规则(SPSS 使用者指南):

1. 以中英文字母作为变量起始字符

名称必须要以英文字母开头(a-z),剩下的可以是任何字母、数字、句点或@、#、_或$符号。如果是以数字开头,计算机会出现"变量名称包含一个不合法的起始字符"(Variable name contains an illegal first character)警告窗口,如图1-30。直接以繁体中文作为变量名称也可以,背景变量或加总后的层面(构念)名称,对某些研究者而言,直接以繁体中文作为变量名称可能较为方便。

2. 不能以句点"."作为变量名称结束符号

变量名称不可以用句点作为结束。应避免以底线作为变量名称的结尾(以免跟某些程序自动建立的变量互相冲突)。如以"."作为变量结束字符,则计算机会出现"变量名称包含一个不合法的结束字符"(Variable name contains an illegal last character)警告窗口,如图1-31。

图 1-30

图 1-31

3. 变量名称不可超过8个字符数

变量名称的总长度不可超过8个字符(汉字字符不可超过4个中文字),但SPSS12.0版之后的变量名称可超过64个字符,SPSS14.0中文版更放宽此限制。其实变量名称过长反而造成不便,此部分研究者应加以斟酌。

4. 不能使用空格或特殊字符

变量名称不可使用空格和特殊字符,如!、?、、*。如果变量的名称包含空格或不合规定的特殊字符,计算机会出现"变量名称包含一个不合法的字符"(Variable name contains an illegal character)的提示窗口,如图1-32。

图 1-32

图 1-33

5. 变量名称不可重复

每个变量名称都必须是唯一的,不能有两个变量名称一样,亦即变量名称不能重复。变量名不区分大小写,如 STUsex,stuSEX,stusex 均视为一样。如果新键入的变量名称已存在,则计算机会出现"变量名称和已有的变量名称重复"(The variable name duplicates an existing variable name)警告窗口,如图1-33。

6. 不能以 SPSS 保留字作为变量名称

图 1-34

SPSS 的保留字(reserved keywords)不能作为变量名称,这些保留字如:ALL,NE,EQ,TO,LE,LT,BY,OR,GT,AND,NOT,GE,WITH 等,如果在键入变量名称或更改变量名称时使用到这些保留字,计算机会出现"名称是个保留字"(Name contains a reserved word)的警告讯息窗口,如图 1-34。

如果是直接写入重要性等级的题项,如表 1-6:

题项 11:您认为视导人员进行教室观察时,优先的顺序如何?(请填数字,1 为最重要,2 为次要,以此类推)

表 1-6

□教学计划	□教室气氛
□班级管理	□教学评量
□教学活动	□辅助教具
□师生互动	□情境布置

此种题项的变量编码与复选题相似,但变量数值内容不同。若是复选题,选项数值内容为 0 或 1,但这种优先级的编码有八个选项,题项组必须有八个变量选项,如:a11_m1,a11_m2,a11_m3,a11_m4,a11_m5,a11_m6,a11_m7,a11_m8。八个选项变量数值为 1 至 8,如果有受试者只填三个,则没有填答部分可给予数值 4;如果受试者只填五个,则没有填答部分可给予数值 6,将来统计分析时,执行工具栏[分析(A)]/[叙述统计(E)]/[描述性统计量(D)]程序,察看八个变量名称的等级平均数高低,依等级平均数高低排列,等级平均数最低者为全体受试者认为第一重要的项目;等级平均数次高者为全体受试者认为第二重要的项目,从等级平均数的高低可以看出八个选项被选填的重要性程度。

另外一种为一个题项有两种作答选项的量表,此种量表其实是两份子量表的综合,以"有效能的教师指标知觉与实践程度量表"而言,研究者除想调查每位样本教师对有效能教师指标的选项的看法外,也想知道每位样本教师对指标选项的实践程度情形。此种题项变量的编码相当于两个量表的编码,一个[指标重要性知觉量表]、一个[指标选项实践程度量表],因而两个量表必须分别编码。假设此量表为问卷的第二部分量表(第一部分为样本背景数据),教学效能指标题项有二十题,则题项变量编码先编"同意程度"二十题题项变量,再编"实践程度"二十题题项变量。"同意程度"二十题题项变量的编码如:A2_1,A2_2,A2_3……A2_19,A2_20,[实践程度]二十题题项变量的编码如:B2_1,B2_2,B2_3……B2_19,B2_20,此部分的题项变量排列如表 1-7:

表 1-7

编号	第一部分	A2_1	A2_2	……	A2_19	A2_20	B2_1	B2_2	……	B2_19	B2_20	第三部分
001	……	4	4	……	3	4	3	2	……	2	3	……
002	……	3	4	……	4	4	2	3	……	4	2	……

数据创建文件时,如表1-8,每位样本观察值要先键入"同意程度"二十题后,再键入"实践程度"二十题,即把"同意程度量表"勾选情形先键入,再把"实践程度"勾选情形再键入,这样,在层面的加总上与统计分析变量的处理上较为方便。使用者切勿逐题横向输入,即将第一题的重要程度与实践程度两个勾选选项输入完,再依序键入样本在第二题重要程度与实践程度两个勾选选项,这样创建文件并不算错误,但在层面加总与统计分析上甚为不便。在统计分析上除可探究背景变量在同意程度量表层面的差异情形和背景变量在实践程度量表层面的差异情形外,也可以探究样本在"同意程度量表"层面与"实践程度量表"层面知觉的差异情形,此部分要采用成对样本t检验法(相依样本t检验),至于背景变量在两个量表的的差异情形,可采用独立样本t检验法、单因子方差分析法或单因子多变量方差分析法。

表 1-8

二、有效能的教师应该…… 指标题项	同意程度				实践程度			
	非常同意	多数同意	少数同意	非常不同意	完全做到	多数做到	少数做到	完全没做到
1. 能确实做好常规管理。	☑	☐	☐	☐	☐	☑	☐	☐
2. 能提升学生学习动机。	☐	☐	☐	☐	☐	☐	☐	☐
3. 能使用多元评量方法。	☐	☐	☐	☐	☐	☐	☐	☐
4. 能使学生有高成功率。	☐	☐	☐	☐	☐	☐	☐	☐
5. 以身作则为学生表率。	☐	☐	☐	☐	☐	☐	☐	☐
6. ………………。	☐	☐	☐	☐	☐	☐	☐	☐
7. ………………。	☐	☐	☐	☐	☐	☐	☐	☐
………………。	☐	☐	☐	☐	☐	☐	☐	☐
20. ………………。	☐	☐	☐	☐	☐	☐	☐	☐

(四)单元格

代表每位观察值在每个变量名称所呈现的数值,除有效数值外,也可能是缺失值。和 Excel 不同的是[数据检视]中单元格的内容是原始数据,不包含公式,如执行工具栏[转换(T)]/[计算(C)…]程序,求得的新变量也是一个数值数据,内容不会出现原始公式(即变成一个新数据),每个单元格的数值可能是有效值也可能是无效值或缺失值,变量单元格的数值是否有正确值或合理值,必须经过数据检验才能得知,此外在变量的[类型]设定中,通常设定为"数字",少数因为有文字说明才设定为"字符串"。

第三节　变量检视窗口

在数据编辑窗口包含两个工作表窗口:[数据检视]窗口与[变量检视]窗口两个,[数据检视]窗口与 Excel 电子表格的工作表十分类似,二者的操作功能大同小异。[变量检视]窗口则在于修改变量名称、变量注解与缺失值的设定,每个数据文件开启后,均会有这两个窗口,且两个工作窗口是无法删除的,如图 1-35。

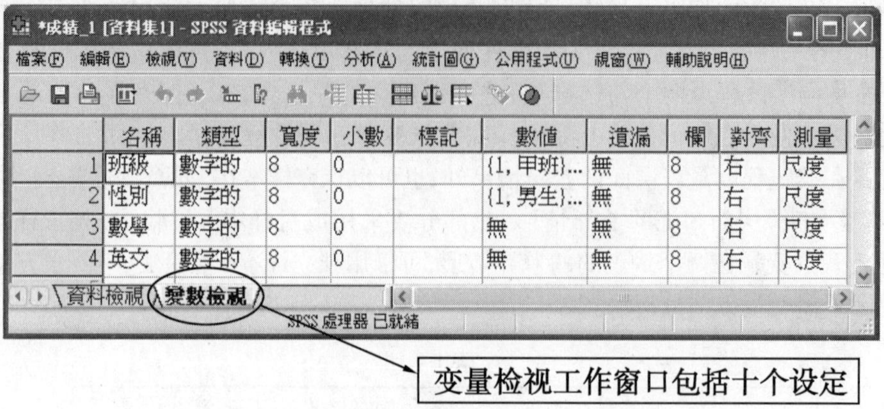

图 1-35

[变量检视]工作表,在于增列新变量及变量属性的设定,在问卷数据的创建文件方面,使用者必须将背景变量及问卷包含量表的题项各设定相对应的变量,变量的增删与位置移动多数在[变量检视]工作窗口中完成。[变量检视]工作窗口中包括以下各项:变量的[名称]、[类型]、[标记]、[宽度](位数或字符数)、[小数字数]、[数值]标记、使用者定义的[缺失值]、[列宽](直列宽度)、数据的[对齐]、[测量尺度]的设定等十个。

(一)[名称](Name)

使用者自订的变量名称,如[班级]、[性别]、[数学](数学成绩)、[英文](英文成绩)等,变量名称须符合变量名称的命名规则。如直接执行工具栏[编辑(E)]/[插入变量(V)]程序,可插入新的变量名称,内定的变量名称为 var00001,var00002,var00003 等。修改变量名称时,直接在[变量检视]工作窗口中,在[名称]栏单元格上按两下,可以编辑修改变量名称,SPSS14.0 可直接选取变量名称加以更改或增列变量名称。按各变量的[名称]栏下的单元格可以更改变量的名称。

(二)[类型]

变量的类型,常见者为[数字(N)]或[字符串(R)]。操作时在[类型]中要更改的单元格内[数字的]右边按一下,会出现[…]符号,按此符号钮会出现定义变量类型对话窗口,如图 1-36。定义[变量类型]窗口包含下列几种型式:[数字]、[逗点]、[点]、[科学记号]、[日期]、[货币]、[自订货币]、[字符串]。变量类型中,虽可将变量设定为[字符串],但字符串类型的变量不能进行统计分析,在数据文件中通常是作为受试者或问卷的说明及注解而已,使用者在进行变量类型的设定时,最好以[数字]的型式设定,以数字型式设定变量不仅可以进行统计分析,也可以以[数值]的设定,对变量的各水平数值加上注解,这样既不影响变量统计分析的进行,又可增加输出结果的可读性。

使用者在创建问卷数据文件时,最好将[变量类型]设成[数值(N)],对于数值,使用者可以输入任何带有小数点位数的值,且整个数值都会被存入。[数据检视]仅显示小数位数被定义的数字,并将超出位数的数值自动四舍五入,实际计算时,仍以原始完整的数值为主(此功能与 Excel 小数位数的增删与计算相同)。如使用者将变量小数位数设定为小数二位,原始单元格数值为 2.467 8,则呈现于单元格中的数值为 2.47,但实际点选此单元格时在工具栏的样本编号右边的方格中呈现的数值为原始数据 2.467 8。若是用实验法进行实验,必须取到多位小数,最好数值小数点的位数数值设大些,以方便数据的输入。

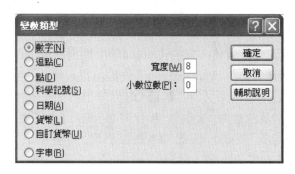

图 1-36

在实际的调查研究、相关研究或实验研究中,所搜集的数据除学业成就等少数变量需要键入小数外,其余多数如背景数据、复选题、李克特量表测量均不需要使用小数点,如果使用者想要事前设定新变量的宽度及小数点的位数,则可以执行以下程序:[编辑(E)]/[选项(N)],出现选项窗口,按[数据]次窗口,在[显示新数值变量格式]栏中设定新变量的宽度及小数点的位数,内定的宽度为 8,小数点位数为 2。[小数位数(D)]后面的数字为小数点的位数,可以点选后面的▲上、▼下符号调整或直接键入数字。如果将小数点的位数设为 0,则将来的键入数据和所有变量数据都不会出现小数点,此部分的设定可以参阅后面"其他系统化设定"一节的说明。

(三)[宽度]

自订位数或字符数。内定的字符位数是 8。

(四)[小数]

自订单元格的小数字数为多少位。操作时在小数字段上按一下,会出现增减小数位数的控制上下三角钮,调整三角钮,数字会跟着改变,内定选项的小数位数为二位小数。若是变量类型设为字符串,则小数位数的设定会自动变为 0,其颜色为灰色,表示此变量不能进行小数位数的设定。小数位数的设定最好根据变量的属性个别界定,如调查的基本数据或背景数据变量就不用设定小数点位数。

(五)[标记]

标记为变量名称的注解或说明,如变量"edu"的注解为"教育程度",变量名称"sex"的注解为"学生性别","数学"的注解为"数学成绩","班级"的注解为"学生班别"。操作时直接在[标记]栏填入变量名称的叙述性注解(中英文均可以),在单元格上连按两下(按一下是选取单元格,按两下可键入、增删或修改单元格的内容),SPSS14.0 版在单元格按一下(点选单元格)可直接修改变量名称。与变量名称长度不同的是,变量名称的长度通常较为简短,但变量注解的长度可达 256 个字符,说明较为详细。变量名称如果加上标记注解,在统计分析程序或数值运算等变量清单中,会出现"标记［变量名称］"的表示符号,如"教育程度［edu］""学生性别［sex］""数学成绩［数学］""学生班别［班级］"等。［］内的变量为变量名称,［］前的注解为变量标记说明。其实,在实际应用中,变量标记的字符数并不需太多,因为过长的变量标记,反而让变量清单中的变量显得过于复杂,造成点选的不方便。

(六)［数值］

［数值］栏可以设定变量数值内容的注解,如学生性别变量的［性别］,原先的变量数值内容为1,2,性别变量为一个二分变量,为了使输出报表解读不会错误,有必要将原先数值内容的1,2加上注解。变量水平［数值］内容等于［1］时,数值注解为"男生";［数值］内容等于［2］时,数值注解为［女生］。操作时在［变量］列要更改的单元格内［数值］栏右边按一下,会出现［…］符号,按此符号钮会出现［数值标记］对话窗口。在［数值(U)］的右边方格中键入数值1,在［标记(L)］的右边方格中键入数值注解的说明——"男生",按［新增］钮,中间栏会出现［1 ="男生"］的注解。继续接着在［数值(U)］的右边方格键入数值［2］,在［标记(L)］的右边方格键入数值注解的说明——"女生",按［新增］(Add)钮,中间栏会出现［2 ="女生"］的注解,如图1-37。

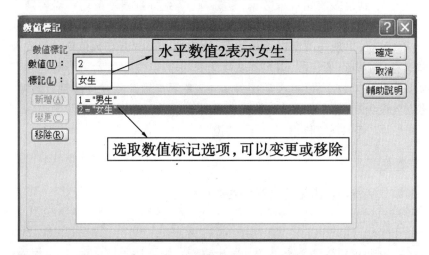

图 1-37

设定变量［数值］栏的数值标记内容,其目的在于让输出表格易于判读,对于统计分析结果均没有影响。设定完后的水平数值与其标记内容可以再更改或删除,操作时选取中间栏内已设定好的水平数值注解,进行数值标记的［变更］或［移除］设定,如要将原先设定错误的水平数值标记内容删除,直接按［移除(R)］钮即可。

数值标记或数值注解特别适用于背景变量及层面名称的中英文说明,当背景变量的水平数大于3时,加数值标记后,输出的报表结果会出现注解中英文说明,如婚姻状态的编码值中1表示丧偶组,2表示离异组,3表示未婚组,4表示已婚组。加数值标记后,在多数结果会直接出现丧偶组、离异组、未婚组、已婚组,如果不界定其数值注解,则结果报表会直接出现1,2,3,4四个编码值来代表丧偶组、离异组、未婚组、已婚组四个组别。在SPSS系统化设定中(执行工具栏［编辑(E)］/［选项(N)］程序,切换到［选项］标签页),可以设定输出结果报表中同时输出水平数值及水平数值标记,如［1 丧偶组］,［2 离异组],[3 未婚组],[4 已婚组]。

(七)[缺失值]

将数据值设定为使用者缺失值。所谓的缺失值是受试者未填答时,研究者自行键入的数据,如五点式李克特量表,受试者在第十五题未填答,则研究者在键入数据时,可键入为9,在统计分析时,十五题的9如设定为缺失值,则分析时此题不会纳入统计分析的数据之中,一般在缺失值的设定上,常以9作为受试在李克特量表上未填答的数据(因为李克特量表法很少采用九点量表法),而以[999]作为学业成就上未填答的数据(学业成绩或标准化成绩测验很少有999分出现)。若是单选题的选项个数超过九个类别,则通常以99设为题项变量的缺失值。

操作时在[变量]列与[遗漏]栏的单元格内按一下,会出现[…]符号,按此符号钮会出现[缺失值]的对话窗口。在[离散缺失值(D)]栏中使用者可以设定三个分别独立的缺失值,如键入数据时,常将未填答者以0或9代替,在统计分析时此两个数值即可设定为缺失值。以学生性别变量为例,性别变量有两个水平(男生、女生),其水平编码中1为男生、2为女生,若是受试者没有填答,则以0代替,此时,在[离散缺失值(D)]选项中,第一个方格中可键入0,表示性别变量的数值中0为缺失值,如图1-38。

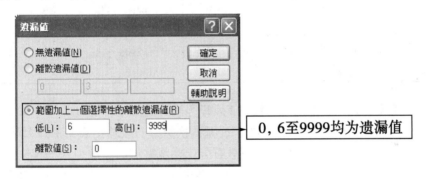

图 1-38

在[缺失值]对话窗口中,有三个设定:[无缺失值(N)]、[离散缺失值(D)]、[范围加上一个选择性的离散缺失值(R)],其中[离散缺失值(D)]选项至多可设三个分别间断的缺失值,[范围加上一个选择性的离散缺失值(R)]选项可设定一个范围内的缺失值,另外,还可再加一个间断的缺失值(离散值)。

在[范围加上一个选择性的缺失值]中,可以设定一个范围值为[缺失值],如学生性别数值内只有1(男生)、2(女生),数据键入后执行[分析(A)]/[叙述统计(E)]/[次数分布表]程序,输出结果中发现也有3,4,5,8,使用者可以将此四个数值设定为[缺失值],勾选[范围加上一个选择性的缺失值(R)],[低(L)]的右方键入3;[高(H)]的右方键入5,[离散值(S)](个别值)键入8,上述设定表示性别变量中,水平数值3至5及水平数值8的样本在性别变量中均为缺失值。

以五点式李克特量表为例,五个选项:[非常同意]、[多数同意]、[普通]、[多数不同意]、[非常不同意],水平数值内容编码为5,4,3,2,1,未填答者以0代替,水平数值若大于6表示是键入错误的数值,因而在缺失值范围的设定中可以设定最低值为6,至最高值9999均为缺失值。

以五十位受试者的数据为例,在性别变量中,水平数值编码中1为男生、2为女生,研究者在数据输入时误打了两笔数据,将性别水平输入为3,4。若是研究者没有将3,4设为缺失值,则执行工具栏[分析]/[叙述统计]/[次数分布表]程序后,性别变量的次数分布表输出表格如表1-10,表中性别水平数值为 1 者有 26 个、水平数值为 2 者有 22 个,水平数值为 3 者有 1 个、水平数值为 4 者有 1 个,其百分比分别为 52.0%,44.0%,2.0%,2.0%,四个数值水平均为有效百分比,因而有效百分比栏数字与百分比栏数字相同,因为有效的观察值有 50 位,缺失值 0 位。

没有设定缺失值,因而输出结果中缺失值的个数为 0,所有样本观察值在性别变量上均为有效值如表1-9。

表 1-9   次数分布表

统计量   性别

个数	有效的	50
	缺失值	0

表 1-10   性别

		次数	百分比	有效百分比	累积百分比
有效的	男生	26	52.0	52.0	52.0
	女生	22	44.0	44.0	96.0
	3	1	2.0	2.0	98.0
	4	1	2.0	2.0	100.0
	总和	50	100.0	100.0	

如果研究者将性别变量的水平数值 3,4 设为缺失值,则执行工具栏[分析(A)]/[叙述统计(E)]/[次数分布表]程序后,性别变量的次数分布表输出表格 1-11 中,呈现有效的观察值只有 48 位、缺失值有 2 位。有效百分比栏观察值的总数为 48,而不是 50,水平数值 1(男生)、水平数值 2(女生)观察值的次数分别为 26,22,有效百分比分别为 54.2%(26÷48)、45.8%(22÷48),如表1-12。

表 1-11   性别

个数	有效的	48
	缺失值	2

表 1-12   性别

		次数	百分比	有效百分比	累积百分比
有效的	男生	26	52.0	54.2	54.2
	女生	22	44.0	45.8	100.0
	总和	48	96.0	100.0	
缺失值	3	1	2.0		
	4	1	2.0		
	总和	2	4.0		
总和		50	100.0		

将性别变量中的水平数值 3,4 均设为缺失值,因而输出结果中缺失值的个数为 2,样本观察值在性别变量上的有效样本只有 48 个。

缺失值的个数有二位,有效样本数只有 48 位。缺失值列的数据为性别变量中缺失值的水平数值,水平数值为 3 者有一位、水平数值为 4 者有一位。

(八)[列宽]

直列宽度字符数的设定。直接在变量列对应的[列宽]单元格调整其数字大小,或回到数据检视窗口直接拖动变量右上方栏边界也可以(同 Excel 调整栏的宽度一样,直接拖动栏右上方的边界线)。直列格式只会影响数据编辑窗口中数值的显示。因而虽然变更直列的栏宽度值,也不会变更变量的定义宽度。

(九)[对齐]

设定数据检视窗口中单元格对齐的方式。对齐方式有[左、右、中]三种。[左]表示单元格内的值向左对齐、[右]表示单元格内的值靠右对齐,[中]表示单元格内的值置中对齐。单元格数值的对齐方式不会影响数据统计分析的结果。

(十)[测量]

定义变量的属性有三种选项,分别为[尺度]变量(等距变量或比率变量)、[次序的]变量、[名义的]变量。问卷内涵设定时,使用者可以均将其设定为[尺度或量尺],不会影响统计分析结果。基本数据的部分(背景变量)视其性质定义为名义的或次序的变量,如将其设为[尺度]测量属性也可以,为便于统计分析工作,使用者可以针对变量的测量尺度,加以正确的设定,尤其是名义变量与尺度变量的区分,以独立样本 t 检验与方差分析而言,其自变量必须为名义或次序变量,而依变量必须为量尺尺度变量(等距变量或比率变量),研究者若是在测量属性中对变量测量属性界定得清楚,则在之后的统计分析会更为简便。

数据类型中不同的测量水平所代表的图示均不相同,以数值变量而言,测量变量设为[尺度],在变量清单中会以一支标尺表示;设为[次序]变量,在变量清单中会以长条图表示;设为[名义]变量,在变量清单中会以三个饼图表示。在数据文件的处理方面,SPSS14.0 版与之前版本最大的差别在于 SPSS14.0 版可以同时开启多个数据文件,执行工具栏[窗口(W)]指令,可以切换到各数据文件,作用中的数据文件在最下方的[开始]列中会以符号 ⊞ 表示,已开启的其他的数据文件会以符号 ⊞ 表示,以图 1-39 为例,开启的数据文件包括 A. sav、B. sav、C. sav,其中作用中的数据文件窗口为 C. sav,因此窗口中有一个加号。此外,使用者也可以开启多个[结果输出]窗口,输出结果会传送到指定的[结果输出]窗口,也可以开启多个[语法编辑程序]窗口中,则指令语法会贴进指定的[语法编辑程序]窗口中,指定的窗口可由图示中的加号看出。

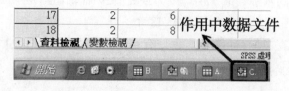

图 1-39

第四节　其他数据文件的输入

使用者若是直接开启 SPSS 软件包进行变量的增列,则可以直接在[数据检视]工作表中输入问卷或受试者填答的数据,数据创建文件完成后则立即执行统计分析程序。如果研究者不是使用 SPSS 数据编辑工作窗口来建立变量与数据文件,而是利用其他的软件来建立数据文件,则可以利用 SPSS 转文件的方法将数据文件输入在 SPSS 数据编辑窗口中。常见其他数据库创建文件软件如微软的 Excel 电子表格、dBASE 数据库处理软件等,由于微软 Office 软件的普及,因而多数计算机均有 Excel 电子表格软件,以 Excel 电子表格建立数据文件非常普遍。

一、Excel 创建文件范例

以一份数学效能研究问卷为例,背景变量包括班级(1 为甲班、2 为乙班)、性别(1 为男生、2 为女生)、数学成绩、八题数学效能题项,问卷格式如表 1-13:

表 1-13

一、基本数据
1.我的班级：□甲班　　□乙班
2.我的性别：□男生　　□女生
3.第二定期考查的数学成绩：_____分
二、数学学习问卷

符合程序
低 ←——→ 高

1.我会努力去面对具有挑战性的数学题目。………………………………… □□□□□
2.同学对我数学学习上的肯定,使我更喜欢数学。 ………………………… □□□□□
3.课堂上的数学题目我大多做得出来。…………………………………… □□□□□
4.我喜爱参与数学课堂中的学习活动。…………………………………… □□□□□
5.上数学课时我的精神特别好。…………………………………………… □□□□□
6.遇到较为困难的数学题目时,我不会逃避。……………………………… □□□□□
7.我有能力帮助同学解答相关的数学问题。……………………………… □□□□□
8.老师对我的数学学习能力与态度十分肯定。…………………………… □□□□□

上述问卷格式的变量编码如表1-14：

表 1-14

班级	性别	数学成就	a1	a2	a3	a4	a5	a5	a6	a7	a8
受试者1											
受试者2											
……											

上述编码在 Excel 中创建文件如下：工作表窗口中第一横行为变量名称、第二横行为第一位受试者的数据、第三横行为第二位受试者的数据……。第二横行开始为每位样本观察值的勾选的数据，每一直栏为题项变量名称，八题数学效能知觉程度题项变量为A1、A2……A8，如图1-40。

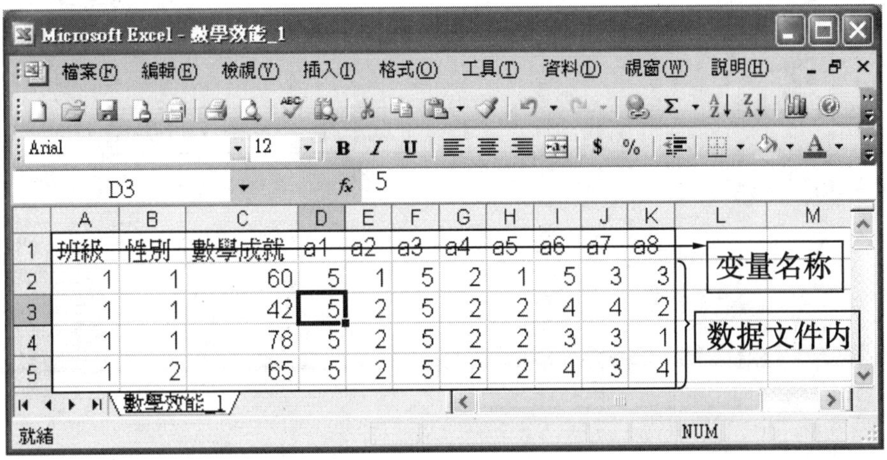

图 1-40

二、读取 Excel 文件程序

(一)操作1

执行工具栏[文件(F)]/[开启旧文件(O)]/[数据(A)...]程序，开启[开启旧文件]对话窗口，在下方[文件类型]的下拉菜单中选取[Excel(＊.xls)]，从上方[查询]下拉菜单中选取数据文件的数据夹，选取要开启的数据文件→按[开启]钮，如图1-41、图1-42。

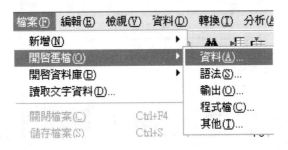

图 1-41

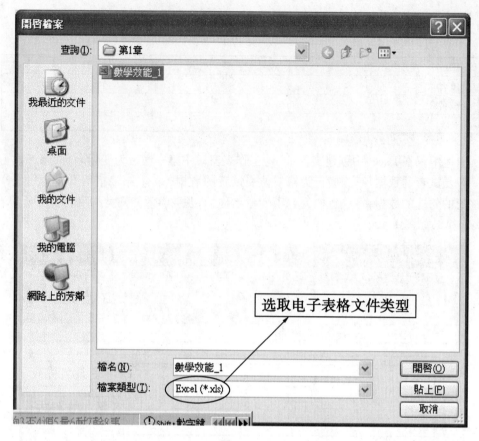

图 1-42

（二）操 作 2

按[开启]钮后会出现[开启 Excel 数据来源]的次对话窗口,如图 1-43,勾选[从数据
第一列开始读取变量名称]→按[确定]钮。若是使用者没有勾选[从数据第一列开始读
取变量名称]则不会读取变量名称,此时,若 Excel 工作表窗口的第一列有设定变量名称,
则读取数据时会发生错误。

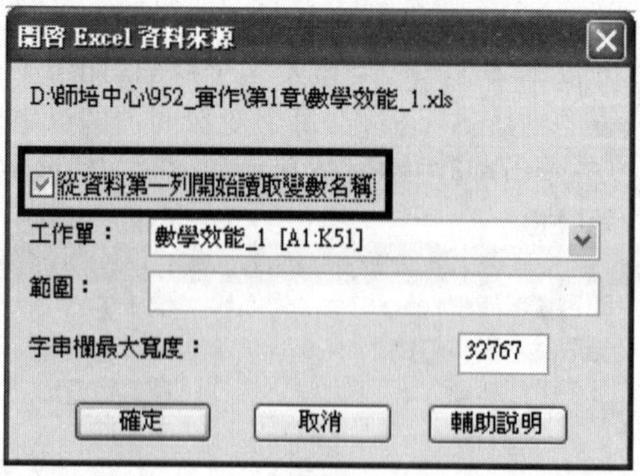

图 1-43

（三）操作 3

数据文件的变量与数据内容输入［SPSS 数据编辑程序］后，可利用［变量检视］工作窗口，设定各变量的属性，包括变量的标记、水平数值内容的注解、小数位数、缺失值、变量字段宽度及测量尺度类型等。

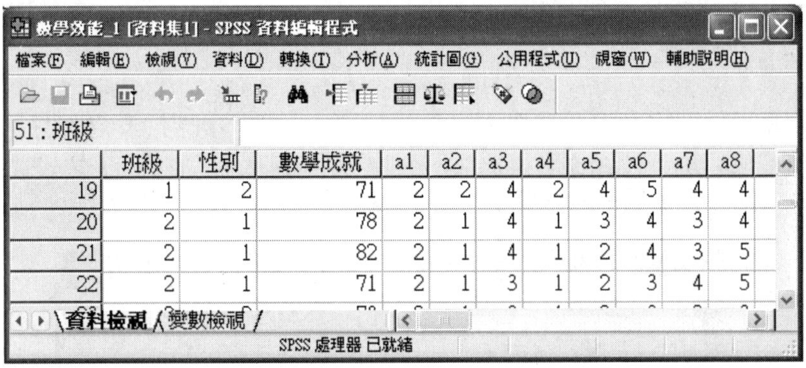

图 1-44

三、文本文件创建范例

如果使用者以 Excel 创建文件，每一个变量须键入一栏，存盘后，SPSS14.0 中文版可以直接存取 Excel 建立的电子表格文件。不过，有些使用者喜爱以传统的文字处理软件来键入数据，这是受到传统文本处理习惯的影响。根据笔者实际的经验，如果研究者会将数据文字文件转成 SPSS 可读取的数据，则以文本方式来键入数据的速度应该比较快，且比较简便。文字文件创建时常应用的软件如 PE2、汉书、记事本等。

在创建文字文件时，要从第一排（横的）开始，上面不能留空白行，内容第一行不必增列变量名称，数据文件的前后不能有空白行，一个空白行在转换时会被视为一个空的受试者，而出现缺失值。数据文件在创建文件时最好采用［固定字段］方式，即每位受试者在某一个变量所占的字段数是固定的，但不一定每个变量的字段数均要相同，如"班级"变量的数值是 1 或 2，需要一个字段，"性别"变量的数值是 1 或 2，需要一个字段，"数学成就"变量数值从 0 分至 100 分，需要三个字段数，第八题"数学效能"因采用李克特五点量表的填答方式，其数值的范围为 1～5，只占一个字段数，如图 1-45 所示。在固定栏宽的文件中，每位观察值填答的内容占一横行，每个变量间占的纵字段位置必须一样，变量数值与变量数值之间可以留空白列，但观察值与观察值间不能留有空白行。

图 1-45

数据文件的存盘类型最好选择 ∗.txt 或 ∗.dat,以存成标准 ASCII 文字格式,若是使用微软 Word 和 WordPad 等软件编辑,存盘时的文件类型须选择"纯文字"或"文字文件",以存成一般文本文件。

在读入固定格式的文本文件时,视窗版的 SPSS 提供了一个简便的操作程序,范例中的文本文件存成的文件名为"数学效能_1.dat",文本文件最好存成扩展名为(∗.txt)或(∗.dat)类型,读取文本文件的操作程序如下:

（一）步骤 1

执行工具栏[文件(F)]/[读取文字数据(D)…]程序,开启[开启文件]的对话窗口→在[文件类型]的下拉式选单中选取[数据(∗.dat)],在[查询]下拉式选单中点选数据文件存盘的数据夹→选取目标文件[数学效能_1.dat],按[开启(O)]钮,如图 1-46。

图 1-46

（二）步骤 2

在[文字汇入精灵-步骤 6 之 1]对话窗口中,在[您的文字文件符合预先定义的格式吗?]方框中,有两个选项[是(Y)]、[否(O)],一般而言,使用者所建立的数据文件通常不会符合预先定义的格式,因此,选取[否]选项→按[下一步]钮,如图 1-47。

（三）步骤 3

在[文字汇入精灵-步骤 6 之 2]对话窗口中,[您的变量如何排列?]方框中有两个选项:[分隔(D)]、[固定宽度(F)],文字文件中若以逗点、Tab 键、空白字段来分隔变量,可以选取[分隔(D)]选项。一般文本文件采取固定字段宽度的方式较为简便,范例中的数据文件采取固定字段宽度的方式,因而方盒中选取[固定宽度(F)]选项,使用者以分隔方式创建文件较为不便,建议最好不要采用。变量间以空白字段来分隔变量,也可采用

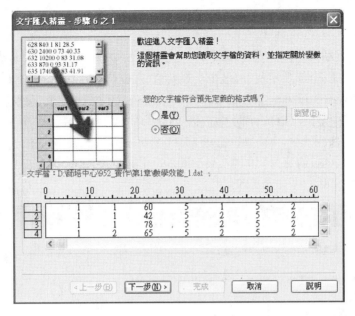

图 1-47

[固定宽度(F)]的方式。

　　[变量名称包含在文件的最上层吗?]方框中有两个选项:[是(Y)]、[否(O)],建立数据文件时,若有把变量名称输入在第一横行中,就点选[是(Y)]选项。范例中的文本文件没有把变量名称输入在第一横行中,因而勾选[否(O)]选项→按[下一步]钮,如图1-48。

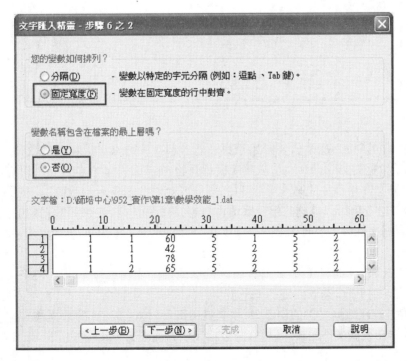

图 1-48

（四）步骤 4

在［文字汇入精灵－固定宽度步骤 6 之 3］对话窗口中，［您要汇入多少个观察值？］方框中有三个选项：全部观察值、前多少个观察值、观察值的百分比，如图 1-49。［全部观察值（A）］选项表示将读入全部数据文件中的观察值；［前（T）□个观察值］选项表示读入数据文件前多少笔的观察值，内定数值为 1 000，若使用者只要读取前 200 笔观察值的数据，则方格中的数字键入 200，如［前（T）200 个观察值］；［观察值的百分比（P）］，后面的方格中可选取数值，内定为［10］％，表示读入全部数据文件中 10% 的观察值，此部分的数值使用者可依实际所需加以更改。

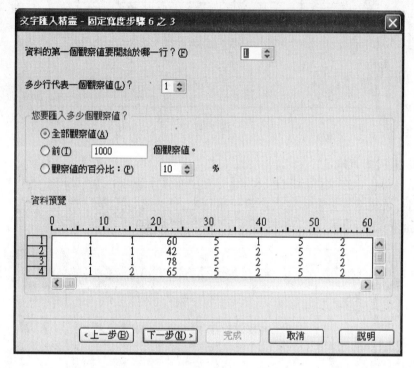

图 1-49

在［数据的第一个观察值要开始于哪一行？（F）］，可以点选相关的数值，内设的数值为 1，表示数据的第一个观察值从第一横行开始，如果使用者在创建文件时有特殊考虑或目的，数据文件并不是从第一横行开始，则需要更改此选项后的数值。［多少行代表一个观察值（L）］选项可以点选每笔观察值占数据文件的几行，如果原数据中的变量很多，有时会将数据文件以二横行的方式创建文件，此时［多少行代表一个观察值（L）］后面的数值应更改为 2。

范例中选取［全部观察值（A）］选项，［数据的第一个观察值要开始于哪一行？（F）］后面的数值不用更改，选取内定的 1；［多少行代表一个观察值（L）？］，也不用更改，选取内定的数值 1。在数据文件的创建中，一笔观察值（一位受试者）的数据最好键入在同一横行中，这样在数据文件的输入、检核与数据读取方面较为方便→按［下一步］钮。

（五）步骤 5

在［文字汇入精灵－固定宽度步骤 6 之 4］对话窗口中，依空白的位置分隔数据，因为采用固定宽度的格式,所以只要在对应的直列处按一下鼠标键即可将数据分割,每个变量数值行必须分割出来,否则会与其他变量数值混在一起,造成数据读取错误。图 1-50为分割固定宽度数据的界面,因为每个变量单独占一直列,所以每个直列数值均要分割→按[下一步]钮。

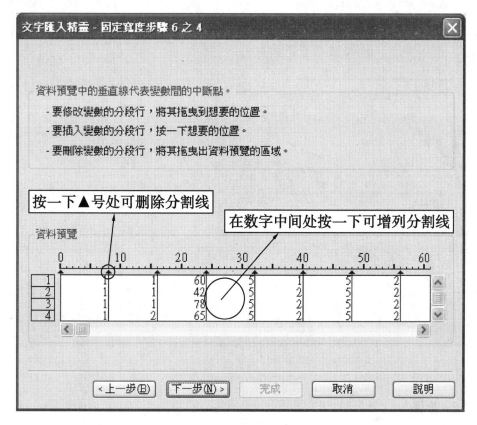

图 1-50

在分割数据时可以以鼠标插入、移动及删除分割线。插入分割线:鼠标在固定宽度数字旁按一下左键即可。删除分隔线:如要删除分割线,选取分割线将其拖曳出数据预览的区域,或在分割线的黑色箭头符号上按一下。要移动分割线,直接拖动线条至想要分割的位置。

（六）步骤 6

在[文字汇入精灵 – 步骤 6 之 5]窗口中,[数据预览中所选的变量规格]方框中有两个内容,一为[变量名称(V)],一为[数据格式]。由于范例中未在第一横行中输入各变量名称,因而 SPSS 会依序以内定的变量:V1、V2、V3……分别标示出来,以此作为各变量的名称,如果使用者要在此对话窗口中更改变量名称,如将变量 V1 更改为"班级",可在[数据预览]方框中,在原变量名称单元格上按一下,[变量名称(V)]下方会出现原变量名称 V1,变量的属性会呈现在[数据格式(D)]中。在[变量名称(V)]的下方输入新变量名称[班级],各变量的[数据格式(D)]一般为[数字],依此程序逐一更改各变量名称→按[下一步]钮,如图 1-51。

【备注】　各变量名称与变量数据格式也可以在[变量检视]工作窗口中加以更改。

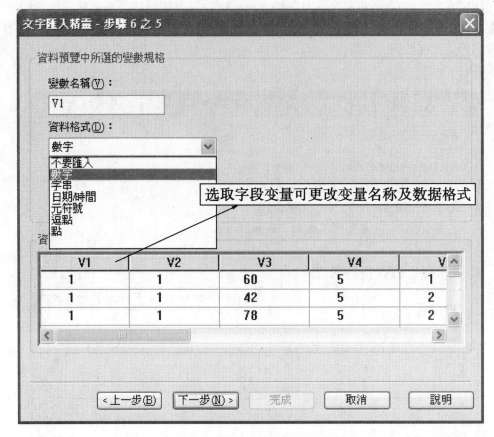

图 1-51

（七）步骤 7

在［文字汇入精灵－固定宽度步骤 6 之 6］对话窗口中,有两个条件方框可以选取：［您要储存此文件格式以便日后使用吗？］、［您要将语法贴上吗？］。范例如图 1-52,均勾选［否(O)］选项钮。就使用者而言,每次数据文件变量内容各不相同,以上两个选项选［是(Y)］,存成格式文件或语法文件后,日后实际的应用性很低,因为不可能两个数据文件的格式或语法文件的格式会完全一样。由于创建文本文件时,第一列未事先输入变量名称,SPSS 会自动将变量名称依序以 V1、V2、V3、V4 等分别标示出来。且内设所有变量都是数值,没有缺失值。实际上在文本文件转化时,也没有必要在第一列设定变量名称,否则变量名称占的栏数太多,造成数据对齐困难与数据文件输入的不方便。在 SPSS 数据编辑窗口中利用［变量检视］工作窗口来修改变量名称更为方便与容易。若是使用者对语法窗口有兴趣,在［您要将语法贴上吗？］方框中可选取［是(Y)］选项,则文字汇入精灵的程序文件语法会完整地输出至语法窗口中→按［完成］钮。

在步骤 7 按下［完成］钮后,SPSS 会读取目标数据文件,并将读取的结果输出在数据编辑窗口中,如图 1-53,内定的变量名称为 V1、V2、V3……,数据格式内定为数值,小数点的位数为 2 位。纯文本 ASCII 码文件读入 SPSS 数据编辑窗口后,使用者可以切换到［变量检视］工作窗口,再针对各变量的名称、小数点的位数、设定缺失值与栏宽、增列类别或次序变量各水平中的水平数值标记等作更改。

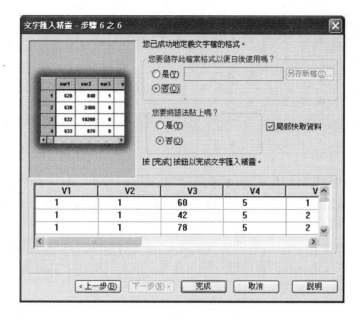

图 1-52

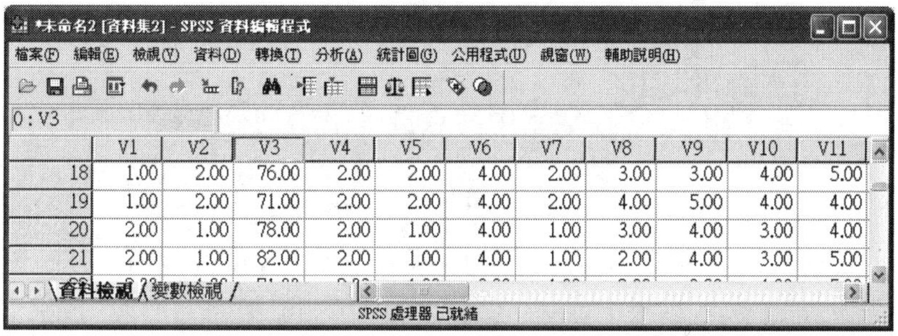

图 1-53

四、语法窗口读入数据文件

以标准化 ASCII 格式建立数据文件时,数据文件中的变量数值间可以留空白栏,空白栏占多少直列均可以,上述数据文件[数学效能_1. dat]中的变量数值间即有空白字段,留有空白字段的数据文件在输入数据时因为要多按空格键,因而创建文件时需花费较多时间,但在[文字汇入精灵–固定宽度步骤 6 之 4]对话窗口中,因字段间留有空白直列,分割每个数值变量字段的操作较为方便。相对的,若是数据文件创建时,变量数值间没有空白字段,则输入数据时较为快速,但分割每个数值变量字段的操作较为不便,二者各有优劣。一般而言,若是量表的题项很多,在创建文件时为便于检核,可以每十个变量或每五个变量数值间留一个空白直列。

在文本文件"数学效能_1_1. txt"中,变量间没有留空白直列,数据文件的创建文件格式如表 1-15:

表 1-15

1	2	3	4	5	6	7	8	9	0	1	2	3	4	5	6	7
1	1		6	0	5	1	5	2	1	5	3	3				
1	2		6	5	5	2	5	2	2	4	3	4				
2	1		9	9	4	1	2	2	4	5	3	4				
2	1	1	0	0	4	1	2	2	3	5	3	4				
2	2		8	4	4	1	1	2	3	5	3	3				

　　上述数据文件中,每位受试者(观察值)的数据占一横行,第一直列为"班级"变量数值,第二直列为"性别"变量数值,第三直列至第五直列为"数学成就"变量数值。数学定期考查的成绩数值为 0 分至 100 分,因为需要三个字段,第三直列为百位数、第四直列为十位数、第五直列为个位数,若受试者的成绩是二位数,则数值数据要键入在第四直列至第五直列,百位数的第三直列留空白。第六直列至第十三直列为八题数学效能题项变量数值,每个题项均占一个直栏,如图 1-54。

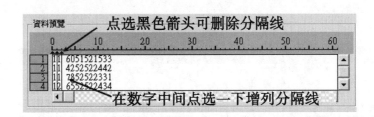

图 1-54

　　执行工具栏[文件(F)]/[读取文字数据(D)…]程序,开启[开启文件]的对话窗口→在[文件类型]的下拉式选单中选取[文字(＊.txt)],在[查询]下拉式选单中点选至数据文件存盘的数据夹→选取目标文件[数学效能_1_1.txt],按[开启(O)]钮。

　　在[文字汇入精灵－固定宽度步骤 6 之 4]对话窗口中,因为采用固定宽度的格式,[数据预览]对话框会呈现以下结果,因为数据文件中没有留空白字段,因而数据变量顺序依字段由左至右顺序排列,在分割变量字段时,要根据上面变量置放的字段加以分割,数值方格中上面的刻度为字段数值,可作为使用者分割变量字段的参考,分割时只要将

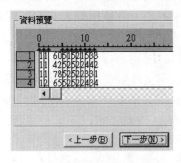

图 1-55

鼠标在方格中正确的位置点选一下即可,第一直列为班级变量,在第一栏数值与第二栏数值间点选一下,可将班级变量分割出来;第二直列为性别变量,在第二栏数值与第三栏数值间点选一下,可将性别变量分割出来;数学成就变量数值占第三直列至第五直列,在第五栏数值与第六栏数值间点选一下,可将数学成就变量分割出来。在变量数值分割过程中,若不小心点选错误栏,只要在原分割变量的黑色箭头"▲"符号上点选一下,即可将原分割线删除掉,如图 1-55。

　　分割后的数值字段结果如下。

　　在[文字汇入精灵－步骤 6 之 5]对话窗口中,[数据预览中所选的变量规格]方框中逐一点选原先内定的变量名称,在[变量名称(V)]下的方格中将新变量名称键入,原先

变量名称与修改后的变量名称对照如表 1-16。

表 1-16

原先变量	V1	V2	V3	V4	V5	V6	V7	V8	V9	V10	V11
修改后变量	班级	性别	数学成就	A1	A2	A3	A4	A5	A6	A7	A8

在［文字汇入精灵－步骤 6 之 6］对话窗口中如图 1-56,在［您要将语法贴上吗?］方框内选取［是(Y)］选项,将读取数据文件的程序转为语法文件,按［完成］钮后会开启［语法编辑程序］窗口,呈现读入文本数据文件"数学效能_1_1.txt"的语法程序。在［您要将语法贴上吗?］方框内若直接选取［否(O)］选项,则 SPSS 会立即自动读取数据,并将读取结果输出在数据编辑的［数据检视］工作窗口中。

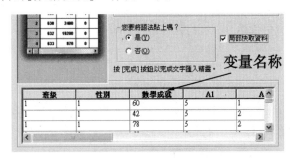

图 1-56

上述操作程序,输出在语法窗口中的内容如下:

```
GET DATA /TYPE = TXT
/FILE = 'D:\952_实作\第 1 章\数学效能_1_1.txt'
/FIXCASE = 1
/ARRANGEMENT = FIXED
/FIRSTCASE = 1
/IMPORTCASE = ALL
/VARIABLES =
/1 班级 0-0 F1.0
性别 1-1 F1.0
数学成就 2-4 F3.2
A1 5-5 F1.0
A2 6-6 F1.0
A3 7-7 F1.0
A4 8-8 F1.0
A5 9-9 F1.0
A6 10-10 F1.0
A7 11-11 F1.0
A8 12-12 F1.0
.
CACHE.
EXECUTE.
```

　　上述语法由于将每个操作程序选项转化为语法程序,因而显得较为复杂,使用者若要使用语法窗口读取文本数据文件可简化如下,下列的语法乃结合早期 SPSS 程序语法与视窗版指令,在操作上比较简便。

```
data list file ='D:\952_实作\第 1 章\数学效能_1_1.txt'
/班级 1 性别 2 数学成就 3-5 A1 6 A2 7
A3 8 A4 9 A5 10 A6 11 A7 12 A8 13.
Execute.
```

　　上述语法程序中,八题数学效能变量由于均占一个字段,可以再改为以下指令:

```
data list file ='D:\952_实作\第 1 章\数学效能_1_1.txt'
/班级 1 性别 2 数学成就 3-5 A1 TO A8 6-13.
Execute.
```

　　使用者直接执行工具栏[文件(F)]/[开新文件(N)]/[语法(S)]程序,即可开启[语法? —SPSS 语法编辑程序],在语法空白处输入上列语法文件指令即可。要执行语法指令,在[语法? —SPSS 语法编辑程序]中执行语法窗口中的工具栏[执行(R)]/[全部(A)]程序,或先选取语法程序,再执行语法窗口中的工具栏[执行(R)]/[选择(S)]程序,只要语法界定符合 SPSS 的格式要求,文本数据文件路径设定正确,即可将原始文本数据文件正确地读进数据编辑窗口中。

【语法文件的说明】

　　1.“'D:\952_实作\第 1 章\数学效能_1_1.txt'”为文本文件存放的路径与文件名,范例的文件名为“数学效能_1_1.txt”,文本文件存放在 D 磁盘驱动器中的“952_实作”数据夹中的子数据夹“第 1 章”内。“data list file = ' '”为语法的关键词,表示存放数据文件在那里,亦即要读取的文本文件的路径与文件名为何,此关键词不能键入错误。若是文本文件直接存放于 C 磁盘驱动器的“问卷”数据夹下,文件名为“问卷数据.txt”,则第一列读取文件的路径为“data list file ='C:\问卷\问卷数据_1_1.txt'”。

　　2.“班级 1”表示第 1 列所存放的变量数据为“班级”,将来文本文件转成视窗版的数据文件时,第 1 列数据的变量名称会以“班级”表示。界定变量与字段时,先界定变量名称,再界定起始字段与结束字段,中间以“-”符号串连,“班级”变量的起始字段为 1,结束字段为 1,完整的表示为“班级 1-1”,由于起始字段与结束字段相同(变量只占一个直列),只要界定一个字段即可。

　　3.“性别 2”表示第 2 直列所存放的变量数据为“性别”,性别起始字段与结束字段相同,只界定一个字段值即可。将来文本文件转成视窗版的数据文件时,第 2 列数据的变量名称会以“性别”表示。

　　4.“数学成就 3-5”表示第 3 直列至第 5 直列所存放的变量数据为“数学成就”,数学成就的起始字段在第 3 直列,结束字段在第 5 直列,将来文本文件转成视窗版的数据文件时,第 3 行至第 5 行的数据为变量名称“数学成就”的数值内容。

5. "A1 6 A2 7 A3 8 A4 9 A5 10 A6 11 A7 12 A8 13"表示数学效能量表八个题项数值所占的字段,共有八个变量,每个变量占一直列,由于变量数字有顺序性,可用关键词"TO"加以合并,简写为"A1 to A8",八个变量各占一个字段,总共占八个字段,八个变量的起始字段在第 6 直列,结束字段在第 13 直列,八个变量所占的总字段可以表示为"6-13",字段6-13 共有 13-6+1＝8 个直列,8 个直列中有 A1、A2……A8 等八个变量,每个变量平均占一个字段(字段数÷变量数)。

如果有五个变量各占两个直列,位置从第 10 行开始,则撰写成:

"a1 10-11 a2 12-13 a3 14-15 a4 16-17 a5 18-19",简写成:"a1 to a5 10-19"

6. 最后一行的关键词[Execute]指令,其作用在于要求将视窗版 SPSS 的执行结果输出。少了这个指令,SPSS 也会执行前面的指令,但不会将结果输出到数据编辑窗口中。

在撰述语法文件时,关键词后的最后面均要加上一个"."点号,如"data list file"的最后面及"Execute"的最后面,少了结束符号".",执行时会出现错误讯息。变量名称命名规则与视窗版变量名称相同,中间不能留有空格符,一些特殊字符如 &、!、? 等不能使用,变量名称最好以字母为开头,再加上数字,形成有规则的排列,如 a1 至 a10、b1 至 b15、c1 至 c25,SPSS 系统中有一些保留字或关键词不能作为变量名称,如 ALL,BY,AND,EQ,GE,GT,LE,LT,NE,NOT,OR,TO,WITH 等。重要的是要给予合理的变量名称,及变量名称所占的起始与结束列,如"B1 12-15",表示 12 至 15 行的数据单独成一个变量,此变量名称为 B1,如果 B1 是一个字符串变量,则可以设定为"B1 12-15(A)",其中字符串变量不能进行四则运算与统计分析。数据转换后,如果要更改变量数据的属性,可以从[变量检视]工作窗口中更改。若是变量数值较多,或量表所包含的题项较多,数据文件在输入时也可以将每位观察值分成两个横行输入,如果每位观察值占两横行数据,则语法程序要增列"RECORDS＝2",范例如:

```
data list file ＝'D:\952_实作\第 1 章\数学效能_1_1. txt'　RECORDS＝2
/1 班级 1 性别 2 数学成就 3-5 A1 6 A2 7
/2 A3 8 A4 9 A5 10 A6 11 A7 12 A8 13.
Execute.
```

上述中每笔观察值所占的横行数以符号[/?]表示,符号[/1]表示第一横行,符号[/2]表示第二横行,横行后要界定各变量及变量起始字段与结束字段。语法程序如果没有界定错误,在[语法?—SPSS 语法编辑程序]中执行语法窗口中的工具栏[执行(R)]/[全部(A)]程序后,在[输出?—SPSS 浏览器]的结果窗口中会出现变量、变量字段及变量格式(Format),变量格式中固定字段宽度的次指令为 FIXED,输出结果会以 F 表示。

```
Data List will read 1 records from D：\952_实作\第 1 章\数学效能_1_1. txt
Variable        Rec      Start      End        Format
班级            1        1          1          F1.0
性别            1        2          2          F1.0
数学成就        1        3          5          F3.0
A1              1        6          6          F1.0
A2              1        7          7          F1.0
A3              1        8          8          F1.0
A4              1        9          9          F1.0
A5              1        10         10         F1.0
A6              1        11         11         F1.0
A7              1        12         12         F1.0
A8              1        13         13         F1.0
```

第五节　统计分析的对话框

大部分[分析]的选择项,均会开启变量清单选择的对话框,您可以使用对话框来选取统计分析时要用到的变量名称和选项。如图 1-57,方框中的左半部会出现原始全部的来源变量清单供使用者选择,而右半部的方框用于放置使用者已选取的变量(目标变量)清单,包括分析时的自变量、依变量或协变量。每个分析方框中均会出现五个基本按钮:[确定]、[贴上语法(P)]、[重设(R)]、[取消]、[辅助说明],此外还会根据统计分析的不同,出现数个子选单,如[选项]、[统计量]、[格式]钮等。SPSS14.0 中文版会依据变量的测量属性界定为[尺度]、[名义的]、[次序的],而于各变量前面呈现相对应的图形表示。下图中的"班级""性别"变量的测量属性设定为[名义的],八个数学效能题项及数学成就变量的测量属性设定为[尺度]。

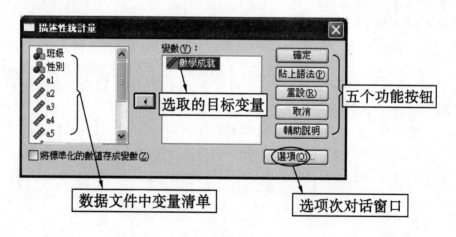

图 1-57

一、[确定]钮

按[确定]钮后,马上进行选取的统计分析程序的执行工作,结果输出文件会立即出现在[SPSS 浏览器]窗口中。如果对有关观察值的数值进行运算、排序或分割,则结果会新增变量或对观察值重新排序。数据处理与转换程序,如重新编码、计数、计算等,因为不是执行菜单[分析]程序,因而不会呈现统计分析结果,但在[SPSS 浏览器]窗口中会呈现相对应的执行注解说明。

二、[贴上语法(P)]钮

在统计分析对话窗口中,按[贴上语法]钮,会将统计分析执行程序,转换成指令语法,贴到语法编辑程序窗口,此部分类似传统 DOS 版的 SPSS 的语法指令。如执行变量"数学成就"的描述性统计量,包含平均数、标准差、最小值、最大值,执行程序转为语法如下,语法指令中有其关键词与次指令,如图1-58。

```
DESCRIPTIVES
  VARIABLES = 数学成就
  /STATISTICS = MEAN STDEV MIN MAN.
```

图 1-58

使用者可以执行工具栏[窗口]/[SPSS 数据编辑程序]程序、[窗口]/[SPSS 语法编辑程序]程序和[窗口]/[SPSS 浏览器]程序来切换数据文件窗口、语法文件窗口或执行结果文件窗口。

三、[重设(R)]钮

在各式对话窗口中按[重设]钮,会取消所有选择的变量清单及各种使用者点选的设定,并将对话框所有按钮(次对话框按钮)中的设定,还原成原先的预设状态或内定值(default),按下[重设(R)]钮后不会关闭原先开启的对话窗口,只是把所有先前所选择的变量及各种选项还原。

四、[取消]钮

在各式对话窗口中按[取消]钮,会取消对话框中的任何变更,对话框会保留上一次的变量清单与按钮的设定(最后一次点选的设定值),按了[取消]钮后会关闭开启的对话窗口(按下[重设(R)]钮后并不会关闭原先开启的对话窗口)。

五、[辅助说明]钮

在各式对话窗口中按[辅助说明]钮,会开启统计分析功能程序的辅助功能窗口,可以查询目前使用中对话窗口内各按钮的用途及操作说明。

执行工具栏[分析]程序后,在左边原始的变量清单中,变量如有加注解标记会显示变量标记及变量名称,如果没有注解只会显示变量名称。如"性别[sex]",[sex]为原始变量名称,而"性别"为变量标记;"第 1 题[a1]",[a1]为变量名称,而"第 1 题"为变量标记;"数学测验成绩[数学成就]",[数学成就]为变量名称,"数学测验成绩"为变量标记,各对话窗口中的变量清单内容呈现的格式为"变量标记[变量名称]"。

变量选取时与一般窗口应用软件甚为类似,选取单一变量时,只要在原始左边变量清单上按一下,然后按一下方块中间的右箭号即可;也可以连按两下要选取的变量,此变量即会从左边原始变量清单移到右边的目标变量清单中。

此外,使用者也可以配合键盘的功能键执行变量的多重选择:

(1)选取多个连续变量:先选取第一个变量(按鼠标左键一下),移到要选取的最后一个变量,先按住键盘的[Shift]键,然后再按一下最后一个变量。连续变量的选取与微软应用软件中选取连续区域的操作相同。

(2)选取多个不连续变量:选取第一个变量,在选取第二个变量时,加按键盘的[Ctrl]键,以此类推,即可选取多个不连续变量。若是多个变量已被选取(呈现反白状态),再次按下某个变量时,同时加按[Ctrl]键,可取消该变量的选取状态。

第六节　数据文件的合并

数据文件的合并,包含观察值的合并(垂直合并)与变量的合并(水平合并)。数据文件的合并中,两个数据文件所具有的共同变量称为配对变量,若有部分变量是另一个数据文件中所没有的称为非配对变量,先开启的数据文件称为"作用中的数据文件"。观察值的合并程序在作用中的数据文件新增样本观察值后面,因而变量必须是配对变量才可以。变量的合并必须有一个共同的[关键变量],此[关键变量]必须先经排序,新增的数据文件会根据[关键变量](如编号、编码值……)把新增横行的变量加入,变量的合并是一种水平的合并,新合并的数据文件中观察值个数不变但变量数目增加;而观察值的合并是一种垂直合并,新合并的数据文件中变量不会增加,但观察值个数会增加。

一、观察值的合并

某研究者想探究学生的性别、数学成就(数学成绩)与数学态度的关系,他采随机抽样的方式,共抽取 500 位学生为样本,为节省创建文件的时间,此研究者将数据分成两个文件创建,两个数据文件有相同顺序的变量名称:编号、性别、数学成就、数学态度,在数据统计分析时前须将二班的数据文件合并,以进行整体的分析。

下列两个数据文件中,第一个数据文件文件名为[数学学习_1.sav](如表 1-17)、第二个数据文件文件名为[数学学习_2.sav](如表 1-18)。

表 1-17

编号	性别	数学成就	数学态度
1001	1	87	38
1002	1	84	42
1003	1	75	25
1004	2	78	33
1005	2	92	40

表 1-18

编号	性别	数学成就	数学态度
1006	2	74	36
1007	2	94	34
1008	2	85	28
1009	1	68	30
1010	1	70	54

观察值垂直合并的操作程序如下：

（一）操作 1

同时开启数据文件"数学学习_1. sav""数学学习_2. sav"，执行工具栏［窗口］程序，选取"数学学习_1. sav"数据文件，即将"数学学习_1. sav"数据文件作为作用中的数据文件→执行工具栏［数据(D)］→［合并文件(G)］→［新增观察值(C)…］程序，如图1-59。

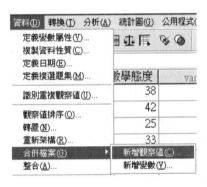

图 1-59

（二）操作 2

开启［新增观察值至数学学习_1. sav［数据集X］］对话窗口，勾选［开启的数据集(O)］，此时其下方会出现所有其他已开启的数据文件，选取［数学学习_2. sav［数据集 X］］选项→按［继续］钮，如图1-60。

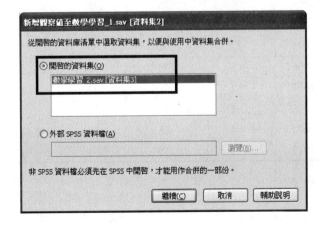

图 1-60

【备注】　如果要合并的新数据文件尚未开启,此时必须选取[外部 SPSS 数据文件(A)]选项,再按下方方格右边的[浏览…]钮选取数据文件。

(三)操作 3

开启[从数学学习_2.sav[数据集 X]新增观察值],左边方框中的变量为[非配对的变量](或要排除合并的变量),数据文件合并时会将之排除,加进[新作用中数据集中变量]方框中的为配对变量,若是某个配对变量在新数据文件中要加以排除,可将此变量选至左边[非配对的变量]方框中→按[确定]钮,如图 1-61。

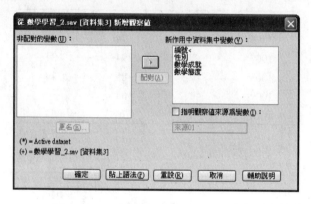

图 1-61

在上述的操作中,如勾选[指明观察值来源为变量]选项,则合并后的新数据文件会新增一个指标变量,此变量为二分名义变量,数值内容为 0,1,其值为 0 者表示该笔观察值是来自开启中的作用数据文件,其值为 1 者表示该笔观察值是来自新增的(被合并的)数据文件。

合并后的新数据文件如表 1-19,已勾选[指明观察值来源为变量]选项。

表 1-19

编号	性别	数学成就	数学态度	来源 01
1001	1	87	38	0
1002	1	84	42	0
1003	1	75	25	0
1004	2	78	33	0
1005	2	92	40	0
1006	2	74	36	1
1007	2	94	34	1
1008	2	85	28	1
1009	1	68	30	1
1010	1	70	54	1

二、变量的合并

在数据创建文件上,上述研究者也搜集了受试者在数学效能、数学焦虑、数学投入三个变量的知觉感受数据,文件名为"数学学习_3. sav",研究者想把此数据文件中的变量"数学效能""数学焦虑"合并至先前的数据文件"数学学习_1. sav"中,以便于进行样本数据的统计分析,探究受试者数学成就、数学态度与数学焦虑及数学效能间的关系。

在"数学学习_3. sav"与"数学学习_1. sav"数据文件中共同的关键变量为"编号",此"编号"变量已按照其数字大小作递增排序,如表 1-20。

表 1-20

编号	数学效能	数学焦虑	数学投入
1001	54	48	25
1002	32	38	40
1003	48	46	32
1004	42	41	19
1005	44	45	28

变量水平合并的操作程序如下:

（一）操作 1

开启数据文件"数学学习_1. sav",将"数学学习_1. sav"数据文件作为作用中的数据文件→执行工具栏[数据]→[合并文件]→[新增变量]程序。

（二）操作 2

开启[新增观察值至数学学习_1. sav[数据集 X]]对话窗口,选取[外部 SPSS 数据文件]选项→按方框右边的[浏览...]钮选取数据文件"数学学习_3. sav"→按[继续]钮,如图 1-62。

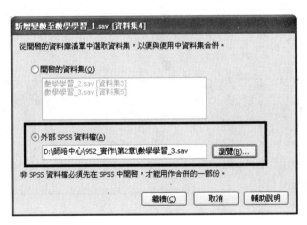

图 1-62

（三）操作 3

开启[从数学学习_3. sav 新增变量]对话窗口,左边方框中的变量为[被排除的变量],由于两个数据文件中的关键变量为"编号",因而数据文件"数学学习_3. sav"中的变量"编号<（+）"会自动纳入[被排除的变量]方框中,右边[新作用中数据集]方框中的

变量为所有变量名称,由于"数学投入"变量不纳入合并的新数据文件中,因而将其选至左边的方框中→按[确定]钮,如图 1-63。

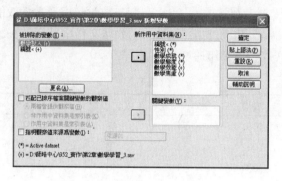

图 1-63

在上述的对话窗口中,右边[新作用中数据集]方框中,变量的后面有星号符号*者,表示此变量是原先工作数据文件中的变量,作用中数据文件"数学学习_1. sav"中的变量有"编号<(*)""性别(*)""数学成就(*)""数学态度(*)"等四个。而变量名称后面有加号+者,表示此变量是外部数据文件中的变量,"数学学习_3. sav"中的变量有"编号<(+)""数学效能(+)""数学焦虑(+)""数学投入(+)"等四个。编号是关键变量,在此变量的后面会增列<符号。

如果变量不想合并,可点选右边变量清单中的变量,按中间◄符号,则变量会移往左边[被排除的变量]下的方框中。在进行变量合并时,工作数据文件与外部数据文件必须有共同的关键变量(Key Variables)才可以,两个数据文件合并前必项根据关键变量作递增(由小到大)排序。在预设情况下,系统会排除第二个数据文件中与工作数据文件中相同的变量名称,因为系统会假设这些新增变量包含重复的信息。

"数学学习_1. sav"与"数学学习_3. sav"两个数据文件变量合并后的新数据文件如表 1-21。

表 1-21

编号	性别	数学成就	数学态度	数学效能	数学焦虑
1001	1	87	38	54	48
1002	1	84	42	32	38
1003	1	75	25	48	46
1004	2	78	33	42	41
1005	2	92	40	44	45

第七节　SPSS 系统的设定

一、工具栏的增删

SPSS14.0 中文版安装完后,内定的操作窗口中的工具栏有 16 个,使用者可根据个人的喜好程度加以增删。其操作程序如下:

（一）操作 1

执行工具栏［检视］/［工具列］（［工具栏］）程序，开启［显示工具列］对话窗口→按［自订…］钮，开启［自订工具列］次对话窗口。

【备注】 在［显示工具列］对话窗口中，下方有两个选项，［显示工具提示］、［大按钮］，显示工具提示选项可以选择是否呈现数据集作用窗口中的工具栏，若是使用者不想呈现工具栏，可将显示工具提示前的预设勾选值取消，放大工具栏的各图示钮，如图1-64。

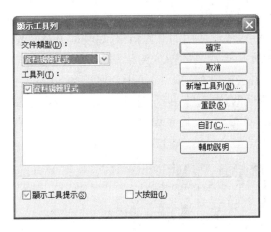

图 1-64

（二）操作 2

在［自订工具列］次对话窗口，在左边［类别］方框中选取一种类别，如［分析］，在右边［项目］方框中选取要增加的工具栏，如［独立样本 T 检验］，按住选取的项目不放，直接拖动至下方［自订工具列：数据编辑程序］长方形方块中→按［确定］钮。

（三）操作 3

使用者若要删除某个工具栏，如图1-65，在［自订工具列］次对话窗口中，查询工具栏所在的［类别］，在［自订工具列：数据编辑程序］长方形方块中，按住要移出的工具栏不放，直接拖动至右边［项目］方框中。

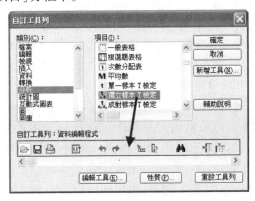

图 1-65

【备注】 如果使用者要回复原先安装时的系统模式,在[自订工具列]次对话窗口中按[重设工具列]钮即可。

二、其他系统化设定

SPSS 与微软操作系统一样,可以设定系统的各相关预设功能,使用者可以根据个人的喜爱与使用加以设定,其操作如下:执行工具栏[编辑]/[选项]程序,开启[选项]对话窗口。在[选项]对话窗口中有十个子窗口,十个子窗口为一般化、浏览器、草稿浏览器、输出标记、图表、交互式、枢轴表、数据、货币、程序文件等。

在[一般化]子窗口的设定中,提供 SPSS 最基本的系统环境,如变量清单、阶段作业记录文件、输出、暂存目录、最近使用的文件清单,启动时开启语法窗口等。[阶段作业记录文件]会储存使用者所有执行过的指令与语法,其储存的文件名称内定为"spss. jnl"。如果勾选[启动时开启语法窗口]选项,则使用者启动 SPSS 后会立即开启空白的语法编辑窗口。为避免产生奇怪的数字,使用者在输出方框中,最好不要勾选[表格中的较小数目没有科学记号]选项。SPSS 启动后预设最近使用的文件清单有九个,使用者可在此选项后面的下拉式选单中调整文件清单的数目,如图 1-66。

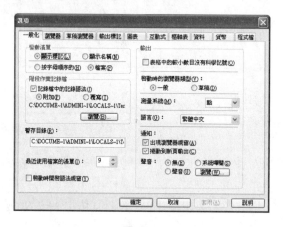

图 1-66

[浏览器]子窗口主要设定输出表格文字的格式与内容,如图 1-67。包含初始输出状态的设定、标题字型、字号、样式及颜色(默认值为粗体、14 号的新细明体),文字输出页面大小的宽度(预设为 80 个字符的标准型宽度)与长度(预设为 59 行标准型长度),表格文字输出的字型、大小、样式及颜色(默认为 10 号的细明体字)。[文字输出页面大小]方框包括两个页面的[宽度(W)]、[长度(L)]的设定,[宽度(W)]有三个选项:[标准型(80 字符)]、[宽型(132 字符)]、[自订宽度字符]。[长度(L)]有三个选项:[标准型(59 行)]、[无限]、[自订长度字符]。

[输出标记]子窗口可以设定输出的水平数值格式,窗口中有两个方框,如图 1-68:[概要标记]、[枢轴表标记]。前者包括两个选项:[项目标记中的变量显示为(V)][项目标记中的变量值显示为(A)];后者包括两个选项:[标记中的变量显示为(B)][标记中的变量值显示为(E)]。四个选项中的下拉式选单有三个次选项:标记、数值、值与标记或名称与标记。在输出表格中若要同时出现变量名称与变量的标记,在[标记中的变量显示为(B)]的下拉式选单中要选取[名称与标记](默认值为变量);若要同时呈现变量各水平的数值及数值标记,在[标记中的变量值显示为(E)]下拉式选单中要选取[值

与标记](默认值为标记)。以学生性别变量的次数分布表为例,如表 1-22。枢轴表标记中同时呈现目标变量的变量名称(性别)和变量标记(样本学生性别),表中的变量水平中同时呈现水平数值与数值标记:[1 男生]、[2 女生]。

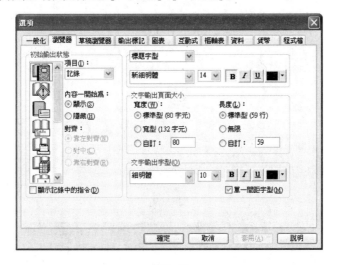

图 1-67

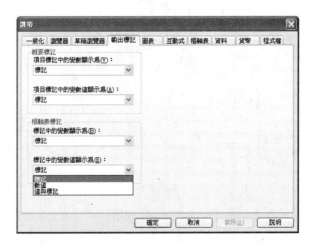

图 1-68

表 1-22　性别　样本学生性别

		次数	百分比	有效百分比	累积百分比
有效的	1　男生	28	56.0	56.0	56.0
	2　女生	22	44.0	44.0	100.0
	总和	50	100.0	100.0	

[资料](或称[数据文件])子窗口,如图 1-69,主要为变量数值设定,包含转换与合并选项(内定选项为[立即计算变量]),新数值变量的显示格式(预设变量数值的宽度为 8、小数位数 2),随机数产生器(默认值为[与 SPSS12 及之前旧版兼容]),[设定 2 位数年份的世纪范围]等。

[图表]子窗口可以设定图表的输出预设格式,如图 1-70,包括图表模板、图表中的文字字型与样式周期、图面比(默认值为 1.25)、开启时是否启动 JVM、图表加框的设定、默

认值为内部加框、网格线（包括尺度轴、类别轴）的设定。样式周期选项框包括四个样式设定按钮：［色彩（R）…］、［线形（N）…］、［标记（M）…］、［填满（L）…］，点选每个按钮，可再开启相对应的次对话窗口。

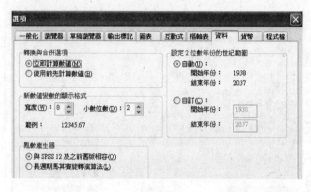

图 1-69

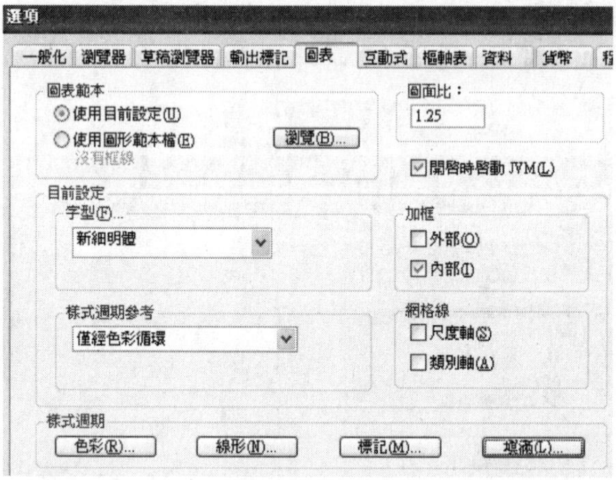

图 1-70

　　［枢轴表］子窗口可以设定输出表格的样式，如图 1-71，在［表格格式集］的下拉式选单中可以选取表格的格式，内定的表格格式为［taiwan. tlo］。在［调整直列宽度］选项框中可以点选［依标记调整（L）］或［依标记与数据调整（D）］。

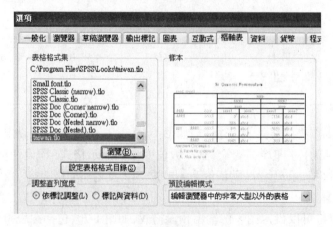

图 1-71

第八节　问卷编码范例

高中职学校行政主管时间管理现况及其策略运用调查问卷

亲爱的教育先进:您好!

　【说明】

　　　　　　　　　　　　　　　　　　　研　究　生　×××　敬上

一、基本数据

1. 性别:□(1)男　□(2)女
2. 年龄:□(1)30 岁以下　□(2)31-40 岁　□(3)41-50 岁　□(4)51-60 岁　□(5)61 岁以上
3. 婚姻:□(1)未婚　□(2)已婚　□(3)离异 □(4)丧偶
4. 最高学历:□(1)专科(含)以下　□(2)大学　□(3)研究所 40 学分班　□(4)硕士　□(5)博士
5. 服务年资:□(1)5 年以下　□(2)6-10 年　□(3)11-15 年
　　　　　　□(4)16-20 年　□(5)21-25 年　□(6)26 年以上
6. 学校属性:□(1)公立　□(2)私立
7. 学校类别:□(1)高中　□(2)高职
8. 学校规模(日间部):□(1)24 班以下　□(2)25-48 班　□(3)49 班以上

二、时间管理认知

填答说明:请根据您的认知,在各题适当的□内打"✓"

	非常同意	同意	普通	不同意	非常不同意
01. 我觉得时间管理是每个人应具备的一种技巧。	□	□	□	□	□
02. 我认为时间管理是减轻压力的一项重要因素。	□	□	□	□	□
03. 对时间使用的觉察与反省是改善时间管理的必要步骤。	□	□	□	□	□
04. 良好的时间管理者,会清楚自己的工作目标。	□	□	□	□	□
05. 我认为良好的时间管理,有助于提高生活质量。	□	□	□	□	□
06. 善于时间管理的人,其能力更加使人信赖。	□	□	□	□	□
07. 善于时间管理的人,会更擅长于授权。	□	□	□	□	□
08. 善于时间管理的人,更能掌握突发事件。	□	□	□	□	□
09. 善于管理时间的人,会懂得运用人力资源。	□	□	□	□	□
10. 做好时间管理,会更能有效地去完成目标。	□	□	□	□	□

三、时间分布

由下列项目中,排列出最能反映您平日工作时间分布的情况,请将数字依序填入□内,时间花费最多的填1,其次填2,以此类推……

□组织发展　　□行政领导　　□事务管理　　□教学视导　　□学生辅导
□公共关系　　□研习进修　　□偶发事件　　□其　　他

四、互动对象

除面对学生外,学校行政主管因为工作的关系,经常需与家长、小区民众、长官或其他人士沟通。在下列项目中,请您依互动频率多寡,将数字依序填入□内,互动频率最高填1,其次填2,以此类推……

□上级长官　　□校外伙伴　　□学校同事　　□学生家长　　□小区民众
□民意代表　　□同学朋友　　□家人亲戚　　□其　他

五、困扰因素

在工作上,时常会影响您对时间管理的困扰因素有哪些?（此题为复选题,至多选五项）,请在□内打"√"

□01. 对许多事承诺太多无法拒绝。
□02. 书面数据及公文处理费时。
□03. 权责不清,不易做决定。
□04. 经常缺乏计划,手忙脚乱。
□05. 工作经常拖延,无法依原订进度执行。
□06. 电话干扰不断。
□07. 不速之客造访。
□08. 与人沟通协调,占用太多时间。
□09. 许多事须亲自处理,授权不易。
□10. 经常参加会议及各项活动。
□11. 学校偶发事件处理。
□12. 上级长官临时交办事项。
□13. 同事没有时间管理观念。
□14. 家庭问题。

六、时间管理策略运用状况

填答说明:请仔细阅读下列叙述句后,根据您的意见,在各题适当的□内打"√"

	完全符合	大部分符合	有一半符合	多数不符合	完全不符合
01. 我会制订明确的工作目标,并据此发展周详的计划。	□	□	□	□	□
02. 我会以事情的轻重缓急来编排行事优先级。	□	□	□	□	□
03. 我会清楚列出每日的工作重点。	□	□	□	□	□
04. 我会先行检查一下明日的行程并预做准备。	□	□	□	□	□
05. 我会利用行政团队成员的优点,合作把工作完成。	□	□	□	□	□
06. 我会随时把握机会与工作成员做良好的沟通。	□	□	□	□	□
07. 我会事先做合适的时间分布,使工作都能如期完成。	□	□	□	□	□
08. 发展计划时,我会思考可能的阻碍,事先做好因应的措施。	□	□	□	□	□
09. 我觉得自己是一个很会做时间管理的人。	□	□	□	□	□
10. 我会善用记事本等工具,记录每天重要的讯息和行程。	□	□	□	□	□
11. 我会利用布告栏记载重要行事,让同仁做好时间分布和管理。	□	□	□	□	□
12. 我会使用计算机等工具,协助工作更有效率的完成。	□	□	□	□	□
13. 我会利用计算机网页公布工作要项,使用校务运作更顺畅。	□	□	□	□	□
14. 我会在文件的关键处加标记,以便加快阅读时的速度。	□	□	□	□	□
15. 我会将工作上的困难、想法与心得记录下来,以便未来查考。	□	□	□	□	□

表 1-23

原始题项	变量名称	变量标记	数值范围	水平数值标记
一、基本数据				
1	性别		1-2	1:男生　2:女生
2	年龄		1-5	1:30 岁以下　2:31-40 岁 3:41-50 岁　4:51-60 岁 5:61 岁以上
3	婚姻		1-4	1:未婚　2:已婚 3:离异　4:丧偶
4	学历		1-5	1:专科以下　2:大学 3:40 学分班　4:硕士 5:博士
5	服务年资		1-6	1:5 年以下　2:6-10 年 3:11-15 岁　4:16-20 年 5:21-25 岁　6:26 年以上
6	学校属性		1-2	1:公立　2:私立
7	学校类别		1-2	1:高中　2:高职
8	学校规模		1-3	1:24 班以下　2:25-28 班 3:29 班以上
二、时间管理认知				
01	A1		1-5	
02	A2		1-5	
03	A3		1-5	
04	A4		1-5	
05	A5		1-5	
06	A6		1-5	
07	A7		1-5	
08	A8		1-5	
09	A9		1-5	
10	A10		1-5	
三、时间分布				
	B3_1	组织发展	1-9	
	B3_2	行政领导	1-9	
	B3_3	事务管理	1-9	
	B3_4	教学视导	1-9	
	B3_5	学生辅导	1-9	
	B3_6	公共关系	1-9	
	B3_7	研习进修	1-9	
	B3_8	偶发事件	1-9	
	B3_9	其他	1-9	

续表

原始题项	变量名称	变量标记	数值范围	水平数值标记
四、互动对象				
	C4_1	上级长官	1-9	
	C4_2	校外伙伴	1-9	
	C4_3	学校同事	1-9	
	C4_4	学生家长	1-9	
	C4_5	小区民众	1-9	
	C4_6	民意代表	1-9	
	C4_7	同学朋友	1-9	
	C4_8	家人亲戚	1-9	
	C4_9	其他	1-9	
五、困扰因素				
	D5_1		0-1	0:未勾选 1:勾选
	D5_2		0-1	0:未勾选 1:勾选
	D5_3		0-1	0:未勾选 1:勾选
	D5_4		0-1	0:未勾选 1:勾选
	D5_5		0-1	0:未勾选 1:勾选
	D5_6		0-1	0:未勾选 1:勾选
	D5_7		0-1	0:未勾选 1:勾选
	D5_8		0-1	0:未勾选 1:勾选
	D5_9		0-1	0:未勾选 1:勾选
	D5_10		0-1	0:未勾选 1:勾选
	D5_11		0-1	0:未勾选 1:勾选
	D5_12		0-1	0:未勾选 1:勾选
	D5_13		0-1	0:未勾选 1:勾选
	D5_14		0-1	0:未勾选 1:勾选
六、时间策略运用				
01	E1		1-5	
02	E2		1-5	
03	E3		1-5	
04	E4		1-5	
05	E5		1-5	
06	E6		1-5	
07	E7		1-5	
08	E8		1-5	
09	E9		1-5	
10	E10		1-5	
11	E11		1-5	
12	E12		1-5	
13	E13		1-5	
14	E14		1-5	
15	E15		1-5	

在上述变量的编码中(第二部分"时间管理认知"与第六部分"时间管理策略运用状况"),若是研究者要增列变量题项标记与水平数值标记也可以,只是这样好像没有实质意义存在,白白浪费研究者键入数据文件的时间,因为此种特质量表将来不会逐题分析,而是要将其层面加总,以加总后的层面变量作为目标变量,并作为差异检验的依变量或统计分析的自变量。此外,对于各部分的内容研究者最好以不同的英文名称作为其变量代码以方便区别,如问卷中有四部分:第一部分为基本数据,第二部分至第四部分共包含三种不同量表,此时,第二部分至第四部分的题项变量可分别以 A,B,C 或 B,C,D 为量表题项变量的起始字符。

第九节　抽样调查的样本数

对于有限总体,样本抽样的大小公式如下[1]:

$$n \geq \frac{N}{\left(\dfrac{\alpha}{k}\right)^2 \dfrac{N-1}{P(1-P)} + 1}$$

N 为总体的样本数,P 通常设为 0.50,因为设定 0.50 时可以得出最可信的样本大小。

若是抽样总体相当大或无限大,样本抽样的大小公式如下:

$$n \geq \left(\frac{k}{\alpha}\right)^2 P(1-P) \quad (内田治,2007)$$

置信度与显著水平有关(level of significance),在行为与社会科学领域中,一般均将显著水平设定为 0.05($\alpha = 0.05$),当统计量的显著性 p 值小于或等于 α 时,则拒绝零假设,接受对立假设;当统计量的显著性 p 值大于 α 时,则接受零假设,拒绝对立假设,变量间没有显著相关或组别平均数间的差异不显著,表示[研究假设无法获得支持],显著水平为 0.05 时,区间估计采用的置信度为 $1 - \alpha = 0.95$,此时分位数 $k = 1.96$;当显著水平为 0.01 时,区间估计采用的置信度为 $1 - \alpha = 0.99$,此时分位数 $k = 2.58$。达到 0.05 显著水平,在 SPSS 的结果输出窗口中,通常会以 * 符号表示,达到 0.01 显著水平,通常会以 ** 符号表示,达到 0.001 显著水平,通常会以 *** 符号表示。

【抽样实例】

某研究者想以某一地区企业员工为研究对象,已知此地区中小型企业员工共有 5 000 人,则研究者在随机抽样时至少要抽取多少个样本,研究推论才可靠?

上述 N 为有限总体,$N = 5\,000$,显著水平 α 设为 0.05,当置信度为 $1 - 0.05 = 0.95$ 时,$k = 1.96$,$p = 0.5$,抽样样本数如下:

$$n \geq \frac{N}{\left(\dfrac{\alpha}{k}\right)^2 \dfrac{N-1}{P(1-P)} + 1} = \frac{5\,000}{\left(\dfrac{0.05}{1.96}\right)^2 \dfrac{5\,000-1}{0.50(1-0.50)}} = \frac{5\,000}{14.012\,5} = 356.816 \approx 357$$

研究者若采取随机抽样的方法,样本数最好在 357 位以上。

若是抽样的总体 $N = 10\,000$,则最少抽样样本数为:

$$n \geq \frac{N}{\left(\dfrac{\alpha}{k}\right)^2 \dfrac{N-1}{P(1-P)} + 1} = \frac{10\,000}{\left(\dfrac{0.05}{1.96}\right)^2 \dfrac{10\,000-1}{0.50(1-0.50)}} = \frac{5\,000}{27.028\,2} = 369.98 \approx 370$$

---

1 其中 α 为显著水平;k 为正态分布的分位数。

若是抽样的总体 $N = 40\ 000$，则最少抽样样本数为：

$$n \geqslant \frac{N}{\left(\dfrac{\alpha}{k}\right)^2 \dfrac{N-1}{P(1-P)} + 1} = \frac{40\ 000}{\left(\dfrac{0.05}{1.96}\right)^2 \dfrac{40\ 000-1}{0.50(1-0.50)} + 1} = \frac{40\ 000}{105.120\ 7} = 380.515 \approx 381$$

样本抽样数与总体人数并非成比例关系，以上述总体人数 $N = 5\ 000$ 人、$N = 10\ 000$ 人、$N = 40\ 000$ 人为例，最少的抽样样本数分别为 $n = 357$、$n = 370$、$n = 381$，当总体人数增加到 2 倍、8 倍时，研究者并不需要将抽样样本数增加到 2 倍、8 倍。

有些学者直接从问卷调查的属性来界定正式样本抽样人数，如 Creswell(2002) 认为一般的问卷调查研究中，正式抽样样本数最好在 350 人以上；Airasian 与 Gay(2003) 认为问卷调查的正式样本数至少要占其总体的 10%，若是总体的人数少于 500，则分析样本数最好占总体的 20% 以上；Neuman(2003) 主张若是总体的人数较少，则分析样本数最好占总体的 30% 以上，问卷调查法的抽样样本数的多寡，学者间并没有一致相同的看法，若是一般的总体的抽样，其抽样样本数可参考上述有限总体抽样公式。

正式问卷调查中，抽样样本数愈多推论的效度愈可靠，但抽样的样本性质必须能确实反映出总体的属性，因而研究者最好采取随机抽样或分层随机抽样方式，如此抽取的样本数才能有效代表其所属的总体。在决定样本数的大小时，除参考上述抽样调查的估值公式外，研究者还应考虑到时间、精力、财力等因素，因为研究者抽取有代表的样本来推估总体，比抽取多数而代表性不高的样本更具有外在效度。

在组别平均数的差异比较方面，各组(各水平数值)的样本数至少要在 20 个以上，如果要求很低也要 15 个以上，较理想的数目为 30 个以上。在问卷调查中，有时背景数据某些变量的组别人数(某一个水平数值的样本数)会少于 20 人，此时，研究者可把部分的组别合并，将变量的水平数值重新编码，变量组别的合并与重新编码的范例与操作在后面的章节中有详细说明。

第二章 数据文件的管理与转换

在数据文件进行统计分析程序前,常因统计分析所需而将原始数据文件加以进一步转换,如进行问卷量表题项反向题的反向计分,量表各层面的加总,将某一连续变量分隔成不同区段组别,只选择某些符合特定条件的观察值,数据检核与缺失值的处理等。

第一节 选择观察值

在统计分析时,有时只需要挑选某些特别属性的观察值加以分析,此时被选取的观察值必须符合某种条件。以下述有四个变量的数据文件(表2-1)为例,"班级"变量为类别量尺,水平数值1为甲班、水平数值2为乙班;"性别"变量为类别量尺,水平数值1为男生、水平数值2为女生;"数学"变量与"英文"变量为尺度量尺,分别为观察值在数学成绩测验上与在英文成绩测验上的标准化分数,数据文件的范例如下:

表2-1

班级	性别	数学	英文
1	2	92	93
1	2	75	85
1	1	55	54
1	1	64	51
2	1	82	85
2	1	71	60
2	2	70	38

(一)选择符合条件设定的观察值

如果使用者想挑选甲班(班级变量水平数值等于1)的受试者进行数据分析,其操作程序如下:挑选出甲班的学生,即选择"班级=1"的受试者。

1. 步骤1

执行工具栏[数据(D)][1](data)→[选择观察值(C)](select cases)程序,出现[选择观察值]对话窗口。选取[如果满足设定条件(C)]选项,按[若(I)…]钮,出现[选择观

---

1 文中"数据(D)"对应本书中SPSS操作界面图中的"资料(D)"。

察值:If]次对话窗口,如图 2-1。

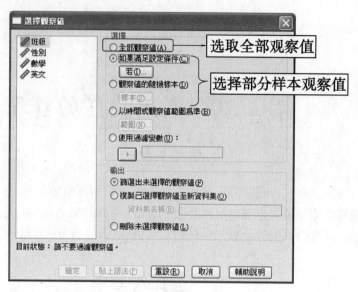

图 2-1

2. 步骤 2

在[选择观察值:If](select cases:If)次对话窗口中,在左边变量清单内选取目标变量"班级"至右边方框中,在"班级"的右边键入设定条件"＝1",按[继续])钮,回到[选择观察值]对话窗口。在[选择观察值]对话窗口下的[输出]方框勾选内定选项[筛选出未选择的观察值项(F)]→按[确定]钮。

完成条件设定后的结果,在[若…]按钮的旁边会出现设定条件,范例中为"班级＝1"。若是使用者要取消选择观察值的指令,全部的数据文件要纳入统计分析,在[选择观察值]对话窗口中,选取[选择]方框中第一个选项[全部观察值(A)]选项。

图 2-2 为执行选择观察值指令后的数据编辑窗口,在数据变量的字段中,会新增一个"filter_＄"变量,此变量内的数值为 1 或 0, 1 表示被选取的观察值(合乎设定条件)、0 表示未被选取的观察值(不合乎设定条件),"filter_＄"变量中,观察值水平数值为 0 者,其最前面的观察值数字编号会被加上一条右上到左下的斜线"／",表示此观察值已暂时被过滤,在之后的统计分析中,暂时不会被纳入统计分析的范围内。筛选变量"filter_＄",其数值水平 0 的数值标记内定为"未被选择",数值水平 1 则未加数值标记。

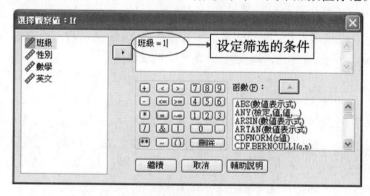

图 2-2

在选择观察值的操作时,在[选择观察值]对话窗口中,新数据文件的[输出]方框有三个选项:

(1)[筛选出未选择的观察值(F)]:此选项为内定选项,在输出方框中若勾选此选项,则新数据文件中会新增一个过滤变量"filter_$",如图2-3。"filter_$"变量的水平数值为0,1,水平数值为1的观察值表示符合筛选条件者,水平数值为0的观察值表示不符合筛选条件,未被选择的观察值还保留在数据文件中,只是进行统计分析时会从数据中过滤掉。若是使用者想将被过滤掉的观察值还原,在[选择观察值]对话窗口中,[选择]方框内要选取[全部观察值(A)]选项。

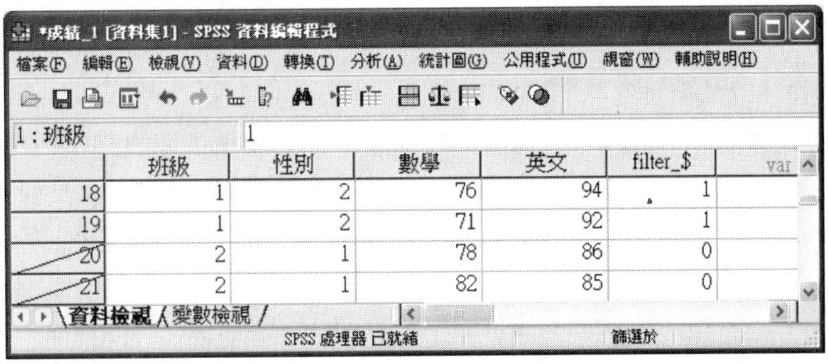

图 2-3

(2)[复制已选择观察值至新数据集(O)]:此选项会把符合筛选条件的观察值从原数据文件中复制至另一个新的数据文件,而原先旧的数据文件内容不会变更。勾选[复制已选择观察值至新数据集]选项后,要在其下[资料集名称(E)]右边的方格中输入新数据文件的文件名。

(3)[删除未选择观察值(L)]:此选项会把未符合筛选条件的观察值从原先的数据文件中直接删除,保留下来的观察值全部符合筛选条件,由于未被选取的观察值已从原数据编辑窗口中被删除掉,此时若是使用者不小心按工具栏中的[储存档案]钮,会把原始数据文件覆盖,则未被选取的观察值会从数据文件中消失,因而建议使用者在选取观察值进行统计分析时,以选取前面二种选项较为适合。

在选择观察值操作程序中也可以设定两种以上条件,在[选择观察值:If]次对话窗口,中间的算术判别与逻辑符号均可使用,如大于($>$)、小于($<$)、小于且等于($<=$)、大于且等于($>=$)、等于($=$)、不等于($\sim=$)、且($\&$)、或($|$)、$\sim$(非);数学运算符号如:+(加)、-(减)、*(乘)、/(除)、**(乘幂)。

范例如:

1.选择全部的女生观察值

⇒设定条件"性别=2"

2.选择甲班的女生观察值

⇒设定条件"班级=1 & 性别=2"

3.选择乙班的男生观察值

⇒设定条件"班级=2 & 性别=1"

4.选择数学或英文分数在90以上的观察值

⇒设定条件"数学 >= 90 | 英文 >=90"

5.选择数学及英文分数均低于60分的观察值

⇒设定条件"数学 <60 & 英文 <60"

6. 选择男生群体中,数学或英文有一科成绩高于 80 分以上的观察值

⇒设定条件"性别 =1 &(数学 >= 80 | 英文 >= 80)"

7. 选择数学与英文成绩均高于 60 分的女生观察值

⇒设定条件"性别 =2 & 数学 >=60 & 英文 >=60"

8. 选择男生群体中数学 90 分以上或女生群体中英文 90 以上的观察值

⇒设定条件"(性别 =1 & 数学 >=90)|(性别 =2 & 英文 >=90)"

9. 选择甲班数学在 80 分以上或全部样本中英文高于 70 分的观察值

⇒设定条件"(班级 =1 & 数学 >= 80)| 英文 > 70)"

(二)随机样本设定的观察值

在[选择观察值]对话窗口中,勾选第三个选项:[观察值的随机样本(D)],按下[样本(S)…]钮,可开启[选择观察值:随机样本式]次对话窗口,使用者自己设定条件从数据文件中随机抽取一定比例或个数的样本出来统计分析,[样本大小]方框中有二个选项:

(1)[近似于(A)□ % 全部观察值]选项:在"□"方框中输入数值,表示从数据文件中抽取该百分比数值之比率的观察值,如输入 10,如图 2-4,表示从原先数据文件中随机抽取 10% 的观察值,如果原先数据文件有 1 200 位样本,则计算机会随机抽取 120 位作为统计分析的观察值,其余未被选取的观察值会被筛选过滤或直接删除掉,而被选择的观察值会被复制到新数据文件中。若在方框中输入 50,表示随机抽取 50% 的样本作为统计分析的数据文件。

图 2-4

(2)[恰好(E) □ 个观察值来自前(F) □ 个观察值]选项:此选项可以从某一个特定范围中随机抽取多位观察值,如图 2-5,第一个选项为从全体观察值中,依使用者自订的百分比率随机抽取观察值,而第二个选项要明确界定从前面多少位观察值随机抽取。如使用者想从前面 100 笔的观察值中随机抽取 50 位样本观察值,则选项数字为[恰好(E) 50 个观察值来自前(F) 100 个观察值];若是使用者想从前面 300 笔数据中随机抽取 100 笔样本数据,则选项数字为[恰好(E) 100 个观察值来自前(F) 300 个观察值]。对于[选择观察值:随机样本式]次对话窗口中的两个选项,由于是随机取样而得,因而每次选取的样本观察值均会有所不同。

(三)以时间或观察值范围为准

在[选择观察值]对话窗口中,勾选第四个选项:[以时间或观察值范围为准(B)],按下[范围(N)…]钮,可开启[选择观察值:界定范围]次对话窗口,在此窗口中,使用者可以明确界定要选取观察值的范围。如图 2-6 使用者要选取第 100 个观察值到第 200 个观

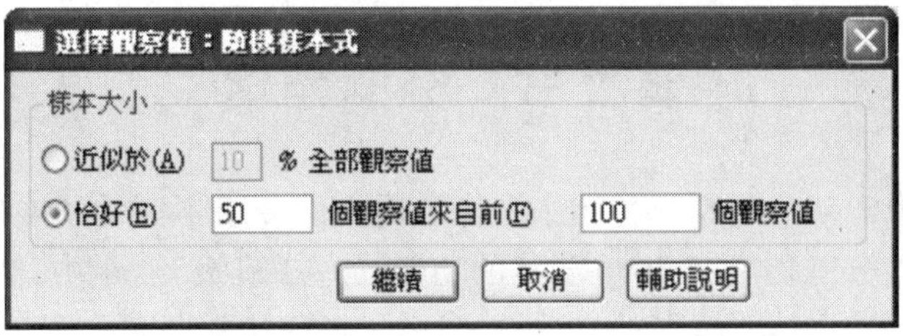

图 2-5

察值,在[第一个观察值]下的方格中键入100,在[最后一个观察值]下的方格中键入200,界定范围选取观察值并非是随机取样,因而界定的范围如果相同,则每次选取的观察值也会一样。

图 2-6

（四）使用过滤变量

前面三种方法,若在输出方框中勾选[筛选出未选择的观察值]选项,则均会产生一个筛选变量"filter_＄",水平数值为0,1,数值水平0的数值标记内定为"未被选择",数值水平1则未加数值标记,使用者也可以直接使用此筛选变量来选取观察值。在[选择观察值]对话窗口中,勾选第五个选项:[使用过滤变量[1]（U）],将筛选变量"filter_＄"选入选项中的方格即可,如图2-7。

图 2-7

---

1 文中"变量"对应图中"变数"。

第二节 分割档案

若是使用者想依某个间断变量的水平将数据文件分成不同的子文件,并分别进行统计分析,则应使用[分割档案](Split File)的功能,如在"班级"变量中,使用者想分别求出两个班级受试者数学与英文成绩的描述性统计量,操作步骤图示如图 2-8:

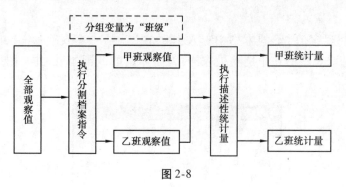

图 2-8

一、分割档案的操作

执行工具栏[数据(D)]/[分割档案(F)]程序,出现[分割档案]对话窗口。
→勾选[依群组组织输出]或[比较群组]选项,将分组变量"班级"选入右方[依此群组(G)]下的方框中,勾选内定[依分组变量排序档案(S)]选项→按[确定]钮。

【备注】
1.[分割档案]对话窗口下面有二个选项,如图 2-9:[依分组变量排序档案(S)]、[档案已排序(F)],使用者最好勾选内定[依分组变量排序档案(S)]选项,此时数据文件如果没有依照分组变量排序好,会先进行排序再分割档案。不论数据文件是否依分组变量排序,[依分组变量排序档案(S)]选项均可适用;相对的,若是档案已经依分组变量排序好,则使用者可勾选[档案已排序(F)]选项。
2.勾选[依群组组织输出(O)]或[比较群组(C)]选项均可将数据文件依群组变量分成数个子文件,均可达成分割档案的功能,二者主要的差别在于输出报表格式的不同。
3.分割档案后,在[数据检视]工作窗口中,使用者看不出数据文件观察值的分割情形,要执行统计分析程序时才能从报表中得知。

在上述[分割档案]对话窗口中,[依此群组(G)]下的方框中最多可以指定八个分组变量,亦即使用者可以根据多个间断变量(类别或次序变量)将数据文件分割成数个子数据文件。数据文件分割后,若是使用者要继续进行所有样本观察值的统计分析,则需要将分割档案的功能取消,其操作程序如下:

执行工具栏[数据(D)]/[分割档案(F)]程序,出现[分割档案]对话窗口,勾选窗口中的第一个选项:[分析所有观察值,勿建立群组(A)]→按[确定]钮。

如果使用者要依次分别进行甲班男生、甲班女生、乙班男生、乙班女生的数学、英文

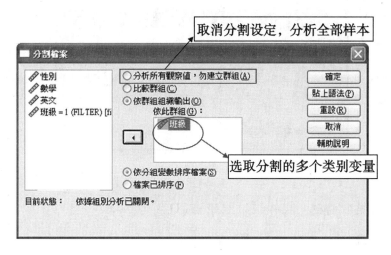

图 2-9

成绩的描述性统计量,则设定分割的变量为:班级、性别,其[分割档案]图示如图 2-10:

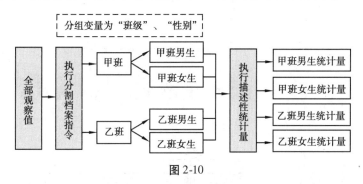

图 2-10

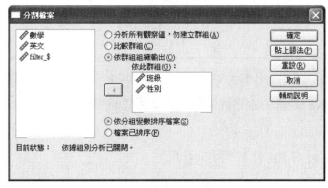

图 2-11

二、分割档案输出报表

执行工具栏[分析(Analyze)(A)]/[叙述统计(Descriptive Statistics)(E)]/[描述性统计量(Descriptives)(D)]程序,可以求出各目标变量的描述性统计量。在[分割档案]对话窗口中,点选至[依此群组(G)]方格中的变量为"班级",表示依照班级的水平数值,将数据文件分割,原班级变量中的水平数有两个,水平数值 1 为甲班、2 为乙班,因而会分别呈现甲班和乙班的数学、英文测验成绩的描述性统计量。

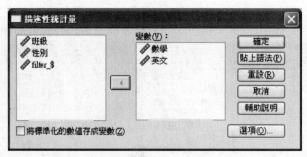

图 2-12

1. 分割档案时勾选［依群组组织输出（O）］

班级 = 甲班

表 2-2　叙述统计（a）

	个数	最小值	最大值	平均数	标准差
数学	24	42	97	72.29	14.048
英文	24	41	100	77.58	17.146
有效的 N（完全排除）	24				

a 班级 = 甲班

表 2-2 为"班级"变量中水平数值等于 1（1 为甲班）的样本在数学、英文的描述性统计量。

班级 = 乙班

表 2-3　叙述统计（a）

	个数	最小值	最大值	平均数	标准差
数学	26	55	100	79.00	13.339
英文	26	38	99	80.92	15.279
有效的 N（完全排除）	26				

a 班级 = 乙班

表 2-3 为"班级"变量中水平数值等于 2（2 为乙班）的样本在数学、英文的描述性统计量。

2. 分割档案时勾选［比较群组（C）］

表 2-4　叙述统计

班级		个数	最小值	最大值	平均数	标准差
甲班	数学	24	42	97	72.29	14.048
	英文	24	41	100	77.58	17.146
	有效的 N（完全排除）	24				
乙班	数学	26	55	100	79.00	13.339
	英文	26	38	99	80.92	15.279
	有效的 N（完全排除）	26				

　　分割档案时,勾选[比较群组(C)]与勾选[依群组组织输出(O)]两个选项,均可将数据文件分割,两者输出的统计量均相同,唯一的差别是分割表格的呈现方式,勾选[依群组组织输出(O)]选项时,执行统计分析程序会依分割变量的水平数而分别独立呈现每个分析表格;勾选[比较群组(C)]选项时,输出的结果数据以一个表格方式呈现,但表格的统计量会以分割变量的水平数值依序呈现。分割后甲班观察值有 24 位、乙班观察值有 26 位。以选取[比较群组(C)]选项为例,如表 2-4,描述性统计量以一个表格呈现,但表格中分别呈现甲班(班级水平数值 =1)的数据和乙班(班级水平数值 =2)的数据。

　　在[分割档案]对话窗口中,依次点选至[依此群组(G)]方格中的变量为"班级""性别",表示先依照"班级"变量的水平数值,将数据文件分割,次再根据"性别"变量的水平数值将各班的数据文件分割。原班级变量中的水平数有两个,水平数值 1 为甲班、2 为乙班,因而会先将数据文件分割为甲班、乙班,性别变量中的水平数值有两个,水平数值 1 为男生、2 为女生,分割后的数据文件为甲班男生(班级 =1 & 性别 =1)、甲班女生(班级 =1 &性别 =2)、乙班男生(班级 =2 & 性别 =1)、乙班女生(班级 =2 & 性别 =2)。

1. 分割档案时勾选[依群组组织输出(O)]

班级 ＝ 甲班, 性别 ＝ 男生

表 2-5　叙述统计(a)

	个数	最小值	最大值	平均数	标准差
数学	13	42	97	67.77	14.635
英文	13	51	100	71.85	16.802
有效的 N(完全排除)	13				

a 班级 ＝ 甲班, 性别 ＝ 男生

　　表 2-5 为甲班男生(班级 =1 & 性别 =1)在数学及英文成绩的描述性统计量,甲班男生的样本数有 13 位。

班级 ＝ 甲班, 性别 ＝ 女生

表 2-6　叙述统计(a)

	个数	最小值	最大值	平均数	标准差
数学	11	57	94	77.64	11.784
英文	11	41	95	84.36	15.622
有效的 N(完全排除)	11				

a 班级 ＝ 甲班, 性别 ＝ 女生

　　表 2-6 为甲班女生(班级 =1 & 性别 =2)在数学及英文成绩的描述性统计量,甲班女生的样本数有 11 位。

班级 ＝ 乙班, 性别 ＝ 男生

表 2-7　叙述统计(a)

	个数	最小值	最大值	平均数	标准差
数学	15	71	100	86.47	9.523
英文	15	60	99	88.93	10.333
有效的 N(完全排除)	15				

a 班级 ＝ 乙班, 性别 ＝ 男生

表2-7 为乙班男生(班级 =2 & 性别 =1)在数学及英文成绩的描述性统计量,乙班男生的样本数有 15 位。

班级 = 乙班,性别 = 女生

表 2-8　叙述统计(a)

	个数	最小值	最大值	平均数	标准差
数学	11	55	87	68.82	10.962
英文	11	38	88	70.00	14.374
有效的 N(完全排除)	11				

a 班级 = 乙班,性别 = 女生

表 2-8 为乙班女生(班级 =2 & 性别 =2)在数学及英文成绩的描述性统计量,乙班女生的样本数有 11 位。

2. 分割档案时勾选[比较群组(C)]

表 2-9　叙述统计

班级	性别		个数	最小值	最大值	平均数	标准差
甲班	男生	数学	13	42	97	67.77	14.635
		英文	13	51	100	71.85	16.802
		有效的 N(完全排除)	13				
	女生	数学	11	57	94	77.64	11.784
		英文	11	41	95	84.36	15.622
		有效的 N(完全排除)	11				
乙班	男生	数学	15	71	100	86.47	9.523
		英文	15	60	99	88.93	10.333
		有效的 N(完全排除)	15				
	女生	数学	11	55	87	68.82	10.962
		英文	11	38	88	70.00	14.374
		有效的 N(完全排除)	11				

上述四个分割后子数据文件以班级的水平数值、性别的水平数值组合而成,班级变量水平数值有两个水平、性别变量水平数值有两个水平,形成 2×2 交叉表,交叉表有四个细格,因而会分割成四个子数据文件:"班级 =1 & 性别 =1""班级 =1 & 性别 =2""班级 =2 & 性别 =1""班级 =1 & 性别 =2"。分割后子数据文件样本中,甲班男生的观察值有 13 个,甲班女生的观察值有 11 个,甲班共有 24 个观察值;乙班男生的观察值有 15 个、乙班女生的观察值有 11 个,乙班共有 26 个观察值,原数据文件中的全体样本数为 50,如表2-9。

如果第一个分割变量有三个水平,水平数值为 1,2,3,第二个分割变量有 2 个水平,水平数值为 1,2,第三个分割变量有两个水平,水平数值为 1,2,则分割后的子数据文件共有 3×2×2 =12 个,假设三个变量的变量名称分别为 A,B,C,则分割的十二个子数据文件如表 2-10:

表 2-10

变量 A	变量 B	变量 C	备　注
A = 1	B = 1	C = 1	A = 1 & B = 1 & C = 1
A = 1	B = 1	C = 2	A = 1 & B = 1 & C = 2
A = 1	B = 2	C = 1	A = 1 & B = 2 & C = 1
A = 1	B = 2	C = 2	A = 1 & B = 2 & C = 2
A = 2	B = 1	C = 1	A = 2 & B = 1 & C = 1
A = 2	B = 1	C = 2	A = 2 & B = 1 & C = 2
A = 2	B = 2	C = 1	A = 2 & B = 2 & C = 1
A = 2	B = 2	C = 2	A = 2 & B = 2 & C = 2
A = 3	B = 1	C = 1	A = 3 & B = 1 & C = 1
A = 3	B = 1	C = 2	A = 3 & B = 1 & C = 2
A = 3	B = 2	C = 1	A = 3 & B = 2 & C = 1
A = 3	B = 2	C = 2	A = 3 & B = 2 & C = 2

第三节　观察值变量转换等级

等级观察值的功能主要是将连续变量的数值转换为等级(次序变量)、百分等级或其他类型的分数。在测验编制方面,常模的数据要求将受试样本的原始分数转换成百分等级分数,即可利用等级观察值来完成。此外,在测验成绩的排序方面,也可以利用等级观察值的操作程序来完成。

一、自动重新编码

表 2-11

编号	A	B	C	D	E	F	G	H	I	J	K	L
数学成就	65	84	84	78	76	75	94	92	91	51	92	98
名次	9	5	5	6	7	8	2	3	4	10	3	1

以表 2-11 中十二名学生的数学测验成绩为例,如果要快速求出其名次,可利用[自动重新编码]的功能。其操作步骤如下:

1. 步骤 1

执行工具栏[转换(Transform)(T)]/[自动重新编码(Automatic Recode)(A)]程序,开启[自动重新编码]对话窗口。

2. 步骤 2

在左边变量清单中将目标变量"数学成就"选入右边方框中,在右边[新名称(N):]右方的方格中键入新变量的名称,如"名次",按[新增名称(A)]钮,在[变量 -> 新名称(V)]方框中会从"数学成就 --> ?"变为"数学成就 --> 名次",如图 2-13。

3. 步骤 3

在[重新编码起始值]的方框中,选取一个选项,勾选起始值为[最低值(L)],表示将分数值最小值设为1,勾选起始值为[最高值(H)],表示将分数值最大值设为1→按[确定]钮。在一般的名次转换中,会将重新编码起始值设为[最高值(H)]选项,但在非参数统计分析中,会将测量值最低分者的名次等级设定为1。

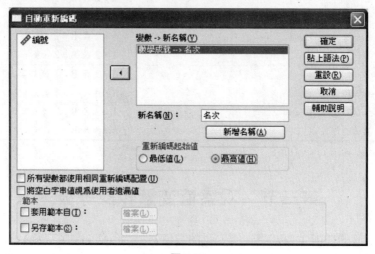

图 2-13

二、等级观察值

在将连续变量转换为次序变量时,也可以使用等级观察值[1]程序,其实等级观察值操作程序较自动重新编码更具弹性,其选项功能也较多,操作程序如下:

1. 步骤 1

执行工具栏[转换(T)]/[等级观察值(Rank Cases)(K)]程序,开启[等级观察值]对话窗口。

2. 步骤 2

在左边变量清单中将目标变量"数学成就"选入右边[变量]下的方框中,[等级1指定给]方框中有两个选项:[最小值(S)]选项,变量中最小数值的等级设定为1;[最大值(L)]选项,变量中最大数值的等级设定为1(即最高分者为第一名)→按[确定]钮。

【备注】　[等级观察值]对话窗口的左下角方框[等级1指定给]中有两个选项:[最小值]、[最大值],勾选[最小值(S)]选项表示等级1指定给数值最小的观察值,即样本观察值在依变量测量值最低分者的等级为1,在求百分等级时,须勾选此选项,勾选[最大值(L)]选项表示等级1指定给数值最大的观察值。一般的成绩排名,就是将样本在变量测量值最高分者的等级设为1,如图2-14。

---

1 "等级观察值"又称"对变量值求秩"。

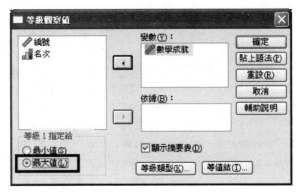

图 2-14

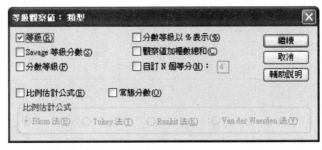

图 2-15

在［等级观察值］对话窗口中，如图 2-15，按［等级类型（K）…］钮，有八种不同等级化的方式选项：

1.［等级（R）］：根据变量数值高低排名次，可将数值等级 1 设定为最高分观察值或最低分观察值。

2.［Savage 等级分数（S）］：根据变量数值高低转换为指数等级分数。

3.［分数等级（F）］：依变量数值转换后的等级除以有效样本数所得的分数值，以四位小数表示由 0 至 1 的百分比。

4.［分数等级以％表示（％）］：将分数等级以％符号形式表示，此即为百分等级。

5.［观察值加权数总和（C）］：计算有效样本观察值的累积个数。

6.［自订 N 个等分（N）］：让使用者自订将原始数据分成 1 至 9 个等级，内定的数值为 4，表示将原始数据平均分为四个等级。

7.［比例估计公式（E）］：根据某种特殊等级化比例估计公式来估计数据的正态化累积百分比。

8.［常态分数（O）］（正态分数）：将由比例估计公式求得的正态化累积百分比转换为 Z 分数。

在比例估计与正态分数选项中，SPSS 提供四种比例估计与转为 Z 分数的公式：Bloom 法（B）、Tukey 法（T）、Rankit 法（K）、Van der Waerden 法（V）。

在表 2-12 的数据中，将等级 1 指定给最小值，自订 4 个等分，比例估计公式采用 Bloom 法，不同类型的等级所产生的结果不同。在［自订 4 个等分］选项中，由于样本数较小，故只能平均分为三个等级。

表 2-12

原始分数	比例估计 Bloom 法	正态分数 Bloom 法	等级	指数等级	自订 4 个等分	分数等级	百分等级	加权数总和
数学	P 数学	N 数学	R 数学	S 数学	NTI001	RFR001	PER001	N001
65	0.1327	− 1.1139	2	− 0.8258	1	0.1667	16.67	12
84	0.3776	− 0.3119	5	− 0.3389	2	0.4167	41.67	12
84	0.3776	− 0.3119	5	− 0.3389	2	0.4167	41.67	12
78	0.2959	− 0.5362	4	− 0.6146	2	0.3333	33.33	12
84	0.3776	− 0.3119	5	− 0.3389	2	0.4167	41.67	12
75	0.2143	− 0.7916	3	− 0.7258	1	0.2500	25.00	12
94	0.6224	0.3119	8	1.1032	3	0.6667	66.67	12
92	0.5408	0.1025	7	0.4365	3	0.5833	58.33	12
91	0.4592	− 0.1025	6	0.0199	2	0.5000	50.00	12
51	0.0510	− 1.6350	1	− 0.9167	1	0.0833	8.33	12
92	0.5408	0.1025	7	0.4365	3	0.5833	58.33	12
98	0.7041	0.5362	9	2.1032	3	0.7500	75.00	12

在[等级观察值]对话窗口中,按[等级结(T)…]钮,可开启[等级观察值:同分时]次对话窗口,如图 2-16,在[指定同分的等级]方框中有四个选项供使用者选择,四个选项代表变量数值同分时等级不同的处理方式。以五个观察值而言,第一名编号为 01(等级1),第二名至第四名编号为 02,03,04,第五名编号为 05(等级 5)。2,3,4 三个等级平均等级为 $(2+3+4)÷3=3$,则编号 02,03,04 三名观察值的等级均为 3,编号 05 等级为 5;最低等级为 2,编号 02,03,04 三名观察值的等级均为 2,编号 05 等级为 5;最高等级为 4,编号 02,03,04 三名观察值的等级均为 4,编号 05 等级为 5;勾选[同分观察值依顺序给唯一值]选项,编号 02,03,04 的等级均为 2,编号 05 的等级为 3。

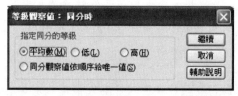

图 2-16

观察值同分时,[等级结(T)…]钮中四种不同的等级处理方式结果如表 2-13。

表 2-13

编号	数学	平均数(M)	低(L)	高(H)	依顺序给唯一值(S)
A	65.0	11.0	11.0	11.0	8.0
B	84.0	7.0	6.0	8.0	5.0
C	84.0	7.0	6.0	8.0	5.0
D	78.0	9.0	9.0	9.0	6.0
E	84.0	7.0	6.0	8.0	5.0
F	75.0	10.0	10.0	10.0	7.0
G	94.0	2.0	2.0	2.0	2.0
H	92.0	3.5	3.0	4.0	3.0

续表

编号	数学	平均数(M)	低(L)	高(H)	依顺序给唯一值(S)
I	91.0	5.0	5.0	5.0	4.0
J	51.0	12.0	12.0	12.0	9.0
K	92.0	3.5	3.0	4.0	3.0
L	98.0	1.0	1.0	1.0	1.0

三、重新编码

重新编码可将原来变量的水平数值重新加以设定,如将题项反向题重新计分,将一个连续变量的数值分为数个等级或等第,将背景变量的水平数值重新合并等。以上述两个班测得的数学成绩为例,若是使用者要将受试者测得的数学成绩归类为下列五个等级:90 分以上为 1 等、80-89 分为 2 等、70-79 分为 3 等、60-69 分为 4 等、59 分以下为 5 等,之后再计算各等级的人次,其中将连续变量"数学"转化为五个等第(次序变量)的操作方法有两种,一为将变量数值重新编码,二为利用可视化聚集器[1]的功能。重新编码的操作程序如下:

(一)步骤 1

执行工具栏[转换(T)]/[重新编码(R)](Recode)/[成不同变量(D)](Into Different Variables)的程序,出现[重新编码成不同变量]对话窗口,如图 2-17。

【备注】　重新编码选单中有两个次选单:[成同一变量(S)]、[成不同变量(D)],重新编码成同一变量时,新编码后数据会取代原先变量中的原始数据,重新编码成不同变量则会保留原始变量内的数据,新编码后的数据会新增一个变量名称。

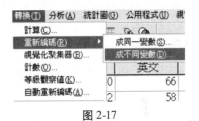

图 2-17

(二)步骤 2

将左边变量清单的目标变量"数学"点选至右边[数值变量 --> 输出变量]下的方格中→在[输出之新变量]方框中[名称(N)]下的方格键入新分组变量名称"数学等第"→按[变更]钮,在中间[数值变量(V) --> 输出变量]下的方格中,文字会由"数学 --> ?"变更为"数学 --> 数学等第"→按[旧值与新值(O)...]钮,开启[重新编码成不同变量:旧值与新值]次对话窗口,如图 2-18。

【备注】　[输出之新变量]方框中[标记(L)]下的方格中可键入新分组变量的变量标记,如"数学成绩等第",此变量标记也可以在[变量检视]窗口中设定更改。

---

1 "可视化聚集器"也称"可视化定类变换"。

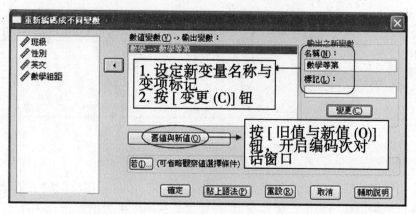

图 2-18

（三）步骤 3

左边 [旧值] 方框中点选第六个选项 [范围,值到 HIGHEST(E)],在其下的方格中输入临界值 90,表示数值范围为 90 分至最高分→右边 [新值为] 方框中,点选 [数值(L)],在其右边的方格中键入 1→按 [新增(A)] 钮,[旧值 --> 新值(D)] 下的方框中会出现 "90 thru Highest --> 1" 的讯息。
→左边 [旧值] 方框中点选第五个选项 [范围(N)],在其下的第一个方格中输入临界值 80,[到(T)] 后面的方格中输入临界值 89,表示数值范围为 80 至 89 分→右边 [新值为] 方框中,点选 [数值(L)],在其右边的方格中键入 2→按 [新增(A)] 钮,[旧值 --> 新值(D)] 下的方框中会出现 "80 thru 89 --> 2" 的讯息。
→左边 [旧值] 方框中点选第五个选项 [范围(N)],在其下的第一个方格中输入临界值 70,[到(T)] 后面的方格中输入临界值 79,表示数值范围为 70 至 79 分→右边 [新值为] 方框中,点选 [数值(L)],在其右边的方格中键入 3→按 [新增(A)] 钮,[旧值 --> 新值(D)] 下的方框中会出现 "70 thru 79 --> 3" 的讯息。
→左边 [旧值] 方框中点选第五个选项 [范围(N)],在其下的第一个方格中输入临界值 60,[到(T)] 后面的方格中输入临界值 69,表示数值范围为 60 至 69 分→右边 [新值为] 方框中,点选 [数值(L)],在其右边的方格中键入 4→按 [新增(A)] 钮,[旧值 --> 新值(D)] 下的方框中会出现 "60 thru 69 --> 2" 的讯息。
→左边 [旧值] 方框中点选第四个选项 [范围,LOWEST 到值(G)],在其下的方格中输入临界值 59,表示数值范围为最低分到 59 分→右边 [新值为] 方框中,点选 [数值(L)],在其右边的方格中键入 5→按 [新增(A)] 钮,[旧值 --> 新值(D)] 下的方框中会出现 "Lowest thru 59 --> 5" 的讯息,如图 2-19。
【备注】 操作步骤 3 顺序可以颠倒,不论次序为何,临界值的数值不能重复出现。若是某个编码数值键入错误,在 [旧值 --> 新值(D)] 方框中选取要重新编码的数值选项修改错误之处→按 [变更] 钮,或直接按 [删除] 钮删除原先的编码,之后再重新键入即可。

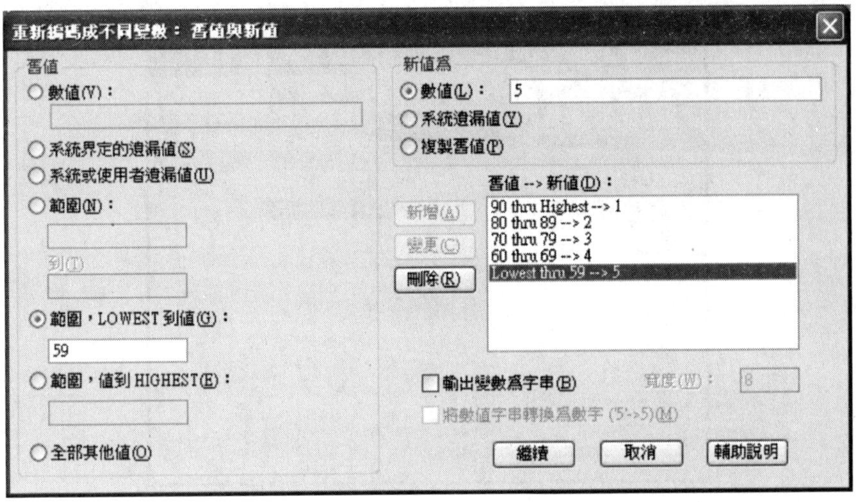

图 2-19

上述［旧值 -->新值(D)］方框中出现的设定提示语符号的说明如表2-14：

表 2-14

90 thru Higtest --＞1	90 分以上至最高分的水平数值设为1
80 thru 89 --＞2	80 分至 89 分的水平数值设为2
70 thru 79 --＞3	70 分至 79 分的水平数值设为3
60 thru 69 --＞4	60 分至 69 分的水平数值设为4
Lowest thru 59 --＞5	最低分至 59 分的水平数值设为5

四、可视化聚集器

　　［可视化聚集器］(Visual Bander)为 SPSS12.0 版以后新增的功能,可将连续的数值数据依数值由小至大的关系,将数据加以分组(测量值由最低分至最高分分组),因而可将等距或比率变量转换为间断变量,其功能在于将连续数值数据分割为几个区段,区段的编码中最低分至第一个临界值的水平数值为1(第一个区段)、第二个区段的水平数值为2、第三个区段的水平数值为 3 等。重新编码的操作程序中,各区段的水平数值可以由小至大,也可以由大至小,但可视化聚集器的操作程序中,第一个区段一定是测量值中的最低分的那个区段,其水平数值内定为1。

　　上述五十位同学的数学成绩,要转换为五个等第,利用［可视化聚集器］的操作,90分以上区段的水平数值为5,80-89 分区段的水平数值为4,70-79 分区段的水平数值为3,60-69 分区段的水平数值为2,59 分以下区段的水平数值为1,因而新分组变量中,水平数值为 1 者表示是数学成绩最低的一个组别。

　　可视化聚集器的操作程序如下：

（一）步骤 1

　　执行工具栏［转换(T)］/［可视化聚集器(B)］程序,开启［Visual Bander］第一层对话窗口→在左边［变量］下的空格中选取要建立新组别的连续变量"数学[数学]"至右边

[带状变量][1]下的空格中→按[继续]钮,开启[Visual Bander]第二层对话窗口。

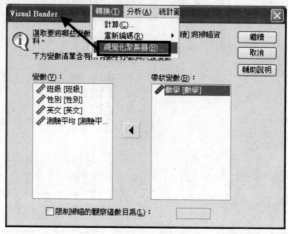

图 2-20

(二)步骤 2

点选左边[变量]下的目标变量"数学[数学]"变量,点选完后 SPSS 会自动将"数学[数学]"移往[目前变量]右的方格中,在[注解]下的第二个方格会出现"数学(带状)"的变量标记→在[带状变量(B):]右的方格中输入新分组变量名称,范例为"数学等第_1"。

(三)步骤 3

在右边[上端点]方框中选取内定选项[包括(I)(<=)]→在下方[网格(G):]每列的方框中输入分组的临界点,范例中在[数值]下第一列的空格中输入 59、在[数值]下第二列的空格中输入 69、在[数值]下第三列的空格中输入 79、在[数值]下第四列的空格中输入 89,在[数值]下第五列不用输入数值,会自动出现"高"→按[制作标记(A)]钮,在[注解]栏会依次出现" <=59""60-69""70-79""80-89""90 +"→按[确定]钮。

【备注】 [上端点]的方框中两个选项[包括(I)(<=)]、[排除(E)(<)],前者表示包括该临界点数值,数学表示式即[小于等于]该数值;后者表示没有包括该临界点数值,数学表示式即小于该数值。选取[上端点]方框中不同的选项,各区段临界值的设定便会有所不同,但最后分组后,各区段所呈现的数据结果应是相同的。

上面的临界点数值与水平注解如表 2-15,上端点选取的选项为[包括(I)(<=)]

表 2-15

水平数值	临界点数值	水平数值标记	说明(变量名称为数学等第_1)
1	59	<=59	59 分(包含 59 分)以下
2	69	60-69	60 分至 69 分(包含 69 分)
3	79	70-79	70 分至 79 分(包含 79 分)
4	89	80-89	80 分至 89 分(包含 89 分)
5	90 +	90 +	90 分以上(包含 90 分)

1 文中"带状变量"对应本书 SPSS 操作界面图中的"带状变数"。

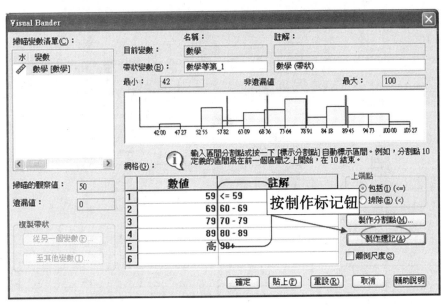

图 2-21

（四）步骤 4

按下［确定］钮后，会出现新增一个新变量的提示窗口，窗口的标题为 SPSS 版本的说明：［SPSS 14.0 中文窗口版］，对话窗口的内容为"带状规格将建立 1 变量"，如图 2-22→按［确定］钮。如果新增列的分组变量名称在原数据文件中已存在，则 SPSS 会出现是否置换现有变量的提示语"确定要置换现有变量？"的对话窗口，如图 2-23，按下［确定］钮，新分组数据会置换原变量内的资料。

图 2-22

图 2-23

在步骤 3 的操作程序中，［上端点］的方框选单中，若是使用者选取［排除（E）（＜）］选项，在下方［网格（G）：］每列的方框中输入分组的临界点与选取［包括（I）（＜＝）］选项不同，范例中在［数值］下第一列的空格中输入 60、在［数值］下第二列的空格中输入 70、在［数值］下第三列的空格中输入 80、在［数值］下第四列的空格中输入 90，在［数值］下第五列不用输入数值，会自动出现"高"→按［制作标记（A）］钮，在［注解］栏会依次出现" ＜60""60-69""70-79""80-89""90 ＋"→按［确定］钮，如图 2-24。

上面的临界点数值与水平数值注解说明如表 2-16，上端点选取［排除（E）（＜）］选项。

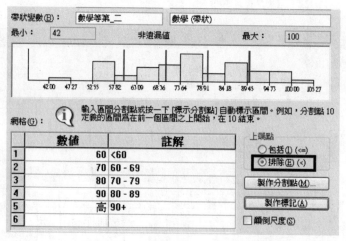

图 2-24

表 2-16

水平数值	临界点数值	水平数值标记	说　明
1	60	<60	60 分(不包含 60 分)以下
2	70	60-69	60 分至 70 分以下(不包含 70 分)
3	80	70-79	70 分至 80 分以下(不包含 80 分)
4	90	80-89	80 分至 90 分以下(不包含 90 分)
5	90 +	90 +	90 分以上

【输出表格】

利用重新编码与两种不同可视化聚集器操作程序将数学成绩转换为五个等第后,利用菜单[分析(A)]/[叙述统计(E)]/[次数分配表(F)]程序,求出五个等第的人数如表2-17:

表 2-17　统计量

		次数	百分比	有效百分比	累积百分比
有效的	90 >=	9	18.0	18.0	18.0
	80-89	10	20.0	20.0	38.0
	70-79	16	32.0	32.0	70.0
	60-69	7	14.0	14.0	84.0
	<=59	8	16.0	16.0	100.0
	总和	50	100.0	100.0	

表 2-17 是执行重新编码后生成不同变量的等第划分,新的等第为五分类别变量,水平 1 的数值标记为"90 >="、水平 2 的数值标记为"80-89"、水平 3 的数值标记为"70-79"、水平 4 的数值标记为"60-69"、水平 5 的数值标记为"<=59",数学成绩为 1 等者有 9 人、数学成绩为 2 等者有 10 人、数学成绩为 3 等者有 16 人、数学成绩为 4 等者有 7 人、数学成绩为 5 等者有 8 人,如表 2-17。各水平的数值标记利用[变量检视]工作窗口由使用者自行键入。执行重新编码程序时,可以把高分区段的样本的变量的水平数值编码为最小值,也可以将其水平数值编码为最大值;相对的低分区段的样本的变量的水平数值可以编码为最小值,也可以为最大值,至于采取何种方式,使用者可自行决定。

表2-18 数学（带状）

		次数	百分比	有效百分比	累积百分比
有效的	<= 59	8	16.0	16.0	16.0
	60-69	7	14.0	14.0	30.0
	70-79	16	32.0	32.0	62.0
	80-89	10	20.0	20.0	82.0
	90 +	9	18.0	18.0	100.0
	总和	50	100.0	100.0	

表2-18为执行可视化聚集器后的等第划分，在［上端点］的方框中选取［包括(I)］（<=）］选项，新的等第为五分类别变量，五个数值水平中，水平1的数值标记为"<= 59"、水平2的数值标记为"60-69"、水平3的数值标记为"70-79"、水平4的数值标记为"80-89"、水平5的数值标记为"90 +"，数学成绩为1等者有9人（数值水平编码为5）、数学成绩为2等者有10人（数值水平编码为4）、数学成绩为3等者有16人（数值水平编码为3）、数学成绩为4等者有7人（数值水平编码为2）、数学成绩为5等者有8人（数值水平编码为1）。利用可视化聚集器转换为五个等第的新变量，其水平标记所代表的意义与利用重新编码生成不同变量的方式刚好相反，这是因为用可视化聚集器分成不同区段时，成绩最低的区段，其水平数值编码为1，而利用重新编码成不同变量的操作程序成绩最低区段的水平数值或成绩最高区段的水平数值都可重新编码为1。如果在之前的操作中，执行重新编码成不同变量的操作程序，将成绩最低区段的水平数值重新编码为1，而将数学成绩90分以上的观察值重新编码为5，则其数值出现的次序与报表会与可视化聚集器的结果相同。

表2-19 数学（带状）

		次数	百分比	有效百分比	累积百分比
有效的	<60	8	16.0	16.0	16.0
	60-69	7	14.0	14.0	30.0
	70-79	16	32.0	32.0	62.0
	80-89	10	20.0	20.0	82.0
	90 +	9	18.0	18.0	100.0
	总和	50	100.0	100.0	

表2-19为执行可视化聚集器后的等第划分，在［上端点］的方框中选取［排除(E)］（<）］选项，其结果与选取［包括(I)］（<=）］选项相同，唯一的差别在于水平1的数值标记内容，一个为"<60"、一个为"<= 59"，二者所代表的意义完全相同：60分以下者有8人（水平数值编码为1）、60至69分者有7人（水平数值编码为2）、70至79分者有16人（水平数值编码为3）、80至89分者有10人（水平数值编码为4）、90分以上者有9人（水平数值编码为5）。

在第二层［Visual Bander］的对话窗口中，右下角有个［制作分割点(M)...］的按钮，按下此钮，可以开启［制作分割点］的对话窗口，此对话窗口中，SPSS提供三种将观察值快速分组的方法：

1. [相等宽区间]

在[区间－填入至少两个栏位]下包括三个空格：[第一个分割点位置（F）]、[分割点数目（N）]、[宽度（W）]。若使用者事先知道最小组分割点的临界值或想要自订第一个分割数值，可以选取此项，在[第一个分割点位置（F）]后面的方格中输入最小的分割点数值，并在[分割点数目（N）]后的空格中键入分割点的数目，分割点数目加 1 为分割的组数，如分割点数为 2，表示将观察值区分为三组，在[宽度（W）]后面的方格中可键入区段的组距大小。在上述三个空格中，至少要填两个，第三个使用者若是未加以键入，计算机会依据数据文件的全距及其余二个空格填入的数字，帮使用者估计出其数值。

2. [以扫瞄的观察值为基础的相等百分比位数（U）]

在[区间－填入两个栏位中的任一个]下有两个空格：[分割点数目（N）]、[宽度（%）（W）]。若是使用者不知分割临界点数值，可以直接选取此选项功能，在此选项中只要输入分割点个数即可（此种方法应用较为普遍）。在[分割点数目]后面的方格中输入要分割临界点数目（划分的几个区段或组别），SPSS 会依分割临界点数目自动将自变量加以分组或分为几个区段，各分组受试者的比例会呈现在[宽度（%）（W）]后的方格中。

如使用者要根据数学测验成绩之分数高低，让计算机自动将其分为两组，则[分割点数目（N）]后面的方格中键入 1（两组只有一个分割点），下方[宽度（%）（W）]后的方格中会出现"50.00"；让计算机自动将其分别为三组，则[分割点数目（N）]后面的方格中键入 2（三组有两个分割点），下方[宽度（%）（W）]后的方格中会出现"33.33"，如图 2-25；让计算机自动将其分别为四组，则[分割点数目（N）]后面的方格中键入 3（四组有三个分割点），下方[宽度（%）（W）]后的方格中会出现"25.00"；让计算机自动将其分别为五组，则[分割点数目（N）]后面的方格中键入 4（五组有四个分割点），下方[宽度（%）（W）]后的方格中会出现"20.00"。[区间－填入两个栏位中的任一个]下的两个方格使用者可以任填一个，如要将数值变量分成四个区段，每个区段观察值人数约占全部观察值的 25%；相对的，在[宽度（%）（W）]方框中键入 25，[分割点数目（N）]后的方格会自动出现 3，表示将数据分成四个组距（四个区段）。在实际使用上以填入[分割点数目（N）]较为简易。

使用者可以采用积差相关方面，探究两个连续变量间的相关情形。此外，使用者也可以依样本在变量测量值分数的高低，将一个连续变量分为"高分组""中分组""低分组"，以进行三个组别在另一变量的差异比较分析，为了让三个组别的样本数接近，使用者可勾选[以扫瞄的观察值为基础的相等百分比位数（U）]选项功能，让计算机快速将变量依其测量值高低分为三个区段，此选项功能所分成的三个组别人数大致相等，执行方差分析时更能符合其假定，而得到更精确的结果。

3. [以扫瞄的观察值为基础的平均值与所选标准差的分割点（C）]

如果使用者希望根据分组变量的平均数与标准差来分割受试者，可以选取此选项。然后，进一步选取 1，2 或 3 个标准差，内有三个次选项可以勾选：[＋/－1 标准差]、[＋/－2 标准差]、[＋/－3 标准差]。使用者若勾选[＋/－1 标准差]，则区段为四分类别变量，第二个区段（水平2）临界值为平均数，第一个区段临界值为平均数减一个标准差，第

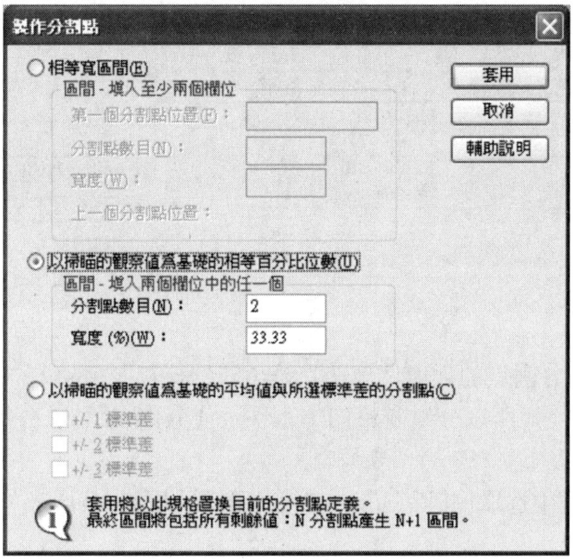

图 2-25

三个区段(水平3) 临界值为平均数加一个标准差,高于平均数加一个标准差数值的为第
四个区段临界值(水平4)。

(一)制作分割点——[相等宽区间]选项

选取[相等宽区间]选项,在[区间 - 填入至少两个字段]方框中有三个方框字段,如
图 2-26:[第一个点分割点位置]、[分割点数目]、[宽度]。如分别键入 65,3,12,表示区
段为四个,区段组距为12,第一个区段的临界数值为65,四个区段的水平数值与注解如表
2-20:

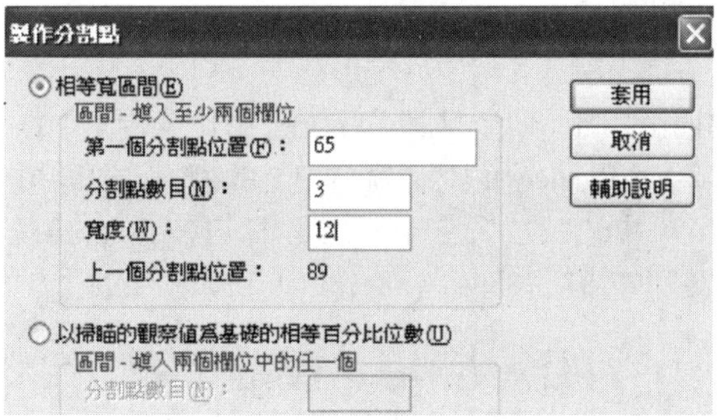

图 2-26

表 2-20

65 以下	第一个分割点为65,表示水平数值1 组别为测量值 65 以下
66 至 77	组距为12,第二个分割点为65 + 12 = 77,区段二表示 66 至 77
78 至 89	组距为12,第三个分割点为77 + 12 = 89,区段三表示 78 至 89
90 以上	区段四为测量值 90 以上

图 2-27 为设定三个分割点,区段宽度为12,第一个分割点设为65,上端点方框中选
取[(包括(I) (<=)]选项,按下[制作标记(A)]钮后的分割点数值与数值注解,三个分

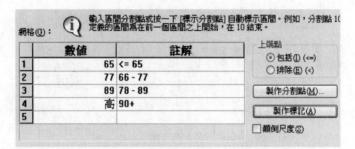

图 2-27

割点为 65,77,89,各分割点的数值注解为"<=65""66-77""78-89""90 分以上",因为选取的分割点有包含等号,所以分组变量四个水平数值分别表示 65 分以下、66 分至 77 分、78 分至 89 分、90 分以上。

若是上端点方框中选取[排除(E)(<)]选项,则[网格(G)]表中的数值与注解如表 2-21:

表 2-21

	数值	注解	说　明
1	65	<65	65 分以下(不包含 65 分)
2	77	65-76	65 分至 76 分,65 分的水平数值编码为 2
3	89	77-88	77 分至 88 分,77 分的水平数值编码为 3
4	高	89 +	89 分以上,89 分的水平数值编码为 4

(二)制作分割点——[以扫瞄的观察值为基础的相等百分比位数(U)]选项

在[制作分割点]对话窗口中,选取[以扫瞄的观察值为基础的相等百分比位数(U)]选项,将样本数学成绩依其平均分分为四个区段,[分割点数目(N)]后面的方格中键入 3。

将数值数据分成四个组距(四个区段)后,在[制作分割点]的次对话窗口中按[套用]钮,回到第二层[Visual Bander]的对话窗口中,在[网格]方框中的[数值]栏会出现四个区段临界值分数:"65""76""87""高",按[制作标记(A)]会出现各水平数值的注解,分别为"<=65""66-76""77-87""88 +"(88 分以上),如图 2-28。

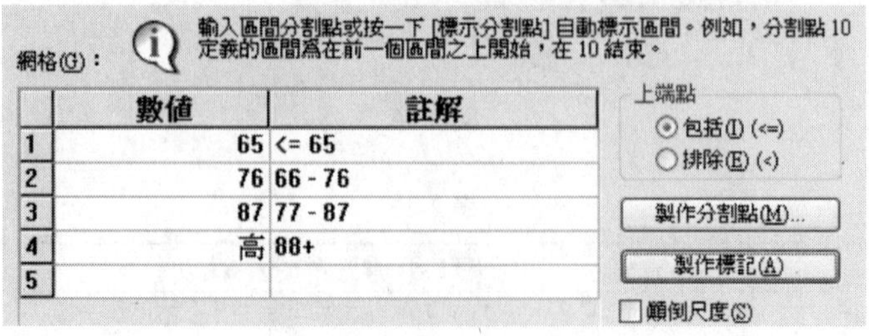

图 2-28

（三）制作分割点——［以扫瞄的观察值为基础的平均值与所选标准差的分割点］选项

在［制作分割点］对话窗口中，选取［以扫瞄的观察值为基础的平均值与所选标准差的分割点］选项后，使用者必须在［＋／－1 标准差］、［＋／－2 标准差］、［＋／－3 标准差］三个选项中勾选一个，范例中勾选了［＋／－1 标准差］选项。［＋／－1 标准差］选项表示前三个分割点数值分别为［平均数以下一个标准差］、［平均数］、［平均数以上一个标准差］如图 2-29。

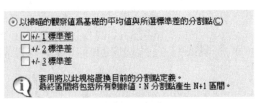

图 2-29

在［制作分割点］的次对话窗口中按［套用］钮，回到第二层［Visual Bander］的对话窗口中，在［网格］方框中的［数值］栏会出现四个区段临界值分数："62""76""90""高"，按［制作标记（A）］会出现各水平数值的注解，四个区段水平数值分别为" ＜＝62""63-76""77-90""91＋"（91 分以上），如图 2-30。

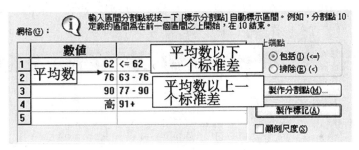

图 2-30

数学测验成绩的描述性统计量中平均数为 75.78、标准差为 13.96，如表 2-22。平均数加上一个标准差值为 75.78＋13.960＝89.74≈90，第三个区段分割点数值为 90；平均数减去一个标准差值为 75.78－13.960＝61.82≈62，第一个区段分割点数值为 62，平均数 75.78≈76，第二个区段分割点数值为 76，第四个区段分割点数值为"高"，表示 90 分以上。四个组距分数为数学分数在 62 分以下的为第一组、63 分至 76 分为第二组、77 分至 90 分为第三组、91 分以上为第四组。

表 2-22　叙述统计

	个数	最小值	最大值	平均数	标准差
数学	50	42	100	75.78	13.960
有效的 N（完全排除）	50				

第四节　计　算

［计算］（compute）的功能在于数据变量间的四则运算，并将四则运算后的新数值储

存为一个新变量,执行计算程序会增列一个新变量在数据文件中。在层面题项的加总方面,更需要使用[计算]程序,因为态度、心理特质或某种知觉感受的探究,逐题分析的意义不大,因而可能会以层面或构念(或称向度)来作为统计分析的变量(自变量或依变量)。一份问卷可能包含数个量表,每个量表又包含数个层面,量表层面均包含数个题项,样本在数个题项得分的加总即为各层面的得分。

以学生的数学、英文测验成绩为例,若要求出每位样本观察值两科的平均成绩,则需要利用[计算]功能,其操作程序如下:

(一)步骤 1

执行工具栏[转换(T)]/[计算(C)]的程序,开启[计算变量]对话窗口。

(二)步骤 2

在左边[目标变量(T)]下的方格中输入新变量的变量名称如"测验平均",如要加注新变量的类型与变量标记,可按[类型 & 标记(L)...]钮,开启[计算变量:类型与标记]次对话窗口,内有两个方框:[标记]与[类型],在标记方框中可对新变量加上变量标记注解,在类型方框中包括[数值型]与[字符串型]两个选项,变量的类型与标记也可以切换到[变量检视]工作窗口中加以增列更改。在右边的[数值表达式(E)]下的大方格中键入新变量来源的四则表达式,如"(数学 + 英文)/2",四则表达式中的旧变量名称若是较长,最好以鼠标点选方式操作→按[确定]钮,如图 2-31。

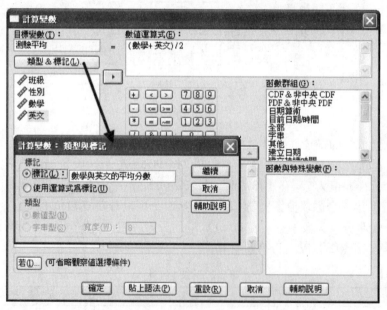

图 2-31

【备注】 在计算变量对话窗口中,中间的算术表达式、关系表达式与逻辑表达式小算盘符号如表 2-23:

小算盘中的[删除]键,可删除[数值表达式]中的表达式,操作时先选取原先选中的各式表达式,再按[删除]键。[删除]键上也包括 0 至 9 的数字及小数点"."符号。中间小算盘的各种表达式及数字也可以用键盘直接输入。若平均测验的分数加成比例不同,如数学成绩占 60%、英文成绩占 40%,则[数值表达式]的公式为:"数学 * 0.6 + 英文 * 0.4";若是要将每位受试者的数学成绩开根号乘以 10,则[数值表达式]的公式为: "SQRT(数学) * 10"或"数学 * * (1/2) * 10"。在上述算术表达式符号中" * * "表示次方,如要求数学成绩的二次方(数学成绩 × 数学成绩),[数学表达式]的公式为"数学 * * 2"。

表 2-23

算术表达式符号	关系表达式符号	逻辑表达式
+:加号 -:减号 *:乘号 /:除法 * *:次方 ( ):括号	<:小于 >:大于 <=:小于且等于(不大于) >=:大于且等于(不小于) =:等于 ~=:不等于	&:AND(且),前后二个关系式均为 True, 　结果才会真 |:OR(或),前后二个关系式只要有一个 　为 True,结果就会真 ~(非):True 或 False 的相反

在[计算变量]对话窗口的左下角有个[若(I)…]钮,可以只选择某些特定的观察值进行计算功能的执行,按下此钮后可开启[计算变量:观察值选择条件]次对话窗口,此对话窗口界面与执行[数据(D)/选择观察值(C)]程序甚为相似,内定的选项为[包含全部观察值(A)],若是使用者在执行计算程序时,只针对某些特定的观察值,应改选[包含满足条件时的观察值(I)],如测验平均变量,并只运用于甲班观察值,选取[包含满足条件时的观察值]选项后,将"班级"变量点选至右边方格中,其后利用小算盘点选" = 1",即完成甲班观察值的选取,如图 2-32。设定观察值选择条件后,计算变量对话窗口的功能只适用于符合条件的样本观察值,未符合条件的样本观察值,不会进行[计算]程序。

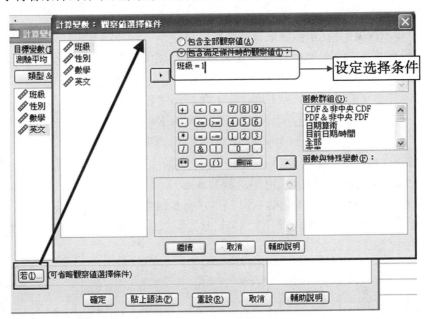

图 2-32

在[计算变量]对话窗口中,右边方框中有个[函数群组(G)],函数群组包括不同的函数种类,如统计函数群组、字符串函数群组、日期与时间函数群组、统计分布函数群组、

PDF & 非中央 PDF 函数群组、CDF & 非中央 CDF 函数群等,每个函数群组中所包含的函数会出现在[函数与特殊变量(F)]方格中,SPSS 提供的函数与 EXCEL 中的函数甚为类似。范例中选取[统计]函数群组,此函数群组包括 Cfar, Max, Mean, Min, Sd, Sum, Variance 七个函数,选取 Mean 函数后,此函数的功能与使用说明会呈现在中间的方格中,Mean 函数的功能在于求得变量间的算术平均数,其语法为"MEAN(numexpr, numexpr [,…])",按中间的向上钮,在[数值表达式(E)]方格中会出"MEAN(?,?)",将目标变量分别点选至"?"处,点选完后会变为"MEAN(数学,英文)",表示以函数 Mean 求数学与英文两科的算术平均数,如图 2-33。

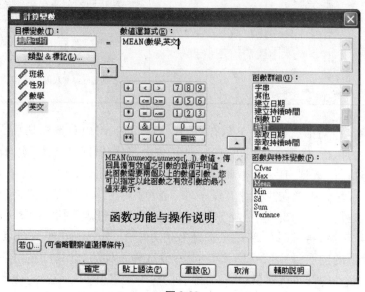

图 2-33

若是变量间有缺失值,用函数求得的新变量与使用中间小算盘求得的新变量并不相同,这是因为两者对于缺失值的处理方式有所不同,题项变量加总函数 Sum 的语法为:"Sum(numexpr, numexpr[,…])"→"Sum(数值表示式,数值表示式,…)"。以下列五个变量而言,五个变量加总的两种不同计算方法表示式如下:

$$Y1\_加法 = X1 + X2 + X3 + X4 + X5$$
$$Y2\_SUM = Sum(X1, X2, X3, X4, X5)$$

在四则表达式求得的新变量"Y1_加法"中,在目标变量中只要有一个变量是缺失值,则计算后的结果仍为缺失值;但采用加总函数 Sum,只有当五个目标变量均为缺失值时(全部加总的题项变量均为缺失值时),其结果才会是缺失值。

八位样本观察值在 X1、X2、X3、X4、X5 五个变量加总的比较如表 2-24:

表 2-24

NUM	X1	X2	X3	X4	X5	Y1_加法	Y2_SUM	说　明
1	6	2	4	3	.	.	15	有一个缺失值,变量"Y1_加法"为缺失值
2	8	3	3	2	6	22	22	均无缺失值,变量"Y1_加法"为有效值
3	9	6	2	.	8	.	25	有一个缺失值,变量"Y1_加法"为缺失值
4	5	8	.	.	7	.	20	有二个缺失值,变量"Y1_加法"为缺失值

续表

NUM	X1	X2	X3	X4	X5	Y1_ 加法	Y2_ SUM	说　明
5	8	6	4	5	1	24	24	
6	.	.	.	.	.	.	.	五个均为缺失值,变量"Y1_SUM"为缺失值,变量"Y1_加法"也为缺失值
7	2	8	6	.	5	.	21	有二个缺失值,变量"Y1_加法"为缺失值
8	3	5	2	4	6	20	20	

在[函数群组(G)]中选取[PDF & 非中央 PDF]函数群,可以求出各分布的概率密度,如要求出正态分布的概率密度,其函数与语法为:"PDF. NORMAL(数值,平均数,标准差)",点选或键入相关的数据,则新变量会呈现指定平均数、标准差在某一数值的正态分布的概率密度,如图 2-34。

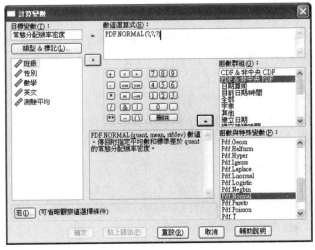

图 2-34

第五节　计　数

[计数](count)的功能在于计算观察值在一组变量中符合设定变量的次数有几个。如企业员工在一份组织满意度的调查问卷中,十个选项采用李克特四点量表法:1 非常不满意、2 不满意、3 满意、4 非常满意。使用者要统计每位员工在十个题项中有多少个题项是勾选"4 非常满意",多少个题项是勾选"不满意"等。[计数]对话窗口与[计算](compute)对话窗口的操作界面非常类似。

【范例1】

范例 1 为学生在五个科目的考试成绩,五个科目分别为语文、英文、数学、物理、化学,以各科目的名称作为变量名称。使用者想要知道每位学生在五个不同科目中,有几个科目不及格,则可使用[计数]功能求得。范例 1 中使用者想得知哪些样本在"语文"一科的成绩不及格。

表 2-25

编号	语文	英文	数学	物理	化学	不及格_1	不及格_2
A	58	59	65	54	78	1	3
B	65	65	56	87	65	0	1
C	87	88	89	84	54	0	1
D	54	58	65	68	78	1	2
E	52	56	58	90	65	1	3
F	78	76	85	95	100	0	0
G	45	50	57	56	52	1	5
H	94	95	98	96	85	0	0
I	87	95	50	88	90	0	1
J	54	56	87	88	65	1	2

上述变量中"不及格_1"表示语文不及格的观察值,水平数值 1 表示不及格者,水平数值 0 表示及格者。变量"不及格_2"为观察值在五个科目中,有多少科不及格,水平数值介于 0 至 5 间,若数值为 0 表示观察值五个科目全部及格,数值为 1 表示观察值有一个科目不及格,数值为 5 表示观察值有五个科目不及格,如表 2-25。

一、求出语文不及格的学生

使用者只想得知语文一科不及格的观察值,[计数]的新变量名称为"不及格_1"。其操作程序如下:

(一)步骤 1

执行工具栏[转换(T)]/[计数(O)](Count)程序,开启[观察值内数值出现次数]对话窗口,如图 2-35。在[目标变量(T)]下的方格中输入新变量名称"不及格_1",若使用者想对新变量加变量注解,可在右边[目标变量的标记(L)]下的方格中键入新变量的注解,如"语文科不及格者"→在左边变量清单中将目标变量"语文"点选至右边[数值变量(V)]下的方格中→按[定义数值(D)…]钮,开启[观察值间数值的个数:欲计数的数值]次对话窗口,如图 2-36。

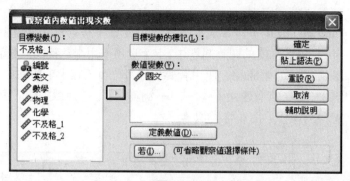

图 2-35

(二)步骤 2

在[观察值间数值的个数:欲计数的数值]次对话窗口中,在[数值]方框中选取[范

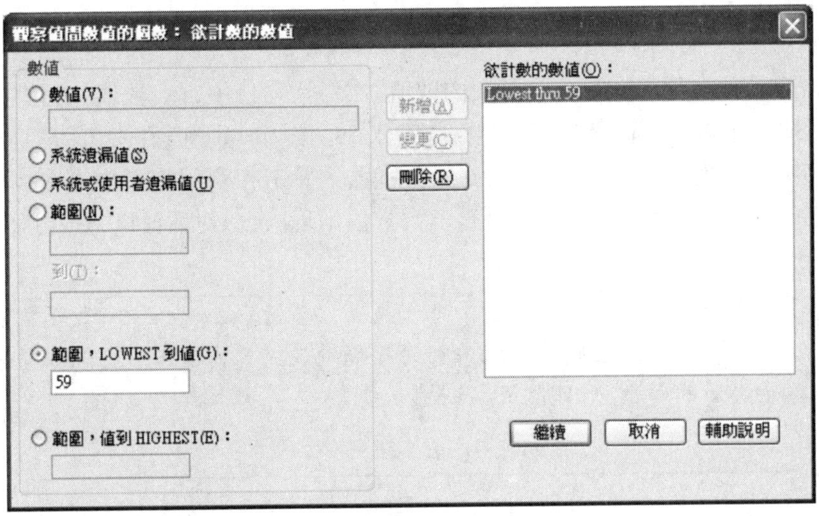

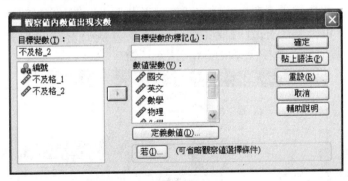

图 2-36

围,LOWEST 到值(G)]选项,在其下方格中键入 59,按[新增]钮,在右边[欲计数的数值(O)]方格中会出现"Lowest thru 59"的条件说明,表示语文最低分至 59 分的观察值新变量的计数为 1,不符合此条件的观察值新变量的计数为 0→按[继续]钮,回到[观察值内数值出现次数]对话窗口→按[确定]钮。

二、求出每位观察值五科中有几科不及格

(一)操作 1

执行工具栏[转换(T)]/[计数(O)]程序,如图 2-37,开启[观察值内数值出现次数]对话窗口→在[目标变量(T)]下的方格中输入新变量名称"不及格_2",若使用者想对新变量加变量注解,可在右边[目标变量的标记(L)]下的方格中键入新变量的注解,如"不及格的科目数"→在左边变量清单中将目标变量"语文""英文""数学""物理""化学"点选至右边[数值变量(V)]下的方格中→按[定义数值(D)…]钮,开启[观察值间数值的个数:欲计数的数值]次对话窗口。

图 2-37

（二）操作 2

在［观察值间数值的个数：欲计数的数值］次对话窗口中，在［数值］方框中选取［范围，LOWEST 到值（G）］选项，在其下方格中键入 59，按［新增］钮，在右边［欲计数的数值（O）］方格中会出现"Lowest thru 59"的条件说明，表示五个科目变量中有多少个科目变量符合此条件→按［继续］钮，回到［观察值内数值出现次数］对话窗口→按［确定］钮。

【范例 2】

范例 2 为某统计系学生的一份有十个题项的作答情形，如表 2-26，数据文件中 1 为答对、0 为答错，使用者若要进行试题分析，每个题项变量只需键入 1 或 0，若是使用者想知道每位学生答对的题数，则可使用［计数］功能。

表 2-26

V1	V2	V3	V4	V5	V6	V7	V8	V9	V10	题数
1	1	1	1	1	1	1	1	0	0	8
0	0	0	0	0	0	0	0	1	1	2
1	1	1	1	1	1	1	1	1	1	10
0	1	0	1	0	1	0	1	0	1	5
1	1	1	0	0	0	1	1	1	1	7

【备注】 "题数"变量栏表示执行［计数］程序后的结果，变量内的数值为每位观察值答对的总题数，如果每题分配的分数相同，则可以执行［转换（T）］/［计算（C）］程序，算出每位观察值的分数，如每题分配的分数为 10 分，则观察值的得分为［数值表达式］公式为"题数 * 10"。

三、求出每位观察值答对的题数

（一）操作 1

执行工具栏［转换（T）］/［计数（O）］程序，开启［观察值内数值出现次数］对话窗口，如图 2-38→在［目标变量（T）］下的方格中输入新变量名称"题数"，在右边［目标变量的标记（L）］下的方格中键入新变量的注解："答对题数"→在左边变量清单中将目标变量 V1、V2……V9、V10 点选至右边［数值变量（V）］下的方格中→按［定义数值（D）...］钮，开启［观察值间数值的个数：欲计数的数值］次对话窗口。

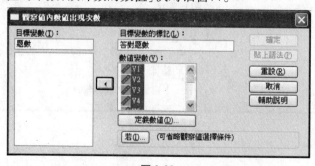

图 2-38

（二）操作 2

在［观察值间数值的个数：欲计数的数值］次对话窗口中，如图 2-39，在［数值］方框中选取［数值（V）］选项，在其下方格中键入 1，在右边［欲计数的数值（O）］方格中会出现 1 的条件说明，表示选入的十个题项变量中，其变量数值内容等于 1 者有多少个→按［新增］钮→按［继续］钮，回到［观察值内数值出现次数］对话窗口→按［确定］钮。

图 2-39

第六节　排序与特定分组

一、观察值排序

在统计分析时，有时使用者必须根据观察值在某些变量的数值大小，进行递增或递减排序，如在合并文件的操作中，就必须依据某一共同变量（关键变量）加以排序；用问卷或量表进行项目分析时，必须根据量表的总分加以排序，以求得前 27%、后 27% 观察值的临界分数；在平均数的差异检验时（如 t 检验或方差分析），有时想将某一连续变量（强变量）转化为间断变量（弱变量），以探讨不同组别在检验变量上的差异，此时也需要将目标变量加以排序，以求得前后 30% 观察值的临界分数。

数据文件可依据单一变量或多个变量排序，以上述求得的测验平均变量为例，使用者想将全部的观察值依数学与英文两科平均数的高低将观察值测验成绩分为三组：高分组（水平数值 1）、中分组（水平数值 2）、低分组（水平数值 3），则必须依"测验平均"变量加以排序，以求得各组临界分数。

依"测验平均"变量加以排序的操作程序如下：

> 执行工具栏［数据（D）］/［观察值排序（O）…］（Sort Cases）程序，开启［观察值排序］对话窗口→在左边变量清单中将目标变量"测验平均"选入右边［排序依据（S）］下的方格中，在下方［排序顺序］方框中选取［递增（A）］或［递减（A）］选项，若选取［递增（A）］选项，则［排序依据（S）］下的方格会出现"测验平均 -- 递增"→按［确定］钮。

> 【备注】　第二次若要将测验平均变量依递减方式排列，重新开启［观察值排序］对话窗口，在［排序顺序］方框中选取［递减（A）］选项，选完后在［排序依据（S）］下的方格会出现"测验平均 -- 递减"→按［确定］钮。

若是观察值的数据文件要先依"测验平均"变量递增排序，观察值测验平均的分数相同时，再以"数学"变量递增排序，则操作程序如下：开启［观察值排序］对话窗口→在左边变量清单中将目标变量"测验平均"选入右边［排序依据（S）］下的方格中，在下方［排

图 2-40

序顺序]方框中选取[递增(A)]→再在左边变量清单中将目标变量"数学"选入右边[排序依据(S)]下的方格中,在下方[排序顺序]方框中选取[递增(A)]→按[确定]钮。上述操作程序中,"测验平均"变量要先点选,再点选"数学"变量,[排序依据(S)]下方格中的变量上下的次序不同,数据文件的排序情形也会不同。最上面的变量为第一个排序的依据,若前面变量的测量值相同,再依第二个变量进行排序。

图 2-41

二、将"测验平均"变量转换为三个组别

在统计分析中,有时会将某个具连续属性的自变量转换为使用者自订的组别,如工作压力与工作满意的相关研究中,两个变量间的关系可采用积差相关的方法,以求出相关系数统计量及相关系数的显著性检验,若显著相关,可以再求出其决定系数(＝积差相关系数的平方);此外,使用者也可以采用方差分析方法,将工作压力变量依测量值的高低将观察值分为高工作压力组、中工作压力组、低工作压力组,进而探讨三个工作压力组在工作满意度知觉的差异。为避免三个组别的人数差距过大,通常是将测量值分数的前30%分为高分组、后30%分为低分组、中间40%分为中分组。以 50 位样本观察值为例,若依观察值在"测验平均"变量测量值分数排序,则30%临界值的观察值为第 15 位(50 × 30%＝15)。

若是使用者想让工作压力高分组、中分组、低分组的人数各约占全体样本的三分之一,则利用[可视化聚集器]的操作程序更为简便,在[Visual Bander]对话窗口中,按[制作分割点(M)…](Mark Cutpoints),开启[制作分割点]次对话窗口,选取[以扫瞄的观察值为基础的相等百分比位数(U)](Equal Percentiles Based on Scanned Cases)选项,在[分割点数目(N)]的右方格中键入 2 即可。有些使用者会以观察值在变量测量值的前 27%为高分组,以观察值在变量测量值的后 27%为低分组,如此划分后中分组的受试者变成占全部样本的 46%,中分组的观察值人数会较高分组或低分组人数多出约 19%,此种分组方法将造成三组人数差距过大,虽没有错误但较为不适宜。前后 27%的分类法通常用于量表的项目分析或试题分析,在变量差异比较分析中,三组人数较为接近的分组方法较不会违反方差分析的假定。

(一)求出前后30%观察值的测量值

"测验平均"变量先依递增排序后,第15位观察值的数值为69.00,后30%的观察值为测验平均分数在69.00分以下者,如图2-42。

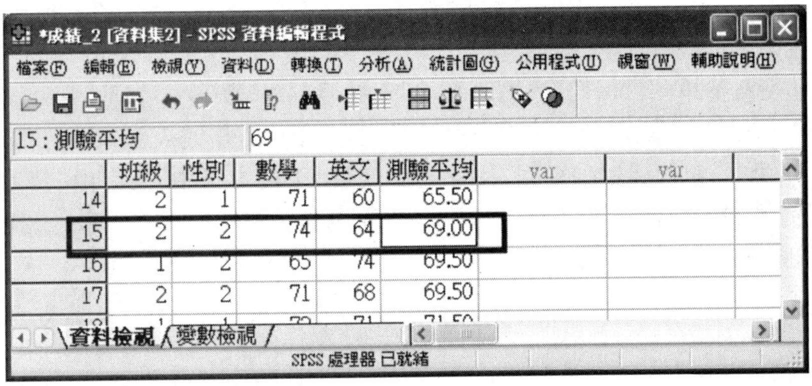

图 2-42

"测验平均"变量再依递减排序,第15位观察值的数值为87.50,前30%的观察值为测验平均分数在87.50分以上者。中间40%的受试者为得分在69.01至87.49分之间者,如图2-43。

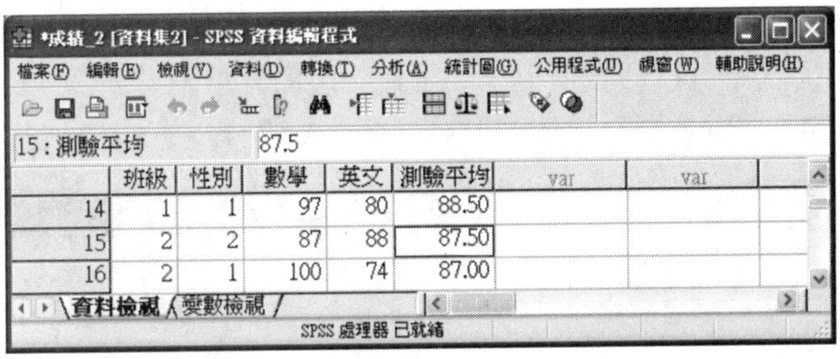

图 2-43

(二)绘出各临界点分数

运用数据文件排序结果,"测验平均"变量的数值在87.50分以上者为高分组,在69.00分以下者为低分组,介于69.01至87.49分者为中分组。在水平数值的编码上,将高分组编码为1、将低分组编码为3,最后的统计结果会相同。图2-44增列分组变量时,将高分组水平数值编码为1(>=87.50)、中分组水平数值编码为2(69.01-87.49)、高分组水平数值编码为3(<=69.00)

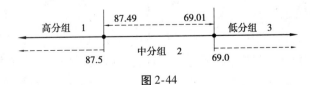

图 2-44

（三）增列分组变量

1. 步骤 1

执行工具栏[转换(T)]/[重新编码(R)]/[成不同变量(D)]的程序,出现[重新编码成不同变量]对话窗口。

2. 步骤 2

将左边变量清单的目标变量"测验平均"点选至右边[数值变量(V) --> 输出变量]下的方格中→在[输出之新变量]方框中[名称(N)]下的方格键入新分组变量名称"平均组别"→按[变更]钮,在[数值变量 --> 输出变量]下的方格中,文字由"测验平均 -->?"变更为"测验平均 --> 平均组别"→按[旧值与新值(O)...]钮,开启[重新编码成不同变量:旧值与新值]次对话窗口。

3. 步骤 3

左边[旧值]方框中点选第六个选项[范围,值到 HIGHEST(E)],在其下的方格中输入临界值 87.5,表示数值范围为 87.5 分至最高分→右边[新值为]方框中,点选[数值(L)],在其右边的方格中键入 1→按[新增(A)]钮,[旧值 --> 新值(D)]下的方框中会出现"87.5 thru Highest --> 1"的讯息。

→左边[旧值]方框中点选第四个选项[范围(N)],在其下的第一个方格中输入临界值 69.01,[到(T)]后面的方格中输入临界值 87.49,表示数值范围为 69.01 至 87.49 分→右边[新值为]方框中,点选[数值(L)],在其右边的方格中键入 2→按[新增(A)]钮,[旧值 --> 新值(D)]下的方框中会出现"69.01 thru 87.49 -->2"的讯息,如图 2-45。

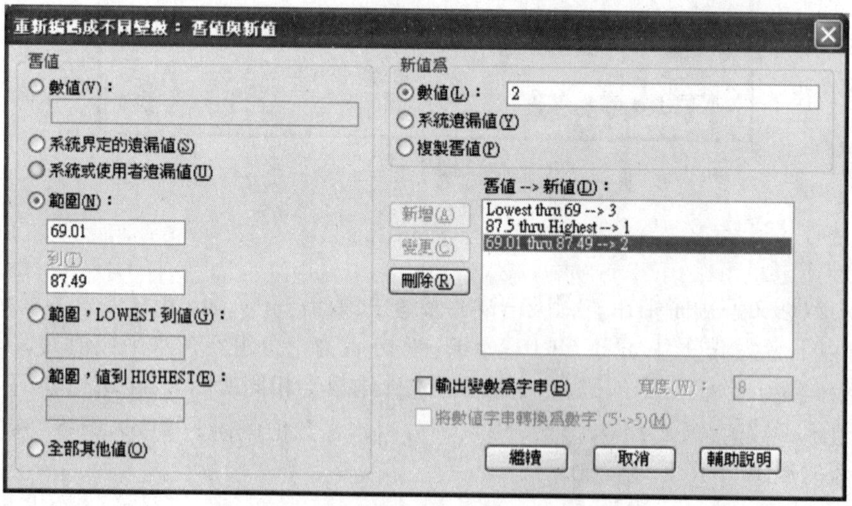

图 2-45

→左边[旧值]方框中点选第五个选项[范围,LOWEST 到值(G)],在其下的方格中输入临界值 69,表示数值范围为最低分到 69 分→右边[新值为]方框中,点选[数值(L)],在其右边的方格中键入 3→按[新增(A)]钮,[旧值 --> 新值(D)]下的方框中会出现"Lowest thru 69 -->3"的讯息。

重新编码成不同变量程序中,[旧值-->新值(D)]方框内会出现三个设定讯息,其意义如下:"Lowest thru 69 -->3"表示"测验平均"变量测量值最低分至 69 分的观察值,其分组变量编码为 3(低分组);"87.5 thru Highest -->1"表示"测验平均"变量测量值分数 87.5 分至最高分的观察值,其分组变量编码为 1(高分组);"69.01 thru 87.49 -->2"表示"测验平均"变量测量值分数介于 69.01 至 87.49 间的观察值,其分组变量编码为 2(中分组)。

执行工具栏[分析(A)]/[叙述统计(E)][1]/[次数分配表(F)](Frequencies)程序,求出目标变量"平均组别"中各水平的人次、百分比与累积百分比。在次数分配表[2]中可以看出高分组人次有 15 人、中分组人次有 20 人、低分组人次有 15 人,各占全体观察值的 30.0%,40.0%,30.0%,如表 2-27。在问卷调查或实验研究中,通常在分组临界点处会有同分的观察值,因而前后 30% 的人数可能会比理论次数还稍微多出一些,此种情形在数据文件愈大,或是目标变量的全距愈小时愈会发生。

表 2-27 平均组别

		次数	百分比	有效百分比	累积百分比
有效的	1.00	15	30.0	30.0	30.0
	2.00	20	40.0	40.0	70.0
	3.00	15	30.0	30.0	100.0
	总和	50	100.0	100.0	

第七节 置换缺失值

所谓缺失值(missing value)就是受试者没有填答的题项或变量中遗漏掉的观察值数据,缺失值的型态有两种,一为系统自订的缺失值,此种单元格的型态会以"."符号表示,二为使用者自订的缺失值,通常是数据文件键入时有误。在统计分析中的各种分析功能窗口中均有一个[选项]钮,选项钮的次对话窗口内会有对缺失值的处理方法,预设方式为排除有缺失值的观察值,其选项的勾选内容为[依分析排除观察值(A)]、[依检定排除观察值(T)]、[成对方式排除观察值(P)]、[完全排除缺失值(L)]等。在系统自订的缺失值中,使用者也可采用 SPSS 的缺失值置换功能来处理缺失值,此种方法不会变动数据库的其他变量数据,数据库中各观察值的数据会完整呈现。

以十位大学修"统计学"课程的学生而言,学期末的统计成绩与在"课堂焦虑量表"测得的数据如表 2-28,在"统计成绩"变量方面,编号 04 观察值的数据为缺失值,在"课堂焦虑"变量方面,编号 01,02,07 号同学的数据均为缺失值。

---

1 叙述统计也称描述性统计。
2 次数分配表也称频度分布表。

表 2-28

编号	统计成绩	课堂焦虑	统计成绩_1	统计成绩_2	课堂焦虑_1
01	65	.	65.00	65.00	.
02	78	.	78.00	78.00	.
03	72	34	72.00	72.00	34.00
04	.	39	75.22	75.31	39.00
05	84	50	84.00	84.00	50.00
06	85	34	85.00	85.00	34.00
07	87	.	87.00	87.00	37.00
08	65	40	65.00	65.00	40.00
09	74	36	74.00	74.00	36.00
10	67	45	67.00	67.00	45.00

【备注】 "统计成绩_1""统计成绩_2""课堂焦虑_1"三个变量为执行置换缺失值程序后新增列的变量名称,其中"统计成绩_1"变量栏置换缺失值的方法采用[数列平均数]法,"统计成绩_2"变量栏置换缺失值的方法采用[点上的线性趋势法],"课堂焦虑_1"变量栏置换缺失值的方法采用[附近点的平均数法],附近点变量设为 1。

置换缺失值的操作程序如下:

(一)步骤 1

执行工具栏[转换(T)]/[置换缺失值(V)](Replace Missing Values)的程序,开启[置换缺失值]对话窗口。

(二)步骤 2

在左边变量清单中将目标变量"统计成绩"选入右边[新变量]下的方格中→在[名称与方法]下面的[名称(A)]方格中键入新变量的名称"统计成绩_1"→在[方法(M)]右边的下拉式选单中选取[数列平均数],按[变更(H)]钮,[新变量]下的方格中会出现"统计成绩_1 = SMEAN(统计成绩)"→按[确定]钮,如图 2-46。

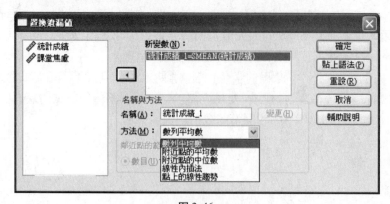

图 2-46

【备注】 [新变量(N)]下的大方格中至少要选取一个目标变量,若有多个变量要同时置换缺失值,可同时将这些目标变量点选至[新变量(N)]下的方格中。在缺失值的置换方法上,SPSS提供五种方式:①数列平均数:以有效观察值的 平均数作为缺失值的数值;②附近点的平均数:以缺失值前后的观察值数值的平均数作为缺失值的数值,如将[数目(U)]设定为1,表示以缺失值前后的一个观察值数值的平均数作为缺失值的数值,[数目(U)]设定为2,表示以缺失值前后的两个观察值数值的平均数作为缺失值的数值;③附近点的中位数:以缺失值前后的观察值数值的中位数作为缺失值的数值,如将[数目(U)]设定为1,表示以缺失值前后的一个观察值数值的中位数作为缺失值的数值,[数目(U)]设定为3,表示以缺失值前后的三个观察值数值的中位数作为缺失值的数值;④线性内插法:置换原理与附近两点平均数的原理相同,会以缺失值前后两笔观察值数值的平均数来作为缺失值的数值;⑤点上线性趋势:采用简单线性回归方程原理,以数据的编号为自变量,而以目标变量为依变量,估计出回归预测值作为缺失值的数值。

在[名称与方法]方框中,采用置换缺失值的[点上的线性趋势]方法,新变量的[名称]为"统计成绩_2",如图2-47,按[变更(H)]钮后,[新变量]下的方格中会出现"统计成绩_2=TREND(统计成绩)"。采用[数列平均数]方法,九个有效观察值的"统计成绩"平均数为75.22,以数列平均数75.22作为编号04在"统计成绩_1"变量上的分数;采用[点上的线性趋势]法,求得的预测值为75.31,编号04在"统计成绩_2"变量上的分数为75.31。

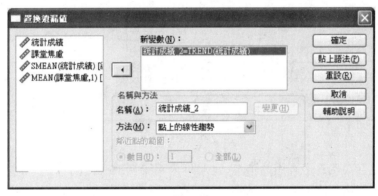

图2-47

"课堂焦虑"缺失值的置换采用附近点的平均数方法,开启[置换缺失值]对话窗口,在左边变量清单中将目标变量"课堂焦虑"选入右边[新变量]下的方格中→在[名称(A)]右边的方格中键入新变量的名称"课堂焦虑_1"→在[方法(M)]右边的下拉式选单中选取[附近点的平均数],按[变更(H)]钮,[新变量]下的方格中会出现"课堂焦虑_1=MEAN(课堂焦虑 1)"→按[确定]钮,如图2-48。

以编号07的观察值而言,其上下一位观察值(编号06、编号08)在"课堂焦虑"变量的测量值为34,40,两者的平均数为(34+40)÷2=37,编号07观察值邻近点1个数目范围观察值的平均数为37,因而编号07在新变量"课堂焦虑_1"的测量值为37.00。采用[附近点的平均数]来置换缺失值,如果目标编号前后有一个观察值也为缺失值,则置换缺失值的功能会失效,就编号02观察值而言,其上一个观察值(编号01)为缺失值、下一个观察值(编号03)的测量值为34,由于上下观察值中有一个观察值为缺失值,故新变量"课堂焦虑_1"的测量值也为缺失值,如图2-49。

当样本观察值在少数几个题项上没有作答或遗漏时,将这些样本观察值的问卷作为

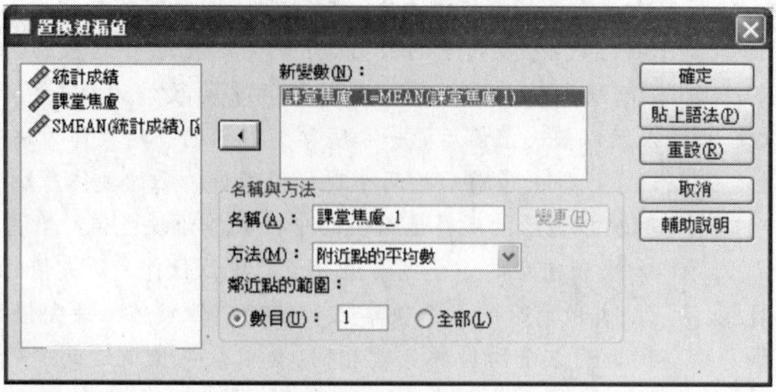

图 2-48

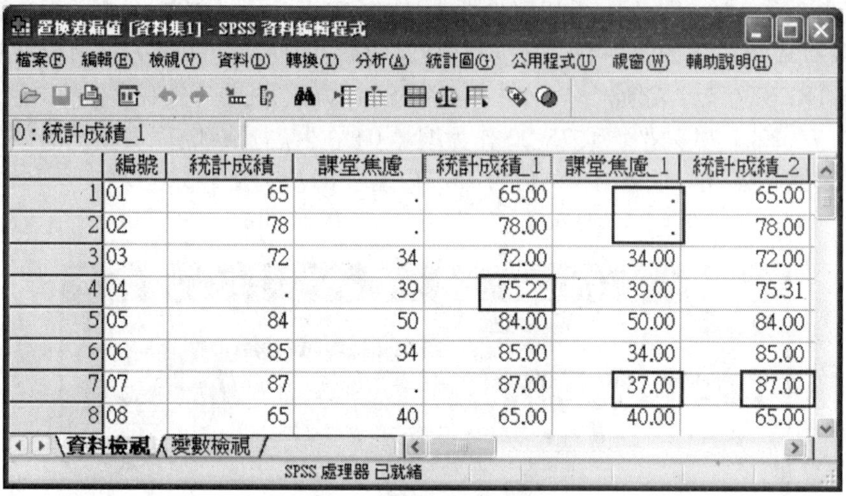

图 2-49

无效问卷可能会浪费许多有用的信息,此时可采用置换缺失值的方法,将少数几个没有作答的题项置换成较有可靠性的数据。若是某一样本观察值在问卷上有许多题项没有作答或遗漏,则此份问卷最好作为"无效卷"处理,而不要采用置换缺失值的方法,如果将其在变量空缺的数据补上,可能会使统计分析结果有所偏误。样本填答的问卷是否为有效卷,在数据键入之前,使用者要加以判断筛选,若是偏向于单一式的固定填答或多数题项没有填答,则最好将之视为无效问卷。

第八节　数据整合

[数据整合](aggregate)可以将一个或多个类型变量的观察值以其他变量形式进行加总,此功能结合了分割文件与其他统计分析的操作程序。以表 2-29 中的数据为例,在一个教师工作压力、工作满意与组织承诺关系的研究中,背景变量有三个:教师性别,变量名称为"性别",水平数值 1 为男生、2 为女生;服务学校规模的大小,变量名称为"学校规模",水平数值 1 为大型学校、2 为中型学校、3 为小型学校;教师的年龄,变量名称为"年龄"。三个量表测得的分数变量名称分别为"工作压力""工作满意""组织承诺"。数

据文件格式如下：

表 2-29

性别	学校规模	年龄	工作压力	工作满意	组织承诺
1	3	35	39	24	68
1	3	24	26	15	65
2	1	25	25	12	35

在原始数据文件中，使用者要依不同教师性别与服务学校规模分别统计年龄在 30 岁以下人次百分比、观察值在工作压力量表得分在 28 分以上人次百分比、观察值在工作满意量表得分的平均数、观察值在组织承诺量表得分的标准差，其操作程序如下：

一、操作说明

（一）步骤 1

执行工具栏[数据(D)]/[整合(A)…]（Aggregate）程序，开启[整合数据]对话窗口→在左边变量清单中将两个目标类别变量"性别""学校规模"点选至右边[分段变量(B)]下的方格中→在左边变量清单中将要进行总计的四个变量：年龄、工作压力、工作满意、组织承诺点选至右边[变量摘要(S)]下的方格中，如图 2-50。

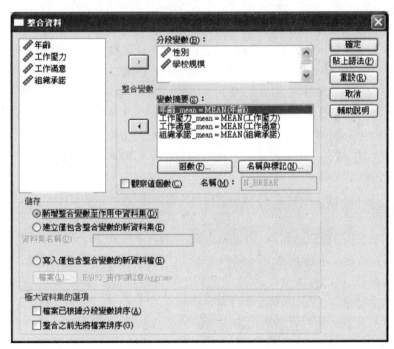

图 2-50

（二）步骤 2

在右边[变量摘要(S)]下的方格中，选取[年龄_mean = MEAN(年龄)]选项，按[函数(F)…]钮，开启[整合数据：整合函数]次对话窗口，在[百分比]方框中选取[(下(B)]，在[数值(V)]右方格中键入 30，表示年龄在 30 岁以下的百分比→按[继续]钮，回到[整合数据]对话窗口,如图 2-51。

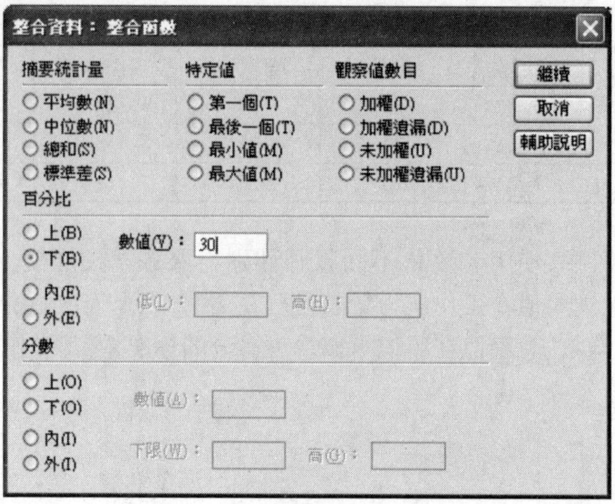

图 2-51

在右边[变量摘要(S)]下的方格中,选取"工作压力_mean = MEAN(工作压力)"选项,按[函数(F)…]钮,开启[整合数据:整合函数]次对话窗口,在[百分比]方框中选取[上(B)],在[数值(V)]右方格中键入 28,表示工作压力测量值在 28 分以上的百分比→按[继续]钮,回到[整合数据]对话窗口。

在右边[变量摘要(S)]下的方格中,选取"组织承诺_mean = MEAN(组织承诺)"选项,按[函数(F)…]钮,开启[整合数据:整合函数]次对话窗口,在[摘要统计量]方框中选取[标准差(S)]→按[继续]钮,回到[整合数据]对话窗口。

【备注】 整合函数的内定函数为[平均数],所以四个整合变量的统计函数均为[MEAN],新的统计变量名称为原来变量名称加底线再加函数名称,四个预设的统计变量均为计算原始变量的平均数,其新统计变量名称为:"年龄_mean = MEAN(年龄)""工作压力_mean = MEAN(工作压力)""工作满意_mean = MEAN(工作满意)""组织承诺_mean = MEAN(组织承诺)"。

（三）步骤 3

[变量摘要]中的新变量名称,会根据选取的函数不同而命名,若是使用者要重新命名各新变量名称,可选取各选项,按[名称与标记(N)…]钮,开启[整合数据:变量名称与标记]次对话窗口,在此对话窗口,可以重新设定总计变量的变量名称与变量标记说明→勾选[观察值个数(C)],在[名称(M)]方格中键入变量名称:"人次"(内定的变量名称为 N_BREAK),此功能可总计各区段内观察值的个数总和,如图 2-52。

上述四个变量的函数设定完后,呈现各函数相对应的符号,如表 2-30:

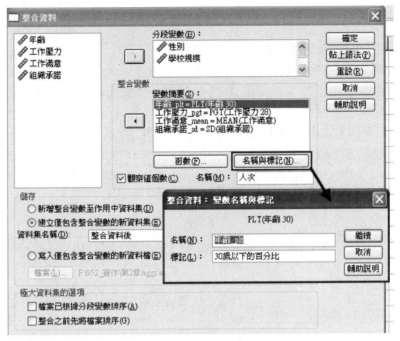

图 2-52

表 2-30

变量摘要(S)	新变量	变量函数条件说明
年龄_plt = PLT(年龄 30)	年龄_plt	PLT(年龄 30)→年龄变量 30 以下的百分比
工作压力_pgt = PGT(工作压力 28)	工作压力_pgt	PGT(工作压力 28)→工作压力变量数值 28 以上的百分比
工作满意_mean = MEAN(工作满意)	工作满意_mean	MEAN(工作满意)→求工作满意的平均数
组织承诺_sd = SD(组织承诺)	组织承诺_sd	SD(组织承诺)→求组织承诺的标准差

(四)操作 4

在下方[储存]方框中,选取[建立仅包含整合变量的新数据集(E)],在[数据集名称(D)]后的方格中键入总计后的新数据文件名称,如[整合数据后]→按[确定]钮。

【备注】 [储存]方框中提供三个储存总计变量的选项。[新增整合变量至作用中数据集(D)]:总计的新变量直接增列在原始数据文件的后面。[建立仅包含整合变量的新数据集(E)]:总计的新变量会另存在一个新数据集中,新的数据文件文件名研究者可以自订。[写入仅包含整合变量的新数据文件(E)]:总计的新变量会另存在一个新数据集中,新数据文件预设的文件名为"aggr. sav"。若是数据文件观察值很大,在[极大数据集的选项]方框中提供两个选项供使用者勾选:[档案已根据分段变量排序(A)]、[整合之前先将档案排序(G)],在实际应用中,使用者最好勾选[整合之前先将档案排序(G)],此选项不论原数据文件是否已根据分段类别变量排序好,大型数据文件皆可快速执行总计工作。

二、输出结果

原始数据文件进行总计后,会产生一个包括七个变量的数据文件。以第一笔观察值为例:在样本观察值中,性别为男生(水平数值1)且服务于大型学校的教师(水平数值1)的人数共有15位。在这15位教师中,年龄在30龄以下的人数占73.3%,工作压力测量值得分在28分以上者占33.3%,工作满意量表的平均数为20.13,组织承诺量表的标准差为9.91。以第四笔观察值为例:在样本观察值中,性别为女生(水平数值2)且服务于大型学校的教师(水平数值1)的人数共有17位。在这17位教师中,年龄在30龄以下的人数占23.5%,工作压力测量值得分在28分以上者占88.2%,工作满意量表的平均数为22.53,组织承诺量表的标准差为10.29,如表2-31。

表 2-31

性别	学校规模	年龄_plt	工作压力_pgt_1	工作满意_mean_1	组织承诺_sd	人次
1	1	73.3	33.3	20.13	9.91	15
1	2	13.3	53.3	19.87	8.79	15
1	3	7.1	71.4	26.71	10.42	14
2	1	23.5	88.2	22.53	10.29	17
2	2	0.0	42.9	19.36	8.59	14
2	3	6.7	53.3	25.80	9.02	15

第三章 数据检核与转换范例

第一节 知识管理调查问卷

在一份企业组织知识管理调查问卷中,基本资料的变量有三个:"性别"变量,水平数值 1 为男生、水平数值 2 为女生;"教育程度"变量,水平数值 1 为小学、水平数值 2 为中学、水平数值 3 为高中职、水平数值 4 为专科大学、水平数值 5 为研究所;"服务年资"变量,水平数值 1 为 5 年以下、水平数值 2 为 6-10 年、水平数值 3 为 11-15 年、水平数值 4 为 16-20 年、水平数值 5 为 21 年以上。知识管理量表经预试效度分析,建构效度包含两个层面(构念),因素一包含题项 1 至题项 6,因素命名为"知识获取";因素二包含题项 7 至题项 10,因素命名为"知识流通",题项 1 至题项 10 所测量的特质,共同因素称为"知识管理"。知识管理量表题项中有二道反向题:第 6 题与第 9 题。

表 3-1

企业组织知识管理调查问卷
一、基本数据
1. 我的性别:□男生　□女生
2. 我的教育程度:□小学　□中学　□高中职　□专科大学　□研究所
3. 我的服务年资:□5 年以下　□6-10 年　□11-15 年　□16-20 年　□21 年以上
二、知识管理

	非常不同意 ←→ 非常同意
01. 我觉得公司常请专家学者来授课或派员到外界接受训练。………	□□□□□
02. 我觉得公司有设置各种知识库或书面数据等供员工学习。………	□□□□□
03. 我觉得公司常透过教育训练方式传授工作的知能与技术。………	□□□□□
04. 我觉得公司员工会把经验心得用口语、书面、实做表达。………	□□□□□
05. 我觉得公司会注重资料的搜集、分析与分类并加予储存。………	□□□□□
06. 我觉得公司员工不善用信息科技寻找工作相关知识。………	□□□□□
07. 我觉得公司员工会将所获得的知识在工作中尝试。………	□□□□□
08. 我觉得公司员工常用计算机设备与网络系统传递内部信息。………	□□□□□
09. 我觉得公司未建置多元沟通管道来与员工或外界传递信息。………	□□□□□
10. 我觉得公司经常采用各种不同的方法改善工作的流程。………	□□□□□

表 3-1 知识管理调查问卷包含两大部分,第一部分为样本的基本数据,第二部分为包含十个题项的知识管理量表。数据文件的变量编码如表 3-2:

表 3-2

编号	性别	教育程度	服务年资	a1	a2	a3	a4	a5	a6	a7	a8	a9	a10
01													
02													

一、基本数据的检验

执行工具栏[分析(A)]/[叙述统计(E)](Descriptive Statistics)/[次数分配表(F)](Frequencies)程序,开启[次数分配表][1]对话窗口,在左边变量清单中将三个背景变量"性别""教育程度""服务年资"选入右边[变量(V)]下的方格中→按[确定]钮。

进行背景变量的次数分布表统计分析程序后,其输出结果如表 3-3:

表 3-3   统计量

		性别	教育程度	服务年资
个数	有效的	55	55	55
	缺失值	0	0	0

三个背景变量"性别""教育程度""服务年资"的统计量中,有效观察值样本均为 55个、缺失值 0 个,原始数据文件中没有缺失值出现。次数分配表中所输出的统计量摘要中没有缺失值,并不表示使用者输入数据文件的数值是正确的,背景变量中没有缺失值表示所有样本在三个背景变量上均有一个相对应的数值或文字,此数值或文字是否正确必须经过检核。如样本在性别变量的直列中其正确的数值应是 1(男生)或 2(女生),此时若是将某样本在性别变量直列中键入 33,此数值虽是错误的,但原始统计量摘要表中呈现的"有效的"列的数据也为 55。

次数分布表

表 3-4   性别

		次数	百分比	有效百分比	累积百分比
有效的	男生	33	60.0	60.0	60.0
	女生	20	36.4	36.4	96.4
	3	2	3.6	3.6	100.0
	总和	55	100.0	100.0	

在上述性别变量的次数分布表中,水平数值 1 为男生、水平数值 2 为女生。在系统设定中,[输出标记]次对话窗口内预设标记中的变量值显示为"标记",所以水平数值会出现男生、女生,但水平数值 3 并未设定标记,因而直接呈现水平数值。由于性别变量的水平数值中没有 3 选项,而 3 又未被设成缺失值,所以表示两笔观察值中的性别变量数

---

1 次数分配表也称频度分布表,次数分布表。

值输入错误。对这两笔输入错误的观察值的处理方式有两种：一为找出相对应的问卷编号，更改为正确的数值；二为将键入错误的数值设为缺失值，若是数据文件样本观察值较多，则直接将少数键入错误数值的观察值设定为缺失值较为方便。

表 3-5　教育程度

		次数	百分比	有效百分比	累积百分比
有效的	小学	2	3.6	3.6	3.6
	中学	14	25.5	25.5	29.1
	高中职	17	30.9	30.9	60.0
	专科大学	21	38.2	38.2	98.2
	研究所	1	1.8	1.8	100.0
	总和	55	100.0	100.0	

从教育程度变量的次数分布中得知并没有键入错误的数据，如表 3-5，水平数值范围介于 1 至 5 间，由于各水平数值均有设定标记（水平数值的注解），因而输出表格会以水平数值标记代替水平数值。从次数分布表中可以看出，样本观察值中教育程度为小学的观察值只有两笔，而教育程度为研究所的观察值只有一笔。在以后的方差分析中，如要探究不同教育程度在知识管理知觉上的差异，因为各组样本数差距较大，可能造成统计分析结果的偏差，此时最好将组别合并。范例中可将小学组与中学组合并，专科大学组与研究所组合并，教育程度由原先五分类别变量，合并为三分类别变量：中学以下、高中职、专科大学以上（或大专以上）。

表 3-6　服务年资

		次数	百分比	有效百分比	累积百分比
有效的	5 年以下	12	21.8	21.8	21.8
	6-10 年	13	23.6	23.6	45.5
	11-15 年	15	27.3	27.3	72.7
	16-20 年	13	23.6	23.6	96.4
	21 年以上	2	3.6	3.6	100.0
	总和	55	100.0	100.0	

从服务年资变量的次数分布表中得知并没有键入错误的数据，如表 3-6，水平数值范围介于 1 至 5 间，由于各水平数值均有设定标记（水平数值的注解），因而输出表格会以水平数值标记代替水平数值。从次数分布表中可以看出，样本观察值中服务年资在 21 年以上的观察值只有两笔，若要探究不同服务年资在知识管理知觉上的差异，服务年资合并为四组较为适切，将"16-20 年"组与"21 年以上"组合并，合并后的四个服务年资水平数值与标记为：水平数值 1 为"5 年以下"、水平数值 2 为"6-10 年"、水平数值 3 为"11-15 年"、水平数值 4 为"16 年以上"。

二、基本数据的转换

在问卷基本数据检核后，使用者要对样本在基本数据的输出结果加以校正，背景变量的校正工作包括两个部分，一为更正各背景变量键入错误数值，二为将背景变量中某些变量组别人数较少的水平加以合并，不要让组别间的差异过度悬殊，若是类别变量水平数值的样本观察值差距过大,在进行相关参数统计检验中会造成结果偏误。

(一)性别变量的处理

由于性别变量的水平数值中出现3,因而可将水平数值3设为缺失值[1]。把[数据编辑]窗口切换到[变量检视]工作窗口,在"性别"变量列的"缺失"值栏单元格[右边]上按一下,同时开启[缺失值]对话窗口,选取[离散缺失值]选项,在第一个方格中输入3→按[确定]钮,如图3-1。

【备注】 在"性别"变量列的"遗漏"值栏单元格中按一下,并不会立即出现[遗漏值]对话窗口,此时,只要在[...]符号上按一下,即可开启[遗漏值]对话窗口。

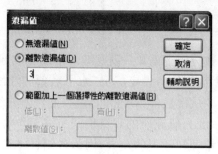

图 3-1

(二)教育程度组别的合并

教育程度变量的合并由原先的五组变为三组,变量数值水平的转换如表3-7:

表 3-7

原先数值水平	水平数值标记	新数值水平	新水平数值标记
1	小学	1	
2	中学	1	中学以下
3	高中职	2	高中职
4	专科大学	3	专科大学以上
5	研究所	3	

在背景基本数据变量的处理上,使用者最好能保留旧的变量,以便日后研究使用,此时在变量转换上可采用重新编码成不同变量,而不要将其编码成同一变量,因为在样本观察值背景变量的呈现上,使用者除呈现原始随机取样调查的结果外,也要呈现变量某些水平数值合并后的新结果。但若是题项变量转换上采用重新编码成同一变量反而较为不便。教育程度水平数值重新编码的操作程序如下:

1. 步骤 1

执行工具栏[转换(T)](Transform)/[重新编码(R)](Recode)/[成不同变量(D)](In to Different Variables)的程序,出现[重新编码成不同变量]对话窗口。

---

1 文中的"缺失值"对应 SPSS 操作界面图中的"遗漏值"。

2. 步骤2

将左边变量清单的目标变量"教育程度"点选至右边[数值变量(V) --> 输出变量]下的方格中→在[输出之新变量]方框中[名称(N)]下的方格中键入新分组变量名称"newedu"、[标记(L)]下的方格中输入变量的标记"教育程度重编"→按[变更(C)]钮，如图3-2，在[数值变量(V) --> 输出变量]下的方格中文字由"教育程度 --> ?"变更为"教育程度 --> newedu"→按[旧值与新值(O)...]钮，开启[重新编码成不同变量：旧值与新值]次对话窗口。

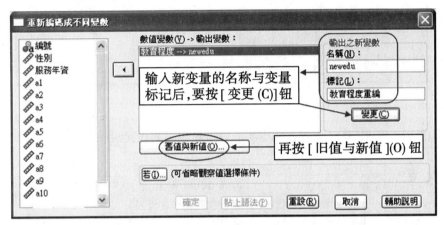

图3-2

3. 步骤3

左边[旧值]方框中点选第一个选项[数值(V)]，在其下的方格中输入原数据文件中的水平数值1→右边[新值为]方框中，点选[数值(L)]，在其右边的方格中键入1→按[新增(A)]钮，[旧值 --> 新值(D)]下的方框中会出现"1 --> 1"的讯息。
→左边[旧值]方框中点选第一个选项[数值(V)]，在其下的方格中输入原数据文件中的水平数值2→右边[新值为]方框中，点选[数值(L)]，在其右边的方格中键入1→按[新增(A)]钮，[旧值 --> 新值(D)]下的方框中会出现"2 --> 1"的讯息。
→左边[旧值]方框中点选第一个选项[数值(V)]，在其下的方格中输入原数据文件中的水平数值3→右边[新值为]方框中，点选[数值(L)]，在其右边的方格中键入2→按[新增(A)]钮，[旧值 --> 新值(D)]下的方框中会出现"3 --> 2"的讯息。
→左边[旧值]方框中点选第一个选项[数值(V)]，在其下的方格中输入原数据文件中的水平数值4→右边[新值为]方框中，点选[数值(L)]，在其右边的方格中键入3→按[新增(A)]钮，[旧值 --> 新值(D)]下的方框中会出现"4 --> 3"的讯息。
→左边[旧值]方框中点选第一个选项[数值(V)]，在其下的方格中输入原数据文件中的水平数值5→右边[新值为]方框中，点选[数值(L)]，在其右边的方格中键入3→按[新增(A)]钮，[旧值 --> 新值(D)]下的方框中会出现"5 --> 3"的讯息。
→按[继续]钮→按[确定]钮，如图3-3。

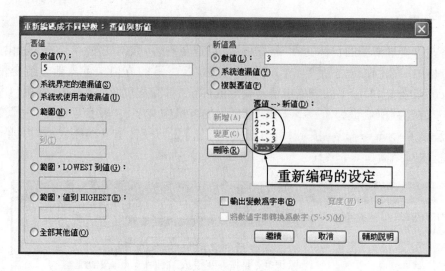

图 3-3

[旧值 --> 新值(D)]下的方框中所进行重新编码的设定说明如表 3-8：

表 3-8

重新编码设定	编码界定意义说明
1 --> 1	变量原始水平数值为 1 者转换为水平数值为 1
2 --> 1	变量原始水平数值为 2 者转换为水平数值为 1
3 --> 2	变量原始水平数值为 3 者转换为水平数值为 2
4 --> 3	变量原始水平数值为 4 者转换为水平数值为 3
5 --> 3	变量原始水平数值为 5 者转换为水平数值为 3
转号符号表示 =>	旧变量的数值水平 --> 新变量的数值水平

（三）服务年资变量组别的合并

服务年资变量的合并由原先的五组变为四组,变量数值水平的转换为如表 3-9：

表 3-9

原先数值水平	水平数值标记	新数值水平	新水平数值标记
1	5 年以下	1	5 年以下
2	6-10 年	2	6-10 年
3	11-15 年	3	11-15 年
4	16-20 年	4	16 年以上
5	21 年以上	4	

服务年资变量重新编码的操作程序如下：

1.步骤 1

执行工具栏[转换(T)]/[重新编码(R)]/[成不同变量(D)]的程序,出现[重新编码成不同变量]对话窗口。

2. 步骤 2

将左边变量清单的目标变量"服务年资"点选至右边[数值变量(V)-->输出变量]下的方格中→在[输出之新变量]方框中[名称(N)]下的方格键入新分组变量名称"newser"、[标记(L)]下的方格中输入变量的标记"服务年资重编"→按[变更(C)]钮，在[数值变量(V)-->输出变量]下的方格中，文字由"服务年资-->?"变更为"服务年资-->newser"→按[旧值与新值(O)…]钮，开启[重新编码成不同变量:旧值与新值]次对话窗口。

3. 步骤 3

左边[旧值]方框中点选第一个选项[数值(V)]，在其下的方格中输入原数据文件中的水平数值1→右边[新值为]方框中，点选[数值(L)]，在其右边的方格中键入1→按[新增(A)]钮，[旧值-->新值(D)]下的方框中会出现"1 --> 1"的讯息。
→左边[旧值]方框中点选第一个选项[数值(V)]，在其下的方格中输入原数据文件中的水平数值2→右边[新值为]方框中，点选[数值(L)]，在其右边的方格中键入2→按[新增(A)]钮，[旧值-->新值(D)]下的方框中会出现"2 --> 2"的讯息。
→左边[旧值]方框中点选第一个选项[数值(V)]，在其下的方格中输入原数据文件中的水平数值3→右边[新值为]方框中，点选[数值(L)]，在其右边的方格中键入3→按[新增(A)]钮，[旧值-->新值(D)]下的方框中会出现"3 --> 3"的讯息。
→左边[旧值]方框中点选第一个选项[数值(V)]，在其下的方格中输入原数据文件中的水平数值4→右边[新值为]方框中，点选[数值(L)]，在其右边的方格中键入4→按[新增(A)]钮，[旧值-->新值(D)]下的方框中会出现"4 --> 4"的讯息。
→左边[旧值]方框中点选第一个选项[数值(V)]，在其下的方格中输入原数据文件中的水平数值5→右边[新值为]方框中，点选[数值(L)]，在其右边的方格中键入4→按[新增(A)]钮，[旧值-->新值(D)]下的方框中会出现"5 --> 4"的讯息，如图3-4。
→按[继续]钮，回到[重新编码成不同变量]对话窗口→按[确定]钮。

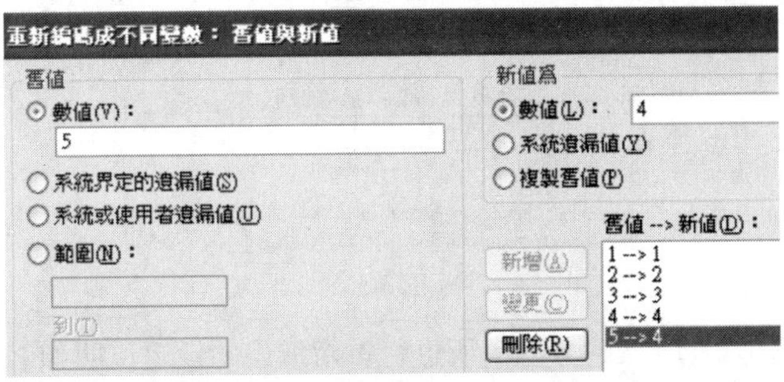

图 3-4

[旧值-->新值(D)]下的方框中所进行重新编码的设定说明如表3-10：

表 3-10

重新编码设定	编码界定意义说明
1 --> 1	变量原始水平数值为 1 者转换为水平数值为 1
2 --> 2	变量原始水平数值为 2 者转换为水平数值为 2
3 --> 3	变量原始水平数值为 3 者转换为水平数值为 3
4 --> 4	变量原始水平数值为 4 者转换为水平数值为 4
5 --> 4	变量原始水平数值为 5 者转换为水平数值为 4

在上述步骤 3 的操作中,若是旧的水平数值与新的水平数值相同,[新值为]的方框中也可以直接选取[复制旧值(P)]选项,表示新的水平数值直接复制旧的水平数值。此步骤的操作程序也可以使用以下的方式:

→左边[旧值]方框中点选第一个选项[数值(V)],在其下的方格中输入原数据文件中的水平数值 5→右边[新值为]方框中点选[数值(L)],在其右边的方格中键入 4→按[新增(A)]钮,[旧值 --> 新值]下的方框中会出现"5 --> 4"的讯息。
→左边[旧值]方框中点选第一个选项[数值(V)],在其下的方格中输入原数据文件中的水平数值 1→右边[新值为]方框中点选[复制旧值(P)]选项→按[新增(A)]钮,[旧值 --> 新值]下的方框中会出现"1 --> Copy"的讯息。
→左边[旧值]方框中点选第一个选项[数值(V)],在其下的方格中输入原数据文件中的水平数值 2→右边[新值为]方框中点选[复制旧值(P)]选项→按[新增(A)]钮,[旧值 --> 新值]下的方框中会出现"2 --> Copy"的讯息。
→左边[旧值]方框中点选第一个选项[数值(V)],在其下的方格中输入原数据文件中的水平数值 3→右边[新值为]方框中点选[复制旧值(P)]选项→按[新增(A)]钮,[旧值 --> 新值]下的方框中会出现"3 --> Copy"的讯息。
→左边[旧值]方框中点选第一个选项[数值(V)],在其下的方格中输入原数据文件中的水平数值 4→右边[新值为]方框中点选[复制旧值(P)]选项→按[新增(A)]钮,[旧值 --> 新值]下的方框中会出现"4 --> Copy"的讯息,如图 3-5。
→按[继续]钮,回到[重新编码成不同变量]对话窗口→按[确定]钮。

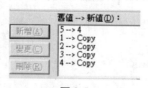

图 3-5

[旧值 --> 新值(D)]下的方框中所进行重新编码的设定说明如表 3-11:

表 3-11

重新编码设定	编码界定意义说明
5 --> 4	变量原始水平数值为 5 者转换为水平数值为 4
1 --> Copy	变量原始水平数值为 1 者转换为水平数值为 1

续表

重新编码设定	编码界定意义说明
2 --> Copy	变量原始水平数值为 2 者转换为水平数值为 2
3 --> Copy	变量原始水平数值为 3 者转换为水平数值为 3
4 --> Copy	变量原始水平数值为 4 者转换为水平数值为 4

【备注】 Copy 的意义表示新变量水平数值直接复制旧变量的水平数值,在重新编码成不同变量的操作中,新变量部分水平数值直接复制旧变量的水平数值,其转换操作程序也要设定,否则这些没有设定转换的水平数值的观察值会变为缺失值。

重新执行背景变量:性别、newedu(变量标记为教育程度重编)、newser(变量标记为服务年资重编)的次数分配表如表 3-12:

表 3-12　性别

		次数	百分比	有效百分比	累积百分比
有效的	男生	33	60.0	62.3	62.3
	女生	20	36.4	37.7	100.0
	总和	53	96.4	100.0	
缺失值	3	2	3.6		
	总和	55	100.0		

在性别变量中,水平数值 3 已设为缺失值,全部有效样本观察值为 53 个,男生有 33 个、女生有 20 个,其有效百分比分别为 62.3%,37.7%。性别变量水平数值等于 3 的错误观察值有两笔,占全部样本观察值(=55)的 3.6%,因为这两笔观察值是缺失值,所以没有呈现在[有效百分比]栏中。

重新编码后的教育程度变量(变量名称为 newedu、变量标记为教育程度重编)有三个水平,水平数值 1 为中学以下组,为原先小学组与中学组样本观察值的合并(=2 + 14 = 16),水平数值 2 为高中职的样本观察值,水平数值 3 为专科大学以上,为原先专科大学组与研究所组样本观察值的合并(=21 + 1 = 22),如表 3-13。

表 3-13　教育程度重编

		次数	百分比	有效百分比	累积百分比
有效的	中学以下	16	29.1	29.1	29.1
	高中职	17	30.9	30.9	60.0
	专科大学以上	22	40.0	40.0	100.0
	总和	55	100.0	100.0	

表 3-14　服务年资重编

		次数	百分比	有效百分比	累积百分比
有效的	5 年以下	12	21.8	21.8	21.8
	6-10 年	13	23.6	23.6	45.5
	11-15 年	15	27.3	27.3	72.7
	16 年以上	15	27.3	27.3	100.0
	总和	55	100.0	100.0	

在重新编码后的服务年资变量(变量名称为 newser,变量标记为服务年资重编)有四个水平,水平数值 4 为 16 年以上组,此水平数值的观察值为原先 16-20 年组及 21 年以上组样本观察值的合并(= 13 + 2 = 15),如表 3-14,重新编码后的服务年资变量为四分类别变量,四个水平组别的样本观察值人数差异较小。

三、知识管理量表的检核

(一)问卷题项的检核

由于知识管理问卷题项采用的是李克特五点量表法,各题项的水平数值介于 1-5 间,最大值不能超过 5,最小值数值要在 1 以上。因而如果题项的最大值大于 5,表示数据文件有键入错误。

要检核各题项的最小值、最大值等统计量,最简易的方法是执行描述性统计量程序:执行工具栏[分析(A)]/[叙述统计[1](E)](Descriptive Statistics)/[描述性统计量(D)](Descriptives)程序,开启[描述性统计量]对话窗口,在左边变量清单中将目标变量 a1、a2 ……a9、a10 十个题项选入右边[变量(V)]下的方格中,采用内定[选项(O)]格式(包含平均数、标准差、最小值、最大值四个选项)→按[确定]钮。

表 3-15　叙述统计

	个数	最小值	最大值	平均数	标准差
a1	55	1	5	3.53	1.289
a2	55	1	5	2.11	1.100
a3	55	1	5	3.56	1.167
a4	55	1	5	2.25	1.190
a5	55	1	5	2.73	1.209
a6	55	1	5	2.18	.964
a7	55	1	5	3.24	1.053
a8	55	1	6	4.07	1.260
a9	55	1	5	2.80	1.471
a10	55	1	5	3.16	1.475
有效的 N(完全排除)	55				

表 3-15 为执行描述性统计量的输出报表,其中除第八题(a8)外其余九个题项的最小值为 1,最大值为 5,最大值数值没有大于 5 以上者,表示这九个题项键入的数值无误。由于受试者知觉感受的不同,因而虽然采用李克特五点量表作答,但或许全部观察值在某个题项均没有勾选"非常不同意"的选项,因而最小值在理论上为 1,但实际统计分析时可能大于 1;至于最大值的数值不能超过 5,若是某个题项变量最大值数值超过 5,表示此题项的观察值输入错误。如第八题(变量名称 a8)数值的最大值为 6,表示第八题的数据键入中至少有一笔观察值有错误,至于有几笔观察值的数值输入错误此时无法得知,因而需再配合[次数分配表]的执行结果,查看有多少笔的数据输入错误。若是使用者的态度或特质量表采用的是李克特六点量表法,则每个题项变量的数值的最小值不能小于

---

1 叙述统计也称描述性统计。

表 3-16 a8

		次数	百分比	有效百分比	累积百分比
有效的	1	2	3.6	3.6	3.6
	2	6	10.9	10.9	14.5
	3	9	16.4	16.4	30.9
	4	9	16.4	16.4	47.3
	5	27	49.1	49.1	96.4
	6	2	3.6	3.6	100.0
	总和	55	100.0	100.0	

1,最大值不能大于 6。

在次数分布表变量 a8 的数据中,如表 3-16 水平数值为 6 者出现两次,表示有两笔观察值数据有错误。若使用者不想将这两笔样本观察值设为缺失值,可以利用[寻找]工具钮功能,找出变量 a8 的数值内容为 6 的单元格,并寻找出相对应编号的问卷加以更改。操作程序如下:

1. 先在[数据检视]工作窗口中,将鼠标移向变量 a8 的单元格上,此时鼠标光标会变为"⬇"符号,在变量 a8 的单元格上按一下以选取变量 a8 直行的所有数据内容。

2. 按[寻找] 🔍 工具钮,或执行工具栏[编辑(E)](Edit)/[寻找(F)](Find)程序,开启[在变量中找寻资料 a8]对话窗口,在[寻找内容]右边的方格内输入目标数值 6→按[找下一笔]钮,如找到数值内容 6,则该单元格会由黑底框变为白底框,记下相对应的问卷编号,此时若将鼠标在[数据检视]工作窗口的白底框上按一下,可直接更改数值为 6 的单元格内容→再按[找下一笔]钮,以寻找数值为 6 的第二笔观察值,如图 3-6。

【备注】 范例数据文件中,变量 a8 两笔数值为 6 的观察值编号分别 06,10。假设查询相对应的原始问卷编号,两笔观察值勾选的选项为第二个,因而更改后的数据均为 2。在创建原始资料文件时,先不用管题项是否为反向题,使用者先将全部题项作为正向题来键入资料文件,之后,若有反向题再进行反向计分的程序,SPSS 对于题项反向计分也提供[重新编码]的功能,此选单的对话窗口可以简易进行反向题的反向计分。

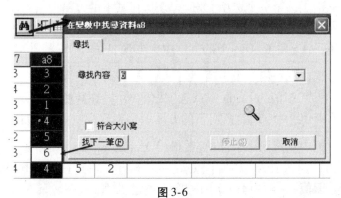

图 3-6

(二)反向题的反向计分

知识管理问卷十个题项中,有两个题项为反向题,分别为第六题与第九题:"06. 我觉得公司员工<u>不善用</u>信息科技寻找工作相关知识""09. 我觉得公司<u>未建置</u>多元沟通管道来与员工或外界传递信息",在进行层面加总与总分加总之前,必须将这两道反向题反向计分。由于量表填答采用李克特五点量表格式:从"非常不同意"到"非常同意",五个选项的计分分别给予1,2,3,4,5,反向计分的结果分别转换为5,4,3,2,1,相对的数值转换为:"1 -->5""2 -->4""3 -->3""4 -->2""5 -->1"。反向题反向计分的操作如下:

1. 步骤1

执行工具栏[转换(T)]/[重新编码(R)]/[成同一变量(S)]的程序,开启[重新编码成同一变量]对话窗口,如图3-7。

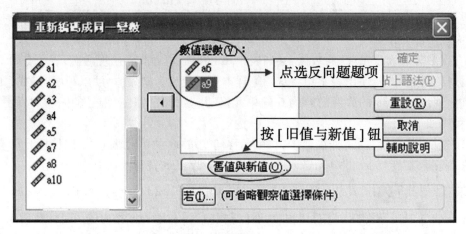

图 3-7

2. 步骤2

将左边变量清单的目标变量"a6""a9"点选至右边[数值变量(V)]下的方格中→按[旧值与新值(O)...]钮,开启[重新编码成同一变量:旧值与新值]次对话窗口。

3. 步骤3

左边[旧值]方框中点选第一个选项[数值(V)],在其下的方格中输入原数据文件中的水平数值1→右边[新值为]方框中点选[数值(L)],在其右边的方格中键入5→按[新增(A)]钮,[旧值 --> 新值(D)]下的方框中会出现"1 --> 5"的讯息。
→左边[旧值]方框中点选第一个选项[数值(V)],在其下的方格中输入原数据文件中的水平数值2→右边[新值为]方框中点选[数值(L)],在其右边的方格中键入4→按[新增(A)]钮,[旧值 --> 新值(D)]下的方框中会出现"2 --> 4"的讯息。
→左边[旧值]方框中点选第一个选项[数值(V)],在其下的方格中输入原数据文件中的水平数值3→右边[新值为]方框中点选[数值(L)],在其右边的方格中键入3→按[新增(A)]钮,[旧值 --> 新值(D)]下的方框中会出现"3 --> 3"的讯息。

→左边[旧值]方框中点选第一个选项[数值(V)]，在其下的方格中输入原数据文件中的水平数值4→右边[新值为]方框中点选[数值(L)]，在其右边的方格中键入2→按[新增(A)]钮，[旧值-->新值(D)]下的方框中会出现"4 --> 2"的讯息。

→左边[旧值]方框中点选第一个选项[数值(V)]，在其下的方格中输入原数据文件中的水平数值5→右边[新值为]方框中点选[数值(L)]，在其右边的方格中键入1→按[新增(A)]钮，[旧值-->新值(D)]下的方框中会出现"5 --> 1"的讯息，如图3-8。

→按[继续]钮，回到[重新编码成不同变量]对话窗口→按[确定]钮。

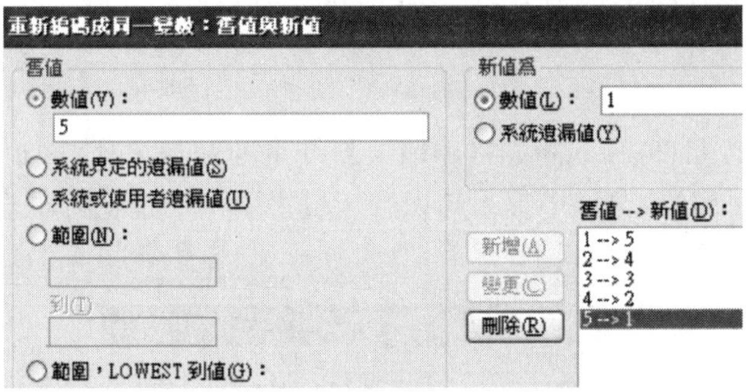

图 3-8

[旧值-->新值(D)]下的方框中所进行重新编码的设定说明如表3-17：

表 3-17

重新编码设定	编码界定意义说明
1 -->5	变量原始水平数值为1者转换为水平数值为5
2 -->4	变量原始水平数值为2者转换为水平数值为4
3 -->3	变量原始水平数值为3者转换为水平数值为3
4 -->2	变量原始水平数值为4者转换为水平数值为2
5 -->1	变量原始水平数值为5者转换为水平数值为1

若是六点量表，[旧值-->新值(D)]下的方框中所进行重新编码的设定如表3-18：

表 3-18

重新编码设定	编码界定意义说明
1 -->6	变量原始水平数值为1者转换为水平数值为6
2 -->5	变量原始水平数值为2者转换为水平数值为5
3 -->4	变量原始水平数值为3者转换为水平数值为4
4 -->3	变量原始水平数值为4者转换为水平数值为3
5 -->2	变量原始水平数值为5者转换为水平数值为2
6 -->1	变量原始水平数值为6者转换为水平数值为1

四、知识管理量表层面的加总

问卷调查中，若是某种特质、态度、行为或心理知觉等潜在构念的调查，在分析时不能逐题分析，因为单一题项所要测量的不足以代表某一潜在特质或构念，此种潜在特质或构念的测量通常包含数个题项,这些属性相似的题项所要测量的共同特质称为建构效度,建构效度中的层面测量值是数个题项的加总分数。

以"知识获取"层面而言,此层面构念共包含六个题项,而"知识流通"层面则包含四个题项,在进行相关统计分析之前,要先进行层面题项的加总。

(一)"知识获取"层面的加总

"知识获取"层面为题项变量 a1、a2、a3、a4、a5、a6 六题的加总。

1. 步骤 1

执行工具栏[转换(T)]/[计算(C)](Computer)的程序,开启[计算变量]对话窗口。

2. 步骤 2

在左边[目标变量(T)]下的方格中输入新变量的变量名称"知识获取",在右边的[数值表达式(E)]下的大方格中键入知识管理量表中六个题项的加总:"a1 + a2 + a3 + a4 + a5 + a6"→按[确定]钮,如图 3-9。

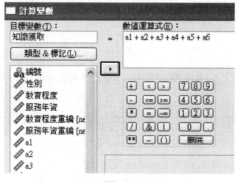

图 3-9

【备注】 题项的加总除可用数学四则运算符号中的" + "号串联变量外,也可以使用 SPSS 内定函数 SUM,SUM 的加总语法为[SUM(?,?,?,……)],"?"号为变量名称,上述"知识获取"层面六个题项的加总以函数 SUM 表示为:"SUM(a1,a2,a3,a4,a5,a6)"。如果题项的编码是有次序性的,所谓有次序性就是变量前面的变量名称相同,而后面为连续性的数字,如 ACT1、ACT2、ACT3……或 LIKE1、LIKE2、LIKE3、……或 B1、B2、B3……或 A01、A02、A03……或 A1_1、A1_2、A1_3……或 Mana_1、Mana_2、Mana_3……,则在总分加总方面若使用 SUM 函数,可以简化为以下语法表示式:"SUM(起始变量 TO 结束变量)"。其中括号内的关键词"TO"大小写均可,起始变量与关键词 TO 间至少要空一格,关键词 TO 与结束变量间至少也要空一格。SUM 函数的关键词大小写均可以,关键词"TO"大小写均可,但均不可以使用全角字。因此"知识获取"层面的加总的数值表达式也可以简化为:"SUM(a1 TO a6)"。

SUM 函数与算术四则运算也可以合并使用,如一份有 30 个题项的"生活压力量表",其中第 1 题至第 5 题、第 7 题、第 8 题、第 10 题为"学业压力"层面,在学业压力层面总分的加总方面,其数值表达式可以表示为:

数值表达式一:"A01 + A02 + A03 + A04 + A05 + A07 + A08 + A10"

数值表达式二:"SUM(A01 TO A05) + A07 + A08 + A10"

数值表达式三:"SUM(A01 TO A10) − A06 − A09"

(二)"知识流通"层面的加总

"知识流通"层面为题项变量 a7、a8、a9、a10 四题的加总。

1. 步骤 1

执行工具栏[转换(T)]/[计算(C)]的程序,开启[计算变量]对话窗口。

2. 步骤 2

在左边[目标变量(T)]下的方格中输入新变量的变量名称"知识流通",在右边的 [数值表达式(E)]下的大方格中键入知识管理量表四个题项的加总:"SUM (a7,a8,a9, a10)"→按[确定]钮,如图 3-10。

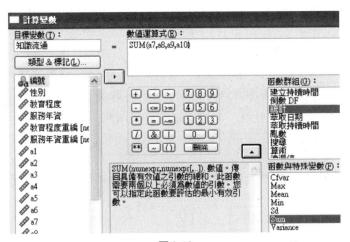

图 3-10

(三)"知识管理"总量表的加总

"知识管理"总量表为题项变量 a1、a2、a3、a4、a5、a6、a7、a8、a9、a10 十题的加总。在 知识管理总量表的加总方面也可以使用之前两个层面加总后的变量,数值表达式直接使 用两个层面变量的加总:"知识获取" + "知识流通"。

1. 步骤 1

执行工具栏[转换(T)]/[计算(C)]的程序,开启[计算变量]对话窗口。

2. 步骤 2

在左边[目标变量(T)]下的方格中输入新变量的变量名称"知识管理",在右边的 [数值表达式(E)]下的大方格中键入知识管理量表四个题项的加总:"SUM (a1 TO a10)"→按[确定]钮,如图 3-11。

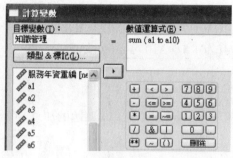

图 3-11

五、计算层面单题的平均

(一)求"知识获取"层面单题平均

在统计分析中,使用者若要探究观察值在每个层面单题的平均得分,要以各层面变量除以层面包含的题项数,层面单题的平均得分可以看出观察值对构念特质的知觉感受到何种程度,以"工作满意"层面而言,采用李克特五点量表法,五个选项为"非常同意""多数同意""一半同意""少数同意""非常不同意",若是层面单题平均得分为 4.30,表示样本观察值勾选的选项介于"非常同意"与"多数同意"之间,取样样本平均有较高的工作满意度;如果层面单题平均得分为 1.25,表示样本观察值勾选的选项介于"少数同意"与"非常不同意"之间,取样样本工作满意度平均偏低。

1. 步骤 1

执行工具栏[转换(T)]/[计算(C)]的程序,开启[计算变量]对话窗口。

2. 步骤 2

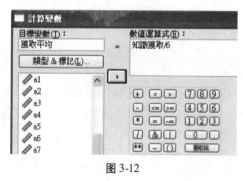

图 3-12

在左边[目标变量(T)]下的方格中输入新变量的变量名称"获取平均",在右边的[数值表达式(E)]下的大方格中键入知识获取层面的单题平均的算术式:"知识获取/6",操作时在左边变量清单将目标变量"知识获取"变量点选至右边[数值表达式(E)]下的方格中,在变量后面利用小算盘点选"/6"→按[确定]钮,如图 3-12。

(二)求"知识流通"层面单题平均

1. 步骤 1

执行工具栏[转换(T)]/[计算(C)]的程序,开启[计算变量]对话窗口。

2. 步骤 2

在左边[目标变量(T)]下的方格中输入新变量的变量名称"流通平均",在右边的

[数值表达式(E)]下的大方格中键入知识流通层面的单题平均的算术式:"知识流通/ 4"→按[确定]钮,如图 3-13。

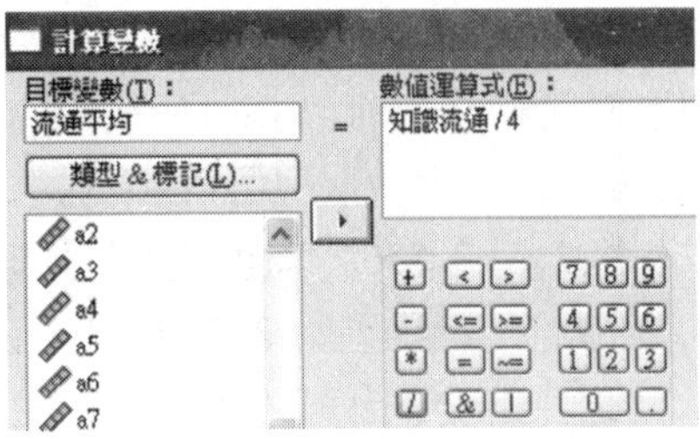

（三）求"知识管理"量窗体题平均

1. 步骤 1

执行工具栏[转换(T)]/[计算(C)]的程序,开启[计算变量]对话窗口。

2. 步骤 2

在左边[目标变量(T)]下的方格中输入新变量的变量名称"管理平均",在右边的[数值表达式(E)]下的大方格中键入知识管理量表的单题平均的算术式:"知识管理/ 10"→按[确定]钮,如图 3-14。

图 3-14

图 3-13

六、求出知识管理量表的描述性统计量

求出变量描述性统计量的步骤:执行工具栏[分析(A)]/[叙述统计(E)]/[描述性统计量(D)]程序,开启[描述性统计量]对话窗口,在左边变量清单中将目标变量"知识获取""知识流通""知识管理""获取平均""流通平均""管理平均"等六个选入右边[变量(V)]下的方格中,采用内定[选项(O)]格式(包含平均数、标准差、最小值、最大值四个选项)→按[确定]钮,如图 3-15。

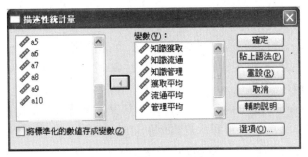

图 3-15

表 3-19　叙述统计

	个数	最小值	最大值	平均数	标准差
知识获取	55	10	25	16.36	3.556
知识流通	55	9	18	13.27	2.256
知识管理	55	22.00	41.00	29.6364	4.73507
获取平均	55	1.67	4.17	2.7273	.59262
流通平均	55	2.25	4.50	3.3182	.56408
管理平均	55	2.20	4.10	2.9636	.47351
有效的 N（完全排除）	55				

由于"知识获取"与"知识流通"层面所包含的题项数不相同，因而若要进行层面间的比较，无法从层面(构念)所呈现的平均数加以比较，在表 3-19 描述性统计量输出结果摘要表中，"知识获取"层面的平均数为 16.36，样本观察值得分的最小值为 10、最大值为 25、标准差为 3.556；"知识流通"层面的平均数为 13.27，样本观察值得分的最小值为 9、最大值为 18、标准差为 2.256。"知识获取"层面的平均数高于"知识流通"层面的平均数，但此种比较毫无意义，因为"知识获取"层面包含的题项数有 6 道，"知识流通"层面包含的题项数只有 4 道，多数观察值 6 道测量值总和会比 4 道的测量值的总和大，因此全体观察值在"知识获取"层面得分的平均数值自然会较高。

若要进行层面间的比较，或查看样本观察值在知识管理量表知觉的填答情形，可以求出样本观察值在层面或总量表的单题平均得分描述性统计量。以表 3-19 为例，55 位样本观察值在"知识获取"层面的单题平均得分为 2.727 3、在"知识流通"层面的单题平均得分为 3.318 2，样本观察值在"知识流通"层面的单题平均得分高于在"知识获取"层面的单题平均得分，至于两个分数间的差异是否达到显著，必须加以检验，采用的方法为[相依/成对样本的 t 检验](Paired-Samples T Test)，如果使用者没有针对平均数的差异加以检验，就无法得知层面间单题平均得分的差异是否达到统计上的显著水平。就知识管理总量表而言，其单题平均得分为 2.963 6，介于选项 2 至 3 之间，换成百分等级为 $(2.963\ 6 - 1) \div (5 - 1) = 0.490\ 9 = 49.09\%$，表示样本观察值平均同意的百分比约为 50%。

第二节　求测验成绩百分等级

在测验成绩的转换上，有时使用者会使用到相对地位量数，两种常用的相对地位量数一为百分等级与百分位数，二为标准分数。百分等级(percentile rank)指观察值在某个测量变量上的测量值或分数在团体中所占的等级为多少，亦即在一百个人的群体中，该测量值或分数是排在第几个等级，百分等级通常以 PR 表示，若是观察值数学成绩的 PR = 80，表示在一百个人的群体中，样本观察值的分数可以赢过 80 个人，PR = 50，表示在一百个人的群体，样本观察值的分数可以赢过 50 个人，此时样本观察值的分数也就是中位数。

百分位数(percentile point)指的是在群体中居某一个百分等级时的分数或测量值，以符号 P_P 表示，如 P_{80} = 75 ，表示样本观察值的百分等级为 PR = 80，在一百个人的群体中他想赢过 80 人，数学测验成绩必须考 75 分，P_{80} = 75 也表示第 80 个百分位数的分数是 75 分。百分等级变量属于"次序变量"，单位并不相等，因而不能进行四则运算。百分等级 PR 最高数值为 PR = 99，而非 PR = 100，因为当 PR = 99 时，表示样本观察值的分数或测量值在一百个人赢过 99 人，包含自己刚好一百人，此时样本观察值的名次为第一名。

【研究问题】

之前随机抽取两个班五十位学生，求出每位样本的数学成绩的百分等级。

一、操作程序一——等级观察值的操作

执行工具栏[转换(T)]/[等级观察值(K)](Rank Cases)程序，开启[等级观察值]对话窗口，在左边变量清单中将目标变量"数学"选入右边[变量(V)]下的方格中，左下

角[等级1指定给]方框中选取[最小值]选项→按[等级类型(K)...]钮,开启[等级观察值:类型]次对话窗口,勾选[分数等级以%表示(%)](Fractional rank as %)选项→按[继续]钮→按[确定]钮,如图3-16、图3-17。

图 3-16

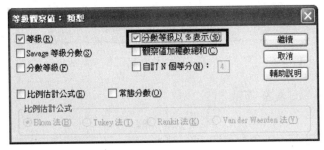

图 3-17

二、输出结果——等级观察值

执行等级观察值程序后,变量"数学"的百分等级转换过程的输出结果直接增列到原始数据文件中。在数据文件中会以"R变量名称"作为新等级变量。而以"P变量名称"作为百分等级变量。以第一位样本观察值而言,数学原始分数为60分,等级变量为9,表示名次为倒数第9名,百分等级PR=18;以第二位样本观察值而言,数学原始分数为42分,等级变量为1,表示名次为群体中的最后一名,百分等级PR=2,如图3-18。

	班級	性別	數學	英文	等第_1	R數學	P數學	var
1	1	1	60	66	4	9	18	
2	1	1	42	58	5	1	2	
3	1	1	78	95	3	30	59	
4	1	2	65	74	4	13	25	
5	1	2	68	84	4	15	30	
6	1	1	57	58	5	7	14	

图 3-18

三、操作程序二——次数分布表的操作

执行菜单[分析(A)]/[叙述统计(E)]/[次数分配表(F)]程序,开启[次数分配表]对话窗口,在左边变量清单中将目标变量"数学"选入右边[变量(V)]下的方格中→按[统计量(S)…]钮,开启[次数分配表:统计量]次对话窗口,勾选[百分位数(P)]选项,在其后的方格中输入100,按[新增(A)]钮→按[继续]钮→按[确定]钮,如图3-19。

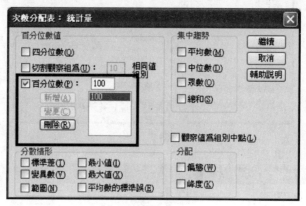

图 3-19

四、输出结果——次数分布表

表 3-20   数学

		次数	百分比	有效百分比	累积百分比
有效的	42	1	2.0	2.0	2.0
	55	3	6.0	6.0	8.0
	56	1	2.0	2.0	10.0
	57	3	6.0	6.0	16.0
	60	1	2.0	2.0	18.0
	62	1	2.0	2.0	20.0
	64	1	2.0	2.0	22.0
	65	2	4.0	4.0	26.0
	67	1	2.0	2.0	28.0
	68	1	2.0	2.0	30.0
	70	1	2.0	2.0	32.0
	71	4	8.0	8.0	40.0
	72	1	2.0	2.0	42.0
	74	1	2.0	2.0	44.0
	75	3	6.0	6.0	50.0
	76	2	4.0	4.0	54.0
	78	4	8.0	8.0	62.0
	82	1	2.0	2.0	64.0
	84	2	4.0	4.0	68.0
	85	2	4.0	4.0	72.0
	87	4	8.0	8.0	80.0

续表

	次数	百分比	有效百分比	累积百分比
89	1	2.0	2.0	82.0
91	1	2.0	2.0	84.0
92	2	4.0	4.0	88.0
94	1	2.0	2.0	90.0
95	1	2.0	2.0	92.0
97	1	2.0	2.0	94.0
98	1	2.0	2.0	96.0
99	1	2.0	2.0	98.0
100	1	2.0	2.0	100.0
总和	50	100.0	100.0	

表 3-20 为执行次数分布表所输出的百分等级摘要表。它和等级观察值输出结果的差别在于执行等级观察值程序后的结果会在原始数据文件中增列变量,而执行次数分布表程序的结果会输出在[SPSS 浏览器]窗口中,其中最后一栏[累积百分比]为各分数的百分等级,(以测量值为 42 分的观察值而言,其百分等级 PR = 2;而以测量值为 60 分的观察值而言,其百分等级 PR = 18),而结果和执行等级观察值程序相同。

如果要产生百分等级分数,在[次数分配表:统计量]次对话窗口中,要勾选[切割观察值(U)]选项,后面的空格中输入 100 即可。

第三节 [计算]与[重新编码]综合应用

【研究问题】

某位心理学者想探究高中生的人格特质与其生活压力的关系,对随机抽取的样本施予人格特质量表与生活压力量表,在原始人格特质量表的计分方面,四种人格特质类型题项分别加总计分,每种人格特质类型构念原始分数为 1 至 9 分。在统计分析时,必须比较受试者在四种人格特质倾向的得分,而将每位受试者归于一类的人格类型,最后人格类型的归类为受试者在原始四种人格特质倾向的得分最高者。四种人格特质倾向分为 A、B、C、D,四种原始人格特质倾向变量名称为"人格 A""人格 B""人格 C""人格 D",合并后的人格特质变量名称为"人格类型",其水平数值介于 1 至 4 之间,水平数值 1 者的数值标记为"A 人格特质"、水平数值 2 者的数值标记为"B 人格特质"、水平数值 3 者的数值标记为"C 人格特质"、水平数值 4 者的数值标记为"D 人格特质"。若是原始四种人格特质倾向变量有同分者,则此受试者为多重人格特质者,在"人格类型"变量中归于缺失值。

表 3-21 数据为前六个受试者在原始四种人格特质倾向变量的分数及转换设定增列的变量。

表 3-21

人格 A	人格 B	人格 C	人格 D	人格 A_0	人格 B_0	人格 C_0	人格 D_0	人格类型
8	2	5	6	1	0	0	0	1
5	3	6	7	0	0	0	4	4
6	9	6	8	0	2	0	0	2
7	5	9	5	0	0	3	0	3
8	7	6	9	0	0	0	4	4
9	8	7	8	1	0	0	0	1

一、增列人格类型四个暂时变量

（一）增列符合"人格类型 A"的观察值

执行工具栏［转换］/［计算（C）］的程序，开启［计算变量］对话窗口。

→在左边［目标变量（T）］下的方格中输入符合人格类型 A 条件的变量名称："人格 A_0"，在右边的［数值表达式（E）］下的方格中键入新变量条件设定："（人格 A＞人格 B）&（人格 A＞人格 C）&（人格 A＞人格 D）"。

→按［继续］钮→按［确定］钮，如图 3-20。

【备注】　上述计算程序表示观察值符合（人格 A＞人格 B）&（人格 A＞人格 C）&（人格 A＞人格 D）条件者，变量"人格 A_0"的数值为 1，否则为 0，变量"人格 A_0"为二分类别变量，水平数值为 0,1。

图 3-20

（二）增列符合"人格类型 B"的观察值

执行工具栏［转换］/［计算（C）］的程序，开启［计算变量］对话窗口。

→在左边［目标变量（T）］下的方格中输入符合人格类型 B 条件的变量名称："人格 B_0"，在右边的［数值表达式（E）］下的方格中键入新变量条件设定："（人格 B＞人格 A）&（人格 B＞人格 C）&（人格 B＞人格 D）"。

→按［继续］钮→按［确定］钮，如图 3-21。

【备注】　上述计算程序表示观察值符合（人格 B＞人格 A）&（人格 B＞人格 C）&（人格 B＞人格 D）条件者，变量"人格 B_0"的数值为 1，否则为 0，变量"人格 B_0"为二分类别变量，水平数值为 0,1。

图 3-21

（三）增列符合"人格类型 C"的观察值

执行工具栏[转换]/[计算(C)]的程序,开启[计算变量]对话窗口。
→在左边[目标变量(T)]下的方格中输入符合人格类型 C 条件的变量名称:"人格 C_0",在右边的[数值表达式(E)]下的方格中键入新变量条件设定: "(人格 C ＞ 人格 A) & (人格 C ＞ 人格 B) & (人格 C ＞ 人格 D)"。
→按[继续]钮→按[确定]钮,如图 3-22。
【备注】　上述计算程序表示观察值符合(人格 C ＞ 人格 A) & (人格 C ＞ 人格 B) & (人格 C ＞ 人格 D)条件者,变量"人格 C_0"的数值为 1,否则为 0,变量"人格 C_0"为二分类别变量,水平数值为 0,1。

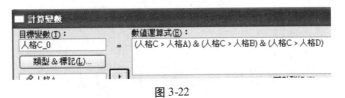

图 3-22

（四）增列符合"人格类型 D"的观察值

执行工具栏[转换]/[计算(C)]的程序,开启[计算变量]对话窗口。
→在左边[目标变量(T)]下的方格中输入符合人格类型 D 条件的变量名称:"人格 D_0",在右边的[数值表达式(E)]下的方格中键入新变量条件设定: "(人格 D ＞ 人格 A) & (人格 D ＞ 人格 B) & (人格 D ＞ 人格 C)"。
→按[继续]钮→按[确定]钮,如图 3-23。
【备注】　上述计算程序表示观察值符合(人格 D ＞ 人格 A) & (人格 D ＞ 人格 B) & (人格 D ＞ 人格 C)条件者,变量"人格 D_0"的数值为 1,否则为 0,变量"人格 D_0"为二分类别变量,水平数值为 0,1。

图 3-23

二、将变量"人格 B_0""人格 C_0""人格 D_0"重新编码

（一）将变量"人格 B_0"重新编码，水平数值由 1 编码为 2

→执行工具栏[转换(T)]/[重新编码(R)]/[成同一变量(S)]的程序，开启[重新编码成同一变量]对话窗口。
→将左边变量清单的目标变量"人格 B_0"点选至右边[数值变量(V)]下的方格中→按[旧值与新值(O)…]钮，开启[重新编码成同一变量:旧值与新值]次对话窗口。
→左边[旧值]方框中点选第一个选项[数值(V)]，在其下的方格中输入原数据文件中的水平数值 1→右边[新值为]方框中，点选[数值(L)]，在其右边的方格中键入 2→按[新增(A)]钮，[旧值 --> 新值(D)]下的方框中会出现"1 --> 2"的讯息。
→按[继续]钮→按[确定]钮，如图 3-24。

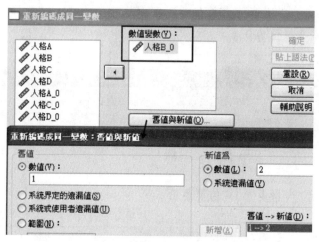

图 3-24

（二）将变量"人格 C_0"重新编码，水平数值由 1 编码为 3

→执行工具栏[转换(T)]/[重新编码(R)]/[成同一变量(S)]的程序，开启[重新编码成同一变量]对话窗口。
→将左边变量清单的目标变量"人格 C_0"点选至右边[数值变量(V)]下的方格中→按[旧值与新值(O)…]钮，开启[重新编码成同一变量:旧值与新值]次对话窗口。
→左边[旧值]方框中点选第一个选项[数值(V)]，在其下的方格中输入原数据文件中的水平数值 1→右边[新值为]方框中，点选[数值(L)]，在其右边的方格中键入 3→按[新增(A)]钮，[旧值 --> 新值(D)]下的方框中会出现"1 --> 3"的讯息。
→按[继续]钮→按[确定]钮，如图 3-25。

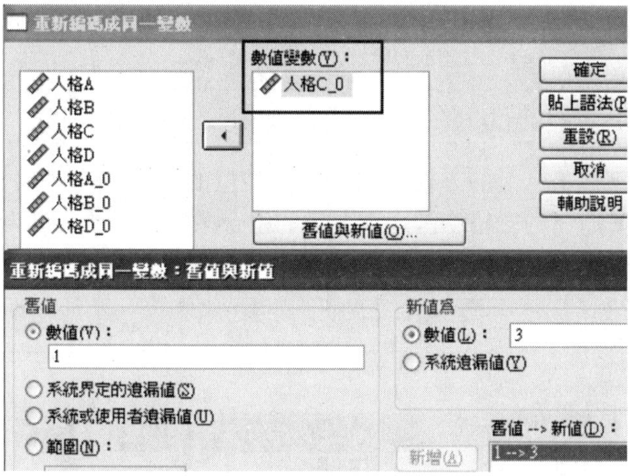

图 3-25

（三）将变量"人格 D_0"重新编码，水平数值由 1 编码为 4

→执行工具栏[转换(T)]/[重新编码(R)]/[成同一变量(S)]的程序，开启[重新编码成同一变量]对话窗口。

→将左边变量清单的目标变量"人格 D_0"点选至右边[数值变量(V)]下的方格中→按[旧值与新值(O)…]钮，开启[重新编码成同一变量:旧值与新值]次对话窗口。

——→左边[旧值]方框中点选第一个选项[数值(V)]，在其下的方格中输入原数据文件中的水平数值 1→右边[新值为]方框中点选[数值(L)]，在其右边的方格中键入 4→按[新增(A)]钮，[旧值 --> 新值(D)]下的方框中会出现"1 -->4"的讯息。

→按[继续]钮→按[确定]钮，如图 3-26。

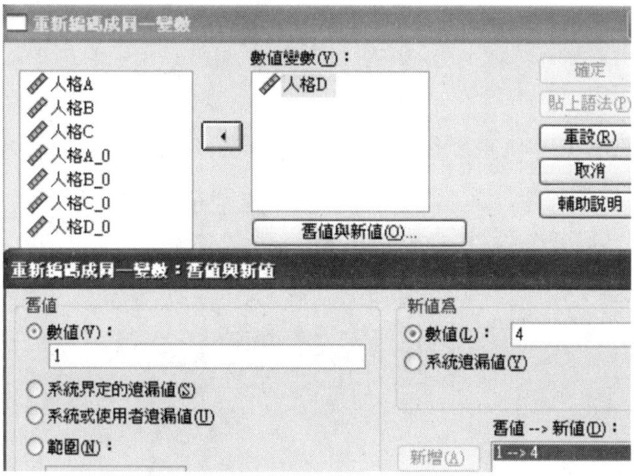

图 3-26

三、将四个增列编码的变量加总

执行工具栏［转换］/［计算（C）］的程序,开启［计算变量］对话窗口。

→在左边［目标变量（T）］下的方格中输入人格类型的变量名称:"人格类型",在右边的［数值表达式（E）］下的方格中键入新变量的组合条件:
"人格 A_0 + 人格 B_0 + 人格 C_0 + 人格 D_0"。

→按［继续］钮→按［确定］钮,如图 3-27。

图 3-27

四、删除增列的四个暂时条件变量

上述操作后,在数据文件会新增五个变量:"人格 A_0""人格 B_0""人格 C_0""人格 D_0""人格类型",前四个变量在统计分析程序中不会使用到,使用者可将之删除。在［SPSS 数据编辑程序］窗口中,切换到［变量检视］工作窗口,选取"人格 A_0""人格 B_0""人格 C_0""人格 D_0"四个变量,执行菜单［编辑（E）］（Edit）/［清除（E）］（Clear）程序。之后设定"人格类型"的水平数值标记:水平数值 1 为"A 人格特质"、水平数值 2 为"B 人格特质"、水平数值 3 为"C 人格特质"、水平数值 4 为"D 人格特质",由于"人格类型"属于四分名义变量,在探究样本人格特质在生活压力的差异时,可采用单因子方差分析或单因子多变量方差分析。

第四章 叙述统计量

叙述统计[1]可以将搜集的原始数据(raw data)经整理后变成有意义的信息或统计量，数据处理的方法包括以次数分布表呈现、以图标表示、以数据的各项统计量表示等，不同的变量尺度有不同的呈现方式，量表、分数等连续变量(等距或比率变量)通常会以统计量或图示表示；而类别变量或次序变量通常会以次数分布表或图示表示。

一、次数分布表

【研究问题】

求出数学成绩五个等第各组的人数，并以长条图及直方图表示，等第变量名称为"等第_1"，水平数值1为">=90"、水平数值2为"80-89"、水平数值3为"70-79"、水平数值4为"60-69"、水平数值5为"<=59"，相关的数据如本章【附录】。

(一)操作程序

1.步骤1

执行工具栏[分析(A)]/[叙述统计(E)](Descriptive Statistics)/[次数分配表(F)](Frequencies)程序，开启[次数分配表]对话窗口。

2.步骤2

在左边变量清单中将目标变量"等第_1"选入右边[变量(V)]下的方格中，勾选左下角[显示次数分配表][2]→按[确定]钮，按图4-1。

在[次数分配表]对话窗口下方有三个按钮次指令：[统计量(S)...]、[图表(C)...]、[格式(F)...]，点选后可开启次数分布表的次对话窗口。

[统计量(S)...]钮。按下此钮后，可开启[次数分配表:统计量]次对话窗口，窗口中的统计量包括百分位数值(四分位数、或自订百分位数)、集中趋势(平均数、中位数、众数、总和)、分散情形(标准差、方差、范围/全距、最小值、最大值、平均数的标准误)、分布(偏度、峰度)等，如图4-2。

---

1 叙述统计也称描述性统计。

2 次数分配表也称频度分布表，次数分布表。

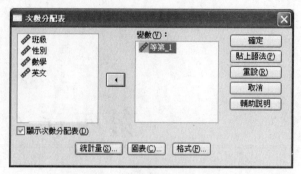

图 4-1

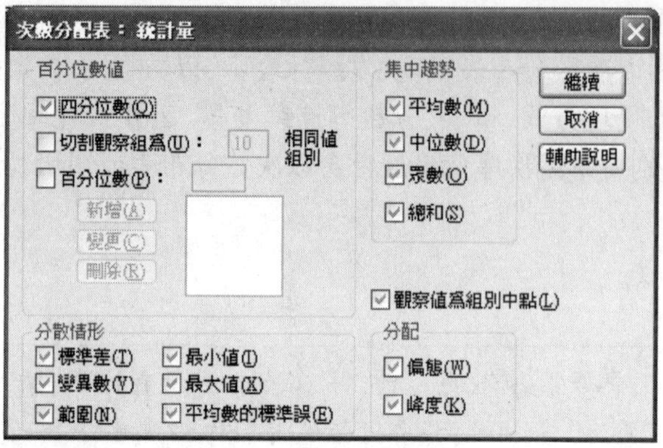

图 4-2

在正态分布(对称)的情况下,平均数 = 中位数 = 众数,此时偏度系数等于 0。偏度指大部分的数值落在平均数的某一边,偏度系数指的是变量分布的对称程度,如果偏度系数小于 0,则称为负偏态(或称左偏态分布)(negatively skewed);相反的,若是偏度系数大于 0,则称为正偏态(或称右偏态分布)(positively skewed),负偏态分布中分数多集中在高数值方面,此时,平均数 < 中位数 < 众数,正偏态分布中分数多集中在低数值方面,此时,平均数 > 中位数 > 众数。峰度表示的是次数分布表中分布的平坦或陡峭程度。在正态分布(对称)的情况下,峰度系数等于 0,多数数值会集中在众数附近,呈现的是对称单峰钟形曲线,如果峰度系数大于 0,集中在众数附近的数值更多,分散在两侧的数值个数较少,形成的分布称为高狭峰(leptokurtic);相反的,分散在两侧的数值个数较多,而集中在众数附近的数值反而较少,形成的分布称为低阔峰(mesokurtic)。

[图表(C)…]钮。按下此钮后,可开启[次数分配表:图表]次对话窗口,窗口中可以界定要输出的图表类型,及图表值的设定。图表类型方框中有三种统计图选项:[长条图(B)]、[圆饼图(P)]、[直方图(H)],若是选取[直方图(H)]选项,还可界定是否要输出正态分布曲线,若要输出正态分布曲线,要勾选[附上常态曲线[1](W)]选项;如果选取[长条图(B)]、[圆饼图(P)]两个选项,图形数值的呈现可以选取[次数分配表(F)]或[百分比(C)],如图 4-3。

在实际应用中,长条图与圆饼图通常用于间断变量(类别变量或次序变量),而可附上正态分布曲线的直方图则适用于连续变量。直方图与长条图在输出图表上的差异为

---

1 SPSS 繁体中文版中"常态曲线"即正态曲线。

直方图中的直方形与直方形间没有间隔,表示数值为连续的,而长条图中的每一长条与每一长条间有间隔,表示数值为间断的。由于直方图适用于连续变量(等距或比率变量),因而才能呈现样本在测量值的正态分布曲线图;如果变量是名义或次序变量,就不用分析样本是否为正态分布。

图 4-3

[格式(F)…]钮。按下此钮后,可开启[次数分配表:格式]次对话窗口,内有两个方框,如图4-4:方框一为[顺序依据],其功能可以设定次数分布表的呈现方式,方框内包括四个选项:[依观察值递增排序(A)]、[依观察值递减排序(D)]、[依个数递增排序(E)]、[依个数递减排序(N)],内定的选项为[依观察值递增排序(A)]。在上述选项中如果勾选[依个数递增排序(E)]或[依个数递减排序(N)]选项,则次数分布表输出表格中会依各水平数值中观察值最少或最多的顺序依次呈现,而不会依照变量水平数值的大小呈现。方框二为[多重变量],其功能可以设定多个变量的输出方式,方框内有两个选项:[比较变量(C)]、[依变量组织输出(O)],前者在输出次数分布表时是多个变量并列,为 SPSS 预设选项,后者在输出次数分布表时是各个变量分别处理,两个选项输出的报表结果差异不大。

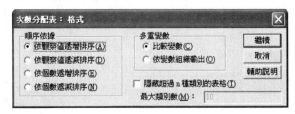

图 4-4

(二)输出结果

表 4-1 等第_1

	次数	百分比	有效百分比	累积百分比
有效的 90 >=	9	18.0	18.0	18.0
80-89	10	20.0	20.0	38.0
70-79	16	32.0	32.0	70.0
60-69	7	14.0	14.0	84.0
<= 59	8	16.0	16.0	100.0
总和	50	100.0	100.0	

在次数分布中,第一列为水平数值(1,2,3,4,5),若是水平数值有设定数值标记会呈现水平数值标记,第二列为各水平数值出现次数,第三列(百分比)为第二列中次数占全部样本观察值的百分比,第四列(有效百分比)为第二列中次数占有效样本观察值(全部样本观察值扣除缺失值的总次数)的百分比,第五列(累积百分比)为第四列有效百分比的累积值。以第二横排为例,在 50 位样本观察值中,数学成绩介于 80-89 分者有 10 位,有效百分比为 20.0%(= 10 ÷ 50 = 0.20),累积百分比为 38.0,表示 80 分以上(80-100分)者共占 38.0%。

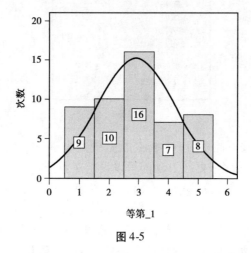

图 4-5

图 4-5 为 50 名样本观察值在五个等第分布的直方图,垂直轴的左边数字为次数,长方形中的数字为设定的数据值标签,表中的数据值标签为个数,五个水平数值中的次数分别为 9,10,16,7,8。

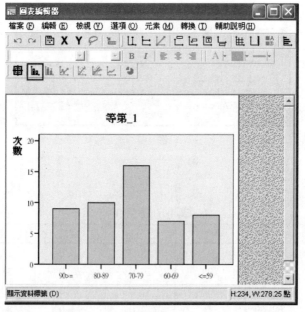

图 4-6

图 4-6 为长条图的图表编辑器。SPSS 图表的编辑与 Excel 中的图表编辑相似,只要选取图表后连按鼠标两下,即可开启图表编辑器。在图表编辑器中按[显示数据标签]

钮,可开启[内容]次对话窗口,此窗口中包括七个次选项:[填满与边界]、[数字格式]、[数据值标记]、[变量]、[图表大小]、[文字配置]、[文字设定],如图4-7。这些设定包括长条图的颜色与边界的粗细及颜色,长条图中要呈现的数值类型(次数或百分比),长条图中数值的大小、字型、样式与颜色、图表大小等。使用者切换到不同的标签页,可开启相对应的次对话窗口,每个次对话窗口中,可以进行图表的编辑与数值的增列。

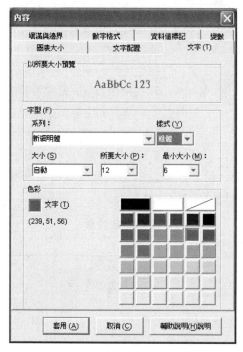

图 4-7

图表编辑完成后,可以将图表储存、汇出或关闭,若要关闭图表编辑器窗口,执行工具栏[档案(F)](File)/[关闭(C)](Close)程序,即可回到[输出? -SPSS 浏览器]结果输出窗口,如图4-8。

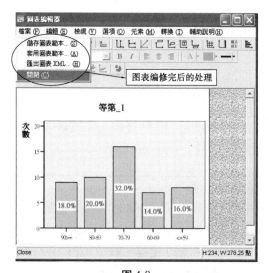

图 4-8

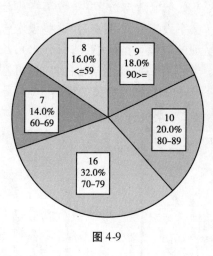

图4-9

图4-9 为"等第_1"变量输出的圆饼图,各扇形上的次数、百分比及水平数值标记乃是利用图表编辑器工具栏的[显示数据标签]钮制作,各扇形的面积是根据各水平数值次数的百分比绘制而成,全部的面积等于1。各扇形中方格数字中最下面一行为水平数值标记,中间行数字为水平数值个数占全部样本的次数百分比,最上面一栏数字为水平数值的次数。以水平数值1的等第为例,其水平数值标记为" >=90",数学成绩大于等于90分的样本数共有9位,占全部样本数的18.0%。

在[次数分配表]对话窗口中,若是选入右边[变量(V)]下的方格的目标变量为连续变量,则可点选[统计量(S)…]钮,开启[次数分配表:统计量]次对话窗口,勾选各统计量中选项以求出目标变量的各种统计量,表4-2 为"数学变量"执行次数分布表程序所输出的统计量报表。

表4-2   统计量

数学

个数	有效的	50
	缺失值	0
平均数		75.78
平均数的标准误		1.974
中位数		75.60(a)
众数		71(b)
标准差		13.960
方差		194.869
偏度		−.174
偏度的标准误		.337
峰度		−.651
峰度的标准误		.662
全距		58
最小值		42
最大值		100
总和		3789
百分位数	25	65.67(c)
	50	75.60
	75	86.67

a 自组别数据中计算。

b 存在多个众数,显示的为最小值。

c 自组别数据中计算百分位数。

上述统计量中的标准差与方差都以无偏估计值求得,分母为 N−1,而不是 N。平均数 =75.78、中位数 =75.60、众数 =71.00,这三个集中量数的大小关系为:平均数 > 中位数 > 众数,但其中平均数与中位数的数值大约相等,因而正偏态分布不明显。偏度系数

为 - 0. 174,从偏度系数统计量判别,样本数学成绩稍偏向于负偏态分布,峰度系数为 - 0. 651,稍为呈现低阔峰形态,在 SPSS 输出的统计量中,提供了偏度系数的标准误(= 0. 337)、峰度系数的标准误(= 0. 662),将偏度系数或峰度系数数值除以其标准误,可以求出临界比值(t 检验值),根据临界比值的大小可以检验偏度是否显著不等于 0 或峰度是否显著不等于 0。至于样本观察值数学成绩的分布是否为正态分布,也需要加以检验,在 SPSS 分析程序中提供两种正态性检验的统计量:[Kolmogorov-Smirnov]统计量、[Shapiro-Wilk]统计量,如果统计量显著性概率值 > 0. 05,未达 0. 05 显著水平,则样本观察值在目标变量分布上呈现正态分布。数学成绩的最小值为 42,最大值为 100,全距(范围) = 最大值 - 最小值 = 100 - 42 = 58。四分位数(Quartile)所包含的统计量有三个:第一四分位数 $Q_1 = 25$ 百分位数,$Q_2 = 50$ 百分位数,即中位数,$Q_3 = 75$ 百分位数,四分位数的三个分割点数值:25 百分位数 = 65. 67,50 百分位数 = 75. 60(= 中位数)、75 百分位数 = 86. 67。第三四分位数 - 第一四分位数 = $Q_3 - Q_1$ = 86. 67 - 65. 67 = 21. 00,此数值称为四分全距(Interquartile Range;IQR),四分全距的一半称为四分位差(semi-interquartile range;QR),四分位差指在一个次数分布中,中间 50% 的次数的距离的一半,这个差异量数能够反映出变量分布中间 50% 变量的分布情况,四分位差以符号表示如下:

$$QR = \frac{Q_3 - Q_1}{2} = \frac{第 3 四分位数 - 第 1 四分位数}{2}$$

二、描述性统计量

如果变量尺度为连续变量,要求出各变量的叙述统计,较佳的操作步骤为执行描述性统计量程序。

【研究问题】

> 求出样本观察值在数学、英文测验成绩的各描述性统计量。

(一)操作程序

1. 步骤 1

执行工具栏[分析(A)]/[叙述统计(E)]/[描述性统计量(D)]程序,开启[描述性统计量]对话窗口,如图 4-10。

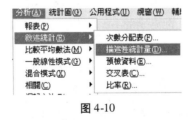

图 4-10

2. 步骤 2

在左边变量清单中将目标变量"数学""英文"选入右边[变量(V)]下的方格中→按[选项(O)…]钮,如图 4-11。

【备注】　在［描述性统计量］对话窗口的下方有个选项：［将标准化的数值存成变量］，若是将此选项勾选可以求出变量的标准分数——Z 分数，新变量名称为"Z 变量"，如"Z 数学""Z 英文"，全体样本观察值在某一变量的 Z 分数的平均数等于 0、标准差等于 1，标准分数的求法为各样本原始分数减去总平均数，所得的差值再除以样本的标准差，公式表示如下：

$$Z = \frac{X - \bar{X}}{SD} \text{ 或 } Z = \frac{X - \mu}{\sigma}$$，Z 分数为负数，表示观察值测量分数落在平均数以下，Z 分数为正数，表示观察值测量分数落在平均数以上，Z 分数的绝对值愈大，表示观察值测量分数离总平均数愈远，Z 分数只是将原始测量值进行线性转换，并未改变个别观察值在群体的相对关系与排序，因而原始测量分数的分布如为偏度，经转换为 Z 分数后的分布还是偏度。利用求出的 Z 分数可以求出 T 分数，T 分数 = 50 + 10 * Z，T 分数的平均数为 50、标准差为 10，求出观察值在数学测验成绩上的 T 分数的操作程序如下：

（1）步骤1

执行工具栏［转换］/［计算（C）］的程序，开启［计算变量］对话窗口。

（2）步骤2

在左边［目标变量（T）］下的方格中输入新变量的变量名称如"数学 T 分数"，在右边的［数值表达式（E）］下的大方格中键入 T 分数的转换公式："50 + 10 * Z 数学"→按［确定］钮。

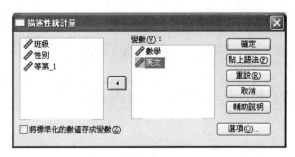

图 4-11

3. 步骤3

开启［描述性统计量：选项］次对话窗口，窗口中的统计量包括：平均数（M）、总和（S）、标准差（T）、方差（V）、全距（R）、最小值（N）、最大值（X）、平均数的标准误（E）、峰度（K）、偏度（W），勾选要呈现的统计量→按［继续］钮→回到［描述性统计量］对话窗口→按［确定］钮，如图 4-12。

【备注】　在［描述性统计量：选项］次对话窗口中有一个［显示顺序］方框，此方框可以界定多个变量输出的顺序，方框内有四个选项：［变量清单（B）］——根据依变量被选入的顺序排列，此项为 SPSS 内定的选项；［按字母顺序的（A）］——根据变量的字母顺序排列；［依平均数递增排序（C）］——根据各变量平均数的高低排列，第一个变量为平均数最低者；［依平均数递减排序（D）］——根据各变量平均数的高低排列，第一个变量为平均数最高者。

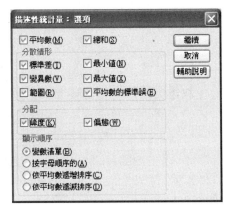

图 4-12

（二）输出结果

表 4-3　叙述统计

	个数	全距	最小值	最大值	总和	平均数	
	统计量	统计量	统计量	统计量	统计量	统计量	标准误
数学	50	58	42	100	3789	75.78	1.974
英文	50	62	38	100	3966	79.32	2.280
有效的 N（完全排除）	50						

表 4-4

	标准差	方差	偏度		峰度	
	统计量	统计量	统计量	标准误	统计量	标准误
数学	13.960	194.869	−.174	.337	−.651	.662
英文	16.123	259.936	−.725	.337	−.355	.662
有效的 N（完全排除）						

　　在描述性统计量输出表格中，变量是依被选入的顺序输出的，在[显示]方框内选取内定选项[变量清单(B)]，在步骤 2 的操作中，[变量(O)]方框内被选入的变量顺序为"数学""英文"，输出结果会依数学、英文变量的顺序排列，第一排为数学变量的描述性统计量，第二排为英文变量的描述性统计量。以数学变量而言，有效观察值的个数有 50 位、最小值为 42、最大值为 100、全距为 58、总和为 3 789、平均数等于 75.78、平均数的标准误为 1.974，标准差等于 13.960、方差为 194.869、偏度系数等于 −0.174、偏度系数标准误为 0.337、峰度系数等于 −0.651、峰度系数标准误为 0.662。上述统计量数据与先前执行次数分布表的结果相同，唯一的差别是描述性统计量选项中没有中位数、众数与百分位数统计量。此外，两者输出报表的排序格式也不相同，次数分布表的统计量直列式逐一排列，而描述统计量程序的各统计量则以横行的方式逐一呈现。

【研究问题】

　　求出样本观察值在数学、英文测验成绩的各描述性统计量，并检验数学变量、英文变量的分布是否为正态分布？

（一）操作程序

1. 步骤 1

执行工具栏［分析（A）］/［叙述统计（E）］/［预检数据（E）］（Explore）程序，开启［预检数据］[1]对话窗口。

2. 步骤 2

在左边变量清单中将目标变量"数学""英文"选入右边［依变量清单（D）］下的方格中→按［统计量（S）…］钮，如图 4-13。

图 4-13

3. 步骤 3

在［预检资料:统计量］对话窗口中,有四个选项:［描述性统计量］、［M 估计值］、［偏离值］、［百分位数］。［偏离值］的选项可以检核变量数值是否有极端值存在,勾选［描述性统计量］可以输出变量的各项描述性统计量。此步骤勾选［描述性统计量］→按［继续］钮,如图 4-14。

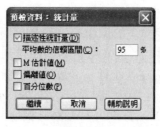

图 4-14

4. 步骤 4

在［预检数据］对话窗口中,按［图形（L）…］钮,可开启［预检数据:图形］次对话窗口,如图 4-15,在此窗口中有三个方框选项:（1）［盒形图］方框,方框内有三个次选项:［结合因子水平（F）］、［结合依变量（D）］、［无（N）］（不要呈现）;（2）［描述性统计量］方

---

1 "预检数据"也称"探索分析"。

框,方框内有两个次选项:[茎叶图(S)]、[直方图(H)];(3)[常态机率[1]图附检验(O)]。[常态机率图附检验(O)]选项可以检验样本观察值在变量上是否符合正态分布。在此对话窗口中勾选[无(N)]、[茎叶图(S)]、[常态机率图附检验(O)]→按[继续]钮,回到[预检数据]对话窗口→按[完成]钮。

图 4-15

（二）输出结果

表 4-5 观察值处理摘要

	观察值					
	有效的		缺失值		总和	
	个数	百分比	个数	百分比	个数	百分比
数学	50	100.0%	0	.0%	50	100.0%
英文	50	100.0%	0	.0%	50	100.0%

观察值处理摘要表中包括各变量的有效样本观察值个数与百分比、缺失值个数与百分比,总和个数与百分比,总和观察值个数等于有效栏个数加上缺失值个数。从观察值处理摘要表 4-5 中可以得知各变量缺失值的状况,若是缺失值所占的比率偏高,要检核是否数据文件输入错误;若是数据文件输入没有错误,则在分析结果的注解上要格外谨慎些。

预检资料的描述统计量会依变量被选入的顺序依次呈现,各变量的统计量包括平均数、平均数的95%置信区间、删除两端各5%观察值的平均数（修正后平均数）、中位数、方差、标准差、最小值、最大值、全距、四分位全距、偏度系数、峰度系数、平均数的标准误、偏度系数的标准误、峰度系数的标准误等。以英文变量而言,平均数为79.32、平均数的95%置信区间为[74.74,83.90]、删除两端各5%观察值的平均数（修正后平均数）为80.30、中位数等于85.00、方差等于259.936、标准差等于16.123、最小值等于38、最大值等于100、全距等于62、四分位全距等于26、偏度系数为 -0.725、峰度系数为 -0.355、平均数的标准误等于2.280、偏度系数的标准误为0.337、峰度系数的标准误为0.662。

上述数学、英文变量的偏度系数分别为 -0.174、-0.725,从偏度系数统计量的正负值来看,观察值在二个变量的分布均呈负偏态,然而此种偏度情形是否达到统计上的显著水平（$p < \alpha = 0.05$）,必须进一步加以检验才能得知,若是检验结果的显著性 p > 0.05,

1 图中"常态机率"即"正态概率"。

表 4-6　叙述统计

		统计量	标准误
数学	平均数	75.78	1.974
	平均数的95% 置信区间　　　下限	71.81	
	上限	79.75	
	删除两极端各 5% 观察值的平均数	75.92	
	中位数	75.50	
	方差	194.869	
	标准差	13.960	
	最小值	42	
	最大值	100	
	全距	58	
	四分位全距	22	
	偏度	-.174	.337
	峰度	-.651	.662
英文	平均数	79.32	2.280
	平均数的95% 置信区间　　　下限	74.74	
	上限	83.90	
	删除两极端各 5% 观察值之平均数	80.30	
	中位数	85.00	
	方差	259.936	
	标准差	16.123	
	最小值	38	
	最大值	100	
	全距	62	
	四分位全距	26	
	偏度	-.725	.337
	峰度	-.355	.662

表 4-7　正态检验

	Kolmogorov-Smirnov 检验(a)			Shapiro-Wilk 正态性检验		
	统计量	自由度	显著性	统计量	自由度	显著性
数学	.082	50	.200(*)	.974	50	.340
英文	.178	50	.000	.913	50	.001

* 此为真显著性的下限。

a Lilliefors 显著性校正。

表示变量还是符合正态分布,偏度系数之所以呈现负数乃是取样误差所造成的。

表 4-7 为目标变量的数据分布是否为正态分布的检验统计量。正态分布检验的虚无假设为 H_0:变量概率分布 = 正态分布,对立假设为 H_1:变量概率分布 ≠ 正态分布。就数学变量而言,Kolmogorov-Smirnov 统计量为 0.082,显著性概率值 p = 0.200 > 0.05,接受虚无假设,表示数学变量的测量分数为正态分布。就英文变量而言,Kolmogorov-Smirnov 统计量为 0.178,显著性概率值 p = 0.000 < 0.05,拒绝虚无假设,表示测量分数的分布不是正态分布,即全体样本观察值在变量英文成绩的概率分布确实违反正态性的假定。在正

态性假定的检验中,如果样本观察值的总数小于50,则应采用 Shapiro-Wilk 统计量检验,就数学变量而言,Shapiro-Wilk 统计量为 0.974,显著性概率值 p = 0.340 > 0.05,接受虚无假设,表示测量分数为正态分布;就英文变量而言,Shapiro-Wilk 统计量为 0.913,显著性概率值 p = 0.001 < 0.05,拒绝虚无假设,表示英文测量分数的分布确实未呈现正态分布。

表 4-8

```
数学 Stem-and-Leaf Plot
   Frequency       Stem   & Leaf
     1.00            4    .  2
      .00            4    .
      .00            5    .
     7.00            5    .  5556777
     3.00            6    .  024
     4.00            6    .  5578
     7.00            7    .  0111124
     9.00            7    .  555668888
     3.00            8    .  244
     7.00            8    .  5577779
     4.00            9    .  1224
     4.00            9    .  5789
     1.00           10    .  0
   Stem width:           10
   Each leaf:          1 case(s)
```

表 4-8 为观察值在数学测量值的茎叶图,由于数学变量数值的最小值为 42、最大值为 100,因而在制作茎叶图时以组距 5 较为适宜(此部分 SPSS 会根据全距的数值大小,参考最小值与最大值自动判别)。茎(Stem)的部分代表十位数(Stem width:10),叶(Leaf)的部分为个位数,一个个位数代表一位观察值(Each leaf:1 cases),第一列为组距个数的次数。以第五横行的数字为例,茎的数字为 6,叶的数字分别为 0,2,4,表示此组距的三个观察值数值分别为 60,62,64,组距的次数共有三笔。

图 4-16 为正态概率分布图(normal probability plot),为检验测量值是否为正态性的另一种方法,其方法乃是将观察值依小至大加以排序,然后将每一个数值与其正态分布的期望值配对,若是样本观察值为一正态分布,则图中圆圈所构成的实际累积概率会分布在理论正态累积概率直线图上,即正态概率分布图为一直线时,则数据呈现正态分布。图中观察值的圆圈所构成的图形大致呈直线分布,显示数据分布接近正态分布,此结果和上述采用[Kolmogorov-Smirnov]统计量正态性检验结果相同。

图 4-17 为正态分布概率图,多数观察值样本点累积概率值偏离正态分布理论累积概率分布线,样本观察值的圆圈所构成的图形分布偏离直线,显示数据分布违反正态性假定,此结果和上述采用[Kolmogorov-Smirnov]统计量正态性检验结果相符合,均显示测量值的分布可能不是正态分布。

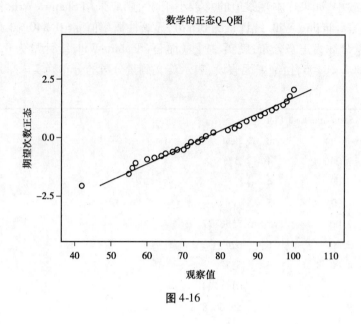

图 4-16

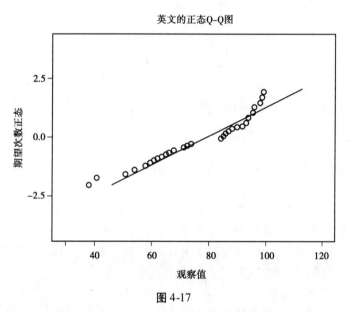

图 4-17

（三）因子清单选单

在[预检数据]的对话窗口中，右边中间有个[因子清单(F)]，因子清单可选入多个类别变量，输出结果会依类别变量的水平数值组合分别呈现依变量清单中目标变量的统计量。

【研究问题】

分别求出甲班、乙班样本观察值在数学、英文测验成绩的各描述性统计量，并检验其数学变量、英文变量的分布是否为正态分布？

在上述步骤2程序中,开启[预检数据]对话窗口,在左边变量清单中将目标变量"数学""英文"选入右边[依变量清单(D)]下的方格中,将分类变量"班级"选入右边[因子清单(F)]下的方格中,其余操作同上,如图4-18。

图 4-18

【备注】 将"班级"变量选入[因子清单(F)]方框中,再分别依班级变量的水平数值执行依变量的预检数据程序,此操作类似先依"班级"变量执行档案分割,再执行依变量的预检数据程序,分割档案的组别变量为"班级"。

表4-9 正态检验

	班级	Kolmogorov-Smirnov 检验(a)			Shapiro-Wilk 正态性检验		
		统计量	自由度	显著性	统计量	自由度	显著性
数学	甲班	.089	24	.200(*)	.981	24	.908
	乙班	.110	26	.200(*)	.961	26	.411
英文	甲班	.146	24	.200(*)	.926	24	.080
	乙班	.221	26	.002	.891	26	.010

* 此为真显著性的下限。
a Lilliefors 显著性校正。

在正态性检验中各变量会依分类变量的水平数值顺序依次呈现,描述性统计量、茎叶图、直方图、盒形图均会依分类变量的水平数值分开呈现。此部分的操作类似先将全体观察值依分类变量将数据文件分割,再执行预检数据的程序,表4-9中只呈现正态性检验结果数据,在正态性假定的检验中,因为各组别样本观察值的总数小于50,采用[Shapiro-Wilk]统计量检验,甲班数学成绩、乙班数学成绩、甲班英文成绩的 Shapiro-Wilk 正态性检验统计量分别为 0.981,0.961,0.926,相对应的显著性概率值 p 均大于 0.05,接受虚无假设,表示三个组别测量分数的分布均为正态分布;就乙班英文成绩而言,Shapiro-Wilk 正态性检验统计量为 0.891,显著性概率值 p = 0.010 < 0.05,拒绝虚无假设,表示乙班观察值的英文测量分数的分布不是呈正态分布。

(四)盒形图的意义

在[预检资料:图形]次对话窗口中,有一个[盒形图]方框,此方框可以界定依变量的数值是否以增列盒形图(box plot)的形式输出。根据盒形图也可以检查数据的性质,盒形图图示中所代表的统计量如图4-19:

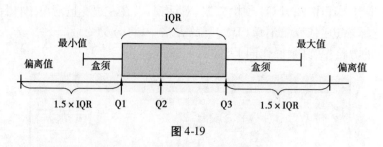

图 4-19

在盒形图中箱形的左右两边分别为第一四分位数 Q_1、第三四分位数 Q_3，箱形包含了中间 50% 的数据，箱形中的垂直线条为中位数 Q_2，中位数的线条将箱形中的数据分成两部分。如果中位数在箱形中间，而左、右两条的盒须线长度大约相等，表示数据分布为正态分布，如果中位数偏向右边第三四分位数 Q_3 处，且右边（上限）的盒须线长度较左边（下限）盒须线长度为短，表示数据分布为负偏态，观察值的分数集中在高分处；相反的中位数偏向左边第一四分位数 Q_1 处，且右边（上限）的盒须线长度较左边（下限）盒须线长度为长，表示数据分布为正偏态，观察值的分数集中在低分处。观察值的位置点若位于盒长的 1.5 倍以上（1.5 × 四分位距）则称为偏离值（outlier），偏离值会以小圆圈符号表示，观察值的位置点若位于盒长之 3 倍以上（3 × 四分位距）则称为极端值（extreme value），极端值会以 * 符号表示。

表 4-10 中以 100 位观察值在变量 X1、X2 测量值的数据为例，说明统计量、直方图与盒形图的关系。

表 4-10   **统计量**

		X1	X2
个数	有效的	100	100
	缺失值	0	0
平均数		45.36	66.14
中位数		42.00	68.00
众数		35	75
偏度		.871	-.656
偏度的标准误		.241	.241
峰度		.440	.126
峰度的标准误		.478	.478

在变量 X1 的统计量中，平均数等于 45.36，中位数等于 42.00，众数等于 35.00，三者大小关系为平均数 > 中位数 > 众数，显示 X1 变量具有明显的正偏态现象，从偏度系数来看，X1 变量测量值的偏度系数等于 0.871，呈现正偏态分布，此种判别和以集中量数呈现结果相同。变量 X2 的统计量中，平均数等于 66.14，中位数等于 68.00，众数等于 75.00，三者大小关系为平均数 < 中位数 < 众数，显示 X2 变量具有明显的负偏态现象，从偏度系数来看，X2 变量测量值的偏度系数等于 -0.656，呈现负偏态分布，此种判别和以集中量数呈现结果相同。

图 4-20 为变量 X1 测量值的直方图，众数偏向于左边，平均数偏向于右边，中位数介于二者之间，因而平均数 > 中位数 > 众数，分布的次数较多集中在低分值上，变量 X1 数值分布呈现正偏态分布/右偏态分布，表示变量 X1 数值低分者观察值较多。

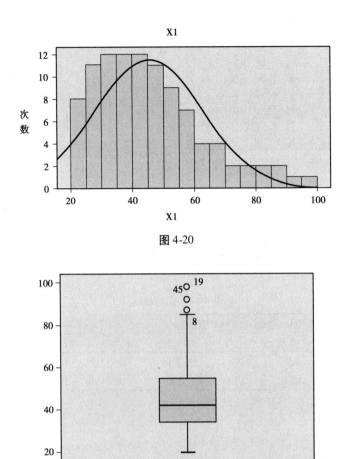

图 4-20

图 4-21

图 4-21 为变量 X1 测量值的盒形图,图中箱形方格中粗直线为第二四分位数(中位数),相对应的统计数为 42.00,由于中位数并不是在箱形方格的中间位置,而是偏向于第一四分位数处(或偏向于较低分的一边),且上限盒须的长度较下限盒须的长度为长,显示变量 X1 测量值呈现一种正偏态分布。其中标示为圆圈符号者,表示变量 X1 的观察值可能是偏离值(距离盒长 1.5 倍以上),如果图标中标示有 * 符号者,表示样本观察值可能是极端值(距离盒长 3 倍以上)。

图 4-22 为变量 X2 测量值的直方图,众数偏向于右边,平均数偏向于左边,中位数介于两者之间,因而平均数 < 中位数 < 众数,分布的次数较多集中在高分值上,变量 X2 数值分布呈现一种负偏态分布/左偏态分布,表示变量 X2 数值高分者观察值较多。

图 4-23 为变量 X2 测量值的盒形图,图中箱形方格中粗直线为第二个四分位数(中位数),相对应的统计数为 68.00,上限盒须的长度较下限盒须的长度为短,显示变量 X2 测量值呈现一种负偏态分布。

变量 X1、X2 的分布情形采用盒形图与直方图的判别结果相同,观察值在变量 X1 测量值的分布呈现正偏态、观察值在变量 X2 测量值的分布呈现负偏态,经预检数据正态性检验结果,正偏态统计量达到显著水平(K-S = 0.125,p = 0.001 < 0.05),但负偏态统计量未达到显著水平(K-S = 0.083,p = 0.086 < 0.05),因而观察值在变量 X2 测量值的分布亦

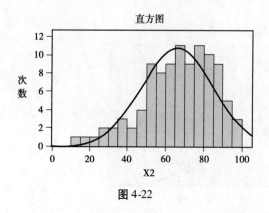

图 4-22

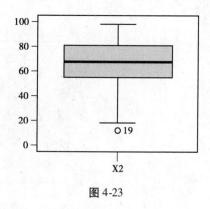

图 4-23

呈正态分布,而偏度系数之所以呈现负数,是因为取样误差所造成的。在推论统计分析中,统计量的数值或平均数差异比较均要经过检验,然后根据统计量检验的显著性结果,判别是否拒绝虚无假设。

表 4-11　正态检验

	Kolmogorov-Smirnov 检验(a)			Shapiro-Wilk 正态性检验		
	统计量	自由度	显著性	统计量	自由度	显著性
X1	.125	100	.001	.940	100	.000
X2	.083	100	.086	.965	100	.010

三、交叉表

交叉表的分析程序适合两个皆是间断变量关系的探讨,除可以求出两个变量交叉构成的单元格次数、横行百分比、纵列百分比与全体百分比外,也可以进行卡方独立性检验、Φ 相关(2×2 方形交叉表))、列联相关(3×3 以上之正方形交叉表)、Cramer's V 相关(长方形交叉表)、Kappa 统计量数、McNemar 检验等。

【研究问题】

> 求出班级变量与性别变量的交叉单元格人次。

(一)操作程序

1. 步骤 1

执行工具栏[分析(A)]/[叙述统计(E)]/[交叉表(C)](Crosstabs)程序,开启[交叉表]对话窗口,如图 4-24。

2. 步骤 2

在左边变量清单中将第一个变量"班级"选入右边[列(O)]下的方格中,将第二个变量"性别"选入右边[栏(C)]下的方格中;或将第一个变量"班级"选入右边[栏(C)]下的方格中,将第二个变量"性别"选入右边[列(O)]下的方格中,两个变量置放的顺序交换也可以→按[统计量(S)…]钮,开启[交叉表:统计量]次对话窗口。

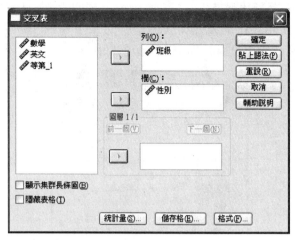

图 4-24

3. 步骤 3

在［交叉表:统计量］次对话窗口中,可以勾选卡方统计量与各相关统计量检验,如图
4-25。若是两个变量均为类别变量,依变量的水平数值不同可以勾选［列联系数(O)］
(3×3以上正方形列联表)、［Phi 相关］(2×2 正方形列联表)、Cramer's V 系数(长方形
列联表)、［Lambda 值(L)］、［不确定系数(U)］。如果两个变量均为次序变量,其相关统
计量方框包括［Gamma 参数(G)］、［Somers'd 值(S)］、［Kendall's tau-b 统计量数(B)］、
［Kendall's tau-c 统计量数(C)］。卡方统计量可以进行适合度检验、百分比同质性检验、
变量独立性检验、改变的显著性检验等。

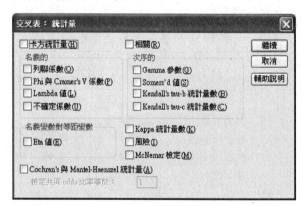

图 4-25

4. 步骤 4

在［交叉表］对话窗口中按［统计量(S)…]钮,可以开启［交叉表:统计量］次对话
窗口。

→按［格(E)…]钮,开启［交叉表:单元格］次对话窗口,对话窗口中有四个方框:方
框一［个数］包括［观察值(O)］、［期望值(E)］二个选项;方框二［百分比］包括［列
(R)］、［行(C)］、［总和(T)］三个选项;方框三［残差］包括［未标准化残差(U)］、［标准

化残差(S)]、[调整后标准化残差(A)]三个选项;方框四为[非整数权重],此方框选项在统计分析中较少使用。在下面交叉表的输出结果中勾选[观察值(O)]、[期望值(E)]、[列(R)]、[行(C)]、[总和(T)]五个选项,如图 4-26。

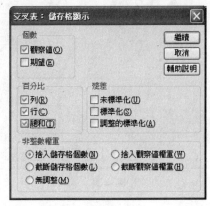

图 4-26

(二)输出结果

在交叉表 4-12 的数据中,由于班级变量有两个水平、性别变量有两个水平,因而构成一个 2×2 的列联表,单元格中的第一个数字为个数、第二个数字为单元格的期望个数、第三个数字为横行百分比、第四个数字为纵列百分比、第五个数字为单元格占全体观察值的百分比。以第一个单元格为例,甲班男生的观察值有 13 位,此单元格的理论期望个数等于单元格所在两个边缘平均数个数相乘再除以总数 = 24×28÷50 = 13.44,表示当总样本等于 50,单元格所在的横行的总数为 24、直列的总数为 28 时,理论上此单元格应有 13.44 位人数,13.44 数值即为单元格期望值。第三个注解"班级内的%",其数字等于

表 4-12   班级 * 性别 交叉表

				性别		总和
				1 男生	2 女生	
班级	1	甲班	个数	13	11	24
			期望个数	13.4	10.6	24.0
			班级内的 %	54.2%	45.8%	100.0%
			性别内的 %	46.4%	50.0%	48.0%
			总和的 %	26.0%	22.0%	48.0%
	2	乙班	个数	15	11	26
			期望个数	14.6	11.4	26.0
			班级内的 %	57.7%	42.3%	100.0%
			性别内的 %	53.6%	50.0%	52.0%
			总和的 %	30.0%	22.0%	52.0%
总和			个数	28	22	50
			期望个数	28.0	22.0	50.0
			班级内的 %	56.0%	44.0%	100.0%
			性别内的 %	100.0%	100.0%	100.0%
			总和的 %	56.0%	44.0%	100.0%

54.2%,表示单元格人数占横行边缘平均数人数的百分比 = 13÷24 = 54.2%,代表此一单元格人数(甲班男生观察值)占甲班总人数(= 24)的 54.2%。第四个注解"性别内的%",其数字等于 46.4%,表示单元格人数占直列边缘平均数人数(男生)的百分比 = 13÷28 = 46.4%,代表此一单元格人数(甲班男生观察值)占全部男生总人数(= 28)的 46.4%。第五个注解"总和的%",其数字等于 26.0%,表示此单元格的人次占总样本数的百分比 = 13÷50 = 26%。

在[交叉表]对话窗口中,若勾选左下角[显示集群长条图]选项,则可以绘出列联表单元格的长条图,如图 4-27。若要对长条图进一步加以编辑美化、增列数值标签,选取图形,连按两下可开启图表编辑器对话窗口,内有各项设定与编辑图表的工具钮。在上述集群长条图中,甲班男生观察值有 13 位,甲班女生观察值有 11 位,乙班男生观察值有 15 位,乙班女生观察值有 11 位,全部样本观察值有 50 位。

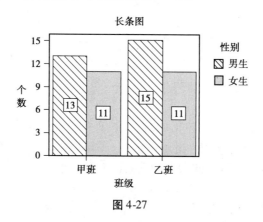

图 4-27

四、[平均数]操作

进行不同类别变量在依变量的描述性统计量或平均数间的差异检验,也可以执行[平均数]的程序。在独立样本 t 检验中,若是两个组别在依变量平均数的差异检验达到显著,使用者可以利用菜单[比较平均数法](Compare Means)选单中的[平均数](Means)次选单求出效果值的大小,效果值(eta 平方)表示的是自变量可以解释依变量多少变异量。

【研究问题一】

求出不同班级的样本观察值在数学、英文测验成绩的描述性统计量,操作程序如下:

(一)操作程序

1. 步骤 1

执行工具栏[分析(A)]/[比较平均数法(M)]/[平均数(M)]程序,开启[平均数]对话窗口。

2. 步骤 2

在左边变量清单中将目标变量"数学""英文"选入右边［依变量清单（D）］下的方格中，将类别变量"班级"选入右边［自变量清单（I）］下的方格中，如图 4-28→按［选项（O）...］钮，开启［平均数：选项］次对话窗口。

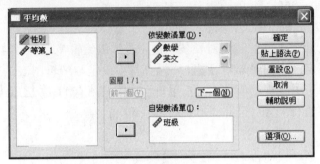

图 4-28

3. 步骤 3

在左边［统计量（S）］方框中包括的统计量有平均数、观察值个数、标准差、中位数、最小值、最大值、全距、偏度、峰度、组别中位数、平均数的标准误、总和、第一、最后一个、方差、峰度标准误、偏度标准误、调和平均数、几何平均数、总和百分比、N 总和百分比，如图 4-29。若要输出相关统计量，只要将左边呈现的统计量选项点选至右边［格统计量（C）］下的方格中即可。在下方［第一层统计量］方框中若勾选［Anova 表格与 eta 值］可以呈现方差分析摘要表，与平均数差异检验的效果值（eta 与 eta 平方值）。

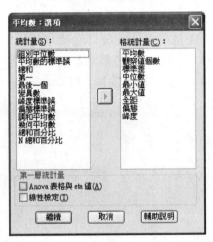

图 4-29

（二）输出结果

表 4-13 中为不同班级观察值在数学、英文变量的描述性统计量，在［格统计量（C）］的方框中的统计量有平均数、观察值个数、标准差。表格中会依自变量清单"班级"变量的水平数值分别呈现依变量清单中的数学、英文变量的描述性统计量。

表4-13 报表

班级		数学	英文
甲班	平均数	72.29	77.58
	个数	24	24
	标准差	14.048	17.146
乙班	平均数	79.00	80.92
	个数	26	26
	标准差	13.339	15.279
总和	平均数	75.78	79.32
	个数	50	50
	标准差	13.960	16.123

【研究问题二】

　　求出不同班级、不同性别样本观察值在数学、英文测验成绩的描述性统计量(平均数、标准差)。

(一)操作程序

1.步骤1

执行工具栏[分析(A)]/[比较平均数法(M)]/[平均数(M)]程序,开启[平均数]对话窗口。

2.步骤2

在左边变量清单中将目标变量"数学""英文"选入右边[依变量清单(D)]下的方格中,将第一层类别变量"班级"选入右边[自变量清单(I)]下的方格中→按[下一个(N)]钮,在图层2/2方框中,将第二层类别变量"性别"选入右边[自变量清单(I)]下的方格中→按[选项(O)…]钮,开启[平均数:选项]次对话窗口,如图4-30。

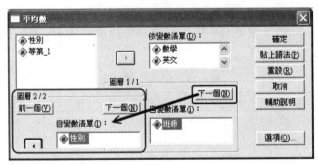

图4-30

3.步骤3

在左边[统计量(S)]选单中将平均数、标准差点选至右边[格统计量(C)]下的方格中,在下方[第一层统计量]方框中勾选[Anova 表格与 eta 值]→按[继续]钮,回到开启

［平均数］对话窗口→按［确定］钮。

（二）输出结果

表 4-14   报表

班级		性别		数学	英文
1 甲班		男生	平均数	67.77	71.85
			标准差	14.635	16.802
		女生	平均数	77.64	84.36
			标准差	11.784	15.622
		总和	平均数	72.29	77.58
			标准差	14.048	17.146
2 乙班		男生	平均数	86.47	88.93
			标准差	9.523	10.333
		女生	平均数	68.82	70.00
			标准差	10.962	14.374
		总和	平均数	79.00	80.92
			标准差	13.339	15.279
总和		男生	平均数	77.79	81.00
			标准差	15.245	16.005
		女生	平均数	73.23	77.18
			标准差	11.988	16.390
		总和	平均数	75.78	79.32
			标准差	13.960	16.123

上述表 4-14 为不同班级、不同性别两个自变量在数学、英文依变量的描述性统计量。报表中的第一栏（班级）为［图层 1/1］方格中点选的自变量，报表中的第二栏（性别）为［图层 2/2］方格中点选的自变量。由于班级有两个水平、性别有两个水平，所以交叉构成的报表有四个单元格。全部样本观察值在数学变量的平均数为 75.78、标准差为 13.960，在英文变量的平均数为 79.32、标准差为 16.123；就全体女生观察值而言，在数学变量的平均数为 73.23、标准差为 11.988，在英文变量的平均数为 77.18、标准差为 16.390；就乙班女生观察值而言，在数学变量的平均数为 68.82、标准差为 10.962，在英文变量的平均数为 70.00、标准差为 14.374。

表 4-15   ANOVA 摘要表

			平方和	自由度	平均平方和	F 检验	Sig.
数学 *	组间	（组合）	561.622	1	561.622	3.000	.090
班级	组内		8986.958	48	187.228		
	总和		9548.580	49			
英文 *	组间	（组合）	139.201	1	139.201	.530	.470
班级	组内		12597.679	48	262.452		
	总和		12736.880	49			

表 4-16 关联量数

	Eta	Eta 平方
数学 * 班级	.243	.059
英文 * 班级	.105	.011

由于在[平均数:选项]次对话窗口中,勾选下方[第一层统计量]方框中的[Anova 表格与 eta 值]选项,因而会输出第一层自变量在依变量平均数差异的方差分析摘要表(ANOVA 摘要表)及关联量数。范例中[图层 1/1]方格中点选的自变量为"班级",因而进行的检验为不同班级学生的数学成绩是否有显著的不同,不同班级学生的英文成绩是否有显著的不同。表中平均数差异检验的 F 统计量值分别为 3.000,0.530,显著性概率值 p 分别为 0.090,0.470,均大于 0.050,接受虚无假设,表示不同班级学生的数学成绩间没有显著的不同,而甲乙两班学生的英文成绩也没有显著差异。关联量数即效果值或关连强度值,此值表示自变量可以解释依变量多少的变异量百分比,[Eta 平方]栏的数值只有在自变量在依变量差异检验达到显著时($p \leqslant 0.05$)才会有意义。

【附录】甲乙两班的数学、英文成绩及数学成绩等第(变量名称为等第_1)数据

班级	性别	数学	英文	等第_1
1	1	60	66	4
1	1	42	58	5
1	1	78	95	3
1	2	65	74	4
1	2	68	84	4
1	1	57	58	5
1	1	55	68	5
1	1	97	80	1
1	2	87	93	2
1	2	92	93	1
1	2	75	85	3
1	1	55	54	5
1	1	64	51	4
1	1	71	98	3
1	1	78	100	3
1	2	84	87	2
1	2	85	95	2
1	2	76	94	3
1	2	71	92	3
2	1	78	86	3
2	1	82	85	2
2	1	71	60	3
2	2	70	38	3
2	2	74	64	3
2	2	56	72	5
2	2	57	65	5
2	2	55	68	5

续表

班级	性别	数学	英文	等第_1
2	1	87	95	2
2	1	87	93	2
2	1	91	94	1
2	1	75	85	3
2	1	75	93	3
2	1	78	94	3
2	1	95	95	1
2	1	99	87	1
2	1	100	74	1
2	2	84	71	2
2	2	71	68	3
2	2	62	62	4
2	2	65	88	4
1	1	67	61	4
1	1	72	71	3
1	1	85	74	2
1	2	94	90	1
1	2	57	41	5
2	1	98	99	1
2	1	92	98	1
2	1	89	96	2
2	2	87	88	2
2	2	76	86	3

第二篇
预试问卷分析流程与操作

第五章 量表项目分析

项目分析的主要目的在于检验编制的量表或测验个别题项的适切或可靠程度,它与信度检验的差异在于信度检验是检核整份量表或包含数个题项的层面或构念的可靠程度。

预试问卷施测完后,要进行预试问卷项目分析、效度检验、信度检验,以作为编制正式问卷的依据。项目分析的检验就是探究高低分的受试者在每个题项的差异或进行题项间同质性检验,项目分析结果可作为个别题项筛选或修改的依据。

第一节 项目分析基本理念

在教师自编测验中,为了得知测验的可行性与适切性,常会分析测验的难度(difficulty)、鉴别度(discrimination)与诱答力(distraction)。在试题分析时,将测验总得分前25%至33%设为高分组,测验总得分后25%至33%设为低分组,然后算出高低两组在每个试题答对人数的百分比,根据高低分组在每个试题答对人数的百分比算出试题的难度与鉴别度。

难度公式为 $$P = (P_H + P_L) \div 2$$
鉴别度指数为 $$D = P_H - P_L$$

其中 P 为试题的总难度,P_H 代表高分组在某个题项答对人数的百分比,P_L 代表低分组在某个题项答对人数的百分比,D 为鉴别度指数,每个试题的难度指标是高分组答对人数百分比加上低分组答对百分比的平均数。P 值(难度指标)愈大(愈高)表示题目愈容易,有愈多的受试者答对该试题;相对的,P 值愈低或愈小表示题目愈困难,答对该试题的受试者愈小,难度指标值介于 0 至 1 之间,愈接近 0 表示个别试题的难度愈高,愈接近 1 表示个别试题愈简单,当难度指标值为 0.50 时,表示答对与答错的人数各占受试者的一半,即该试题难易适中,一份较佳的成绩测验应是大部分的试题的 P 值介于 0.2 至 0.8 之间。难度指标值以答对百分比来表示,因而变量性质属于次序尺度(ordinal scale),且难度指标值不能进行四则运算。

鉴别度表示的是高分组答对的百分比与低分组答对百分比的差异值,分析试题鉴别度指标值的主要目的在于判别试题是否具有区别受试者能力高低的功能。一份具鉴别度的测验,其个别题项所显示的是高分组在该试题答对的百分比要高于低分组在该试题答对的百分比,鉴别度指标值介于 -1.00 至 1.00 之间,当鉴别度指标值为负数值,表示个别试题不具鉴别度;当鉴别度指标值为正值,且其数值愈大,代表题项的鉴别度愈高,较佳试题的鉴别度,其 D 值最好在 0.3 以上。当受试者测验得分的分布为正偏态时,多数受试者的得分会偏低,表示测验试题题项的难度较高;相对的,当受试者测验得分分布为负偏态时,多数受试者的得分会偏高,表示测验试题题项的难度较低,此二种情形所求出的题项鉴别度均不高,具有较佳鉴别度的试题,其难度指标值大约是 0.50,即难易适中的题项,其鉴别度最高。

高低两组的题项答对的百分比可藉用[分析(A)]/[叙述统计(E)](Descriptive Statistics)/[次数分布表(F)](Frequencies)程序来分析,分析时先将测验总分加总,再依其得分高低排序,选前 27% 为高分组,后 27% 为低分组。利用重新编码程序,将高分组受试者编成 1,低分组受试者编成 2,之后执行[数据(D)](Data)/[选择观察值(C)](Select Cases)程序挑选高分组的受试者,分析题项的次数分布表,再挑选低分组,分析题项的次数分布表,就可以找出高低分组标准答案的选项百分比,也就是高低两组在每个试题答对人数的百分比,依公式求出每个试题的难度与鉴别度。此外,高低分组重新编码后,也可以以新编码变量将数据文件分割,再执行次数分布表的程序。

项目分析的判别指标中,最常用的是临界比值法(critical ration),此法又称为极端值法,主要目的在求出问卷个别题项的决断值—CR 值,CR 值又称临界比。量表临界比的理念与测验编制中鉴别度的观念类似,它是根据测验总分区分出高分组受试者与低分组受试者后,再求高、低两组在每个题项的平均数差异的显著性,其原理与独立样本的 t 检验相同。项目分析后再将未达显著水平的题项删除,其主要操作步骤可以细分为以下几个步骤:

1.量表题项的反向计分

有些量表题项间包括数道反向题,反向题计分刚好与正向题题项相反,如果未将反向题重新编码,则分数加总会不正确。以下列幼儿园组织承诺量表为例:

> ①我愿意付出额外的努力,以协助本园的发展。
> ②我会主动配合园方各项措施或活动。
> ③我觉得留在本园服务显然是个错误的抉择(反向题)。
> ④我能以本园服务为荣。
> ⑤我对本园的忠诚度低(反向题)。

其中回答选项为非常符合、多数符合、少数符合、非常不符合,选项计分分别给予 4,3,2,1,受试者在量表的得分愈高,表示组织承诺感愈高。上述量表中的第三题及第五题是反向题,因为如果受试者勾选非常不符合 1,表示对其服务的幼儿园组织承诺愈高,计分时应是 4 分,而非 1 分;相对的,如果样本在此二题勾选的选项为"非常符合",表示受试者组织承诺感愈低,其计分时应是 1 分而非 4 分,受试者在这两个反向题项勾选"非常符合"选项,相当于在正向题中勾选"非常不符合"选项,而两个反向题项勾选"非常不符合"选项,相当于在正向题中勾选"非常符合"选项勾选。在量表计分时,若是使用者未将反向题重新编码计分,则题项加总的总分会出现错误。

2.求出量表的总分

就是将量表中所有受试者填答的题项加总,以求出各受试者在量表上的总分。

3. 量表总分高低排列

根据受试者在量表的总得分加以排序,递增或递减均可,以求出高低分组的临界点。

4. 找出高低分组上下 27% 处的分数

依上述量表加总后各受试者的总得分排序结果,找出前(高分组)27%的受试者的得分,及后(低分组)27%的受试者的得分,如 200 位受试者,第 54 位受试者即为高分组的得分。

5. 依临界分数将量表得分分成两组

依高低分组受试者的临界点分数,给属于高分组的受试者新增一变量码为1,低分组新增一变量码为2。

6. 以 t 检验检验高低组在每个题项的差异

求出高低两组的受试者在各试题平均数的差异显著性,采用的方法为独立样本 t 检验法。

7. 将 t 检验结果未达显著性的题项删除

最后根据平均数差异显著性,删除未达显著性的题项;如果题项均达显著,使用者觉得题项太多会影响受试者填答意愿,则可以根据临界比的某一标准作为题项删除的准则,如为提高题项鉴别的功能,可以以临界比值大于 3.00 作为题目筛选的依据。

在上述高低分组的分组中,27% 分组法理念是来自测验编制的鉴别度分析方法,在常模参照测验中,若是测验分数值呈正态分布,以 27% 作为分组时所得到的鉴别度的可靠性最大,在量表极端组检验中,采用25%至33%的分组法均可,若是预试样本数较大,可以选取大于27%的分组法;如果预试样本数较少,则可以采用小于27%的分组法,因为预试样本数较少,采用 27% 的分组法,原属得分中间组的受试者也会被纳入组别中,会影响分析时的鉴别力。

在项目分析中,除了采用极端组法外,也可采用同质性检验法。同质性检验法包括题项与量表总分的相关,题项在量表共同因素的因素负荷量,或整份量表的内部一致性信度检验值。若是量表的所有题项是在测量相同的构念或某种潜在特质,则个别题项与此潜在特质间应有中高程度的相关,此部分的分析可采用积差相关法,求出量表总分与量表每个题项的相关,若是相关系数小于0.4,表示个别题项与量表构念只是一种低度关系,题项与量表构念间的关系不是十分密切,此量表题项可以考虑删除。量表的潜在特质表示题项间具有某种共同因素,此共同因素的特质能有效反映每个个别的题项,即量表所要测得的共同因素能有效解释量表个别题项的变异,每个题项在共同因素上应具有某种程度的因素负荷量,若是量表个别题项在共同因素的因素负荷量小于 0.45,表示共同因素能解释个别题项的变异小于20%(此数值为共同性),则此题项也可考虑删除。

第二节 项目分析实例

一、研究问题

　　某成人教育学者想探究退休公教人员退休后的社会参与与其生活满意度的关系。其中"社会参与量表"经专家效度审核后,保留19题,进行问卷预试时,随机取样抽取退休公教人员填答"退休后生活感受问卷",此问卷包含"社会参与量表"19题、"生活满意度量表"30题,问卷回收后经删除无效问卷后,有效问卷200份。请问如何进行项目分析以检验"社会参与量表"19个题项的适切性。

表 5-1

【社会参与量表】	非常同意	大部分同意	一半同意	大部分不同意	非常不同意
01. 我常会喜欢宗教活动中的一些仪式……………………	□	□	□	□	□
02. 我不觉得参加社会服务工作很有意义……………………	□	□	□	□	□
03. 我常会选择自己喜欢的社团活动来参与……………………	□	□	□	□	□
04. 我常会参加各种进修学习活动……………………	□	□	□	□	□
05. 我常会主动的参加一些休闲娱乐活动……………………	□	□	□	□	□
06. 我常会参加一些宗教活动……………………	□	□	□	□	□
07. 我觉得参加社会服务工作之后使我的生活更加充实……………	□	□	□	□	□
08. 我参与社团活动时我会积极的投入……………………	□	□	□	□	□
09. 我参加学习活动时,常会受到老师和同侪的肯定…………	□	□	□	□	□
10. 我现在常会邀请家人或亲友一起从事运动休闲……………	□	□	□	□	□
11. 我常会鼓励亲朋好友一起参加宗教活动……………………	□	□	□	□	□
12. 我很愿意奉献自己的专长和经验来服务别人……………	□	□	□	□	□
13. 我常会做些适合我的运动来增进健康……………………	□	□	□	□	□
14. 我参加学习活动时心情都很愉快……………………	□	□	□	□	□
15. 我不觉得从事适当的休闲运动后能让生活更充实…………	□	□	□	□	□
16. 参加宗教活动之后让我的心灵更为充实……………………	□	□	□	□	□
17. 我常会利用时间参加各种社会服务工作……………………	□	□	□	□	□
18. 我不觉得我能从社团活动的参与过程中获得满足感…………	□	□	□	□	□
19. 我会主动和别人分享进修学习的心得……………………	□	□	□	□	□

　　上述表5-1"社会参与量表"中的第2题、第15题及第18题为反向题。在SPSS数据文件中,"社会参与量表"十九道题项的变量分别以 b1、b2、b3……b18、b19 表示,数据文件范例如图5-1:

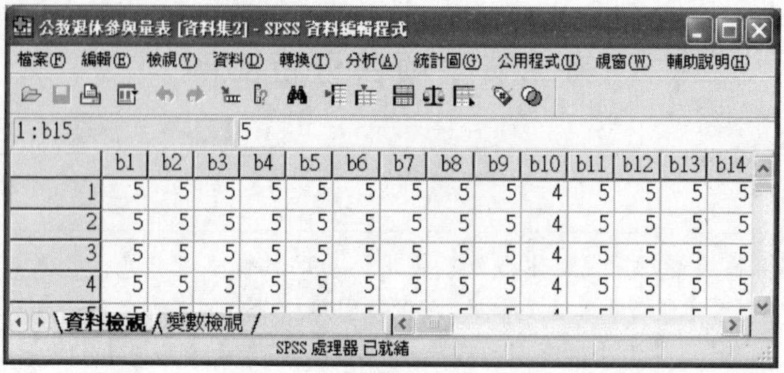

图 5-1

二、检查键入数据有无极端值或错误值

在进行项目分析或统计分析之前,要先检核输入的数据文件有无错误,此部分的检核方式有两种:一为执行次数分布表程序,看每个题项被勾选的数值有无错误值,如"社会参与量表"采用李克特五点量表式填答,每个题项的数据只有五个水平:1,2,3,4,5,小于1或大于5的数值数据均为缺失值或错误值,这些数值数据(小于1或大于5的数值数据)最好均设定为[缺失值](missing)或重新检核原始问卷数据,看是否键入错误;二为执行描述性统计量,从各题的描述性统计量中,查看数据的最小值与最大值是否超出1,5两个极端值,如果最小值小于1或最大值大于5,表示数据键入有错误。

(一)执行次数分布表的程序

从菜单执行[分析(A)]→[叙述统计(E)]→[次数分布表(F)]程序,开启[次数分布表]对话窗口。

→将左边变量清单中的目标变量 b1 至 b19 点选至右边[变量(V)]下的方格中。
→勾选左下方下方[显示次数分布表]选项。
→按[确定]钮。

(二)执行描述性统计量的程序

从菜单执行[分析(A)]→[叙述统计(E)]→[描述性统计量(D)]程序,开启[描述性统计量]对话窗口。

→将左边变量清单中的目标变量 b1 至 b19 点选至右边[变量(V)]下的方格中。
→按右下角[选项(O)…]钮,开启[描述性统计量:选项]次对话窗口。

——→勾选[平均数(M)]、[标准差(T)]、[最小值(N)]、[最大值(X)]等选项→按[继续]钮,回到[描述性统计量]的对话窗口→按[OK](确定)钮,如图 5-2。

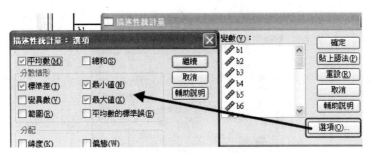

图 5-2

（三）输出结果

表 5-2　叙述统计

	个数	最小值	最大值	平均数	标准差
b1	200	2	5	4.68	.499
b2	200	3	5	4.60	.541
b3	200	3	5	3.83	.619
b4	200	2	5	4.38	.630
b5	200	4	5	4.73	.448
b6	200	3	5	4.56	.546
b7	200	3	5	4.56	.546
b8	200	3	5	4.58	.525
b9	200	3	5	4.70	.470
b10	200	3	5	4.12	.455
b11	200	2	5	4.66	.527
b12	200	4	5	4.76	.431
b13	200	3	5	4.61	.510
b14	200	3	5	4.62	.517
b15	200	3	5	4.50	.601
b16	200	3	5	4.24	.542
b17	200	3	5	4.66	.487
b18	200	4	5	4.59	.493
b19	200	3	5	4.58	.524
有效的 N（完全排除）	200				

　　表 5-2 为执行描述性统计量的结果,每个题项的最小值(Minimum)没有小于 1 者,题项的最大值(Maximum)为 5,19 个题项的数据没有出现小于 1 或大于 5 的错误值。由于"社会参与量表"为五点量表,变量测量值的编码为 1 至 5,若是在最大值栏中出现的数值超过 5,表示题项有键入错误。为避免人为的输入错误,在[变量检视]窗口中的[遗漏值][1](Missing)栏,可以设定 6 以上的数字均为缺失值。在[遗漏值]对话窗口中,勾选[（范围加上一个选择性的离散遗漏值(R)]选项,[低(L):]后的方格输入 6,[高(H):]后的方格输入 999,表示变量水平数值中 6 以上至 999 均为缺失值;[离散值(S)]后的方

---

1 文中的"缺失值"对应本书 SPSS 操作界面图中的"遗漏值"。

格输入 0,表示水平数值的 0 也是缺失值,如图 5-3。

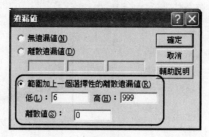

图 5-3

以图 5-4 情绪态度的调查问卷题项而言,受试者勾选采用七点量表法,因而题项缺失值的设定为:在[范围加上一个选择性的离散遗漏值(R)]选项中[低(L):]后的方格输入 8、[高(H):]后的方格输入 999。

快乐   忧愁

图 5-4

三、反向题反向计分

若是分析的预试量表中没有反向题,则此操作程序可以省略。量表或问卷题中如果有反向题,则在进行题项加总之前将反向题反向计分,否则测量分数所表示的意义刚好相反。如果是四点量表,反向题重向编码计分为(旧值→新值):1→4、2→3、3→2、4→1;如果是五点量表,反向题重向编码计分为(旧值→新值):1→5、2→4、3→3、4→2、5→1;如果是六点量表,反向题重向编码计分为(旧值→新值):1→6、2→5、3→4、4→3、5→2、6→1。

表 5-3

【工作压力量表——得分愈高工作压力愈大】	非常同意 4	同意 3	不同意 2	非常不同意 1
1. 我觉得我的工作负担太重了。 …………………………………	□	□	□	□
2. 我觉得工作要轮调,感到恐惧。 …………………………………	□	□	□	□
3. 我的工作轻松自在(反向题)。 …………………………………	□	□	□	□
4. 我觉得我的工作压力很大。 …………………………………	□	□	□	□

以表 5-3 工作压力量表为例,第 1、第 2、第 4 题勾选"非常同意"选项,表示样本知觉的工作压力感愈高;但第 3 题受试样本如勾选"非常同意"选项,表示其知觉的工作压力感愈低,此题勾选"非常同意"选项(编码值为 4)的感受,相当于在其余三题中勾选"非常不同意"选项(编码值为 1)的感受(工作压力较低);相对的,第 3 题如勾选"非常不同意"(编码值为 1)选项的感受,相当于在其余三题中勾选"非常同意"选项(编码值为 4)的感受(工作压力感较高),为了让整个量表测量分数代表的意义相同,统计分析时要把

第3题的作答数据反向计分。一个量表中最好能编制一至三道反向题,以测知受试者的填答的效度,以上述量表中的题项"3.我的工作轻松自在"及"4.我觉得我的工作压力很大"为例,若是受试者填答均为"非常同意"或均为"非常不同意",表示受试者填答此份量表的可靠性值得怀疑。每份量表的反向题的题项不要太多,过多的反向题在进行因素分析程序时,可能会被单独萃取成一个共同因素,造成建构效度分析时因素萃取的混淆。

"社会参与量表"中有三道反向题:b2(第二题)、b15(第十五题)、b18(第十八题),反向计分的操作程序如下:

1.步骤1

执行工具栏[转换(T)](Transform)/[重新编码(R)](Recode)/[成同一变量(S)](Into Same Dariables)的程序,开启[重新编码成同一变量]对话窗口。

2.步骤2

将左边变量清单的目标变量"b2""b15""b18"点选至右边[数值变量(V)]下的方格中→按[旧值与新值(O)...]钮,开启[重新编码成同一变量:旧值与新值]次对话窗口,如图5-5。

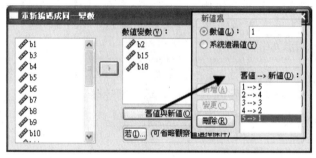

图 5-5

3.步骤3

左边[旧值]方框中点选第一个选项[数值(V)],在其下的方格中输入原数据文件中的水平数值1→右边[新值为]方框中点选[数值(L)],在其右边的方格中键入5→按[新增(A)]钮,[旧值-->新值(D)]下的方框中会出现"1 --> 5"的讯息。
→左边[旧值]方框中点选第一个选项[数值(V)],在其下的方格中输入原数据文件中的水平数值2→右边[新值为]方框中点选[数值(L)],在其右边的方格中键入4→按[新增(A)]钮,[旧值-->新值(D)]下的方框中会出现"2 --> 4"的讯息。
→左边[旧值]方框中点选第一个选项[数值(V)],在其下的方格中输入原数据文件中的水平数值3→右边[新值为]方框中点选[数值(L)],在其右边的方格中键入3→按[新增(A)]钮,[旧值-->新值(D)]下的方框中会出现"3 --> 3"的讯息。
→左边[旧值]方框中点选第一个选项[数值(V)],在其下的方格中输入原数据文件中的水平数值4→右边[新值为]方框中点选[数值(L)],在其右边的方格中键入2→按[新增(A)]钮,[旧值-->新值(D)]下的方框中会出现"4 --> 2"的讯息。

→左边[旧值]方框中点选第一个选项[数值(V)]，在其下的方格中输入原数据文件中的水平数值 5→右边[新值为]方框中点选[数值(L)]，在其右边的方格中键入 1→按[新增(A)]钮，[旧值-->新值(D)]下的方框中会出现"5 --> 1"的讯息。

→按[继续]钮，回到[重新编码成不同变量]对话窗口→按[确定]钮。

四、量表题项的加总

社会参与量表 19 道题项总分的变量名称设为"参与_总分"，量表题项加总的目的在于便于进行观察值的高低分组。

1. 步骤 1

执行工具栏[转换(T)]/[计算(C)](Computer)的程序，开启[计算变量]对话窗口。

2. 步骤 2

在左边[目标变量(T)]下的方格中输入新变量的变量名称"参与_总分"，在右边的[数值表达式(E)]下的大方格中键入社会参与量表十九个题项的加总："sum（b1 to b19）"→按[确定]钮，如图 5-6。

【备注】 按下[确定]钮后，数据文件中会新增一个加总变量名称"参与_总分"，变量内的数值内容为社会参与量表 19 道题项的加总测量值。

右边加总表达式也可以以传统数学表达式表示，在[数值表达式(E)]下的方格中点选及输入下列加法表达式：

"b1 + b2 + b3 + b4 + b5 + b6 + b7 + b8 + b9 + b10 + b11 + b12 + b13 + b14 + b15 + b16 + b17 + b18 + b19"

图 5-6

五、求高低分组的临界分数以便分组

执行工具栏[数据(D)]/[观察值排序(O)](Sort Cases)程序，开启[观察值排序]对话窗口→在左边变量清单中将目标变量"参与_总分"选入右边[排序依据(S)]下的方格中，在下方[排序顺序]方框中选取[递增(A)]选项，右边[排序依据(S)]下的方格会出现"参与_总分 -- 递增"→按[确定]钮，如图 5-7。

【备注】　按下[确定]钮后,数据文件会依总分变量"参与_总分"由小至大排序,此时记下第 54 位受试者的分数(81)(全部受试者有 200 位,27% 的受试者等于 200 × 0.27 = 54),如果预试有效样本数的 27% 的临界值不是整数,使用者可以取其数据的四舍五入为临界点的观察值,如预试有效样本数 116 位,27% 的观察值 = 116 × 0.27 = 31.32 ≈ 31,使用者可以以观察值在量表题项加总后排序的第 31 位样本观察值为前后 27% 的高低临界点的分割点。

执行工具栏[数据(D)]/[观察值排序]程序,开启[观察值排序]对话窗口→在右边 [排序依据(S)]下的方格中点选"参与_总分 -- 递减"选项,在下方[排序顺序]方框中选取[递减(D)]选项,则[排序依据(S)]下的方格中的排序信息会变成"参与_总分 -- 递减"→按[确定]钮,如图 5-8。

【备注】　按下[确定]钮后,资料文件会依总分变量"参与_总分"由大至小排序,此时第 54 位受试者的分数为 91。上述高低分组的临界值分别为 91、81,表示社会参与量表总分在 91 分以上者为"高分组"、社会参与量表总分在 81 分以下者为"低分组"。

图 5-7

图 5-8

六、进行高低分组

以上述求得的临界分数 81,91 把原数据文件重新编码成不同变量。81 分以下为低分组(第 2 组)、91 分以上为高分组(第 1 组),新增组别的变量为"参与_组别",变量水平分别为 1,2,水平数值 1 注解为"高分组"、2 为"低分组",如图 5-9、图 5-10。

(一)第一种分组方法

第一种分组方法以[重新编码]程序增列高低组别变量,由于中分组(量表得分在 82 分至 90 分)不会使用到临界比分析,因而在重新编码时可以不用进行中分组样本的组别编码,若是使用者也要将中间组加以编码,此时三个水平数值分别为:水平数值 1 为 91 分以上的观察值,水平数值 2 为 82 分至 90 分的观察值,水平数值 3 为 81 分以下的观察值。以下范例只进行高低两组的编码:水平数值 1 为 91 分以上的观察值,水平数值标记为

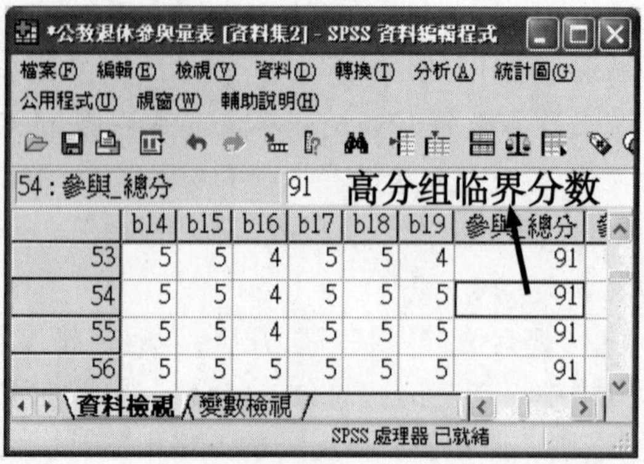

图 5-9

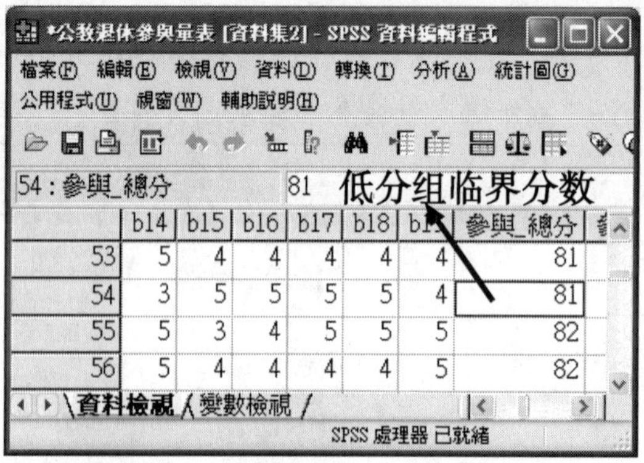

图 5-10

"高分组";水平数值2为81分以下的观察值,水平数值标记为"低分组"。

1. 步骤1

执行工具栏[转换(T)]/[重新编码(R)]/[成不同变量(D)](Into Different Variables)的程序,出现[重新编码成不同变量]对话窗口。

2. 步骤2

将左边变量清单的目标变量"参与_总分"点选至右边[数值变量-->输出变量]下的方格中→在[输出之新变量]方框中的[名称(N)]下的方格中键入新分组变量名称"参与_组别"→按[变更]钮,在[数值变量-->输出变量]下的方格中,文字由"参与_总分-->?"变更为"参与_总分-->参与_组别"→按[旧值与新值(O)...]钮,开启[重新编码成不同变量:旧值与新值]次对话窗口。

3. 步骤3

左边[旧值]方框中点选第六个选项[范围,值到 HIGHEST(E)],在其下的方格中输入临界值91,表示数值范围为91分至最高分(包含91分)→右边[新值为]方框中,点选[数值(L)],在其右边的方格中键入1→按[新增(A)]钮,[旧值-->新值(D)]下的方框中会出现"91 thru Highest-->1"的讯息。

→左边［旧值］方框中点选第五个选项［范围，LOWEST 到值（G）］，在其下的方格中输入临界值 81，表示数值范围为最低分到 81 分→右边［新值为］方框中，点选［数值（L）］，在其右边的方格中键入 2→按［新增（A）］钮，［旧值 −−> 新值（D）］下的方框中会出现"Lowest thru 81 −−>2"的讯息。

→按［继续］钮，回到出现［重新编码成不同变量］对话窗口→按［确定］钮，如图 5-11。

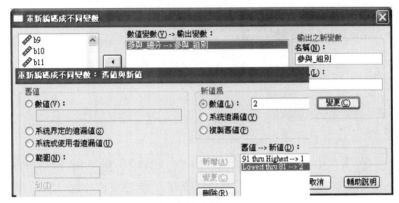

图 5-11

高低分组的比较差异图示如图 5-12（极端组独立样本 t 检验法）：

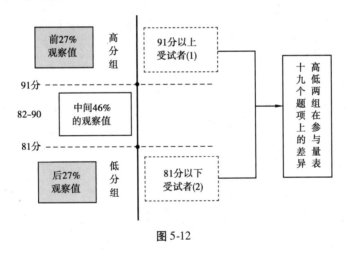

图 5-12

（二）第二种分组方法

第二种分组方法为执行［可视化聚集器（B）］（Visual Bander）区段分组的程序。

1. 步骤 1

执行工具栏［转换（T）］/［可视化聚集器（B）］程序，开启［Visual Bander］第一层对话窗口→在左边［变量］下的空格中选取要建立新组别的连续变量"参与_总分［参与_总分］"至右边［带状变量（B）］下的空格中，如图 5-13→按［继续］钮，开启［Visual Bander］第二层对话窗口。

→点选左边[变量]下的目标变量"参与_总分[参与_总分]"变量,点选完后 SPSS 会自动将"参与_总分[参与_总分]"移往[目前变量]右的方格中,在[注解]下的第二个方格中会出现"数学_总分(带状)"的变量标记→在[带状变量(B):]右的方格中输入新分组变量名称,范例为"参与_组别_1"。

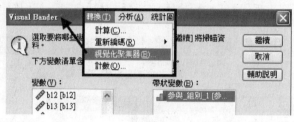

图 5-13

2. 步骤 2

在右边[上端点]方框中选取内定选项[包括(I)(<=)]→在下方[网格(G):]每排的方框中输入分组的临界点,范例中在[数值]下第一排的空格中输入 81,在[数值]下第二排的空格中输入 90,在[数值]下第三排不用输入数值,会自动出现"高"→按[制作标记(A)]钮,在[注解]栏会依次出现"<=81""82-90""91+"→按[确定]钮,如图 5-14。

【备注】 上述三个临界点"81""90""高",表示"参与_组别_1"变量中的水平数值 1 为 81 分以下组、水平数值 3 为 91 分以上组、水平数值 2 为 82 分至 90 分。之后在进行极端组比较时,只需进行水平数值 1(低分组)、水平数值 3(高分组)两组在参与量表十九道题项平均数的差异检验。在可视化聚集器的程序中,量表得分的后 27%(低分组)的水平数值只能编码为 1,即得分在 81 分以下的观察值在分组变量"参与_组别_1"中的水平数值只能编码为 1,中间组的水平数值只能编码为 2,91 分以上高分组的水平数值只能编码为 3。

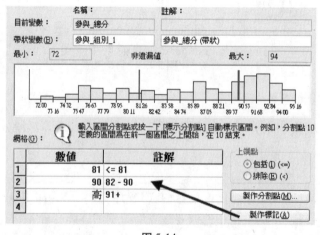

图 5-14

步骤 2 的程序中也可改为以下的操作:

在右边［上端点］方框中选取第二个选项［排除（E）（＜）］→在下方［网格（G）：］每排的方框中输入分组的临界点，范例中在［数值］下第一排的空格中输入82、在［数值］下第二排的空格中输入91、在［数值］下第三排不用输入数值，会自动出现"高"→按［制作标记（A）］钮，在［注解］栏会依次出现"＜82""82－90""91＋"→按［确定］钮，如图5-15。

【备注】　上述三个临界点"81""90""高"，表示"参与_组别_1"变量中的水平数值1为"＜82"，若以等号表示为"＜=81"，表示81分以下组；水平数值3为91分以上组，若以等号表示为"＞=91"；水平数值2为82分至90分。各组所代表的组距和选取选项［包括（I）（＜=）］相同。

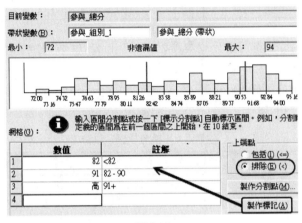

图5-15

3. 步骤3

按下［确定］钮后，会出现新增一个新变量的提示窗口，窗口的标题为SPSS版本的说明：［SPSS 14.0中文视窗版］，对话窗口的内容为"带状规格将建立1变量"→按［确定］钮，如图5-16。

两种分组方法所产生的相对应的次数分布表结果如下：

第一种分类（执行重新编码程序），量表测量值总分在91分以上者（水平数值编码为1）有68位、量表测量值总分在81分以下者（水平数值编码为2）有54位。缺失值78位为测量值总分介于82至90间的观察值，如表5-4。范例由于中间组没有被设定才会转为缺失值，若是在重新编码时也将中间组（82分至90分）观察值加以转换成相对应的水平数值，则不会出现缺失值。

图5-16

表5-4　参与_组别

		次数	百分比	有效百分比	累积百分比
有效的	高分组	68	34.0	55.7	55.7
	低分组	54	27.0	44.3	100.0
	总和	122	61.0	100.0	
缺失值	系统界定的缺失	78	39.0		
	总和	200	100.0		

第二种分类(执行可视化聚集器程序),[上端点]方框中选取内定选项[包括(I)(<=)],测量值总分小于或等于 81 分(水平数值编码为 1)有 54 位,大于或等于 91 分者(水平数值编码为 3)有 68 位,介于 82-90 之间者(水平数值编码为 2)有 78 位,如表 5-5,结果与上表相同。可视化聚集器程序中低分组的水平数值编码为 1,中间组的水平数值编码为 2,高分组的水平数值编码为 3。

表 5-5　参与_组别_1

有效的		次数	百分比	有效百分比	累积百分比
	<= 81	54	27.0	27.0	27.0
	82-90	78	39.0	39.0	66.0
	91 +	68	34.0	34.0	100.0
	总和	200	100.0	100.0	

在第二种分类中(执行可视化聚集器程序),[上端点]方框中选取第二个选项[排除(E)(<)],测量值总分小于 82 分观察值有 54 位,小于 82 分即小于或等于 81 分(水平数值编码为 1),大于或等于 91 分者(水平数值编码为 3)有 68 位,介于 82 – 90 之间者(水平数值编码为 2)有 78 位,如表 5-6,三组组距人数分类结果与上表相同。

表 5-6　参与_组别_1

有效的		次数	百分比	有效百分比	累积百分比
	<82	54	27.0	27.0	27.0
	82 – 90	78	39.0	39.0	66.0
	91 +	68	34.0	34.0	100.0
	总和	200	100.0	100.0	

在可视化聚集器的操作程序中新变量分组的水平数值 1 为测量值的最低分至后 27% 临界值区段,而水平数值最大值为组距分数最高分的一组区段,若将观察值分为三组,水平数值 1 者为低分组、水平数值 2 者为中间组、水平数值 3 者为高分组;在重新编码的操作程序中则不受此限制,其对话窗口组距的界定可以将高分组界定为水平数值 1 或水平数值 3。在极端值的分组中通常将高分组的水平数值界定为 1,而将低分组的水平数值界定为 2 或 3。

七、求决断值——临界比

(一)操作程序 1

在新变量的分组中,若组别变量的水平数值只有两个,观察值在参与量表中的总分大于或等于 91 分者为"高分组",小于或等于 81 分者为"低分组",前者的水平数值为 1,后者的水平数值为 2,临界比的执行图示如图 5-17:

图 5-17

极端组比较法的操作如下：

1. 步骤1

从工具栏执行[分析(A)](Analyse)/[比较平均数法(M)](Compare Means)/[独立样本 T 检定(T)…](One Sample T Test)，开启[独立样本 T 检定]对话窗口。

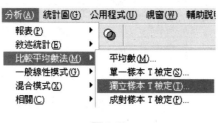

图 5-18

2. 步骤2

在左边变量清单中将目标变量"社会参与量表"十九个题项 b1 至 b19 变量点选至右边[检验变量(T)]下的方框中。

→在左边变量清单中将自变量"参与_组别"点选至右边[分组变量(G)]方框中，此时[分组变量(G)]方框中会出现"参与_组别(？？)"，点选"参与_组别(？？)"选项，按[定义组别(D)…]，开启[定义组别]次对话窗口。

──→选取[使用指定的数值(U)]选项，在[组别1(1)]的右方空格中键入第 1 组(高分组)的数值编码1。

──→在[组别2(2)]的右方空格中键入第 2 组(低分组)的数值编码2。

──→按[继续]钮，回到[独立样本 T 检验]对话窗口，[分组变量(G)]方框中的变量会由"参与_组别(？？)"转为"参与_组别(1 2)"。

→按[确定]钮，如图 5-19。

【备注】　在[定义组别]的次对话窗口中，第二个选项[分割点(C)]适用于自变量为等距变量或比率变量，如探讨不同生活压力组学生在自杀意念知觉感受的差异比较，由于生活压力自变量为连续变量，没有分组组别，无法进行独立样本 T 检验，此时可以选取[分割点(C)]选项，在后面的方格中输入分组的临界分数(通常为平均数或中位数)，如30，则生活压力得分" >=30"分的观察值为高分组(水平数值编码为1)、生活压力得分" <30"分的观察值为低分组(水平数值编码为2)，独立样本 T 检验即在探究高低生活压力组观察值在自杀意念平均数的差异。

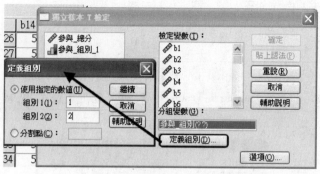

图 5-19

在［独立样本 T 检定］对话窗口中，按右下角［选项（O）…］钮，可开启［独立样本 T 检定：选项］次对话窗口，此窗口的功能在于界定置信区间估计值及缺失值的处理方式，置信区间默认值为 95%，［遗漏值］的方框有两个选项：［依分析排除观察值（A）］（此为预设选项）、［完全排除观察值（L）］，如图 5-20。

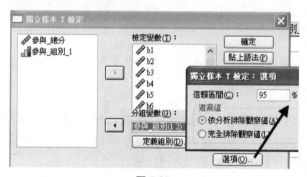

图 5-20

（二）操作程序 2

若是采用可视化聚集器将观察值依其在"参与量表"得分的高低分成三组：水平数值 1（小于或等于 81 分者）为"低分组"，水平数值 3（大于或等于 91 分者）为"高分组"，水平数值 2（分数介于 82 分至 90 分）为"中分组"。中分组的水平数值编码为 2 而非设为缺失值，因而在进行独立样本 T 检验时，即进行高分组与低分组在题项平均数的差异检验时，两个比较的组别水平为 1,3，而非 1,2（因为此时 2 为中分组）。临界比的执行图示如图 5-21：

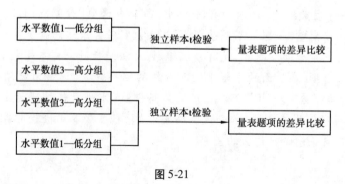

图 5-21

执行可视化聚集器程序的分组,极端组比较法的操作如下:

1. 步骤 1

从工具栏执行[分析(A)]/[比较平均数法(M)]/[独立样本 T 检验(T)...],开启[独立样本 T 检验]对话窗口。

2. 步骤 2

在左边变量清单中将目标变量"社会参与量表"十九个题项 b1 至 b19 变量点选至右边[检验变量(T)]下的方框中。
→在左边变量清单中将自变量"参与_组别_1"点选至右边[分组变量(G)]方框中,此时[分组变量(G)]方框中会出现"参与_组别_1(? ?)",点选"参与_组别_1(? ?)"选项,按[定义组别(D)...],开启[定义组别]次对话窗口。
——→选取[使用指定的数值(U)]选项,在[组别 1(1)]的右方空格中键入第 1 组(低分组)的数值编码 1。
——→在[组别 2(2)]的右方空格中键入第 2 组(高分组)的水平数值编码 3。
——→按[继续]钮,回到[独立样本 T 检验]对话窗口,[分组变量(G)]方框中的变量会由"参与_组别_1(? ?)"转为"参与_组别_1(1 3)"。
→按[确定]钮,如图 5-22。

图 5-22

(三) 操作程序 1 输出结果

t 检验

表 5-7　组别统计量

	参与_组别	个数	平均数	标准差	平均数的标准误
b1	高分组	68	5.00	.000	.000
	低分组	54	4.31	.469	.064
b2	高分组	68	4.91	.334	.040
	低分组	54	4.20	.528	.072
b3	高分组	68	3.96	.679	.082

续表

参与_组别		个数	平均数	标准差	平均数的标准误
	低分组	54	3.80	.562	.077
b4	高分组	68	4.87	.341	.041
	低分组	54	3.85	.492	.067
b5	高分组	68	4.99	.121	.015
	低分组	54	4.26	.442	.060
b6	高分组	68	4.96	.207	.025
	低分组	54	3.98	.363	.049
b7	高分组	68	4.97	.170	.021
	低分组	54	3.96	.272	.037
b8	高分组	68	4.96	.207	.025
	低分组	54	3.98	.237	.032
b9	高分组	68	5.00	.000	.000
	低分组	54	4.11	.372	.051
b10	高分组	68	4.21	.505	.061
	低分组	54	4.00	.336	.046
b11	高分组	68	4.91	.286	.035
	低分组	54	4.24	.512	.070
b12	高分组	68	5.00	.000	.000
	低分组	54	4.26	.442	.060
b13	高分组	68	4.96	.207	.025
	低分组	54	4.04	.334	.046
b14	高分组	68	5.00	.000	.000
	低分组	54	·4.06	.408	.056
b15	高分组	68	4.93	.263	.032
	低分组	54	3.96	.474	.065
b16	高分组	68	4.60	.493	.060
	低分组	54	3.98	.363	.049
b17	高分组	68	5.00	.000	.000
	低分组	54	4.13	.391	.053
b18	高分组	68	5.00	.000	.000
	低分组	54	4.06	.231	.031
b19	高分组	68	4.97	.170	.021
	低分组	54	4.04	.272	.037

表 5-7 为高低分组的组别统计量,每题包括高分和低分组的个数(N)、平均数 (Mean)、标准差(Std. Deviation)、平均数的估计标准误(Std. Error Mean)。独立样本的 t 检验即在检验高分组、低分组在每个题项测量值的平均数的差异值是否达到显著($p <$ 0.05),以了解样本在社会参与量表各题项平均数高低是否因组别(高分组、低分组)的不 同而有差异。以题项 b1(第一题而言),高分组的平均数为 5.00、标准差为 0.000,低分组 的平均数为 4.31、标准差为 0.469,两组的平均数差异愈大,其差异值愈有可能达到显著。 高分组的观察值有 68 位,低分组的观察值有 54 位,在组别人数的分组上,虽然高分组与 低分组人数各占有效预试样本人数的 27%,理论上两组的个数应该相等,但由于分割点 分割的人数不同,因而会形成两组个数不相同的情形,在进行项目分析的临界比统计 量的程序中,两组个数不会刚好相等的情形比较普遍。

表 5-8　独立样本检验

		方差相等的 Levene 检验		平均数相等的 t 检验						
		F 检验	显著性	t	自由度	显著性（双尾）	平均差异	标准误差异	差异的95%置信区间	
									下界	上界
b1	假设方差相等	420.708	.000	12.065	120	.000	.685	.057	.573	.798
	不假设方差相等			10.740	53.000	.000	.685	.064	.557	.813
b2	假设方差相等	20.047	.000	9.025	120	.000	.708	.078	.553	.863
	不假设方差相等			8.589	85.245	.000	.708	.082	.544	.872
b3	假设方差相等	.212	.646	1.390	120	.167	.160	.115	-.068	.387
	不假设方差相等			1.420	119.766	.158	.160	.112	-.063	.382
b4	假设方差相等	2.625	.108	13.443	120	.000	1.016	.076	.866	1.165
	不假设方差相等			12.909	90.815	.000	1.016	.079	.859	1.172
b5	假设方差相等	136.679	.000	12.948	120	.000	.726	.056	.615	.837
	不假设方差相等			11.717	59.348	.000	.726	.062	.602	.850
b6	假设方差相等	1.638	.203	18.660	120	.000	.974	.052	.871	1.078
	不假设方差相等			17.590	79.683	.000	.974	.055	.864	1.085
b7	假设方差相等	1.789	.184	25.001	120	.000	1.008	.040	.928	1.087
	不假设方差相等			23.764	84.582	.000	1.008	.042	.923	1.092
b8	假设方差相等	.096	.757	24.213	120	.000	.974	.040	.895	1.054
	不假设方差相等			23.836	105.831	.000	.974	.041	.893	1.055
b9	假设方差相等	42.956	.000	19.727	120	.000	.889	.045	.800	.978
	不假设方差相等			17.560	53.000	.000	.889	.051	.787	.990
b10	假设方差相等	25.176	.000	2.573	120	.011	.206	.080	.047	.364
	不假设方差相等			2.691	116.699	.008	.206	.077	.054	.357
b11	假设方差相等	30.840	.000	9.170	120	.000	.671	.073	.526	.816
	不假设方差相等			8.629	78.695	.000	.671	.078	.516	.826
b12	假设方差相等	221.632	.000	13.824	120	.000	.741	.054	.635	.847
	不假设方差相等			12.306	53.000	.000	.741	.060	.620	.861
b13	假设方差相等	1.704	.194	18.622	120	.000	.919	.049	.821	1.017
	不假设方差相等			17.683	83.981	.000	.919	.052	.816	1.022
b14	假设方差相等	24.648	.000	19.097	120	.000	.944	.049	.847	1.042
	不假设方差相等			17.000	53.000	.000	.944	.056	.833	1.056
b15	假设方差相等	3.894	.051	14.230	120	.000	.964	.068	.829	1.098
	不假设方差相等			13.382	78.331	.000	.964	.072	.820	1.107
b16	假设方差相等	61.483	.000	7.744	120	.000	.621	.080	.463	.780
	不假设方差相等			8.015	119.374	.000	.621	.078	.468	.775
b17	假设方差相等	53.364	.000	18.387	120	.000	.870	.047	.777	.964
	不假设方差相等			16.368	53.000	.000	.870	.053	.764	.977
b18	假设方差相等	17.766	.000	33.720	120	.000	.944	.028	.889	1.000
	不假设方差相等			30.017	53.000	.000	.944	.031	.881	1.008
b19	假设方差相等	1.789	.184	23.163	120	.000	.934	.040	.854	1.013
	不假设方差相等			22.017	84.582	.000	.934	.042	.849	1.018

表 5-8 为独立样本 t 检验的统计量,在 t 统计量的判别上,使用者要先判别两组的方差是否相等,若是两个群体的方差相等,则看"假设方差相等"行的 t 值数据;相对的,如果两个群体的方差不相等,则看"不假设方差相等"栏的 t 值数据,两个数据列均包括 t 值统计量、自由度、显著性(双尾)、平均差异、标准误差异、差异的 95% 置信区间。

"方差相等的 Levene 检验"栏用于检验两组方差是否同质,以 b1(第 1 题)依变量而言,经 Levene 法的 F 值检验结果,F 统计量等于 420.708,p = 0.000 < 0.05,达到 0.05 的显著水平,应拒绝虚无假设:$H_0: \sigma_{X1}^2 = \sigma_{X2}^2$,接受对立假设:$H_1: \sigma_{X1}^2 \neq \sigma_{X2}^2$,表示两组的方差不相等,此时 t 检验数据要看第二栏"不假设方差相等"中的数值,t 值统计量为 10.740,显著性概率值 p = 0.000 < 0.05,达到 0.05 显著水平,表示此题项的临界比值达到显著。以 b3(第 3 题)依变量而言,Levene 法的 F 值检验结果,F 统计量等于 0.212,p = 0.646 > 0.05,未达到 0.05 的显著水平,应接受虚无假设 $H_0: \sigma_{X1}^2 = \sigma_{X2}^2$,拒绝对立假设 $H_1: \sigma_{X1}^2 \neq \sigma_{X2}^2$,表示两组的方差相等,此时 t 检验数据要看第一栏"假设方差相等"中的数值,t 值统计量为 1.390,显著性概率值 p = 0.167 > 0.05,未达到 0.05 显著水平,表示此题项的临界比值未达到显著。

在上述 t 检验的统计量中,除第 3 题检验的 t 值未达显著外(t = 1.390,p = 0.167 > 0.05),其余十八题高低分组平均数差异检验的 t 检验均达 0.05 的显著水平,其中第 10 题的 t 值虽达显著,但其检验统计量甚低(t = 2.691,p = 0.008)。如单从决断值的指标来判别,"社会参与量表"的第三题必须删除(因未达显著水平),至于第十题研究者可根据题项的总数加以取舍,若是题项总数不多,则第十题可以保留,如果研究者想要再删除,可考虑删除决断值较小的题项。在量表项目分析中,若采用极端值的临界比,一般将临界比值的 t 统计量的标准值设为 3.000,若是题项高低分组差异的 t 统计量小于 3.000,则表示题项的鉴别度较差,可以考虑将之删除。

t 检验

表 5-9　组别统计量

参与_组别_1		个数	平均数	标准差	平均数的标准误
b1	< = 81	54	4.31	.469	.064
	91 +	68	5.00	.000	.000
b2	< = 81	54	4.20	.528	.072
	91 +	68	4.91	.334	.040
b3	< = 81	54	3.80	.562	.077
	91 +	68	3.96	.679	.082
b4	< = 81	54	3.85	.492	.067
	91 +	68	4.87	.341	.041
b5	< = 81	54	4.26	.442	.060
	91 +	68	4.99	.121	.015
b6	< = 81	54	3.98	.363	.049
	91 +	68	4.96	.207	.025
b7	< = 81	54	3.96	.272	.037
	91 +	68	4.97	.170	.021
b8	< = 81	54	3.98	.237	.032
	91 +	68	4.96	.207	.025
b9	< = 81	54	4.11	.372	.051

续表

参与_组别_1		个数	平均数	标准差	平均数的标准误
	91 +	68	5.00	.000	.000
b10	< = 81	54	4.00	.336	.046
	91 +	68	4.21	.505	.061
b11	< = 81	54	4.24	.512	.070
	91 +	68	4.91	.286	.035
b12	< = 81	54	4.26	.442	.060
	91 +	68	5.00	.000	.000
b13	< = 81	54	4.04	.334	.046
	91 +	68	4.96	.207	.025
b14	< = 81	54	4.06	.408	.056
	91 +	68	5.00	.000	.000
b15	< = 81	54	3.96	.474	.065
	91 +	68	4.93	.263	.032
b16	< = 81	54	3.98	.363	.049
	91 +	68	4.60	.493	.060
b17	< = 81	54	4.13	.391	.053
	91 +	68	5.00	.000	.000
b18	< = 81	54	4.06	.231	.031
	91 +	68	5.00	.000	.000
b19	< = 81	54	4.04	.272	.037
	91 +	68	4.97	.170	.021

表5-9为高低两组在依变量测量值的描述性统计量。其中自变量水平数值1为低分组(< =81)、水平数值3为高分组(91 +),呈现的描述性统计量为低分组与高分组两组在b1至b19的测量值。由于在之前的t检验操作中,[定义组别]次对话窗口选项[使用指定的数值(U)]选项中,[组别1(1)]、[组别2(2)]右边空格的水平数值分别键入1,3,进行的是低分组(水平数值1)与高分组(水平数值3)在题项平均数的差异比较,因而在组别统计量表中,各题项中先呈现低分组水平数值标记及其描述性统计量。再呈现高分组水平数值标记及其描述性统计量。以题项b1而言,低分组的平均数为4.31,标准差为0.469,高分组的平均数为5.00、标准差为0.000,低分组的观察值有54位,高分组的观察值有68位,"参与_组别_1"变量在19道题项的描述性统计量与"参与_组别"变量在19道题项的描述性统计量数值均相同。

表5-10独立样本t检验的统计量数值与第一种方法统计结果一样,唯一不同的是t值的正负号刚好相反。在第一种统计程序中,高分组水平数值编码为1、低分组水平数值编码为2;在第二种统计程序中,高分组水平数值编码为3、低分组水平数值编码为1,由于高低分组水平数值编码相反,因而统计量t值的正负号刚好相反,但t值绝对值与显著性概率值均一样。t统计量为正表示第一组的平均数高于第二组。t统计量为负表示第一组的平均数低于第二组。在可视化聚集器的编码中,低分组的水平数值为1、高分组的水平数值为3,题项平均数的差异值为"低分组—高分组",其临界比值应为负数;相对的,在重新编码的程序中,高分组的水平数值为1、低分组的水平数值为2,题项平均数的差异数为"高分组—低分组",其临界比值应为正数。在临界比值的数据中,t统计量最好以正数表示,因为在鉴别度指标中,负的鉴别度指标值表示题项没有鉴别度。

表 5-10   独立样本检验

		方差相等的 Levene 检验		平均数相等的 t 检验						
		F 检验	显著性	t	自由度	显著性（双尾）	平均差异	标准误差异	差异的95%置信区间	
									下界	上界
b1	假设方差相等	420.708	.000	−12.065	120	.000	−.685	.057	−.798	−.573
	不假设方差相等			−10.740	53.000	.000	−.685	.064	−.813	−.557
b2	假设方差相等	20.047	.000	−9.025	120	.000	−.708	.078	−.863	−.553
	不假设方差相等			−8.589	85.245	.000	−.708	.082	−.872	−.544
b3	假设方差相等	.212	.646	−1.390	120	.167	−.160	.115	−.387	.068
	不假设方差相等			−1.420	119.766	.158	−.160	.112	−.382	.063
b4	假设方差相等	2.625	.108	−13.443	120	.000	−1.016	.076	−1.165	−.866
	不假设方差相等			−12.909	90.815	.000	−1.016	.079	−1.172	−.859
b5	假设方差相等	136.679	.000	−12.948	120	.000	−.726	.056	−.837	−.615
	不假设方差相等			−11.717	59.348	.000	−.726	.062	−.850	−.602
b6	假设方差相等	1.638	.203	−18.660	120	.000	−.974	.052	−1.078	−.871
	不假设方差相等			−17.590	79.683	.000	−.974	.055	−1.085	−.864
b7	假设方差相等	1.789	.184	−25.001	120	.000	−1.008	.040	−1.087	−.928
	不假设方差相等			−23.764	84.582	.000	−1.008	.042	−1.092	−.923
b8	假设方差相等	.096	.757	−24.213	120	.000	−.974	.040	−1.054	−.895
	不假设方差相等			−23.836	105.831	.000	−.974	.041	−1.055	−.893
b9	假设方差相等	42.956	.000	−19.727	120	.000	−.889	.045	−.978	−.800
	不假设方差相等			−17.560	53.000	.000	−.889	.051	−.990	−.787
b10	假设方差相等	25.176	.000	−2.573	120	.011	−.206	.080	−.364	−.047
	不假设方差相等			−2.691	116.699	.008	−.206	.077	−.357	−.054
b11	假设方差相等	30.840	.000	−9.170	120	.000	−.671	.073	−.816	−.526
	不假设方差相等			−8.629	78.695	.000	−.671	.078	−.826	−.516
b12	假设方差相等	221.632	.000	−13.824	120	.000	−.741	.054	−.847	−.635
	不假设方差相等			−12.306	53.000	.000	−.741	.060	−.861	−.620
b13	假设方差相等	1.704	.194	−18.622	120	.000	−.919	.049	−1.017	−.821
	不假设方差相等			−17.683	83.981	.000	−.919	.052	−1.022	−.816
b14	假设方差相等	24.648	.000	−19.097	120	.000	−.944	.049	−1.042	−.847
	不假设方差相等			−17.000	53.000	.000	−.944	.056	−1.056	−.833
b15	假设方差相等	3.894	.051	−14.230	120	.000	−.964	.068	−1.098	−.829
	不假设方差相等			−13.382	78.331	.000	−.964	.072	−1.107	−.820
b16	假设方差相等	61.483	.000	−7.744	120	.000	−.621	.080	−.780	−.463
	不假设方差相等			−8.015	119.374	.000	−.621	.078	−.775	−.468
b17	假设方差相等	53.364	.000	−18.387	120	.000	−.870	.047	−.964	−.777
	不假设方差相等			−16.368	53.000	.000	−.870	.053	−.977	−.764
b18	假设方差相等	17.766	.000	−33.720	120	.000	−.944	.028	−1.000	−.889
	不假设方差相等			−30.017	53.000	.000	−.944	.031	−1.008	−.881
b19	假设方差相等	1.789	.184	−23.163	120	.000	−.934	.040	−1.013	−.854
	不假设方差相等			−22.017	84.582	.000	−.934	.042	−1.018	−.849

若使用者采用可视化聚集器的编码程序,要进行高分组与低分组的差异比较(水平数值 3 与水平数值 1 的比较),其操作程序如下:

开启[定义组别]次对话窗口。
——→选取[使用指定的数值(U)]选项,在[组别 1(1)]的右方空格中键入第 3 组(高分组)的数值编码 3。
——→在[组别 2(2)]的右方空格中键入第 1 组(低分组)的水平数值编码 1。
——→按[继续]钮,回到[独立样本 T 检验]对话窗口,[分组变量(G)]方框中的变量会由"参与_组别_1(? ?)"转为"参与_组别_1(3 1)"。

上面水平数值 3 和水平数值 1 的差异比较结果会与采用重新编码的输出结果相同。

八、求参与量表题项与总分的相关

项目分析中以量表总得分前 27% 和后 27% 的差异比较,称为两个极端组比较,极端组比较结果的差异值即称为决断值或称临界比(Critical Ratio;简称 CR)。决断值检验未达显著的题项(显著性检验概率 p 值大于 0.05)最好删除,因为一个较佳的态度量表题项,其高分组与低分组在此题上得分的平均数差异应是显著的(以成绩测验而言,高分组与低分组在题项答对百分比的差异值愈大愈好,差异值愈大表示此题的鉴别度愈佳),平均数差异值的检验与独立样本 t 检验操作程序相同,因此可根据两个独立样本 t 检验求得的 t 值作为决断值或临界比数值,t 值愈高表示题目的鉴别度愈高。

除了以极端组作为项目分析的指标外,也可以采用同质性检验作为个别题项筛选的另一指标,如果个别题项与总分的相关愈高,表示题项与整体量表的同质性愈高,所要测量的心理特质或潜在行为更为接近。个别题项与总分的相关系数未达显著的题项,或两者为低度相关(相关系数小于 0.4),表示题项与整体量表的同质性不高,最好删除。一个决断值低的题项,其题项与总分的相关也可能较低。同质性检验即求出个别题项与总分的积差相关系数。

(一)操作程序

从工具栏执行[分析(A)]/[相关(C)](Correlate)/[双变量(E)](Bivariate)开启[双变量相关分析]对话窗口。
⇒将目标变量社会参与量表题项 b1 至 b19 及加总变量"参与_总分"点选至右边[变量(V)]下的方框中。 →在下方[相关系数]方框中勾选[Pearson 相关系数(N)]选项。 →勾选最下方的[相关显著性讯号(F)]选项→按[确定]钮,如图 5-23。
【备注】　勾选最下方的[相关显著性讯号(F)]选项,在相关系数矩阵的下方会出现下列提示语: "** 在显著水平为 0.01 时（双尾）,相关显著。" "* 在显著水平为 0.05 时（双尾）,相关显著。" 提示语在告知使用者,若相关系数的显著性概率值 p 小于 0.01,会在相关系数的旁边加注(**)符号,若相关系数的显著性概率值 p 小于 0.05,会在相关系数的旁边加注(*)符号。

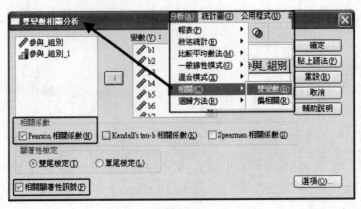

图 5-23

（二）报表结果

表 5-11　相　关

		b1	b2	b3	..	b16	b17	b18	b19	参与_总分
b1	Pearson 相关	1	.393	.083	..	.285	.474	.465	.387	.605
	显著性（双尾）		.000	.241	..	.000	.000	.000	.000	.000
	个数	200	200	200	..	200	200	200	200	200
b2	Pearson 相关	.393	1	−.087	..	.248	.421	.430	.390	.545
	显著性（双尾）	.000		.223	..	.000	.000	.000	.000	.000
	个数	200	200	200	..	200	200	200	200	200
b3	Pearson 相关	.083	−.087	1	..	.062	.055	.017	.089	.122
	显著性（双尾）	.241	.223		..	.381	.443	.806	.212	.086
	个数	200	200	200	..	200	200	200	200	200
b4	Pearson 相关	.288	.375	.087	..	.339	.391	.449	.327	.601
	显著性（双尾）	.000	.000	.220	..	.000	.000	.000	.000	.000
	个数	200	200	200	..	200	200	200	200	200
b5	Pearson 相关	.504	.430	.084	..	.315	.531	.511	.405	.713
	显著性（双尾）	.000	.000	.235	..	.000	.000	.000	.000	.000
	个数	200	200	200	..	200	200	200	200	200
b6	Pearson 相关	.366	.330	−.059	..	.291	.428	.447	.422	.725
	显著性（双尾）	.000	.000	.407	..	.000	.000	.000	.000	.000
	个数	200	200	200	..	200	200	200	200	200
b7	Pearson 相关	.292	.279	.001	..	.325	.504	.540	.475	.771
	显著性（双尾）	.000	.000	.993	..	.000	.000	.000	.000	.000
	个数	200	200	200	..	200	200	200	200	200
b8	Pearson 相关	.322	.293	−.038	..	.378	.505	.546	.480	.757
	显著性（双尾）	.000	.000	.594	..	.000	.000	.000	.000	.000
	个数	200	200	200	..	200	200	200	200	200
b9	Pearson 相关	.488	.330	.014	..	.363	.599	.572	.485	.790
	显著性（双尾）	.000	.000	.846	..	.000	.000	.000	.000	.000
	个数	200	200	200	..	200	200	200	200	200

续表

	b1	b2	b3	..	b16	b17	b18	b19	参与_总分
b10 Pearson 相关	.082	.015	.001	..	−.036	.097	.131	.023	.185
显著性（双尾）	.251	.836	.984	..	.614	.171	.065	.749	.009
个数	200	200	200	..	200	200	200	200	200
b11 Pearson 相关	.381	.319	−.088	..	.186	.415	.343	.401	.561
显著性（双尾）	.000	.000	.214	..	.008	.000	.000	.000	.000
个数	200	200	200	..	200	200	200	200	200
b12 Pearson 相关	.381	.370	−.025	..	.253	.505	.518	.454	.730
显著性（双尾）	.000	.000	.725	..	.000	.000	.000	.000	.000
个数	200	200	200	..	200	200	200	200	200
b13 Pearson 相关	.409	.364	.025	..	.254	.440	.532	.485	.745
显著性（双尾）	.000	.000	.725	..	.000	.000	.000	.000	.000
个数	200	200	200	..	200	200	200	200	200
b14 Pearson 相关	.286	.400	−.014	..	.291	.475	.549	.428	.720
显著性（双尾）	.000	.000	.839	..	.000	.000	.000	.000	.000
个数	200	200	200	..	200	200	200	200	200
b15 Pearson 相关	.413	.249	.052	..	.343	.517	.501	.423	.690
显著性（双尾）	.000	.000	.467	..	.000	.000	.000	.000	.000
个数	200	200	200	..	200	200	200	200	200
b16 Pearson 相关	.285	.248	.062	..	1	.429	.464	.286	.512
显著性（双尾）	.000	.000	.381	..		.000	.000	.000	.000
个数	200	200	200	..	200	200	200	200	200
b17 Pearson 相关	.474	.421	.055	..	.429	1	.789	.571	.758
显著性（双尾）	.000	.000	.443	..	.000		.000	.000	.000
个数	200	200	200	..	200	200	200	200	200
b18 Pearson 相关	.465	.430	.017	..	.464	.789	1	.613	.782
显著性（双尾）	.000	.000	.806	..	.000	.000		.000	.000
个数	200	200	200	..	200	200	200	200	200
b19 Pearson 相关	.387	.390	.089	..	.286	.571	.613	1	.679
显著性（双尾）	.000	.000	.212	..	.000	.000	.000		.000
个数	200	200	200	..	200	200	200	200	200
参与_Pearson 相关	.605	.545	.122	..	.512	.758	.782	.679	1
总分显著性（双尾）	.000	.000	.086	..	.000	.000	.000	.000	
个数	200	200	200	..	200	200	200	200	200

　　表 5-11 为"参与量表总分"与个别题项的相关系数矩阵,相关矩阵的对角线为题项变量与题项变量本身的相关,因而其相关系数等于 1。对角线数值 1 右上方三角矩阵的数据与左下方三角矩阵的数据相同,各单元格中的第一排"Pearson 相关"为积差相关系数、第二排为显著性概率值、第三排为个数,若是显著性（双尾）p 的数值小于 0.05,表示两个变量间的积差相关达到显著。在量表同质性检验方面,题项与总分的相关不仅要达到显著,两者间的相关要呈现中高度关系,即相关系数至少要在 0.4 以上。

　　在相关矩阵统计量中,第 3 题（b3）与参与量表总分的相关系数为 0.122,p = 0.086 >

0.05,未达显著水平;第 10 题(b10)与参与量表总分的相关系数为 0.185,p = 0.009 < 0.05,虽达显著水平,但两者的相关系数却很低,两者只是低度相关(相关系数绝对值小于 0.400)。因而如果从题项与量表总分的相关系数值来检验,第 3 题(b3)与第 10 题(b10)两个题项与量表总分的相关系数值很低,这两个题项可以考虑删除,除这两题外,其余题项与量表总分的相关系数均在 0.5 以上。

九、同质性检验一——信度检验

信度(reliability)代表量表的一致性或稳定性,信度系数在项目分析中,也可作为同质性检验指标之一,信度可定义为真实分数(true score)的方差占测量分数方差的比例,通常一份量表或测验在测得相同的特质或潜在构念时,题项数愈多量表或测验的信度会愈高。在社会科学领域中有关类似李克特量表的信度估计,采用最多者为克隆巴赫 α(Cronbach α)系数,克隆巴赫 α 系数又称为内部一致性 α 系数。信度检验旨在检视题项删除后,整体量表的信度系数变化情形,如果题项删除后的量表整体信度系数比原先的信度系数(内部一致性 α 系数)高出许多,则此题项与其余题项所要测量的属性或心理特质可能不相同,代表此题项与其他题项的同质性不高,在项目分析时可考虑将此题项删除。

(一)求量表内部一致性 α 系数的操作程序

从工具栏执行[分析]/[尺度(A)](Scale)/[信度分析(R)](Reliability Analysis)开启[信度分析]对话窗口,如图 5-24。
→在左边变量清单中将目标变量社会参与量表题项 b1 至 b19 变量点选至右边[项目(I)]下的方框中。 →在下方[模式(M)]右边的下拉式选单选取内定[Alpha 值]选项,如图 5-25。
→按右下方的[统计量(S)…]钮,开启[信度分析:统计量]次对话窗口。 ——在[叙述统计量对象]方框中勾选[删除项目后的量尺摘要(A)]选项,如图 5-26。 ——按[继续]钮,回到[信度分析]对话窗口。
→按[确定](OK)钮。

图 5-24

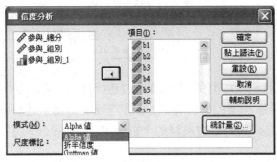

图 5-25

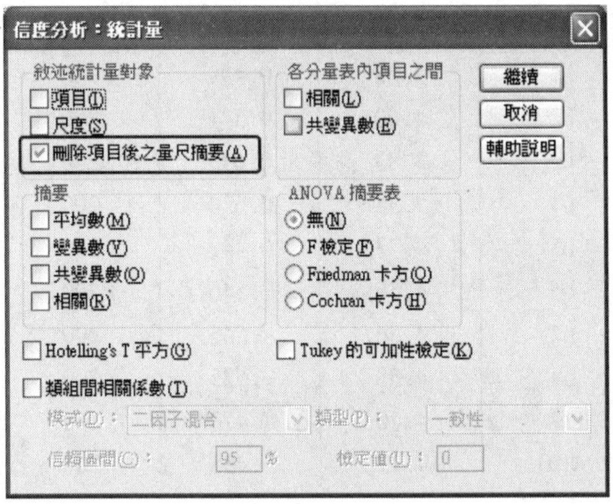

图 5-26

（二）输出结果

尺度：ALL VARIABLES

表 5-12 为观察值处理摘要表，进行信度分析时有效观察值有 200 个，被排除的观察值 0 个，全部观察值为 200 个。

表 5-12　观察值处理摘要

		个数	%
观察值	有效	200	100.0
	排除(a)	0	0
	总计	200	100.0

a 根据程序中的所有变量删除全部缺失值。

表 5-13 为"社会参与量表"19 题内部一致性 α 系数，其数值等于 0.912，表示社会参与量表 19 题的内部一致性佳。一份信度理想的量表，其总量表的内部一致性 α 系数至少要在 0.800 以上，一份好的量表或测验除了要有良好的效度外，其信度系数必须达到最基本的指标值，若是量表 α 系数值愈高，表示其信度愈高，测量误差值愈小。

表 5-13　可靠性统计量

Cronbach's Alpha 值	项目的个数
.912	19

表 5-14   尺度统计量

平均数	方差	标准差	项目的个数
85.92	38.510	6.206	19

在[信度分析:统计量]次对话窗口中的[叙述统计量对象]方框中勾选[尺度(S)]，会呈现量表的总平均数、标准差与方差，社会参与量表十九个题项的平均数为 85.92、方差为 38.510、标准差为 6.206，量表项目的个数为 19，表示量表的题项变量总共有 19 题，如表 5-15。

表 5-15   项目统计量

	平均数	标准差	个数
b1	4.68	0.499	200
b2	4.60	0.541	200
b3	3.83	0.619	200
b4	4.38	0.630	200
b5	4.73	0.448	200
b6	4.56	.546	200
b7	4.56	.546	200
b8	4.58	.525	200
b9	4.70	.470	200
b10	4.12	.455	200
b11	4.66	.527	200
b12	4.76	.431	200
b13	4.61	.510	200
b14	4.62	.517	200
b15	4.50	.601	200
b16	4.24	.542	200
b17	4.66	.487	200
b18	4.59	.493	200
b19	4.58	.524	200

在[信度分析:统计量]次对话窗口中的[叙述统计量对象]方框中勾选[项目(I)]，会呈现各题项的平均数、标准差与观察值个数，从各题平均数的高低可以检视预试样本在李克特量表选项中的勾选情形。标准差的大小可以显示预试样本对题项看法的差异，较小的标准差表示预试样本勾选的同质性较高，相对的，一个标准差或方差较大数值的题项，表示预试样本对量表试题的态度差异较大。题项描述性统计量所提供的平均数、标准差(方差)，只能作为预试样本对量表试题的反应或知觉现况，最好不要作为项目分析或题项筛选的判别指标。

在[信度分析:统计量]次对话窗口中的[叙述统计量对象]方框中勾选[删除项目后的量尺摘要(A)]选项时会呈现"项目整体统计量"摘要表，如表 5-16。第一列为题项的变量名称，共有十九个题项;第二列"项目删除时的尺度平均数"为该题删除后量表的平均数;第三列"项目删除时的尺度方差"为删除该题后量表的方差;第四列"修正的项目总相关"为校正题项与题项总分的相关系数，此系数是每一个题项与其他题项加总后(不包含原题项)的相关系数,如果校正题项与总分的相关系数太低,表示题项与其余题项的关联性不高,即题项与其余题项的同质性不高;第五列"项目删除时的 Cronbach's Alpha 值"为删除该题后,量表的内部一致性α系数改变值的大小。

表 5-16　项目整体统计量

	项目删除时的 尺度平均数	项目删除时的 尺度方差	修正的项 目总相关	项目删除时的 Cronbach's Alpha 值
b1	81.24	35.015	.550	.908
b2	81.32	35.143	.480	.910
b3	82.09	37.958	.022	.924
b4	81.54	34.209	.530	.909
b5	81.19	34.748	.675	.906
b6	81.36	33.898	.679	.905
b7	81.36	33.587	.731	.904
b8	81.34	33.854	.717	.904
b9	81.22	34.119	.759	.904
b10	81.80	37.671	.113	.918
b11	81.26	35.118	.499	.910
b12	81.16	34.788	.695	.906
b13	81.31	34.054	.705	.905
b14	81.30	34.159	.676	.905
b15	81.42	33.722	.634	.906
b16	81.68	35.356	.444	.911
b17	81.26	34.163	.722	.904
b18	81.33	33.969	.748	.904
b19	81.34	34.365	.630	.906

"修正的项目总相关"列表示的是该题题项与其余十八题题项加总后的积差相关,以题项 b1 而言,题项 b1 与其余十八题题项加总分数(b2 + b3 + … + b18 + b19)的积差相关系数为 0.55,呈现中度关系,表示题项 b1 与其余十八题项所测量的心理特质同质性颇高,若是"修正的项目总相关"栏呈现的数值小于 0.400,表示该题项与其余题项的相关为低度关系,该题项与其余题项所要测量的心理或潜在特质同质性不高。

"项目删除时的 Cronbach's Alpha 值"表示的是该题删除后,整个量表的α系数改变情形,Cronbach α系数与库李信度皆属于内部一致性系数,因而若是同一份量表各题项所欲测量的行为特质愈接近,则其内部一致性α系数会愈高;相对的,若是同一份量表各题项所欲测量的行为特质差异较大,则其内部一致性α系数会偏低,此时量表所包含的层面或构念的内涵可能并不同质。内部一致性α系数的公式如下:$\alpha = \dfrac{K}{K-1}\left(1 - \dfrac{\sum S_i^2}{S^2}\right)$,

其中 K 为量表的题项数,$\sum S_i^2$ 为量表题项的方差总和,S^2 为量表总分的方差。从公式中可以发现量表的题项数愈多时,$\dfrac{K}{K-1}$ 的值愈接近 1,$\dfrac{\sum S_i^2}{S^2}$ 的值愈接近 0,因而内部一致性α系数也会接近 1。因而如果量表所包含的题项数愈多,内部一致性α系数一般而言会愈高,删除某一道题后,量表的内部一致性α系数相对会变小,若是删除某个题项后,量表的内部一致性 α 系数反而变大,则此题所欲测量的行为或心理特质与其余量表所欲测量的行为或心理特质并不同质,因而此题可考虑删除。

从校正题项与总分的相关可以看出,第 3 题题项(b3)与其余题项总分的相关系数为 0.022、第 10 题题项(b10)与其余题项总分的相关系数为 0.113,相关系数均非常低;而从题项删除后量表的内部一致性 α 系数值改变值来看,第 3 题题项(b3)删除后,社会参与量表的 α 系数从 0.912 变成为 0.924;第 10 题题项(b10)删除后,社会参与量表的 α 系数从 0.912 变成为 0.918;其余 17 个题项,题项删除后量表的系数均比 0.912 小。从校正题项与总分的相关表可以看出,第 3 题、第 10 题与其余题项的同质性不高,可考虑将之删除。

在采用内部一致性 α 系数作为项目分析的判断指标时,有一点必须特别注意,若是量表或测验所包含的因素构念是两种以上不同的面向,这些面向的加总分数并没有实质的意义,如此,量表的内部一致性 α 系数要以各不同的因素构念作为子量表分别计算,而不能估计整份量表的信度系数。如一份校长领导量表中,量表分为两个不同的面向:"权威取向""关怀取向",此时量表加总后的测量值并无法反映全部题项所要测得的构念,估计量表整体的信度反而没有实质意义,对于量表全部题项是否加总,要看第一阶因素构念能否再合并为一个二阶的因素构念而定。

十、同质性检验二——共同性与因素负荷量

共同性(communalities)表示题项能解释共同特质或属性的变异量,如将社会参与量表限定为一个因素时,表示只有一个心理特质,因而共同性的数值愈高,表示能测量到此心理特质的程度愈多;相反的,如果题项的共同性愈低,表示此题项能测量到的心理特质的程度愈少,共同性较低的题项与量表的同质性较少,因而题项可考虑删除。至于因素负荷量(factor loading)则表示题项与因素(心理特质)关系的程度,题项在共同因素的因素负荷量愈高,表示题项与共同因素(总量表)的关系愈密切,亦即其同质性愈高;相对的,题项在共同因素的因素负荷量愈低,表示题项与共同因素(总量表)的关系愈不密切,亦即其同质性愈低。

(一)求量表题项的共同性与因素负荷量的程序

从工具栏执行[分析(A)]/[数据缩减(D)](Data Reduction)/[因子(F)…](Factor)程序,开启[因子分析]对话窗口,如图 5-27。
→在左边变量清单中将目标变量社会参与量表题项 b1 至 b19 点选至右边[变量(V)]下的方框中,如图 5-28。
→按左下方[萃取(E)…]钮,开启[因子分析:萃取]次对话窗口。 ——在[萃取]方框中点选[因子个数(N)]选项,在其后的空格中键入 1(限定抽取一个共同因素)。 ——在[方法(M)]右边的下拉式选单中选取内定的[主成分]分析法,如图 5-29。 ——按[继续]钮回到[因子分析]对话窗口。
→按[确定]钮。

图 5-27

图 5-28

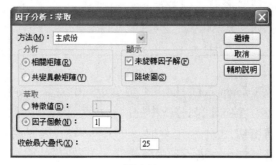

图 5-29

（二）输出结果

表 5-17　共同性

	初始	萃取		初始	萃取
b1	1.000	.352	b11	1.000	.323
b2	1.000	.293	b12	1.000	.562
b3	1.000	.001	b13	1.000	.571
b4	1.000	.337	b14	1.000	.535
b5	1.000	.517	b15	1.000	.473
b6	1.000	.548	b16	1.000	.243
b7	1.000	.621	b17	1.000	.585
b8	1.000	.601	b18	1.000	.623
b9	1.000	.650	b19	1.000	.463
b10	1.000	.020			

萃取法：主成分分析。

　　表 5-17 为共同性萃取值,采取主成分分析抽取共同因素时,初始的共同性估计值均为 1,根据最后共同性萃取值的大小,可以了解题项所欲测量共同特质(因素)的高低。共同性为各题项在共同因素的因素负荷量的平方加总,反映的是共同因素对各题项的解释变异量,这个值是个别题项与共同因素间多元相关系数的平方,相当于回归分析中的 R^2。因为只抽取一个共同因素,因而共同性可说是共同因素对于各题题项的解释变异量,如果题项的共同性愈大,表示测得的行为或心理特质的共同因素与题项的关系愈密切;相对的,若是题项的共同性值愈小,表示题项与共同因素间的关系愈弱。一般而言,共同性值若低于 0.20(此时因素负荷量小于 0.45),表示题项与共同因素间的关系不密切,此时,此题项可考虑删除。从上表的萃取值可以发现:第 3 题、第 10 题的共同性分别为 0.001,0.020,这两个题项与共同因素"社会参与特质"的程度关系微弱,依此指标准则可考虑将此两题删除。

　　表 5-18 为抽取的共同因素解释总变异量的摘要表。表中特征值大于 1 的共同因素虽有四个,但因为限制因素抽取的数目为 1,因而只抽取一个共同因素,此共同因素的特征值为 8.316,可以解释量表变量的 43.771%。

表 5-18　解释总变异量

成分	初始特征值			平方和负荷量萃取		
	总和	方差的%	累积%	总和	方差的%	累积%
1	8.316	43.771	43.771	8.316	43.771	43.771
2	1.291	6.797	50.568			
3	1.121	5.900	56.468			
4	1.034	5.443	61.911			

萃取法:主成分分析。

　　表 5-19 为成分矩阵(Component Matrix),成分矩阵中的第一列为变量名称、第二列为因素负荷量,因素负荷量相当于回归分析中的回归权数,因素负荷量的值愈大,表示题项与共同因素间的关系愈密切,由于限定萃取一个共同因素,因而题项在共同因素的因素负荷量的平方值即为共同性。在进行项目分析时,若是题项的因素负荷量小于 0.45,题

表 5-19　成分矩阵(a)

	成分			成分
	1			1
b1	.593		b11	.568
b2	.541		b12	.750
b3	.024		b13	.755
b4	.581		b14	.731
b5	.719		b15	.688
b6	.740		b16	.493
b7	.788		b17	.765
b8	.775		b18	.790
b9	.806		b19	.680
b10	.140			

萃取方法:主成分分析。

a 萃取了 1 个成分。

项可考虑将之删除。从成分矩阵中可以发现：第 3 题（b3）、第 10 题（b10）的因素负荷量分别为 0.024，0.140，除这两题外，其余 17 题的因素负荷量均在 0.450 以上，这显示第 3 题（b3）、第 10 题（b10）与共同特质（社会参与）的关系不是很密切。

把因素萃取的因素限定为 1 时，其数学分析的模型与题项及量表总分间的相关非常类似，萃取的共同因素类似于量表的总分，成分矩阵中的因素负荷量类似于相关矩阵中的积差相关系数，而题项的共同性类似于决定系数，不同的是总分计算的方式。若是所有题项所测量的潜在特质相似，则两个统计量最后呈现的结果应大致相同。

【表格范例】

"社会参与量表"项目分析各项统计量整理如表 5-20 所列。

表 5-20　"社会参与量表"项目分析摘要表

题项	极端组比较 决断值	题项与总分相关 题项与总分相关	校正题项与总分相关	同质性检验 题项删除后的 α 值	共同性	因素负荷量	未达标准指标数	备注
b1	10.740 ***	.605 ***	.550	.908	.352	.593	0	保留
b2	8.589 ***	.545 ***	.480	.910	.293	.541	0	保留
b3	#1.390n. s.	#.122n. s.	#.022	#.924	#.001	#.024	6	删除
b4	13.443 ***	.601 ***	.530	.909	.337	.581	0	保留
b5	11.717 ***	.713 ***	.675	.906	.517	.719	0	保留
b6	18.660 ***	.725 ***	.679	.905	.548	.740	0	保留
b7	25.001 ***	.771 ***	.731	.904	.621	.788	0	保留
b8	24.213 ***	.757 ***	.717	.904	.601	.775	0	保留
b9	17.560 ***	.790 ***	.759	.904	.650	.806	0	保留
b10	#2.691 *	#.185 **	#.113	#.918	#.020	#.140	6	删除
b11	8.629 ***	.561 ***	.499	.910	.323	.568	0	保留
b12	12.306 ***	.730 ***	.695	.906	.562	.750	0	保留
b13	18.622 ***	.745 ***	.705	.905	.571	.755	0	保留
b14	17.000 ***	.720 ***	.676	.905	.535	.731	0	保留
b15	14.230 ***	.690 ***	.634	.906	.473	.688	0	保留
b16	8.015 ***	.512 ***	.444	.911	.243	.493	0	保留
b17	16.368 ***	.758 ***	.722	.904	.585	.765	0	保留
b18	30.017 ***	.782 ***	.748	.904	.623	.790	0	保留
b19	23.168 ***	.679 ***	.630	.906	.463	.680	0	保留
判标准则	≥3.000	≥.400	≥.400	≤.912（注）	≥.200	≥.450		

注：0.912 为社会参与量表的内部一致性 α 系数；#未达指标值。

表 5-20 为社会参与量表关于极端组比较、题项与总分相关、同质性检验的统计量结果，从题项决断值、题项与总分相关、校正题项与总分相关、题项删除后的 α 值改变、题项的共同性与因素负荷量等指标来看，第 3 题与第 10 题在以上六个指标的统计量均不理想，因而经项目分析综合评鉴后，从 19 题的社会参与量表中删除第 3 题、第 10 题，保留17 题。

在项目分析的判别指标方面，若是采用决断值或 CR 值，一般的判别准则为 CR 值必须≥3.00，较严格的判别标准为 CR 值≥3.50；在题项与总分的相关方面，两者的相关程度必须有中度关系,即积差相关系数值必须≥0.400,校正题项——总分相关系数值必须≥0.400,若相关系数小于0.400,题项与总分间的相关只呈现低度关系,上述 CR 值或相关系数均必须达到显著(显著性 $p < 0.05$);至于因素负荷量的判别法,题项在萃取共同因素的因素负荷量必须≥0.450,此时题项的共同性为0.2025,萃取因素可以解释题项20% 以上的变异量。项目分析时一般的判标准则如表5-21:

表 5-21

题项	极端组比较	题项与总分相关		同质性检验		
	决断值	题项与总分相关	校正题项与总分相关	题项删除后的 α 值	共同性	因素负荷量
判标准则	≥3.000	≥0.400	≥0.400	≤. 量表信度值	≥0.2	≥0.45

表 5-22

【社会参与量表】	非常同意	大部分同意	一半同意	大部分不同意	非常不同意	
01. 我常会喜欢宗教活动中的一些仪式…………………	□	□	□	□	□	√
02. 我不觉得参加社会服务工作很有意义………………	□	□	□	□	□	√
03. 我常会选择自己喜欢的社团活动来参与……………	□	□	□	□	□	×
04. 我常会参加各种进修学习活动……………………	□	□	□	□	□	√
05. 我常会主动的参加一些休闲娱乐活动………………	□	□	□	□	□	√
06. 我常会参加一些宗教活动…………………………	□	□	□	□	□	√
07. 我觉得参加社会服务工作之后使我的生活更加充实…	□	□	□	□	□	√
08. 我参与社团活动时我会积极的投入…………………	□	□	□	□	□	√
09. 我参加学习活动时,常会受到老师和同侪的肯定 …	□	□	□	□	□	√
10. 我现在常会邀请家人或亲友一起从事运动休闲……	□	□	□	□	□	×
11. 我常会鼓励亲朋好友一起参加宗教活动……………	□	□	□	□	□	√
12. 我很愿意奉献自己的专长和经验来服务别人………	□	□	□	□	□	√
13. 我常会做些适合我的运动来增进健康………………	□	□	□	□	□	√
14. 我参加学习活动时心情都很愉快……………………	□	□	□	□	□	√
15. 我不觉得从事适当的休闲运动后能让生活更充实…	□	□	□	□	□	√
16. 参加宗教活动之后让我的心灵更为充实……………	□	□	□	□	□	√
17. 我常会利用时间参加各种社会服务工作……………	□	□	□	□	□	√
18. 我不觉得我能从社团活动的参与过程中获得满足感…	□	□	□	□	□	√
19. 我会主动和别人分享进修学习的心得………………	□	□	□	□	□	√

√:题项保留　×:题项删除

　　"社会参与量表"正式问卷十七题题项如表5-23(题项重新编号):

表 5-23

【社会参与量表】	非常同意	大部分同意	一半同意	大部分不同意	非常不同意	
01. 我常会喜欢宗教活动中的一些仪式…………………………………	□	□	□	□	□	✓
02. 我不觉得参加社会服务工作很有意义…………………………………	□	□	□	□	□	✓
03. 我常会参加各种进修学习活动…………………………………	□	□	□	□	□	✓
04. 我常会主动的参加一些休闲娱乐活动…………………………	□	□	□	□	□	✓
05. 我常会参加一些宗教活动…………………………………	□	□	□	□	□	✓
06. 我觉得参加社会服务工作之后使我的生活更加充实…………	□	□	□	□	□	✓
07. 我参与社团活动时我会积极的投入…………………………	□	□	□	□	□	✓
08. 我参加学习活动时，常会受到老师和同侪的肯定	□	□	□	□	□	✓
09. 我常会鼓励亲朋好友一起参加宗教活动…………………	□	□	□	□	□	✓
10. 我很愿意奉献自己的专长和经验来服务别人………………	□	□	□	□	□	✓
11. 我常会做些适合我的运动来增进健康…………………………	□	□	□	□	□	✓
12. 我参加学习活动时心情都很愉快…………………………	□	□	□	□	□	✓
13. 我不觉得从事适当的休闲运动后能让生活更充实…………	□	□	□	□	□	✓
14. 参加宗教活动之后让我的心灵更为充实…………………	□	□	□	□	□	✓
15. 我常会利用时间参加各种社会服务工作…………………	□	□	□	□	□	✓
16. 我不觉得我能从社团活动的参与过程中获得满足感…………	□	□	□	□	□	✓
17. 我会主动和别人分享进修学习的心得………………………	□	□	□	□	□	✓

第六章 因素分析

项目分析完后,为检验量表的建构效度(construct validity),应进行因素分析(或称共同因素分析 common factor analysis;CFA)。所谓建构效度指态度量表能测量理论的概念或特质的程度。因素分析目的即在找出量表潜在的结构,减少题项的数目,使之变为一组较少而彼此相关较大的变量,此种因素分析是一种探索性的因素分析方法(exploratory factor analysis)。

第一节 效度的基本概念

因素分析能求出量表的建构效度。在测验中,所谓效度(validity)是指能够测到该测验所欲测(使用者所设计的)心理或行为特质到何种程度。研究的效度包括内在效度(internal validity)与外在效度(external validity)两种,内在效度指研究叙述的正确性与真实性;外在效度则研究推论的正确性。实验研究中想提高研究的内在效度,在研究设计时可把握以下四点:①理论正确解释清楚:概念要具有明确性,解释要信而可征;②操作忠实以减少误差:概念及变量能够依其理论建构或特定内容而给予操作型的定义,进而设计有效度的评量工具或测验;③样本合宜且预防流失:样本取样要注意不同组别人数的相等性,重视研究情境的适当性与问卷调查的回收率;④正本清源,排除无关变因:认清并排除足以混淆或威胁结论的无关干扰变量,尽可能予以减少。而在提高外在效度方面则可以朝下列几个方向努力:①解释分析应具普遍性、客观性、中立性、合理性与真实性;②以操作型定义代表概念性意义,取样应有足够的代表性,研究的情境要适切,最好能与未来实际要应用或推论的情境类似;③观察具普遍性,资料搜集来源要多元性并且要客观;④尽可能排除无关的干扰变量,并慎防实验者效应发生(林生传,2002)。

基本上,效度具有以下的性质(Gronlund & Linn,1990;王保进,2002):

(1)效度是指测验结果的正确性或可靠性,而非指测验工具本身。

(2)效度并非全有或全无,只是程度上有高低不同的差别。

(3)效度有其目标功能性,是针对某一特殊功能或某种特殊用途而言,不具有普遍性,一份具高效度的测验工具施测于不同的受试者,可能会导致测验结果的不正确。

(4)效度无法实际测量,只能从现有信息作逻辑推论或从实征资料作统计检验分析。

测验或量表所能正确测量的特质程度,一般就是效度。效度具有目标导向,每种测验或量表均具有特殊目的与功能,因而我们说一份测验或量表的效度高指的是其特殊的用途,而非一般的推论,因而此份测验或量表不能适用于所有不同的群体或所有的社会科学领域。一份高效度的量表有其适用的特定群体及特殊的目的存在。根据《教育与心理测验的标准》(Standards for Educational and Psychology Testing)一书的说法(1985,p.9):"在测验评鉴中效度是最重要的考虑因素,效度概念指的是特定测验结果的推论的适当的、有意义的及有用的情况,测验是否有效,在于累积证据支持上述推论的过程"。而对效度的分类包括以下三种:

(1) 内容效度:内容效度(content validity)指测验或量表内容或题目的适切性与代表性,即测验内容能否反应所要测量的心理特质,能否达到测量的目的或行为构念。内容效度的检验通常会通过双向细目表,以检视测验内容的效度,内容效度常以题目分布的合理性来判断,属于一种命题的逻辑分析,因而内容效度也称为逻辑效度(logical validity)。

(2) 效标关联效度:效标关联效度(criterion-related validity)指测验与外在效标间关系的程度,如果测验与外在效标间的相关愈高,表示此测验的效标关联效度愈高。作为外在效标的工具,本身必须具备良好的信度与效度,如标准化的学业成绩、智力测验,通常建立的人格量表、态度量表,实际的工作表现等。效标关联效度依其使用时间间隔的长短又分为预测效度(predictive validity)与同时效度(concurrent validity),前者指测验分数与将来的效标之间关系的程度;后者指测验分数与目前效标数据之间关系的程度。效标关联效度通常是求实际测验分数与效标间的关系,属于实征统计分析,因而效标关联效度又称为实征性效度(empirical validity)。

(3) 建构效度:建构效度(construct validity)指能够测量出理论的特质或概念的程度,亦即实际的测验分数能解释多少某一心理特质。建构是用来解释个体行为的假设性的理论架构心理特质,因而建构效度就是"能够测量到理论建构心理特质的程度"(王保进,2002)。如我们根据理论的假设架构,编制一份量表或测验,经实际测试结果,受试者所得实际分数经统计检验能有效解释受试者的心理特质,则此测验或量表即具有良好的建构效度。

建构效度由于有理论的逻辑分析为基础,同时又根据实际所得的资料来检验理论的正确性,因此是一种相当严谨的效度检验方法(王保进,2002),建构效度检验步骤通常包括:①根据文献探讨、前人研究结果、实际经验等建立假设性理论建构;②根据建构的假设性理论编制适切的测验工具;③选取适当的受试者进行施测;④以统计检验的实证方法去检验此份测验工具是否能有效解释所欲建构的心理特质。统计学上,检验建构效度的最常用的方法即是因素分析,使用者如果以因素分析去检验测验工具的效度,并有效的抽取共同因素,此共同因素与理论架构的心理特质甚为接近,则可说此测验工具或量表具有建构效度。因而使用者常会将项目分析完后的题项作因素分析,以求得量表的建构效度。

除了以上三种效度外,在社会科学领域中,近年来也倡导专家效度,而"德怀术"的分析方法,就是专家效度的应用具体实例。在使用者根据理论假设编制测验或量表后,如果无法编制双向细目表进行内容效度检验,可以将编制好的量表请相关的学者专家加以检视,学者专家包括实务工作者、有此相关研究经验者、有学术背景的学者等。学者专家会根据各构念所包括的题项逐一检视,看题项内容是否能真正测出构念所代表的心理特质或所包括的内涵,看词句是否适切并提供修正意见。使用者再根据专家学者的意见,统计分析适合的题项与不适合的题项,并修正若干不适切的词句,然后再编制成预试问卷,以检验测验或量表的信度,经此一步骤,则量表可增列具有"专家效度"一项。

第二节　因素分析的基本原理、方式及筛选原则

一、因素分析的基本原理

在社会科学研究中,研究变量的减缩(reduction)与量表的编制常用主成分分析(principal component analysis;简称为 PCA)与共同因素分析(common factor analysis)两种方法抽取成分或因素。主成分分析是假设所分析的变量不含误差,样本的相关系数矩阵即代表总体的相关系数矩阵。N 个变量经主成分分析会产生 N 个成分,一般而言,使用者会从 N 个成分中选取前面数个变异量较大的重要成分,而忽略变异量较小而不重要的成分(Gorsuch,1988)。在主成分分析中,可将 m 个变量加以转换,使所得线性组合 P 个成分的方差变为最大($P < m$),且成分间彼此无关。这种特性也让使用者将其用在多元回归分析中,解决预测变量间的多元共线性问题。在多变量方差分析中,太多的依变量间具高相关情况下,利用 PCA 的这种特性使变量变为无关的数个成分,以利后续的统计分析(傅粹馨,2002)。

量表项目分析完后,接着所要进行的是量表的因素分析,因素分析的目的在于求得量表的建构效度(或称构念效度)(construct validity)。采用因素分析可以抽取变量间的共同因素(common factor),以较少的构念代表原来较复杂的数据结构。所谓效度(validity)是指测验分数的正确性,易言之是指能够测量到它所想要测量的心理特质的程度,美国心理学会将效度分为内容效度、效标关联效度与构念效度。内容效度(content validity)是指测验内容的代表性或取样的适切性;效标关联效度(criterion-related validity)是以经验性的方法,研究测验分数与外在效标间的关系,故又称为经验效度(empirical validity)或统计效度(statistical validity);构念效度是指测验或量表能测量到理论上的构念或特质的程度(Anastiasi,1988)。学者 Judd 等人(1991)指出:"妥切赋予变量操作型定义的程度就是建构效度"。可见,建构效度就是测验分数能够依据某种心理学的理论构念加以解释的程度,凡是根据心理学的构念(construct),对测验分数的意义所做的分析和解释即为建构效度。构念是心理学上的一种理论构想或特质,它是观察不到的,但心理学假设它是存在的,以便能解释一些个人的行为。行为及社会科学研究领域中,在建构效度的检验上最常被使用的方法为因素分析(factor analysis),因为因素分析主要的目的是用以认定心理学上的特质,根据出现的共同因素而确定观念的结构成分,根据量表或测验所抽取的共同因素,可以知悉测验或量表有效测量的特质或态度是什么(郭生玉,1988)。

在多变量关系中,变量间线性组合对表现或解释每个层面方差非常有用。主成分分析的主要目的即在此。变量的第一个线性组合可以解释最大的变异量,排除前述层面外,第二个线性组合可以解释次大的变异量,最后一个成分所能解释的总变异量部分会

较小。主成分数据分析中,以较少成分解释原始变量变异量较大部分。成分变异量通常以特征值(eigenvalues)表示,有时也称特性本质(characteristic roots)或潜在本质(latent roots),因素分析在共享因素的抽取时,最常用的方法即为主成分分析。成分分析模式(component analysis model)包含了常用的主成分分析(principal component analysis;PCA)和映象成分分析(image component analysis)两种,因而有主成分分数和映象成分分数。主成分分析是由 Pearson 所创,而由 Hotelling 加以发展的一种统计方法(林清山,2003)。

主成分分析与共同因素分析的内涵并不相同,某些行为统计学家视因素分析为相关(或共同变量)取向(correlation or covariance oriented),视主成分分析为方差取向(variance oriented)。因素分析的目的在于再制变量的相关系数矩阵,而主成分分析的目的在于再制变量的总变异量。换言之,主成分分析的重点在解释数据的变异量;而因素分析的重点在解释变量间的相关。在主成分分析中,全部的成分都要用到,才能再制原来的相关矩阵,成分是观察变量的线性组合(linear combination);在因素分析时,只需少数几个因素即可再制原来的相关矩阵,观察变量为各因素的线性组合加上"误差"(傅粹馨,2002a)。主成分分析是种方差导向的统计方向,着重在解释数据的差异,而因素分析是共同变量导向的统计方法,着重在解释指标的关系(Sharma,1996)。

因素分析是一种潜在结构分析法,其模型理论中,假定每个指标(外在变量或称题项、观察值、问卷问题)均由两个部分所构成,一为共同因素(common factor),一为唯一因素或独特因素(unique factor)。共同因素的数目会比指标数(原始变量数)还少,而每个指标或原始变量皆有一个唯一因素,亦即一份量表共有 n 个题项数,则也会有 n 个唯一因素,而共同因素的数目通常少于变量的数目。唯一因素性质有两个假定(Kleinbaum et al.,1988):

(1)所有的唯一因素间彼此没有相关。

(2)所有的唯一因素与所有的共同因素间也没有相关。

至于所有共同因素彼此间的关系,可能有相关,也可能皆没有相关。在直交转轴状态下,所有的共同因素间彼此没有相关;在斜交转轴情况下,所有的共同因素间彼此就有相关。因素分析最常用的理论模型如下:

$$Z_j = a_{j1}F_1 + a_{j2}F_2 + a_{j3}F_3 + \cdots + a_{jm}F_m + U_j$$

其中的符号意义分别表示如下:

①Z_j 为第 j 个变量的标准化分数。

②F_i 为共同因素。

③m 为所有变量共同因素的数目。

④U_j 为变量 Z_j 的唯一因素。

⑤a_{ji} 为因素负荷量或组型负荷量(pattern loading),表示第 i 个共同因素对 j 个变量的变异量贡献,组型负荷量是一种因素加权值(factor loading)。

因素分析的理想情况,在于个别因素负荷量 a_{ji} 不是很大就是很小,这样每个变量才能与较少的共同因素产生密切关联,如果想要以最少的共同因素数来解释变量间的关系程度,则 U_j 彼此间或与共同因素间就不能有关联存在。

所谓的因素负荷量为因素结构中原始变量与因素分析时抽取出的共同因素之间的相关系数,而因素与变量之间的相关系数,也称为结构负荷量(structure loading)。当各因素之间的相关为 0,变量与共同因素之间的相关等于该变量在因素上的组型负荷量,组型负荷量与结构负荷量都称为"因素负荷量"(Harman,1976),若因素间相关为 0,组型负荷量与结构负荷量相同,但因素间相关不为 0,则组型负荷量与结构负荷量不相同。在因素分析中,有两个重要指标:一为共同性(communality),二为特征值(eigenvalue)。为便于说明,以三个变量抽取两个共同因素为例,三个变量的线性组合分别为:

$$Z_1 = a_{11}F_1 + a_{12}F_2 + U_1$$
$$Z_2 = a_{21}F_1 + a_{22}F_2 + U_2$$
$$Z_3 = a_{31}F_1 + a_{32}F_2 + U_3$$

转换成因素矩阵如表 6-1:

表 6-1

变量	F_1(共同因素一)	F_2(共同因素二)	共同性 h^2	唯一因素 d^2
X_1	a_{11}	a_{12}	$a_{11}^2 + a_{12}^2$	$1 - h_1^2$
X_2	a_{21}	a_{22}	$a_{21}^2 + a_{22}^2$	$1 - h_2^2$
X_3	a_{31}	a_{32}	$a_{31}^2 + a_{32}^2$	$1 - h_3^2$
特征值	$a_{11}^2 + a_{21}^2 + a_{31}^2$	$a_{12}^2 + a_{22}^2 + a_{32}^2$		
解释量	$(a_{11}^2 + a_{21}^2 + a_{31}^2) \div 3$	$(a_{12}^2 + a_{22}^2 + a_{32}^2) \div 3$		
解释量为特征值除以题项总数				

所谓的共同性,就是每个变量在每个共同因素的负荷量的平方总和(一横行中所有因素负荷量的平方和),也就是个别变量可以被共同因素解释的变异量百分比,这个值是个别变量与共同因素间多元相关的平方,共同性 h^2 所代表的是所有共同因素对 j 个变量的变异量所能解释的部分。假定各因素之间没有相关,共同性即为各组型负荷量(因素负荷量)的平方和。从共同性的大小可以判断这个原始变量与共同因素间的关系程度。而各变量的唯一因素大小就是 1 减掉该变量共同性的值。(在主成分分析中,有多少个原始变量便有多少个"component"成分,所以共同性会等于 1,没有唯一因素)。

至于特征值是每个变量在某一共同因素的因素负荷量的平方总和(一直行所有因素负荷量的平方和)。在因素分析的共同因素抽取中,特征值最大的共同因素会最先被抽取,其次是次大者,最后抽取的共同因素的特征值最小,通常会接近 0(在主成分分析中,有几个题项,便有几个成分,因而特征值的总和刚好等于变量的总数)。将每个共同因素的特征值除以总题数为此共同因素可以解释的变异量。因素分析的目的,即在因素结构的简单化,希望以最少的共同因素对总变异量作最大的解释,因而抽取的因素愈少愈好,但抽取因素的累积解释的变异量则愈大愈好。

社会科学中,因素分析通常应用在三个层面:

(1)显示变量间因素分析的组型(pattern)。

(2)侦测变量间的群组(clusters),每个群组所包括的变量彼此间相关很高,同质性较大,亦即将关系密切的个别变量合并为一个子群。

(3)减少大量变量数目,使之成为一组含括变量较少的统计自变量(称为因素),每个因素与原始变量间有某种线性关系存在,而以较少数个因素层面来代表多数、个别、独立的变量。

因素分析具有简化数据变量的功能,以较少的层面来表示原来的数据结构,它根据变量间彼此的相关,找出变量间潜在的关系结构,变量间简单的结构关系称为成分(components)或因素(factors)。

二、因素分析的主要方式

因素分析的主要方式,可简述成以下几个步骤:

(一)计算变量间相关矩阵或共变量矩阵

如果一个变量与其他变量间相关很低,在下一个分析步骤中可考虑剔除此变量,但实际排除与否,还要考虑到变量的共同性(communality)与因素负荷量(factor loadings)。如以原始数据作为因素分析数据时,计算机通常会以自动先转化为相关矩阵的方式进行因素分析。

(二)估计因素负荷量

决定因素抽取的方法,有主成分分析法(principal components analysis)、主轴法、一般化最小平方法、未加权最小平方法、极大似然法、Alpha因素抽取法与映象因素抽取法等。使用者最常使用的为主成分分析法与主轴法,其中,又以主成分分析法的使用最为普遍,在SPSS使用手册中,也建议使用者多采用主成分分析法来估计因素负荷量。

1. 主成分分析法

主成分分析法是以线性方程式将所有变量加以合并,计算所有变量共同解释的变异量,该线性组合称为主要成分。第一次线性组合所解释的变异量最大,分离此变异量后剩余的变异量经第二个方程式的线性组合,可以抽离出第二个主成分,其所包含的变异量即属于第二个主成分的变异量,依此类推,每一成分的解释变异量依次递减。主成分分析适用于单纯简化变量成分,以及作为因素分析的先前预备历程。以主成分分析法来进行因素分析时,变量共同性起始估计值设为1,假设要萃取全部的共同因素,最后的共同性估计值则依据所萃取后的共同因素数目而定。

2. 主轴因素法

主轴因素法是分析变量间的共同变异量而非全体变异量,其计算方式是将相关矩阵中的对角线由原来的1.00改用共同性来取代,其目的在于抽出一系列互相独立的因素。第一个因素解释最多的原来变量间的共同变异量;第二个因素解释剩余共同变异量间的最大变异。此法符合因素分析模型的假设,亦即分析变量间的共同变异,而非分析变量的总变异,且因素的内容较易了解(邱皓政,2000)。主轴因素法(principal axis factoring;简称PAF)是一种利用反复计算以估计共同性及其解值的方法,此一方法前半段的估计与主成分法类似,也是先设定变量的共同性的起始值均为1,然后再以指标间的相关系数矩阵并应用主成分估计法获取结果,之后,经综合判断所需萃取的共同因素个数,再根据相关数据估计各变量的共同性。主轴法与主成分分析法不同的是,主轴法估计没有就此结束,而是要再利用估计所得的结果进行下一回合估计,并不断反复估计,直到共同性收敛到一个数值为止(林师模、陈苑钦,2006)。

3. 极大似然法

极大似然抽取法(maximum likelihood factoring)是以极大似然法从抽取观察样本的相关矩阵中估算总体的因素负荷量模型,因素显著性的检验能反映总体的因素模型,由于极大似然法的因素数目须先行估计决定,因而此法特别适用于验证性因素分析(confirmatory factor analysis)(Tabachnick & Fidell, 2007)。极大似然法假定数据是多元正态分布,理论和仿真研究发现当数据违反多元正态分布的假定会使卡方统计值和参数估计值的标准误产生偏差,但参数估计值本身则不受影响(Sharma, 1996)。极大似然法不需先估计共同性,而是先假定共同因素的数目,然后依此假设导出因素和共同性,极大似然法由于先估计因素数目,因而较适宜于验证性因素分析,不过也可用在探索性研究。此法进行时其共同性最初以 1 代入,经反复抽取因素负荷量后,共同性与因素负荷量同时解出,由于此法是以正态分布的概率函数为基础推衍而得,统计基础较其他因素分析法稳固,但计算过程较为复杂,且不一定能达到收敛,因而此法较适用于样本观察值较多时(黄俊英,2004)。

因素负荷量类似于回归分析中回归系数的权数,反映了题项变量对各共同因素的关联强度,若以结构方程模型中潜在变量与观察变量的观点来看,因素负荷量即是各共同因素对各题项变量的变异量解释程度。若是把题项因素负荷量相乘取其平方值,则此数值表示的是各共同因素可以解释各题项变量的变异量,因而根据各共同因素可解释题项变异的大小,并决定题项是否纳入共同因素之中。

至于因素负荷量值要多大才能将题项变量纳入共同因素之中,对此,学者 Hari 等人(1998)认为要同时考虑到因素分析时样本的大小,若是样本数较少,则因素负荷量的选取标准要较高;相对的,若是样本数较多,则因素负荷量的选取标准可以较低。样本大小与因素负荷量选取的标准如表 6-2(陈顺宇,2005):

表 6-2

样本大小	因素负荷量选取标准值
50	0.750
60	0.700
70	0.650
85	0.600
100	0.550
120	0.500
150	0.450
200	0.400
250	0.350
350	0.300

此外,学者 Tabachnick 与 Fidell(2007, p.649)从个别共同因素可以解释题项变量的差异程度,提出因素负荷量选取的指标准则。从结构方程模型的测量模型检验观点来看,指标变量要能有效反映潜在因素,其信度指标值至少要达 0.5 以上,因素负荷量愈大,变量能测量到的共同因素特质愈多,亦即标准化系数值(因素负荷量)若大于 0.71,则

共同因素可以解释指标变量50%的变异量(因素负荷量的平方),此时因素负荷量的状况甚为理想;若是因素负荷量大于0.63,则共同因素可以解释指标变量40%的变异量,此时因素负荷量的状况为理想;若是因素负荷量小于0.32,则共同因素可以解释指标变量的变异量不到10%,此时因素负荷量的状况甚为不理想,在此种状况下,测量题项变量无法有效反映其共同因素,因而题项可以考虑删除。因素负荷量、解释变异百分比及选取准则判断标准如表6-3:

表6-3

因素负荷量	因素负荷量^2(解释变异量)	题项变量状况
.71	50%	甚为理想(excellent)
.63	40%	非常好(very good)
.55	30%	好(good)
.45	20%	普通(fair)
.32	10%	不好(poor)
<.32	<10%	舍弃

依上述对照表,在因素分析程序中,因素负荷量的挑选准则最好在0.4以上,此时共同因素可以解释题项变量的百分比为16%。

(三)决定转轴方法(rotation)

转轴法使得因素负荷量易于解释。转轴以后,变量在每个因素的负荷量不是变大就是变得更小,而非如转轴前每个因素的负荷量大小均差不多。通常最初因素抽取后,对因素无法作有效的解释,转轴的目的在于改变题项在各因素的负荷量的大小,转轴时根据题项与因素结构关系的密切程度,调整各因素负荷量的大小,转轴后,大部分的题项在每个共同因素中有一个差异较大的因素负荷量。转轴后,每个共同因素的特征值会改变,与转轴前不一样,但每个变量的共同性不会改变。表6-4中有50个样本、四个变量,未转轴前四个变量在共同因素一的因素负荷量均大于在共同因素二的因素负荷量,因而无法查看变量与其所归属的成分,经转轴后的成分矩阵,可以很明确的看出,变量X1、X2在成分1的因素负荷量明显高于在成分2的因素负荷量,而变量X3、X4在成分2的因素负荷量反而明显高于在成分1的因素负荷量。因而变量X1、X2可归属于共同因素一,变量X3、X4可归属于共同因素二。

表6-4　采用主成分分析法配合直交转轴时未转轴前与转轴后的成分矩阵对照表

	未转轴前成分矩阵			转轴后的成分矩阵		
	成分1	成分2	共同性	成分1	成分1	共同性
X2	.842	-.477	0.936	.941	.225	0.936
X1	.841	-.484	0.942	.945	.219	0.942
X3	.811	.469	0.878	.273	.896	0.878
X4	.757	.566	0.893	.167	.930	0.893
特征值	2.647	1.002		1.881	1.766	

常用的转轴方法,有最大变异法(Varimax)、四次方最大值法(Quartimax)、相等最大值法(Equamax)、直接斜交转轴法(Direct Oblimin)、Promax转轴法(最优转轴法),其中前

三者属直交转轴法(orthogonal rotations)。在直交转轴法中,因素(成分)与因素(成分)间没有相关,亦即其相关为 0,因素轴间的夹角等于 90 度。后二者(直接斜交转轴、Promax 转轴法)属斜交转轴(oblique rotations),采用斜交转轴法,表示因素与因素间彼此有某种程度的相关,亦即因素轴间的夹角不是 90 度。

在直交转轴法中最常用的是最大变异法和四次方最大值法。最大变异转轴法主要目的是要简化因素矩阵的直列,即要使因素矩阵同一直列(共同因素)的结构简单化,为达此目的,它先将因素矩阵中的各负荷量平方,再使同一因素上各平方值的方差最大,其分析程序中会将原始因素负荷矩阵乘上一个正交矩阵 T 后,使每一变量仅在单一因素具有很高的负荷量,而在其余因素的负荷量则趋近于 0。此外,最大变异法也希望每一直栏的因素负荷量平方的变异量能够最大,让因素负荷量平方值介于 0 至 1 之间,为了使平方值的方差能够最大,必须设法使该栏部分的数值趋近 0,部分的数值趋近 1,以达因素结构简单化的目标。四次方最大值法的转轴准则与最大变异法刚好相反,此法转轴准则是要简化因素矩阵的横行,使因素矩阵同一横行(题项变量)上高负荷量和低负荷量因素数目尽量多,而中等负荷量的数目尽量减少,以符合简单结构的原则,为达到此目的,此法必须先将因素矩阵中的各负荷量予以平方,并使同一题项变量上平方值的方差为最大(林师模、陈苑钦,2006;黄俊英,2004)。

以四个题项变量而言,转轴前的因素负荷图与转轴后的因素负荷图如图 6-1,图 6-2

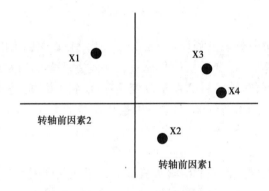

图 6-1   转轴前因素负荷图

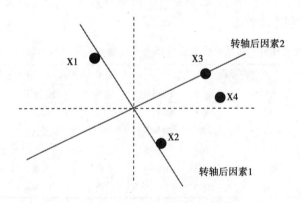

图 6-2   转轴后因素负荷图

（Tabachnkck & Fidell，2007，p.641）：从两个图示中可以发现，转轴前的因素负荷图中四个题项变量与其归属的目标因素（target factor）不容易区别出来；转轴后的因素负荷图中四个题项变量与其归属的目标因素很容易区别，变量 X1、变量 X2 与共同因素一关系较为密切，而变量 X3、变量 X4 与共同因素二关系较为密切。

　　直交转轴的优点是因素间提供的信息不会重叠，观察体在某一个因素的分数与在其他因素的分数彼此独立不相关；而其缺点是使用者强制使因素间不相关，但在实际生活中，它们彼此有相关的可能性很高。因而直交转轴方法偏向较多人为操控方式，不需要正确响应现实世界中自然发生的事件（Bryman & Cramer，1997）。因素分析的步骤大致分为主成分分析→选取特征值大于 1 的因素→转轴。转轴的主要目的是协助因素更具心理解释意义，亦即达成简单结构（simple structure）的原则，最常使用的方法为正交转轴，部分原因是因为它是多数统计软件中的内设选项，另一部分原因为正交转轴的结果简单，易于解释，认为因素间是没有相关的。斜交转轴的结果会产生三种矩阵：因素结构矩阵（factor structure matrix）、因素样式矩阵（factor pattern matrix）和因素相关矩阵（factor correlation matrix），在结果解释上不若正交转轴简易。然而有些使用者主张应多使用斜交转轴法，因为斜交转轴理念较能反映真实的心理现象，提供的讯息较有价值。

　　学者 Nunnally 与 Bernstein（1994）认为当因素间的相关系数在 0.3 以上时，最好采用斜交转轴法，若是因素间的相关系数小于 0.3，则使用直交转轴法较为适宜，因为当因素间的相关很低或没有相关时，因素组型（factor pattern）与因素结构（factor structure）的简单结果会大致相同，此时如采用直交转轴法可简化因素分析的解释；此外学者 Kieffer（1998）则建议使用者在进行因素分析时，同时使用斜交转轴法与直交转轴法，并进行两者之间的比较，若是因素数目及因素所包含的变量内容差不多，则直接采用直交转轴法的结果，但若是两种转轴法的差异结果较大，则最好采用斜交转轴法结果去解释（Finch，2006）。

表 6-5　斜交转轴与直交转轴法的因素负荷量的比较摘要表

变量	主轴法抽取—进行斜交转轴				直交转轴最大变异法	
	样式矩阵		结构矩阵		转轴后成分矩阵	
	因子 1	因子 2	因子 1	因子 2	成分 1	成分 2
X1	.965	−.014	.958	.461	.945	.219
X2	.910	.018	.918	.466	.941	.225
X4	−.044	.891	.478	.883	.273	.896
X3	.057	.855	.395	.869	.167	.930
特征值			2.145	1.965	1.881	1.766

　　在实际应用中，使用者在进行因素分析时，最好同时进行正交转轴及斜交转轴，从因素负荷量及因素包含题项的合理性加以综合判断，以求出最符合简单结构的目的。若是采用斜交转轴法，应同时呈现因素样式矩阵与因素结构矩阵。由于采用斜交转轴法后会输出结构样式矩阵（或称组型矩阵）与结构矩阵，有学者认为要以样式矩阵（或称组型矩阵）来解释因素分析中变量与因素间的关系（Sharma，1996），但也有学者认为以结构矩

阵来解释因素分析中变量与因素间的关系较为适切(Stevens，2002)。样式矩阵中的数值性质类似多元回归分析中的标准化回归系数，可反应题项变量在因素间相对的重要性，而因素结构矩阵中的数值性质表示的是变量与因素间的简单相关，其数值也就是因素负荷量，较适合因素的命名的决定(Stevens，2002)。其实两个矩阵中的数值大小相差不大，因素与所包含的题项变量多数会一样，使用者最佳的表现方式是同时呈现两个样式矩阵与结构矩阵。

在因素解释变异量方面，采用直交转轴法与斜交转轴法也有所不同，由于斜交转轴法假定因素成分间有某种程度的相关，无法估计个别因素的解释量，因而不用个别因素解释全体变量的变异，只需要呈现所萃取的共同因素共同的解释变异量即可。

(四)决定因素与命名

转轴后，要决定因素数目，选取较少因素层面，获得较大的解释量。在因素命名与结果解释上，必要时可将因素计算后的分数储存，作为其他程序分析的输入变量。以萃取两个共同因素而言，在 SPSS 因素分析程序中，第一次储存的因素分数的变量名称为"FAC1_1""FCA2_1"，第二次储存的因素分数的变量名称为"FAC2_1""FCA2_2"，第三次储存的因素分数的变量名称为"FAC3_1""FCA3_2"，依次类推。

在多变量关系中，变量间线性组合对表现或解释每个层面方差非常有用。主成分分析的主要目的即在此。变量的第一个线性组合可以解释最大的变异量，排除前述层面外，第二个线性组合可以解释次大的变异量，最后一个成分所能解释总变异量的较小部分。主成分数据分析中，以较少成分解释原始变量的变异量较大部分。成分变异量通常以特征值(eigenvalues)表示，有时也称特性本质(characteristic roots)或潜在本质(latent roots)。

三、因素分析的筛选原则

在因素分析时，一项重要工作是要保留多少个共同因素，在探索性因素分析中，常用的筛选原则有以下几种：

(一)Kaiser 的特征值大于 1 的方法

根据 Kaiser(1960)的观点，保留特征值(eigenvalue)大于 1 的因素，但题项如果太多，可能会抽出较多的共同因素。避免抽出过多的共同因素，使用者也可限定因素抽取的数目，但此方面通常多用于验证性因素分析。特征值大于 1 的方法原是为分析总体相关矩阵(population correlation matrix)主对角线为 1 而设计，且保留特征值大于或等于 1 的成分。然而，此特征值大于 1 的方法却被用于分析样本相关矩阵以决定保留共同因素数目，因此，在共同因素模型和样本数据(sample data)情境下，通常造成高估(overestimate)或偶而低估(underestimate)因素数目的情形(Cliff，1988)。

相关研究证实，如果变量(题项)数目介于 10 至 40 之间，采用特征值大于 1 的方法萃取的因素是可靠的，当变量数目超过 40 或共同性低于 0.4 时，采用特征值大于 1 的方法会造成高估因素数目的情形，当变量数介于 10 至 15 或适中的数目(介于 20 至 30)，且共同性大于 0.7 以上时，采用特征值大于 1 的方法来萃取因素最正确(Stevens，2002)。一般而言，当变量数目(题项数)介于 20 至 50 之间，以特征值 1 作为因素萃取的准则最为可靠,当如果变量数目超过 50 时,以特征值 1 作为因素萃取的准则可能会萃取过多的共同因素。

(二)陡坡图检验法(scree plot test)

根据陡坡图(scree plot)因素变异量递减情形来决定,陡坡图的绘制,乃以因素变异量(特征值)为纵轴,因素数目为横轴。在陡坡图中,如果因素变异量图形呈现由斜坡转为平坦,平坦状态以后的共同因素可以去掉。假定有四个因素的变异量在陡坡图上由高至低的速度下降很快,几乎成铅垂直线状态,第五个因素以后的下降趋缓,几成为平坦状态,则使用者可考虑抽取四个共同因素为宜。陡坡图的形成乃是将未转轴前的特征值画在 Y 轴,而因素数目依序画在 X 轴,再以使用者主观的判断决定该图的决断点,此点以上的因素表示共同因素,以下的因素则是唯一(unique)因素,不予采用。陡坡图检验法可以配合上述潜在根法(latent root)萃取的因素数目进行综合判断,以决定因素数目。相关研究证实,如同潜在根法一样,当样本观察值数大于 250,变量的共同性大于等于 0.6 以上,且因素数目与变量数目的比值小于 0.3 时,使用陡坡图检验法与 Kaiser 准则法才能产生精确的因素数目,如果变量的平均共同性只有 0.3,且因素数目与变量数目的比值大于 0.3,则不论采用陡坡图检验法与 Kaiser 准则法,所产生的结果皆不是十分精确(Stevens,2002)。

(三)方差百分比决定法

此方法乃是当所萃取的共同因素所能解释全体变量的累积变异量达到某一预设标准值后就停止继续抽取共同因素,之后的因素就不予保留。根据 Hair 等人(1998)的观点,在自然科学相关领域的研究中,由于较重视精确度,因而所萃取的共同因素的累积解释变异量至少要达 95% 以上,若是之后抽取的共同因素的解释变异小于 5%,可舍弃不用;至于在社会科学领域中,由于其精确度不如自然科学那样高,因而所萃取的共同因素累积解释变异量能达 60% 以上的就表示共同因素是可靠的,若是共同因素累积解释变异量在 50% 以上,因素分析结果也可以接受。

(四)事先决定准则法

若是使用者在问卷或量表编制或修订时,已参考相关理论或文献,而相关理论文献已有很明确的因素构念,则在因素数目的决定时可参考之前的因素构念数,此种事先决定准则法也可以适合验证或复制之前量表的因素结构,因而也可采用验证性因素分析。

学者 Harman(1960)强调,在共同因素数目的选取上,统计上的检验必须与实际上的意义同时加以考虑。有时,在统计上发现有意义的共同因素,在实际应用上却无意义性可言。例如,某一使用者用统计检验的结果发现第三个共同因素的 λ 值达显著水平,但使用者却无法赋第三个共同因素某种意义(因素无法命名或命名的因素名称无法包括第三个共同因素题项的内容),或不能合理予以解释,所以抽取此共同因素反而是一件困扰的事。但有时情形正好与此相反,亦即未达到显著水平(λ 值小于 1)的某一共同因素反而具有实用上的意义。因而使用者在因素分析时,应根据研究的实际所需与统计分析的适切性,选取共同因素,才不致失去因素分析的真正意义(林清山,2003)。

（五）其他应考虑的方面

此外,在因素分析中,使用者尚应考虑到以下几个方面（Bryman & Cramer,1997）：

1. 可从相关矩阵中筛选题项

题项间如果没有显著的相关,或相关太小,则题项间抽取的因素与使用者初始建构的层面可能差距很大。相对的题项间如果有极显著的正/负相关,则因素分析较易建构成有意义的内容。因素分析前,使用者可从题项间相关矩阵分布情形中简扼看出哪些题项间较有密切关系。

以表6-6 样本等于50 的四个变量而言,四个变量两两的相关系数均达显著,其中变量 X1 与变量 X2 呈现高度相关（r = 0.879）,而与其他两个变量呈现中低度相关；变量 X3 与变量 X4 呈现高度相关（r = 0.765）,而与其他两个变量呈现中度相关,符合因素分析变量间相关属性条件界定,在因素分析中,如要萃取适合的因素数目,则某个变量（题项）与数个变量间要呈现中高度相关,而与其他变量间要呈现中低度相关,甚至没有相关,若是所有变量（题项）间皆有很高的相关,也无法萃取适合的共同因素数。因而从变量间的相关矩阵可以大约看出哪些变量较不适合进行因素分析。

表6-6　相关矩阵（a）

	X1	X2	X3	X4
X1	1.000			
X2	.879*	1.000		
X3	.462*	.436*	1.000	
X4	.356*	.388*	.765*	1.000

此外,在 SPSS 输出的表6-7 反映像相关矩阵中,对角线提供了一个变量（题项）取样适切性量数（measures of sampling adequacy；简称 MSA）,当某一变量与其他变量间的相关系数多数未达显著水平时,表示此变量可能不适合进行因素分析,此时,其相对应的 MSA 值会较小。当变量的 MSA 值愈接近 1,表示此题项愈适合投入因素分析的程序中。相反的,如果变量的 MSA 值愈接近 0,表示此题项愈不适合投入因素分析的程序中,一般判别的指标值为 0.60 以上,当 MSA 值大于 0.80 时,表示题项变量与其他变量间有共同因素存在,当 MSA 值小于 0.50 时,则题项变量是不适合进行因素分析的,此时,此题项变量可考虑从因素分析程序中删除。MSA 值只是诊断个别题项变量是否适合投入因素分析程序中,它和因素分析时抽取共同因素的个数没有关系。

表6-7　反映像矩阵

	X1	X2	X3	X4
X1	.582(a)	-.853	-.227	.142
X2	-.853	.594(a)	.074	-.169
X3	-.227	.074	.629(a)	-.725
X4	.142	-.169	-.725	.600(a)

a 取样适切性量数（MSA）

2. 样本大小

因素分析的可靠性除与预试样本的抽样有关外,与样本数的多少更有密切关系。进行因素分析时,预试样本应该多少才能使结果最为可靠,学者间没有一致的结论,然而多数学者均赞同因素分析要有可靠的结果需要受试样本数比量表题项数还多,如果一个分量表有 40 个预试题项,则因素分析时,样本数不得少于 40 人。如要进行因素分析,则预试样本数最好为量表题项数的 5 倍;如果预试样本数与量表题项数的比例为 1∶10,则结果会更有稳定性。若是题项间的相关愈小,或是题项数愈多,则所需的预试样本数要愈多,一般因素分析进行时,要建构精确的效度其样本数最好在 150 个以上。其中量表的题项数非问卷的总题数,而是问卷中包含题项数最多的一份量表。

此外,在进行因素分析时,学者 Gorsuch(1983)的观点可作为参考:

①题项与受试者的比例最好为 1∶5。

②受试总样本总数不得少于 100 人。如果研究主要目的在于找出变量群中涵括何种因素,样本数要尽量大,才能确保因素分析结果的可靠性。

学者 Stevens(2002)对于因素分析程序的样本大小与因素可靠性间的关系提出以下看法:样本大小视分析变量数目而定,一般的标准是每个变量(题项)所需的样本数要介于 2 位至 20 位之间,但使用者要获得可靠的因素结构,每个变量最少的样本观察值要有 5 位,因而一份有四十题的量表(不是问卷,一份问卷可能包含数种量表),要进行因素分析时,其样本数最小的需求要有 40×5＝200 位。如从因素数目与因素负荷量同时考虑,一个有四个因素且每个因素包含题项的因素负荷量绝对值在 0.6 以上者,此时不论样本数多寡,建构效度将可靠;如果因素成分有 10 个,每个因素包含题项的因素负荷量绝对值在 0.4 以上时,样本观察值必须超过 150 位,建构效度才会可靠。

学者 Comrey 与 Lee(1992)对于因素分析时所需的样本大小有以下论点:

样本数少于 50 是非常不佳的(very poor)、样本数少于 100 是不佳的(poor)、样本数在 200 附近是普通的(fair)、样本数在 300 附近是好的(good)、样本数在 500 附近是非常好的(very good)、样本数在 1 000 附近是相当理想的(excellent)。

在社会及行为科学领域中一般的准则是进行因素分析时,样本数至少要在 300 以上,上述观点较为严苛,若是变量的因素负荷量较高,进行因素分析时不需要那么多样本数,若是变量数较少,则样本数 150 已经足够,在某些特殊情境下,因素分析时样本介于 50 至 100 间也可以,如果变量间的相关较高、因素间的相关不高,则因素分析时小样本也是可以的(Tabachnick & Fidell, 2007)。

3. 因素数目的挑选

进行因素分析,因素数目考虑与挑选标准常用的准则有两种。一是学者 Kaiser 所提的准则标准:选取特征值大于 1 的因素,Kaiser 准则判断应用时,因素分析的题项数最好不要超过 30 题,题项平均共同性最好在 0.7 以上,如果受试样本数大于 250 位,则平均共同性应在 0.6 以上(Stevens,1992),如果题项数在 50 题以上,有可能抽取过多的共同因素(此时使用者可限定因素抽取的数目)。二为 Cattell(1966)所倡导的特征值图形的陡坡检验(scree test),此图根据最初抽取因素所能解释的变异量高低绘制而成。

在多数的因素分析中,根据 Kaiser 选取的标准,通常会抽取过多的共同因素,因而陡坡图是一个重要的选取准则。在因素数目准则挑选上,除参考以上两大主要判断标准外,还要考虑到受试者多少、题项数、变量共同性的大小等。此外,题项间是否适合进行因素分析,依据 Kaiser(1974)的观点,可从取样适切性量数(Kaiser-Meyer-Olkin measure of sampling adequacy;KMO)值的大小来判别。KMO 统计量的基本原理是依据变量间净相关(partial correlations)系数值而得,当变量间具有关联时,其简单相关会很高,但变量间的净相关系数会较小,若是两变量间的净相关系数愈小(愈接近 0),表示变量间愈具有共同因素,在因素分析程序中,若是各变量的净相关系数愈大表示变量间的共同因素愈少,题项变量数据文件愈不适合进行因素分析。变量间的净相关与简单相关统计量可以提供变量层次的数据结构关系、成对变量的关系、全部变量的关系结构属性等。KMO 指标值介于 0 至 1 之间,当 KMO 值小于 0.50 时,表示题项变量间不适合进行因素分析;相对的,若是所有题项变量所呈现的 KMO 指标值大于 0.80,表示题项变量间的关系是良好的(meritorious),题项变量间适合进行因素分析;KMO 指标值大于 0.90,表示题项变量间的关系是极佳的(marvelous),题项变量间非常适合进行因素分析(Spicer, 2005)。

依据 Kaiser(1974)的观点,执行因素分析程序时,KMO 指标值的判断准则如表 6-8:

表 6-8

KMO 统计量值	判别说明	因素分析适切性
.90 以上	极适合进行因素分析(marvelous)	极佳的(Perfect)
.80 以上	适合进行因素分析(meritorious)	良好的(Meritorious)
.70 以上	尚可进行因素分析(middling)	适中的(Middling)
.60 以上	勉强可进行因素分析(mediocre)	普通的(Mediocre)
.50 以上	不适合进行因素分析(miserable)	欠佳的(Miserable)
.50 以下	非常不适合进行因素分析(unacceptable)	无法接受的(Unacceptable)

进行因素分析的统计程序不难,但根据实际数据进行探索性因素分析的结果往往会出现共同因素所包含的题项过于分歧,共同因素无法命名的情形(此种情形的出现率很高);其次是依据特征值大于 1 的原则,抽取过多的共同因素,与研究文献与相关理论的探讨相差甚大。对于后者,使用者可根据问卷编制的理论架构加以限制因素抽取的数目,以符合原先编制的架构;对于前者,使用者可能要经多次的探索,逐一删除较不适切的题项,进行多次探索性因素分析,以求出最佳的建构效度,重要的是共同因素所包含的题项同质性要高,共同因素要能命名。

在统计分析中,因素层面是否加以限制或由计算机自行抽取,这些需要使用者自行考虑,如果早先在题项编制时,使用者已确定量表的层面数,在统计分析时可限定因素抽取的数目,以和文献理论相互配合。在实际教育研究中,量表效度建构有时需要进行两至三次因素分析,因为部分量表在第一次因素分析时,因素层面所涵括的题项内容差异太大,纳入同一层面解释较不合理,因而可能需要删除部分题项。由于删除了题项,量表的效度要再重新建构。如果量表不采用建构效度检验方法,使用者亦可考虑采用其他效度分析法,如内容效度(content validity)、专家效度、效标关联效度等。

第三节　因素分析操作程序

【研究问题】

　　某使用者在一项中学学校知识管理与学校效能关系的研究中,自编一份"学校知识管理量表",此量表原有20题,其中第11题为反向题,为探究量表的可信效度及题项的适切性,此使用者随机抽取200位中学教师作为预试对象,经项目分析程序后删除第20题,保留19题,试求此19题的建构效度为何?

表6-9　学校知识管理量表

题项	完全不符合	多数不符合	半数不符合	多数符合	完全符合
01. 本校常鼓励教师创新教学或工作创新。	□	□	□	□	□
02. 本校教师会积极寻求班级经营上的创新。	□	□	□	□	□
03. 教师会积极的在其负责的行政工作上创新展现。	□	□	□	□	□
04. 本校教师会应用研习心得于教育质量的提升。	□	□	□	□	□
05. 本校会激励教师以创新理念提升学生学习成效。	□	□	□	□	□
06. 本校鼓励教师以创新有效方法激励学生学习动机。	□	□	□	□	□
07. 校长会积极鼓励同仁,分享研习吸取的新知能。	□	□	□	□	□
08. 本校教师会将班级经营的有效策略,与其他教师分享。	□	□	□	□	□
09. 本校教师会在相关会议中提供意见供其他教师分享。	□	□	□	□	□
10. 本校行政事务处理流程有完整记录,以供同仁分享参考。	□	□	□	□	□
11. 本校教师*很少*于教学研讨会上,分享其教学经验。	□	□	□	□	□
12. 本校同仁会于朝会上分享其研习的心得与知能。	□	□	□	□	□
13. 本校教师会于同仁会议中分享其处理学生问题的策略。	□	□	□	□	□
14. 学校鼓励同仁参访标竿学校以获取教学及行政知能。	□	□	□	□	□
15. 学校会鼓励教师通过教学观摩,以获取专业知能。	□	□	□	□	□
16. 学校积极鼓励教师参与研习活动,以获取专业知能。	□	□	□	□	□
17. 学校鼓励教师通过教师社群活动,以获取专业知能。	□	□	□	□	□
18. 学校鼓励教师通过数化位数据来获取新知识。	□	□	□	□	□
19. 学校会影印相关教育新知给教师,以增进教师知能。	□	□	□	□	□

　　在编制"学校知识管理量表"时,依三大面向:"知识创新""知识分享""知识获得"来编制题项,为进一步求出量表的建构效度而进行因素分析,其中第11题"本校教师*很少*于教学研讨会上,分享其教学经验"为反向题,在之前进行项目分析时已反向计分,因而在进行因素分析建构效度检验时不用再进行反向计分程序。在变量名称编码上,19题的题项变量名称依序为 c_1、c_2、c_3……c_{18}、c_{19}。

一、操作程序

执行工具栏[分析(A)](Analyze)/[数据缩减(D)](Data Reduction)/[因子(F)] (Factor)程序,开启[因子分析]对话窗口。

在左边变量清单中将"学校知识管理量表"题项 c1 至 c19 选入右边[变量(V):]下的空盒中,如图 6-3。

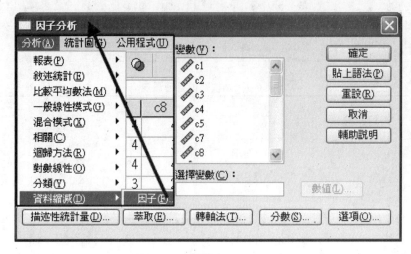

图 6-3

在[因子分析]对话窗口下面列中共有五个按钮:[描述性统计量(D)...]、[萃取(E)...]、[转轴法(T)...]、[分数(S)...]、[选项(O)...]。五个按钮的次对话窗口的功能如下:

其中五个按钮内的图标意义如下:

(一)[描述性统计量(D)...]钮

在[因子分析]对话窗口中,点选[描述性统计量(D)...]钮可以开启[因子分析:描述性统计量]次对话窗口,如图 6-4。

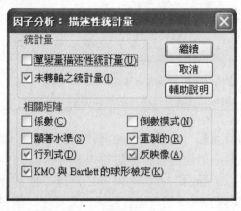

图 6-4

1.［统计量］选项方框

（1）［单变量描述性统计量（U）］：输出每一题项的变量名称、平均数、标准差与有效观察值个数。

（2）［未转轴之统计量（I）］：输出因素分析未转轴前的共同性（communality）、特征值（eigenvalues）、因素个别解释的方差百分比及所有共同因素累积解释百分比。

2.［相关系数］选项方框

（1）［系数（C）］：输出题项变量间的相关系数矩阵。

（2）［显著水平（S）］：输出前述相关系数矩阵的显著水平。

（3）［行列式（D）］：输出前述相关矩阵的行列式值。

（4）［KMO 与 Bartlett 的球形检验（K）］：输出 KMO 抽样适当性参数与 Bartlett's 的球形检验，此选项数据可判断量表是否能进行因素分析。

（5）［倒数模式（N）］：求出相关矩阵的反矩阵。

（6）［重制的（R）］：输出重制相关矩阵，上三角形矩阵代表残差值，而主对角线及下三角形代表相关系数。

（7）［反映像（A）］：输出反映像的共变量及相关矩阵。反映像相关矩阵的对角线数值代表每一个变量的取样适当性量数（MSA），此量数数据可作为个别题项变量是否进行因素分析的判断依据。

> 在［因子分析：描述性统计量］对话窗口中，选取［未转轴之统计量（I）］、［重制的（R）］、［反映像（A）］、［KMO 与 Bartlett 的球形检验（K）］、［行列式（D）］选项，→按［继续］钮，回到［因子分析］对话窗口。

（二）［萃取（E）…］钮

在［因子分析］对话窗口中，点选［萃取（E）…］钮可以开启［因子分析：萃取］次对话窗口，如图 6-5。

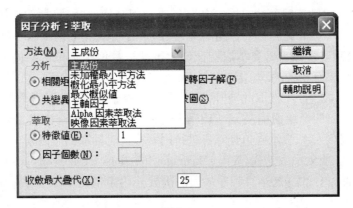

图 6-5

1.［方法（M）］选项方框

下拉式菜单内有七种抽取因素的方法：

（1）主成分（Principal components）分析法：主成分分析法抽取因素，此为 SPSS 内定方法。

（2）未加权最小平方法（Unweighted least squares）[1]。

（3）概化最小平方法[2]或一般化最小平方法（Generalized least square）。

（4）最大概似值法（Maximum likelihood）[3]。

（5）主轴因子或主轴法（Principal-axis factoring）。

（6）Alpha 因素抽取法或 α 因素抽取法（Alpha factoring）。

（7）映像因素萃取法（Image factoring）。

2.［分析］选项方框

（1）［相关矩阵（R）］：以相关矩阵（Correlation matrix）来抽取因素，选择此选项才能输出标准化后的特征值，此为 SPSS 预设选项。一般使用者在执行因素分析程序时，均使用原始数据文件而非变量间协方差矩阵，因而［分析］方框中直接选用内定的［相关矩阵（R）］即可。

（2）［协方差矩阵（V）］：以共变量矩阵（Covariance matrix）来抽取因素。协方差矩阵的对角线为变量的方差，而相关矩阵的对角线为变量与变量自身的相关系数，其数值为 1.00。

3.［显示］选项方框

（1）［未转轴因子解（F）］：输出未转轴时因素负荷量（组型负荷量）、特征值及共同性，此为 SPSS 预设选项，［未转轴因子解］选项可以与［转轴后因子解］的结果作一比较，一般在研究论文中均呈现转轴后的结果数据，此选项也可以不用勾选。

（2）［陡坡图（S）］：输出陡坡图（Screet plot），陡坡图也可以作为判别共同因素数目的依据。

4.［萃取］选项方框

（1）［特征值（E）］：后面的空格内定为 1，表示因素抽取时，只抽取特征值大于 1 者。使用者可随意输入 0 至变量总数之间的值，在因素分析时此数值通常不要随意更改，此为 SPSS 预设选项。使用者若要萃取特征值大于某一数值指标值的共同因素，此特征值数值的界定必须要有相关的理论或文献支持，或要经验法则支持。

（2）［因子个数（N）］：选取此项时，后面的空格内输入限定的因子个数。如果使用者在编制问卷时依照四个层面编制，希望因素分析时也能抽取四个因素，那在［因子个数］后面的数字就应填入 4，表示强迫计算机进行因素分析时抽取四个因素。

最下面一栏［收敛最大迭代（X）］（Maximum Iterations for Convergence）为抽取共同因素时，收敛最大的迭代次数（运算程序最大的次数），内定值为 25。一般在进行因素分析

---

1 "未加权最小平方法"也称"未加权最小二乘法"。

2 "概化最小平方法"也称"广义最小二乘法"。

3 "最大概似值法"也称"极大似然法"。

时,此数值通常不用更改。

> 在[因子分析:萃取]对话窗口中,抽取因素方法选[主成分],选取[相关矩阵]、并勾选[未旋转因子解]、[陡坡图]等项,在抽取因素时限定为特征值大于 1 者,在[特征值:]后面的空格内选取内定数值 1→按[继续]钮,回到[因子分析]对话窗口。

(三)[转轴法(T)...]钮

在[因子分析]对话窗口中,点选[转轴法(T)...]钮可以开启[因子分析:转轴法]次对话窗口,如图 6-6。

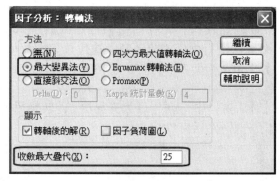

图 6-6

1. [方法]选项方框内有六种因素转轴方法

(1)[无(N)]:不须要进行转轴。

(2)[最大变异法(V)]:最大变异法,属正交(或称直交)转轴法之一。

(3)[四次方最大值转轴法(O)]:四次方最大值法(或称四分变异法),属正交转轴法之一。

(4)[Equamax 转轴法(E)]:相等最大值法(或称均等变异法),属正交转轴法之一。

(5)[直接斜交法(O)]:直接斜交转轴法,属斜交转轴法之一。选取[直接斜交法(O)]法时,必须在其下方[Delta(D)]的右方格中键入一个小于或等于 0.80 的数值,当 δ 的数值为负数,且其绝对值愈大,则表示因素间的斜交情形愈不明显(愈接近直交);当 δ 的数值等于 −4,表示因素间的相关为 0,此时即变为直交转轴;当 δ 的数值愈接近 0.80,表示因素间的相关愈高。SPSS 内定的 δ 数值为 0。

(6)[Promax(P)]:最优转轴法,属斜交转轴法之一。选取[Promax(P)]选项,下方[Kappa 统计量数(K)]会出现作用状态,此时必须在其右边的方格中键入一个数值,内定的数值为 4,表示因素负荷量取 4 次方以产生接近 0 但不为 0 的值,以估算出因素间的相关并简化因素。

如果使用者根据理论基础或文献探讨结果,认为因子之间没有相关,就应采取正交/直交转轴法,正交转轴法中最常使用者为最大变异法。如果使用者认为因子之间有相关存在,就应采用斜交转轴法,斜交转轴法中较常使用者为[直接斜交法]或最优转轴法,在进行因素分析转轴法选取时,最常为使用者使用的为[最大变异法(V)]或[直接斜交法(O)]两种,前者为直交转轴法,后者为斜交转轴法。

2.[显示]选项方框

(1)[转轴后的解]:输出转轴后的相关信息,正交转轴输出因素组型(pattern)矩阵及因素转换矩阵;斜交转轴则输出因素组型矩阵(或称因素样式矩阵)、因素结构矩阵与因素相关矩阵。

(2)[因子负荷图(L)]:绘出因素的散布图,显示因子的负荷与集中图。因子负荷图可以显示题项变量与共同因素间的关系,若是抽取的共同因素有三个以上,则默认值会输出前三个共同因素的 3D 立体图,从图中可以看出各共同因素所包含的题项;如果只抽出两个共同因素,则输出 2D 平面图。

3.[收敛最大迭代(X)]

转轴时执行最多次数的迭代(iterations),后面内定的数字 25(执行转轴的次数上限),若是题项变量较多,无法进行内定的收敛最大迭代数 25 次因素转轴时,可以将[收敛最大迭代(X)]后的数字更改为大一些,如 50 或 100。

> 在[因子分析:转轴法]对话窗口中,选取[最大变异法]、[转轴后的解(R)]等选项→按[继续]钮,回到[因子分析]对话窗口。

(四)[分数(S)...]钮

在[因子分析]对话窗口中,点选[分数(S)...]可以开启[因子分析:产生因素分数]次对话窗口,如图 6-7。

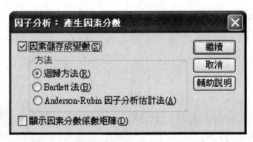

图 6-7

1.[因素储存成变量(S)]方框

勾选后可将新建立的因素分数储存至数据文件中,并产生新的变量名称,第一次新建立的因素分数内定为 FAC1_1、FAC2_1、FAC3_1、FAC4_1……第二次新建立的因素分数为 FAC1_2、FAC2_2、FAC3_2、FAC4_2……这个选项会替最终解的每个因子分别建立一个新变量。

在[方法]方框中表示计算因素分数的方法有三种:

(1)[回归方法(R)]:使用回归法。

(2)[Bartlett(B)]:使用 Bartlette 法。

(3)[Anderson-Robin 因子分析估计法(A)]:使用 Anderson-Robin 法。

2. [显示因素分数系数矩阵(D)]选项

勾选后可输出因素分数系数矩阵。

(五)[选项(O)...]钮

在[因子分析]对话窗口中,点选[选项(O)...]可以开启[因子分析:选项]次对话窗口,如图6-8。

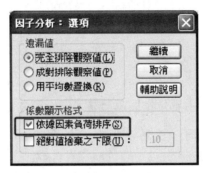

图6-8

1. [遗漏值]方框选项:缺失值[1]的处理方式

(1)[完全排除观察值(L)]:观察值在所有变量中没有缺失值后才加以分析,此选项为SPSS内定值。以一个有二十题变量的数据文件为例,每笔观察值必须在二十个题项变量上均没有缺失值,才会视为有效观察值,而被纳入因素分析程序之中。

(2)[成对排除观察值(P)]:舍弃在成对相关分析中出现缺失值的观察值。

(3)[用平均数置换(R)]:以变量平均值取代缺失值。

在因素分析数据文件中若有许多观察值在少数几个题项变量上有缺失值,则这些观察值在因素分析程序中均会被排除,因而可能会有许多笔观察值只因一题或两题为缺失值而被视为无效值,此时可能会造成有效样本数过少的问题,造成因素分析的效度不够稳定,此时,在[遗漏值]方框中可改选为[用平均数置换(R)]选项,观察值在某个题项的缺失值会以所有有效样本在此题项的平均数取代。但是若是观察值缺失值的题项变量数目很多,选取[用平均数置换(R)]选项反而可能会造成分析结果的偏误,因而是否选取[完全排除观察值(L)]选项或选取[用平均数置换(R)]选项,使用者要根据每笔观察值缺失值的题项变量数目多寡自行判别。

2. [系数显示格式]方框选项:因素负荷量出现的格式

(1)[依据因素负荷排序(S)]:每一因素层面根据因素负荷量的大小排序,若没有勾选此选项,则转轴后的因素负荷量摘要表会根据被选入的题项变量顺序呈现,此时,在进行共同因素的题项归类时较为不便,因而建议使用者在进行因素分析时最好勾选此选项。

(2)[绝对值舍弃之下限(U)]:因素负荷量小于后面数字者不被输出,内定的值为

0.10,一般在选取题项时因素负荷量最好在 0.45 以上,此时共同因素解释题项的变异量为 20%。为便于输出报表的检视,使用者勾选[绝对值舍弃之下限(U)]选项后,后面的数字可输入 0.45。在因素分析最后统整的报表中,应该呈现完整的信息,因而最好不要勾选[绝对值舍弃之下限]选项,此外,为了便于使用者检视因子的题项,最好勾选[依据因素负荷排序]选项。

在[因子分析:选项]对话窗口中,勾选[完全排除观察值]、[依据因素负荷排序(S)]选项→按[继续]钮,回到[因子分析]对话窗口→按[确定]钮。

二、第一次因素分析结果

(一)因素抽取方法——主成分分析 & 转轴法——最大变异法

最大变异法(Varimax)属于直交转轴法的一种,假定共同因素之间没有相关或相关很低。

表 6-10 为十九个变量的相关系数矩阵及显著水平(略),最下方一栏的数据为相关矩阵的行列式值(Determinant),数值等于 1.069×10^{-7},行列式值可以用来计算 Bartlett 的球形检验,两个变量间如出现完全线性重合的情形,则相关矩阵的行列式值会变为 0,如果行列式值为 0,则无法求出相关矩阵的反矩阵(inverse matrices),亦即无法计算特征值,在此种情况下无法进行因素分析。在相关矩阵中,上半部分为变量间相关系数矩阵,下半部分为相关系数的显著性检验(此部分报表略),在相关矩阵中如果某个变量与其他多数变量的相关系数均未达显著,或相关系数均很低,表示此变量与其余变量所欲测出的心理特质的同质性不高,可以考虑将此变量删除。

表 6-10　相关矩阵(a)

		c1	c2	c3	c4	c5	c6	c7	c8	c9	c10
相关	c1	1.000	.535	.614	.338	.302	.288	.150	.207	.149	.120
	c2	.535	1.000	.784	.461	.455	.307	.170	.200	.165	.098
	c3	.614	.784	1.000	.579	.514	.394	.154	.228	.189	.067
	c4	.338	.461	.579	1.000	.575	.277	.076	.182	.153	.053
	c5	.302	.455	.514	.575	1.000	.300	.267	.246	.153	.096
	c6	.288	.307	.394	.277	.300	1.000	.194	.241	.147	.127
	c7	<以下数据省略>									

		c11	c12	c13	c14	c15	c16	c17	c18	c19	
相关	c1	.242	.152	.149	.108	.137	.186	.121	.128	.093	
	c2	.201	.018	.164	.215	.190	.204	.170	.224	.104	
	c3	.212	-.005	.178	.178	.211	.220	.189	.251	.139	
	c4	.201	.041	.150	.078	.119	.196	.099	.239	.100	
	c5	.224	-.007	.150	.203	.173	.256	.126	.297	.128	
	c6	.289	-.026	.144	.210	.246	.233	.211	.291	.128	
	c7	<以下数据省略>									

a 行列式 = 1.069E-07

在相关矩阵中,变量间最好不要完全低度相关或全部高度相关,若变量间的相关太低,则变量间很难抽出共同因素层面;但变量间的相关如果全部皆很高,则可能只能抽出一个共同因素而已。因而变量间如欲抽出多个共同因素,题项变量间应该呈现某些高度相关、某些低度相关或相关不显著。在"学校知识管理量表"相关系数矩阵中,正好符合此项性质,如题项变量 c1 至 c6 间的相关较高,但与其他变量间的相关很低;题项变量 c7 至 c13 间的相关较高(c12 除外),但与其他变量间的相关很低;题项变量 c14 至 c19 间的相关较高,但与其他变量间的相关很低,这些相关较高的题项可能有共同因素存在。

KMO 是 Kaiser-Meyer-Olkin 的取样适当性量数(其值介于 0 至 1 之间),当 KMO 值愈大时(愈接近 1 时),表示变量间的共同因素愈多,变量间的净相关系数愈低,愈适合进行因素分析。根据学者 Kaiser(1974)观点,如果 KMO 的值小于 0.5 时,较不宜进行因素分析,进行因素分析的普通(mediocre)准则至少在 0.6 以上。此处的 KMO 值为 0.855,如表 6-11,指标统计量大于 0.80,呈现的性质为"良好的"标准,表示变量间具有共同因素存在,变量适合进行因素分析。

表 6-11　KMO 与 Bartlett 检验

Kaiser-Meyer-Olkin 取样适切性量数		.855
Bartlett 球形检验	近似卡方分布	3079.151
	自由度	171
	显著性	.000

此外,Bartlett's 球形检验的 χ^2 值为 3 079.151,(自由度为 171)达到 0.05 显著水平,可拒绝虚无假设,即拒绝变量间的净相关矩阵不是单元矩阵的假设。单元矩阵表示净相关矩阵中的非对角线数值(此数值为净相关系数)均为 0,若 Bartlett's 球形检验结果未达 0.05 显著水平,则应接受虚无假设,表示净相关系数矩阵不是单元矩阵。若是净相关系数矩阵是单元矩阵表示变量间的净相关系数均为 0,变量的数据文件适合进行因素分析。此处的显著性概率值 p = 0.000 < 0.05,拒绝虚无假设,即拒绝净相关矩阵不是单元矩阵的假设,接受净相关矩阵是单元矩阵的假设,代表总体的相关矩阵间有共同因素存在,适合进行因素分析。

表 6-12 为反映像矩阵(Anti-image Matrices),表的上半部分为反映像共变量矩阵(Anti-image Covariance),下半部分为反映像相关系数矩阵(Anti-image Correlation)。若以第 n 个题项变量为依变量(效标变量),其余各题项变量为预测变量进行多元回归分析,此第 n 个效标变量能被预测变量预测的部分称为 P_n,不能被预测变量预测部分称为 E_n,P_n 即为该变量的影像,E_n 即为该变量的反影像。根据每个变量的反影像 E_n 即可求得各变量反影像共变量矩阵及反影像相关矩阵(陈正昌等,2005)。下半部分反映像相关系数矩阵在性质上与净相关系数矩阵类似,只是两者正负号正好相反,即变量间的净相关系数取其负数值即得反映像相关系数矩阵,反映像相关系数愈小,表示变量间共同因素愈多,变量愈适合进行因素分析;相反的,反映像相关系数值愈大,表示共同因素愈少,愈不适合进行因素分析。

表 6-12　反映像矩阵

		c1	c2	c3	c4	c5	c6	c7	c8	c9	c10	c11	c12	c13	c14	c15	c16	c17	c18	c19
反映像共变数	c1	.567	−.049	−.137	.017	.018	−.040	−.019	.008	.005	−.029	−.037	−.119	−.004	.034	−.008	−.032	.012	.048	−.008
	c2	−.049	.361	−.181	−.005	−.041	.024	−.013	.016	.006	−.017	−.002	−.013	−.005	−.050	.000	.014	−.015	.012	.027
	c3	−.137	−.181	.259	−.095	−.040	−.065	.015	−.018	−.008	.039	.013	.045	.006	.016	−.002	.008	−.003	−.019	.001
	c4	.017	−.005	−.095	.514	.211	.014	.090	.011	−.002	.002	.011	−.045	−.001	.059	−.001	−.043	.017	−.066	−.021
	c5	.018	−.041	−.040	.211	.555	−.046	−.079	−.023	.001	.023	−.001	.021	−.003	−.022	.004	−.014	.013	−.013	−.016
	c6	−.040	.024	−.065	.014	−.046	.732	.007	−.002	−.009	.009	.081	.032	.011	.006	−.035	.026	−.005	−.048	.060
	c7	−.019	−.013	.015	.090	−.079	.007	.376	−.078	−.005	−.072	.038	−.042	.001	.001	−.017	−.073	.030	−.156	−.001
	c8	.008	.016	−.018	.011	−.023	−.002	−.078	.300	−.018	−.052	−.170	−.001	.011	−.031	−.014	.035	.004	.056	.011
	c9	.005	.006	−.008	−.002	.001	−.009	−.005	−.018	.031	−.002	.022	−.009	−.030	−.009	.009	−.008	−.007	.013	−.006
	c10	−.029	−.017	.039	.002	.023	.009	−.072	−.052	−.002	.407	−.047	.029	−.010	−.002	.008	.018	−.017	−.006	−.003
	c11	−.037	−.002	.013	.011	−.001	.081	.038	−.170	.022	−.047	.363	−.083	−.023	−.023	.034	−.078	−.025	−.052	−.003
	c12	−.119	−.013	.045	−.045	.021	.032	−.042	−.001	−.009	.029	−.083	.891	.010	.008	.027	.004	−.021	.056	−.012
	c13	−.004	−.005	.006	−.001	−.003	.011	.001	.011	−.030	−.010	.023	.010	.031	.003	−.007	.008	.007	−.014	.004
	c14	.034	−.050	.016	.059	−.022	.006	.001	−.031	−.009	−.002	−.023	.008	.003	.371	−.056	−.071	.037	−.033	−.007
	c15	−.008	.000	−.002	−.001	.004	−.035	−.017	−.014	.009	.008	.034	.027	−.007	−.056	.077	−.035	−.053	−.015	−.037
	c16	−.032	.014	.008	−.043	−.014	.026	−.073	.035	−.008	.018	−.078	.004	.008	−.071	−.035	.415	−.003	−.050	.020
	c17	.012	−.015	−.003	.017	.013	−.005	.030	.004	−.007	−.017	−.025	−.021	.007	.037	−.053	−.003	.095	.013	.047
	c18	.048	.012	−.019	−.066	−.013	−.048	−.156	.056	.013	−.006	−.052	.056	−.014	−.033	−.015	−.050	−.013	.436	.017
	c19	−.008	.027	.001	−.021	−.016	.060	−.001	.011	−.006	−.003	−.003	−.012	.004	−.007	−.037	.020	−.047	.017	.144

		c1	c2	c3	c4	c5	c6	c7	c8	c9	c10	c11	c12	c13	c14	c15	c16	c17	c18	c19
反映像相关	c1	.857(a)	-.109	-.356	.032	.033	-.061	-.041	.019	.040	-.061	-.081	-.167	-.030	.074	-.037	-.067	.052	.097	-.027
	c2	-.109	.809(a)	-.592	-.011	-.091	.047	-.035	.049	.056	-.044	-.005	-.023	-.048	-.137	.002	.036	-.080	.030	.120
	c3	-.356	-.592	.776(a)	-.259	-.107	-.148	.047	-.065	-.091	.121	.042	.094	.064	.051	-.017	.025	-.017	-.057	.005
	c4	.032	-.011	-.259	.802(a)	-.395	-.023	.204	-.029	-.016	.005	-.025	-.066	-.010	.134	-.006	-.093	.078	-.139	-.078
	c5	.033	-.091	-.107	-.395	.866(a)	-.071	-.172	-.057	.009	.048	-.003	.030	.022	-.049	.020	-.030	.055	-.026	-.057
	c6	-.061	.047	-.148	-.023	-.071	.886(a)	.014	-.004	.017	-.185	-.156	.039	.071	.012	-.148	.046	-.021	-.085	.184
	c7	-.041	-.035	.047	.204	-.172	.014	.888(a)	-.231	-.051	-.185	.102	-.073	.007	.004	-.103	-.185	.159	-.385	-.006
	c8	.019	.049	-.065	-.029	-.057	-.004	-.231	.884(a)	-.188	-.148	-.514	-.002	.117	-.093	-.091	.100	.026	.156	.054
	c9	.040	.056	-.091	-.016	.009	.017	-.051	-.188	.771(a)	-.018	.209	-.054	-.958	-.079	.185	-.072	-.136	.116	-.088
	c10	-.061	-.044	.121	.005	.048	-.185	-.185	-.148	-.018	.963(a)	-.122	.049	-.093	-.005	.047	.043	-.086	-.015	-.013
	c11	-.081	-.005	.042	-.025	-.003	-.156	.102	-.514	.209	-.122	.836(a)	-.146	-.218	-.063	.204	-.200	-.136	-.131	-.015
	c12	-.167	-.023	.094	-.066	.030	.039	-.073	-.002	-.054	.049	-.146	.455(a)	.060	.014	.104	.006	-.071	.090	-.034
	c13	-.030	-.048	.064	-.010	.022	.071	.007	.117	-.958	-.093	-.218	.060	.778(a)	.031	-.147	.067	.131	-.120	.053
	c14	.074	-.137	.051	.134	-.049	.012	.004	-.093	-.079	-.005	-.063	.014	.031	.932(a)	-.333	-.180	-.017	-.082	-.030
	c15	-.037	.002	-.017	-.006	.020	-.148	-.103	-.091	.185	.047	.204	.104	-.147	-.333	.827(a)	-.196	-.616	-.082	-.354
	c16	-.067	.036	.025	-.093	-.030	.046	-.185	.100	-.072	.043	-.200	-.006	.067	-.180	-.196	.942(a)	-.017	-.117	.080
	c17	.052	-.080	-.017	.078	.055	-.021	.159	.026	-.136	-.086	-.136	-.071	.131	.195	-.616	-.017	.835(a)	-.065	-.399
	c18	.097	.030	-.057	-.139	-.026	-.085	-.385	.156	.116	-.015	-.131	.090	-.120	-.082	-.082	-.117	-.065	.907(a)	.069
	c19	-.027	.120	.005	-.078	-.057	.184	-.006	.054	-.088	-.013	-.015	-.034	.053	-.030	.354	.080	-.399	.069	.899(a)

a 取样适切性量数（MSA）

　　反映像相关矩阵的对角线数值代表每一个变量的取样适当性量数（Measures of Sampling Adequacy；简称 MSA），取样适当性量数的数值的右边会加注"（a）"的标示。MSA 值类似 KMO 值，KMO 值愈接近 1，表示整体数据（整个量表）愈适合进行因素分析，而个别题项的 MSA 值愈接近 1，则表示此个别题项愈适合投入于因素分析程序中，因而使用者可先由 KMO 值来判别量表是否适合进行因素分析，再判别个别题项的 MSA 值，以初步决定哪些变量不适合投入因素分析程序。一般而言，如果个别题项的 MSA 值小于 0.50，表示该题项（变量）不适合进行因素分析，在进行因素分析时可考虑将之删除。上述表格中，题项变量 c12 的 MSA 值等于 0.455，表示此题项不适合进行因素分析，其余十八题的 MSA 值都在 0.771 以上，表示除题项 c12 外其余题项变量都适合进行因素分析。为便于后续报表的对照，在第一次因素分析中把题项 c12 也纳入因素分析程序中，第二次因素分析时会将题项 c12 删除。

　　表 6-13 为每个变量的初始（initial）共同性以及以主成分分析法（principal component analysis）抽取主成分后的共同性（最后的共同性）。共同性愈低，表示该变量愈不适合投入主成分分析之中；共同性愈高，表示该变量与其他变量可测量的共同特质愈多，亦即该变量愈有影响力。采用主成分分析法抽取共同因素时，初步的共同性估计值均为 1。若是使用者采用主轴法来抽取共同因素，则题项初始共同性值不会等于 1，主轴法的题项初始共同性值是以该题项为效标变量、其余变量为预测变量而进行多元回归时所得的决定系数值（R^2）值。共同性估计值的高低也可作为项目分析时筛选题项是否合适（保留）的指标之一，若是题项的共同性低于 0.20 可考虑将该题项删除。

表 6-13　共同性

	初始	萃取
c1	1.000	.606
c2	1.000	.678
c3	1.000	.805
c4	1.000	.560
c5	1.000	.565
c6	1.000	.311
c7	1.000	.618
c8	1.000	.735
c9	1.000	.808
c10	1.000	.692
c11	1.000	.629
c12	1.000	.755
c13	1.000	.820
c14	1.000	.655
c15	1.000	.945
c16	1.000	.616
c17	1.000	.903
c18	1.000	.591
c19	1.000	.866

萃取法：主成分分析。

表 6-14 为采主成分分析法抽取主成分的结果,转轴方法为直交转轴的最大变异法。表格中共有四大列,第一部分为"成分"(Factor),第二部分为"初始特征值",第三部分为"平方和负荷量萃取",第四部分为"转轴平方和负荷量"。"初始特征值"中的"总和"(Total)直列的数字为每一主成分的特征值,特征值愈大表示该主成分在解释 19 个变量的变异量时愈重要;第二直列"方差的%"(% of Variance)为每一个抽取因素可解释变量的变异量;第三直列"累积%"(Cumulative %)为解释变量的变异量的累积百分比。

表 6-14　解释总变异量

成分	初始特征值			平方和负荷量萃取			转轴平方和负荷量		
	总和	方差的%	累积%	总和	方差的%	累积%	总和	方差的%	累积%
1	7.208	37.936	37.936	7.208	37.936	37.936	4.590	24.159	24.159
2	2.834	14.914	52.850	2.834	14.914	52.850	3.992	21.012	45.171
3	2.041	10.744	63.594	2.041	10.744	63.594	3.443	18.123	63.294
4	1.075	5.659	69.253	1.075	5.659	69.253	1.132	5.960	69.253
5	.887	4.670	73.923						
6	.824	4.335	78.258						
7	.707	3.721	81.978						
8	.548	2.887	84.865						
9	.486	2.556	87.421						
10	.464	2.441	89.862						
11	.431	2.266	92.128						
12	.339	1.785	93.913						
13	.321	1.692	95.605						
14	.302	1.587	97.192						
15	.200	1.054	98.246						
16	.172	.908	99.154						
17	.092	.483	99.637						
18	.053	.281	99.918						
19	.016	.082	100.000						

萃取法:主成分分析。

在上述整体解释变异量的报表中共分三大部分:初始特征值(Initial Eigenvalues)(初步抽取共同因素的结果)、平方和负荷量萃取(Extraction Sums of Squared Loadings)(转轴前的特征值、解释变异量及累积解释变异量,此部分只保留特征值大于 1 的因素)、转轴平方和负荷量(Rotation Sums of Squared Loadings)(转轴后的特征值、解释变异量及累积解释变异量)。"初始特征值"项中左边十九个成分因素的特征值(Total 纵列)总和等于 19(19 即为题项数)。解释变异量为特征值除以题项数,如第一个特征值的解释变异量为 7.208÷19=37.936%;第二个特征值的解释变异量为 2.834÷19=14.914%。累积百分比栏是将每个因素成分所能解释的变异百分比累积相加而得,当抽取的因素数目等于变量的题项数时,累加的变异百分比等于 100%。

把左边十九个成分的特征值大于 1 者列于中间,即是平方和负荷量萃取(Extraction Sums of Squared Loadings)项的数据。因 SPSS 内设值是以特征值大于 1 以上的作为主成分保留的标准,上表中特征值大于 1 者共有四个,这也是因素分析时所抽出的共同因素个数。由于特征值是由大至小排列,所以第一个共同因素的解释变异量通常是最大者,其次是第二个,再来是第三个……四个共同因素共可解释 69.253% 的变异量。采用主成分分析时,"初始特征值栏"中的特征值会等于"平方和负荷量萃取栏"中的特征值,但若是采用主轴法抽取共同因素时,"初始特征值"中的特征值与"平方和负荷量萃取"中的特征值会有所差异。

最后一大项"转轴平方和负荷量"(Rotation Sums of Squared Loadings)为采用最大变异法的直交转轴后的数据。转轴后各共同因素的特征值会改变,与转轴前不同,转轴前四个共同因素的特征值分别为 7.208,2.834,2.041,1.075,特征值总和为 13.158;转轴后四个共同因素的特征值分别为 4.590,3.992,3.443,1.132,特征值总和为 13.158。因而转轴后个别共同因素的特征值会改变,但所有共同因素的总特征值不变,转轴前四个被抽取因素的特征值间差异较大,转轴后四个被抽取因素的特征值间差异较小。此外,每个题项的共同性也不会改变,但每个题项在每个共同因素的因素负荷量会改变。转轴后,被所有共同因素解释的总变异量不变(特征值总和不变),范例中,转轴前四个共同因素可以解释的总变异量为 69.253%,转轴后四个共同因素可以解释的总变异量亦为 69.253%。

SPSS 内设特征值大于 1 以上的因素作为最后的共同因素,因此学校知识管理量表共抽取四个共同因素。由于 SPSS 抽取默认值为保留特征值大于或等于 1 的共同因素,此种方面虽然很容易的得出共同因素,但在实际应用上有其限制。如共同因素所包含的题项是否与原先使用者编制的差不多,共同因素所包含的题项间所要测量的心理或行为特质是否差异很大,共同因素是否可以命名,共同因素所包含的题项数是否在三个题项以上,等等。因而单单把特征值大于 1 以上的因素作为最后的共同因素有时是欠缺严谨的,使用者还须参考陡坡图及转轴后的因素结构等来综合判断共同因素是否该被保留。其中一个重要的判断因素是共同因素所包含题项的同质性,即判断同一共同因素的题项所要测量的特质是否相同,如此后,因素的命名才有实质意义。

图 6-9 为陡坡图检验的结果,陡坡图检验可以帮助使用者决定因素的数目。陡坡图是将每一主成分的特征值由高至低排序所绘制而成的一条坡线,愈向右边的特征值愈小,图中的横坐标是因素数目(题项变量数目)、纵坐标是特征值。陡坡图检验的判断准则是取坡线突然剧升的因素,删除坡线平坦的因素。从图中可以看出从第四个因素以后,坡度线甚为平坦,表示无特殊因素值得抽取,因而保留三个因素较为适宜。在"解释总变异量"输出结果中,抽取了四个共同因素,但从陡坡图中看出第四个共同因素似乎可

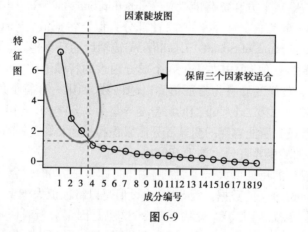

图 6-9

以删除。至于是保留三个因素或四个因素,使用者还须参考抽取的共同因素是否有其合理性而定。因素的合理性有两个含义,一为共同因素包含的题项变量最少在三题以上,二为题项变量所要测量的潜在特质类似,且因素可以命名。

表 6-15 为 19 个变量在四个因素上的未转轴的因素矩阵(即原始因素负荷量矩阵),因素矩阵中的数值为各题项变量在共同因素的因素负荷量,因素负荷量类似于回归分析中的回归系数权数,因素负荷量数值愈大表示题项变量与共同因素间的关联愈大。由此矩阵可以计算每一变量的共同性、每个因素(主成分)的特征值及再制相关矩阵。

表 6-15　成分矩阵(a)

	成分			
	1	2	3	4
c14	.761	−.209	−.176	−.034
c15	.753	−.209	−.567	.112
c9	.751	−.198	.450	−.046
c13	.750	−.201	.461	−.061
c8	.743	−.082	.419	.030
c16	.743	−.101	−.232	−.017
c7	.725	−.159	.203	−.163
c17	.714	−.228	−.549	.198
c18	.708	−.036	−.153	−.255
c19	.688	−.273	−.529	.195
c10	.685	−.275	.385	−.015
c11	.678	−.013	.397	.110
c6	.385	.381	−.070	−.111
c3	.434	.782	−.073	.021
c2	.405	.714	−.053	.043
c4	.336	.659	−.014	−.112
c1	.343	.610	.053	.338
c5	.403	.585	−.029	−.245
c12	.010	.076	.277	.820

萃取方法:主成分分析。

a 萃取了 4 个成分。

共同性为每个变量在各主成分上的负荷量的平方加总,如第 14 题(c14)的共同性等于

$$0.761^2 + (-0.209)^2 + (-0.176)^2 + (-0.034)^2 = 0.655$$

特征值是将所有变量在某一因素上的负荷量的平方相加而得,如:

转轴前因素一的特征值 $7.208 = 0.761^2 + 0.753^2 + 0.751^2 + \cdots + 0.403^2 + 0.010^2$

在表 6-15 的表格中,第一直列并非按题项变量次序呈现,而是根据其在第一个共同因素中的因素负荷量数值高低呈现,之后再根据其在第二个共同因素中的因素负荷量高低依次呈现。之所以呈现此输出结果,是因为在进行因素分析程序时,在[因子分析:选项]次对话窗口中[系数显示格式]方框中勾选[依据因素负荷排序(S)]选项。从成分矩阵中可以看出,大部分的题项变量均归属于成分 1,少部分归属于成分 2。

表 6-16 为转轴后的因素矩阵,采用最大变异法(Varimax)进行直交转轴,转轴时采用

内定的 Kaise 正态化方式处理,转轴时共需要进行五次迭代(iterations)换算。题项乃按照因素负荷量的高低排列,转轴主要目的在于重新安排题项在每个共同因素的因素负荷量,转轴后使原先转轴前较大的因素负荷量变得更大,而使转轴前较小的因素负荷量变得更小;转轴后题项在每个共同因素的因素负荷量的平方总和不变(题项的共同性在转轴前后均一样)。由于是直交转轴,故表中系数可视为变量与因素的相关系数矩阵,即因素结构矩阵,也可以视为是因素的加权矩阵(即因素组型矩阵),转轴后的因素矩阵是由未转轴前的因素矩阵乘以成分转换矩阵(Factor Transformation Matrix)而来。从转轴后的成分矩阵中可以发现:共同因素一包含 c7、c8、c9、c10、c11、c13 六题,共同因素二包含 c14、c15、c16、c17、c18、c19 六题,共同因素三包含 c1、c2、c3、c4、c5、c6 六题,共同因素四只包含题项 c12。由于共同因素四只包含一题,层面所包含的题项数太少无法显示共同因素所代表的意义,因而此共同因素应该删除较为适宜。在先前的反映像相关矩阵中,题项 c12 的 MSA 值等于 0.455,小于 0.50,此题项不适合进行因素分析,删除共同因素四即删除题项 c12。

表 6-16   转轴后的成分矩阵(a)

	成分			
	1	2	3	4
c13	.886	.173	.075	.001
c9	.877	.182	.077	.013
c8	.814	.181	.178	.092
c10	.803	.216	−.016	.024
c11	.728	.153	.212	.174
c7	.696	.311	.127	−.147
c15	.189	.945	.116	−.037
c17	.170	.930	.077	.049
c19	.177	.912	.024	.046
c16	.391	.645	.202	−.086
c14	.469	.643	.107	−.101
c18	.425	.505	.261	−.295
c3	.056	.101	.887	.076
c2	.063	.093	.810	.094
c4	.071	.009	.743	−.053
c5	.139	.058	.711	−.194
c1	.088	.063	.663	.394
c6	.137	.157	.509	−.092
c12	.091	−.062	−.003	.862

萃取方法:主成分分析。

旋转方法:含 Kaiser 正态化的 Varimax 法。

a 转轴收敛于 5 个迭代。

前三个共同因素与原先使用者编制的构念及题项符合,共同因素一的构念名为"知识分享",共同因素二的构念名为"知识获取",共同因素三的构念名为"知识创新"。在因素分析中共同因素所包含的题项数最少为三题较为适合,亦即一个构念或层面所包含的题项变量至少 3 个。转轴的目的在于获取简单结构(simple structure),使一个共同因素很清楚的被一组变量数所界定,使每一个题项变量能归属于一个明确的主因素(home factor)(Spicer,2005)。因素负荷量的选取标准若以0.400来检验,题项c14、c18与共同因素一的因素负荷量分别为0.469,0.425,表示题项c14、c18虽归属于共同因素二,但其与共同因素一仍有很密切的关联。此种结果显示,以直交转轴的最大变异法来进行因素转轴,并未完全符合简单结构的要求。

表6-17为因素转换矩阵,利用转轴前的因素矩阵乘以此处的因素转换矩阵可得转轴后的因素矩阵。

表 6-17　成分转换矩阵

成分	1	2	3	4
1	.697	.610	.377	−.017
2	−.251	−.280	.921	.098
3	.665	−.718	−.059	.200
4	−.099	.186	−.074	.975

萃取方法:主成分分析。

旋转方法:含 Kaiser 正态化的 Varimax 法。

"学校知识管理量表"第一次因素分析时,特征值大于1的因素共有四个,第四个因素只包含一个题项c12,层面所涵盖的题项内容太少,将之删除似乎较为适宜。因为这是一个探索性的因素分析,题项删除后的因素结构也会改变,因而须再进行一次因素分析,以验证量表的建构效度,第二次因素分析时,所包括的题项为筛选后的十八个题项(不包括第十二题)。

图6-10为根据"转轴后的成分矩阵"所绘出的成分图,成分图只能绘出前三个共同因素及其包含题项的3D立体图,成分1、成分2、成分3表示前三个共同因素。

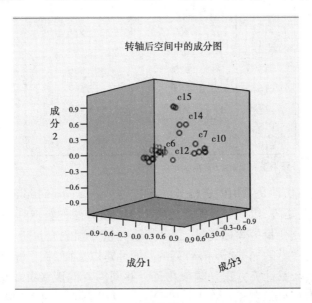

图 6-10

(二)因素抽取方法——主轴法、转轴法——直接斜交法

表 6-18 的因素分析转轴方法采用的是直接斜交转轴法(Direct Obimin),因素抽取方法采用的是主轴法。主轴法是以变量间的共同变异量为分析对象,而主成分分析法是以全体变量的变异量为分析对象。斜交转轴法与直交转轴法的基本假定不同,斜交转轴假定因素之间有相关,其夹角不等于直角;而直交转轴法假定共同因素间的相关为 0,因素间是相互独立的。在斜交转轴的报表与直交转轴的报表中,除转轴后的矩阵与直交转轴不同外,其余量大都一样。主要的差别在于斜交转轴时会产生组型矩阵或称样式矩阵(pattern matrix)与结构矩阵(structure matrix);此外,斜交转轴法转轴后的特征值与直交转轴法的个别特征值也不相同。

表 6-18   共同性

	初始	萃取
c1	.433	.402
c2	.639	.628
c3	.741	.898
c4	.486	.425
c5	.445	.445
c6	.268	.230
c7	.624	.628
c8	.700	.663
c9	.969	.886
c10	.593	.613
c11	.637	.524
c12	.109	.029
c13	.969	.886
c14	.629	.595
c15	.923	.976
c16	.585	.597
c17	.905	.910
c18	.564	.601
c19	.856	.852

萃取法:主轴因子萃取法。

主轴法的共同性估计是采用内定格式的 SMC 法(squared multiple correlations),此方法能产生最佳的重制矩阵,得到最小的残差值。SMC 估计法的特点是估计某一个变量的起始共同性时,是以此变量为效标变量,而以其他变量为预测变量进行多元回归分析所获得的决定系数值。"萃取"(Extraction)列的共同性是以后面"因子矩阵"中的因素负荷量数值重新计算而得,其计算方法是题项在每个共同因素的因素负荷量平方的总和,如题项 c1 的共同性为 0.402,其求法如下:$(0.316)^2 + (0.530)^2 + (0.014)^2 + (0.146)^2 = 0.402$。

题项变量共同性愈高愈适合进行因素分析;题项变量共同性愈低,愈不适合进行因素分析,使用者可考虑将之删除。以题项 c12 而言,其萃取后的共同性只有 $0.029 < 0.200$,共同性甚低,在进行之后的因素分析时可优先考虑将之删除。

表6-19为采用主轴法及斜交转轴法抽取共同因素的解释总变异量（Total Variance Explained）摘要表。以主轴法抽取共同因素，其"初始特征值"与"平方和负荷量萃取"（抽取共同因素后）两栏中的特征值不相同，转轴后"转轴平方和负荷量"栏只呈现抽取后共同因素的特征值，没有呈现个别共同因素的解释变异量，这是因为斜交转轴的假定与直交转轴不同，斜交转轴法假定因素间并非独立，因素之间有相关，因而无法估算个别因素的解释变异量。在执行因素分析程序中，若是使用者采用斜交转轴法，无须说明个别因素的解释变异，只须说明萃取后的共同因素可解释全量表题项变量的总变异量即可（范例中四个因素共可解释全量表62.053%的变异量）。

表6-19　解释总变异量

因子	初始特征值			平方和负荷量萃取			转轴平方和负荷量（a）
	总和	方差的%	累积%	总和	方差的%	累积%	总和
1	7.208	37.936	37.936	6.920	36.419	36.419	5.364
2	2.834	14.914	52.850	2.456	12.924	49.343	3.670
3	2.041	10.744	63.594	1.843	9.703	59.045	4.539
4	1.075	5.659	69.253	.571	3.008	62.053	1.599
5	.887	4.670	73.923				
6	.824	4.335	78.258				
7	.707	3.721	81.978				
8	.548	2.887	84.865				
9	.486	2.556	87.421				
10	.464	2.441	89.862				
11	.431	2.266	92.128				
12	.339	1.785	93.913				
13	.321	1.692	95.605				
14	.302	1.587	97.192				
15	.200	1.054	98.246				
16	.172	.908	99.154				
17	.092	.483	99.637				
18	.053	.281	99.918				
19	.016	.082	100.000				

萃取法：主轴因子萃取法。

a 当因子产生相关时，无法加入平方和负荷量以取得总方差。

图6-11为Cattell的因素陡坡图，和直交转轴唯一的差别在于横轴坐标上的名称，直交转轴法横轴坐标的因素个数称为"成分编号"（Component Number），而斜交转轴法横轴坐标的因素个数称为"因素数"（Factor Number）。从此图可以发现从第四个因素以后呈现平坦的曲线，左边三个因素呈现陡峭的曲线，因而保留三个共同因素较为适宜。其中第四个萃取的因素是否保留，使用者最好再根据其包含的题项变量及因素合理性综合判断。

表6-20的"因子矩阵"类似直交转轴法中的"成分矩阵"，为非转轴前的题项变量在四个因素上的因素负荷量，题项变量的排列次序是先根据其在第一个共同因素的因素负荷量值的高低顺序呈现，再根据其在第二个共同因素的因素负荷量值的高低顺序呈现。

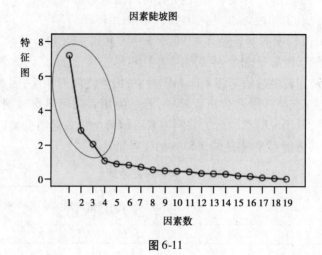

图 6-11

根据因子矩阵可以计算每个题项变量萃取后的共同性与特征值。题项变量萃取后共同性等于变量在各因素的因素负荷量平方的总和,以题项 c15 为例,萃取后的共同性为 0.976,其数值求法如下:$(0.771)^2 + (-0.219)^2 + (-0.573)^2 + (0.067)^2 = 0.976$。从因子矩阵中可以看出,大部分的题项变量均归属于因素一,少部分归属于因素二。

表 6-20　因子矩阵(a)

	因　子			
	1	2	3	4
c15	.771	− .219	− .573	.067
c9	.756	− .173	.477	.240
c13	.755	− .176	.487	.217
c14	.735	− .175	− .126	− .089
c17	.725	− .235	− .544	.182
c8	.721	− .050	.374	− .019
c16	.716	− .080	− .180	− .211
c7	.701	− .123	.198	− .287
c19	.694	− .277	− .506	.195
c18	.681	− .018	− .106	− .354
c10	.662	− .229	.347	.042
c11	.643	.010	.322	− .078
c6	.348	.307	− .051	− .111
c3	.431	.823	− .091	.164
c2	.387	.681	− .062	.110
c4	.311	.571	− .022	− .047
c1	.316	.530	.014	.146
c5	.375	.513	− .027	− .203
c12	.008	.055	.142	.078

萃取方法:主轴因子。

a 萃取了 4 个因子。需要 9 个迭代。

在斜交转轴法中,较常用的方法为直接斜交法(direct oblimin)或最优斜交法(promax),这两种方法 SPSS 均有提供。采用斜交转轴法后会产生两个转轴后的矩阵:因素样式矩阵或称因素组型矩阵(factor pattern matrix)、因素结构矩阵(factor structure matrix)。样式矩阵中的数值类似多元回归分析中的标准化回归系数,可反映题项变量在因素间相对的重要性,即和其他变量同时比较之下,样式矩阵的数值高低可反映出变量在某个因素的重要程度;而因素结构矩阵中的数值表示的是变量与因素间的简单相关,其数值也就是因素负荷量(Stevens, 2002)。

从表 6-21 样式矩阵中可以看出,题项 c13、c9、c10、c8、c11、c7 对因素一而言有较重要的影响力;题项 c3、c2、c4、c1、c5、c6 对因素二而言有较重要的影响力;题项 c17、c15、c19、c14、c16 对因素三而言有较重要的影响力;与其他题项变量相比之下,题项 c18 对因素四的重要性较大。至于题项 c12,与其他变量相比,对四个因素的影响程度均很低,表示无法看出此题项对四个因素中个别因素的重要性,可考虑将之删除。

表 6-21　样式矩阵(a)

	因　子			
	1	2	3	4
c13	.933	−.044	−.087	.162
c9	.924	−.038	−.107	.186
c10	.768	−.109	−.098	−.023
c8	.766	.079	−.014	−.086
c11	.653	.124	.025	−.140
c7	.616	.014	−.049	−.382
c12	.112	.037	.098	.090
c3	−.087	.964	−.085	.160
c2	−.043	.801	−.060	.102
c4	−.023	.656	.049	−.060
c1	.032	.621	−.030	.145
c5	.023	.607	.072	−.238
c6	.057	.403	−.048	−.145
c17	.043	.058	−.957	.087
c15	.035	.084	−.943	−.042
c19	.072	.002	−.931	.104
c14	.380	.036	−.455	−.187
c16	.287	.129	−.402	−.314
c18	.304	.162	−.234	−.458

萃取方法:主轴因子。

旋转方法:含 Kaiser 正态化的 Oblimin 法。

a 转轴收敛于 12 个迭代。

表 6-22　结构矩阵

	因　子			
	1	2	3	4
c13	.927	.231	-.323	.013
c9	.923	.235	-.332	.031
c8	.805	.320	-.306	-.200
c10	.770	.139	-.339	-.147
c11	.700	.331	-.257	-.229
c7	.685	.248	-.392	-.481
c3	.209	.932	-.138	.036
c2	.203	.786	-.125	-.001
c4	.166	.649	-.062	-.110
c5	.213	.629	-.113	-.280
c1	.209	.619	-.077	.063
c6	.212	.443	-.179	-.214
c15	.371	.237	-.982	-.406
c17	.359	.202	-.948	-.280
c19	.360	.149	-.916	-.251
c14	.563	.237	-.652	-.409
c16	.497	.308	-.630	-.514
c18	.488	.337	-.526	-.602
c12	.080	.047	.090	.108

萃取方法:主轴因子。

旋转方法:含 Kaiser 正态化的 Oblimin 法。

表 6-22 为结构矩阵,此矩阵的意义与直交转轴法中转轴后的成分矩阵(Rotated Component Matrix)相似。由于因素结构矩阵中的数值表示的是因素负荷量,数值高低可反映变量与个别因素的关系,因而可用个别因素包含的题项变量内容作为共同因素(构念或层面)的命名。因素一包含 c7、c8、c9、c10、c11、c13 六题,此因素可命名为"知识分享";因素二包含 c1、c2、c3、c4、c5、c6 六题,此因素可命名为"知识创新";因素三包含 c14、c15、c16、c17、c19 五题,可命名为"知识获取";至于因素四只包含题项 c18,无法代表因素构念的内涵,因素四必须删除;此外,题项 c12 无法归属于哪个因素,因而第二次因素分析时也必须将之删除。

在进行第二次因素分析时,使用者不要一次同时删除许多变量,要逐次删除最不适切的题项,以上述结构矩阵数据而言,题项 c18 在因素三的因素负荷量达 -0.526,表示此题项也与因素三有密切关系,使用者可以先删除题项 c12 后,再看因素分析结果,因为题项删除后整个量表的因素组型均会改变。

表 6-23 为"因素间相关矩阵",若是因子间的相关系数较高(绝对值 >0.300),表示因素与因素间有某种程度关系,因素间并非独立,此时最好采用斜交转轴法;相对的,如

果因子间的相关系数较低(绝对值<0.300),表示因素与因素间的相关不高,此时最好采用直交转轴法。范例中因素间相关矩阵的相关系数绝对值并不大,采用直交转轴法可能较为适宜。

表6-23　因子相关矩阵

因子	1	2	3	4
1	1.000	.300	-.324	-.130
2	.300	1.000	-.146	-.108
3	-.324	-.146	1.000	.371
4	-.130	-.108	.371	1.000

萃取方法:主轴因子。

旋转方法:含 Kaiser 正态化的 Oblimin 法。

图6-12 为"转轴后因素空间内的因素图",因素图只能绘出前三个共同因素及其包含题项的3D立体图,因素1、因素2、因素3 表示前三个共同因素。

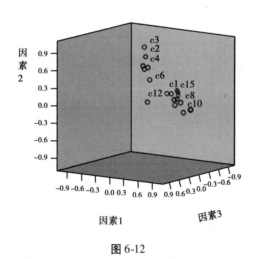

图 6-12

三、第二次因素分析结果

在第一次因素分析中,由于第四个因素只包含题项 c12,因素构念无法命名且包含的题项变量少于3题,因而在第二次因素分析时必须把此题项删除。当选入因素分析中的题项变量不同时,因素结构会改变,因而必须再执行工具栏[分析(A)]/[数据缩减(D)]/[因子(F)]程序。学校知识管理量表第二次纳入因素分析的题项变量共有十八题,题项 c12 被排除在因素分析程序中。

表6-24 因素分析的输出报表只摘录与论文撰述时较为密切的部分。

（一）因素抽取方法——主轴法 & 转轴法——直交转轴的最大变异法

表 6-24 为采用主轴因子萃取法所得的初始及萃取后的共同性。题项变量间的共同性数值愈大，表示该题项变量与其他题项变量所欲测量的心理或行为的共同特质愈多。

表 6-24   共同性

	初始	萃取
c1	.417	.374
c2	.639	.618
c3	.738	.854
c4	.484	.427
c5	.444	.396
c6	.267	.219
c7	.622	.532
c8	.700	.670
c9	.969	.800
c10	.592	.621
c11	.629	.517
c13	.969	.818
c14	.629	.589
c15	.922	.986
c16	.585	.545
c17	.904	.868
c18	.561	.456
c19	.856	.802

萃取法：主轴因子萃取法。

表 6-25   解释总变异量

成分	初始特征值			平方和负荷量萃取			转轴平方和负荷量		
	总和	方差的%	累积%	总和	方差的%	累积%	总和	方差的%	累积%
1	7.208	40.043	40.043	6.878	38.211	38.211	4.257	23.648	23.648
2	2.830	15.722	55.766	2.425	13.473	51.684	3.796	21.091	44.739
3	2.001	11.119	66.885	1.789	9.939	61.623	3.039	16.884	61.623
4	.931	5.173	72.058						
5	<以下数据省略>								

萃取法：主轴因子萃取法。

表 6-25 为"解释总变异量摘要表"。删除题项变量 c12 后，采用主轴因子萃取法共抽取三个共同因素，三个因素的转轴前的特征值分别为 6.878，2.425，1.789，转轴后的特征值分别为 4.257，3.796，3.039，三个因素构念解释个别的变异量分别为 23.648%，21.091%，16.884%，联合解释变异量为 61.623%。因素分析时，由于以少数的因素构念来解释所有观察变量的总变异量，加上行为及社会科学领域的测量不如自然科学领域精确，因而萃取后保留的因素联合解释变异量若能达到 60% 以上，表示萃取后保留的因素相当理想，如果萃取后的因素能联合解释所有变量 50% 以上的变异量，则萃取的因素也

可以接受。上述中保留的三个因素联合解释变异量为 61.623%，已达到 60% 的标准，表示保留的三个因素是适切的。

表 6-26 转轴后的因子矩阵(a)

	因子		
	1	2	3
c13	.884	.171	.088
c9	.871	.180	.092
c8	.772	.191	.195
c10	.755	.225	.009
c11	.663	.166	.224
c7	.639	.325	.133
c15	.189	.967	.122
c17	.184	.909	.089
c19	.199	.873	.037
c14	.466	.598	.119
c16	.392	.592	.204
c18	.405	.485	.240
c3	.051	.084	.919
c2	.070	.080	.779
c4	.070	.036	.649
c5	.127	.095	.609
c1	.102	.035	.602
c6	.138	.158	.418

萃取方法：主轴因子。
旋转方法：含 Kaiser 正态化的 Varimax 法。
a 转轴收敛于 5 个迭代。

从"转轴后的因子矩阵"表 6-26 中可以发现：因素一包含 c7、c8、c9、c10、c11、c13 六题，因素二包含 c14、c15、c16、c17、c18、c19 六题，因素三包含 c1、c2、c3、c4、c5、c6 六题，三个因素构念与原先使用者编制的构念及题项符合，根据各因素构念包含的题项变量特性，因素一的构念命名为"知识分享"，因素二的构念命名为"知识获取"，因素三的构念命名为"知识创新"。

（二）因素抽取方法——主成分分析法 & 转轴法——斜交转轴的直接斜交法

表 6-27 共同性

	初始	萃取
c1	1.000	.485
c2	1.000	.676
c3	1.000	.806
c4	1.000	.548
c5	1.000	.507
c6	1.000	.299
c7	1.000	.594

续表

	初始	萃取
c8	1.000	.732
c9	1.000	.813
c10	1.000	.696
c11	1.000	.605
c13	1.000	.824
c14	1.000	.653
c15	1.000	.939
c16	1.000	.618
c17	1.000	.880
c18	1.000	.521
c19	1.000	.844

萃取法:主成分分析。

表 6-27 为采用主成分分析法萃取所得的初始共同性及萃取后的共同性。题项变量的共同性数值愈大,表示该题项变量与其他题项变量所欲测量的心理或行为的共同特质愈多。主成分分析法与主轴法分析的题项变量初始共同性的设定不同,在用主成分分析法时题项变量初始共同性值均界定为 1。

表 6-28   解释总变异量

成分	初始特征值			平方和负荷量萃取			转轴平方和负荷量(a)
	总和	方差的%	累积%	总和	方差的%	累积%	总和
1	7.208	40.043	40.043	7.208	40.043	40.043	5.840
2	2.830	15.722	55.766	2.830	15.722	55.766	4.041
3	2.001	11.119	66.885	2.001	11.119	66.885	5.470
4	.931	5.173	72.058				
5	<以下数据省略>						

萃取法:主成分分析。

a 当成分产生相关时,无法加入平方和负荷量以取得总方差。

表 6-28 为"解释总异量"摘要表。删除题项变量 c12 后,采用主成分分析萃取法共抽取三个共同因素,三个因素的转轴前的特征值分别为 7.208,2.830,2.001,使用直接斜交法转轴后的特征值分别为 5.840,4.041,5.470,三个因素构念联合解释变异量为66.885%,大于60%,表示保留萃取的三个因素其建构效度良好。

表 6-29   结构矩阵

	成 分		
	1	2	3
c13	.907	.209	.406
c9	.901	.212	.412
c8	.852	.307	.401
c10	.825	.114	.414
c11	.767	.330	.349
c7	.750	.240	.515

续表

	成　分		
	1	2	3
c3	.192	.896	.197
c2	.188	.822	.182
c4	.158	.738	.119
c5	.226	.711	.195
c1	.194	.694	.114
c6	.228	.530	.252
c15	.407	.237	.966
c17	.382	.199	.935
c19	.378	.146	.914
c14	.607	.229	.760
c16	.541	.312	.752
c18	.545	.348	.656

萃取方法：主成分分析。

旋转方法：含 Kaiser 正态化的 Oblimin 法。

从"结构矩阵"表 6-29 中可以发现：因素一包含 c7、c8、c9、c10、c11、c13 六题，因素三包含 c14、c15、c16、c17、c18、c19 六题，因素二包含 c1、c2、c3、c4、c5、c6 六题，三个因素构念与原先使用者编制的构念及题项符合，根据各因素构念包含的题项变量特性，因素一的构念命名为"知识分享"，因素二的构念命名为"知识创新"，因素三的构念命名为"知识获取"。

四、表格范例

上述学校知识管理量表第二次因素分析共萃取了三个因素，三个因素均可合理命名，兹将因素分析输出结果统整如表 6-30、表 6-31：

表 6-30　"学校知识管理量表"因素分析结果摘要表一

题项变量及题目	最大变异法直交转轴后的因素负荷量			共同性
	知识分享	知识创新	知识获取	
c13.本校教师会于同仁会议中分享其处理学生问题的策略。	.884	.171	.088	.818
c9.本校教师会在相关会议中提供意见供其他教师分享。	.871	.180	.092	.800
c8.本校教师会将班级经营的有效策略，与其他教师分享。	.772	.191	.195	.670
c10.本校行政事务处理流程有完整记录，以供同仁分享参考。	.755	.225	.009	.621
c11.本校教师很少于教学研讨会上，分享其教学经验。	.663	.166	.224	.517
c7.校长会积极鼓励同仁，分享研习吸取的新知能。	.639	.325	.133	.532
c15.学校会鼓励教师通过教学观摩，以获取专业知能。	.189	.967	.122	.986

续表

题项变量及题目	最大变异法直交转轴后的因素负荷量			共同性
	知识分享	知识创新	知识获取	
c17.学校鼓励教师通过教师社群活动,以获取专业知能。	.184	.909	.089	.868
c19.学校会影印相关教育新知给教师,以增进教师知能。	.199	.873	.037	.802
c14.学校鼓励同仁参访标竿学校以获取教学及行政知能。	.466	.598	.119	.589
c16.学校积极鼓励教师参与研习活动,以获取专业知能。	.392	.592	.204	.545
c18.学校鼓励教师通过数化位数据来获取新知识。	.405	.485	.240	.456
c3.教师会积极的在其负责的行政工作上创新展现。	.051	.084	.919	.854
c2 本校教师会积极寻求班级经营上的创新。	.070	.080	.779	.618
c4.本校教师会应用研习心得于教育质量的提升。	.070	.036	.649	.427
c5.本校会激励教师以创新理念提升学生学习成效。	.127	.095	.609	.396
c1 本校常鼓励教师创新教学或工作创新。	.102	.035	.602	.374
c6.本校鼓励教师以创新有效方法激励学生学习动机。	.138	.158	.418	.219
特征值	4.257	3.796	3.039	11.092
解释变异量%	23.648	21.091	16.884	61.623
累积解释变异量%	23.648	44.739	61.623	

表 6-31　"学校知识管理量表"因素分析结果摘要表二

题项变量及题目	直接斜交法斜交转轴后之结构矩阵			共同性
	知识分享	知识获取	知识创新	
c13.本校教师会于同仁会议中分享其处理学生问题的策略。	.907	.209	.406	.824
c9.本校教师会在相关会议中提供意见供其他教师分享。	.901	.212	.412	.813
c8.本校教师会将班级经营的有效策略,与其他教师分享。	.852	.307	.401	.732
c10.本校行政事务处理流程有完整记录,以供同仁分享参考。	.825	.114	.414	.696
c11.本校教师很少于教学研讨会上,分享其教学经验。	.767	.330	.349	.605
c7.校长会积极鼓励同仁,分享研习吸取的新知能。	.750	.240	.515	.594
c3.教师会积极的在其负责的行政工作上创新展现。	.192	.896	.197	.806
c2 本校教师会积极寻求班级经营上的创新。	.188	.822	.182	.676
c4.本校教师会应用研习心得于教育质量的提升。	.158	.738	.119	.548
c5.本校会激励教师以创新理念提升学生学习成效。	.226	.711	.195	.507
c1 本校常鼓励教师创新教学或工作创新。	.194	.694	.114	.485
c6.本校鼓励教师以创新有效方法激励学生学习动机。	.228	.530	.252	.299
c15.学校会鼓励教师通过教学观摩,以获取专业知能。	.407	.237	.966	.939
c17.学校鼓励教师通过教师社群活动,以获取专业知能。	.382	.199	.935	.880
c19.学校会影印相关教育新知给教师,以增进教师知能。	.378	.146	.914	.844
c14.学校鼓励同仁参访标竿学校以获取教学及行政知能。	.607	.229	.760	.653
c16.学校积极鼓励教师参与研习活动,以获取专业知能。	.541	.312	.752	.618
c18.学校鼓励教师通过数化位数据来获取新知识。	.545	.348	.656	.521
累积解释变异量%				66.885

第七章 量表的信度

信度是指测验或量表工具所测得结果的稳定性(stability)及一致性(consistency),量表的信度愈大,则其测量标准误愈小。

第一节 信度的基本内涵

因素分析完后,要继续进行的是量表各层面与总量表的信度检验。所谓信度(reliability),就是量表的可靠性或稳定性,在态度量表法中常用的检验信度的方法为 L. J. Cronbach 所创的 α 系数,其公式为:

$$\alpha = \frac{K}{K-1}\left(1 - \frac{\sum S_i^2}{S^2}\right)$$

其中 K 为量表所包括的总题数;

$\sum S_i^2$ 为量表题项的方差总和;S^2 为量表题项加总后方差。

α 系数值界于 0 至 1 之间,α 出现 0 或 1 两个极端值的概率甚低(但也有可能)。究竟 α 系数要多大才算有高的信度,不同的方法论学者对此看法也未尽相同。学者 Nunnally(1978)认为 α 系数值等于 0.70 是一个较低但可以接受的量表边界值;学者 DeVellis(1991)也提出以下观点:α 系数值如果在 0.60 至 0.65 之间最好不要;α 系数值界于 0.65 至 0.70 间是最小可接受值;α 系数值界于在 0.70 至 0.80 之间相当好;α 系数值界于在 0.80 至 0.90 之间非常好。另外,亦可求出量表的折半信度(split-half reliability),所谓折半信度是将量表的题目分成两半计分,根据受试者在两半题项上所得的分数计算两者的相关系数。

信度是指根据测验工具所得到结果的一致性或稳定性。一般而言,两次或两个测验的结果愈是一致,则误差愈小,所得的信度愈高,它具有以下几个特性(王保进,2002):

1. 信度是指测验所得到结果的一致性或稳定性,而非指测验或量表本身,因而信度指的是评量工具获取的结果而非工具本身。

2. 信度值是指在某一特定类型下的一致性,非泛指一般的一致性,信度系数可能因不同时间、不同受试者或不同评分者而出现不同的结果。

3. 信度是效度的必要条件,而非充分条件,信度低效度一定低,但信度高未必表示效度也高。

4. 信度检验完全依据统计方法,不管采用信度系数或测量标准误为测验信度的指标,它们完全是一种统计量,因而信度主要是借由统计方法而取得,如重测信度、折半信度等均是由相关方法求出其信度值。

信度(reliability)可界定为真实分数(true score)的方差与观察分数(observed score)的方差的比例。信度是指测验分数的特性或测量的结果,而非指测验或测量工具本身,因此,某测验或量表是可信赖的说法(test reliable)是不正确的,应该说此测验分数是可信赖的(scores are reliable),由此可知,"信度适用于测验分数而非测验本身"(傅粹馨,1998)。信度亦可解释为某一群特定受试者的测验分数的特性,分数会因受试者的不同而有所不同,所以多数学者认为每次施测量表后,应估计分数的特性,而不是只报告前人在信度研究的数值或测验指导手册上的数值(傅粹馨,2002)。可见,在研究过程中,即使使用前人编制或修订过的量表,最好还是要有预试的工作以重新检验其信度,因为受试对象会因时间或外在等干扰因素对量表内涵产生不同的知觉与感受。如可以的话,使用者除提供目前研究所得分数的信度系数外,最好能提供信度系数的置信区间(confidence interval for reliablity corfficient)(Fan & Thompson, 2001)

在因素分析完后,为进一步了解问卷的可靠性与有效性,要做信度检验。在李克特态度量表法中常用的信度检验方法为 Cronbach α 系数及折半信度(Split-half reliabilty)。如果一个量表的信度愈高,代表量表愈稳定(stability)。以再测信度(test-retest reliability)而言,其代表的是受试者在不同时间得分的一致性(consistence),因而又称稳定系数(coefficient of stability)。Crocker 和 Algina(1986)指出:α 系数是估计信度的最低限度(lower bound),是所有可能的折半系数的平均数。估计内部一致性系数,用 α 系数优于折半法,因为任何长度的测验都有许多种的折半方式,相同数据不同的折半方式求得的数据便会产生不同的估计值。

编制测验或量表时,α 系数常作为测量分数信度之一的数据。在社会科学的研究领域或其相关期刊中,α 系数的使用率甚高。α 系数是内部一致性的函数,也是试题间相互关连程度的函数,一组试题之间或许有相当多的关连性且是多向度的。测验或量表的内部一致性是表示题目间的关连性(interrelatedness),但不一定是指试题所包括的向度(dimensionality),因而如果一个量表具有单一向度,则具有内部一致性;但反之则不然,也就是说一个量表具有内部一致性,有高 α 值,但不一定具有单一向度的特性(傅粹馨,2002;Gardner, 1995)。

信度是经由多次复本测验测量所得结果间的一致性或稳定性,或估计测量的误差有多少,以反映出实际真实量数程度的一种指标。当测验分数中测量误差所占的比率降低时,真实特质部分所占的比率就会相对提高,因而信度系数值就会增高;相对的,当测量误差所占的比率部分增加时,则真实特质部分所占的比率便相对降低,因而,信度系数值便会降低(余民宁,2002)。一般而言,一份优良的教育测验至少应该具有0.80以上的信度系数值才比较具有使用的教育价值(Camines & Zeller, 1979)。

信度有外在信度(external reliability)与内在信度(internal reliability)两大类。外在信度通常指不同时间测量时量表一致性的程度,再测信度即是外在信度最常使用的检验法。在多选项量表(multipleitem scales)中,内在信度特别重要,所谓内在信度指的是每一个量表是否测量单一概念(idea),同时,组成量表题项的内在一致性程度如何。如果内在信度 α 系数在 0.80 以上(Bryman & Cramer,1997),表示量表有高的信度,因素分析完后每个构念层面的内在信度 α 系数通常会比总量表的信度值低,内在信度最常使用的方法是 Cronbach's alpha 系数。

常用量表 α 信度系数其实仅是内部一致性信度系数中的一种而已,内部一致性信度系数除 Cronbach α 系数外,还包括折半信度(split-half reliability)、库李信度、Hoyt 的变异系数。库李信度由学者 G. F. Kuder 和 M. W. Richardson 提出,简称 K-R 信度系数,此系数值适用于是非题,亦即二元化计分的测验数据方面。库李信度估计值最常用者为库李 20 号公式:

$$KR_{20} = \left(\frac{k}{k-1}\right)\left(1 - \frac{\sum pq}{S^2}\right)$$

上述公式中 k 为整个测验的题数,p 为每题答对百分比,q 为每题答错百分比,$\sum pq$ 为整个测验中每个题项答对百分比与答错百分比相乘积的总和,S^2 为测验总分的变异量。如果一份测验中题项难度值相差不大,或是平均难度值接近于 0.50(表示整体测验试题的难易适中),此时可采用一个较 KR_{20} 更简便的公式,称为库李 21 号信度系数,以 KR_{21} 表示,KR_{21} 信度系数的公式为:

$$KR_{21} \text{ 信度系数} = \frac{k}{k-1}\left[1 - \frac{\overline{X}(k-\overline{X})}{k(S^2)}\right]$$

上式信度系数中 k 为测验的总题数,$\overline{X}$ 为测验分数的平均数,S^2 为测验总分的方差。若是每个试题间难度指标值的差异较大,则使用 KR_{20} 与 KR_{21} 两个公式所估计而得的信度系数值差距也会较大,一般而言,KR_{20} 所估计的信度系数值会比 KR_{21} 所估计的信度系数值大。此外,在多评定者给予的看法或分类中,为探究评定者或观察者间看法的一致性如何,可采用评分者间一致性(agreement)信度系数。如两位评分者对 50 件作品分别给予 5,4,3,2,1 分五个评定级分分数,分数愈高表示作品愈优,两位评定者给予相同 5 分的作品有 6 件,给予相同 4 分的作品 5 件,给予相同 3 分的作品有 4 件,给予相同 2 分的作品有 3 件,给予相同 1 分的作品有 4 件,则其评分者间一致性信度系数为:

完全一致看法百分比 = (6 + 5 + 4 + 2 + 4) ÷ 50 = 0.42 = 42%。

Cronbach's alpha 系数是属内部一致性信度的一种,最常用于李克特式量表,此法由 Cronbach(1951)创用,他以 α 系数来代表量表的内部一致性信度,α 系数愈高,代表量表的内部一致性愈佳。折半信度即将一份测验或量表依奇数题或偶数项分割成两个次量表或次测验,或依题项数的排序将前半部题项与后半部题项分割成两个部分,然后再求出两个次量表的相关系数,此系数即为折半信度系数。由于折半信度只是使用半份测验的信度而已,它通常会降低原来试题长度的测验信度,因此,为了能够评估原来量表试题长度的信度,必须使用斯布校正公式(Spearman-Brown formula)加以校正,将折半信度加以还原估计。斯布校正公式有个基本假设,那就是两半测验的方差必须相等,亦即要满足方差同质性的假设,若违反这个假设,就会高估测验的信度(Cronbach, 1951),所估计出来的信度系数值将会比其他内部一致性方法所估计出的信度系数值高。因此,为了避免此种严谨的假设在现实测验情境中无法被满足,于是福乐兰根(Flanagan)提出另一种校正公式,即为卢隆(Rulon)所创的校正公式,其算法较为简便。以上三种校正折半信度的方法,其计算公式均符合信度理论的依据,亦即它们都是在计算真实分数方差占实得分数总变量的比率,若以实际数据来计算,它们的结果差异不大(余民宁,2002)。

斯布校正的折半信度公式求法为:

$$整个测验得分的信度 = \frac{二个半份测验间的相关系数 \times 2}{二个半份测验间的相关系数 + 1}$$

Cortina(1993)归纳有关国外 α 系数研究的观点,发现以下四项特性:①α 系数是所有可能的折半系数的平均数;②α 系数是估计信度的最低限度;③α 系数是表示第一个因素饱和度的量数(a measure of first-factor saturation);④当试题计分为二分名义变量时(答案登录为 1 或 0),则 α 系数的值与 KR20 的值是相同的。在 SPSS 统计软件中,会同时呈现 α 系数与标准化的 α 系数(standardized item alpha),这两个 α 值略微不同(参见下面的实例操作部分结果)。这两个 α 值的适用环境为:当使用者采用试题标准分数的总和作为量表分数时,此情况宜选用标准化 α 系数;当使用者用试题原始分数总和作为量表分数时,则不宜选用标准化 α 系数。此外,如测验题目的同质性高,则 α 系数与折半信度所估计的值近似;若题目的异质性高,则 α 系数会低于折半信度所估计的值,故 α 系数常被称为估计信度的最低限度(傅粹馨,2002)。

从教育测验与计量观点来看,内部一致性所关注的误差包括内容取样和内容异质性。不过,通常尽可能将评量工具分成对等的两半,因此,采用折半法对内容异质性较不敏感。学者 Anastasi(1988)认为用折半法估计信度会高于 alpha 系数,而两者间的差异可作为评量工具内容异质性的一项粗略指标。Cronbach(1951)明确指出:"alpha 系数是各种可能折半方式所得的信度系数的平均值,内部一致性系数的主要限制为不能估计速度测验的信度。"受测者若速度过慢,则无法完成排列在后面的题目;若采用内部一致性系数,则会高估信度,因为用折半法时,折半后的两个测验分数会有高相关;若用 alpha 系数,则排列在前面及后面的题目的变异趋近于零,信度系数会偏高(张郁雯,2000)。

内部一致性 α 系数的公式如下:$\alpha = \frac{K}{K-1}\left(1 - \frac{\sum S_i^2}{S^2}\right)$,其中 K 为量表的题项数、$\sum S_i^2$ 为量表题项的方差总和、S^2 为量表总分的方差。从公式中可以发现量表的题项数愈多,$\frac{K}{K-1}$ 的值愈接近 1、$\frac{\sum S_i^2}{S^2}$ 的值愈接近 0,因而内部一致性 α 系数会接近 1,即当量表题项数 k 愈多时,内部一致性 α 系数值也会愈大;此外,题目间的相关系数值愈大时,α 系数值也会愈大。如果题项的正反题没有转换为一致的计分方向,则可能出现部分题项与其他题项的相关系数为负数,此时,题项的各方差总和 $\sum S_i^2$ 会大于加总层面的方差 S^2,使得 $\left(1 - \frac{\sum S_i^2}{S^2}\right)$ 值呈现负值,求得的 α 系数也是负值。当层面的 α 系数出现负值时,表示层面间某些题项所欲测得的特质或潜在构念与其他题项不同,造成题项间的相关很低,或是题项反向题没有进行反向计分。

以一份有八个题项的量表为例求内部一致性 α 系数,八个题项均为正向题,受试对象的样本数有六位,量表采用李克特五点量表法填答,每个题项数值介于 1 到 5 之间,数据文件如表 7-1:

表 7-1

题号\样本	量表试题								总分
	01	02	03	04	05	06	07	08	
A	5	1	2	5	2	5	4	3	27
B	5	1	2	4	3	5	5	2	27
C	5	2	2	5	3	5	5	2	29
D	5	1	2	5	3	5	5	3	29
E	5	1	2	5	3	5	5	2	28
F	4	1	1	5	3	4	4	2	24

以叙述统计量求出各题项的描述性统计量并检核数据文件有无键入错误,八个题项及加总后的描述性统计量及方差如表 7-2:

表 7-2

题号	叙述统计					
	个数	最小值	最大值	平均数	标准差	方差
A1	6	4	5	4.833	0.408	0.167
A2	6	1	2	1.167	0.408	0.167
A3	6	1	2	1.833	0.408	0.167
A4	6	4	5	4.833	0.408	0.167
A5	6	2	3	2.833	0.408	0.167
A6	6	4	5	4.833	0.408	0.167
A7	6	4	5	4.667	0.516	0.267
A8	6	2	3	2.333	0.516	0.267
$\sum S_i^2$						1.533
总分	6	24	29	27.333	1.862	3.467

从表 7-2 中得知八个题项的方差总和 $\sum S_i^2 = 1.533$,八题加总后量表总分的方差为 $S^2 = 3.467, k = 8, \alpha$ 系数为:

$$\alpha = \frac{K}{K-1}\left(1 - \frac{\sum S_i^{\,2}}{S^2}\right) = \frac{8}{8-1}\left(1 - \frac{1.533}{3.467}\right) = \frac{8}{7}(0.558) = 0.637$$

若是将每位受试者在题项的数据转换为标准化 Z 分数,则每个题项新的平均数为 0、标准差均为 1,此时再计算量表的信度,此种信度称为标准化信度,此信度值在 SPSS 信度分析的输出报表中以"以标准化项目为准的 Cronbach's Alpha 值"表示,原始未标准化数据所求得的信度称为原始信度(raw reliability),原始信度在 SPSS 信度分析的输出报表中以"Cronbach's Alpha 值"表示。

执行叙述统计的描述性统计量可以求得各题项的 Z 分数,在[描述性统计量]的对话窗口中,勾选[将标准化的数值存成变量(Z)]即可。量表八个试题转换后的标准分数如表 7-3:

表 7-3

题号 样本	量表试题								
	ZA1	ZA2	ZA3	ZA4	ZA5	ZA6	ZA7	ZA8	Z 总分
A	0.408	− 0.408	0.408	0.408	− 2.041	0.408	− 1.291	1.291	− 0.816
B	0.408	− 0.408	0.408	− 2.041	0.408	0.408	0.645	− 0.645	− 0.816
C	0.408	2.041	0.408	0.408	0.408	0.408	0.645	− 0.645	4.082
D	0.408	− 0.408	0.408	0.408	0.408	0.408	0.645	1.291	3.569
E	0.408	− 0.408	0.408	0.408	0.408	0.408	0.645	− 0.645	1.633
F	− 2.041	− 0.408	− 2.041	0.408	0.408	− 2.041	− 1.291	− 0.645	− 7.652

执行描述性统计量,八个标准分数题项与加总后的描述性统计量及方差如表 7-4:

表 7-4

	个数	最小值	最大值	平均数	标准差	方差
ZA1	6	− 2.041	.408	.00000	1.000000	1.000
ZA2	6	− .408	2.041	.00000	1.000000	1.000
ZA3	6	− 2.041	.408	.00000	1.000000	1.000
ZA4	6	− 2.041	.408	.00000	1.000000	1.000
ZA5	6	− 2.041	.408	.00000	1.000000	1.000
ZA6	6	− 2.041	.408	.00000	1.000000	1.000
ZA7	6	− 1.291	.645	.00000	1.000000	1.000
ZA8	6	− .645	1.291	.00000	1.000000	1.000
Z 总分	6	− 7.652	4.082	.00000	4.288601	18.392

从表 7-4 中得知八个题项的方差总和 $\sum S_i^2 = 8$（标准分数的标准差为 1、方差也为 1），八题加总后量表总分的方差 $S^2 = 18.392$，$k = 8$，α 系数为:

$$\alpha = \frac{K}{K-1}\left(1 - \frac{\sum S_i^2}{S^2}\right) = \frac{8}{8-1}\left(1 - \frac{8}{18.392}\right) = \frac{8}{7}(0.565) = 0.646$$

表 7-5 为执行 SPSS 信度检验结果,"Cronbach's Alpha 值"栏的数值为原始信度,原始内部一致性 α 系数为 0.637;"以标准化项目为准的 Cronbach's Alpha 值"栏的数值为标准化信度,标准化信度的 α 系数为 0.646。

表 7-5　信度统计量

Cronbach's Alpha 值	以标准化项目为准的 Cronbach's Alpha 值	项目的个数
.637	.646	8

若要求出上述量表的折半信度系数,则需将量表分成两个子量表,SPSS 的信度分析程序中,会依变量选入的顺序将量表或层面分成两个子量表或子层面,再求出两者的相关及折信度系数。范例中八个题项的前四题的分数加总变量称为"前半部",后四题的分数加总变量称为"后半部",两者之间的积差相关系数为 0.625,如表 7-6、表 7-7。

表 7-6

	A1	A2	A3	A4	前半部	A5	A6	A7	A8	后半部
A	5	1	2	5	13	2	5	4	3	14
B	5	1	2	4	12	3	5	5	2	15
C	5	2	2	5	14	3	5	5	2	15
D	5	1	2	5	13	3	5	5	3	16
E	5	1	2	5	13	3	5	5	2	15
F	4	1	1	5	11	3	4	4	2	13

表 7-7 相关

		前半部	后半部
前半部	Pearson 相关	1	.625
	显著性（双尾）		.185
	个数	6	6
后半部	Pearson 相关	.625	1
	显著性（双尾）	.185	
	个数	6	6

执行工具栏［分析(A)］(Analyze)/［相关(C)］(Correlate)/［双变量(B)］(Bivariate)程序，可以求出两个子量表间的相关系数，根据求得的相关系数可以求出斯布校正折半信度系数：

$$斯布校正折半信度系数 = \frac{二个半份测验间的相关系数 \times 2}{二个半份测验间的相关系数 + 1} = \frac{0.625 \times 2}{0.625 + 1} = 0.769$$

表 7-8 的信度统计量为执行 SPSS 信度分析程序求出的折半信度系数，量表两个部分（两半）间的相关为 0.625（形式间相关栏数据），斯布校正公式栏的折半信度系数为 0.769。

表 7-8 信度统计量

Cronbach's Alpha 值	第 1 部分	数值	.500
		项目的个数	4(a)
	第 2 部分	数值	.250
		项目的个数	4(b)
	项目的总个数		8
形式间相关			.625
Spearman-Brown 系数	等长		.769
	不等长		.769
Guttman Split-Half 系数			.769

a 项目为\: A1, A2, A3, A4。
b 项目为\: A5, A6, A7, A8。

内部一致性系数要多大才能表示测验的分数是可靠的？根据 Henson(2001)的观点，认为这与研究目的和测验分数的运用有关，如使用者的目的在于编制预测问卷，测验（predictor tests）或测量某构念的先导性，信度系数在 0.50 至 0.60 已足够。当以基础研究为目的时，信度系数最好在 0.80 以上。当测验分数是用来作为截断分数（cutoff score）

而扮演重要的角色,如筛选、分组、接受特受教育等,则信度系数最好在0.90以上,而0.95是最适宜的标准。如果以发展测量工具为目的,信度系数应在0.70以上。Log(2001)从近年来对《谘商发展与测量与评估》期刊的探究中发现,对于一般性的研究而言,内部一致性估计值普遍可接受的数值为0.80,当把标准化测验分数作为重要的临床或教育决策时,则系数至少为0.90以上。学者 Nunnally(1967)认为探索性研究与验证性研究或应用性研究的信度判别标准应有所区别。在一般探索性研究中,信度系数的最低要求标准是系数值在0.50以上,0.60以上较佳;但在应用性与验证性的研究中,信度系数值最好在0.80以上,0.90以上更佳。

根据学者 Gay(1992)的观点,任何测验或量表的信度系数如果在0.90以上,表示测验或量表的信度甚佳。在社会科学领域中,可接受的最小信度系数值是多数使用者最为关注的,不过,在这方面学者间看法也未尽一致。有些学者认为在0.80以上,如学者 Gay(1992)等人即是;而有些学者则认为在0.70以上是可接受的最小信度值,如学者 DeVellis(1991)、Nunnally(1978)等人。如果使用者编制的研究工具的信度过低,如在0.60以下,则应重新修订研究工具或重新编制较为适宜。

正常状况下,α 系数受到题数多少的影响,题数愈大,相对的 α 系数也会提高,试题间相关系数平均数愈低,则其影响愈大。在一般社会科学领域研究中,α 系数受到测验或量表中的题项、试题间的相关系数的平均数与向度数目三个因素所影响:

1. 即使试题间相关程度低和量表具有多向度的特性,该量表仍有较高的 α 系数。

2. 试题间相关系数的平均数增加,α 系数亦会增加。

3. 当量表的向度愈多时,α 系数会变小。(傅粹馨,2002)

由于在社会科学研究领域中,每份量表包含分层面(构面),因而使用者除提供总量表的信度系数外,也应提供各层面的信度系数。综合上述各学者的观点,可以发现,从使用者观点出发,研究不为筛选,或仅作为入学、分组的参考,且只是一般的态度或心理知觉量表,则其总量表的信度系数最好在0.80以上,如果在0.70至0.80之间,也算是可以接受的范围;如果是分量表,其信度系数最好在0.70以上,如果是在0.60至0.70之间,也可以接受使用;如果分量表(层面)的内部一致性 α 系数在0.60以下或总量表的信度系数在0.80以下,应考虑重新修订量表或增删题项。综合多位学者的看法,内部一致性信度系数指标判断原则如表7-9,其中分层面最低的内部一致性信度系数要在0.50以上,最好能高于0.60,而整份量表最低的内部一致性信度系数要在0.70以上,最好能高于0.80。

表 7-9

内部一致性信度系数值	层面或构念	整个量表
α 系数 < .50	不理想,舍弃不用	非常不理想,舍弃不用
.50 ≤ α 系数 < .60	可以接受,增列题项或修改语句	不理想,重新编制或修订
.60 ≤ α 系数 < .70	尚佳	勉强接受,最好增列题项或修改语句
.70 ≤ α 系数 < .80	佳(信度高)	可以接受
.80 ≤ α 系数 < .90	理想(甚佳,信度很高)	佳(信度高)
α 系数 ≥ .90	非常理想(信度非常好)	非常理想(甚佳,信度很高)

此外,在呈现的统计数据中,不应只是呈现信度系数值的大小,还应该说明测验或量

表适用的群体,以提供有价值且可比性的信息,以作为未来测验者或其他使用者继续研究发展的参考。如果一个测验或量表包含了数个小测验或构念层面,则每个小量表或构念层面的信度也要检验,不能只呈现总量表的信度系数。因为信度是测验题项数的函数,子测验或构念层面所涵括的题项数较少,因而多数子测验或构念层面的信度系数值通常会低于总测验或总量表的信度系数值;但如果子测验或构念层面间的差异性太大,亦即总量表的同质性不高,则构念层面的信度系数反而会高于总量表的信度,但此种情形较少发生,在研究报告中出现的概率也较小。

第二节 操作程序与结果输出

【研究问题】

> 之前在"学校知识管理量表"经因素分析的结果共萃取三个因素构念:"知识创新""知识分享""知识获取",三个因素构念所包括的题项变量分别如下,求"学校知识管理量表"三个因素构念的信度及总量表的信度。

"知识创新":包括 c1、c2、c3、c4、c5、c6 六题。

"知识分享":包括 c7、c8、c9、c10、c11、c13 六题。

"知识获取":包括 c14、c15、c16、c17、c18、c19 六题。

一、"知识创新"层面的信度

(一)操作程序

1. 步骤1

执行工具栏[分析(A)]/[尺度(A)](Scale)/[信度分析(R)](Reliability Analysis)程序,开启[信度分析]对话窗口,如图7-1。

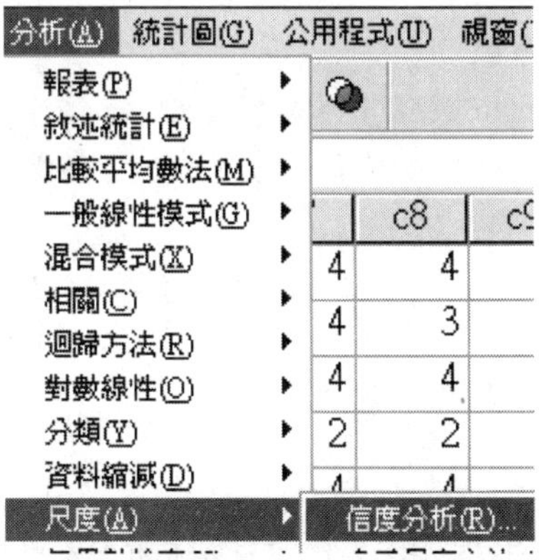

图 7-1

2. 步骤 2

在左边变量清单中将"知识创新"层面包含的题项变量"c1、c2、c3、c4、c5、c6"选入右边[项目(I)]下的方框内。

在[模式(M)]右边下拉式选单中选取[Alpha 值](内部一致性 α 系数检验,此为 SPSS 预设选项),如图 7-2。

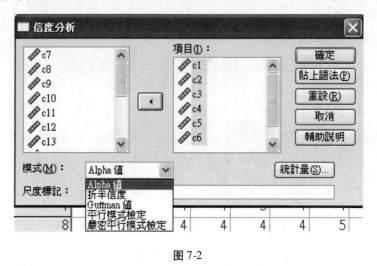

图 7-2

【备注】 在[信度分析]对话窗口中,[模式(M)]右侧的下拉式选单共有五种信度检验的方法:

1. [Alpha 值]:即计算 Cronbach α 系数值,α 系数亦即各层面或量表的内部一致性系数。如果是二分数据,此系数相当于 KR20 系数。

2. [折半信度](Split-half):计算量表的折半信度,折半信度的计算是将一个量表分成两个子量表,如量表的题项数为奇数,则题项较多者为前半部题项(子量表一)、题项较少者为后半部题项(子量表二);若是量表的题项数为偶数题,则分割成两部分的题项数会相等,SPSS 会估算两个子量表的相关系数、Guttman 折半信度、斯布(Spearman-Brown)等长度系数或不等长的校正系数。

3. [Guttman 值]:为 Guttman 最低下限真实信度法,信度系数从 lambda1 到 lambda6。

4. [平行模式检验](Parallel):在计算量表信度时,会假设所有变量均有相等的方差及相等的误差方差。

5. [严密平行模式检验](Strict parallel):表示当各题目平均数与方差均同质时的最大概率信度。

3. 步骤 3

按[统计量(S)...]钮后出现[信度分析:统计量]次对话窗口→在[叙述统计量对象]方框中勾选[项目(I)]、[尺度(S)]、[删除项目后之量尺摘要]三个选项,在[各分量表内项目之间(A)]方框中勾选[相关(L)]、[协方差(E)]两个选项→按[继续]钮,回到[信度分析]对话窗口→按[确定]钮,如图 7-3。

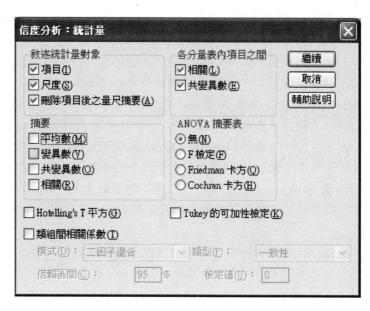

图 7-3

【备注】　在[信度分析:统计量]次对话窗口中,有关的主要统计量数分别为:

1.[叙述统计量对象]方框中包括三个选项:

(1)[项目(I)]:呈现各题项的描述统计量,包括平均数、标准差、有效观察值个数。

(2)[尺度(S)]:呈现整个量表或构念层面的描述统计量,包括平均数、标准差、方差、有效观察值个数。

(3)[删除项目后之量尺摘要(A)]:输出题项删除后的相关统计量的变化,包括项目删除后的尺度平均数、项目删除后的尺度方差、修正的项目总相关、项目删除后的 Cronbach's Alpha 值。此选项在进行量表的信度检验时必须勾选,使用频率较高。

2.[各分量表内项目之间]方框中包括两个选项:

(1)[相关(L)]:输出各题项变量间的相关系数矩阵,相关矩阵的对角线数值均为 1,对角线的数值为变量与变量本身的相关系数,对角线以上的上三角矩阵与对角线以下的下三角矩阵的数值相同。

(2)[共变异数(E)]:输出各题项间的方差—协方差矩阵,协方差矩阵的对角线为题项变量的方差。

3.[摘要]方框中包括四个选项:

(1)[平均数(M)]:输出观察值在分量表或层面题项的单题平均得分的统计量,即平均单题的描述性统计量,包含新变量的平均数、最大值、最小值、全距、方差。

(2)[变异数(V)]:功能和前述相同,但使用观察值平均单题得分的方差作为目标变量,称为项目方差。

(3)[共变异数(O)]:输出项目间协方差的描述性统计量。统计量中的最小值表示题项协方差矩阵中协方差系数最小者,最大值表示题项协方差矩阵中协方差系数最大者,全距表示题项变量协方差矩阵中最大者与最小者相减数值。

(4)[相关(R)]:输出项目间相关的描述性统计量,统计量中的最小值表示题项相关矩阵中相关系数最小者,最大值表示题项相关矩阵中相关系数最大者,全距表示题项变量间相关系数最大者与最小者相减数值。

4. [ANOVA 摘要表]方框中包括四个选项：

[ANOVA 摘要表]选项可进行题项变量平均数相等的检验。

(1) [无(N)]：不输出平均数检验的信息。

(2) [F 检验(F)]：输出单因子相依样本[1]检验的方差分析摘要表。

(3) [Friedman 卡方(O)]：输出 Friedman 卡方和 Kendall 和谐系数。在 ANOVA 摘要表中会以 Friedman 卡方统计量来取代 F 统计量。

(4) [Cochran 卡方(H)]：进行 Cochran's 检验，在 ANOVA 摘要表中会以 Cochran's Q 检验统计量来取代 F 统计量，此选项适用于二分水平的数据。

5. [Hotelling's T^2 检验(G)]：进行两个独立样本的多变量平均数检验。

6. [Tukey 的可加性检验(K)]：进行题项间有无相乘性交互作用的检验，此选项在实际应用中甚少。

7. [类组间相关系数(T)]：输出观察值间数值组内相关系数摘要表。[模式]选项包括[二因子混合]、[二因子随机]、[单因子随机]三种，[变量类型]选项包括[一致性]、[绝对协议]两种。

(二)输出结果

信度

尺度：ALL VARIABLES

表 7-10   观察值处理摘要

		个数	%
观察值	有效	200	100.0
	排除(a)	0	.0
	总计	200	100.0

a 根据程序中的所有变量删除全部缺失值。

观察值处理摘要表中会输出有效观察值个数、缺失值个数及全部观察值个数。表 7-10 中有效观察值个数为 200，没有缺失值个数。

表 7-11   可靠性统计量

Cronbach's Alpha 值	以标准化项目为准的 Cronbach's Alpha 值	项目的个数
.832	.830	6

可靠性统计量为层面构念(分量表)六个题项变量的内部一致性 α 系数，α 系数值愈高，表示分量表的内部一致性愈高，分量表的信度愈佳。在行为及社会科学领域中，分量表的信度指标值最少要在 0.60 以上，若低于 0.50 则分量表的信度指标欠佳，此时分量表应重新修改题项内容并增列题项，或是将此分量表删除。表 7-11 中"知识创新"层面构念的 α 系数值为 0.832，表示此一分量表的内部一致性信度甚佳。第二列"以标准化项目为准的 Cronbach's Alpha 值"中的数值是将样本观察值在各题项变量的得分化为标准分数(Z 分数)后，再计算分量表的信度，此 α 系数简称为标准化 α 系数。一般而言，题项变

---

1 "相依样本"也称"配对样本"。

量非标准化的 α 系数值与标准化的 α 系数值的差异不大,在实际应用中,由于各量表(非问卷)在编制上多数会采用相同的测量单位(范例中为李克特五点量表),即量表中题项变量的测量单位均相同,因而采用非标准化的 α 系数作为信度指标值较为多见;相对的,如果一份量表中题项变量的测量单位不相同,有些题项采用李克特七点量表、有些题项采用五点量表,则分量表的信度指标值要采用标准化 α 系数较为适当。分量表信度指标值的判别准则如表 7-12:

表 7-12

内部一致性 α 系数值	分量表信度
.900 以上	非常理想
.800 至 .899	甚佳
.700 至 .799	佳
.600 至 .699	尚可
.500 至 .599	可但偏低
.500 以下	欠佳最好删除

表 7-13 项目统计量

	平均数	标准差	个数
c1	4.07	.654	200
c2	3.86	.719	200
c3	3.91	.717	200
c4	3.75	.648	200
c5	3.55	.721	200
c6	4.17	.658	200

"项目统计量"摘要为"知识创新"分量表中个别题项变量(六个题项)的描述性统计量,包括平均数、标准差、个数,如表 7-13。在 SPSS 信度分析程序中,"项目"(Item)代表个别题项变量信息,而"尺度"(Scale)表示分量表或量表的信息。以题项变量 c1 为例,有效样本观察值有 200 位,其平均数为 4.07,标准差为 0.654。

表 7-14 项目间相关矩阵

	c1	c2	c3	c4	c5	c6
c1	1.000	.535	.614	.338	.302	.288
c2	.535	1.000	.784	.461	.455	.307
c3	.614	.784	1.000	.579	.514	.394
c4	.338	.461	.579	1.000	.575	.277
c5	.302	.455	.514	.575	1.000	.300
c6	.288	.307	.394	.277	.300	1.000

"项目间相关矩阵"为"知识创新"分量表六个题项变量间的相关系数矩阵,如表 7-14。题项变量间的相关系数愈高,则分量表的内部一致性愈高;相对的,题项变量间的相关系数愈低,则分量表的内部一致性愈低。在相关矩阵中,若相关系数值有些正相关、有些负相关,表示分量表部分题项的反向计分有问题,此时使用者最好检查问卷题项的叙述与数据文件的反向计分程序有无遗漏。相关矩阵中对角线的数值为题项变量与题

表 7-15   项目间协方差矩阵

	c1	c2	c3	c4	c5	c6
c1	.427	.251	.288	.143	.142	.124
c2	.251	.517	.404	.215	.236	.145
c3	.288	.404	.514	.269	.266	.186
c4	.143	.215	.269	.420	.269	.118
c5	.142	.236	.266	.269	.520	.142
c6	.124	.145	.186	.118	.142	.433

项变量间的积差相关,故其相关系数均为 1.000。

"项目间协方差矩阵"为分量表题项变量间的方差协方差矩阵,矩阵中的上三角或下三角数值为题项变量与题项变量间的协方差,矩阵中的对角线为各题项变量的方差(标准差的平方值,如表 7-15)。以题项变量 c1 为例,其与题项变量 c2 间的协方差为 0.251,题项本身的方差为 0.427,而题项变量 c2 的方差为 0.517。

表 7-16   摘要项目统计量

	平均数	最小值	最大值	范围	最大值/最小值	方差	项目的个数
项目平均数	3.884	3.550	4.170	.620	1.175	.049	6
项目方差	.472	.420	.520	.101	1.240	.002	6
项目间协方差	.213	.118	.404	.286	3.421	.006	6
项目间相关	.448	.277	.784	.507	2.829	.022	6

在[摘要]方框选项中勾选[平均数(M)]、[方差(M)]、[协方差(M)]、[相关(M)]四个选项后会分别呈现项目平均数、项目方差、项目间协方差、项目间相关四行数据。项目平均数为分量表六个题项的单题平均数,观察值在"知识创新"层面的平均数为 3.884,平均单题得分最低者为 3.550(题项变量 c5)、最高者为 4.170(题项变量 c6)。"项目间协方差"呈现的是题项协方差间的信息,最小的协方差为 0.118(题项变量 c4 与题项变量 c6 间的协方差值)、最大的协方差为 0.404(题项变量 c2 与题项变量 c3 间的协方差值),协方差的平均值为 0.213,此数据使用者可用来和"项目间协方差矩阵"中的信息相互对照。"项目间相关"呈现的是题项相关矩阵间的信息,最小的相关系数为 0.277,最大的相关系数为 0.784,相关系数值的平均值为 0.448,此数据使用者可用来和"项目间相关矩阵"中的信息相互对照。

表 7-17   尺度统计量

平均数	方差	标准差	项目的个数
23.31	9.228	3.038	6

在[信度分析:统计量]次对话窗口的[叙述统计量对象]方框中勾选[尺度(S)]选项,可以输出分量表或量表的统计量,包括平均数、方差、标准差与题项变量数目。由表 7-17 可知,样本观察值在"知识创新"六个题项加总的平均数为 23.31、方差为 9.228、标准差为 3.028,"项目的个数"栏表示的是题项变量数目,"知识创新"层面包含的题项有六题。

表 7-18　项目整体统计量

	项目删除时的尺度平均数	项目删除时的尺度方差	修正的项目总相关	复相关平方	项目删除时的 Cronbach's Alpha 值
c1	19.24	6.904	.552	.388	.815
c2	19.45	6.209	.699	.623	.784
c3	19.40	5.888	.812	.727	.758
c4	19.56	6.781	.601	.441	.805
c5	19.76	6.598	.570	.394	.812
c6	19.14	7.364	.401	.173	.843

在[信度分析:统计量]次对话窗口中勾选[叙述统计量对象]方框,[删除项目后之量尺摘要(A)]选项会出现[项目整体统计量],此统计量摘要表包括五大部分,如表7-18:

1. [项目删除时的尺度平均数]

此列数据为删除该题项变量后,分量表其余题项加总的新平均数。以变量 c_6 而言,删除此题后,样本观察值在其余五题得分的平均数为19.14,而分量表六个题项的平均数为23.31,删除题项 c_6 后平均数下降4.17,4.17即为样本在题项 c_6 得分的平均数。

2. [项目删除时的尺度方差]

此列数据为删除该题项变量后,样本在分量表其余题项(五题)加总后的新方差。以变量 c_6 而言,未删除此题时,样本在六个题项得分的平均数为23.31、方差为9.228,删除此题后,样本观察值在其余五题得分的平均数为19.14,而方差变为7.364。

3. [修正的项目总相关]

此列为该题与其余五题总分的积差相关系数,此系数值愈高,表示该题项与其余题项的内部一致性愈高;系数值愈低,表示该题项与其余题项的内部一致性愈低。以变量 c_6 为例,此题与其余五题总分的相关系数为0.401,此数值的高低也可作为题项再删除或保留的指标之一。

4. [复相关平方]

此列为多元相关系数平方,其数值为多元回归分析中的决定系数。此系数的求法为以该题为效标变量,而以其余题项为预测变量进行多元回归分析所得到的 R 平方值。复相关系数平方值愈高,表示该题项与其他题项的内部一致性愈高,此数值的高低也可作为题项再删除或保留的指标之一。

5. [项目删除时的 Cronbach's Alpha 值]

此列表示的是该题删除后,其余题项变量构成的分量表的内部一致性 α 系数改变情形。以变量 c_6 而言,未删除此题时,包含六个题项的分量表的 α 系数为0.832,删除题项 c_6 后,其余五题的 α 系数变为0.843,删除题项 c_6 后,整体信度系数值反而变大。一般而言,题项愈多,内部一致性 α 系数会愈高,若是题项的内部一致性佳,则删除某个题项后

的新 α 系数会较原来的低,若是刚好相反,表示该题项与其余题项的内部一致性较差。以"知识创新"分量表为例,除题项 c6 外,其余题项删除后的新 α 系数均较原来的 α 系数(= 0.832)低,此时,使用者若是要再删除题项,可考虑将题项 c6 删除。

在实际应用中,删除题项意义不大,因为包含题项 c6 的分量表的内部一致性 α 系数为 0.832,信度指标值已达甚佳程度,删除题项 c6 虽可提高"知识创新"分量表的 α 系数,但新的 α 系数为 0.843 与原先的 0.832 差异不大,而且均大于 0.80。如果分量表的信度指标值已达理想程度,没有必要再删除题项,因为题项删除后,量表的因素结构又会改变,先前的因素分析程序必须再重新执行。此部分的指标值可作为项目分析题项变量筛选或保留的参考。

表 7-19   方差分析

		平方和	df	平均平方和	F	Sig
人间		306.066	199	1.538		
人内	项目间	49.484	5	9.897	38.265	.000
	残差(a)	257.349	995	.259		
	总计	306.833	1 000	.307		
总计		612.899	1 199	.511		

总平均数 = 3.88

a 未定义二分数据的 Tukey's 非加性检验。

表 7-19 为在[ANOVA 摘要表]方框中选取[F 检验(F)]选项的输出结果,由于样本观察值同时接受六个题项变量的测量,因而检验的是相依样本方差分析的显著性。检验结果若是达到显著,表示样本的看法差异很大,当样本对题项的反映愈不一致,则量表的信度会愈高。

若要求出层面的折半信度,开启[信度分析]对话窗口后,在[模式(M)]右边的下拉式选单中选取[折半信度]选项即可。

表 7-20   可靠性统计量

Cronbach's Alpha 值	第 1 部分	数值	.846
		项目的个数	3(a)
	第 2 部分	数值	.653
		项目的个数	3(b)
	项目的总个数		6
形式间相关			.605
Spearman-Brown 系数	等长		.754
	不等长		.754
Guttman Split-Half 系数			.748

a 项目为\: c1, c2, c3。

b 项目为\: c4, c5, c6。

在[信度分析]对话窗口中的[模式(M)]右边下拉式选单中选取[折半信度]选项,则会呈现分量表的折半信度统计量,如表 7-20。运用折半的方法,计算机会根据分量表题项的数目将分量表分成两个子量表,两个次分量表分别以第 1 部分、第 2 部分表示,两部分(两个子量表)间的相关为折半相关,折半相关又称折半信度系数(split-half reliability coefficient)。在 SPSS 折半信度报表中会输出两个部分(两个子量表)分别的信度系数、两个子量表形式间的相关、两个子量表题项数相等时的斯布系数、两个子量表题项数不相等时的斯布校正系数、Guttman 折半系数等。若是分量表题项为偶数，则两个子量表的题项数会相等，此时，"等长"栏的斯布系数会等于"不等长"栏的斯布校正系数。

上述折半信度报表 7-20 中，子量表 1 包含三个题项，其内部一致性 α 系数为 0.846；子量表 2 包含三个题项，其内部一致性 α 系数为 0.653，分量表的题项总数有六题，两个子量表间的积差相关系数为 0.605。由于两个子量表包含的题项数相等，因而看"等长"行的斯布系数，其系数值为 0.754，表示"知识创新"层面构念折半信度系数值等于 0.754；采用 Guttman 折半信度系数，其数值为 0.748。如果分量表包含的题项数为奇数，分量表折半后两个子量表包含的题项数不会相等，此时的折半信度要采用斯布校正公式将信度值加以校正，查阅的数据为"不等长"（Unequal Length）行的 Spearman-Brown 系数值。

$$斯布校正信度系数 = \frac{二个半份测验间的相关系数 \times 2}{二个半份测验间的相关系数 + 1} = \frac{0.605 \times 2}{0.605 + 1} = 0.754$$

二、"知识分享"层面的信度

（一）操作程序

"知识分享"层面构念包含题项 c7、c8、c9、c10、c11、c13 六题，其信度检验操作程序与上述相同，唯一的差别在于开启［信度分析］对话窗口后，将原先在右边［项目(I)］下的方框中的题项变量"c1、c2、c3、c4、c5、c6"点选还原至左边变量清单中，再重新在左边变量清单中将"知识分享"层面包含的题项变量"c7、c8、c9、c10、c11、c13"选入右边［项目(I)］下的方框内。一般进行信度检验时的简要操作步骤如下：

执行工具栏［分析(A)］/［尺度(A)］/［信度分析(R)］程序，开启［信度分析］对话窗口。
→在左边变量清单中将"知识分享"层面包含的题项变量"c7、c8、c9、c10、c11、c13"选入右边［项目(I)］下的方框内，在［模式(M)］右边下拉式选单中选取内定［Alpha 值］选项，如图 7-4。
→按［统计量(S)...］钮，出现［信度分析：统计量］次对话窗口→在［叙述统计量对象］方框中勾选［删除项目后之量尺摘要］选项，在［各分量表内项目之间］方框中勾选［相关(L)］选项→按［继续］钮，回到［信度分析］对话窗口→按［确定］钮。
【备注】　若要求出层面的折半信度，在［模式(M)］右边的下拉式选单中选取［折半信度］选项即可。

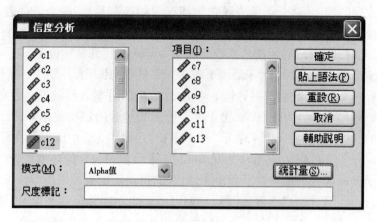

图 7-4

（二）输出结果

表 7-21　可靠性统计量

Cronbach's Alpha 值	以标准化项目为准的 Cronbach's Alpha 值	项目的个数
.912	.914	6

"知识分享"层面构念的内部一致性 α 系数值等于 0.912，信度指标甚为理想，标准化的内部一致性 α 系数值为 0.914，包含的题项有 6 题，如表 7-21。

表 7-22　项目整体统计量

	项目删除时的尺度平均数	项目删除时的尺度方差	修正的项目总相关	复相关平方	项目删除时的 Cronbach's Alpha 值
c7	16.79	18.549	.652	.441	.911
c8	16.61	18.078	.792	.681	.892
c9	16.84	17.676	.840	.966	.885
c10	17.00	17.030	.751	.569	.898
c11	16.41	18.525	.670	.566	.908
c13	16.81	17.401	.845	.967	.884

表 7-22 为"项目整体统计量"的六个题项一致性程度判别的相关统计量，六个题项的复相关系数平方值介于 0.441 至 0.966 间，修正的项目总相关系数值介于 0.652 至 0.845 之间，表示每个题项与其余题项加总的一致性高，题项删除后的 α 系数值介于 0.884 至 0.911 间，没有高于层面的 α 系数 0.914，表示"知识分享"层面的内部一致性信度非常理想。

表 7-23 可靠性统计量

Cronbach's Alpha 值	第 1 部分	数值	.828
		项目的个数	3(a)
	第 2 部分	数值	.824
		项目的个数	3(b)
		项目的总个数	6
形式间相关			.877
Spearman-Brown 系数	等长		.934
	不等长		.934
Guttman Split-Half 系数			.933

a 项目为\：c7、c8、c9。

b 项目为\：c10、c11、c13。

表 7-23 为"知识分享"层面的折半信度统计量。"知识分享"层面构念的斯布折半信度系数值等于 0.934(两个部分的题项数相同,直接看"等长"行的 Spearman-Brown 系数值,Guttman 折半信度值为 0.933。

三、"知识获取"层面的信度

(一)操作程序

"知识获取"层面构念包含题项 c14、c15、c16、c17、c18、c19 六题。其信度检验的操作步骤如下:

执行工具栏[分析(A)]/[尺度(A)]/[信度分析(R)]程序,开启[信度分析]对话窗口。
→在左边变量清单中将"知识分享"层面包含的题项变量"c14、c15、c16、c17、c18、c19"选入右边[项目(I)]下的方框内,在[模式(M)]右边下拉式选单中选取内定[Alpha值]选项。
→按[统计量(S)...]钮,出现[信度分析:统计量]次对话窗口→在[叙述统计量对象]方框中勾选[删除项目后之量尺摘要]选项,在[各分量表内项目之间]方框中勾选[相关(L)]选项→按[继续]钮,回到[信度分析]对话窗口→按[确定]钮。
【备注】 若要求出层面的折半信度,在[模式(M)]右边的下拉式选单中选取[折半信度]选项即可。

(二)输出结果

表 7-24 可靠性统计量

Cronbach's Alpha 值	以标准化项目为准的 Cronbach's Alpha 值	项目的个数
.915	.916	6

"知识获取"层面构念的内部一致性 α 系数值等于 0.915,信度指标非常理想,标准

化的内部一致性 α 系数值为 0.916,分量表包含的题项有 6 题,如表 7-24。

表 7-25　项目整体统计量

	项目删除时的尺度平均数	项目删除时的尺度方差	修正的项目总相关	复相关平方	项目删除时的Cronbach's Alpha 值
c14	16.58	14.356	.713	.552	.907
c15	16.54	13.647	.904	.910	.879
c16	16.49	14.583	.707	.534	.907
c17	16.61	14.099	.843	.894	.888
c18	16.43	15.200	.604	.413	.921
c19	16.60	14.191	.810	.841	.893

表 7-25 为"项目整体统计量"的六个题项一致性程度判别的相关统计量,六个题项的复相关系数平方值介于 0.413 至 0.910 间,修正的项目总相关系数值介于 0.604 至 0.904 之间,表示每个题项与其余题项加总的一致性高,题项删除后的 α 系数值介于 0.879 至 0.921 间,除了第 18 题(题项变量 c18)删除后 α 系数稍高于层面的 α 系数外,其余五题题项删除后的 α 系数均没有高于层面的 α 系数。由于层面的 α 系数值已达 0.916,高于 0.900 非常理想的标准,虽然把题项变量 c18 删除后,可稍微增高 α 系数值,但新的 α 系数值 0.921 与原先未删除题项变量 c18 的 α 系数值 0.916 差距不大,最重要的是两个信度指标值均已达到非常理想的标准,使用者似乎没必要再把题项变量 c18 删除掉。由于"知识获取"层面的内部一致性 α 系数高于 0.900,表示"知识获取"层面的内部一致性信度非常理想。

表 7-26　可靠性统计量

Cronbach's Alpha 值	第 1 部分	数值	.851
		项目的个数	3(a)
	第 2 部分	数值	.827
		项目的个数	3(b)
	项目的总个数		6
形式间相关			.853
Spearman-Brown 系数	等长		.921
	不等长		.921
Guttman Split-Half 系数			.920

　a 项目为\: c14、c15、c16。

　b 项目为\: c17、c18、c19。

表 7-26 为"知识获取"层面的折半信度,"知识获取"层面构念的斯布折半信度系数值等于 0.921,第一部分的题项包括 c14、c15、c16 三题,第二部分的题项包括 c17、c18、c19 三题,两部分的题项数相同,因而直接查看"Spearman-Brown 系数"中"等长"行的数据,Guttman 折半信度值为 0.920。

四、学校知识管理量表的信度

"学校知识管理量表"总量表分为三个层面构念,所包含的题项数共有 18 题(题项

c12 已在因素分析时删除)。

表 7-27 可靠性统计量

Cronbach's Alpha 值	以标准化项目为准的 Cronbach's Alpha 值	项目的个数
.910	.905	18

"学校知识管理"量表的内部一致性 α 系数值等于 0.910,信度指标甚为理想,标准化的内部一致性 α 系数值为 0.905,显示量表的内部一致性很高,量表的信度甚佳,量表共包含的题项有 18 题,如表 7-27。

表 7-28 可靠性统计量

Cronbach's Alpha 值	第 1 部分	数值	.805
		项目的个数	9(a)
	第 2 部分	数值	.901
		项目的个数	9(b)
	项目的总个数		18
形式间相关			.654
Spearman-Brown 系数	等长		.791
	不等长		.791
Guttman Split-Half 系数			.762

a 项目为\: c1, c2, c3, c4, c5, c6, c7, c8, c9。

b 项目为\: c10, c11, c13, c14, c15, c16, c17, c18, c19。

"学校知识管理"量表的斯布折半信度系数值等于 0.791,Guttman 折半信度值为 0.762,如表 7-28。

第三节 再测信度的操作

如果要继续求出量表的再测信度(test-retest reliability),要用正式量表对同一组受试者前后测验两次,根据受试者前后两次测验的分数得分求其积差相关系数,此系数称为再测信度系数(test-retest reliability coefficient),简称再测信度。再测信度有个基本假定,假设某量表或测验所要测量的心理或行为特质在短时间内不会随时间改变,但若时间过长,则量表或测验所欲测量的潜在特质可能因周遭环境改变、身心成熟或其他干扰变因的影响而改变。要求出量表或测验的再测信度,前后两次参与受测的受试者必须相同。再测信度与评分者信度(rater reliability)所采用的统计方法相同,所谓评分者信度是两位或数位评分者就每份测验评定其测量分数,这些测量分数间的相关系数即为评分者信度系数值。

由于再测信度假设受试者在量表或测验所得的测验分数经过一段短暂时间仍维持一致或具稳定的特性,因而再测信度又称稳定系数(coefficient of stability),可反映量表的稳定与一致性程度。一般而言,间隔时间愈长,稳定系数愈低,一般再测信度间隔时间以一至两星期最为常见。要求出量表的再测信度,在创建数据文件时,要依序登录每位受试者两次填答的数据。如包含七个题项的"生活压力量表"包含两个层面构念:第 1 题至第 4 题为"学业压力"、第 5 题至第 7 题为"情感压力"。创建数据文件的正确格式如下:

第一次施测时题项变量编码假设为 A1、A2……A7；第二次施测时题项变量编码假设为 B1、B2……B7，同一位受试者两次填答的数据必须键入在同一横行上，如表 7-29。

表 7-29

第一次填答的资料							第二次填答的资料						
Num1	A1	A2	A3	A4	A5	A6	A7	Num2	B1	B2	B3	B4	B5	B6	B7
001								001							
002								002							
003								003							

表 7-30 为错误的数据文件格式，同一受试者前后两次所填的数据未键入在同一横排上。

表 7-30

第一次填答的资料							第二次填答的资料						
Num1	A1	A2	A3	A4	A5	A6	A7	Num2	B1	B2	B3	B4	B5	B6	B7
001								010							
002								003							
003								001							

再测信度的求法步骤如图 7-5 所列，由于压力量表包含三个层面（分量表），使用者必须分别求出三个再测信度："生活压力"分量表再测信度、"学业压力"分量表再测信度、"情感压力"分量表再测信度。

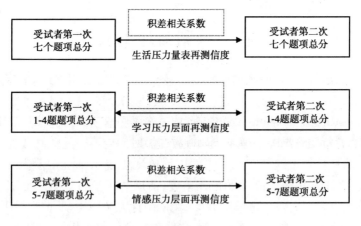

图 7-5

再测时间间隔时段常为一星期、两星期、三星期、一个月等。间隔时段为多久，使用者要根据其量表编制的目的与研究可行性等因素加以考虑。在求量表的再测信度时，除求总量表的再测信度外，如果量表又分为数个构念因素（分量表），则层面构念间的再测信度也应一并呈现。

至于最后定稿的正式量表题项数应该为多少最为适宜，并没有一定而绝对的标准。就一般情形而言，若该份量表是测量一种普遍的或多重向度变量，其题数在 20～25 即已足够;若要测量的是特定的变量,以 7-10 题为宜;若每个量表包括不同因素层面的子量表,每个子量表(因素层面)所包括的题项以 3-7 题较为适宜(王文科,1991)。

量表题项数的多少,应考虑实际研究情况,如一份问卷共使用了几种量表、受试对象的年龄与身心成熟度如何、受试者的时间是否许可等因素。如果问卷的题项数过多或问卷设计过于复杂,则对受试对象而言是一种身心的煎熬,受试者在填答时可能较为马虎,如此,则无法真正搜集到正确的信息。

【研究问题】

> "学校知识管理量表"经项目分析、因素分析及内部一致性 α 系数信度检验后,删除第十二题,保留十八题,删除十二题后正式量表的题项依序重编题号。量表共分为三个层面构念,层面一为"知识创新",包含第 1 至第 6 题;层面二为"知识分享",包含第 7 至第 12 题;层面三为"知识获取",包含第 13 至第 18 题。为再检验"学校知识管理量表"的再测信度,以五十名教师为受试者,让其填答两次量表,填答间隔时间为两星期。

表 7-31

学校知识管理量表(正式问卷之一)	完全不符合	多数不符合	半数不符合	多数符合	完全符合
题项					
01. 本校常鼓励教师创新教学或工作创新。 ……	☐	☐	☐	☐	☐
02. 本校教师会积极寻求班级经营上的创新。 ……	☐	☐	☐	☐	☐
03. 教师会积极地在其负责的行政工作上创新展现。 ……	☐	☐	☐	☐	☐
04. 本校教师会应用研习心得于教育质量的提升。 ……	☐	☐	☐	☐	☐
05. 本校会激励教师以创新理念提升学生学习成效。 ……	☐	☐	☐	☐	☐
06. 本校鼓励教师以创新有效方法激励学生学习动机。 ……	☐	☐	☐	☐	☐
07. 校长会积极鼓励同仁,分享研习吸取的新知能。 ……	☐	☐	☐	☐	☐
08. 本校教师会将班级经营的有效策略,与其他教师分享。 ……	☐	☐	☐	☐	☐
09. 本校教师会在相关会议中提供意见供其他教师分享。 ……	☐	☐	☐	☐	☐
10. 本校行政事务处理流程有完整记录,以供同仁分享参考。 ……	☐	☐	☐	☐	☐
11. 本校教师*很少*于教学研讨会上,分享其教学经验。 ……	☐	☐	☐	☐	☐
12. 本校教师会于同仁会议中分享其处理学生问题的策略。 ……	☐	☐	☐	☐	☐
13. 学校鼓励同仁参访标竿学校以获取教学及行政知能。 ……	☐	☐	☐	☐	☐
14. 学校会鼓励教师通过教学观摩,以获取专业知能。 ……	☐	☐	☐	☐	☐
15. 学校积极鼓励教师参与研习活动,以获取专业知能。 ……	☐	☐	☐	☐	☐
16. 学校鼓励教师通过教师社群活动,以获取专业知能。 ……	☐	☐	☐	☐	☐
17. 学校鼓励教师通过数化位数据来获取新知识。 ……	☐	☐	☐	☐	☐
18. 学校会影印相关教育新知给教师,以增进教师知能。 ……	☐	☐	☐	☐	☐

在下述操作程序中,两次施测后数据文件的层面、量表的变量名称及其包含的题项变量对照表如表7-32,第二列及第三列括号中所表示的是层面及量表的变量名称。

表7-32

层面/量表	第一次施测题项变量	第二次施测题项变量
知识创新层面	A1 ~ A6(TOTA_1)	B1 ~ B6(TOTB_1)
知识分享层面	A7 ~ A12(TOTA_2)	B7 ~ B12(TOTB_2)
知识获取层面	A13 ~ A18(TOTA_3)	B13 ~ B18(TOTB_3)
知识管理量表	A1 ~ A18(TOTA_4)	B1 ~ B18(TOTB_4)

一、层面分量表/量表的加总

(一)操作程序1

第一次"知识创新"层面加总,变量名称为"TOTA_1"

---

1. 步骤1

执行工具栏[转换(T)](Transform)/[计算(C)](Compute)的程序,开启[计算变量]对话窗口。

2. 步骤2

在左边[目标变量(T)]下的方格中输入新变量的变量名称"TOTA_1",在右边的[数值表达式(E)]下的大方格中键入层面六个题项的加总:"SUM(A1 to A6)"→按[确定]钮,如图7-6。

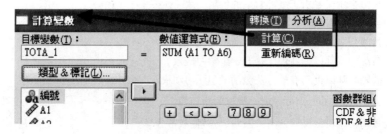

图7-6

(二)操作程序2

第一次"知识分享"层面加总,变量名称为"TOTA_2"

开启[计算变量]对话窗口→在左边[目标变量(T)]下的方格中输入新变量的变量名称"TOTA_2",在右边的[数值表达式(E)]下的大方格中键入层面六个题项的加总:"SUM(A7 to A12)"→按[确定]钮。

（三）操作程序3

第一次"知识获取"层面加总,变量名称为"TOTA_3"

开启[计算变量]对话窗口→在左边[目标变量(T)]下的方格中输入新变量的变量名称"TOTA_3",在右边的[数值表达式(E)]下的大方格中键入层面六个题项的加总:"SUM（A13 to A18)"→按[确定]钮。

（四）操作程序4

第一次"知识管理"量表加总,变量名称为"TOTA_4"

开启[计算变量]对话窗口→在左边[目标变量(T)]下的方格中输入新变量的变量名称"TOTA_4",在右边的[数值表达式(E)]下的大方格中键入层面六个题项的加总:"SUM（A1 to A18)"→按[确定]钮。

（五）操作程序5

第二次"知识创新"层面加总,变量名称为"TOTB_1"

开启[计算变量]对话窗口→在左边[目标变量(T)]下的方格中输入新变量的变量名称"TOTB_1",在右边的[数值表达式(E)]下的大方格中键入层面六个题项的加总:"SUM（B1 to B6)"→按[确定]钮。

（六）操作程序6

第二次"知识分享"层面加总,变量名称为"TOTB_2"

开启[计算变量]对话窗口→在左边[目标变量(T)]下的方格中输入新变量的变量名称"TOTB_2",在右边的[数值表达式(E)]下的大方格中键入层面六个题项的加总:"SUM（B7 to B12)"→按[确定]钮。

（七）操作程序7

第二次"知识获取"层面加总,变量名称为"TOTB_3"

开启[计算变量]对话窗口→在左边[目标变量(T)]下的方格中输入新变量的变量名称"TOTB_3",在右边的[数值表达式(E)]下的大方格中键入层面六个题项的加总:"SUM（A13 to A18)"→按[确定]钮。

（八）操作程序8

第二次"知识管理"量表加总,变量名称为"TOTA_4"

> 开启[计算变量]对话窗口→在左边[目标变量(T)]下的方格中输入新变量的变量名称"TOTA_4",在右边的[数值表达式(E)]下的大方格中键入层面六个题项的加总："SUM（B1 to B18）"→按[确定]钮。

上述两次施测分数的层面及量表的加总也可以采用[语法编辑程序]来进行,在操作程序 1 的步骤中,使用者先不要按[确定]钮,先按[贴上语法(P)]（Paste）钮,点选完[贴上语法(P)]钮后,[计算变量]操作程序会转为语法文件,此时切换到[SPSS 语法编辑程序],如图 7-7,在中间语法编辑窗口中会出现下列语法：

```
COMPUTE TOTA_1 = SUM (A1 TO A6).
EXECUTE .
```

图 7-7

上述语法中"COMPUTE"为计算关键词,不能更改,等号之前的"TOTA_1"为分量表的变量名称,等号之后为数学表达式,在此为层面题项变量的加总,"SUM（A1 TO A6）"语法也可改为传统数学表达式："A1 + A2 + A3 + A4 + A5 + A6"。最后一行"EXECUTE"为关键词,表示执行语法程序,不能省略,每一行的最后要加上一个"."号。

复制第一行,修改各行等号前层面/量表的变量名称,等号后改为相对应的题项加总,修改后如下：

```
COMPUTE TOTA_1 = SUM (A1 TO A6).
COMPUTE TOTA_2 = SUM (A7 TO A12).
COMPUTE TOTA_3 = SUM (A13 TO A18).
COMPUTE TOTA_4 = SUM (A1 TO A18).
COMPUTE TOTB_1 = SUM (B1 TO B6).
COMPUTE TOTB_2 = SUM (B7 TO B12).
COMPUTE TOTB_3 = SUM (B13 TO B18).
COMPUTE TOTB_4 = SUM (B1 TO B18).
EXECUTE .
```

语法窗口修改增列完后,在[SPSS 语法编辑程序]中执行以下步骤:执行工具栏[执行(R)]（Run）/[全部(A)]（All）程序;若是使用者选取语法栏(全部或其中数栏均可),执行工具栏[执行(R)]/[选择(S)]（Selection）程序。执行完上述步骤后,会在[SPSS 数据编辑程序]窗口中呈现层面/量表的变量名称,如图 7-8。

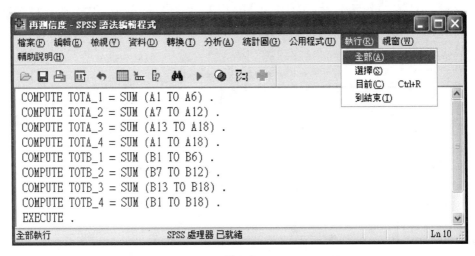

图 7-8

二、求出再测信度——执行积差相关程序

执行工具栏[分析(A)]/[相关(C)]/[双变量(E)]开启[双变量相关分析]对话窗口。

→将八个目标变量"TOTA_1、TOTA_2、TOTA_3、TOTA_4、TOTB_1、TOTB_2、TOTB_3、TOTB_4"点选至右边[变量(V)]下的方框中。

→在下方[相关系数]方框中勾选[Pearson 相关系数(N)]选项。

→勾选最下方的[相关显著性讯号(F)]选项→按[确定]钮,如图7-9。

【备注】 在点选目标变量时,也可以分四次依序选取相对应的变量名称:"TOTA_1 & TOTB_1""TOTA_2 & TOTB_2""TOTA_3 & TOTB_3"" TOTA_4 & TOTB_4",两次施测时相关系数的变量名称所代表的层面意义必须相同。

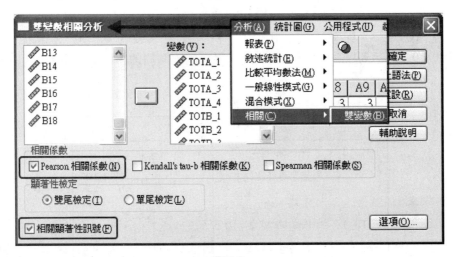

图 7-9

变量"TOTA_1"与变量"TOTB_1"的积差相关系数为 0.705,显著性概率值 $p=0.000<0.05$,达到显著水平,"知识创新"层面间隔两周的再测信度系数为 0.705,如表 7-33。

表 7-33   相关

		TOTA_1	TOTB_1
TOTA_1	Pearson 相关	1	.705(**)
	显著性（双尾）		.000
	个数	50	50
TOTB_1	Pearson 相关	.705(**)	1
	显著性（双尾）	.000	
	个数	50	50

** 在显著水平为 0.01 时（双尾）,相关显著。

变量"TOTA_2"与变量"TOTB_2"的积差相关系数为 0.756,显著性概率值 $p=0.000<0.05$,达到显著水平,"知识分享"层面间隔两周的再测信度系数为 0.705,如表 7-34。

表 7-34   相关

		TOTA_2	TOTB_2
TOTA_2	Pearson 相关	1	.756(**)
	显著性（双尾）		.000
	个数	50	50
TOTB_2	Pearson 相关	.756(**)	1
	显著性（双尾）	.000	
	个数	50	50

** 在显著水平为 0.01 时（双尾）,相关显著。

变量"TOTA_3"与变量"TOTB_3"的积差相关系数为 0.790,显著性概率值 $p=0.000<0.05$,达到显著水平,"知识分享"层面间隔两周的再测信度系数为 0.705,如表 7-35。

表 7-35   相关

		TOTA_3	TOTB_3
TOTA_3	Pearson 相关	1	.790(**)
	显著性（双尾）		.000
	个数	50	50
TOTB_3	Pearson 相关	.790(**)	1
	显著性（双尾）	.000	
	个数	50	50

** 在显著水平为 0.01 时（双尾）,相关显著。

变量"TOTA_4"与变量"TOTB_4"的积差相关系数为0.803,显著性概率值 p = 0.000 < 0.05,达到显著水平,"知识管理量表"间隔两周的再测信度系数为0.803,如表7-36。

表7-36 相关

		TOTA_4	TOTB_4
TOTA_4	Pearson 相关	1	.803(**)
	显著性(双尾)		.000
	个数	50	50
TOTB_4	Pearson 相关	.803(**)	1
	显著性(双尾)	.000	
	个数	50	50

** 在显著水平为0.01时(双尾),相关显著。

知识管理量表间隔两星期的再测信度为0.803,其包含三个层面的再测信度系数值均大于0.700,表示此量表的稳定性高,量表的再测信度佳。

第八章 因素分析特殊法

第一节 探索性因素分析

因素分析时,最重要的是要抽取的因素不多但解释的变异量要最大,在共同因素层面内的题项内容差异不要太大,以便因素命名,且其涵括的题项也适切。因素分析所要建构的效度称为建构效度,建构就是用来解释个体行为的假设性的理论架构或心理特质。因此,建构效度可定义为"测验或量表能够测量到理论上所建构的程度或测量出心理特质的程度"。由于建构效度有理论的逻辑分析为基础,同时又根据实际所得的数据来检验理论的正确性,因此是一种最严谨的效度检验方法,且可避免内容效度有逻辑分析却无实证依据(王保进,2002)。一般建构效度检验的步骤包括:①建立假设性理论建构(包含建构本身及相关的理论假设);②根据前述的理论基础编制适合受试者填答的量表或测验,并对受试者加以施测;③以统计方法施测所得数据加以分析,以检验该量表或测验是否能有效测量在理论架构上所要测量的特质。检验建构效度最常使用的方法为因素分析法。

因素分析有两种:一为探索性因素分析(exploratory factor analysis,EFA),一为验证性因素分析(confirmatory factor analysis,CFA)。一般在预试问卷中所要建构的效度大都为探索性因素分析,随机抽取受试者所填答的资料进行统计分析,以建构因素层面,且用最少的层面解释全部最大的总变异量。因素分析在实施上,至少有下列三方面的功能(林邦杰,1979):

1. 具有描述性的功能:因素分析能够将数目众多的变量浓缩成数目较少的几个精简变量,这些精简变量即是一般的因素。亦即因素分析能够以较少的因素层面涵括所有的观察变量。

2. 提供假设的功能:透过因素分析可以将杂乱无章的变量重新排列组合,理出头绪,此种探索性的功能有助于建立新的假设、发展新的理论,而此种因素分析即称为探索性因素分析。

3. 检验假设的功能:假定使用者的理论架构已经非常清晰且十分完善,那么就可以利用因素分析来检验这些理论和假设,此种因素分析即为验证性因素分析。

因素分析时,因素抽取的方法共有七种:主成分、未加权最小二乘法、广义最小二乘法、极大似然法、主轴因子法、alpha 因素萃取法、映像因素萃取法。而选取共同因子转轴的方法包括:最大变异法、相等最大法(或称均等最大法)、四次方最大值法、直接斜交法、Promax 旋转法等。其中最大变异法、相等最大法、四次方最大值法属于直交转轴法(orthogonal rotation),直交转轴法有人将之称为正交转轴法;直接斜交旋转法与 Promax 旋转法(最优斜交法)属于斜交转轴法(oblique rotation)。直交转轴法的理论根据在于因素层面间的相关甚低或没有相关,彼此间独立互不相关,也就是因素层面间的夹角为九十度或趋向于九十度。两种转轴法的目的均在于使得不容易解释的原始因素负荷量矩阵变得容易解释。

正交转轴法中最常使用的为最大变异法旋转法(varimax ratation)与四次方最大值旋转法(quartimax)。最大变异法是借由最大化每一个因素负荷量的变异来最小化因素的复杂度,即希望将原始因素负荷量矩阵乘上一个正交矩阵 T 后,能使每一个变量仅在单一因素上具有很高的负荷量,而在其余因素上的负荷量趋近于 0;此外,也希望每一横栏的因素负荷量平方的变异能够最大,因为因素负荷量的平方值皆介于 0 与 1 之间,故为了使平方值的方差能够最大,必须设法使该栏的部分值趋近于 0,另一部分的值趋近于1,该栏因素负荷量平方值的总和称为共同性,因素旋转后的共同性不会改变。四次方最大值法的概念与最大变异法类似,最大差别在于四次方最大值法希望将原始因素负荷量矩阵乘上一个正交矩阵 T 后,能使每一列的因素负荷量平方的方差达到最大(林师模,陈苑钦,2006)。

因素分析后,各变量在各个共同因素上均有因素负荷量,各变量到底归属于哪个共同因素,则以因素负荷量的大小来决定。如果 I 变量在 X 共同因素的负荷量最大,则 I 变量便归属于 X 共同因素。因素分析未转轴前,有些变量在各个共同因素上的因素负荷量均很大,如均超过 0.5;但有些变量在各个共同因素上的因素负荷量却均很小,如均小于0.3,如果呈现这两种情况,要决定变量归属于哪个共同因素很难,因此为便于变量的归属,要借用数理统计上的转轴方法,根据一定的准则将变量的因素负荷量加以调整,使变量在每个共同因素间的因素负荷量的差距变大,差距越大变量的归属越容易,在共同因素内占的地位也越重要,此为转轴的目的与缘由。

虽然最大变异法、相等最大法、四次方最大值法三种转轴的方法均属于直交转轴法,但三者分析的统计理论却未完全一样。最大变异法是使用最为普遍的一种直交转轴法,其原理是让所有变量在同一因素的负荷量平方的变异量达到最大,以简化对因素的解释;而四次方最大值法则是让同一变量在所有因素上的负荷量平方的变异最大,如此常会造成每一个变量在第一个因素的负荷量值均高的现象,形成一个普通因素(general factor);至于相等最大法恰居于前述两种方法之间,每一因素所能解释的变异尽量相等。因而在因素分析时,使用者若希望找到一个最重要的因素,即找出一个最重要的普通因素,可采用四次方最大值法;若希望每一因素所能解释的变异量差不多,即每一因素层面的重要性相同,可采用相等最大法(王保进,2002)。

斜交转轴法与直交转轴法最大的不同在于直交转轴法的因素组型即为其因素结构。因素组型是指变量以因素的线性组合表示时各因素的系数所构成的矩阵;因素结构则是由变量与因素的相关系数所组成的矩阵。就数理几何意义而言,变量与因素的相关系数相当于变量在因素轴上的投影,而因素组型的系数则是变量在此因素轴上的坐标。若是因素轴间是直交关系,则投影与坐标会重合;相对的,若是因素轴间非直交关系,则投影可能大于坐标也可能小于坐标,视因素轴间的夹角而定。坐标(因素系数)可能为正数,也可能为负数,其数值绝对值可能大于1;至于相关系数(投影)亦可能为正数,也可能为负数,但其数值绝对值一定不会大于1(黄俊英,2004)。

至于采用何种转轴法,使用者可根据文献探究与理论基础分析结果作为依据,如果相关理论上显示共同因素层面间是彼此独立没有关系存在的,则应当采用直交转轴法;如果依理论探究所得,因素层面彼此间有相关并非独立,则应采取斜交转轴法。采用直交转轴法时,使用者若希望探究因素间的重要程度和分析因素层面重要性高低,则应采用最大变异法,以便找出每一因素所能解释的变异量达到最大。如果因素分析是属于探索性的研究,则使用者不应过度在意使用何种转轴方法,因为根据实际数据检验结果,最大变异法、相等最大法、四次方最大值法、直接斜交法四种转轴方法所得的结果不会出现很大的差异性。虽然采用直交转轴与斜交轴法所得的差异不大,但使用者通常喜爱采用直交转轴法,因为直交转轴法所得的结果通常容易使人理解,解释也较为方便;除了有理论依据或实证研究可以支持因素间彼此有关系外,则直交转轴法通常优于斜交转轴法(Kin & Mueller,1978)。

由于是探索性的因素分析,在因素分析时,根据项目分析或题项与总分相关的判别剔除题项后,剩下的量表题项均纳入因素分析变量范围内。以特征值等于1为判别基准时,使用者常会发觉计算机所抽取的因素过多,或某些因素所包含的题项不够适切,不易给因素命名,在探索性的因素分析中这是可以理解的,因为受到受试者填答、量表编制过程的严谨性等因素影响,常导致部分量表的因素分析结果未完全符合使用者当初编制的层面因素,所以使用者可能会删除题项进行第二次、第三次的因素分析,一直不断探索,直到符合理论基础或研究架构,或达到简单结构目的。所以此种因素分析才称为探索性的因素分析,探索一词的意义就是不断尝试,直到建构一个较为合理可接受的因素效度。

如果使用者在原先问卷编制中,已根据理论探究结果确定量表的层面的架构,并经"专家效度"检验,则在因素分析时,可以不用将整个量表全部题项纳入因素分析中,而改用"分量表/各层面"来进行因素分析,也就是以分量表或层面的个别题项进行因素分析,每个层面也可以再筛选一个子层面出来。量表改用各层面进行探索性因素分析时,会从各层面筛选出题项,并把各层面被选取的题项组合成正式问卷的量表,但此种量表不宜进行所有题项的加总,差异比较时以量表各层面为依变量,而层面加总后的变量名称不宜作为检验变量。

以各层面来进行因素分析也是一种探索性因素分析,而不是验证性因素分析(confirmatory factor analysis;简称为CFA)。所谓验证性因素分析是使用者根据相关理论或文献编制一个含有数个层面的量表,此量表已经由专家效度审核或已经进行过探索性因素分析,量表层面及所包含的题项非常明确,使用者为再确认量表各层面及所包含的题项是否如原先使用者所预期的,需采用线性结构方程模式软件(如 LISREL 和 AMOS)加以验证,以探究量表的因素结构是否能与抽样样本适配,此种因素分析称为验证性因素分析。以下面表 8-1 社会支持量表为例,使用者经探索性因素分析(使用 SPSS 统计软件包)结果,十个题项的社会支持量表共萃取三个共同因素:家人支持、朋友支持、主管支持,家人支持层面包含 1 至 4 题,朋友支持层面包含 5 至 7 题,主管支持层面包含 8 至 10 题。在结构方程模型(structural equation modeling)中,十个题项变量称为"观察变量"(observed variables)或"外显变量"(manifest variables)或"测量变量"(measured variable);而三个因素层面称为"潜在变量"(latent variables)、"构念变量"(construct variables)或"无法观察变量"(unobserved variables)。

表 8-1　社会支持量表

变量	题　项	非常符合	多数符合	部份符合	非常不符合
X1	01. 家人会关心我的工作或学习情形。	□	□	□	□
X2	02. 家人会协助我解决工作或课业上遇到的难题。	□	□	□	□
X3	03. 家人可以提供我经济上的支持。	□	□	□	□
X4	04. 家人能体谅我进修与工作的辛苦与疲累。	□	□	□	□
X5	05. 朋友会关心我的工作或学习情形。	□	□	□	□
X6	06. 朋友会帮我减轻工作或课业方面的心理压力。	□	□	□	□
X7	07. 朋友会支持我的做法或观点。	□	□	□	□
X8	08. 主管会关怀我、支持我。	□	□	□	□
X9	09. 当我工作时遇到困难,主管会协助我解决问题。	□	□	□	□
X10	10. 主管能体谅我读书的辛苦,而协助我完成任务。	□	□	□	□

上述社会支持量表的一阶 CFA 模型如图 8-1:

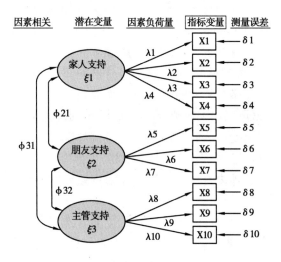

图 8-1

社会支持量表二阶 CFA 模型如图 8-2:

CFA 模型适配度判断准则,包括个别指标变量的信度及潜在变量(因素)的信度,其信度称为组合信度(composite reliability)或构念信度(construct reliability),组合信度的公式如下:

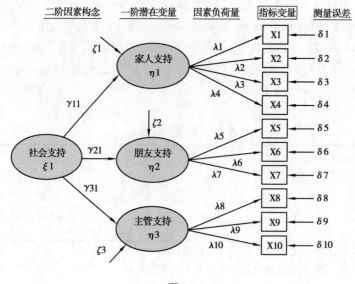

图 8-2

$$CR = \frac{(\sum 标准化负荷量)^2}{(\sum 标准化负荷量)^2 + \sum 测量误差方差}$$

个别潜在变量的组合信度最好在 0.50 以上;另外,一个模型内在质量判断指标为平均变异抽取量(average variance extracted),平均变异抽取量表示指标变量的总变异中有多少是来自潜在变量的变异量,其计算公式如下:

$$AVE = \frac{(\sum 标准化负荷量^2)}{(\sum 标准化负荷量^2) + \sum 测量误差方差}$$

潜在变量的平均变异抽取量若大于 0.50,表示模型内在质量佳。整体模型适配度指标要从下列三个方面综合判断:绝对适配测量值(absolute fit measures)、增值适配测量值(incremental fit measures)、简约适配测量值(parsimonious fit measures)。若是整体模型适配度的指标值均达到标准,那么模型的卡方值不显著(p > 0.05),表示使用者所提供的CFA 模型和实际观察数据可以适配或契合。有关 CFA 的理论与详细操作读者可以参阅吴明隆编写的《结构方程模型》一书[1],其内有完整范例与说明。

以表 8-2"父母影响历程"量表为例,在编制时,依照理论架构明确划分成三个层面(分量表),三个层面及其题项内容属性也经专家效度逐题审核修改,三个层面的概念性意义如下:

1."压力负荷"层面:子女知觉父母对其的要求、期望与其行为表现出的心理感受,包含第一题至第八题。层面的得分越高,表示父母给予子女的"压力"越少。

2."心理支持"层面:子女知觉父母对其学习行为的心理支持的程度,包含第九题至第十六题。层面的得分越高,表示父母对子女的心理支持度越大。

3."课业协助"层面:子女知觉父母对其回家作业、学习行为的协助,包含第十七题至第二十四题。层面的得分越高,表示父母对子女的"课业协助"越多。

---

1 本书简体版 2009 年 7 月由重庆大学出版社出版。

表 8-2　范例问卷

<table>
<tr><td colspan="6" align="center">父母影响历程量表</td></tr>
<tr><td></td><td>完全不符合</td><td>多数不符合</td><td>半数不符合</td><td>多数符合</td><td>完全符合</td></tr>
<tr><td>题项内容</td><td></td><td></td><td></td><td></td><td></td></tr>
<tr><td>01.父母亲对我的成绩从来没有满意过。</td><td>☐</td><td>☐</td><td>☐</td><td>☐</td><td>☐</td></tr>
<tr><td>02.我想我在学校已经表现很好了,但父母总认为我还表现得不够好。</td><td>☐</td><td>☐</td><td>☐</td><td>☐</td><td>☐</td></tr>
<tr><td>03.考绩成绩不好时我害怕回家。</td><td>☐</td><td>☐</td><td>☐</td><td>☐</td><td>☐</td></tr>
<tr><td>04.考试只有考一百分父母才会高兴。</td><td>☐</td><td>☐</td><td>☐</td><td>☐</td><td>☐</td></tr>
<tr><td>05.我认为父母亲对我的期望太高。</td><td>☐</td><td>☐</td><td>☐</td><td>☐</td><td>☐</td></tr>
<tr><td>06.父母总认为我在学校还没有尽力。</td><td>☐</td><td>☐</td><td>☐</td><td>☐</td><td>☐</td></tr>
<tr><td>07.做家庭作业时,父母会给我很多压力。</td><td>☐</td><td>☐</td><td>☐</td><td>☐</td><td>☐</td></tr>
<tr><td>08.我认为父母给我的压力太大。</td><td>☐</td><td>☐</td><td>☐</td><td>☐</td><td>☐</td></tr>
<tr><td>09.父母亲对我常以鼓励代替责骂。</td><td>☐</td><td>☐</td><td>☐</td><td>☐</td><td>☐</td></tr>
<tr><td>10.我的意见与看法,父母亲会接纳与支持。</td><td>☐</td><td>☐</td><td>☐</td><td>☐</td><td>☐</td></tr>
<tr><td>11.我和父母亲相处得非常好。</td><td>☐</td><td>☐</td><td>☐</td><td>☐</td><td>☐</td></tr>
<tr><td>12.当我学习遇到挫折时,父母亲会安慰我。</td><td>☐</td><td>☐</td><td>☐</td><td>☐</td><td>☐</td></tr>
<tr><td>13.父母亲希望我进一所好大学。</td><td>☐</td><td>☐</td><td>☐</td><td>☐</td><td>☐</td></tr>
<tr><td>14.父母亲对我的家庭作业非常有兴趣。</td><td>☐</td><td>☐</td><td>☐</td><td>☐</td><td>☐</td></tr>
<tr><td>15.父母关心我在学校的学习情形。</td><td>☐</td><td>☐</td><td>☐</td><td>☐</td><td>☐</td></tr>
<tr><td>16.父母会支持我的学习活动与合理要求。</td><td>☐</td><td>☐</td><td>☐</td><td>☐</td><td>☐</td></tr>
<tr><td>17.考卷带回家后,父母通常会和我讨论错误的地方。</td><td>☐</td><td>☐</td><td>☐</td><td>☐</td><td>☐</td></tr>
<tr><td>18.父母亲会指导我的家庭功课。</td><td>☐</td><td>☐</td><td>☐</td><td>☐</td><td>☐</td></tr>
<tr><td>19.当我的家庭功课不会做时,父母会帮忙我。</td><td>☐</td><td>☐</td><td>☐</td><td>☐</td><td>☐</td></tr>
<tr><td>20.父母会帮我检查家庭功课做得对不对。</td><td>☐</td><td>☐</td><td>☐</td><td>☐</td><td>☐</td></tr>
<tr><td>21.在考试前父母会帮助我复习功课。</td><td>☐</td><td>☐</td><td>☐</td><td>☐</td><td>☐</td></tr>
<tr><td>22.课堂中不懂的内容,父母会再教导我一次。</td><td>☐</td><td>☐</td><td>☐</td><td>☐</td><td>☐</td></tr>
<tr><td>23.父母会帮我选择购买我要读的书。</td><td>☐</td><td>☐</td><td>☐</td><td>☐</td><td>☐</td></tr>
<tr><td>24.在考试之前父母会先帮我小考一下。</td><td>☐</td><td>☐</td><td>☐</td><td>☐</td><td>☐</td></tr>
</table>

上述二十四题的题项及题项变量名称对照如表 8-3:

表 8-3

压力负荷							
题号	01	02	03	04	05	06	07	08
变量名称	A1_1	A1_2	A1_3	A1_4	A1_5	A1_6	A1_7	A1_8
心理支持							
题号	09	10	11	12	13	14	15	17
变量名称	A2_1	A2_2	A2_3	A2_4	A2_5	A2_6	A2_7	A2_8
课业协助							
题号	17	18	19	20	21	22	23	24
变量名称	A3_1	A3_2	A3_3	A3_4	A3_5	A3_6	A3_7	A3_8

表8-3 题项变量名称的命名中,第一个英文字母表示问卷中的第一份量表(父母影响历程量表),第二个数字为量表中的层面编号,最后一个数字为层面中的题项数。此种题项变量的命名适用于量表编制中已分类成几个明确的构念,在进行项目分析或因素分析时,可以快速检验要删除的题项是属于量表中的哪个层面。

在进行项目分析前,反向题第 1 题至第 8 题均要反向计分,这样各层面的分数才能加总,量表加总的测量值分数愈高,表示父母对学生学习的影响是正向、积极的,即父母对子女"压力负荷"较少、"心理支持"程度较大、"课业协助"较多。经项目分析完后,假设二十四个题项均符合筛选指标值,则二十四个题项均可保留。为进一步了解"父母影响历程量表"二十四个题项因素萃取的情形,以求出量表的建构效度,使用者必须采用探索性因素分析(exploratory factor analysis)方法,以得知量表所要测量的潜在特质构念有哪些。

第二节　没有限定抽取因素法

一、操作程序

执行工具栏[分析(A)](Analyze)/[数据缩减(D)](Data Reduction)/[因子(F)](Factor)程序,开启[因子分析]对话窗口。
→在左边变量清单中将"父母影响历程量表"中题项 A1_1、A1_2……A2_1、A2_2……A3_1、A3_2……A3_7、A3_8 等二十四题选入右边[变量(V):]下的方框中。
→按[描述性统计量(D)…](Descriptives)钮,开启[因子分析:描述性统计量]的对话窗口,选取[KMO 与 Bartlett 的球形检验(K)]、[反映像(A)]选项→按[继续]钮,回到[因子分析]对话窗口。
→按[萃取(E)…](Extraction)钮,开启[因子分析:萃取]次对话窗口,抽取因素方法选预设的[主成分]分析,[分析]方框中选取内定的[相关矩阵(R)]选项,[萃取]方框中选取预设的[特征值(E)]选项,在其后面的空格内选取内定数值 1,如图 8-3→按[继续]钮,回到[因子分析]对话窗口。
→按[转轴法(T)…](Rotation)钮,开启[因子分析:转轴法]次对话窗口,[方法]方框中选取直交转轴的[最大变异法]选项,[显示]方框中勾选[转轴后的解(R)]选项→按[继续]钮,回到[因子分析]对话窗口。
→按[选项(O)…](Options)钮,开启[因子分析:选项]次对话窗口,勾选[完全排除缺失值]、[依据因素负荷排序(S)]选项。
→按[继续]钮,回到[因子分析]对话窗口→按[确定]钮。

在[因子分析:萃取]对话窗口中,[萃取]方框中选取内定的特征值大于 1 以上的因素。

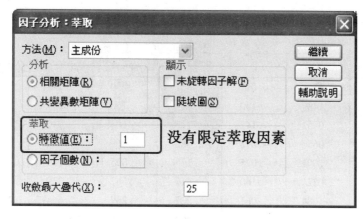

图 8-3

二、输出结果

表 8-4　KMO 与 Bartlett 检验

Kaiser-Meyer-Olkin	取样适切性量数	.789
Bartlett　球形检验	近似卡方分布	1978.664
	自由度	276
	显著性	.000

在量表是否适合进行因素分析的判别上，表 8-4 中 KMO 值等于 0.789，表示达到适中的（Middling）程度并接近良好的（Meritorious）的指标，即"父母影响历程"量表适合进行因素分析；Bartlett 球形检验的近似卡方分布为 1 978.664，自由度为 276，显著性概率值 p = 0.000 < 0.05，达到显著水平，拒绝相关矩阵不是单元矩阵的假设，表示"父母影响历程量表"二十四个题项变量有共同因素存在，数据文件适合进行因素分析。

表 8-5　转轴后的成分矩阵(a)

	成分					
	1	2	3	4	5	6
A3_8	.827	.060	.132	−.151	.111	.029
A3_5	.825	.036	−.026	−.043	−.021	−.034
A3_3	.784	.154	−.005	.042	.101	.087
A3_4	.691	.011	.227	.008	−.135	.157
A3_1	.687	.058	.073	.188	.231	.031
A3_7	.578	.307	−.026	.051	.077	−.295
A3_6	.463	.182	.318	.082	−.009	−.386
A1_6	.139	.756	.066	−.102	.094	.172
A1_5	.178	.749	.039	−.172	.300	.013
A1_1	.113	.675	.145	.135	.084	.063
A1_2	.016	.671	.283	−.143	−.339	−.203
A1_7	−.037	.651	−.064	.258	.024	.382
A1_4	.267	.533	.082	−.151	.301	.342

续表

| | 成分 | | | | | |
	1	2	3	4	5	6
A2_6	.056	.017	.822	.030	.175	.034
A2_3	.148	.130	.719	.160	.274	.200
A2_2	.095	.142	.713	.165	.030	−.028
A2_4	.065	−.073	.082	.869	.064	.000
A2_5	−.001	−.075	.125	.825	.140	−.004
A2_1	.022	.160	.417	.567	.239	−.081
A3_2	−.084	.061	.222	.269	.648	−.097
A2_8	.260	.341	.263	.056	.603	.088
A2_7	.338	.112	.341	.251	.510	.024
A1_8	−.041	.334	.156	.161	−.242	.637
A1_3	.164	.298	.079	−.283	.229	.600

萃取方法：主成分分析。

旋转方法：含 Kaiser 正态化的 Varimax 法。

a 转轴收敛于 13 个迭代。

　　表 8-5 为采用最大变异法进行直交转轴后的成分矩阵。在没有限定因素个数的情况下，特征值大于 1 的因素共有六个，使用者若要以此输出结果保留三个因素，则最好保留因素一、因素二、因素三，因为这三个因素所包含的题项内容和原先编制的层面及题项归属最为接近，至于因素四、因素五、因素六包含的题项和原先的差距较大，因素的命名较为不易，尤其是因素五与因素六包含的题项所要测量的属性差异较大，或包含的题项数较少。因素三与因素四各包含三个题项变量，在初始量表中均归属于"心理支持"层面，虽然两个因素包含的题项数目相同，但保留因素三较为适宜，因为其萃取的因素所解释的变异较大。

表 8-6　解释总变异量

| 成分 | 转轴平方和负荷量 | | |
	总和	方差的%	累积%
1	3.869	16.122	16.122
2	3.312	13.800	29.922
3	2.458	10.241	40.163
4	2.295	9.562	49.725
5	1.754	7.308	57.033
6	1.441	6.004	63.037

萃取法：主成分分析。

　　表 8-6 为转轴后六个共同因素平方和负荷量，六个因素转轴后的特征值分别为 3.869，3.312，2.458，2.295，1.754，1.441，联合解释变异量为 63.037%。若是使用者要以此种方法萃取因素，可先删除因素五与因素六，所包含的题项为 A3_2、A2_8、A2_7、A1_8、A1_3 五题，然后进行第二次因素分析，看检验因素分析的组型结构如何，再决定是

否删除题项,直到萃取的因素及因素包含的题项与原先编制的理论架构较为符合,再决定各因素各所包含的题项变量。

　　进行第二次因素分析时,判别出可能要删除的题项后使用者最好逐题删除,不要一次同时删除数题。以范例报表而言,使用者可以先删除 A1_3 题(此题被归于最后一个因素)或 A3_2 题(此题被归于其他层面)后,再将其余题项纳入因素分析程序中,因为删除某个题项后,因素分析中的组型矩阵或结构负荷(structure lading)会有所不同,萃取的共同因素数及因素包含的题项变量可能与之前有所不同,若是使用者一次删除许多题项,进行因素分析程序时,可能会丧失许多有用的信息。

第三节　限定抽取共同因素法

　　限定抽取共同因素法需在萃取因素时限制因素的数目,在 SPSS 内设的选项中,萃取的乃是界定特征值大于 1 以上的因素。有时此种方法萃取出的因素数与使用者原先的编制或相关理论有所出入,限定抽取共同因素法也是一种事前准则法(a priori criterion),使用者在修订或编制量表时,已将题项归类为数个明确的因素,因而在进行因素分析之前,可以设定所欲抽取所欲共同因素的数目。

一、操作程序

执行工具栏[分析(A)]/[数据缩减(D)]/[因子(F)]程序,开启[因子分析]对话窗口。→在左边变量清单中将"父母影响历程量表"题项 A1_1、A1_2……A2_1、A2_2……A3_1、A3_2……A3_7、A3_8 等二十四题选入右边[变量(V):]下的方框中。
→按[描述性统计量(D)…]钮,开启[因子分析:描述性统计量]的对话窗口,选取[KMO 与 Bartlett 的球形检验(K)],[反映像(A)]选项→按[继续]钮,回到[因子分析]对话窗口。
→按[萃取(E)…]钮,开启[因子分析:萃取]次对话窗口中,抽取因素方法选预设的[主成分]分析,[分析]方框中选取内定的[相关矩阵(R)]选项、[萃取]方框中选取[因子个数(N)]选项,在其后面的空格内输入 3(表示限定萃取三个因素)→按[继续]钮,回到[因子分析]对话窗口,如图 8-4。
→按[转轴法(T)…]钮,开启[因子分析:转轴法]次对话窗口,[方法]方框中选取直交转轴的[最大变异法]选项、[显示]方框中勾选[转轴后的解(R)]选项→按[继续]钮,回到[因子分析]对话窗口。
→按[选项(O)…]钮,开启在[因子分析:选项]次对话窗口,勾选[完全排除缺失值]、[依据因素负荷排序(S)]选项。
→按[继续]钮,回到[因子分析]对话窗口→按[确定]钮。

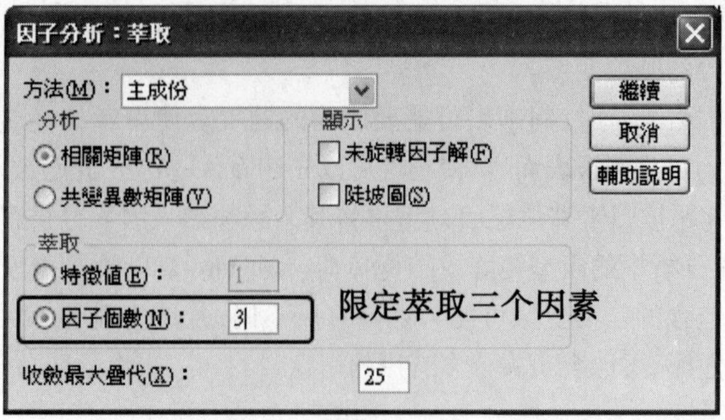

图 8-4

二、输出结果

表 8-7　KMO 与 Bartlett 检验

Kaiser-Meyer-Olkin	取样适切性量数	.789
Bartlett　球形检验	近似卡方分布	1978.664
	自由度	276
	显著性	.000

　　在量表是否适合进行因素分析的判别上，表 8-7 中 KMO 值等于 0.789，即达到适中的(Middling)程度并接近良好的(Meritorious)的指标，表示"父母影响历程量表"适合进行因素分析；Bartlett 球形检验的近似卡方分布为 1 978.664，自由度为 276，显著性概率值 $p = 0.000 < 0.05$，达到显著水平，拒绝相关矩阵不是单元矩阵的假设，表示数据文件适合进行因素分析。由于纳入因素分析的题项变量相同(题项变量有二十四题)，加上观察值个数相同(有效样本数为 200)，因而数据文件的"KMO 与 Bartlett 检验"的数值相同，即在[萃取]方框中，勾选萃取特征值大于 1 的因素，或限定因子萃取个数，其 KMO 数值指标值均相同。

表 8-8　转轴后的成分矩阵(a)

	成　分		
	1	2	3
A3_8	.843	.118	-.001
A3_5	.813	.010	-.070
A3_3	.767	.159	.052
A3_1	.683	.051	.252
A3_4	.659	.076	.070
A3_7	.610	.143	.052
A3_6	.519	.036	.245
A1_6	.154	.770	.018
A1_5	.238	.739	.035
A1_4	.281	.675	.061
A1_7	-.096	.654	.165

	成　分		
	1	2	3
A1_1	.124	.617	.229
A1_3	.148	.588	-.070
A1_2	.052	.545	-.043
A1_8	-.141	.495	.110
A2_1	.038	.077	.745
A2_5	-.055	-.211	.707
A2_4	-.005	-.234	.682
A2_3	.188	.294	.642
A3_2	-.011	.071	.578
A2_6	.125	.166	.575
A2_7	.385	.161	.573
A2_2	.138	.189	.553
A2_8	.328	.429	.432

萃取方法:主成分分析。

旋转方法:旋转方法:含 Kaiser 正态化的 Varimax 法。

a 转轴收敛于 4 个迭代。

表8-8 为使用主成分分析法,配合最大变异法进行直交转轴的"转轴后的成分矩阵"摘要表。当限定为三个因素,24 题全部纳入因素分析程序时,萃取三个共同因素,三个因素包含的题项与原先使用者编制的理论大致符合,只有题项 A3_2 原先应该归于"课业协助"层面(原属成分一),因素分析结果却归属于"心理支持"层面(成分三),因而使用者在进行第二次探索性因素分析时,可将题项 A3_2(题项第 18 题)删除。

表8-9　转轴后的成分矩阵(a)

	成　分		
	1	2	3
A3_8	.846	.116	-.011
A3_5	.811	.007	-.058
A3_3	.763	.158	.067
A3_1	.683	.053	.249
A3_4	.654	.075	.087
A3_7	.609	.142	.058
A3_6	.523	.038	.231
A1_6	.153	.770	.017
A1_5	.244	.739	.010
A1_4	.285	.675	.044
A1_7	-.095	.656	.155
A1_1	.125	.620	.219
A1_3	.151	.587	-.080
A1_2	.043	.543	-.017

续表

	成 分		
	1	2	3
A1_8	−.146	.496	.122
A2_8	.331	.435	.416
A2_1	.035	.087	.745
A2_5	−.064	−.203	.733
A2_4	−.014	−.226	.704
A2_3	.187	.302	.639
A2_6	.119	.173	.586
A2_2	.130	.195	.573
A2_7	.386	.168	.564

萃取方法:主成分分析。

旋转方法:含 Kaiser 正态化的 Varimax 法。

a 转轴收敛于 5 个迭代。

当限定为三个因素时,题项变量 A3_2 所归属的因素与原先不同,题项内涵与其他题项所欲测量的潜在特质明显不同,因而在第二次探索性因素分析时,把题项变量 A3_2(第十八题)排除在因素分析程序外。表 8-9 为题项变量 A3_2(第十八题)删除后,以其余二十三个题项进行因素分析的结果,指定因素个数为 3,萃取的三个因素构念所包含的题项与原先使用者编制的层面分类及题项归属甚为接近,但题项 A2_8 由原先的因素三而归于因素二,和使用者原先编制的理论架构不同,题项 A2_8(第十六题)应归于"心理支持"层面,但因素分析结果却归于"压力负荷"层面,由于题项 A2_8 所描述的概况与所测量的潜在特质与"压力负荷"层面的概念性定义不同,因而此题项必须再删除。删除题项 A3_2、A2_8 后,以其余二十二个题项变量进行第三次因素分析。

表 8-10   转轴后的成分矩阵(a)

	成 分		
	1	2	3
A3_8	.846	.110	−.020
A3_5	.810	.004	−.063
A3_3	.765	.156	.062
A3_1	.685	.049	.241
A3_4	.658	.083	.094
A3_7	.612	.147	.062
A3_6	.527	.047	.239
A1_6	.157	.770	.013
A1_5	.244	.726	−.009
A1_4	.289	.673	.037
A1_7	−.090	.663	.159
A1_1	.132	.630	.226
A1_3	.154	.586	−.085
A1_2	.049	.554	−.007

续表

	成 分		
	1	2	3
A1_8	−.140	.507	.131
A2_5	−.058	−.193	.741
A2_1	.039	.085	.739
A2_4	−.008	−.216	.712
A2_3	.194	.308	.639
A2_6	.124	.173	.581
A2_2	.138	.205	.580
A2_7	.388	.157	.547

萃取方法:主成分分析。

旋转方法:含 Kaiser 正态化的 Varimax 法。

a 转轴收敛于 4 个迭代。

经第二次因素分析,发现题项 A2_8(第十六题)与"压力负荷"层面构念题项归类于同一因素,但题项 A2_8 无法反映压力负荷的潜在特质,因而第三次因素分析时,再把题项 A2_8 删除。表 8-10 为删除题项 A3_2(第十八题)、题项 A2_8(第十六题)后转轴的成分矩阵摘要表。删除题项 A3_2(第十八题)、题项 A2_8(第十六题)两个题项变量后,以其余二十二个题项进行因素分析,指定因素个数为 3 的情况下,萃取的三个因素构念所包含的题项与原先使用者编制的层面分类符合,因素二"压力负荷"包含八个题项(A1_6、A1_5、A1_4、A1_7、A1_1、A1_3、A1_2、A1_8),八个题项变量的因素负荷量介于0.507至0.770 之间;因素三"心理支持"包含七个题项(A2_5、A2_1、A2_4、A2_3、A2_6、A2_2、A2_7),七个题项变量的因素负荷量介于 0.547 至 0.741 之间;因素一"课业协助"包含七个题项(A3_8、A3_5、A3_3、A3_1、A3_4、A3_7、A3_6),七个题项变量的因素负荷量介于 0.527 至 0.846 之间。各因素层面的题项变量的因素负荷量均在 0.500 以上,表示潜在变量可以有效反映各指标变量。

表 8-11 解释总变异量

成分	平方和负荷量萃取			转轴平方和负荷量		
	总和	方差的%	累积%	总和	方差的%	累积%
1	5.468	24.855	24.855	3.977	18.078	18.078
2	2.801	12.734	37.589	3.669	16.676	34.754
3	2.598	11.810	49.399	3.222	14.645	49.399

萃取法:主成分分析。

表 8-11 为"解释总变异量"摘要表,当删除题项 A3_2(第十八题)、题项 A2_8(第十六题)两个题项变量后,以其余二十二个题项进行因素分析,指定因素个数为 3 的情况下,三个因素转轴后的特征值分别为 3.977,3.669,3.222,三个因素的解释变异量分别为18.078%,16.676%,14.645%,联合解释变异量为49.399%,接近50.0%的最低要求。确定各层面所包含的题项变量后,使用者进一步要进行的是三个层面及整个量表的信度检验,求出其内部一致性 α 系数,α 系数值愈高,表示层面或量表的信度愈佳。

三、各层面的内部一致性信度

(一)操作程序

执行工具栏[分析(A)]/[尺度(A)](Scale)/[信度分析(R)](Reliability analysis)程序,开启[信度分析]对话窗口。
→在左边变量清单中将"压力负荷"层面包含的八题题项变量:A1_6、A1_5、A1_4、A1_7、A1_1、A1_3、A1_2、A1_8 选入右边[项目(I)]下的方框内。→在[模式(M)]右边下拉式选单中选取内定的[Alpha 值]选项。
→按[统计量(S)...]钮,出现[信度分析:统计量]次对话窗口→在[叙述统计量对象]方框中勾选[删除项目后之量尺摘要]选项→按[继续]钮,回到[信度分析]对话窗口→按[确定]钮。

(二)输出结果

表 8-12　可靠性统计量

Cronbach's　Alpha 值	项目的个数
.811	8

表 8-13　项目整体统计量

	项目删除时的尺度平均数	项目删除时的尺度方差	修正的项目总相关	项目删除时的 Cronbach's Alpha 值
A1_1	22.15	41.602	.541	.787
A1_2	22.95	44.203	.401	.806
A1_3	22.39	40.902	.455	.801
A1_4	22.36	38.642	.589	.780
A1_5	22.63	38.999	.632	.773
A1_6	22.75	39.183	.685	.767
A1_7	21.68	40.962	.551	.786
A1_8	22.52	43.959	.368	.811

　　A1_1、A1_2、A1_3、A1_4、A1_5、A1_6、A1_7、A1_8 八个题项的内部一致性 α 系数值等于 0.811,如表 8-12。"项目整体统计量"摘要表 8-13 中,"修正的项目总相关"列的校正相关值介于 0.368 至 0.685 间,"项目删除时的 Cronbach's Alpha 值"列的数值没有大于 0.811 者,表示八个题项的一致性信度佳。若是使用者想从此层面中(压力负荷面向)再删除题项,可考虑删除第八题题项 A1_8,因为此题删除后内部一致性 α 系数并没有降低,此外,此题与其他七题的总分相关低($r = 0.368 < 0.400$),没有达到中度相关的程度。

表 8-14　可靠性统计量

Cronbach's　Alpha 值	项目的个数
.793	7

表 8-15　项目整体统计量

	项目删除时的 尺度平均数	项目删除时的 尺度方差	修正的项 目总相关	项目删除时的 Cronbach's Alpha 值
A2_1	22.67	21.971	.590	.756
A2_2	23.34	22.023	.498	.771
A2_3	23.13	20.546	.607	.749
A2_4	23.13	22.743	.455	.778
A2_5	23.10	21.966	.502	.770
A2_6	23.83	20.678	.514	.770
A2_7	23.27	21.816	.501	.770

　　A2_1、A2_2、A2_3、A2_4、A2_5、A2_6、A2_7 七个题项（因素分析时删除题项 A2_8）的内部一致性 α 系数值等于 0.793，如表 8-14，接近 0.800。"项目整体统计量"摘要表 8-15 中，"修正的项目总相关"列的校正相关值介于 0.455 至 0.607 间，相关系数均高于 0.400，达到中度相关程度。"项目删除时的 Cronbach's Alpha 值"列的数值没有大于 0.793 者，因素分析后保留的七个题项层面（心理支持面向）的信度系数大于 0.700，表示七个题项的一致性信度佳。

表 8-16　可靠性统计量

Cronbach's　Alpha 值	项目的个数
.844	7

表 8-17　项目整体统计量

	项目删除时的 尺度平均数	项目删除时的 尺度方差	修正的项 目总相关	项目删除时的 Cronbach's Alpha 值
A3_1	18.89	34.333	.593	.824
A3_3	19.25	32.729	.673	.811
A3_4	19.26	34.673	.545	.831
A3_5	19.37	32.434	.678	.810
A3_6	18.84	35.221	.455	.845
A3_7	18.89	34.249	.517	.836
A3_8	19.53	31.034	.750	.798

　　层面三"课业协助"包含的 A3_1、A3_3、A3_4、A3_5、A3_6、A3_7、A3_8（因素分析删除 A3_2）七个题项的内部一致性 α 系数值等于 0.844，如表 8-16，高于 0.800。"项目整体统计量"摘要表 8-17 中，"修正的项目总相关"列的校正相关值介于 0.455 至 0.750 间，"项目删除时的 Cronbach's Alpha 值"列的数值除题项 A3_6 数值稍大于 0.844 外（删除题项 A3_6 后，其余六题的内部一致性 α 系数虽然变高，但其数值与原先七题的内部一致

性 α 系数相差甚小),其余六题题项删除后的 α 系数均小于 0.844,表示七个题项的一致性信度佳。

表 8-18   可靠性统计量

Cronbach's Alpha 值	以标准化项目为准的 Cronbach's Alpha 值	项目的个数
.845	.845	22

执行工具栏[分析(A)]/[尺度(A)]/[信度分析(R)]程序,开启[信度分析]对话窗口,分别求出三个层面及量表的内部一致性 α 系数。"压力负荷""心理支持""课业协助"三个层面的内部一致性 α 系数分别为 0.811,0.793,0.844,层面的 α 系数均大于 0.70,整体量表的内部一致性 α 系数为 0.845,如表 8-18,大于 0.80,表示"父母影响历程量表"的信度甚佳。

第四节   分层面个别进行因素分析法

若是使用者在量表编制过程中参考文献及相关理论后,明确将量表分成几个分量表(层面或构念),各分量表所包括的题项界定得很清楚,亦即各题项归属于哪个层面或构念非常明确,且量表也经过专家效度检验及修改,在预试完后,使用者可以根据各量表的层面,以层面包括的题项变量分别进行因素分析,而不用以整个量表进行因素分析。通常以量表层面单独进行因素分析是因为以整个量表(量表非问卷,一份调查问卷可能包含二至四种不同量表)进行因素分析时萃取的因素过多,或因素所包含的题项内容与原先使用者编制时差异太大,要删除的题项过多,此时可采用此小节介绍的变通方法,以量表单个层面的题项数进行因素分析,根据层面的因素分析结果,再决定各层面所要保留的题项数。由于此种方法不是以整个量表进行因素分析,因而在正式问卷统计时,最好不要检验自变量在量表整体得分的差异,即只要检验自变量在各层面的差异,而不要计算层面的加总分数。

一、第一个层面的因素分析

第一个层面构念为"压力负荷",包含的题项有八题,题项变量为 A1_1、A1_2、A1_3、A1_4、A1_5、A1_6、A1_7、A1_8,此层面的因素分析乃是将此八题题项变量单独纳入因素分析程序中,检验此层面萃取多少个因素。

(一)操作程序

执行工具栏[分析(A)]/[数据缩减(D)]/[因子(F)]程序,开启[因子分析]对话窗口。
→在左边变量清单中将[压力负荷]层面题项 A1_1、A1_2、A1_3、A1_4、A1_5、A1_6、A1_7、A1_8 等八题选入右边[变量(V):]下的方框中,如图 8-5。
→按[描述性统计量(D)...]钮,开启[因子分析:描述性统计量]的对话窗口,选取[KMO 与 Bartlett 的球形检验(K)]选项→按[继续]钮,回到[因子分析]对话窗口。

→按[萃取(E)...]钮,开启[因子分析:萃取]次对话窗口,选取因素方法预设的[主成分]分析,[分析]方框中选取内定的[相关矩阵(R)]选项,[萃取]方框中选取预设[特征值(E)]选项,后面的空格内输入内定数值1→按[继续]钮,回到[因子分析]对话窗口。

→按[转轴法(T)...]钮,开启[因子分析:转轴法]次对话窗口,[方法]方框中选取直交转轴的[最大变异法]选项,[显示]方框中勾选[转轴后的解(R)]选项→按[继续]钮,回到[因子分析]对话窗口。

→按[选项(O)...]钮,开启[因子分析:选项]次对话窗口,勾选[完全排除遗漏值]、[依据因素负荷排序(S)]选项。

→按[继续]钮,回到[因子分析]对话窗口→按[确定]钮。

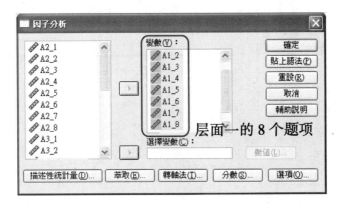

图 8-5

（二）输出结果

表 8-19　转轴后的成分矩阵(a)

	成　分	
	1	2
A1_5	.796	.227
A1_2	.756	−.082
A1_6	.714	.389
A1_1	.631	.294
A1_4	.563	.447
A1_8	.011	.761
A1_7	.307	.692
A1_3	.217	.664

萃取方法:主成分分析。

旋转方法:含 Kaiser 正态化的 Varimax 法。

a 转轴收敛于 3 个迭代。

因素分析采用主成分分析,配合最大变异法进行直交转轴,"压力负荷"层面共萃取两个因素,因素一包括五个题项,因素二包括三个题项,如表 8-19。由于因素二包括的题项数较少,因而可考虑将因素二中的三个题:A1_8、A1_7、A1_3 删除,删除后再进行因素分析,结果萃取一个因素,成分矩阵如表 8-20。

1. 直接删除包含题项变量较少的成分

在"压力负荷"层面中,第二次因素分析同时删除原先被归于成分二的三个题项:A1_8、A1_7、A1_3,而只点选成分一的五个变量 A1_1、A1_2、A1_4、A1_5、A1_6 进行因素分析程序。五个题项共萃取一个因素,因素的特征值为 2.767,解释变异量为 55.339%,五个题项的因素负荷量均在 0.600 以上,表示各题项变量均能有效反映其因素构念,因素构念可以解释各观察变量的解释变异至少 36%。

表 8-20　成分矩阵(a)

	成分
	1
A1_5	.824
A1_6	.822
A1_4	.728
A1_1	.697
A1_2	.629

萃取方法:主成分分析。

a 萃取了 1 个成分。

表 8-21　解释总变异量

成分	平方和负荷量萃取		
	总和	方差的%	累积%
1	2.767	55.339	55.339

萃取法:主成分分析。

2. 成分二的题项变量逐题删除

第一次因素分析结果,"压力负荷"层面共萃取两个因素构念,其中成分二只包括 A1_8、A1_7、A1_3 三题,在第二次因素分析程序中,使用者可以同时将此三题删除,结果顺利萃取一个共同因素。由于此种方法同时删除数题,可能会遗失部分有用的信息,使用者也可采用逐题删去法,即将成分二的题项根据其因素负荷量的高低逐题删除,删除的原则为先删除成分二中因素负荷量最高的题项变量,再删除因素负荷量次高的题项变量,这样也许可保留较多的题项变量。第一次因素分析时,成分二的三个题项中,因素负荷量最高者为题项 A1_8(=0.761),因而第二次因素分析时可先选此题项删除,以其余七题进行因素分析。

在上述"压力负荷"层面八题题项的因素分析中,第二个共同因素包含 A1_8、A1_7、A1_3 三题,三个题项的因素负荷量分别为 0.761,0.692,0.664,由于题项 A1_8 在共同因素二的因素负荷量最高,表示此题项与共同因素二最为密切,因而若将此题项优先删除后,则剩余七题的整体的因素结构负荷(structure loading)会改变,原先归属于共同因素二的题项 A1_7、A1_3 可能会因题项变量 A1_8 删除后而被归类于共同因素一,或是单独构成一个共同因素。

表 8-22　解释总变异量

成分	初始特征值			平方和负荷量萃取		
	总和	方差的%	累积%	总和	方差的%	累积%
1	3.340	47.714	47.714	3.340	47.714	47.714
2	.996	14.235	61.949			
3	.792	11.319	73.269			
4	.588	8.402	81.671			
5	.507	7.241	88.912			
6	.431	6.160	95.072			
7	.345	4.928	100.000			

萃取法：主成分分析。

"压力负荷"层面七个题项（A1_1、A1_2、A1_3、A1_4、A1_5、A1_6、A1_7）变量进行第二次因素分析，在不限定因素数目的情况下，顺利萃取一个共同因素，因素的特征值为3.340，共同解释变异量为 47.714% ，如表 8-22。若是第二次因素分析又萃取出两个因素，则在第三次因素分析时可以将成分二题项变量中因素负荷量最高的一个题项变量优先删除。之所以删除成分二中因素负荷量最高的题项变量，乃是因为因素负荷量愈高，表示此题项与成分二的关系愈密切，而与成分一的关系愈不密切，为让题项变量能收敛于成分一，因而须把与成分一关系较不密切的题项优先删除。

表 8-23　成分矩阵(a)

	成分
	1
A1_6	.813
A1_5	.788
A1_4	.733
A1_1	.685
A1_7	.641
A1_3	.578
A1_2	.554

萃取方法：主成分分析。
a 萃取了 1 个成分。

表 8-23 为删除题项 A1_8 后，第二次因素分析的成分矩阵，由于只萃取一个共同因素，因而不用进行转轴程序，输出结果不会呈现"转轴后的成分矩阵"。从上述成分矩阵中可以得知，七个题项变量的因素负荷量介于 0.554 至 0.813 间，七个题项变量的因素负荷量均在 0.500 以上，表示萃取出的共同因素可以有效反映七个指标变量。

二、第二个层面的因素分析

第二个层面构念为"心理支持"，包含的题项有八题，题项变量为 A2_1、A2_2、A2_3、A2_4、A2_5、A2_6、A2_7、A2_8，此层面的因素分析乃是将此八题题项变量单独纳入因素分析程序中，检验此层面萃取多少个因素。

（一）操作程序

执行工具栏［分析（A）］/［数据缩减（D）］/［因子（F）］程序，开启［因子分析］对话窗口。

→在左边变量清单中将"心理支持"层面题项 A2_1、A2_2、A2_3、A2_4、A2_5、A2_6、A2_7、A2_8 等八题选入右边［变量（V）:］下的方框中，如图 8-6。
其余操作与前述相同。

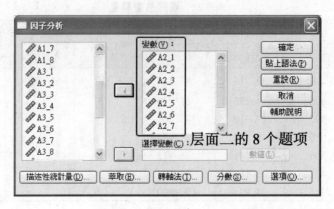

图 8-6

（二）输出结果

采用主成分分析,配合最大变异法进行直交转轴,"心理支持"层面八个题项变量共萃取两个因素,因素一包括五个题项,因素二包括三个题项,如表 8-24。由于因素二包括的题项数较少,因而可考虑将因素二中的三个题项 A2_4、A2_5、A2_1 删除,删除后再进行因素分析,结果顺利萃取一个因素。

1. 直接删除包含题项变量较少的成分

将第一次因素分析时成分二(共同因素二)的三个题项 A2_4、A2_5、A2_1 同时排除在因素分析程序外,以原先成分一的五个题项进行因素分析,结果顺利萃取一个共同因素,五个题项变量的因素负荷量介于 0.673 至 0.808 之间。

表 8-24　转轴后的成分矩阵(a)

	成　分	
	1	2
A2_3	.776	.171
A2_6	.769	.049
A2_8	.701	.030
A2_7	.665	.230
A2_2	.649	.166
A2_4	.071	.916
A2_5	.137	.886
A2_1	.519	.535

萃取方法:主成分分析。
旋转方法:含 Kaiser 正态化的 Varimax 法。
a 转轴收敛于 3 个迭代。

表 8-25　成分矩阵(a)

	成　分
	1
A2_3	.808
A2_6	.767
A2_7	.714
A2_8	.682
A2_2	.673

萃取方法:主成分分析。
a 萃取了 1 个成分。

第二次因素分析程序中,只纳入 A2_2、A2_3、A2_6、A2_7、A2_8 五个题项变量,结果萃取一个共同因素,因素的特征值为 2.670,解释变异量为 53.399%,如表 8-26。五个题项的因素负荷量均在 0.600 以上,表示各题项变量均能有效反映其因素构念,因素构念可以解释各观察变量的解释变异至少 36%。

表 8-26　解释总变异量

成　分	平方和负荷量萃取		
	总和	方差的%	累积%
1	2.670	53.399	53.399

萃取法:主成分分析。

2. 成分二的题项变量逐题删除

在第一次因素分析输出结果中,包含题项变量较少的成分二共有三个题项变量 A2_4、A2_5、A2_1,三个题项变量在原先共同因素二的因素负荷量分别为 0.916,0.886, 0.535,其中题项变量 A2_4 与成分二的关系最为密切,其因素负荷量高达 0.916,此题在原成分一的因素负荷量只有 0.071,因而在第二次因素分析程序中,先将题项变量 A2_4 排除,而以其余七个题项进行因素分析。采用主成分分析法,"心理支持"层面七个题项 (A2_1、A2_2、A2_3、A2_5、A2_6、A2_7、A2_8)变量进行第二次因素分析,在不限定因素数目的情况下,顺利萃取一个共同因素,因素的特征值为 3.207,共同解释变异量为 45.818%,如表 8-27。

表 8-27　解释总变异量

成　分	初始特征值			平方和负荷量萃取		
	总和	方差的%	累积%	总和	方差的%	累积%
1	3.207	45.818	45.818	3.207	45.818	45.818
2	.952	13.605	59.423			
3	.868	12.404	71.827			
4	.640	9.141	80.968			
5	.522	7.461	88.429			
6	.457	6.528	94.957			
7	.353	5.043	100.000			

萃取法:主成分分析。

表 8-28 为删除题项 A2_4 后,第二次因素分析的成分矩阵,由于只萃取一个共同因素,因而不用进行转轴程序,输出结果不会呈现"转轴后的成分矩阵"。从上述成分矩阵中可以得知,七个题项变量的因素负荷量介于 0.492 至 0.777 间,除题项变量 A2_5 的因素负荷量稍低于 0.500 外,其余六个题项的因素负荷量均大于 0.600,表示萃取出的共同因素可以有效反映七个指标变量。

表 8-28　成分矩阵(a)

	成　分
	1
A2_3	.777
A2_6	.721
A2_7	.706
A2_1	.698
A2_2	.660
A2_8	.648
A2_5	.492

萃取方法:主成分分析。

a 萃取了 1 个成分。

三、第三个层面的因素分析

第三个层面构念为"课业协助",层面包含的题项有八题,题项变量为 A3_1、A3_2、A3_3、A3_4、A3_5、A3_6、A3_7、A3_8,此层面的因素分析乃是将此八题题项变量单独纳入因素分析程序中,检验此层面萃取多少个因素。

(一)操作程序

执行工具栏[分析(A)]/[数据缩减(D)]/[因子(F)]程序,开启[因子分析]对话窗口。

→在左边变量清单中将"课业协助"层面题项 A3_1、A3_2、A3_3、A3_4、A3_5、A3_6、A3_7、A3_8 等八题选入右边[变量(V):]下的方框中,如图 8-7。

其余操作与上述相同。

图 8-7

(二)输出结果

表 8-29　转轴后的成分矩阵(a)

	成　分	
	1	2
A3_8	.822	.195
A3_5	.818	-.016
A3_3	.813	.006
A3_4	.717	-.065
A3_1	.655	.334
A3_7	.599	.214
A3_2	-.133	.867
A3_6	.441	.601

萃取方法:主成分分析。

旋转方法:含 Kaiser 正态化的 Varimax 法。

a 转轴收敛于 3 个迭代。

采用主成分分析,配合最大变异法进行直交转轴,"课业协助"层面共萃取两个因素,因素一包括六个题项,因素二包括两个题项。由于因素二包括的题项数较少,因而可考虑将因素二中的两个题项删除,第二次因素分析时将第一次因素分析结果中成分二包含的二个题项 A3_2、A3_6 删除,删除后再进行因素分析,结果六个题项变量共萃取一个因素。

1. 直接删除包含题项变量较少的成分

删除题项变量 A3_2、A3_6 后,六个题项萃取一个共同因素,题项的因素负荷量介于 0.617 至 0.837 之间,成分一中题项变量因素负荷量均在 0.600 以上,如表 8-30。

表 8-30　成分矩阵(a)

	成分
	1
A3_8	.837
A3_3	.819
A3_5	.805
A3_1	.714
A3_4	.707
A3_7	.617

萃取方法:主成分分析。
a 萃取了 1 个成分。

表 8-31　解释总变异量

成分	平方和负荷量萃取		
	总和	方差的%	累积%
1	3.409	56.824	56.824

萃取法:主成分分析。

A3_8、A3_3、A3_5、A3_1、A3_4、A3_7 六个题项进行第二次因素分析,结果萃取了一个因素,因素的特征值为 3.409,解释变异量为 56.824%,如表 8-31。六个题项的因素负荷量均在 0.600 以上,表示各题项变量均能有效反映其因素构念,因素构念可以解释观察变量变异的 36%。

2. 成分二的题项变量逐题删除

表 8-32　解释总变异量

成分	初始特征值			平方和负荷量萃取		
	总和	方差的%	累积%	总和	方差的%	累积%
1	3.668	52.404	52.404	3.668	52.404	52.404
2	.898	12.831	65.236			
3	.651	9.294	74.530			
4	.620	8.861	83.390			
5	.472	6.739	90.130			
6	.402	5.736	95.866			
7	.289	4.134	100.000			

萃取法:主成分分析。

在第一次因素分析输出结果中,包含题项变量较少的成分二共有两个题项变量 A3_2、A3_6,两个题项在原先共同因素二的因素负荷量分别为 0.867,0.601,其中题项变量 A3_2 与成分二的关系最为密切,其因素负荷量为 0.867,此题在原成分一的因素负荷量只有 -0.133,因而第二次因素分析时,先将题项变量 A3_2 排除,而以其余七个题项进行因素分析。采用主成分分析法,"课业协助"层面七个题项(A3_1、A3_3、A3_4、A3_5、A3_6、A3_7、A3_8)变量进行第二次因素分析,在不限定因素数目的情况下,顺利萃取一个共同因素,因素的特征值为 3.668,共同解释变异量为 52.404% ,如表 8-32。

表 8-33 为删除题项 A3_2 后,第二次因素分析的成分矩阵,由于只萃取一个共同因素,因而不用进行转轴程序,输出结果不会呈现"转轴后的成分矩阵"。从上述成分矩阵中可以得知,七个题项变量的因素负荷量介于 0.571 至 0.844 间,除题项变量 A3_6 的因素负荷量稍低于 0.600 外,其余六个题项的因素负荷量均大于 0.600,表示萃取出的共同因素可以有效反映七个指标变量。

表 8-33 成分矩阵(a)

	成 分
	1
A3_8	.844
A3_5	.792
A3_3	.791
A3_1	.715
A3_4	.681
A3_7	.634
A3_6	.571

萃取方法:主成分分析。
a 萃取了 1 个成分

各层面的题项确定后,如果题项数适当,则进一步要进行层面的内部一致性 α 系数信度检验。以本量表为例,第一个分层面(压力负荷)保留七题(删除 A1_8——第八题),第二个分层面(心理支持)保留七题(删除 A2_4——第十二题),第三个分层面(课业协助)保留七题((删除 A3_2——第十八题),总题数为二十一题,题项数适中,进一步进行层面的信度检验。上述三个层面构念的信度检验结果如下:

A1_1、A1_2、A1_3、A1_4、A1_5、A1_6、A1_7 七个题项的内部一致性 α 系数值等于 0.811,如表 8-34。"项目整体统计量"摘要表 8-35 中,"修正的项目总相关"列的校正相关值介于 0.404 至 0.696 间,"项目删除时的 Cronbach's Alpha 值"列的数值没有大于 0.811 者,表示七个题项的一致性信度佳。

表 8-34 可靠性统计量

Cronbach's Alpha 值	项目的个数
.811	7

表 8-35 项目整体统计量

	项目删除时的尺度平均数	项目删除时的尺度方差	修正的项目总相关	项目删除时的 Cronbach's Alpha 值
A1_1	19.04	34.144	.544	.787
A1_2	19.84	36.500	.404	.808
A1_3	19.28	33.710	.442	.807
A1_4	19.25	31.271	.603	.776
A1_5	19.52	31.457	.659	.766
A1_6	19.64	31.870	.696	.761
A1_7	18.57	34.246	.505	.793

A2_1、A2_2、A2_3、A2_5、A2_6、A2_7、A2_8 七个题项的内部一致性 α 系数值等于 0.798,接近0.800,如表 8-36。"项目整体统计量"摘要表 8-37 中,"修正的项目总相关"列的校正相关值介于 0.352 至 0.649 间,"项目删除时的 Cronbach's Alpha 值"列的数值

除题项 A2_5 大于 0.798 外（删除题项 A2_5 后，其余六题的内部一致性 α 系数虽然变高，但其数值与原先七题的内部一致性 α 系数相差甚小），其余六题题项删除后的 α 系数均小于 0.798，表示七个题项的一致性信度佳。

表 8-36　可靠性统计量

Cronbach's Alpha 值	项目的个数
.798	7

表 8-37　项目整体统计量

	项目删除时的尺度平均数	项目删除时的尺度方差	修正的项目总相关	项目删除时的 Cronbach's Alpha 值
A2_1	22.67	23.360	.566	.767
A2_2	23.33	23.127	.507	.776
A2_3	23.13	21.296	.649	.748
A2_5	23.09	24.655	.352	.802
A2_6	23.82	21.234	.572	.764
A2_7	23.27	22.296	.574	.763
A2_8	23.13	22.743	.493	.778

层面三"课业协助"包含的 A3_1、A3_3、A3_4、A3_5、A3_6、A3_7、A3_8 七个题项的内部一致性 α 系数值等于 0.844，高于 0.800，如表 8-38。"项目整体统计量"摘要表 8-39 中，"修正的项目总相关"列的校正相关值介于 0.455 至 0.750 间，"项目删除时的 Cronbach's Alpha 值"列的数值除题项 A3_6 稍大于 0.844 外（删除题项 A3_6 后，其余六题的内部一致性 α 系数虽然变高，但其数值与原先七题的内部一致性 α 系数相差甚小），其余六题题项删除后的 α 系数均小于 0.844，表示七个题项的一致性信度佳。

表 8-38　可靠性统计量

Cronbach's Alpha 值	项目的个数
.844	7

表 8-39　项目整体统计量

	项目删除时的尺度平均数	项目删除时的尺度方差	修正的项目总相关	项目删除时的 Cronbach's Alpha 值
A3_1	18.89	34.333	.593	.824
A3_3	19.25	32.729	.673	.811
A3_4	19.26	34.673	.545	.831
A3_5	19.37	32.434	.678	.810
A3_6	18.84	35.221	.455	.845
A3_7	18.89	34.249	.517	.836
A3_8	19.53	31.034	.750	.798

进行层面构念信度检验后,若是信度检验结果也不错,则此分量表便可作为正式问卷的一部分。如果使用者认为某一个层面的题数太少,可以增加或修改层面的题项文字、词句或意义,再进行预试,预试完后再进行项目分析与信效度的检验,但这样会浪费使用者许多时间与人力,如果时间与人力不许可,则在分层面的因素分析中也可以限定萃取的因素个数为 1,然后根据成分矩阵或结构矩阵中因素负荷量的高低,来挑选因素负荷量较高的题项。

第五节　层面题项加总分析法

在因素分析中,使用者将全部变量纳入分析后,抽取的因素过多或与原先编制的理论架构差距过大,使用者可考虑将每个层面的奇数题加总、偶数题也加总,这样每个层面就剩下两个子层面,再分别将这些子层面选入因素分析的变量栏中进行因素分析。以"父母影响历程"量表为例,经项目分析筛选后,二十四个题项均保留,题项 1 至题项 8 归属于层面一,题项 9 至题项 16 归属于层面二,题项 17 至题项 24 归属于层面三。进一步的因素分析是先将各层面奇数题与偶数题题项相加,将题项变量减少成六个子层面,再以这六个子层面变量进行因素分析,看其因素结构是否与原先编制的架构相符合。二十个题项变量转换为六个子层面的变量名称如表 8-40:

表 8-40

子层面	题项变量加总	备　注
TOT1_奇	A1_1 + A1_3 + A1_5 + A1_7	压力负荷层面奇数题题项加总
TOT1_偶	A1_2 + A1_4 + A1_6 + A1_8	压力负荷层面偶数题题项加总
TOT2_奇	A2_1 + A2_3 + A2_5 + A2_7	心理支持层面奇数题题项加总
TOT2_偶	A2_2 + A2_4 + A2_6 + A2_8	心理支持层面偶数题题项加总
TOT3_奇	A3_1 + A3_3 + A3_5 + A3_7	课业协助层面奇数题题项加总
TOT3_偶	A3_2 + A3_4 + A3_6 + A3_8	课业协助层面偶数题题项加总

因素分析时,便以 TOT1_奇、TOT1_偶、TOT2_奇、TOT2_偶、TOT3_奇、TOT3_偶六个子层面为新变量。

一、六个子层面变量的加总

（一）操作程序一

1. 步骤 1

执行工具栏［转换（T）］/［计算（C）］的程序,开启［计算变量］对话窗口。

2. 步骤2

在左边［目标变量（T）］下的方格中输入新变量的变量名称"TOT1_奇"，在右边的［数值表达式（E）］下的大方格中键入原层面一的奇数题题项的加总："A1_1 + A1_3 + A1_5 + A1_7"→按［确定］钮，如图8-8。

图 8-8

（二）操作程序二

开启［计算变量］对话窗口→在左边［目标变量（T）］下的方格中输入新变量的变量名称"TOT1_偶"，在右边的［数值表达式（E）］下的大方格中键入原层面一的偶数题题项的加总："A1_2 + A1_4 + A1_6 + A1_8"→按［确定］钮，如图8-9。

图 8-9

（三）操作程序三

开启［计算变量］对话窗口→在左边［目标变量（T）］下的方格中输入新变量的变量名称"TOT2_奇"，在右边的［数值表达式（E）］下的大方格中键入原层面二的奇数题题项的加总："A2_1 + A2_3 + A2_5 + A2_7"→按［确定］钮。

开启［计算变量］对话窗口→在左边［目标变量（T）］下的方格中输入新变量的变量名称"TOT2_偶"，在右边的［数值表达式（E）］下的大方格中键入原层面二的偶数题题项的加总："A2_2 + A2_4 + A2_6 + A2_8"→按［确定］钮。

（四）操作程序四

开启［计算变量］对话窗口→在左边［目标变量（T）］下的方格中输入新变量的变量名称"TOT3_奇"，在右边的［数值表达式（E）］下的大方格中键入原层面三的奇数题题项的加总："A3_1 + A3_3 + A3_5 + A3_7"→按［确定］钮。

开启［计算变量］对话窗口→在左边［目标变量（T）］下的方格中输入新变量的变量名称"TOT3_偶"，在右边的［数值表达式（E）］下的大方格中键入原层面二的偶数题题项的加总："A3_2 + A3_4 + A3_6 + A3_8"→按［确定］钮。

【备注】　在操作程序一的最后没有按[确定]钮，而改按[贴上语法(P)]钮，则会在[SPSS 语法编辑程序]中出现语法文件：

```
COMPUTE TOT1_奇 = A1_1 + A1_3 + A1_5 + A1_7.
EXECUTE.
```

依照第一排的语法，将之增列如下，其中关键词“COMPUTE”不能省略，“ = ”的前面为新子层面变量名称，“ = ”后面为题项的加总，每排的最后要有一个“.”符号。

```
COMPUTE TOT1_奇 = A1_1 + A1_3 + A1_5 + A1_7.
COMPUTE TOT1_偶 = A1_2 + A1_4 + A1_6 + A1_8.
COMPUTE TOT2_奇 = A2_1 + A2_3 + A2_5 + A2_7.
COMPUTE TOT2_偶 = A2_2 + A2_4 + A2_6 + A2_8.
COMPUTE TOT3_奇 = A3_1 + A3_3 + A3_5 + A3_7.
COMPUTE TOT3_偶 = A3_2 + A3_4 + A3_6 + A3_8.
EXECUTE.
```

在[SPSS 语法编辑程序]窗口中，执行工具栏[执行(R)](Run)/[全部(A)](All)程序后，在[数据编辑程序]窗口中，会新增“TOT1_奇”“TOT1_偶”“TOT2_奇”“TOT2_偶”“TOT3_奇”“TOT3_偶”六个变量，如图 8-10。

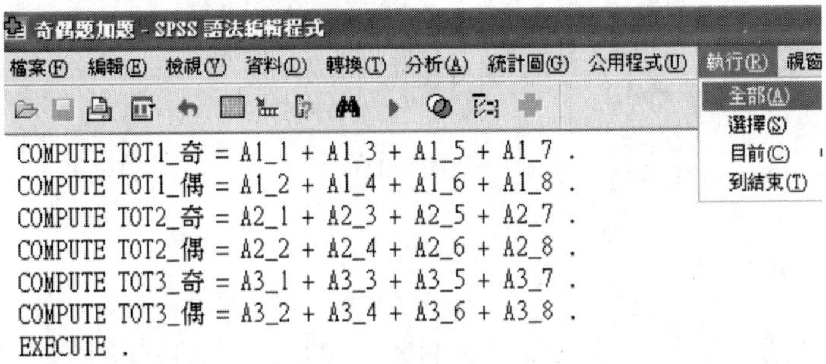

图 8-10

在[SPSS 数据编辑程序]窗口中，会增加上述的六个新变量，如图 8-11。

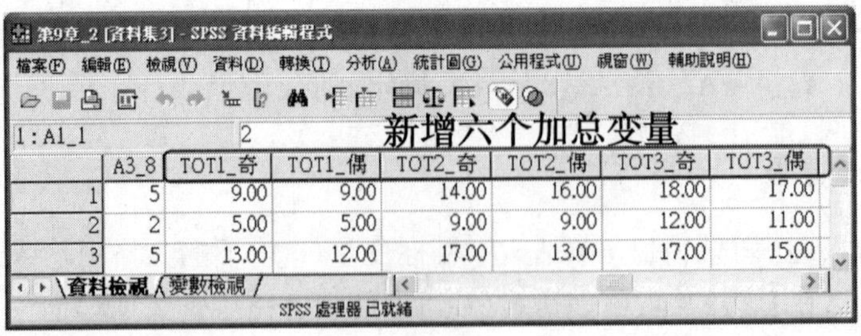

	A3_8	TOT1_奇	TOT1_偶	TOT2_奇	TOT2_偶	TOT3_奇	TOT3_偶
1	5	9.00	9.00	14.00	16.00	18.00	17.00
2	2	5.00	5.00	9.00	9.00	12.00	11.00
3	5	13.00	12.00	17.00	13.00	17.00	15.00

图 8-11

二、子层面的因素分析

操作程序

执行工具栏[分析(A)]/[数据缩减(D)]/[因子(F)]程序,开启[因子分析]对话窗口。
→在左边变量清单中将"父母影响历程量表"六个子层面 TOT1_奇、TOT1_偶、TOT2_奇、TOT2_偶、TOT3_奇、TOT3_偶选入右边[变量(V):]下的方框中。
→按[描述性统计量(D)...]钮,开启[因子分析:描述性统计量]的对话窗口,选取[未转轴之统计量(I)]、[KMO 与 Bartlett 的球形检验(K)]选项→按[继续]钮,回到[因子分析]对话窗口。
→按[萃取(E)...]钮,开启[因子分析:萃取]次对话窗口中,抽取因素方法选预设的[主成分]分析,[分析]方框中选取内定的[相关矩阵(R)]选项,[萃取]方框中选取[因子个数(N)]选项,在其后面的空格内输入3(表示限定萃取三个因素)→按[继续]钮,回到[因子分析]对话窗口。
→按[转轴法(T)...]钮,开启[因子分析:转轴法]次对话窗口,[方法]方框中选取直交转轴的[最大变异法(V)]选项、[显示]方框中勾选[转轴后的解(R)]选项→按[继续]钮,回到[因子分析]对话窗口。
→按[选项(O)...]钮,开启[因子分析:选项]次对话窗口,勾选[完全排除缺失值]、[依据因素负荷排序(S)]选项。
→按[继续]钮,回到[因子分析]对话窗口→按[确定]钮。
【备注】 在[因子分析:转轴法]次对话窗口中,[方法]方框中也可以选取斜交转轴的[直接斜交法(O)]选项,在[因子分析:萃取]次对话窗口中,抽取因素方法也可选取[主轴因子]分析法,此外在[萃取]方框中选取[因子个数(N)]选项,在其后面的空格内输入3,表示萃取三个因素,若是量表有四个层面(或构念),空格的数字要改为4。

在[因子分析]对话窗口中,点选至右边[变量(V):]下的变量为各子层面的变量:
"TOT1_奇""TOT1_偶""TOT2_奇""TOT2_偶""TOT3_奇""TOT3_偶",如图 8-12。

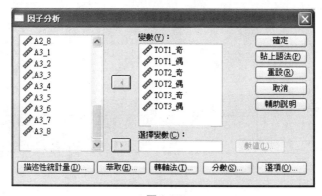

图 8-12

在[因子分析:萃取]次对话窗口中,[萃取]方框选项选取[因子个数],并将萃取因子的个数限定为 3,如图 8-13。

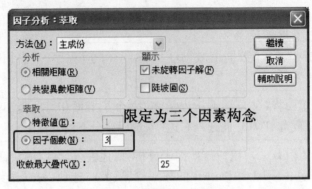

图 8-13

三、输出结果

(一)直交转轴法

表 8-41　解释总变异量

成分	初始特征值			转轴平方和负荷量		
	总和	方差的%	累积%	总和	方差的%	累积%
1	2.848	47.465	47.465	1.795	29.911	29.911
2	1.306	21.774	69.239	1.742	29.029	58.940
3	1.050	17.497	86.736	1.668	27.796	86.736
4	.327	5.446	92.182			
5	.284	4.727	96.909			
6	.185	3.091	100.000			

萃取法:主成分分析。

采用直交转轴的最大变异法萃取三个因素,三个因素转轴后的特征值分别为 1.795,1.742,1.668,解释变异量分别为 29.911%,29.029%,27.976%,联合解释变异量为 86.736%,如表 8-41。

表 8-42　　转轴后的成分矩阵(a)

	成　分		
	1	2	3
TOT2_奇	.922	.085	.174
TOT2_偶	.913	.162	.176
TOT1_偶	.104	.923	.106
TOT1_奇	.132	.907	.148
TOT3_奇	.091	.157	.909
TOT3_偶	.275	.102	.865

萃取方法:主成分分析。

旋转方法:含 Kaiser 正态化的 Varimax 法。

a 转轴收敛于 4 个迭代。

转轴后的成分矩阵中因素一包括子层面 TOT2_奇、TOT2_偶,因素负荷量分别为 0.922,0.913;因素二包括子层面 TOT1_偶、TOT1_奇,因素负荷量分别为 0.923,0.907;因素三包括子层面 TOT3_奇、TOT3_偶,因素负荷量分别为 0.909,0.865,萃取的三个因素所包括的子层面与原先使用者编制的架构相同,如表 8-42。

(二)斜交转轴法

采用斜交转轴的直接斜交法所萃取的三个因素,其联合解释变异量为 86.736%,三个因素的特征值分别为 2.164,2.012,2.077,如表 8-43。

表 8-43　解释总变异量

成　分	初始特征值			转轴平方和负荷量(a)
	总和	方差的%	累积%	总和
1	2.848	47.465	47.465	2.164
2	1.306	21.774	69.239	2.012
3	1.050	17.497	86.736	2.077
4	.327	5.446	92.182	
5	.284	4.727	96.909	
6	.185	3.091	100.000	

萃取法:主成分分析。

a 当成分产生相关时,无法加入平方和负荷量以取得总方差。

从样式矩阵表 8-44 中可以看出,与因素一关系较密切者为子层面 TOT2_奇、TOT2_偶,与因素二关系较密切者为子层面 TOT1_奇、TOT1_偶,与因素三关系较密切者为子层面 TOT3_奇、TOT3_偶,表示子层面 TOT2_奇、TOT2_偶可归属于因素一,子层面 TOT1_奇、TOT1_偶可归属于因素二,子层面 TOT3_奇、TOT3_偶可归属于因素三。

表 8-44　样式矩阵(a)

	成　分		
	1	2	3
TOT2_奇	.947	−.031	.007
TOT2_偶	.929	.050	.001
TOT1_偶	−.006	.941	−.019
TOT1_奇	.017	.917	.023
TOT3_奇	−.091	.037	.946
TOT3_偶	.121	−.035	.871

萃取方法:主成分分析。

旋转方法:含 Kaiser 正态化的 Oblimin 法。

a 转轴收敛于 5 个迭代。

结构矩阵因素一包含"TOT2_奇""TOT2_偶"两个子层面变量,变量所测得的潜在特质因素为"心理支持"层面,因素二包含"TOT1_奇""TOT1_偶"两个子层面变量,变量所测得的潜在特质因素为"压力负荷"层面,因素三包含"TOT3_奇""TOT3_偶"两个子层面变量,变量所测得的潜在特质因素为"课业协助",如表 8-45。

表 8-45 结构矩阵

	成　分		
	1	2	3
TOT2_偶	.942	.294	.362
TOT2_奇	.941	.219	.352
TOT1_偶	.233	.934	.251
TOT1_奇	.266	.928	.295
TOT3_奇	.272	.287	.923
TOT3_偶	.437	.249	.906

萃取方法：主成分分析。

旋转方法：含 Kaiser 正态化的 Oblimin 法。

六个子层面的因素负荷量统整如表 8-46：

表 8-46

转轴法　　项目	直接转轴			斜交转轴					
	最大变异法			直接斜交法					
				样式矩阵			结构矩阵		
子层面变量名称	心理支持	压力负荷	课业协助	心理支持	压力负荷	课业协助	心理支持	压力负荷	课业协助
TOT2_奇	.922	.085	.174	.947	−.031	.007	.941	.219	.352
TOT2_偶	.913	.162	.176	.929	.050	.001	.942	.294	.362
TOT1_偶	.104	.923	.106	−.006	.941	−.019	.233	.934	.251
TOT1_奇	.132	.907	.148	.017	.917	.023	.266	.928	.295
TOT3_奇	.091	.157	.909	−.091	.037	.946	.272	.287	.923
TOT3_偶	.275	.102	.865	.121	−.035	.871	.437	.249	.906
因素负荷量平方	1.795	1.742	1.668	2.164	2.012	2.077			
联合解释变异量	86.736%			86.736%					

第三篇
正式问卷资料分析与统计方法应用

第九章 复选题及卡方检验

在正式问卷的统计分析中,使用者的统计分析方法应配合研究假设,根据问卷编制的题项或量表属性进行逐题或层面分析。若是使用者采用的量表为李克特氏量表(Likert Scales),此种量表在于测出受试者某种行为特质或潜在构念,因而逐题分析没有实质意义,通常会以量表数个题项所测得的构念或态度作为分析的依据。其实以测验编制的理论而言,李克特氏量表的变量为次序量尺,但因次序量尺无法采用参数统计,使用者搜集的数据将会遗失许多有用的讯息,因而使用者会将其视为等距量尺来处理。除了李克特量表外,另外一种在社会科学领域中常见的量表为语义差异量表(Semantic Scale)。语义差异量表是以一种两个相对的词语作为题项两端的等级量尺,由受试者根据自身的知觉感受加以圈选,此种量表的变量也视为等距量尺,因而可以进行各种参数统计分析程序。在平均数差异检验中通常以层面或构念为依变量,而在逐题分析的探究中通常会以描述性统计量、次数及百分比呈现。之所以要逐题分析,通常是因为题项的选项作答内容不相同,或题项间所测得的是事实、现况,导致题项无法进行加总,或将题项加总后总测量值的代表意义无法诠释或不合理。

量化研究中,如果受试者圈选的答案不只一个,在统计上即是所谓的复选题,而复选题的创建文件及统计分析与单选题稍微不同。复选题(multiple response)在社会科学领域的应用中十分普遍,在量化研究中除单选题、李克特量表、语义差异量表外,常见的作答方式即是复选题。所谓复选题即是题目的选项答案不只一个,此种多选题包括多重勾选选项和排序等级题。以表9-1"子女学习意见调查问卷"问卷为例:

表 9-1

子女学习意见调查问卷
【基本数据】
1.您是学童的:□父亲　□母亲
2.您的年龄:□35 岁以下　□36-44 岁　□45 岁以上
【题项】
一、您未来选择孩子就读的中学时,会考虑哪些因素?(可复选)
1.□学校办学的口碑
2.□校长的领导风格
3.□学校升学率高低

---

　　4. □住家交通的因素

二、对于子女小学高年级的学习科目,您重视的重要性次序为何?

　　(1 最重视、2 次重视……)

　　□语文　□数学　□英文　□自然　□社会

三、对于子女小学的学习,您最重视项目是哪一项?

　　□考试成绩　□生活常规　□同侪关系　□品德行为

四、您对于目前子女就读学校的整体满意度如何?

　　□非常满意　□满意　□不满意　□非常不满意

五、您对于目前子女就读班级的整体满意度如何?

　　□非常满意　□满意　□不满意　□非常不满意

　　上述问卷题项的第一题为复选题,选答的项目有四个,每个选项均有可能被选填,因而在复选题的编码上均要给予每个选项一个选项代码,此外,每个选项选填的情形不是有,就是没有,因而是一个二分变量,在数据键入时,被选填的选项以 1 表示,而没有被选填的选项则可以以 0 表示。复选题的编码及数据键入采用二分变量的方法较为简易。第二题的填答为一种重要性等级的作答方式,每个选项均会被样本给予一个 1 至 5 的等级数字,因为有五个选项,所以每个选项被选填的数字最小值为1(表示最重视科目)、最大值为5(表示最不重视的科目),因而虽然是一个题项,在变量编码上也如同复选题一样,每个选项均要给予一个变量名称。第三题至第五题均为单选题,每个题项给予一个变量名称。

　　以下就以上面的问卷为例,说明各题项的编码方法:

　　1.背景变量均为单选题,第一小题的变量名称为"关系",水平数值标记中 1 为"父亲"、2 表示"母亲",是一个二分类别变量;第二小题的变量名称为"年龄",为三分类别变量,水平数值标记中 1 表示"35 岁以下"、2 表示"36 岁至 44 岁"、3 表示"45 岁以上"。

　　2.第一题四个选项的变量代码分别为 a1m1、a1m2、a1m3、a1m4,四个选项变量标记分别为"题 1 选 1""题 2 选 2""题 3 选 3""题 4 选 4",编码原则中 a1 表示第一题,而 m1 至 m4 表示复选题选项 1 至 4,四个选项的复选题集(multiple response sets)以 a1 表示。此时,有一点要注意的是在复选题题集设定中,使用者在题集"名称"(Name)后面输入"a1"(复选题题集名称最多为 64 个字符)后,SPSS 在分析的程序中会自动在"a1"的前面加上一个" $ "符号,变成" $ a1"表示式,以代表这是一个复选题题集的变量标记,以和数据编辑程序窗口中的变量名称 a1 有所区别。四个变量的水平数值不是 0 就是 1,凡是选项有被勾选者,以 1 表示,未被选填者,以 0 表示。

　　3.第二题五个选项的代码分别为 a2m1、a2m2、a2m3、a2m4、a2m5,其中 a2 表示第二题,而 m1 至 m5 表示题项的选项次序,五个变量名称的标记分别为语文、数学、英文、自然、社会,变量数值的范围介于 1 至 5 间。

　　4.第三题为单选题,题项变量名称以 a3 表示,变量标记为"重视项目",水平数值标记中 1 表示"考试成绩"、2 表示"生活常规"、3 表示"同侪关系"、4 表示"品德行为"。第四题"您对于目前子女就读学校的整体满意度如何?"为单选项题,题项变量名称以 a4 表示,变量标记为"学校满意",水平数值标记中 4 表示"非常满意"、3 表示"满意"、2 表示"不满意"、1 表示"非常不满意"。第五题"您对于目前子女就读班级的整体满意度如何?"为单选项题,题项变量名称以 a5 表示,变量标记为"班级满意",水平数值标记中 4 表示"非常满意"、3 表示"满意"、2 表示"不满意"、1 表示"非常不满意"。

表 9-2 为受试者样本选填的原始数据的编码变量,图 9-1 为 SPSS 数据编辑程序中的数据文件范例。

表 9-2

编号	关系	年龄	a1m1	a1m2	a1m3	a1m4	a2m1	a2m2	a2m3	a2m4	a2m5	a3	a4	a5
001	1	1	0	1	0	1	1	2	3	4	5	1	2	2

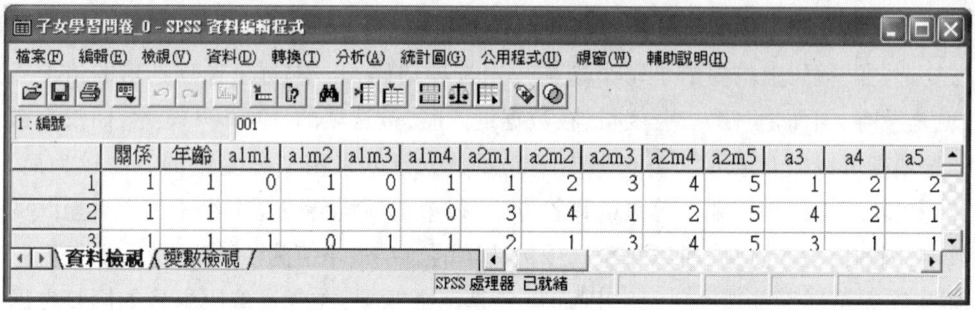

图 9-1

第一节　复选题

复选题在统计分析中通常会包含两个部分:一为全体受试者选填的情形(复选题的次数分布),二为不同背景变量的样本选填的情形。范例中的背景变量为亲子关系、年龄,因而复选题交叉表为不同亲子关系的样本选填情形的差异、不同年龄父母的样本选填情形的差异。

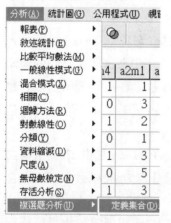

图 9-2

一、操作说明

(一)定义复选题题集

1. 步骤 1

执行工具栏[分析(A)](Analyze)/[复选题分析(L)](Multiple Response)/[定义集合(D)…](Define Sets)程序,开启[定义复选题集]对话窗口,如图 9-2。

2. 步骤2

在左边[复选题集的定义](Define Multiple Response Sets)方框中将复选题第一题的所有选项变量"题1选1[a1m1]""题1选2[a1m2]""题1选3[a1m3]""题1选4[a1m4]"选入右边的[集内的变量(V)]方框内。

→在[变量编码为]方框中勾选[二分法],[计数值]输入1。在下方[名称(N)]栏后面的空格中输入题项组的变量名称,如"a1",在[标记(L)]栏右边方格内输入变量的中文说明,如"第1题"。

→按[新增]钮,在其右方[复选题集(S)]空格内会出现"$a1"题集的名称→按[关闭]钮,如图9-3。

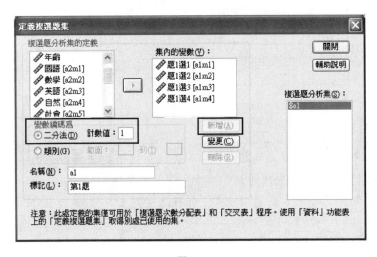

图9-3

(二)复选题的次数分布

复选题的次数分布[1]功能可以求出全体有效样本的复选题各选项的选答情形,包含各选项被选填的次数与百分比。

【研究问题】

> 求全体样本在复选题一"您未来选择孩子就读的中学时,会考虑哪些因素?"各选项勾选的次数及百分比为何?

1. 步骤1

执行工具栏[分析(A)]/[复选题分析(L)]/[次数分配表(F)…](Frequencies)程序,开启[复选题次数分布表]对

图9-4

---

1 "次数分布"即本书 SPSS 操作界面图中的"次数分配"。

话窗口,如图9-4。

2. 步骤2

在[复选题次数分布表]窗口中,将左边[复选题分析集(M)]方框中的复选题集"第1题[＄a1]"选入右边[表格(T)]中的方格内→按[确定]钮,如图9-5。

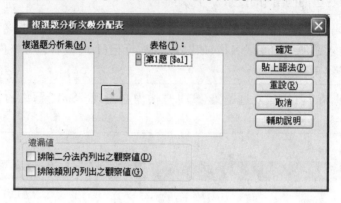

图9-5

(三)复选题的列联表

【研究问题】

1. 不同亲子关系的样本在题项一"您未来选择孩子就读的中学时,会考虑哪些因素?"各选项勾选的个数、百分比为何?

2. 不同年龄父母的样本在题项一"您未来选择孩子就读的中学时,会考虑哪些因素?"各选项勾选的个数、百分比为何?

1. 步骤1

执行工具栏[分析(A)]/[复选题分析(L)/[交叉表(C)...](Crosstabs)程序,开启[复选题分析交叉表]对话窗口。

2. 步骤2

在左边变量清单中将背景变量"关系""年龄"选入右边[列(W):]下的方格中,此时两个变量分别呈现"关系(??)""年龄(??)",因为尚未定义两者的最大值与最小值。

→选取"关系(??)"选项,按[定义范围(G)...]钮,开启[复选题分析交叉表:定义变量值域]次对话窗口,在[最小值(N):]的右边输入职务变量的最低水平数值1;在[最大值(X):]的右边输入职务变量的最高水平数值2(1,2为职务变量的水平数值)→按[继续]钮,"关系(??)"变量提示讯息会变为"关系(1 2)",如图9-6。

→选取"年龄（??）"选项,按［定义范围（G）...］钮,开启［复选题分析交叉表:定义变量值域］次对话窗口,在［最小值（N）:］的右边输入年龄变量的最低水平数值1;在［最大值（X）:］的右边输入年龄变量的最高水平数值3（1,2,3为年龄变量的水平数值,最小水平数值小值为1,最大水平数值为3）→按［继续］钮,"年龄系（??）"变量提示讯息会变为"年龄（1 3）"。

→在左边［复选题分析集（M）］方框中,选取复选题集变量"第一题［＄a1］"至右方［行（N）］下的方格中。

→按［选项（O）］钮,开启［复选题分析交叉表:选项］次对话窗口,在［格百分比］方框中勾选选项［列（W）］、［行（C）］、［总和（T）］;在［百分比依据］方框中选取内定选项［观察值］→按［继续］钮,如图9-7。

→回到［复选题分析交叉表］对话窗口,按［确定］钮。

图9-6

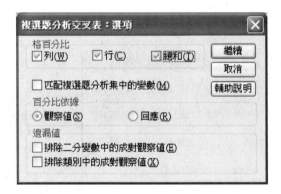

图9-7

（四）复选题的图层列联表

【研究问题】

　　在不同"亲子关系"的样本中,不同年龄父母的样本在题项一"您未来选择孩子就读的中学时,会考虑哪些因素?"各选项勾选的个数、百分比为何?

1.步骤1

执行工具栏[分析(A)]/[复选题分析(L)/[交叉表(C)...]程序,开启[复选题分析交叉表]对话窗口。

2.步骤2

在左边变量清单中将背景变量"年龄"选入右边[列(W):]下的方格中,此时变量呈现"年龄(？？)",因为尚未定义背景变量的最大值与最小值。

→选取"年龄(？？)"选项,按[定义范围(G)...]钮,开启[复选题分析交叉表:定义变量值域]次对话窗口,在[最小值(N):]的右边输入年龄变量的最低水平数值1;在[最大值(X):]的右边输入年龄变量的最高水平数值3(1,2,3 为年龄变量的水平数值,最小水平数值小值为1,最大水平数值为3)→按[继续]钮,"年龄(？？)"变量提示讯息会变为"年龄(1 3)"。

→在左边[复选题分析集(M)]方框中,选取复选题集变量"第一题[＄a1]"至右方[行(N)]下的方格中。

→在左边变量清单中将"关系"变量选入右边[图层(L):]下的方格中。
→按[选项(O)]钮,开启[复选题分析交叉表:选项]次对话窗口,在[格百分比]方框中勾选选项[列(W)]、[行(C)]、[总和(T)];在[百分比依据]方框中选取内定选项[观察值]→按[继续]钮,如图9-8。

→回到[复选题分析交叉表]对话窗口,按[确定]钮,如图9-9。

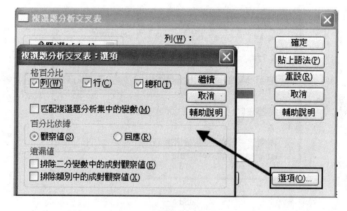

图9-8

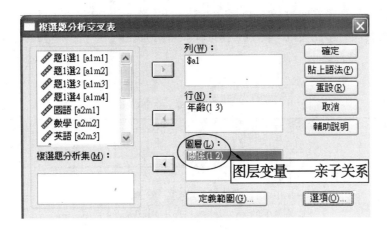

图 9-9

二、输出结果

(一)次数分布表

复选题

表9-3 ＄a1 **次数**

		反应值		观察值百分比
		个数	百分比	
第 1 题(a)	题 1 选 1	81	29.3%	67.5%
	题 1 选 2	66	23.9%	55.0%
	题 1 选 3	78	28.3%	65.0%
	题 1 选 4	51	18.5%	42.5%
总数		276	100.0%	230.0%

a 二分法群组表列于值1。

表 9-3 为题集"＄a1"(题集标记名称为第 1 题)四个选项被勾选的次数百分比,选项 1(学校办学的口碑)被勾选的次数为 81,占全部勾选次数的 29.3%(=81÷276);选项 2(校长的领导风格)被勾选的次数为 66,占全部勾选次数的 23.9%(=66÷276);选项 3(学校升学率高低)被勾选的次数为 78,占全部勾选次数的 28.3%;选项 4(住家交通的因素)被勾选的次数为 51,占全部勾选次数的 18.5%。

上述"反应值"列中的"百分比"为各选项次数除以各选项全部被勾选的总次数,四个选项被 120 位观察值勾选的总次数为 276,因而反应值列中的百分比数值=各选项被勾选次数÷276,四个选项百分比的总和等于 100%。最后一列"观察值百分比"中的数值为各选项被勾选的次数除以有效观察值人数 120,分母为样本观察值人数,在复选题中此列的百分比总和通常会大于 100%。由表中可知在 120 位样本中,有 67.5% 的学童家长会以"学校办学的口碑"为考虑,有 55.0% 会以"校长的领导风格"为考虑,有 65.0% 会以"学校升学率高低"为考虑,有 42.5% 会以"住家交通的因素"为考虑。

复选题次数分布表中要以"观察值百分比"列数值来诠释较为适切,因为使用者是要知道全体样本勾选各选项的情形,此时的分母数值应以全体有效样本为主,如上述范例的统计分析显示：在调查回收样本中，有 67.5% 的学童家长会以"学校办学的口碑"为考虑，即约有六成八的家长会以"学校办学的口碑"作为选择子女就读学校的考虑因素。

（二）交叉表

表 9-4　$a1 * 关系　交叉列表

			关系		总数
			父亲	母亲	
第 1 题(a)	题 1 选 1	个数	51	30	81
		$a1 中的%	63.0%	37.0%	
		关系中的%	81.0%	52.6%	
		总数的%	42.5%	25.0%	67.5%
	题 1 选 2	个数	33	33	66
		$a1 中的%	50.0%	50.0%	
		关系中的%	52.4%	57.9%	
		总数的%	27.5%	27.5%	55.0%
	题 1 选 3	个数	36	42	78
		$a1 中的%	46.2%	53.8%	
		关系中的%	57.1%	73.7%	
		总数的%	30.0%	35.0%	65.0%
	题 1 选 4	个数	33	18	51
		$a1 中的%	64.7%	35.3%	
		关系中的%	52.4%	31.6%	
		总数的%	27.5%	15.0%	42.5%
总数		个数	63	57	120
		总数的%	52.5%	47.5%	100.0%

百分比及总数是根据应答者而来的。

a 二分法群组表列于值 1。

表 9-4 为不同亲子关系样本在复选项四个选项勾选的次数与百分比的单元格分布情形。由于亲子关系有两个水平（父亲、母亲），复选题集中有四个水平选项，因而构成一个 4×2 的交叉表，总共有 8 个单元格。每个单元格中有四栏数值，第一栏"个数"为观察值勾选的次数，第二栏"$a1 中的%"为单元格次数占横行的百分比（边缘总次数），第三栏"关系中的%"为单元格次数占直列的百分比（亲子关系各水平的总次数），第四栏"总数的%"为单元格次数占总样本的百分比。以单元格 1 为例，单元格 1 表示父亲勾选选项 1（学校办学的口碑）的次数、百分比。学童父亲的样本（共有 63 位），勾选选项 1（学校办学的口碑）的人数有 51 位，全部样本（父亲、母亲）勾选选项 1（学校办学的口碑）的总次数共有 81 位，其中母亲样本勾选的次数有 30 位，第二栏"$a1 中的%"的数值 = 51 ÷ 81 = 63.0%，第三栏"关系中的%"的数值 = 51 ÷ 63 = 81.0%，第四栏"总数的%"的数值 = 51 ÷ 120 = 42.5%。单元格 1 的四个数据表示在 63 位父亲样本中勾选选项 1（学校办学的口碑）的人数有 51 位，其百分比为 81.0%，父亲、母亲勾选选项 1（学校办学的口碑）的次数共有 81 位，父亲勾选的次数占此选项总次数的 63.0%，占全部样本观察值的 42.5%。

表9-5　$a1∗年龄　交叉列表

			年龄			总数
			35 岁以下	36-44 岁	45 岁以上	
第 1 题(a)	题 1 选 1	个数	30	15	36	81
		$a1 中的%	37.0%	18.5%	44.4%	
		年龄中的%	66.7%	41.7%	92.3%	
		总数的%	25.0%	12.5%	30.0%	67.5%
	题 1 选 2	个数	27	24	15	66
		$a1 中的%	40.9%	36.4%	22.7%	
		年龄中的%	60.0%	66.7%	38.5%	
		总数的%	22.5%	20.0%	12.5%	55.0%
	题 1 选 3	个数	30	18	30	78
		$a1 中的%	38.5%	23.1%	38.5%	
		年龄中的%	66.7%	50.0%	76.9%	
		总数的%	25.0%	15.0%	25.0%	65.0%
	题 1 选 4	个数	18	15	18	51
		$a1 中的%	35.3%	29.4%	35.3%	
		年龄中的%	40.0%	41.7%	46.2%	
		总数的%	15.0%	12.5%	15.0%	42.5%
总数		个数	45	36	39	120
		总数的%	37.5%	30.0%	32.5%	100.0%

百分比及总数是根据应答者而来的。

a 二分法群组表列于值 1。

　　"$a1∗年龄　交叉列表"为不同年龄家长在复选项题集"$a1"四个选项勾选的次数与百分比的单元格分布情形,如表9-5。由于家长年龄有三个水平(35 岁以下、36-44岁、45 岁以上),复选题集中有四个水平选项,因而构成一个 4×3 的交叉表,总共有 12 个单元格。以选项 3(学校升学率高低)被不同年龄家长勾选的情形为例,"35 岁以下""36-44 岁""45 岁以上"三个水平群体勾选的次数分别为 30,18,30,勾选此选项的样本数总共有 78 位,占全体样本总数(120)的 65.0%,三个水平群体勾选的次数各占其水平群体样本数的 66.7%,50.0%,76.9%,各占全体样本数的 25.0%,15.0%,25.0%,表示在120 位样本观察值中,"35 岁以下""36-44 岁""45 岁以上"三个群体家长以"学校升学率高低"为考虑的百分比依次为 25.0%,15.0%,25.0%。

(三)增列图层变量的交叉表

　　在[复选题分析交叉表]对话窗口中,若点选[图层]变量,则输出的复选题交叉表会依据图层变量水平而分别呈现,以"$a1∗年龄∗关系　交叉表列"为例,图层变量为"亲子关系",由于亲子关系为二分类别变量,因而交叉表会分别呈现父亲群体中的"$a1∗年龄"交叉表、母亲群体中的"$a1∗年龄"交叉表,如表9-6。

表9-6 $ a1 ＊年龄＊关系   交叉列表

关系				年龄			总数
				35 岁以下	36-44 岁	45 岁以上	
父亲	第1题(a)	题1选1	个数	21	9	21	51
			$ a1 中的%	41.2%	17.6%	41.2%	
			年龄中的%	87.5%	50.0%	100.0%	
			总数的%	33.3%	14.3%	33.3%	81.0%
		题1选2	个数	15	12	6	33
			$ a1 中的%	45.5%	36.4%	18.2%	
			年龄中的%	62.5%	66.7%	28.6%	
			总数的%	23.8%	19.0%	9.5%	52.4%
		题1选3	个数	15	9	12	36
			$ a1 中的%	41.7%	25.0%	33.3%	
			年龄中的%	62.5%	50.0%	57.1%	
			总数的%	23.8%	14.3%	19.0%	57.1%
		题1选4	个数	9	9	15	33
			$ a1 中的%	27.3%	27.3%	45.5%	
			年龄中的%	37.5%	50.0%	71.4%	
			总数的%	14.3%	14.3%	23.8%	52.4%
	总数		个数	24	18	21	63
			总数的%	38.1%	28.6%	33.3%	100.0%
母亲	第1题(a)	题1选1	个数	9	6	15	30
			$ a1 中的%	30.0%	20.0%	50.0%	
			年龄中的%	42.9%	33.3%	83.3%	
			总数的%	15.8%	10.5%	26.3%	52.6%
		题1选2	个数	12	12	9	33
			$ a1 中的%	36.4%	36.4%	27.3%	
			年龄中的%	57.1%	66.7%	50.0%	
			总数的%	21.1%	21.1%	15.8%	57.9%
		题1选3	个数	15	9	18	42
			$ a1 中的%	35.7%	21.4%	42.9%	
			年龄中的%	71.4%	50.0%	100.0%	
			总数的%	26.3%	15.8%	31.6%	73.7%
		题1选4	个数	9	6	3	18
			$ a1 中的%	50.0%	33.3%	16.7%	
			年龄中的%	42.9%	33.3%	16.7%	
			总数的%	15.8%	10.5%	5.3%	31.6%
	总数		个数	21	18	18	57
			总数的%	36.8%	31.6%	31.6%	100.0%

百分比及总数是根据应答者而来的。

a 二分法群组表列于值1。

表 9-6 为以"亲子关系"为图层变量所呈现复选题集"＄a1"与"年龄"类别变量的交叉表,由于"亲子关系"分为两个水平(父亲、母亲),图层的交叉表会分别呈现父亲群体中(水平数值为 1),"35 岁以下""36-44 岁""45 岁以上"三个年龄群体在复选题集四个选项勾选次数与百分比;母亲群体(水平数值为 2)中,"35 岁以下""36-44 岁""45 岁以上"三个年龄群体在复选题集四个选项勾选次数与百分比。父亲群体样本总数为 63、母亲群体样本总数为 57。以母亲群体为例,三个年龄群体组勾选选项 1(学校办学的口碑)的次数分别为 9,6,15,考虑"学校办学的口碑"因素的样本共有 30 位,占母亲样本数(= 57)的 52.6% ,"35 岁以下""36-44 岁""45 岁以上"三个年龄群体勾选此选项的人次占母亲群体(57)的百分比依次为:15.8% ,10.5% ,26.3% 。

第二节　单选项的统计分析

范例中的第二题"对于子女小学高年级的学习科目,您重视的重要性次序为何?"的变量界定与复选题格式相同,但在统计分析中可采用单选题的模式加以统计分析,由于最重视的科目的水平数值为 1,最不重视的科目的水平数值为 5,因而可用描述性统计量来求出五个科目变量的等级平均数,若是等级平均数的数值愈小,表示此学习科目是受试者最重视的。第三题"对于子女小学的学习,您最重视项目是那一项?"的填答类似意见反应,变量属性为类别变量,因而只要统计受试者在各选项勾选的次数及百分比即可。第四题"您对于目前子女就读学校的整体满意度如何?"与第五题"您对于目前子女就读班级的整体满意度如何?"的题项属性为李克特四点量表,此种量表变量本来属于次序变量,但如果属于次序变量统计分析会丧失许多重要数据,并无法进行参数统计。之后学者又将其归于等距变量,因而此种题项如逐题分析,可采用次数分布表及描述性统计量。如果是个人心理或行为特质的测量,最好采用层面(构念/面向)的方法,每个层面要包含 3 至 10 个题项较为适切。

一、描述性统计量

【研究问题】

1. 了解全体样本对于题项二"对于子女小学高年级的学习科目,重视的重要性次序为何?"

2. 了解全体样本对于学校的整体满意度与班级满意度的知觉现况为何?

(一)操作程序

1. 步骤 1

执行工具栏[分析(A)]/[叙述统计(E)](Descriptive Statistics)/[描述性统计量(D)](Descriptives)程序,开启[描述性统计量]对话窗口。

2. 步骤 2

在左边变量清单中将目标变量"语文[a2m1]""数学[a2m2]""英语[a2m3]""自然

[a2m4]""社会[a2m5]"选入右边[变量(V)]下的方格中→按[选项(O)…]钮。

开启[描述性统计量:选项]次对话窗口,勾选[平均数(M)]、[标准差(T)]、[范围(R)]、[最小值(N)]、[最大值(X)]选项→按[继续]钮→回到[描述性统计量]对话窗口→按[确定]钮,如图9-10。

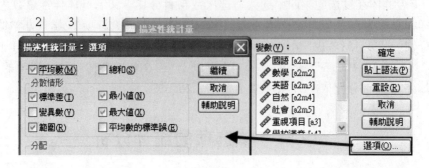

图9-10

（二）输出结果

表9-7　叙述统计

	个数	范围	最小值	最大值	平均数	标准差
语文	120	4	1	5	2.38	1.323
数学	120	3	1	4	2.17	.999
英语	120	4	1	5	2.78	1.161
自然	120	4	1	5	3.33	1.191
社会	120	4	1	5	4.33	1.239
有效的 N（完全排除）	120					

表9-7为第二题五个选项变量的描述性统计量,等级平均数最小者为"数学"（RM = 2.17）,其次是"语文"（RM = 2.38）,等级平均数最大者为"社会"（RM = 4.33）,从等级平均数高低可以看出,小学高年级父母在其子女的学习科目中最重视的科目是数学,其次是语文,较不重视的学习科目是社会。再从标准差的数值来看,五个变量选项中以数学科目的标准差0.999最小,表示在五个选项中,此选项是受试者看法差异最小的一个学习科目。

【表格范例】

表9-8　全体学生样本对于小学高年级的学习科目重视的重要性次序等第摘要表

选填科目	样本数	最小值	最大值	等级平均数	标准差	排序
语文	120	1	5	2.38	1.323	2
数学	120	1	4	2.17	.999	1
英语	120	1	5	2.78	1.161	3
自然	120	1	5	3.33	1.191	4
社会	120	1	5	4.33	1.239	5

表9-9 叙述统计

	个数	范围	最小值	最大值	平均数	标准差
学校满意	120	3	1	4	2.50	1.115
班级满意	120	3	1	4	2.42	1.089
有效的N(完全排除)	120					

表9-9为第四题与第五题满意度感受的描述性统计量。在学校整体满意度的知觉方面，平均数为2.50、标准差为1.115；在班级整体满意度的知觉方面，平均数为2.42、标准差为1.089。在一个李克持四点量表中，中位数为2.50，换成百分比 $= \dfrac{M-1}{点数-1} = \dfrac{2.5-1}{4-1} = 50\%$ ，因而受试者在两个选项的填答皆属中等程度，即满意度约为50%而已。如果题项的平均得分为3.52以上，整意满意度的百分比 $= \dfrac{3.52-1}{4-1} = 84\%$ ，则表示受试者整体满意的程度偏高；题项的平均得分为3.00以上，整意满意度的百分比 $= \dfrac{3.00-1}{4-1} = 66.7\%$ ，则表示受试者整体满意的程度稍微偏高；题项的平均得分为2分以下，整体满意度的百分比 $= \dfrac{2-1}{4-1} = 33.3\%$ ，则表示受试者整体满意的程度偏低。

二、次数分布表

【研究问题】

1. 全体样本在第三题"对于子女小学的学习，最重视项目是哪一项?"各选项勾选的个数及百分比为何?
2. 全体样本对于学校整体满意度各选项勾选的个数及百分比为何?
3. 全体样本对于班级整体满意度各选项勾选的个数及百分比为何?

(一)操作程序

1. 步骤1

执行工具栏[分析(A)]/[叙述统计(E)]/[次数分配表(F)]程序，开启[次数分配表]对话窗口。

2. 步骤2

在左边变量清单中将目标变量"重视项目[a3]""学校满意[a4]""班级满意[a5]"选入右边[变量(V)]下的方格中，勾选左下角[显示次数分布表]→按[确定]钮，如图9-11。

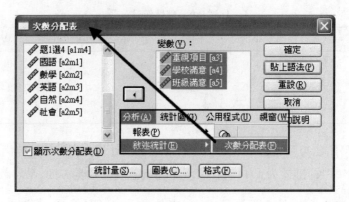

图 9-11

（二）输出结果

次数分布表

表 9-10　重视项目

		次数	百分比	有效百分比	累积百分比
有效的	考试成绩	17	14.2	14.2	14.2
	生活常规	35	29.2	29.2	43.3
	同侪关系	29	24.2	24.2	67.5
	品德行为	39	32.5	32.5	100.0
	总和	120	100.0	100.0	

表 9-10 为样本观察值在第三题"对于子女小学的学习,您最重视项目是哪一项?"四个选项勾选的次数、百分比。"考试成绩""生活常规""同侪关系""品德行为"四个选项被勾选的次数分别为 17、35、29、39,其有效百分比分别为 14.2% ,29.2% ,24.2% ,32.5% ,表示小学高年级家长对于子女的学习最重视的项目为"品德行为",较不重视的是"考试成绩"选项。

表 9-11　学校满意

		次数	百分比	有效百分比	累积百分比
有效的	非常不满意	28	23.3	23.3	23.3
	不满意	35	29.2	29.2	52.5
	满意	26	21.7	21.7	74.2
	非常满意	31	25.8	25.8	100.0
	总和	120	100.0	100.0	

表 9-11 为样本观察值在第四题"您对于目前子女就读学校的整体满意度如何?"选填的次数及百分比。勾选"非常满意""满意"选项的百分比分别为 25.8% ,21.7% ,两者合计 47.5% ;勾选"不满意""非常不满意"选项的百分比分别为 23.3% ,29.2% ,两者合计 52.5% ,持不满意意见的家长稍多。

表9-12 班级满意

		次数	百分比	有效百分比	累积百分比
有效的	非常不满意	32	26.7	26.7	26.7
	不满意	30	25.0	25.0	51.7
	满意	34	28.3	28.3	80.0
	非常满意	24	20.0	20.0	100.0
	总和	120	100.0	100.0	

表9-12为样本观察值在第五题"您对于目前子女就读班级的整体满意度如何?"选填的次数及百分比。勾选"非常满意""满意"选项的百分比分别为20.0%,28.3%,两者合计48.3%;勾选"不满意""非常不满意"选项的百分比分别为26.7%,25.0%,两者合计51.7%,持不满意意见的家长稍微多一些。

对于此种逐题分析数据,使用者可将"非常满意"及"满意"两个选项合并,两者的加总作为样本对题项所述内容满意知觉的次数;而将"非常不满意"及"不满意"选项合并,两者的加总作为样本对题项内容不满意知觉的次数。

三、题项适合度检验

如果使用者想探究120位样本观察值对于第三题至第五题的选项勾选次数间是否有所差异,则须采用卡方检验,此种检验即为适合度检验(goodness of fit test)。所谓适合度检验即检验某一变量的实际观察次数分布与期望理论次数分布间是否符合。若是两者符合,表示样本在某一变量各选项勾选的次数大致相同,样本在变量的次数分布与总体理论相同。适合度检验的研究假设为"实际观察次数与理论期望次数之间有显著差异",虚无假设为"实际观察次数与理论期望次数之间无显著差异"。适合度在检验次数间的差异是否达到显著时所采用的统计量为卡方检验(χ^2),卡方统计量公式为:

$$\chi^2 = \sum \frac{(观察次数 - 期望次数)^2}{期望次数}$$

【研究问题】

1. 样本在第三题四个选项上的勾选次数间是否有显著不同?
2. 样本在第四题四个选项上的勾选次数间是否有显著不同?
3. 样本在第五题四个选项上的勾选次数间是否有显著不同?

(一)操作程序

1. 步骤1

执行工具栏[分析(A)]/[非参数检验(N)(Nonparametric Tests)]/[卡方检定(C)...](Chi-square)程序,开启[卡方检定]对话窗口。

2. 步骤2

在左边变量清单中将目标变量"重视项目[a3]""学校满意[a4]""班级满意[a5]"

选入右边[检验变量清单(T)]下的方格中→[期望范围]方框中选取[由资料取得(G)]
选项,在[期望值]方框中选取[全部类别相等(I)]选项→按[确定]钮,如图 9-12。

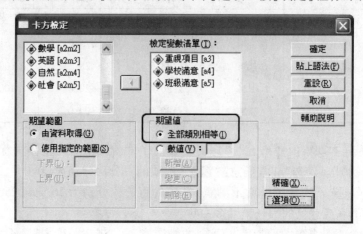

图 9-12

（二）输出结果

NPar 检验

表 9-13　重视项目

	观察个数	期望个数	残差
考试成绩	17	30.0	−13.0
生活常规	35	30.0	5.0
同侪关系	29	30.0	−1.0
品德行为	39	30.0	9.0
总和	120		

　　表 9-13 第一列为第三题变量名称"重视项目"四个水平数值的标记(四个选项),第二
列"观察个数"为样本实际勾选的次数,第三列为理论"期望个数",在[期望值](expected
value)方框中设定[全部类别相等(I)],表示四个选项在理论上被勾选的期望次数应该相
等,等于 120÷4＝30.0,第四列"残差"值为第二列观察个数减去第三列期望个数。残差值
为正,表示实际观察次数多于期望理论次数,残差值为负,表示实际观察次数少于期望理论
次数,残差值的绝对值愈大,表示实际观察次数与期望理论次数的差距愈大。

表 9-14　学校满意

	观察个数	期望个数	残差
非常不满意	28	30.0	−2.0
不满意	35	30.0	5.0
满意	26	30.0	−4.0
非常满意	31	30.0	1.0
总和	120		

　　表 9-14 为样本在第四题四个水平(四个选项)勾选的观察个数、期望个数与残差值,
有效样本数为 120,残差值分别为 −2.0,5.0, −4.0,1.0,残差值的总和等于 0。

表 9-15　班级满意

	观察个数	期望个数	残差
非常不满意	32	30.0	2.0
不满意	30	30.0	.0
满意	34	30.0	4.0
非常满意	24	30.0	-6.0
总和	120		

表 9-15 为样本在第五题四个水平(四个选项)勾选的观察个数、期望个数与残差值，有效样本数为 120，残差值分别为 2.0，0.0，4.0，-6.0，残差值的总和等于 0。其中样本勾选"不满意"选项的实际观察个数为 30，刚好等于期望个数，其残差值为 0。

表 9-16　检验统计量

	重视项目	学校满意	班级满意
卡方(a)	9.200	1.533	1.867
自由度	3	3	3
渐近显著性	.027	.675	.601

a　0 个格(.0%)的期望次数少于 5。最小的期望格次数为 30.0。

表 9-16 为适合度卡方检验统计量，卡方统计量在于检验各选项出现的观察次数是否为 1:1:1:1 的随机分布。就"重视项目"变量而言，χ^2 值等于 9.200，渐近显著性的 p 值等于 0.027，小于 0.05，达到显著水平，拒绝虚无假设，表示四个水平(四个选项)被样本勾选的次数有显著不同。样本观察值勾选"品德行为"的选项最多，而勾选"考试成绩"的选项最少，两者被勾选的次数的差异达到显著。就"学校满意"变量而言，χ^2 值等于 1.533，渐近显著性的 p 值等于 0.675>0.05，未达到 0.05 显著水平，接受虚无假设，拒绝对立假设，表示四个水平(四个选项)被样本勾选的次数没有显著不同。就"班级满意"变量而言，χ^2 值等于 1.867，渐近显著性的 p 值等于 0.601>0.05，未达到 0.05 显著水平，接受虚无假设，拒绝对立假设，表示样本勾选"非常满意""满意""不满意""非常不满意"四个选项的次数没有显著不同。

四、不同年龄的父母对于学习科目重要性看法

【研究问题】

　　对于题项"二、对于子女小学高年级的学习科目，您重视的重要性次序为何？"，使用者除探讨全部样本的看法外，也想知道不同年龄的学生父母间的看法如何，由于年龄变量为三分类别变量，使用者可先将资料文件依"年龄"变量分割，再执行描述性统计量，求出各群组在五个科目选项的等级平均数。

(一)操作程序

1. 步骤 1

执行工具栏[数据(D)](Data)/[分割档案(F)…](Split File)程序，出现[分割档

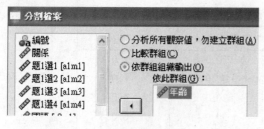

案]对话窗口。→勾选[依群组组织输出(O)]选项,将分组变量"年龄"选入右边[以此群组(G)]下的方框中,勾选内定的[依分组变量排序档案]选项→按[确定]钮,如图9-13。

图 9-13

2.步骤 2

执行工具栏[分析(A)]/[叙述统计(E)]/[描述性统计量(D)]程序。

(二)输出结果

年龄 = 35 岁以下

表 9-17　叙述统计(a)

	个数	范围	最小值	最大值	平均数	标准差
语文	45	4	1	5	2.00	.977
数学	45	3	1	4	1.91	1.041
英语	45	3	1	4	2.69	.900
自然	45	3	2	5	3.73	.780
社会	45	4	1	5	4.67	1.022
有效的 N(完全排除)						

a 年龄 = 35 岁以下

就 35 岁以下群组的父母而言,有效样本观察值共有 45 位,其对小学高年级学习科目的重视程度依次为"数学"(RM = 1.91)、"语文"(RM = 2.00)、"英语"(RM = 2.69)、"自然"(RM = 3.73)、"社会"(RM = 4.67)。其中排序第四的"自然"科目的标准差等于0.780、排序第三的"英语"科目的标准差等于0.900,其标准差的数值很小,表示样本对两个科目选项看法间的意见颇为一致,如表9-17。

年龄 = 36-44 岁

表 9-18　叙述统计(a)

	个数	范围	最小值	最大值	平均数	标准差
语文	36	4	1	5	3.11	1.582
数学	36	3	1	4	2.64	1.018
英语	36	4	1	5	3.22	1.416
自然	36	4	1	5	2.58	1.273
社会	36	4	1	5	3.44	1.594
有效的 N(完全排除)	36					

a 年龄 = 36-44 岁

如表 9-18,就 36 至 44 岁群组的父母而言(水平数值为 2),有效样本观察值有 36 位,其对小学高年级学习科目的重视程度依次为"自然"(RM = 2.58)、"数学"(RM = 2.64)、

"语文"(RM=3.11)、"英语"(RM=3.22)、"社会"(RM=3.44)。五个科目选项的标准差均大于1,表示样本看法间的差异较大。36至44岁群体和35岁以下群体间对"自然"一科的重视程度看法间有很大差异存在,前者将之列为第一位,后者将之列为第四位;表示36至44岁群体的父母将学童"自然"科目的学习列为最重要的项目,但35岁以下群体的父母则将学童"数学"科目的学习列为比"自然"更重要的科目。

年龄=45岁以上

表9-19　叙述统计(a)

	个数	范围	最小值	最大值	平均数	标准差
语文	39	3	1	4	2.15	1.159
数学	39	3	1	4	2.03	.778
英语	39	3	1	4	2.49	1.073
自然	39	4	1	5	3.56	1.209
社会	39	1	4	5	4.77	.427
有效的N(完全排除)	39					

a 年龄=45岁以上

如表9-19,就45岁以上群组的父母而言,有效样本观察值共有39位,其对小学高年级学习科目的重视程度依次为"数学"(RM=2.03)、"语文"(RM=2.15)、"英语"(RM=2.49)、"自然"(RM=3.56)、"社会"(RM=4.77)。其中排序第五的"社会"科目的标准差等于0.427、排序第一的"数学"科目的标准差等于0.900,其标准差的数值很小,表示样本看法间的差异较小。尤其是"社会"一科的重视程度,45岁以上群组间的观点甚为一致。对于前面三个科目的排序,45岁以上群组的学生家长与35岁以下群组的父母间的看法是相同的。

【表格范例】

综合上述的输出报表,可以将不同年龄对于学习科目重视程度的等级排序如表9-20:

表9-20

	35岁以下组		36-44岁组		45岁以上组	
选填科目	平均数	排序	平均数	排序	平均数	排序
语文	2.00	2	3.11	3	2.15	2
数学	1.91	1	2.64	2	2.03	1
英语	2.69	3	3.22	4	2.49	3
自然	3.73	4	2.58	1	3.56	4
社会	4.67	5	3.44	5	4.77	5

如果使用者想进一步检验三个组别在五个选项的整体等级间的看法一致性程度是否达到显著,可以采用肯德尔和谐系数(Kendall coefficient of concordance)。肯德尔W系数适用于两组以上的次序变量,表示两组以上次序变量间相关程度的方法。若是肯德尔和谐系数检验结果的统计量达到显著,表示三个组别对五个科目选项重要性等级的看法一致性很高。

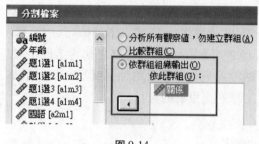

图 9-14

如果使用者想探究不同"关系"变量在题项二的选填情形,在分割档案时要以"关系"变量作为分割档案的目标变量,之后再执行描述性统计量,如图 9-14,输出报表中可以进一步了解父亲对学习科目的重视程度与母亲对学习科目的重视程度。

五、百分比同质性检验

百分比同质性检验也是卡方检验(Chi-square test)的一项功能,适用于两个类别变量所构成的列联表中各单元格的次数或百分比间是否有所差异的检验。列联表中的自变量又称为设计变量(design variable),是使用者事先控制的变量,变量属性为类别变量。依变量又称为反应变量,是使用者所要分析或探讨的变量,变量属性为类别变量。研究的目的在于探究自变量各水平类别(各个组别群体)在依变量各水平上的反应次数百分比是否有显著差异。

【研究问题】

1. 不同"亲子关系"对学校满意度的四个选项反应百分比是否有所不同?
2. 不同"年龄"的父母对学校满意度四个选项反应百分比间是否有所不同?
3. 不同"亲子关系"对班级满意度的四个选项反应百分比是否有所差异?
4. 不同"年龄"的父母对班级满意度四个选项反应百分比间是否有所差异?

在上述研究问题中,设计变量(自变量)中的"亲子关系"变量为二分类别变量,"不同年龄"变量为三分类别变量,反应变量(依变量)为四个选项的次数百分比,属类别反应变量。探究不同自变量在依变量上的差异需采用百分比同质性检验。

（一）操作程序

1. 步骤 1

执行工具栏[分析(A)]/[叙述统计(E)]/[交叉表(C)…]程序,开启[交叉表]对话窗口,如图 9-15。

2. 步骤 2

在左边变量清单中将依变量"学校满意[a4]""班级满意[a5]"点选选至右边[列(O)]下的方格中,将自变量(背景变量)"关系""年龄"点选至右边[栏(C)]下的方格中。

→按[统计量(S)…]钮,开启[交叉表:统计量]次对话窗口,勾选[卡方统计量(H)]选项→按[继续]钮,回到[交叉表]对话窗口,如图 9-16。

在[交叉表:统计量]次对话窗口中,[名义的]方框中[列联系数(O)]、[Phi 与 Cramer's V 系数(P)]、[Lambda 值(L)]是卡方检验中的关联系数(measures of association)。其中 Phi(Φ)系数适用于两个间断变量均为二分类别变量,其数值表示为 2×2 列联表的关联强度指数,Φ 系数值介于 -1 至 +1 之间,其概念与积差相关系数类似,当两个二分类别变量间的 Φ 系数绝对值愈接近 1,表示两个变量的关联程度愈高;列联系数(coefficient of contigency)适用于两个间断变量均为三分以上类别变量,其数值表示为 p×p 列联表(p≥2)的关联强度指数;Cramer V 系数适用于两个间断变量的水平数值不同的长方形列联表。

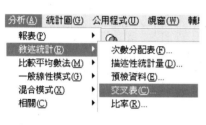

图 9-15

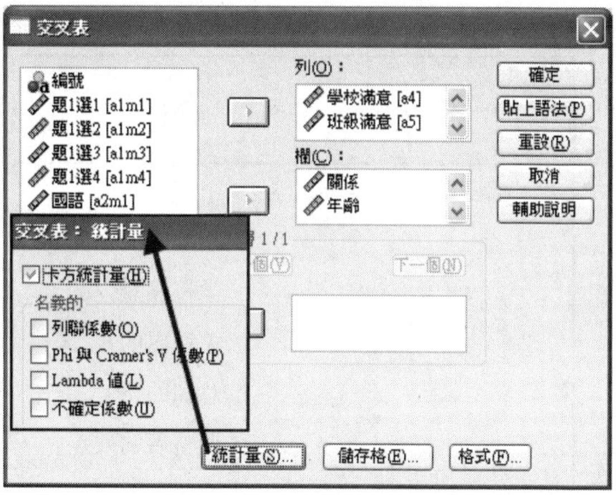

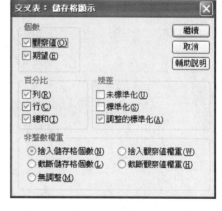

图 9-16

3. 步骤 3

按[储存格(E)…]钮,开启[交叉表:储存格显示]次对话窗口,在[个数]方框中勾选[观察值(O)]、[期望(E)]选项,在[百分比]方框中勾选[列(R)]、[行(C)]、[总和(T)]三个选项,在[残差]方框中勾选[调整的标准化(A)]选项→按[继续]钮,回到[交叉表]对话窗口→按[确定]钮,如图 9-17。

图 9-17

（二）输出结果

表 9-21　观察值处理摘要

	观察值					
	有效的		缺失值		总和	
	个数	百分比	个数	百分比	个数	百分比
学校满意 * 关系	120	100.0%	0	.0%	120	100.0%
学校满意 * 年龄	120	100.0%	0	.0%	120	100.0%
班级满意 * 关系	120	100.0%	0	.0%	120	100.0%
班级满意 * 年龄	120	100.0%	0	.0%	120	100.0%

表 9-21 中为观察值处理摘要,包括观察值在自变量与依变量两个变量上均为有效的个数、百分比、缺失值及总和。上表中有效观察值有 120 位,缺失值 0 位,四个交叉表中第一个变量为选入[列(O)]方格中的变量,为反应变量(依变量),第二个变量为选入[栏

（C）]方格中的变量,为设计变量(自变量)。以"学校满意 * 年龄"讯息为例,"学校满意"变量为选入[列(O)]方格中的变量,"年龄"变量为选入[栏(C)]方格中的变量,表示的是不同年龄样本观察值在学校满意变量上的差异比较。

学校满意 * 关系

表9-22　交叉表

			关系		总数
			父亲	母亲	
学校满意	非常不满意	个数	9	19	28
		期望个数	14.7	13.3	28.0
		学校满意内的%	32.1%	67.9%	100.0%
		关系内的%	14.3%	33.3%	23.3%
		总和的%	7.5%	15.8%	23.3%
		调整后的残差	-2.5	2.5	
	不满意	个数	21	14	35
		期望个数	18.4	16.6	35.0
		学校满意内的%	60.0%	40.0%	100.0%
		关系内的%	33.3%	24.6%	29.2%
		总和的%	17.5%	11.7%	29.2%
		调整后的残差	1.1	-1.1	
	满意	个数	21	5	26
		期望个数	13.7	12.4	26.0
		学校满意内的%	80.8%	19.2%	100.0%
		关系内的%	33.3%	8.8%	21.7%
		总和的%	17.5%	4.2%	21.7%
		调整后的残差	3.3	-3.3	
	非常满意	个数	12	19	31
		期望个数	16.3	14.7	31.0
		学校满意内的%	38.7%	61.3%	100.0%
		关系内的%	19.0%	33.3%	25.8%
		总和的%	10.0%	15.8%	25.8%
		调整后的残差	-1.8	1.8	
总和		个数	63	57	120
		期望个数	63.0	57.0	120.0
		学校满意内的%	52.5%	47.5%	100.0%
		关系内的%	100.0%	100.0%	100.0%
		总和的%	52.5%	47.5%	100.0%

表9-22 为设计变量与反应变量两个变量所构成的交叉表,由于设计变量(自变量)

有两个水平,反应变量(依变量)有四个水平,因而构成 4×2 的列联表,总共有 8 个单元格。每个单元格中的第一个数字为观察值勾选的次数,第二个数字为期望个数,第三个数字为单元格占横行的百分比,第四个数字为单元格占纵列的百分比,第五个数字为单元格占总样本的百分比,第六个数字为单元格校正后的标准化残差值。其中单元格中的期望次数(expect count)为该单元格所对应的横排总次数(边缘总次数)与直列总次数相乘后的积再除以总样本数(120)。调整后的残差值(adjusted residual)是实际观察次数减去期望次数的标准化残差值。在百分比同质性的事后比较中,简单的比较方法可以以调整后的标准化残差值大小来判别。校正后的标准化残差值的概率分布要接近正态分布,需在双侧检验下,0.05 显著水平的临界值为 1.96,0.01 显著水平的临界值为 2.58 (Haberman,1978)。以"父亲"水平勾选"非常不满意"选项单元格为例,勾选的次数有 9 位,全部样本勾选"非常不满意"选项者有 28 位(母亲勾选者有 19 位),占横排百分比 = 9÷28 = 0.321;样本中父亲的人次有 63 位(母亲人次有 57 位),单元格占直列百分比 = 9÷63 = 0.143;总样本数有 120 位,单元格人次占总样本的百分比 9÷120 = 0.075,期望值 = 28×63÷120 = 0.147,校正后标准化的残差值为 −2.5。

表 9-23　卡方检验

	数值	自由度	渐近显著性(双尾)
Pearson 卡方	16.139(a)	3	.001
概似比	16.942	3	.001
线性对线性的关联	.544	1	.461
有效观察值的个数	120		

a 0 格(.0%)的预期个数少于 5。最小的预期个数为 12.35。

表 9-23 为百分比同质性卡方检验统计量,Pearson 卡方值为 16.139,自由度为 3,显著性概率值 p = 0.001 < 0.05,达到 0.05 显著水平,表示不同亲子关系的类别(父亲、母亲两个水平群体)在学校满意度四个反应变量上至少有一个选项选择的次数百分比间有显著差异。从上述交叉表中的校正后标准化残差值(AR 值)可以看出,在"非常不满意"选项上,父亲与母亲的看法间有显著的不同,母亲勾选此选项的百分比(= 15.8%,AR = 2.5)显著高于父亲勾选此选项的百分比(= 7.5%,AR = −2.5);在"满意"选项上,父亲与母亲的看法间也有显著的不同,父亲勾选此选项的百分比(= 17.5%,AR = 3.3)显著高于母亲勾选此选项的百分比(4.2%,AR = −3.3),即学童父亲对学校整体满意度的"满意"选项的勾选百分比显著多于母亲勾选"满意"选项的百分比。

卡方检验结果若是达到显著,表示设计变量的 X 个群体或类别间至少有两个群体或组别在反应变量 Y 中的某个反应选项百分比间有显著差异。利用校正后标准化残差值(adjusted residual)进行组别群体间百分比差异比较时,若是自变量只有两组,则两组的标准化残差值的绝对值相等,数值正负号刚好相反。如果自变量的水平群体在三组以上,理论上应同时采用置信区间(simultaneous confidence interval)估计法,以进一步探究哪两个水平群体在某个反应选项上百分比差异达到显著。但 SPSS14.0 中文版并没有提供此项功能,此时卡方检验的事后比较可以采用上述学者 Haberman(1978)所提的方法,但 Haberman(1978)所提的调整化残差值估计法并无法像方差分析的事后比较法可进行两两比较。虽然如此,使用者还是可以借由调整化残差值的估计法,来检验自变量的某一水平群体与其他水平群体在每个反应选项上的百分比差异是否达到显著。

学校满意 * 年龄

表 9-24　交叉表

			年龄			总和
			35 岁以下	36-44 岁	45 岁以上	
学校满意	非常不满意	个数	14	10	4	28
		总和的%	11.7%	8.3%	3.3%	23.3%
		调整后的残差	1.6	.8	− 2.4	
	不满意	个数	13	11	11	35
		总和的%	10.8%	9.2%	9.2%	29.2%
		调整后的残差	−.1	.2	−.2	
	满意	个数	6	7	13	26
		总和的%	5.0%	5.8%	10.8%	21.7%
		调整后的残差	− 1.7	−.4	2.2	
	非常满意	个数	12	8	11	31
		总和的%	10.0%	6.7%	9.2%	25.8%
		调整后的残差	.2	−.6	.4	
总和		个数	45	36	39	120
		总和的%	37.5%	30.0%	32.5%	100.0%

　　表 9-24 为三个年龄水平群体与学校满意度知觉四个类别所构成的交叉表,由于设计变量年龄有三个水平,反应变量学校满意度变量有四个类别,因而构成 4×3 列联表,共有 12 个单元格,每个单元格呈现观察个数、观察个数占总样本数百分比、校正后的标准化残差值。

表 9-25　卡方检验

	数值	自由度	渐近显著性(双尾)
Pearson 卡方	8.620(a)	6	.196
概似比	9.148	6	.165
线性对线性的关联	3.112	1	.078
有效观察值的个数	120		

a 0 格(.0%)的预期个数少于 5。最小的预期个数为 7.80。

　　表 9-25 为百分比同质性卡方检验统计量,Pearson 卡方值为 8.620,自由度为 6,显著性概率值 p = 0.196 > 0.05,未达到 0.05 显著水平,接受虚无假设,表示不同年龄的学童家长(35 岁以下、36-44 岁、45 岁以上三个水平群体)在学校满意度四个反应变量上没有一个选项选择的百分比间有显著差异。

　　表 9-26 为三个年龄水平群体与班级满意度知觉四个类别(非常不满意、不满意、满

意、非常满意)所构成的交叉表,由于设计变量年龄有三个水平(35岁以下、36-44岁、45岁以上三个群体类别),反应变量班级满意度变量有四个类别,因而构成4×3列联表,共有12个单元格,每个单元格呈现观察个数、观察个数占总样本数百分比、校正后的标准化残差值。

班级满意 * 年龄

表9-26　交叉表

| | | | 年龄 | | | 总和 |
			35岁以下	36-44岁	45岁以上	
班级满意	非常不满意	个数	21	3	8	32
		总和的%	17.5%	2.5%	6.7%	26.7%
		调整后的残差	3.8	-3.0	-1.1	
	不满意	个数	15	9	6	30
		总和的%	12.5%	7.5%	5.0%	25.0%
		调整后的残差	1.6	.0	-1.7	
	满意	个数	3	21	10	34
		总和的%	2.5%	17.5%	8.3%	28.3%
		调整后的残差	-4.1	4.8	-.5	
	非常满意	个数	6	3	15	24
		总和的%	5.0%	2.5%	12.5%	20.0%
		调整后的残差	-1.4	-2.1	3.5	
总和		个数	45	36	39	120
		总和的%	37.5%	30.0%	32.5%	100.0%

表9-27　卡方检验

	数值	自由度	渐近显著性(双尾)
Pearson卡方	43.621(a)	6	.000
概似比	44.282	6	.000
线性对线性的关联	16.520	1	.000
有效观察值的个数	120		

a 0格(.0%)的预期个数少于5。最小的预期个数为7.20。

表9-27为百分比同质性卡方检验统计量,Pearson卡方值为43.612,自由度为6,显著性概率值$p = 0.000 < 0.05$,达到0.05显著水平,表示不同年龄家长的类别(35岁以下、36-44岁、45岁以上三个群体类别)在班级满意度四个反应变量上(非常不满意、不满意、满意、非常满意)至少有一个选项选择的次数百分比间有显著差异。从上述交叉表中的校正后标准化残差值(AR值)可以看出:就"非常不满意"反应选项而言,"35岁以下组"勾选的百分比(= 17.5%,AR = 3.8)显著多于"36-44岁组"勾选的百分比(= 2.5%,AR = -3.0);就"满意"反应选项而言,"35岁以下组"勾选的百分比(= 2.5%,AR = -4.1)则显著少于"36-44岁组"勾选的百分比(= 17.5%,AR = 4.8);就"非常满意"反应选项而言,"45岁以上组"勾选的百分比(= 12.5%,AR = 3.5)显著多于"36-44岁组"勾选的百分比(= 2.5%,AR = -2.1)

在[交叉表]对话窗口中,若是将设计变量"年龄"选入右边[列(O)]的方格中,而将反应变量"班级满意[a5]"选入右边[栏(C)]下的方格中,则输出报表的解释与上述不同,但最后的结果是相同的,表 9-28 为输出报表。

表 9-28   年龄 * 班级满意   交叉表

			班级满意				总和
			非常不满意	不满意	满意	非常满意	
年龄	35 岁以下	个数	21	15	3	6	45
		总和的%	17.5%	12.5%	2.5%	5.0%	37.5%
		调整后的残差	3.8	1.6	-4.1	-1.4	
	36-44 岁	个数	3	9	21	3	36
		总和的%	2.5%	7.5%	17.5%	2.5%	30.0%
		调整后的残差	-3.0	.0	4.8	-2.1	
	45 岁以上	个数	8	6	10	15	39
		总和的%	6.7%	5.0%	8.3%	12.5%	32.5%
		调整后的残差	-1.1	-1.7	-.5	3.5	
总和		个数	32	30	34	24	120
		总和的%	26.7%	25.0%	28.3%	20.0%	100.0%

从上述年龄与班级满意变量的交叉表中可以发现:就 35 岁以下群体而言,勾选"非常不满意"反应选项的次数百分比(=17.5%,AR = 3.8)与勾选"满意"反应选项的次数百分比(=2.5%,AR = -4.1)间有显著差异存在;就 36-44 岁群体而言,勾选"满意"反应选项的次数百分比(=17.5%,AR =4.8)与勾选"非常不满意"反应选项的次数百分比(=2.5%,AR = -3.0)间有显著差异存在,而此群体勾选"满意"反应选项的次数百分比(=17.5%,AR =4.8)与勾选"满意"反应选项的次数百分比(=2.5%,AR = -2.1)间有显著差异存在;至于 45 岁以上群体在四个反应选项勾选的百分比间则没有显著差异。由上述结果可以得知:35 岁以下组群体对班级满意度的反应中,勾选"非常不满意"选项的百分比显著高于"满意"选项的百分比;36-44 岁组群体对班级满意度的反应中,勾选"满意"选项的百分比显著高于"非常不满意"选项的百分比。

表 9-29   方向性量数

			数值	渐近标准误(a)	近似 T 分布(b)	显著性近似值
以名义量数为主	Lambda 值	对称性量数	.311	.062	4.785	.000
		年龄依变量	.360	.072	4.328	.000
		班级满意依变量	.267	.070	3.444	.001
	Goodman 与 Kruskal Tau 测量	年龄依变量	.183	.050		.000(c)
		班级满意依变量	.125	.035		.000(c)

a 未假定虚无假设为真。

b 使用假定虚无假设为真时的渐近标准误。

c 以卡方近似法为准。

在[交叉表:统计量]次对话窗口中,在[名义的]方框内若勾选[Lambda 值(L)]选项,可以呈现方向性量数(directional measures)统计量。方向性测量值中 Lambda 值(λ 系数)为预测关联性指标值,λ 系数表示当两个变量间有关联存在时,得知样本在设计变量的讯息可以预测样本在反应变量的讯息,λ 系数值愈高预测的正确性愈大,λ 系数值愈低预测的正确性愈小。表 9-29 中"班级满意度依变量"的 λ 系数值等于 0.267,表示当知道样本年龄变量时,可增加预测其对班级满意度反应选项的正确性达 26.7%。当样本年龄属"35 岁以下组"群体时,预测其对班级满意反应选项中勾选"非常不满意"选项的比例值最大;当样本年龄属"36-44 岁组"群体时,预测其对班级满意反应选项中勾选"满意"选项的比例值最大;当样本年龄属"44 岁以上组"群体时,预测其对班级满意反应选项中勾选"非常满意"选项的比例值最大。

当预测关联性指标值 Lambda 系数等于 1 时,表示两个变量间为完全关联关系,知道第一个变量的数值可以正确预测第二个变量不同数值的个数;当 Lambda 系数等于 0 时,表示两个变量间可能完全无关联或有其他意义的关联存在。Lambda 系数愈接近 1(比例值愈大),两个变量间的关联程度愈密切。Lambda 系数的估算公式如下:

$$\lambda = \frac{E_1 - E_2}{E_1} = 1 - \frac{E_2}{E_1}$$

E_1 表示用未知的第一个变量去预测第二个变量时所产生的误差、E_2 表示以已知的第一个变量去预测第二个变量时所产生的误差。

对于 Lambda 系数值所对应的关联强度判别如表 9-30(Black,1993,p.137):

表 9-30

Lambda 系数值	关联强度
0.20 以下	非常微弱的关联程度
0.20~0.40	低度关联程度
0.40~0.70	中度关联程度
0.70~0.90	高度关联程度
0.90 以上	关联程度十分强烈

上述不同年龄的学生家长在班级满意度感受上的百分比同质性检验报表结果可以统整归纳如表 9-31:

【表格范例】

表 9-31　不同年龄的家长对班级满意度四个反应选项勾选的次数及卡方检验摘要表

反应变量	设计变量	年　龄			
		35 岁以下(A)	36-44 岁(B)	45 岁以上(C)	事后比较
非常不满意	个数	21	3	8	A>B
	百分比%	17.5	2.5	6.7	
不满意	个数	15	9	6	
	百分比%	12.5	7.5	5.0	
满意	个数	3	21	10	B>A
	百分比%	2.5	17.5	8.3	
非常满意	个数	6	3	15	C>B
	百分比%	5.0	2.5	12.5	

χ^2 值 $= 43.621^{***}$

*** p < .001

第十章 平均数差异检验

在问卷调查分析中,常用的平均数差异检验为独立样本 t 检验及单因子方差分析(one-way analysis of variance;简称为 one-way ANOVA)。t 检验统计法适用于两个平均数的差异检验,其适用的时机为自变量为二分间断变量(两个群体类别)、依变量为连续变量;而单因子方差分析则适用于三个以上群体间平均数的差异检验;方差分析 F 统计量属于整体检验,当 F 值达到显著时,表示至少有两个水平在依变量的平均数间有显著差异,至于是哪些配对组在依变量平均数间有显著差异需要进一步进行事后比较,常用的事后比较方法如 Tukey 最实在显著差异法(honestly significant difference,简称为 HSD 法)、纽-曼氏法(Newman-Keul's method,简称为 N-K 法)、薛氏法(Scheffe's method,简称为 S 法)、最小显著差异法(Least significant difference,简称 LSD 法)。其中 S 法较 HSD 法及 N-K 法严格,进行组别间的事后比较时较不容易达到显著水平。

第一节　积差相关

【研究问题】

> 某体育学者想探究运动员的生活压力、社会支持与身心倦怠的关系,随机抽取四十名运动员,让抽取样本填写"生活压力量表""社会支持量表""身心倦怠感量表",各量表的得分愈高表示生活压力愈高、社会支持愈多、身心倦怠感愈大。背景变量包括"性别"变量,为二分类别变量,水平数值 1 为男生,水平数值 2 为女生;"年龄"变量,为三分类别变量,水平数值 1 为"25 岁以下",水平数值 2 为"26 岁至 30 岁",水平数值 3 为"31 岁以上"。

三个研究问题如下:

1. 运动员的生活压力、社会支持与身心倦怠感间是否有显著的相关?
2. 不同性别的运动员在生活压力、社会支持与身心倦怠感间是否有显著差异?
3. 不同年龄的运动员在生活压力、社会支持与身心倦怠感间是否有显著差异?

研究问题 1——积差相关

"研究问题 1"所探究的为运动员在三个变量上的关系,由于生活压力、社会支持与身心倦怠感三个变量均属于连续变量,因而采用的相关方法称为积差相关(product-moment correlation),此相关方法由统计学家 K. Pearson 创建。相关系数值为正表示两个变量间为正相关(positive correlation),相关系数值为负表示两个变量间为负相关(negative correlation),相关系数的绝对值表示系数大小或强弱(magnitude),相关系数的绝对值愈大,表示两者变量间的关联性愈强,相关系数的绝对值小,表示两者变量间的关联性愈弱,积差相关系数值大小介于 −1 至 +1 之间。

在推论统计中,两个变量间的相关是否达到显著,不能单从积差相关系数绝对值的大小来判断,必须从积差相关系数显著性检验的概率值 p 来判定,若是显著性概率值 p > 0.05,表示两个变量间的相关未达显著,即两个变量间没有呈显著的正相关或显著的负相关;相反的,若是显著性概率值 p < 0.05,表示两个变量间的相关达到显著,相关系数不是偶然(by chance)造成的,而是两个变量间呈显著的正相关或显著的负相关。当两个变量间的相关系数达到显著时,可以再从相关系数绝对值大小来判别两个变量的关联程度(degree of association)。一般的判别如表 10-1:

表 10-1

相关系数绝对值	关联程度	决定系数
r < .40	低度相关	< .16
.40 ≤ r ≤ .70	中度相关	.16 ≤ r 平方 ≤ .49
r > .70	高度相关	> .49

积差相关系数的平方值为决定系数(coefficient of determination),在简单回归分析中表示的是在依变量的总变异量中可以被自变量解释的变异量百分比。在积差相关分析中,由于两个变量没有区分何者为自变量、何者为依变量,因而决定系数表示的是第一个变量总变异量中,可以被第二个变量解释的变异量百分比,也可以说是第二个变量总变异量中,可以被第一个变量解释的变异量百分比。

(一)操作程序

从工具栏执行[分析(A)](Analyze)/[相关(C)](Correlate)/[双变量(E)](Bivariate)开启[双变量相关分析]对话窗口。

→在左边变量清单中将目标变量"生活压力""社会支持""身心倦怠"三个点选至右边[变量(V)]下的方框中。
→在下方[相关系数]方框中勾选[Pearson 相关系数(N)]选项,[显著性检验]方框中选取内定的[双尾检验(T)]→勾选最下方的[相关显著性讯号(F)]选项,如图 10-1→按[选项(O)...]钮,开启[双变量相关分析:选项]次对话窗口。
→在[统计量]方框中勾选[平均数与标准差]、[叉积离差与协方差矩阵]选项,如图 10-2→按[继续]钮,回到[双变量相关分析]对话窗口→按[确定]钮。

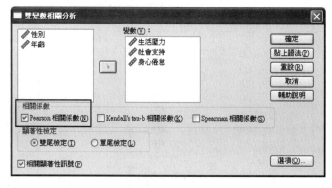

图 10-1

图 10-2

（二）输出结果

相关

表 10-2   描述性统计量

	平均数	标准差	个数
生活压力	34.00	8.455	40
社会支持	29.95	8.668	40
身心倦怠	30.68	7.607	40

表 10-2 为积差相关操作程序中所输出的描述性统计量，包括平均数、标准差与个数，三个变量为"生活压力""社会支持""身心倦怠"。上述三个变量均为各量表测得的总分，在实际研究中，每份量表可能又包含不同的向度，如身心倦怠量表包含三个层面（生理症状、心理情绪、行为表现），社会支持量表包含三个层面（老师支持、家人支持、同侪支持），两者分析架构如图 10-3：

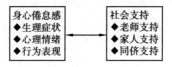

图 10-3

在求身心倦怠感、社会支持两个变量间的相关时，也要求出各层面间的相关，以身心倦怠感及社会支持两个变量为例，其相关系数如表 10-3：

表 10-3

社会支持 身心倦怠	老师支持	家人支持	同侪支持	整体社会支持
生理症状	相关系数 1	相关系数 2	相关系数 3	相关系数 4
心理情绪	相关系数 5	相关系数 6	相关系数 7	相关系数 8
行为表现	相关系数 9	相关系数 10	相关系数 11	相关系数 12
整体身心倦怠	相关系数 13	相关系数 14	相关系数 15	相关系数 16

表 10-4   相关

		生活压力	社会支持	身心倦怠
生活压力	Pearson 相关	1	−.670(**)	.812(**)
	显著性（双尾）		.000	.000
	叉积平方和	2788.000	−1916.000	2038.000
	协方差	71.487	−49.128	52.256
	个数	40	40	40
社会支持	Pearson 相关	−.670(**)	1	−.619(**)
	显著性（双尾）	.000		.000
	叉积平方和	−1916.000	2929.900	−1590.650
	协方差	−49.128	75.126	−40.786
	个数	40	40	40
身心倦怠	Pearson 相关	.812(**)	−.619(**)	1
	显著性（双尾）	.000	.000	
	叉积平方和	2038.000	−1590.650	2256.775
	协方差	52.256	−40.786	57.866
	个数	40	40	40

** 在显著水平为 0.01 时（双尾），相关显著。

表 10-4 为三个变量间的相关矩阵,相关矩阵为两两变量配对所形成的矩阵,矩阵的对角线为变量与变量间的相关,其相关系数的数值等于 1,其单元格中的协方差栏为变量本身的方差(变量与变量本身没有共变关系)。生活压力、社会支持、身心倦怠三个变量的方差分别为 71.487,75.126,57.866,变量与其他变量间单元格数值依序为 Pearson 积差相关系数、相关系数显著性检验的 p 值、叉积平方和或离均差平方和、协方差数值、有效样本数,上三角矩阵数据与下三角矩阵数据相同。以生活压力和社会支持变量为例,积差相关系数为 -0.670,相关系数显著性检验 p 值等于 0.000 < 0.05,达到 0.05 显著水平,叉积平方和为 -1 916.000,协方差等于 -49.128。其中协方差与叉积平方和有以下关系:

$$COV_{(X,Y)} = \frac{CP_{XY}}{N-1} = \frac{(X-\bar{X})(Y-\bar{Y})}{N-1}$$
$$= -1\ 916.000 \div (40-1) = -49.128$$

两个变量的积差相关系数等于两个变量的协方差除以两个变量标准差的乘积,公式如下:

$$r_{XY} = \frac{COV_{(X,Y)}}{S_X S_Y} = \frac{-49.128}{8.455 \times 8.668} = -0.670$$

在积差相关操作程序中,如勾选[相关显著性讯号(F)]选项,那么在相关系数矩阵中如果显著性 p 值小于 0.05,会在相关系数旁加注"(*)",若是显著性 p 值小于 0.01 或小于 0.001 时,会在相关系数旁加注"(**)"。从表 10-4 中可以得知:生活压力与社会支持两个变量呈现显著负相关,相关系数为 -0.670(p = 0.000 < 0.05),两者关系为中度负相关,决定系数 R^2 等于 0.448 9;生活压力与身心倦怠两个变量呈现显著正相关,相关系数为 0.812(p = 0.000 < 0.05),两者关系为高度正相关,决定系数 R^2 等于 0.659 3;身心倦怠与社会支持两个变量呈现显著负相关,相关系数为 -0.619(p = 0.000 < 0.05),两者关系为中度负相关,决定系数等于 0.383 2。

上述决定系数 R^2 为积差相关系数的平方,表示第一个变量可以解释第二个变量多少变异量,或第二个变量可以解释第一个变量多少变异量。以生活压力与社会支持两个变量而言,其积差相关系数为 -0.670,两者为显著负相关,表示运动员感受的社会支持程度愈低,则其知觉的生活压力愈大;相对的,运动员感受的社会支持程度愈高,则其知觉的生活压力愈小。两个变量间的决定系数为 0.449,表示社会支持变量可以解释生活压力变量总变异的 44.9%,或生活压力变量可以解释社会支持变量总变异的 44.9%。

【表格范例】

表 10-5 运动员生活压力、社会支持与身心倦怠感间的相关矩阵表

	生活压力	社会支持	身心倦怠
生活压力	1.000		
社会支持	-.670***	1.000	
	(R^2 = .449)		
身心倦怠	.812***	-.619***	1.000
	(R^2 = .659)	(R^2 = .383)	

*** p < .001 括号内为决定系数

第二节　平均数差异检验——t 检验

研究问题 2——独立样本 t 检验

独立样本 t 检验适用于两个群体平均数的差异检验,其自变量为二分类别变量,依变量为连续变量,研究问题如:高生活压力组学生、低生活压力组学生的学业成就是否显著的不同;男女生的工作压力是否有显著的不同。研究问题 2 为"不同性别的运动员在生活压力、社会支持与身心倦怠感间是否有显著差异?",自变量性别为二分类别变量,依变量为生活压力、社会支持与身心倦怠感,三个依变量均为连续变量,因而采用的统计方法为独立样本 t 检验。独立样本 t 检验的适用模式如图 10-4:

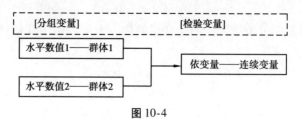

图 10-4

(一)操作程序

1. 步骤 1

从工具栏执行[分析(A)]/[比较平均数法(M)](Compare Means)/[独立样本 T 检验(T)…](Independent-Samples T Test),开启[独立样本 T 检验]对话窗口,如图 10-5。

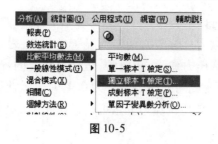

图 10-5

2. 步骤 2

在左边变量清单中将目标变量"生活压力""社会支持""身心倦怠"三个点选至右边[检验变量(T)]下的方框中。

→在左边变量清单中将自变量"性别"点选至右边[分组变量(G)]方框中,此时[分组变量(G)]方框中会出现"性别(？？)",点选"性别(？？)"选项,按[定义组别(D)…],开启[定义组别]次对话窗口,如图 10-6。

→选取[使用指定的数值(U)]选项,在[组别1(1)]的右方空格中键入第1组(男生)的数值编码1。

→在[组别2(2)]的右方空格中键入第2组(女生)的数值编码2。

→按[继续]钮,回到[独立样本T检验]对话窗口,[分组变量(G)]方框中的变量会由"性别(??)"转为"性别(1 2)"。

→按[确定]钮。

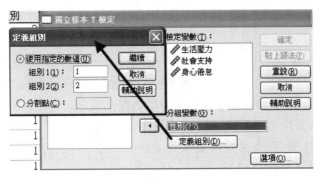

图 10-6

在[独立样本T检验]对话窗口中,每次统计分析程序只能选取一个分组变量,且至少要选取一个检验变量,若是同时选取多个检验变量,则统计分析程序中会分别进行分组变量在检验变量的平均数差异的t检验,t检验统计量会分开呈现。

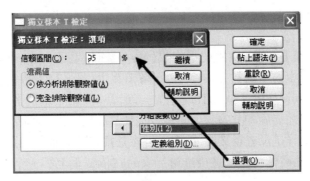

图 10-7

在[独立样本T检验]对话窗口中,按[选项(O)…]钮,可开启[独立样本T检验:选项]次对话窗口,如图10-7,在[遗漏值]方框中可选取缺失值[1]的处理方式,内定选项为[依分析排除观察值],表示分析的变量中如有缺失值,则在分析此变量时将此笔观察值排除掉。在[信赖区间(C)]的方格中内定95%的置信区间[2]估计值,若是使用者要改为99%的置信区间估计值,则在方格中输入99,在推论统计中通常将第一类型错误率定为0.05(显著水平=0.05),因而此内定选项更改较少。

---

1 文中的"缺失值"对应本书 SPSS 操作界面图中的"遗漏值"。

2 文中的"置信区间"对应本书 SPSS 操作界面图中的"信赖区间"。

（二）输出结果

t 检验

表 10-6　组别统计量

	性别	个数	平均数	标准差	平均数的标准误
生活压力	男生	18	29.78	7.863	1.853
	女生	22	37.45	7.411	1.580
社会支持	男生	18	33.44	9.581	2.258
	女生	22	27.09	6.796	1.449
身心倦怠	男生	18	26.28	7.144	1.684
	女生	22	34.27	6.001	1.280

表 10-6 为自变量在三个依变量上的描述统计结果，包括依变量名称、自变量的名称、组别有效样本数、组别平均数、标准差及平均数的标准误（Std. Error Mean），由于数据文件中"性别"变量有界定水平数值标记，1 为男生、2 为女生，故报表中自变量水平数值会直接呈现数值标记（男生、女生），若是数据文件"性别"变量的水平数值未界定数值标记，则第二列"性别"会出现 1，2。

就生活压力依变量而言，男生有效样本为 18 位，其平均数为 29.78、标准差为 7.863、平均数的标准误为 1.853；女生有效样本为 22 位，其平均数为 37.45、标准差为 7.411、平均数的标准误为 1.580。平均数的标准误等于 $\dfrac{SD}{\sqrt{N}}$，上述 $1.853 = \dfrac{7.863}{\sqrt{18}}$、$1.580 = \dfrac{7.411}{\sqrt{22}}$。

就生活压力依变量而言，女生的平均数（M = 37.45）高于男生（M = 29.78）；就社会支持依变量而言，男生的平均数（M = 33.44）高于女生（M = 27.09）；就身心倦怠依变量而言，女生的平均数（M = 34.27）高于男生（M = 26.28）。两个组别平均数间高低的差异必须经过检验（test）才能确知其差异值间是否达到显著，若是 t 检验结果的统计量未达到显著水平，则此种差异是没有意义的，因为它可能是抽样误差或偶然造成的，因而使用者不能只根据平均数的高低数值来直接推论男女生在依变量上哪一个群体得分较高或哪一个群体得分较低。

表 10-7　独立样本检验

		方差相等的 Levene 检验		平均数相等的 t 检验						
		F 检验	显著性	t	自由度	显著性（双尾）	平均差异	标准误差异	差异的 95% 置信区间 下界	差异的 95% 置信区间 上界
生活压力	假设方差相等	.001	.976	−3.171	38	.003	−7.677	2.421	−12.577	−2.776
	不假设方差相等			−3.152	35.508	.003	−7.677	2.435	−12.619	−2.735
社会支持	假设方差相等	6.452	.015	2.450	38	.019	6.354	2.593	1.103	11.604
	不假设方差相等			2.368	29.790	.025	6.354	2.683	.872	11.835
身心倦怠	假设方差相等	.353	.556	−3.848	38	.000	−7.995	2.078	−12.201	−3.789
	不假设方差相等			−3.780	33.310	.001	−7.995	2.115	−12.296	−3.694

　　表 10-7 为独立样本 t 检验的结果。平均数差异检验的基本假设之一就是方差同质性，因而 SPSS 在进行 t 检验之前，会先进行两组的离散状况是否相似的检验，当两个群体方差相同时，则称两个群体间具有方差同质性（homogeneity of variance）。如果样本所在总体的方差之间有显著差异，平均数检验的方法会有所不同。未能符合 $\sigma^2_{X1} = \sigma^2_{X2}$ 的基本假定时，最好采用校正公式——柯克兰和柯克斯所发展的 t 检验法。SPSS 统计分析中采用 Levene 检验法来检验两组的方差是否相等（同质）。

　　Levene 检验（Levene's Test for Equality of Variances）用于检验两组方差是否同质，以"生活压力"依变量而言，经 Levene 法的 F 值检验结果，F 统计量等于 0.001，p = 0.976 > 0.05，未达 0.05 的显著水平，应接受虚无假设 $H_0: \sigma^2_{X1} = \sigma^2_{X2}$，表示应将两组方差视为相等，因而 t 检验数据要看第一行假设方差相等（Equal variances assumed）中的数值；如果 Levene 法的 F 值检验结果达到显著水平（p < 0.05），要拒绝虚无假设，接受对立假设 $H_1: \sigma^2_{X1} \neq \sigma^2_{X2}$，此时应查看第二行"不假设方差相等"（Equal variances not assumed）中的 t 统计量的数据，表示两组样本方差不同质，采用校正过的 t 检验法。就"社会支持"依变量而言，经 Levene 法的 F 值检验，F 值等于 6.452，p = 0.015 < 0.05，达到显著水平，故应查看"不假设方差相等"栏的 t 值。

　　独立样本 t 检验的判断流程如图 10-8、图 10-9：

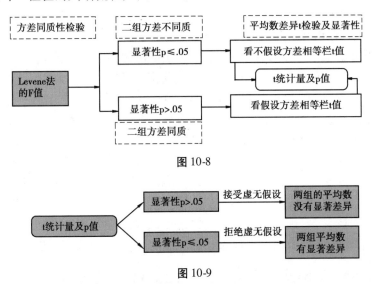

图 10-8

图 10-9

　　就性别在"生活压力"的差异比较为例，"方差相等的 Levene 检验"的 F 值未达显著差异（F = 0.001，p = 0.976 > 0.05），表示两组样本方差同质，看"假设方差相等"栏的 t 值，t 值等于 -3.171、df = 38、p = 0.003 < 0.05，已达 0.05 显著水平，平均数的差异值等于 -7.677，表示男女运动员的"生活压力"感受有显著差异存在，其中女生的生活压力感受显著的高于男生的生活压力感受。在符合两个总体方差相等的假定下，可采用合并样本方差（pooled sample variance），t 统计量由下列公式求出：

$$S_P^2 = \frac{S_1^2(N_1 - 1) + S_2^2(N_2 - 1)}{N_1 + N_2 - 2}$$

$$t = \frac{\overline{X}_1 - \overline{X}_2}{\sqrt{S_P^2\left(\frac{1}{N_1} + \frac{1}{N_2}\right)}}$$

判别两组平均数差异检验的 t 值是否显著,除参考概率值(p 值,显著性列的数值)外,亦可参考差异值的 95% 的置信区间,若点估计所得的区间估计值包括 0 这个数值,则必须接受虚无假设;相反的,若未包括 0 这个数值,就可以拒绝虚无假设,接受对立假设。此列在报表中为最后一列"差异 95% 置信区间"(95% Confidence Interval of the Difference),如果平均数差异 95% 的置信区间未包含 0 在内,表示两者的差异显著;相对的,若是平均数差异 95% 的置信区间包含 0 在内,表示两者平均数有可能相等,两者的差异就不显著。生活压力差异的 95% 的置信区间为(-12.577, -2.776),未包含 0,应拒绝虚无假设,表示生活压力会因学生性别的不同而有显著差异。在独立样本 t 检验中,SPSS 只提供双侧检验结果,如果统计假设是属于单侧检验,则须将 SPSS 输出的 t 值的显著性 p 再除以 2,以生活压力检验变量为例,单侧检验的显著性概率值 = 0.003 ÷ 2 = 0.001 5。

就"社会支持"性别差异而言,"方差相等的 Levene 检验"的 F 值达到显著差异(F = 6.452,p = 0.015 < 0.05),表示两组样本方差不同质,应采用校正后的 t 值,校正后的 t 值统计量呈现在第二栏,此时应查看"不假设方差相等"栏的 t 值,t 值等于 2.368,df = 29.79,p = 0.025 < 0.05,达 0.05 显著水平,平均数的差异值等于 6.354,表示男女运动员的社会支持有显著差异存在,其中男生的社会支持感受显著的高于女生的社会支持知觉。其差异值 95% 的置信区间为(0.872,11.835),未包含 0,表示运动员的社会支持会因其性别的不同而有显著差异。

就"身心倦怠"组别差异而言,"方差相等的 Levene 检验"的 F 值未达到显著差异(F = 0.353,p = 0.556 > 0.05),表示两组样本方差同质,查看"假设方差相等"栏的数据,t 值等于 -3.848,df = 38,p = 0.000 < 0.05,达 0.05 显著水平,平均数的差异值等于 -7.995,表示男女运动员的"身心倦怠"有显著差异存在,其中女生的身心倦怠(M = 34.27)感受显著高于男生的身心倦怠知觉(M = 26.28)。

报表中假设方差不相等栏的"标准误差异"(Std. Error Difference)列为平均数差异值的估计标准误,在此研究问题中分别为 2.435,2.683,2.115,其值等于两组样本平均数标准误的平方相加后再开根号:

$$2.435 = \sqrt{1.853^2 + 1.580^2}$$

【表格范例】

表 10-8　不同性别运动员在生活压力、社会支持与身心倦怠感的差异比较

检验变量	性别	个数	平均数	标准差	t 值
生活压力	男生	18	29.78	7.863	
	女生	22	37.45	7.411	-3.171 **
社会支持	男生	18	33.44	9.581	
	女生	22	27.09	6.796	2.368 *
身心倦怠	男生	18	26.28	7.144	
	女生	22	34.27	6.001	-3.848 ***

* p < .05　　*** p < .001

从表 10-8 不同性别运动员在生活压力、社会支持与身心倦怠感的差异比较摘要表中可以发现,运动员性别变量在三个依变量检验的 t 统计量均达显著水平,显著性概率值 p 均小于 0.05,表示不同性别的运动员在生活压力、社会支持与身心倦怠感的知觉感受均

有显著的不同,女性运动员所知觉的生活压力(M = 37. 45)显著高于男性运动员(M = 29. 78),女性运动员所知觉的身心倦怠感(M = 34. 27)也显著高于男性运动员(M = 26. 28),男性运动员所知觉的社会支持(M = 33. 44)则显著高于女性运动员(M = 27. 09)。

在独立样本 t 检验中,若是分组变量在检验变量的平均数差异达到显著差异后,使用者可进一步求出效果值,效果值(size of effect)代表的是实际显著性(practical signidicance),而 t 统计量及显著性 p 值代表的是统计显著性(statictical significance)。效果值表示的依变量的总变异中有多少的变异可以由分组变量来解释,效果值若小于或等于 0. 06 表示分组变量与检验变量间为一种低度关联强度;效果值若大于或等于 0. 14 表示分组变量与检验变量间为一种高度关联强度;效果值大于 0. 06 小于 0. 14 间表示分组变量与检验变量间为一种中度关联强度。

求效果值的操作程序如下:

1. 步骤 1

执行工具栏[分析(A)]/[比较平均数法(M)]/[平均数(M)](Means)程序,开启[平均数]对话窗口。

2. 步骤 2

在左边变量清单中将目标变量"生活压力""社会支持""身心倦怠"选入右边[依变量清单(D)]下的方格中,将类别变量"性别"选入右边[自变量清单(I)]下的方格中→按[选项(O)…]钮,开启[平均数:选项]次对话窗口。→[第一层统计量]方框中勾选[Anova 表格与 eta 值]选项→按[继续]钮→按[确定]钮。

表 10-9　关联量数

	Eta	Eta 平方
生活压力 ＊ 性别	.457	.209
社会支持 ＊ 性别	.369	.136
身心倦怠 ＊ 性别	.530	.280

表 10-9 为"关联量数"摘要表,"Eta 平方"列数值为效果值,性别变量可以解释生活压力变量总方差中的 20. 9% 的变异量,性别变量可以解释社会支持变量总方差中的 13. 6% 的变异量,性别变量可以解释身心倦怠感变量总方差中的 20. 9% 的变异量。效果值的独立样本 t 检验如表 10-10:

【表格范例】

表 10-10　不同性别运动员在生活压力、社会支持与身心倦怠感的差异比较

检验变量	性别	个数	平均数	标准差	t 值	η^2
生活压力	男生	18	29.78	7.863	-3.171**	.209
	女生	22	37.45	7.411		
社会支持	男生	18	33.44	9.581	2.368*	.136
	女生	22	27.09	6.796		
身心倦怠	男生	18	26.28	7.144	-3.848***	.280
	女生	22	34.27	6.001		

* $p < .05$　　*** $p < .001$

注:在正式论文撰写中小数点只要呈现到小数第二位即可。

【错误诠释范例】

在两组平均数的差异检验中,若是平均数差异检验的 t 值的显著性 p 大于 0.05,表示两组的平均数间没有显著的不同,此时平均数差异的 95% 置信区间会包含 0,虽然在组别统计量中两组的平均数也有高低,但此时平均数的高低并没有统计上的意义存在,此种结果可能是取样误差造成的。以下列不同性别受试者在工作压力的独立样本 t 检验为例,使用者错误的描述如:

不同性别在工作压力平均数差异检验的 t 统计量等于 -1.373,显著性概率值 p > 0.05,未达 0.05 显著水平,但从两组平均数的高低来看,男生在工作压力得分的平均数等于 22.64,女生在工作压力得分的平均数等于 24.44,如表 10-11,表示女生的工作压力还是高于男生的工作压力。

表 10-11

检验变量	性别	个数	平均数	标准差	t 值
工作压力	男生	14	22.64	4.162	-1.373 n.s.
	女生	16	24.44	2.966	

n.s. p > .05

此外,在独立样本 t 检验中,使用者在整理表格时如果把 SPSS 输出结果中的两个 t 值均呈现出来,且以表 10-12、表 10-13、表 10-14 方式呈现,这样的呈现方式也是错误的,因为两个独立样本平均数差异检验的统计量 t 值只能有一个。

表 10-12

检验变量	性别	个数	平均数	标准差	t 值
工作压力	男生	14	22.64	4.162	-1.373 n.s.
	女生	16	24.44	2.966	-1.342 n.s.

n.s. p > .05

表 10-13　组别统计量

	教师性别	个数	平均数	标准差	平均数的标准误
工作压力	男生	14	22.64	4.162	1.112
	女生	16	24.44	2.966	.741

表 10-14　独立样本检验

		方差相等的 Levene 检验		平均数相等的 t 检验					
		F 检验	显著性	t	自由度	显著性（双尾）	平均差异	标准误差异	差异的 95% 置信区间 下界	差异的 95% 置信区间 上界
工作压力	假设方差相等	1.634	.212	-1.373	28	.181	-1.795	1.307	-4.472	.883
	不假设方差相等			-1.342	23.156	.192	-1.795	1.337	-4.559	.970

第三节　方差分析

一、研究问题 3——方差分析

研究问题 3"不同年龄的运动员在生活压力、社会支持与身心倦怠感间是否有显著差异?"中自变量"年龄"为三分类别变量,依变量为连续变量,因而采用单因子方差分析。在平均数差异检验中,若是分组变量的水平数值在三个以上,则不能采用独立样本 t 检验方法,此时应改用方差分析(analysis of variance;简称为 ANOVA)。方差分析模式图如图10-10、图 10-11:

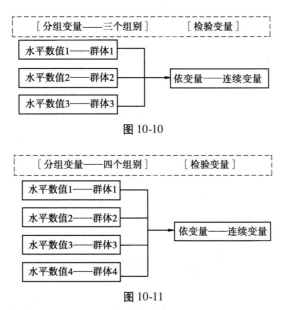

图 10-10

图 10-11

在方差分析中,若是方差分析摘要表呈现的整体检验的 F 值达到显著(p < 0.05),表示至少有两个组别平均数间的差异达到显著水平,至于是哪几对配对组平均数间的差异达到显著,必须进一步进行事后比较(a posteriori comparisons)方能得知。使用者不能直接由描述性统计量中的平均数高低来判别群体间平均数差异是否达到显著,必须从多重比较摘要表中判别。如果方差分析整体检验的 F 值未达显著水平,则表示没有任何配对组间的平均数达到显著水平,此时就不用进行事后比较。

二、单因子方差分析

(一)操作程序

1. 步骤 1

从工具栏执行[分析(A)]/[比较平均数法(M)]/[单因子方差分析(O)…](One-Way ANOVA),开启[单因子方差分析]对话窗口,如图 10-12。

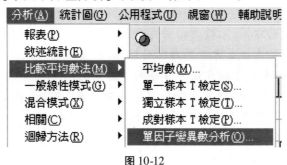

图 10-12

2. 步骤 2

在［单因子方差分析］对话窗口中将左边变量清单中的依变量"生活压力""社会支持"
"身心倦怠"三个选入右边［依变量清单(E)：］下的方格中。
→在左边变量清单中点选自变量"年龄"至右边［因子(F)］下的方格中,如图 10-13,按
［(Post Hoc 检验(H)…)钮,开启［单因子方差分析：Post Hoc 多重比较］的次对话
窗口。

【备注】　在［依变量清单(E)：］下的方格中至少要选取一个依变量(检验变量),如果
有多个依变量,要同时进行单因子方差分析检验,可以同时选取多个依变量至方格中,
计算机会分别进行单因子方差分析的检验。而［因子(F)：］下的方格中一次只能选取
一个自变量,此自变量必须为间断变量。
按［Post Hoc 检验(H)…］钮,可以进行方差分析的事后比较或多重比较,即当方差分
析整体检验的 F 值达到显著时,要进一步进行事后比较,以得知是哪两组平均数间的
差异达到显著。

图 10-13

3. 步骤 3

→在［单因子方差分析：Post Hoc 多重比较］的次对话窗口中的［假设相同的方差］方框
中勾选一种事后比较方法,常用者如［Scheffe 法(C)］、［Tukey 法(T)］、［LSD(L)］选
项,如图 10-14。
→按［继续］钮,回到［单因子方差分析］对话窗口。

【备注】　在［单因子方差分析：Post Hoc 多重比较］的次对话窗口中,事后比较方法包
括两大项:假设相同的方差、未假设相同的方差。前者即样本方差具有同质性时可采
用的事后比较方法,若是样本方差不具有同质性时,使用者应进行数据转换或直接改
选适合方差不同质的事后比较方法。当样本方差违反同质性的假定且各样本人数差
异很大时,SPSS 直接提供四种可适用的事后比较方法,包括［Tamhane's T2 检验法
(M)］、［Dunnett's T3 检验法(3)］、［Games-Howell 检验法(A)］、［Dunnett's C 检验法
(U)］,使用者不必进行数据转换即可直接进行事后比较的检验。

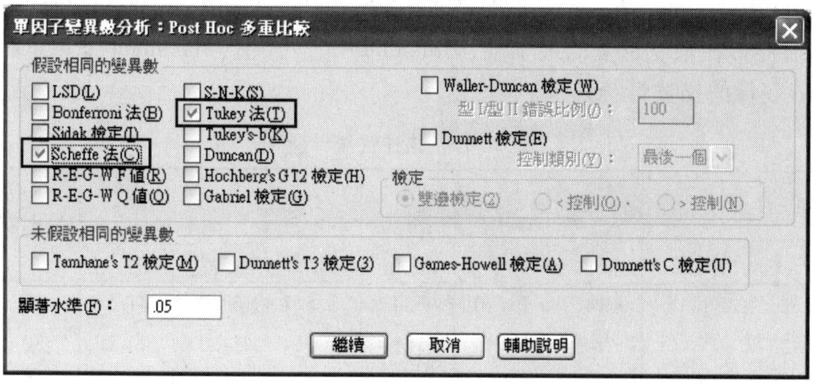

图 10-14

4. 步骤 4

→在[单因子方差分析]对话窗口中,按[选项(O)...]钮,开启[单因子方差分析:选项]次对话窗口,如图 10-15。

→勾选[描述性统计量(D)]、[方差同质性检验(H)]、[平均数图(M)]等选项。

→按[继续]钮,回到[单因子方差分析]对话窗口→按[确定]钮。

【备注】　在[单因子方差分析:选项]次对话窗口中,[统计量]方框包括五个选项:[描述性统计量(D)]、[固定和随机效果(F)]、[方差同质性检验(H)]、[Brown-Forsythe 法检验(B)]、[Welch 法检验(W)],其中 Brown-Forsythe 法检验和 Welch 法检验适用于样本方差违反同质性假定时的 F 检验统计量。

图 10-15

(二)输出结果

表 10-15 为单因子方差分析的描述性统计量。第一列为各依变量的名称,此范例的依变量分别为"生活压力""社会支持""身心倦怠";第二列为不同年龄的水平数代码,"年龄"变量为三分类别变量,水平数值 1 为"25 岁以下"、水平数值 2 为"26 岁至 30 岁"、水平数值 3 为"31 岁以上",由于有设定水平数值标记,因而会呈现水平数数值标记内容;第三列以后分别为各组在依变量的有效观察值个数(N)、平均数(Mean)、标准差(Std.

Deviation)、标准误(Std. Error)、平均数的 95% 置信区间(95% Confidence Interval for Mean)、各组样本在依变量上的最小值(Minimum)与最大值(Maximum)。"总和"栏为全部样本在依变量的描述性统计量。

表 10-15　描述性统计量

		个　数	平均数	标准差	标准误	平均数的 95% 置信区间		最小值	最大值
						下界	上界		
生活压力	25 岁以下	14	29.00	9.543	2.551	23.49	34.51	15	45
	26-30 岁	14	37.43	5.814	1.554	34.07	40.79	30	45
	31 岁以上	12	35.83	7.445	2.149	31.10	40.56	20	44
	总和	40	34.00	8.455	1.337	31.30	36.70	15	45
社会支持	25 岁以下	14	34.86	10.974	2.933	28.52	41.19	15	45
	26-30 岁	14	27.71	7.720	2.063	23.26	32.17	18	40
	31 岁以上	12	26.83	2.443	.705	25.28	28.39	24	30
	总和	40	29.95	8.668	1.370	27.18	32.72	15	45
身心倦怠	25 岁以下	14	23.64	4.551	1.216	21.02	26.27	18	32
	26-30 岁	14	35.71	6.256	1.672	32.10	39.33	28	44
	31 岁以上	12	33.00	5.768	1.665	29.34	36.66	19	40
	总和	40	30.68	7.607	1.203	28.24	33.11	18	44

就"生活压力"依变量而言,全部有效的观察值为 40 位,总平均数为 34.00,标准差为 8.455,平均数的估计标准误为 1.337,平均数的 95% 置信区间为(31.30,36.70);三组的平均数分别为 29.00,37.43,35.83;标准差分别为 9.543,5.814,7.445。单因子方差分析的目的在于检验各组的平均数与总平均数 34.00 间的差异是否达到统计学上的显著水平,通过各组"平均数的 95% 置信区间"的估计值(区间估计值),也可以检验样本平均数与总平均数间差异的情形。当某一组样本"平均数的 95% 置信区间"估计值所构成的区间未包含总平均数(M = 34.00)这个点,就表示该组平均数与总平均数间的差异达 0.05 的显著水平;相对的,当某一组样本"平均数的 95% 置信区间"估计值所构成的区间包含了总平均数(M = 34.00)这个点,就表示该组平均数与总平均数间的差异未达 0.05 的显著水平。同时,各组 95% 置信区间估计值中只要有任一组的区间未包括总平均数这个点,则方差分析的 F 值一定会达到显著水平;各组 95% 置信区间估计值中,如果每一组的区间均包括总平均数这个点,则方差分析的 F 值就不会达到显著水平。

就"生活压力"依变量而言,三组平均数的 95% 置信区间估计值分别为(23.49,34.51)(包括 34.00)、(34.07,40.79)(未包括 34.00)、(31.10,40.56)(包括 34.00),其中有一组平均数 95% 置信区间的估计值未包括总平均数 34.00 这个点,因而方差分析结果会达到显著水平;就"身心倦怠"依变量而言,总平均数为 30.68,三组平均数的 95% 置信区间估计值分别为(21.02,26.27)(未包含 30.68 这个点)、(32.10,39.33)(未包含 30.68 这个点)、(29.34,36.66)(包含 30.68 这个点),其中三个群体中有两个组别群体的平均数的 95% 置信区间估计值均未包含总平均数 30.68 这个点,因而方差分析整体检验的 F 统计量也会达到显著水平。

表 10-16　方差同质性检验

	Levene 统计量	分子自由度	分母自由度	显著性
生活压力	.926	2	37	.405
社会支持	9.725	2	37	.000
身心倦怠	2.042	2	37	.144

表 10-16 为方差同质性检验结果,就"生活压力"检验变量而言,Levene 统计量的 F 值等于 0.926,p = 0.405 > 0.05;就"身心倦怠"检验变量而言,Leven 法检验的 F 值等于 2.042,p = 0.144 > 0.05。两者均未达 0.05 的显著水平,均应接受虚无假设,表示两组样本的方差差异均未达显著,亦即均未违反方差同质性假定。

就"社会支持"依变量而言,方差同质性检验的 Levene 统计量的 F 值等于 9.725,p = 0.000 < 0.05,达到 0.05 显著水平,须拒绝虚无假设,表示该群体样本的方差不具有同质性。在方差同质性检验中,如果 Levene 法 F 检验结果的 F 值显著(p < 0.05),表示违反方差同质性的假定,若是情况严重,使用者须进行校正工作或在事后比较时点选适合方差异质的事后比较的四种方法之一。在实际操作中,若是方差分析违反同质性假定,SPSS 提供了四种方差异质的事后比较方法:Tamhane's T2 检验法、Dunnett's T3 检验法、Games-Howell 检验法、Dunnett's C 检验法,使用者可直接从 SPSS 提供的四种方法中选择一种事后比较方法,而不用进行数据转换。

表 10-17　ANOVA

		平方和	自由度	平均平方和	F 检验	显著性
生活压力	组间	554.905	2	277.452	4.597	.016
	组内	2233.095	37	60.354		
	总和	2788.000	39			
社会支持	组间	523.662	2	261.831	4.026	.026
	组内	2406.238	37	65.033		
	总和	2929.900	39			
身心倦怠	组间	1112.704	2	556.352	17.993	.000
	组内	1144.071	37	30.921		
	总和	2256.775	39			

表 10-17 为方差分析摘要表,本表共分七列,第一列为依变量名称;第二列为变异来源,包括组间(Between Groups)、组内(Within Groups)及全体(Total)三部分;第三列为离均差平方和(Sum of Squares;简称 SS),全体的 SS 等于组间 SS 加组内 SS,即 $SS_t = SS_b + SS_w$;第四列为自由度,组间 $df = k - 1 = 3 - 1 = 2$、组内 $df = N - k = 40 - 3 = 37$、全体 $df = N - 1 = 40 - 1 = 39$;第五列为平均平方和(Mean Square;简称 MS)等于 SS 除以 df 而得,这是组间及组内方差的不偏估计值;第六列为 F 检验的 F 值,由组间 MS 除以组内 MS 而得;第七列为显著性检验的概率值 p。

在方差分析摘要表中,相关数值关系如下(以生活压力依变量为例):

$$SS_t = SS_b + SS_w = 554.905 + 2\,233.095 = 2\,788.000$$

$$MS_b = SS_b \div df_b = 554.905 \div 2 = 277.452$$

$$MS_w = SS_w \div df_w = 2\,233.095 \div 37 = 60.354$$

$$F\ 值 = MS_b \div MS_w = 277.452 \div 60.354 = 4.597$$

从上述方差分析摘要表中知悉：就"生活压力""社会支持""身心倦怠"三个依变量而言，整体检验的 F 值分别为 $4.597(p=0.016<0.05)$、$4.026(p=0.026<0.05)$、$17.993(p=0.000<0.05)$，均达到显著水平，因此须拒绝虚无假设，接受对立假设，表示不同年龄的运动员在"生活压力""社会支持""身心倦怠"间均有显著差异存在，研究假设获得支持，至于是哪些配对组别间的差异达到显著，须要进行事后比较方能得知。方差分析中的 F 值如未达显著差异$(p>0.05)$，须接受虚无假设，拒绝对立假设，研究假设无法获得支持，则不用进行事后比较，此时就不用查看多重比较摘要表。

表 10-18　多重比较

Scheffe 法

依变量	(I) 年龄	(J) 年龄	平均差异 (I−J)	标准误	显著性	95% 置信区间 下界	95% 置信区间 上界
生活压力	25 岁以下	26-30 岁	−8.429(*)【注 A】	2.936	.024	−15.92	−.94
		31 岁以上	−6.833	3.056	.096	−14.63	.96
	26-30 岁	25 岁以下	8.429(*)【注 B】	2.936	.024	.94	15.92
		31 岁以上	1.595	3.056	.873	−6.20	9.39
	31 岁以上	25 岁以下	6.833	3.056	.096	−.96	14.63
		26-30 岁	−1.595	3.056	.873	−9.39	6.20
社会支持	25 岁以下	26-30 岁	7.143	3.048	.077	−.63	14.92
		31 岁以上	8.024	3.172	.052	−.07	16.11
	26-30 岁	25 岁以下	−7.143	3.048	.077	−14.92	.63
		31 岁以上	.881	3.172	.962	−7.21	8.97
	31 岁以上	25 岁以下	−8.024	3.172	.052	−16.11	.07
		26-30 岁	−.881	3.172	.962	−8.97	7.21
身心倦怠	25 岁以下	26-30 岁	−12.071(*)	2.102	.000	−17.43	−6.71
		31 岁以上	−9.357(*)	2.188	.001	−14.94	−3.78
	26-30 岁	25 岁以下	12.071(*)	2.102	.000	6.71	17.43
		31 岁以上	2.714	2.188	.470	−2.86	8.29
	31 岁以上	25 岁以下	9.357(*)	2.188	.001	3.78	14.94
		26-30 岁	−2.714	2.188	.470	−8.29	2.86

* 平均差异在 .05 水平是显著的。

表 10-18 为 SPSS 所输出的 Scheffe 法事后比较结果，事后比较是采用两两配对的方式，第一列为依变量名称；第二列为事后比较的方法及自变量分组的数值编码值，自变量的水平数值若有加注数值标记，会直接呈现数值标记内容；第三列"平均差异（I−J）"为配对两组的平均数的差异值，此差异值如果达到 0.05 的显著水平，会在差异值的右上方增列一个星号"（*）"；第四列为标准误；第五列为显著性；第六列为 95% 的置信区间估计值。以"生活压力"变量的事后比较来看：

1.【注 A】：代表"25 岁以下"组与"26-30 岁"组平均数的差异比较，平均差异值为−8.429，数值为负数，表示第一个平均数低于第二个平均数，亦即"25 岁以下"群体运动员在生活压力得分的平均数显著的低于"26-30 岁"群体样本的得分平均数，由于两个群体平均数差异显著性检验达到显著，会在平均差异值的旁加注"（*）"—"−8.429（*）"。

2.【注 B】：代表"26-30 岁"组样本与"25 岁以下"组样本在"生活压力"感受间差异比较，平均差异值为 8.429，数值为正数，表示第一个平均数高于第二个平均数，亦即"26-30

岁"群体的运动员在"生活压力"得分的平均数显著高于"25岁以下"群体的运动员,此结果与前述【注A】结果相似,只是其平均差异值的正负号相反,此栏平均差异值为"8.429（＊）"。

从95%置信区间来看,"26-30岁"组与"25岁以下"组在"生活压力"平均数差异的95%置信区间为(0.94,15.92),(−15.92,−0.94),并未包含0,因而两者平均差异值的差异达到显著。

就"社会支持"依变量为例,采用Scheffe法,则未发现有任何两组间的平均数差异值达到显著。在方差分析中,有时会发现整体检验的F值达到显著水平,但经采用Scheffe法的事后比较检验后,则没有出现成对组的平均数差异达到显著,这是因为Scheffe法是各种事后比较方法中最严格、统计检验力最低的一种多重比较方法,此方法较不会违犯第一类型的错误,因而平均数差异检验较为严谨。整体检验F值达到显著水平,而使用Scheffe法的事后比较检验没有出现成对组的平均数差异达到显著的情形,通常发生在整体检验F值的显著性概率值p在0.05附近($p < \alpha$)。

就"身心倦怠"的多重比较而言,"26-30岁"组群体的身心倦怠感显著高于"25岁以下"组群体,平均差异值为12.071;"30岁以上"组群体的身心倦怠感也显著高于"25岁以下"组群体,平均差异值为9.357;而"26-30岁"组群体运动员的身心倦怠感与"31岁以上"组群体运动员间则无显著差异。

【多重比较表查看技巧】:SPSS多重比较采取的是以某一个水平为参照组而逐一与各水平进行平均数的差异比较,因而使用者只要查看"平均差异(I−J)"列中的数值为正数且加注（＊）符号者即可,至于负数有加注（＊）符号者就不用理会他。以身心倦怠检验变量为例,其事后多重比较"平均差异(I−J)"列中数值为正数且加注"（＊）"符号者为"26-30岁"组和"25岁以下组",两个群体平均数差异值为"12.071（＊）";"31岁以上组"和"25岁以下组",两个群体平均数差异值为"9.357（＊）",表示"26-30岁"组、"31岁以上"组群体运动员的身心倦怠感知觉显著高于"25岁以下组"群体。

表10-19　多重比较

LSD

依变量	(I) 年龄	(J) 年龄	平均差异 (I−J)	标准误	显著性	95% 置信区间	
						下界	上界
生活压力	25 岁以下	26-30 岁	−8.429（＊）	2.936	.007	−14.38	−2.48
		31 岁以上	−6.833（＊）	3.056	.031	−13.03	−.64
	26-30 岁	25 岁以下	8.429（＊）	2.936	.007	2.48	14.38
		31 岁以上	1.595	3.056	.605	−4.60	7.79
	31 岁以上	25 岁以下	6.833（＊）	3.056	.031	.64	13.03
		26-30 岁	−1.595	3.056	.605	−7.79	4.60
社会支持	25 岁以下	26-30 岁	7.143（＊）	3.048	.025	.97	13.32
		31 岁以上	8.024（＊）	3.172	.016	1.60	14.45
	26-30 岁	25 岁以下	−7.143（＊）	3.048	.025	−13.32	−.97
		31 岁以上	.881	3.172	.783	−5.55	7.31
	31 岁以上	25 岁以下	−8.024（＊）	3.172	.016	−14.45	−1.60
		26-30 岁	−.881	3.172	.783	−7.31	5.55

续表

依变量	(I) 年龄	(J) 年龄	平均差异 (I－J)	标准误	显著性	95% 置信区间	
						下界	上界
身心倦怠	25 岁以下	26-30 岁	－12.071(*)	2.102	.000	－16.33	－7.81
		31 岁以上	－9.357(*)	2.188	.000	－13.79	－4.92
	26-30 岁	25 岁以下	12.071(*)	2.102	.000	7.81	16.33
		31 岁以上	2.714	2.188	.222	－1.72	7.15
	31 岁以上	25 岁以下	9.357(*)	2.188	.000	4.92	13.79
		26-30 岁	－2.714	2.188	.222	－7.15	1.72

* 平均差异在 .05 水平是显著的。

表 10-19 为采用最小显著差异法(least significant difference;简称 LSD 法)的多重比较,从表中可以发现:

1. 就"生活压力"依变量而言:"26-30 岁"组群体显著高于"25 岁以下"组群体;"31 岁以上"组群体显著高于"25 岁以下"组群体。

2. 就"社会支持"依变量而言:"25 岁以下"组群体显著高于"26-30 岁"组群体;"25 岁以下"组群体也显著高于"31 岁以上"组群体。

3. 就"身心倦怠感"依变量而言:"26-30 岁"组群体显著高于"25 岁以下"组群体;"31 岁以上"组群体显著高于"25 岁以下"组群体。

表 10-20 多重比较

Tukey HSD

依变量	(I) 年龄	(J) 年龄	平均差异 (I－J)	标准误	显著性	95% 置信区间	
						下界	上界
生活压力	25 岁以下	26-30 岁	－8.429(*)	2.936	.018	－15.60	－1.26
		31 岁以上	－6.833	3.056	.078	－14.30	.63
	26-30 岁	25 岁以下	8.429(*)	2.936	.018	1.26	15.60
		31 岁以上	1.595	3.056	.861	－5.87	9.06
	31 岁以上	25 岁以下	6.833	3.056	.078	－.63	14.30
		26-30 岁	－1.595	3.056	.861	－9.06	5.87
社会支持	25 岁以下	26-30 岁	7.143	3.048	.062	－.30	14.58
		31 岁以上	8.024(*)	3.172	.041	.28	15.77
	26-30 岁	25 岁以下	－7.143	3.048	.062	－14.58	.30
		31 岁以上	.881	3.172	.958	－6.86	8.63
	31 岁以上	25 岁以下	－8.024(*)	3.172	.041	－15.77	－.28
		26-30 岁	－.881	3.172	.958	－8.63	6.86
身心倦怠	25 岁以下	26-30 岁	－12.071(*)	2.102	.000	－17.20	－6.94
		31 岁以上	－9.357(*)	2.188	.000	－14.70	－4.02
	26-30 岁	25 岁以下	12.071(*)	2.102	.000	6.94	17.20
		31 岁以上	2.714	2.188	.437	－2.63	8.06
	31 岁以上	25 岁以下	9.357(*)	2.188	.000	4.02	14.70
		26-30 岁	－2.714	2.188	.437	－8.06	2.63

* 平均差异在 .05 水平是显著的。

表 10-20 为采用 Tukey 最实在的显著差异法(HSD 法)的多重比较,从表中可以

发现:

　　1. 就"生活压力"依变量而言:"26-30 岁"组群体显著高于"25 岁以下"组群体。

　　2. 就"社会支持"依变量而言:"25 岁以下"组群体显著高于"31 岁以上"组群体。

　　3. 就"身心倦怠感"依变量而言:"26-30 岁"组群体显著高于"25 岁以下"组群体;
"31 岁以上"组群体显著高于"25 岁以下"组群体。

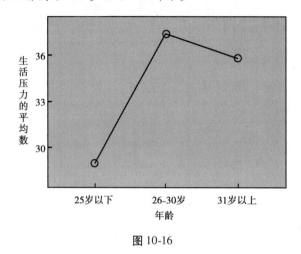

图 10-16

　　图 10-16 为不同年龄三个群体在生活压力依变量的平均数图,水平横轴为自变量的三个水平数值,纵轴为各水平在依变量的平均数,从平均数图中可以得知哪几组在依变量测量值的分数较高,哪个组别群体的平均数最低。以上图为例,在生活压力知觉方面,不同年龄三个组别群体中以"26-30 岁"组平均数最高,其次是"31 岁以上"组群体,平均数最低者为"25 岁以下"组群体。

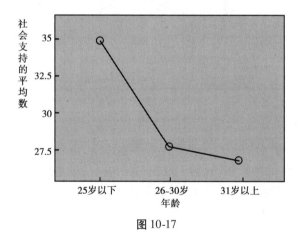

图 10-17

　　图 10-17 为不同年龄三个群体在社会支持依变量的平均数图。从图中可知,就运动员社会支持感受而言,不同年龄三个组别群体中以"25 岁以下"组平均数最高,其次是"26-30 岁"组群体,平均数最低者为"31 岁以上"组群体。

　　在方差同质性检验中,"社会支持"三组样本的方差不符合方差同质性(homogeneity of variance)的假定,因而在事后比较中,使用者可以选择 SPSS 提供的四种方差异质的事后比较方法(Tamhane's T2 检验法、Dunnett's T3 检验法、Games-Howell 检验法、Dunnett's C 检验法),而不用进行数据的转换。表 10-21 为选取[未假设相同的方差]方框中的四

表 10-21　多重比较

依变量：社会支持

	(I) 年龄	(J) 年龄	平均差异 (I−J)	标准误	显著性	95% 置信区间 下界	95% 置信区间 上界
Tamhane 检验	25 岁以下	26-30 岁	7.143	3.586	.165	−2.08	16.36
		31 岁以上	8.024	3.017	.054	−.11	16.16
	26-30 岁	25 岁以下	−7.143	3.586	.165	−16.36	2.08
		31 岁以上	.881	2.181	.971	−4.93	6.69
	31 岁以上	25 岁以下	−8.024	3.017	.054	−16.16	.11
		26-30 岁	−.881	2.181	.971	−6.69	4.93
Dunnett T3 检验	25 岁以下	26-30 岁	7.143	3.586	.161	−2.05	16.33
		31 岁以上	8.024	3.017	.052	−.06	16.11
	26-30 岁	25 岁以下	−7.143	3.586	.161	−16.33	2.05
		31 岁以上	.881	2.181	.968	−4.90	6.66
	31 岁以上	25 岁以下	−8.024	3.017	.052	−16.11	.06
		26-30 岁	−.881	2.181	.968	−6.66	4.90
Games-Howell 检验	25 岁以下	26-30 岁	7.143	3.586	.137	−1.83	16.11
		31 岁以上	8.024(*)	3.017	.045	.16	15.89
	26-30 岁	25 岁以下	−7.143	3.586	.137	−16.11	1.83
		31 岁以上	.881	2.181	.914	−4.75	6.51
	31 岁以上	25 岁以下	−8.024(*)	3.017	.045	−15.89	−.16
		26-30 岁	−.881	2.181	.914	−6.51	4.75
Dunnett C 检验	25 岁以下	26-30 岁	7.143	3.586		−2.33	16.61
		31 岁以上	8.024(*)	3.017		.05	16.00
	26-30 岁	25 岁以下	−7.143	3.586		−16.61	2.33
		31 岁以上	.881	2.181		−4.89	6.65
	31 岁以上	25 岁以下	−8.024(*)	3.017		−16.00	−.05
		26-30 岁	−.881	2.181		−6.65	4.89

* 在 .05 水平上的平均差异很显著。

种多重比较方法的结果。

　　表 10-21 为四种未符合方差同质性假定的多重比较结果，采用 Tamhane's T2 检验法与 Dunnett's T3 检验法的结果相同，均未发现有任何两组的事后比较的差异结果达到显著；采用 Games-Howell 检验法与 Dunnett's C 检验法结果相同，均是"25 岁以下"组群体显著高于"31 岁以上"组群体。

【表格范例】

表 10-22　不同年龄运动员在生活压力、社会支持、身心倦怠的描述性统计量

检验变量	年龄	个数	平均数	标准差
生活压力	25 岁以下(A)	14	29.00	9.543
	26-30 岁(B)	14	37.43	5.814
	31 岁以上(C)	12	35.83	7.445

续表

检验变量	年龄	个数	平均数	标准差
社会支持	25 岁以下（A）	14	34.86	10.974
	26-30 岁（B）	14	27.71	7.720
	31 岁以上（C）	12	26.83	2.443
身心倦怠	25 岁以下（A）	14	23.64	4.551
	26-30 岁（B）	14	35.71	6.256
	31 岁以上（C）	12	33.00	5.768

表 10-23　不同年龄运动员在生活压力、社会支持、身心倦怠差异比较的方差分析摘要表

		平方和(SS)	自由度	平均平方和(MS)	F 检验	事后比较 Scheffe 法	事后比较 LSD 法	事后比较 HSD 法
生活压力	组间	554.905	2	277.452	4.597^{*}	B > A	B > A	B > A
	组内	2233.095	37	60.354			C > A	
	总和	2788.000	39					
社会支持	组间	523.662	2	261.831	4.026^{*}	n.s.	A > B	A > C
	组内	2406.238	37	65.033			A > C	
	总和	2929.900	39					
身心倦怠	组间	1112.704	2	556.352	17.993^{***}	B > A	B > A	B > A
	组内	1144.071	37	30.921		C > A	C > A	C > A
	总和	2256.775	39					

n.s. $p > .05$　$^{*}p < .05$　$^{***}p < .001$

在方差分析中，使用者由于事后比较方法采用的是雪费法（Scheffe's method；S 法）是各种事后比较方法中最严格、统计检验力最低的一种多重比较，因而有时会呈现整体检验的 F 值达到显著但多重比较摘要表中未发现有任何两组的平均数间有显著差异的情况，此时使用者可改采用实在显著差异法（honestly significant difference；HSD 法），由于使用者在方差分析中可能会采用第二种事后比较方法，因而在"数据处理与统计方法"一节中可以叙述如下：

"……若方差分析整体检验的 F 值达到显著，则进一步以雪费法（Scheffe's method）进行事后比较，但由于此法是各种事后比较方法中最严格的方法，其事后比较较为保守，有时会发生整体检验的 F 值达到显著，但事后比较均不显著的情形，此时，使用者改用实在显著差异法（honestly significant difference；HSD 法）作为事后比较方法，以便和整体检验 F 值的显著性相呼应。"或"……若方差分析整体检验的 F 值达到显著，则进一步以雪费法（Scheffe's method）进行事后比较，但由于此法是各种事后比较方法中最严格的方法，其事后比较较为保守，有时会发生整体检验的 F 值达到显著，但事后比较均不显著情形，此时，使用者改用 N-K 检验法（Newman-Keuls test；q 检验法）作为事后比较方法，以便和整体检验 F 值的显著性相呼应。"

【备注】　HSD 法及 N-K 法通常适用于各组人数相等的多重比较，但是也可以适用于各组人数不相等的多重比较，当各组人数差距不致太大时，两种检验方法仍然适用。

N-K 法由于采用 t 检验原理,在 SPSS 的操作程序中又称为 S-N-K 法(Student-Newman-Keuls 法)。

三、执行单变量程序

单因子方差分析的执行程序也可以借由单变量程序来代替。执行单变量程序也可以求出关联强度,关联强度的系数称为关联性强度系数(coefficient of strength of association),此系数的统计意义类似决定系数,表示自变量可以解释依变量多少的变异量,通常以符号 ω^2(omega squared)表示,关联强度可以说明自变量与依变量间关联的程度,其系数值愈大,两者的关系愈密切,关联强度系数值的高低可以作为实用显著性的判别依据;相对的,方差分析的整体检验的 F 统计量表示的是统计显著性。

单变量程序中也可界定是否输出统计检验力(power of test)的数据,所谓统计检验力即是正确拒绝虚无假设的概率,如果使用者在推论统计时拒绝虚无假设,而事实上虚无假设也是错误的,则此时便是正确的拒绝虚无假设,其概率刚好为 $1 - \beta$,一般显著水平(level of significant)习惯定为 0.05 或 0.01,显著水平通常以符号 α 表示,若同时考虑到统计检验力,一个良好的研究结论的统计检验力最好在 0.80 以上。

(一)操作程序

1. 步骤 1

执行工具栏[分析(A)]/[一般线性模式(G)](General Linear Model)/[单变量(U)](Univariate)程序,开启[单变量]对话窗口,如图 10-18。
→在左边变量清单中将依变量"生活压力"选入右边[依变量(D)]下的方格中。
→在左边变量清单中将自变量"年龄"选入右边[固定因子(F)]下的方格中,如图 10-19。
→按[Post Hoc 检验(H)…]钮,开启[单变量:观察值平均数的 Post Hoc 多重检验]次对话窗口中。

【备注】 在[单变量]的对话窗口中,每次只能点选一个依变量,在[固定因子(F)]下的方格中可以点选一个以上的自变量,如果同时点选两个自变量则可进行二因子方差分析,同时点选三个自变量可进行三因子方差分析;在[单因子方差分析]对话窗口中,[依变量清单(E)]下的方格可以同时选取一个以上的依变量,在[因子(F)]下的方格中每次只能点选一个自变量;[单变量]的对话窗口可以执行协方差分析的程序。

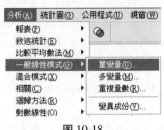

图 10-18

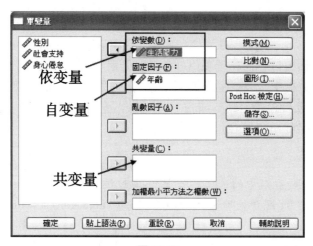

图 10-19

2. 步骤2

→在［单变量:观察值平均数的 Post Hoc 多重检验］次对话窗口中,在左边［因子(F)］
下方格中将自变量"年龄"选入右边［Post Hoc 检验(P)］下的方格中。
→在［假设相同的方差］方框中勾选一种事后比较方法,如［Tukey 法］选项。
→按［继续］钮,回到［单变量］对话窗口,如图 10-20。

【备注】 ［单变量:观察值平均数的 Post Hoc 多重检验］次对话窗口与［单因子方差分
析:Post Hoc 多重检验］的画面类似,两个多重比较的方框为［假设相同的方差］、［未假
设相同的方差］,方框中所包括的多重比较选项大致相同。

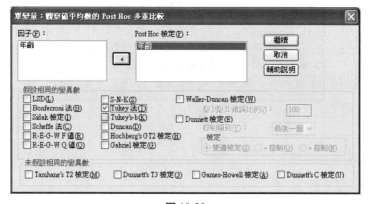

图 10-20

在［单变量:观察值平均数的 Post Hoc 多重检验］次对话窗口中,［未假设相同的方
差］方框中所包括的四种多重比较方法与［单因子方差分析:Post Hoc 多重检验］次对话
窗口中的相同;两者在［假设相同的方差］方框中所包括的选项也相同,为［LSD(L)］(最
小显著差异法——Least significant difference)、［Scheffe 法(C)］、［S-N-K(S)］、［Tukey 法
(T)］、［Duncan(D)］等几种。

3. 步骤 3

→在[单变量]对话窗口中,按[选项(O)...]钮,开启[单变量:选项]次对话窗口。
→在下方[显示]方框中,勾选[叙述统计(S)]、[效果项大小估计值(E)]、[观察的检验能力(B)]、[同质性检验(H)],如图 10-21。
→按[继续]钮,回到[单变量]对话窗口。
→按[确定]钮。

【备注】 (1)[显示]方框中的选项共有十个:叙述统计、效果项大小估计值(关联强度值)、观察的检验能力(统计检验力)、参数估计值(Parameter estimates)、比对系数矩阵(Contrast coefficient matrix)、同质性检验(Homogeneity tests)、离散对水平的图形(Spread vs. level plot)、残差图(Residual plot)、缺适性(Lack of fit)、一般可估函数(General estimable function)。
(2)若是使用者只要求出关联强度与统计检验力,则只需勾选[效果项大小估计值(E)]、[观察的检验能力(B)]两个选项即可。

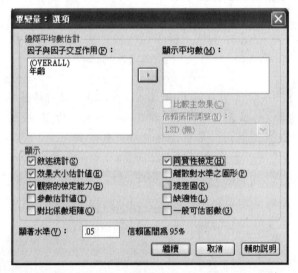

图 10-21

(二)输出结果

方差的单变量分析

表 10-24　受试者间因子

		数值注解	个　数
年龄	1	25 岁以下	14
	2	26-30 岁	14
	3	31 岁以上	12

表 10-24 为受试者间因子的水平、数值标记及各水平有效样本数, 年龄因子三个水平数值为 1,2,3, 数值标记分别为"25 岁以下""26-30 岁""31 岁以上", 三个水平群体的有效样本数分别为 14,14,12 位。

表 10-25   叙述统计
依变量: 生活压力

年　龄	平均数	标准差	个　数
25 岁以下	29.00	9.543	14
26-30 岁	37.43	5.814	14
31 岁以上	35.83	7.445	12
总和	34.00	8.455	40

表 10-25 为描述统计量, 依变量为"生活压力"变量, 年龄因子各水平在"生活压力"依变量的平均数分别为 29.00,37.43,35.83, 标准差分别为 9.543,5.814,7.445, 四十位样本观察值在"生活压力"测量值的总平均数为 34.000、标准差为 8.455。

表 10-26   误差变异量的 Levene 检验等式(a)
依变量: 生活压力

F 检验	分子自由度	分母自由度	显著性
.926	2	37	.405

检验各组别中依变量误差变异量的虚无假设是相等的。

a 设计: 截距 + 年龄

表 10-26 为各组方差同质性检验数据, 各组样本方差经 Levene 法检验结果的 F 值等于 0.926, 显著性 $p = 0.405 > 0.05$, 未达显著水平, 接受虚无假设, 表示三组样本方差的差异未达显著水平, 三组方差相等, 符合单因子方差分析中方差同质性的假定, 数据不用转换可直接选取假设方差相等的事后比较方法。此结果与上述采用 one-way ANOVA 分析结果相同, 四个统计量数据均与采用单因子方差分析程序的输出结果一样。

表 10-27   受试者间效应项的检验
依变量: 生活压力

来　源	型Ⅲ平方和	自由度	平均平方和	F 检验	显著性	净相关 Eta 平方	Noncent. 参数	观察的检验能力(a)
校正后的模式	554.905(b)	2	277.452	4.597	.016	.199	9.194	.744
截距	46233.145	1	46233.145	766.034	.000	.954	766.034	1.000
年龄	554.905	2	277.452	4.597	.016	.199	9.194	.744
误差	2233.095	37	60.354					
总和	49028.000	40						
校正后的总数	2788.000	39						

a 使用 alpha = .05 计算

b R 平方 = .199(调过后的 R 平方 = .156)

表 10-27 为受试者间效应项的检验统计量, 即单变量方差分析摘要表。年龄在"生活压力"依变量检验的 $SS = 554.905$、$df = 2$、$MS = 277.452$, 整体差异检验的 F 值等于

4.597,显著性 p 值 = 0.016 < 0.05,达到显著水平,表示不同年龄的运动员所感受的"生活压力"有显著差异。报表中的自变量"年龄"栏数值为 ANOVA 摘要表的"组间"栏数据,"误差"栏数值为 ANOVA 摘要表的"组内"栏数据、"校正后的总数"栏数值为 ANOVA 摘要表的"总和"栏数据。单变量"受试者间效应项的检验"摘要表中的关联强度与统计检验力数据在原先 ANOVA 摘要表中无法呈现。

1. "Partial Eta Squared"(净 η^2)即为 R Squared = 0.199,其数值求法如下:

$$\eta^2 = \frac{SS_b}{SS_b + SS_w} = \frac{SS_b}{SS_t} = \frac{554.905}{2\,788.000} = 0.199$$

从 η^2 系数来看,其数值达 19.9%,表示自变量可以解释依变量 19.9% 的变异量,自变量与依变量间的关联性很高。

关联强度 ω^2(omega squared)等于调整后的 R 平方值 = 0.156。此处的关联强度系数为 15.6%,根据 Cohen(1988)的观点,ω^2 值大于 0.138,表示是一种高度关联强度;ω^2 值界于 0.059 至 0.138 间,变量间属于中度关联强度;ω^2 值小于 0.059,变量间属于低度关联强度。年龄自变量可以解释运动员"生活压力"的变异量达 19.9%,两者的关系属高度关联程度(large association)。

2. "Observed Power(a)"栏为统计检验力,此处的统计检验力等于 0.744,此分析推论犯第二类型错误的概率为 25.6%,决策正确率达 74.4%。

$$关联强度\ \omega^2 = \frac{SS_b - (p-1)MS_w}{SS_t + MS_w} = \frac{554.905 - (3-1) \times 60.354}{2\,788.000 + 60.354} = 0.156$$

在单变量方差分析摘要中的调整后的 R^2 等于 0.156,此数值即为关联强度系数。在方差分析中,若是直接使用样本统计分析的 R^2 会高估总体的 R^2,因而通常会以"调整过后的 R^2"来作为方差分析中的关联强度系数。

Post Hoc 检验 年龄

表 10-28　多重比较依变量:生活压力

Tukey HSD

(I)年龄	(J)年龄	平均数差异(I-J)	标准误	显著性	95% 置信区间	
					下限	上限
25 岁以下	26-30 岁	-8.43(*)	2.936	.018	-15.60	-1.26
	31 岁以上	-6.83	3.056	.078	-14.30	.63
26-30 岁	25 岁以下	8.43(*)	2.936	.018	1.26	15.60
	31 岁以上	1.60	3.056	.861	-5.87	9.06
31 岁以上	25 岁以下	6.83	3.056	.078	-.63	14.30
	26-30 岁	-1.60	3.056	.861	-9.06	5.87

以观察的平均数为基础。

* 在水平 .05 上的平均数差异显著。

表 10-28 为采用 Tukey 最实在的显著差异法(HSD 法)的多重比较,从表中可以发现:就"生活压力"依变量而言,"26-30 岁"组群体显著高于"25 岁以下"组群体,其平均数差异值为 8.43;在单因子方差分析中,其平均数差异值为 8.429。两者的差异在于小数点的小数位数取舍不同而已。

表 10-29 受试者间效应项的检验

依变量：社会支持

来 源	型Ⅲ平方和	自由度	平均平方和	F 检验	显著性	净相关 Eta 平方	Noncent. 参数	观察的检验能力(a)
校正后的模式	523.662(b)	2	261.831	4.026	.026	.179	8.052	.683
截距	35338.409	1	35338.409	543.388	.000	.936	543.388	1.000
年龄	523.662	2	261.831	4.026	.026	.179	8.052	.683
误差	2406.238	37	65.033					
总和	38810.000	40						
校正后的总数	2929.900	39						

a 使用 alpha = .05 计算

b R 平方 = .179(调过后的 R 平方 = .134)

表 10-29 为年龄在"社会支持"依变量检验的差异比较摘要表。整体检验的 F 值等于 4.026，显著性概率值 p = 0.026 < 0.05，达到统计显著水平。关联强度指标值 ω^2 等于 0.134(调整过后的 R^2 数据)，表示"社会支持"依变量可以被运动员"年龄"变量解释的变异量有 13.4%，年龄变量与身心倦怠变量的关联强度属中度关系。统计检验力($1 - \beta$)等于 0.683，表示此分析推论犯第二类型错误的概率为 31.7%，决策正确率为 68.30%。虽平均数的差异比较达到统计显著水平，但统计检验力低于 0.80 的临界标准值。

表 10-30 受试者间效应项的检验

依变量：身心倦怠

来 源	型Ⅲ平方和	自由度	平均平方和	F 检验	显著性	净相关 Eta 平方	Noncent. 参数	观察的检验能力(a)
校正后的模式	1112.704(b)	2	556.352	17.993	.000	.493	35.986	1.000
截距	37710.880	1	37710.880	1219.594	.000	.971	1219.594	1.000
年龄	1112.704	2	556.352	17.993	.000	.493	35.986	1.000
误差	1144.071	37	30.921					
总和	39895.000	40						
校正后的总数	2256.775	39						

a 使用 alpha = .05 计算

b R 平方 = .493(调过后的 R 平方 = .466)

表 10-30 为年龄在"身心倦怠"依变量检验的差异比较摘要表。整体检验的 F 值等于 17.993，显著性概率值 p = 0.000 < 0.05，达到统计显著水平。关联强度指标值 ω^2 等于 0.466(调整过后的 R^2 数据)，表示"身心倦怠"依变量可以被运动员"年龄"变量解释的变异量有 46.6%，年龄变量与身心倦怠变量的关联强度属强度关系。统计检验力($1 - \beta$)等于 1.000，表示此分析推论犯第二类型错误的概率为 0%，决策正确率达 100.0%。

【表格范例】

若使用者在方差分析中要增列关联强度系数与统计检验力，则单因子方差分析摘要表可以统整如表10-31：

表10-31　不同年龄的运动员在生活压力、社会支持、身心倦怠差异比较的方差分析摘要表

检验变量	变异来源	平方和（SS）	自由度（df）	平均平方和（MS）	F 检验	事后比较 HSD 法	ω^2	$1-\beta$
生活压力	组间	554.905	2	277.452	4.597 *	B > A	.156	.744
	组内	2233.095	37	60.354				
	总和	2788.000	39					
社会支持	组间	523.662	2	261.831	4.026 *	A > C	.134	.683
	组内	2406.238	37	65.033				
	总和	2929.900	39					
身心倦怠	组间	1112.704	2	556.352	17.993 ***	B > A	.466	1.000
	组内	1144.071	37	30.921		C > A		
	总和	2256.775	39					

n.s. p > .05　*p < .05　***p < .001

第四节　相依样本 t 检验

相依样本 t 检验[1]适用于同一组受试者接受前后两次测验时的两次测验值平均数的差异比较。在问卷调查分析中，用于检验样本在两种量表分数或测验分数平均数的差异。相依样本受试的情况常是同一批受试者或样本在前后两次测量值的差异比较，其适用图示架构如图10-22：

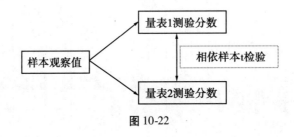

图 10-22

【研究问题】

在一份有效教学指标问卷中，根据专家学者与工作者的意见，拟研究十三条指标项目，内容包括三大层面：教学经营层面（第一题至第五题）、教学活动层面（第六题至第十题）、辅导追踪层面（第十一题至第十三题）。使用者除想探究教师对十三题题项指标重要性的看法外，也想知道教师在班级中实践的程度，量表的设计如表10-32。请问样本教师对三大指标层面的重要性知觉与实践程度间是否有所差异？

---

1 "相依样本 t 检验"也称"成对样本 t 检验"。

表 10-32

题项内容	重要性 非常不重要←→非常重要					实践程度 很少做到←→常常做到				
一、教学经营层面										
01. 教师有完整班级经营计划与实施教学过程数据。	1☐	2☐	3☐	4☐	5☐	1☐	2☐	3☐	4☐	5☐
02. 教学情境布置能善用资源,重视整洁、美绿化效果及资源回收等。	1☐	2☐	3☐	4☐	5☐	1☐	2☐	3☐	4☐	5☐
03. 能在教育活动中适切指导学生的生活教育。	1☐	2☐	3☐	4☐	5☐	1☐	2☐	3☐	4☐	5☐
04. 召开班级家长会时,任课老师能提出教学实施相关说明或书面资料。	1☐	2☐	3☐	4☐	5☐	1☐	2☐	3☐	4☐	5☐
05. 教师能采多样化的方式与家长沟通。	1☐	2☐	3☐	4☐	5☐	1☐	2☐	3☐	4☐	5☐
二、教学活动层面										
06. 教师能依教学目标妥善运用教学方法实施教学。	1☐	2☐	3☐	4☐	5☐	1☐	2☐	3☐	4☐	5☐
07. 学习领域教学能适切结合学校本位课程或融入重要议题与时事随机教学。	1☐	2☐	3☐	4☐	5☐	1☐	2☐	3☐	4☐	5☐
08. 教师在教学过程中能充分提供多样化教学素材,让学生亲自操作或体验学习。	1☐	2☐	3☐	4☐	5☐	1☐	2☐	3☐	4☐	5☐
09. 能善用教学资源协助教学。	1☐	2☐	3☐	4☐	5☐	1☐	2☐	3☐	4☐	5☐
10. 学生作业批改认真翔实并有助学习。	1☐	2☐	3☐	4☐	5☐	1☐	2☐	3☐	4☐	5☐
三、辅导追踪层面										
11. 针对未达学习目标、行为偏差学童能分析原因,进行适性化教学与辅导措施。	1☐	2☐	3☐	4☐	5☐	1☐	2☐	3☐	4☐	5☐
12. 随时留意学生身心健康及学习情形,如发现异常,能通知家长并采取相关辅导措施或寻求支持。	1☐	2☐	3☐	4☐	5☐	1☐	2☐	3☐	4☐	5☐
13. 积极落实辅导工作与辅导数据的建立,并能妥善维护管理及有效运用。	1☐	2☐	3☐	4☐	5☐	1☐	2☐	3☐	4☐	5☐

　　上述量表每个题项均包含"重要性"知觉与"实践程度"知觉,即包含两份量表,因而在创建数据文件时必须区隔为两个部分——"重要性"知觉量表与"实践程度"知觉量表。在"重要性"知觉选项方面有十三个变量,在"实践程度"知觉选项方面也有十三个变量,数据文件的变量范例如表 10-33:

表 10-33

题　号	01	02	03	04	05	06	07	08	09	10	11	12	13
重要性	A1_1	A1_2	A1_3	A1_4	A1_5	A2_1	A2_2	A2_3	A2_4	A2_5	A3_1	A3_2	A3_3
实践程度	B1_1	B1_2	B1_3	B1_4	B1_5	B2_1	B2_2	B2_3	B2_4	B2_5	B3_1	B3_2	B3_3

　　若使用者要直接采用有顺序的连续数字命名变量,则可以采用表 10-34 的变量名称:

表 10-34

题　号	01	02	03	04	05	06	07	08	09	10	11	12	13
重要性	A1	A2	A3	A4	A5	A6	A7	A8	A9	A10	A11	A12	A13
实践程度	B1	B2	B3	B4	B5	B6	B7	B8	B9	B10	B11	B12	B13

其中英文字母 A 表示重要性知觉项目，A1 表示第一个层面（教学经营层面的重要性）、A1_1 中的最后一个数字表示层面的题项。英文字母 B 表示实践程度知觉项目，B1 表示第一个层面（教学经营层面的实践程度）、B1_1 中的最后一个数字表示层面的题项。各层面及所包含的题项如表 10-35：

表 10-35

层面名称	题　项	变量名称加总
教学经营_重要性	第 1 题至第 5 题	A1_1 + A1_2 + A1_3 + A1_4 + A1_5
教学活动_重要性	第 6 题至第 10 题	A2_1 + A2_2 + A2_3 + A2_4 + A2_5
辅导追踪_重要性	第 11 题至第 13 题	A3_1 + A3_2 + A3_3
教学经营_实践程度	第 1 题至第 5 题	B1_1 + B1_2 + B1_3 + B1_4 + B1_5
教学活动_实践程度	第 6 题至第 10 题	B2_1 + B2_2 + B2_3 + B2_4 + B2_5
辅导追踪_实践程度	第 11 题至第 13 题	B3_1 + B3_2 + B3_3

采用第二种变量编码，则各层面及所包含的题项如表 10-36：

表 10-36

层面名称	题　项	变量名称加总
教学经营_重要性	第 1 题至第 5 题	A1 + A2 + A3 + A4 + A5
教学活动_重要性	第 6 题至第 10 题	A6 + A7 + A8 + A9 + A10
辅导追踪_重要性	第 11 题至第 13 题	A11 + A12 + A13
教学经营_实践程度	第 1 题至第 5 题	B1 + B2 + B3 + B4 + B5
教学活动_实践程度	第 6 题至第 10 题	B6 + B7 + B8 + B9 + B10
辅导追踪_实践程度	第 11 题至第 13 题	B11 + B12 + B13

在建数据文件时，必须先把每位样本观察值在"重要性"知觉的十三项指标选填的情形键入完后，再输入每位样本观察值在"实践程度"的十三项指标选填情形，其流程如图 10-23：

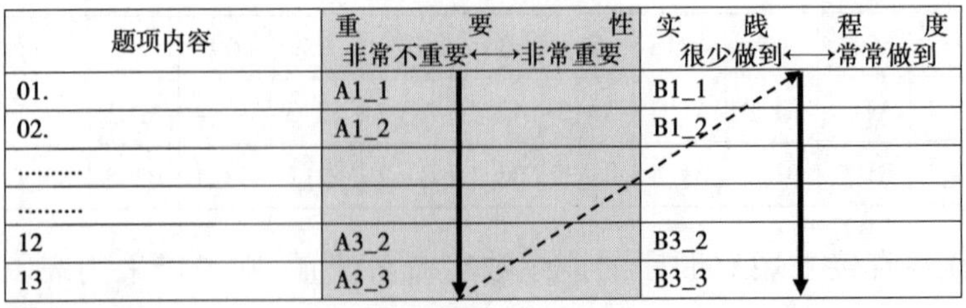

题项内容	重　　要　　性 非常不重要←——→非常重要	实　　践　　程　　度 很少做到←——→常常做到
01.	A1_1	B1_1
02.	A1_2	B1_2
…………		
…………		
12	A3_2	B3_2
13	A3_3	B3_3

图 10-23

或先键入每位样本观察值在"实践程度"知觉的十三项指标选填的情形,再输入每位样本观察值在"重要性"的十三项指标选填情形,如图 10-24。

题项内容	重 要 性 非常不重要←→非常重要	实 践 程 度 很少做到←→常常做到
01.	A1	B1
02.	A2	B2
....		
....		
12	A12	B12
13	A13	B13

图 10-24

错误的创建文件范例如图 10-25 所示:

题项内容	重 要 性 非常不重要←→非常重要	实 践 程 度 很少做到←→常常做到
01.	A1_1	B1_1
02.	A1_2	B1_2
....		
....		
12	A3_2	B3_2
13	A2_3	B2_3

图 10-25

上述错误的建文件顺序为依据每位样本在每个题项勾选的"重要性"知觉、"实践程度"知觉情形依序键入,此种方式虽依题项顺序输入数据,但因每个题项均包含两个变量名称,将造成之后层面加总与统计分析的不便,如表 10-37。

表 10-37

题 号	01	01	02	02	......	......	13	13
受试者	A1_1	B1_1	A1_2	B1_2	......	......	A2_3	B2_3

正确的建文件顺序范例如表 10-38:

表 10-38

题号	01	02	......	12	13	01	02	......	12	13
变量	A1_1	A1_2	......	A3_2	A3_3	B1_1	B1_2	......	B3_2	B3_3

或如表 10-39:

表 10-39

题号	01	02	......	12	13	01	02	......	12	13
变量	A1	A2	......	A12	A13	B1	B2	......	B12	B13

一、操作程序

从菜单执行[分析(B)]/[比较平均数法(M)]/[成对样本 T 检验(P)...](Paired-Samples T Test)程序,开启[成对样本 T 检验]对话窗口,如图 10-26。

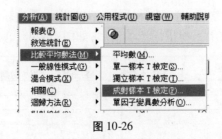

图 10-26

→在左边变量清单中选取第一组配对变量"经营_重要性""经营_实践性"至右边[配对变量(V)]下的方格中。

→在左边变量清单中选取第二组配对变量"活动_重要性""活动_实践性"至右边[配对变量(V)]下的方格中。

→在左边变量清单中选取第三组配对变量"辅导_重要性""辅导_实践性"至右边[配对变量(V)]下的方格中。

→按[选项]钮,可开启[成对样本 T 检验:选项]次对话窗口,此窗口可设定 SPSS 处理缺失值和置信区间的方式,内定的置信区间为 95%,如图 10-27。

→按[确定]钮。

【备注】 ①同时选取两个要配对的变量时,选取第一个变量后要再选取第二个变量时加按 Ctrl 键,第一个选取的变量成为"变量 1",第二个被选取的变量成为"变量 2",被选取的变量会呈现反白。

②在[成对样本 T 检验]对话窗口中,右边[配对变量(V)]下的方格中,可同时选取数对成对的变量,且至少要选取一组检验变量。

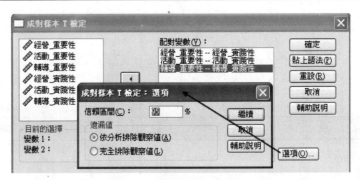

图 10-27

二、输出结果

表 10-40 成对样本统计量包括各组配对变量名称、配对变量分别的平均数、有效样本数、标准差与平均数标准误。以第一个配对组而言(成对 1),12 位教师在"教学经营_重要性"层面知觉的平均数为 22.58、标准差为 2.575、平均数估计标准误为 0.743,在"教学经营_实践性"层面知觉的平均数为 20.33、标准差为 1.969。平均数估计标准误为 0.569。样本教师对教学经营层面重要性知觉的平均数高于实践性知觉的平均数,至于两个层面平均数的差异值是否具有统计上的意义还须进一步加以检验才能得知。

表 10-40　成对样本统计量

		平均数	个　数	标准差	平均数的标准误
成对 1	经营_重要性	22.58	12	2.575	.743
	经营_实践性	20.33	12	1.969	.569
成对 2	活动_重要性	23.42	12	1.505	.434
	活动_实践性	19.08	12	3.029	.874
成对 3	辅导_重要性	13.08	12	1.379	.398
	辅导_实践性	12.42	12	1.621	.468

表 10-41　成对样本相关

		个　数	相　关	显著性
成对 1	经营_重要性 和 经营_实践性	12	.532	.075
成对 2	活动_重要性 和 活动_实践性	12	.670	.017
成对 3	辅导_重要性 和 辅导_实践性	12	.756	.004

表 10-41 为成对样本间的相关统计量,即每组配对变量间的相关情形。在"教学经营"层面方面,教师知觉的重要性与实践性间的相关系数为 0.532,显著性概率值 p = 0.075 > 0.05,未达显著水平,表示两者之间没有显著的相关;在"教学活动"层面方面,教师知觉的重要性与实践性间的相关系数为 0.670,显著性概率值 p = 0.017 < 0.05,达到显著水平,两者之间呈显著正相关,样本教师对教学活动重要性知觉的测量值愈高,实践性的测量值也愈高;在"辅导追踪"层面方面,教师知觉的重要性与实践性间的相关系数为 0.756,显著性概率值 p = 0.004 < 0.05,达到显著水平,两者之间呈显著正相关,对辅导追踪层面愈认为重要者其实践性的程度也愈高。

表 10-42　成对样本检验

		成对变量差异					t	自由度	显著性（双尾）
		平均数	标准差	平均数的标准误	差异的 95% 置信区间				
					下界	上界			
成对 1	经营_重要性 经营_实践性	2.250	2.261	.653	.813	3.687	3.447	11	.005
成对 2	活动_重要性 活动_实践性	4.333	2.309	.667	2.866	5.801	6.500	11	.000
成对 3	辅导_重要性 辅导_实践性	.667	1.073	.310	−.015	1.348	2.152	11	.054

表 10-42 为样本教师在三个配对层面平均数差异的 T 检验结果,从此表中得知:就"教学经营"层面而言,教师重要性知觉与实践性知觉得分的平均差异值为 2.250(= 22.58 − 20.33),平均数差异值检验的 t 值 = 3.447,df = 11(N − 1 = 12 − 1),显著性检验概率值 p = 0.005 < 0.05,达到 0.05 的显著水平,表示样本教师在"教学经营"层面重要性知觉与实践性知觉间有显著差异存在,教师知觉在教学经营实践程度显著低于重要性程度的知觉。此外,如从差异的 95% 置信区间(0.813,3.687)来看,未包含 0 这个数值,应拒绝虚无假设 $H_0 : \mu_1 = \mu_2$,而接受对立假设 $H_1 : \mu_1 \neq \mu_2$,显示配对变量平均数间有显著差异存在。

就"教学活动"层面而言,教师重要性知觉与实践性知觉得分的平均差异值为 4.333,

平均数差异值检验的 t 值 = 6.500，显著性检验概率值 p = 0.000 < 0.05，达到 0.05 的显著水平，表示样本教师在"教学活动"层面重要性知觉与实践性知觉间有显著差异存在，教师知觉在教学活动实践性的程度显著低于重要性程度的知觉。就"辅导追踪"层面而言，教师重要性知觉与实践性知觉得分的平均差异值为 0.667，平均数差异值检验的 t 值 = 2.152，显著性检验概率值 p = 0.054 > 0.05，未达 0.05 的显著水平，表示样本教师在"教学活动"层面重要性知觉程度与实践程度知觉没有显著差异存在。

上述表中的"平均数差异估计标准误"列的数值等于配对变量分数差的标准差除以样本数后再开根号。

【表格范例】

表 10-43　教师对教学指标层面的重要性知觉与实践程度间差异比较的相依样本检验

变　量	人　数	平均数	标准差	t 值
配对变量 1				
教学经营_重要性	12	22.58	2.575	3.447**
教学经营_实践程度	12	20.33	1.969	
配对变量 2				
教学活动_重要性	12	23.42	1.505	6.500***
教学活动_实践程度	12	19.08	3.029	
配对变量 3				
辅导追踪_重要性	12	13.08	1.379	2.152 n.s.
辅导追踪_实践程度	12	12.42	1.621	

n.s. p > .05　　**p < .01　　***p < .001

三、教学指标重要性三个层面间的差异比较

在教学指标三个层面中，如果使用者想采用比较样本检验三个层面重要性看法间是否有显著差异，也要采用相依样本的 t 检验。由于三个层面包含的题项数不同，因而不能直接比较层面的平均数，此时，可求出各层面单题的平均得分。

（一）求出各层面单题平均数

1. 教学经营重要性层面包括五个题项，因而单题平均得分为层面总分除以 5。

> 执行工具栏［转换］（Transform）/［计算（C）］（Compute）的程序，开启［计算变量］对话窗口。
> →在左边［目标变量（T）］下的方格中输入层面一变量名称："经营_重要性单题"，将变量"经营_重要性"点选至右边［数值表达式（E）］下的方格中，其后键入"/5"，数值表达式变为"经营_重要性 / 5"→按［确定］钮，如图 10-28。

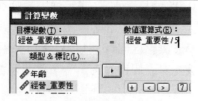

图 10-28

2. 教学活动重要性层面包括五个题项,因而单题平均得分为层面总分除以5。

执行工具栏[转换]/[计算(C)]的程序,开启[计算变量]对话窗口。
→在左边[目标变量(T)]下的方格中输入层面二变量名称:"活动_重要性单题",将变量"活动_重要性"点选至右边[数值表达式(E)]下的方格中,其后键入"/5",数值表达式变为"活动_重要性 / 5"→按[确定]钮,如图10-29。

图 10-29

3. 辅导追踪重要性层面包括三个题项,因而单题平均得分为三个题项总分除以3。

执行工具栏[转换]/[计算(C)]的程序,开启[计算变量]对话窗口。
→在左边[目标变量(T)]下的方格中输入层面三变量名称:"辅导_重要性单题",将变量"辅导_重要性"点选至右边[数值表达式(E)]下的方格中,其后键入"/3",数值表达式变为"辅导_重要性 / 3"→按[确定]钮,如图10-30。

图 10-30

(二)教学指标重要性各层面单题平均数描述性统计量

执行菜单[分析(A)]/[叙述统计(E)]/[描述性统计量]程序,开启[描述性统计量]对话窗口→在左边变量清单中将目标变量"经营_重要性单题""活动_重要性单题""辅导_重要性单题"选入右边[变量(V)]下的方格中→按[确定]钮。

表 10-44　叙述统计

	个数	最小值	最大值	平均数	标准差
经营_重要性	30	18	25	22.57	2.269
活动_重要性	30	20	25	23.00	1.742
辅导_重要性	30	10	15	13.27	1.311
有效的 N(完全排除)	30				

表10-44为三个层面的描述性统计量,30位样本教师在教学经营重要性层面的平均数为22.57,最大值为25;在教学活动重要性层面的平均数为23.00,最大值为25;在辅导

追踪重要性层面的平均数为 13.27,最大值为 15。由于三个层面包括的题项数不同,因而层面重要性知觉的差异不能直接以上述三个平均数作为差异比较,正确做法要将"层面"平均得分化为"层面单题"的平均得分。

表 10-45　叙述统计

	个数	最小值	最大值	平均数	标准差	排序
经营_重要性单题	30	3.60	5.00	4.5133	.45390	2
活动_重要性单题	30	4.00	5.00	4.6000	.34840	1
辅导_重要性单题	30	3.33	5.00	4.4222	.43710	3
有效的 N（完全排除）	30					

表 10-45 为三个层面的单题平均数的描述性统计量,就教学经营重要性而言,30 位样本教师单题的平均数得分为 4.513 3,单题平均得分最小值为 3.60、最大值为 5.00;就教学活动重要性而言,样本教师单题的平均数得分为 4.600 0,单题平均得分最小值为 4.00、最大值为 5.00;就辅导追踪活动重要性而言,样本教师单题的平均数得分为 4.422 2,单题平均得分最小值为 3.33、最大值为 5.00。其中依单题平均得分高低排序,教学指标重要性得分最高层面为"教学活动",其次是"教学经营",得分最低者为"辅导追踪"。

在层面单题平均数的差异比较中,如果要看出最高分变量（排序第 1）与其他变量平均数间的差异是否达到显著,可以对得分最高者与次高分者的变量进行相依样本的 t 检验,即排序 1 与排序 2 变量的平均数差异检验。若是排序 1 与排序 2 变量配对组的平均数的差异检验达到显著,则排序 1 变量与其他变量平均数间的差异也会达到显著。相对的,使用者若是要检验层面单题平均得分最低的变量与其他变量平均数间的差异是否达到显著,只要进行排序最后的两个变量平均数的差异检验即可。如果两者平均数的差异达到显著,表示层面单题得分最低的变量与其他变量间的差异均达到显著。

T 检验

表 10-46　成对样本统计量

		平均数	个数	标准差	平均数的标准误
成对 1	经营_重要性单题	4.5133	30	.45390	.08287
	活动_重要性单题	4.6000	30	.34840	.06361
成对 2	经营_重要性单题	4.5133	30	.45390	.08287
	辅导_重要性单题	4.4222	30	.43710	.07980

表 10-46 配对组的比较为"排序 1& 排序 2"变量平均数的差异比较,"排序 3& 排序 2"变量平均数的差异比较。依层面单题平均得分排序时,排序 1 的变量为"活动_重要性单题",排序 3 的变量为"辅导_重要性单题",排序 2 的变量为"经营_重要性单题"。

表 10-47 成对样本检验

		成对变量差异						t	自由度	显著性（双尾）
		平均数	标准差	平均数的标准误	差异的95%置信区间				
					下界	上界			
成对 1	经营_重要性单题-活动_重要性单题	−.08667	.60500	.11046	−.31258	.13924	−.785	29	.439
成对 2	经营_重要性单题-辅导_重要性单题	.09111	.68110	.12435	−.16322	.34544	.733	29	.470

表 10-47 为成对样本检验统计量，"经营_重要性单题 & 活动_重要性单题"两个变量平均数的差异为 −0.086 67，差异检验的 t 统计量等于 −0.789，显著性概率值 p = 0.439 > 0.05，未达 0.05 的显著水平；"经营_重要性单题 & 辅导_重要性单题"两个变量平均数的差异为 0.091 11，差异检验的 t 统计量等于 0.733，显著性概率值 p = 0.470 > 0.05，未达 0.05 的显著水平。表示三个层面变量间的单题平均得分平均数没有显著差异，即样本教师对教学指标三个层面重要性的知觉程度一样。

在许多研究论文中，使用者未经平均数的差异检验，直接根据各层面单题的平均得分高低排序而得出以下结论："样本教师对教学指标三个层面知觉的重要性程度依序为教学活动指标层面，教学经营指标层面，辅导追踪指标层面"。这样只根据平均数的高低来下结论而没有进行平均数间的差异检验是不适切的。

如果使用者只根据层面单题平均得分来叙述，可以根据量表的选项数来判别平均得分位于哪两个选项之间。此外，也可以将量表平均数转换为重要性百分比来判别。以五点量表为例，层面单题平均得分为 4.513 3，换成百分比为 $\frac{4.513\ 3 - 1}{N - 1} = \frac{3.513\ 3}{5 - 1} = 0.878\ 3$，表示层面单题如设为 100 个单位测量值，则样本教师认为其重要性有 87.83 个单位，即样本教师认为教学经营重要性层面的重要性百分比值为 87.83%。

以下述退休教师在生涯规划量表五个层面及总量表得分的描述性统计量为例：

表 10-48

生涯规划层面	层面平均数	层面标准差	题项数	层面单题平均数	排序
健康维持	16.80	2.16	4	4.20	1
居家安排	12.25	1.54	3	4.08	3
经济计划	18.72	2.52	5	3.74	5
休闲娱乐	16.51	2.20	4	4.13	2
社会参与	19.38	3.14	5	3.88	4

在表 10-48 退休教师在生涯规划量表五个层面的单题描述性统计量中，以"健康维持"层面单题的平均得分最高，而以"经济计划"层面单题的平均得分最低。如果使

用者要得出"退休教师在生涯规划五个向度中以'健康维持'层面做得最佳"的结论，需进行"健康维持"层面单题得分变量（排序 1）与"休闲娱乐"层面单题得分变量（排序 2）的相依样本 t 检验。若是两者经成对样本 t 检验的统计量达到显著水平，表示排序 1 的平均数与其他平均数间有显著的不同；若是两者经成对样本 t 检验的统计量未达到显著水平，表示排序 1 平均数 4.20 与排序 2 平均数 4.13 间的差异未达到显著。相对的，使用者若要得出退休教师在生涯规划五个向度中以"经济计划"层面做得最不理想的结论，也要进行"经济计划"层面单题得分变量（排序 5）与"社会参与"层面单题得分变量（排序 4）的相依样本 t 检验。

第五节　单因子多变量方差分析

单因子多变量方差分析适用于一个自变量两个以上依变量的检验，其中依变量须为连续变量，自变量为类别变量——间断变量。在单变量方差分析中（univariate analysis of variance）只检验自变量各水平在单一依变量测量值平均数的差异，使用的检验方法为 F 检验，而多变量方差分析（multivariate analysis of variance；简称 MANOVA）则同时检验 k 组间在两个以上依变量是否有显著差异。常用 MANOVA 显著性检验方法为 Wilks Λ 值，Wilks Λ 值介于 0 至 1 间，Wilks Λ 愈小，表示自变量的效果愈容易达到显著（单因子方差分析中，F 值愈大愈容易达到显著水平）。

Wilks Λ 值统计量的求法如下：

$$Wilks\_\Lambda = \frac{|Q_e|}{|Q_e + Q_s|}$$

其中 Q_s 为组间的 SSCP 矩阵、Q_e 为组内的 SSCP 矩阵，由于 Wilks Λ 统计量的韧性较强，且其历史较久，因而在 MANOVA 的统计量中为多数使用者使用。若是 Wilks Λ 达到显著，表示至少有一个依变量在分组变量上的平均数差异达到显著，如果 Wilks Λ 不显著，表示所有检验的依变量在分组变量上的平均数差异均未达到显著，此时就不用再进行个别依变量的单变量检验。

【研究问题】

> 1. 不同年龄的样本在"教学经营重要性""教学活动重要性""辅导追踪重要性"的感受上是否有显著的不同？
>
> 2. 不同年龄的样本在"教学经营实践程度""教学活动实践程度""辅导追踪实践程度"的感受上是否有显著的不同？

上述研究问题中，分组变量（自变量）为年龄，其有三个水平，水平数值 1 为 30 岁以下群体，水平数值 2 为 31 至 39 岁群体，水平数值 3 为 40 岁以上群体。研究问题 1 同时检验的依变量有"教学经营重要性""教学活动重要性""辅导追踪重要性"，研究问题 2 同时检验的依变量有"教学经营实践程度""教学活动实践程度""辅导追踪实践程度"。

一、操作程序

(一)步骤1

执行工具栏[分析(A)]/[一般线性模式(G)](General Lineerr Model)/[多变量(M)...](Multivariate)程序,开启[多变量对话窗口],如图10-31。

图10-31

(二)步骤2

在左边变量清单中点选三个教学指标重要性层面变量"经营_重要性""活动_重要性""辅导_重要性"至右边[依变量(D)]下的方格中,点选自变量"年龄"至右边[固定因子(F)]下的方格中→按[Post Hoc 检验(H)...]钮,开启[多变量:观察值平均数的 Post Hoc 多重比较]次对话窗口,如图10-32。

图10-32

【备注】 [固定因子(F)]方框中至少要选取一个分组变量(间断变量),而[依变量(D)]方框中至少要选取两个以上的检验变量,若是选取多个分组变量至[固定因子(F)]方框中,则形成多因子多变量方差分析。

(三)步骤3

在左边[因子(F)]方框中将自变量"年龄"点选至右边[Post Hoc 检验(P)]下的方格中,在[假设相同的方差]方框中选取一种事后比较方法,如[Scheffe 法(C)]→按[继续]钮,回到[多变量]对话窗口,如图10-33。

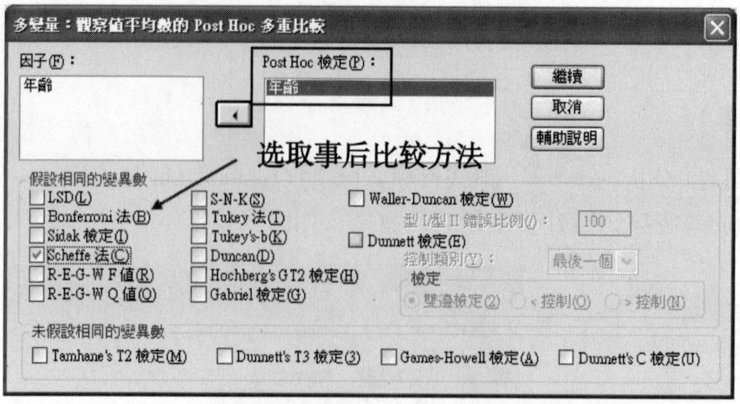

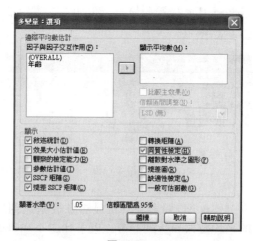

图 10-33

(四)步骤 4

在[多变量]对话窗口中,按[选项(O)...]钮,开启[多变量:选项]次对话窗口,在[显示]方框中勾选[叙述统计(D)]、[效果大小估计值(E)]、[SSCP 矩阵(S)]、[残差矩阵(C)]、[同质性检定(H)]选项,如图 10-34→按[继续]钮,回到[多变量]对话窗口→按[确定]钮。

图 10-34

二、输出结果

(一)年龄在教学指标"重要性"层面的差异比较

表 10-49 为 BOX 多变量方差同质性检验结果统计量,由表中可知 Box's M 值等于16.656,转换成的 F 统计量为 1.158,显著性检验的 p 值等于 0.308 > 0.05,未达到显著水平,表示自变量三个组别在三个依变量的多变量方差未违反同质性的假定。在多变量方差同质性检验中,如果 Box's M 值达到显著(p < 0.05),表示未符合方差同质性假定,此时,若是各组样本人数差异很大,必须进行校正工作。

表 10-49　协方差矩阵等式的 Box 检验(a)

Box's M	16.656
F 检验	1.158
分子自由度	12
分母自由度	3289.772
显著性	.308

检验依变量的观察协方差矩阵的虚无假设,等于交叉组别。

a 设计: 截距 + 年龄

表 10-50　多变量检验(c)

效应项		数值	F 检验	假设自由度	误差自由度	显著性	净相关 Eta 平方
截距	Pillai's Trace	.997	3211.932(a)	3.000	25.000	.000	.997
	Wilks' Lambda 变量选择法	.003	3211.932(a)	3.000	25.000	.000	.997
	多变量显著性检验	385.432	3211.932(a)	3.000	25.000	.000	.997
	Roy 的最大平方根	385.432	3211.932(a)	3.000	25.000	.000	.997
年龄	Pillai's Trace	.252	1.252	6.000	52.000	.296	.126
	Wilks' Lambda 变量选择法	.758	1.235(a)	6.000	50.000	.304	.129
	多变量显著性检验	.304	1.216	6.000	48.000	.314	.132
	Roy 的最大平方根	.246	2.129(b)	3.000	26.000	.121	.197

a 精确的统计量

b 统计量为在显著水平上产生下限的 F 的上限。

c 设计: 截距 + 年龄

表 10-50 为单因子多变量检验(Multivariate Tests)的统计量,四种多变量统计检验方法均未达到显著,表示三个依变量在年龄的差异检验上均未达到显著。Wilks Λ 值等于 0.758,转换成近似 F 值为 1.235,显著性检验的 p 值 = 0.304 > 0.05,未达到显著水平。在多变量检验统计量中,如果多变量显著性检验未达显著水平($p > 0.05$),则个别单变量方差分析均不会达到显著。相反的,如果多变量显著性检验达到显著水平,表示至少有一个依变量在自变量上的平均数差异达到显著。以上述三个变量而言,若是多变量显著性检验达到显著,表示不同年龄的教师在教学指标重要性三个依变量层面的知觉上至少有一个依变量有显著的不同,至于是哪几个依变量有显著差异,要进一步分别进行单因子方差分析(ANOVA)及事后比较方能得知。

在上述四种多变量检验量中,以 Wilks' Lambda 变量选择法最常使用,因而在多变量显著性检验中,常以此方法检验多变量的显著性,如果多变量检验不显著,则不必进行单变量方差检验。四种多变量显著性检验法中,以 Wilks' Lambda 法最具强韧性,其使用的历史也较久。若样本数较少,组别间人数不相等或含有程序性假定问题,则使用 Pillai's Trace 整体检验法,反而有较高的强韧性。Wilks' Lambda 值是组内的 SSCP 矩阵(误差值)与全体 SSCP 矩阵的比值,其比值愈小,表示组内的 SSCP 矩阵愈小,而组间的 SSCP 矩阵(组间效果项)愈大,即组间方差愈大,因而组间的差异值愈明显。在多变量统计分析中,想要拒绝虚无假设,Wilks' Lambda 值应该愈小愈好(愈容易达到显著水平)。

表 10-51　受试者间效应项的检验

来　源	依变量	型Ⅲ平方和	自由度	平均平方和	F 检验	显著性	净相关 Eta 平方
校正后的模型	经营_重要性	12.218(a)	2	6.109	.848	.439	.059
	活动_重要性	20.358(b)	2	10.179	2.868	.074	.175
	辅导_重要性	1.244(c)	2	.622	.346	.711	.025
截距	经营_重要性	15457.960	1	15457.960	2144.933	.000	.988
	活动_重要性	16065.739	1	16065.739	4527.493	.000	.994
	辅导_重要性	5256.535	1	5256.535	2918.963	.000	.991
年龄	经营_重要性	12.218	2	6.109	.848	.439	.059
	活动_重要性	20.358	2	10.179	2.868	.074	.175
	辅导_重要性	1.244	2	.622	.346	.711	.025
误差	经营_重要性	194.582	27	7.207			
	活动_重要性	95.809	27	3.548			
	辅导_重要性	48.622	27	1.801			
总和	经营_重要性	15802.000	30				
	活动_重要性	16217.000	30				
	辅导_重要性	5330.000	30				
校正后的总数	经营_重要性	206.800	29				
	活动_重要性	116.167	29				
	辅导_重要性	49.867	29				

a R 平方 = .059（调过后的 R 平方 = -.011）
b R 平方 = .175（调过后的 R 平方 = .114）
c R 平方 = .025（调过后的 R 平方 = -.047）

表 10-51 "受试者间效应项的检验"为单变量方差分析的显著性检验。不同年龄在"经营_重要性""活动_重要性""辅导_重要性"三个变量差异检验的 F 值分别为 0.848（$p = 0.439 > 0.05$）、2.868（$p = 0.074 > 0.05$）、0.346（$p = 0.711 > 0.05$），均未达到显著水平，表示不同年龄的教师对教学经营重要性、教学活动重要性、辅导追踪重要性的知觉均没有显著差异。在单因子 MANOVA 的分析程序中，若是整体检验的 Wilks Λ 值统计量没有达到显著水平（$p > 0.05$），表示所有依变量在分组变量上的差异均不显著，因而之后的各单变量 F 检验均不会显著。由于各单变量 F 检验均不显著（$p > 0.05$），所以不用理会各单变量的事后比较摘要表。

（二）年龄在教学指标"实践程度"三个层面的差异比较

表 10-52　受试者间因子

		数值注解	个　数
年　龄	1	30 岁以下	9
	2	31-39 岁	11
	3	40 岁以上	10

表 10-52 "受试者间因子"包括自变量的变量名称，水平数值编码及数值注解。自变量"年龄"有三个水平，水平数值 1 的注解为"30 岁以下"组，水平数值 2 的注解为"31-39 岁"组，水平数值 3 的注解为"40 岁以上"组，三个群体的有效样本数分别为 9，11，10 位。

表 10-53　叙述统计

	年　龄	平均数	标准差	个数
经营_实践性	30 岁以下	19.89	1.833	9
	31-39 岁	22.82	1.940	11
	40 岁以上	19.20	1.989	10
	总和	20.73	2.477	30
活动_实践性	30 岁以下	19.89	3.018	9
	31-39 岁	18.73	1.794	11
	40 岁以上	19.70	2.406	10
	总和	19.40	2.387	30
辅导_实践性	30 岁以下	13.78	1.481	9
	31-39 岁	11.09	1.973	11
	40 岁以上	10.70	1.059	10
	总和	11.77	2.029	30

表 10-53"叙述统计"为不同年龄组教师在三个依变量层面勾选的描述性统计量,其包括平均数、标准差及个数。以教学经营实践程度的知觉而言,三个不同年龄组知觉的平均数分别为 19.89,22.82,19.20,标准差分别为 1.833,1.940,1.989,全部 30 位样本观察值的平均数为 20.73,标准差为 2.477。

表 10-54　协方差矩阵等式的 Box 检验(a)

Box's M	17.583
F 检验	1.223
分子自由度	12
分母自由度	3289.772
显著性	.261

检验依变量的观察协方差矩阵的虚无假设,等于交叉组别。

a.设计: 截距 + 年龄

表 10-54 为 BOX 多变量方差同质性检验结果统计量,由表中可知 Box's M 值等于 16.656,转换成的 F 统计量为 1.158,显著性检验的 p 值等于 $0.308 > 0.05$,未达到显著水平,表示自变量三个组别在三个依变量的多变量方差未违反同质性的假定。

表 10-55　多变量检验(c)

	效应项	数　值	F 检验	假设自由度	误差自由度	显著性	净相关 Eta 平方
截距	Pillai's Trace	.995	1761.353(a)	3.000	25.000	.000	.995
	Wilks' Lambda 变量选择法	.005	1761.353(a)	3.000	25.000	.000	.995
	多变量显著性检验	211.362	1761.353(a)	3.000	25.000	.000	.995
	Roy 的最大平方根	211.362	1761.353(a)	3.000	25.000	.000	.995

续表

效应项		数值	F 检验	假设自由度	误差自由度	显著性	净相关Eta 平方
年龄	Pillai's Trace	.920	7.376	6.000	52.000	.000	.460
	Wilks' Lambda 变量选择法	.288	7.191(a)	6.000	50.000	.000	.463
	多变量显著性检验	1.749	6.998	6.000	48.000	.000	.467
	Roy 的最大平方根	1.085	9.403(b)	3.000	26.000	.000	.520

a 精确的统计量

b 统计量为在显著水平上产生下限的 F 的上限。

c 设计：截距 + 年龄

表 10-55 为单因子多变量显著性检验,表的上半部为截距(Intercept)数据,此部分使用者可以省略不看。

四种多变量统计量 Pillai V 值等于 0.920,Wilks Λ 值等于 0.288, 多变量显著性检验量(Hotelling Trace 值)等于 1.749,Roy 最大平方根统计量等于 1.085,其 p 值(=0.000)均小于 0.05,达到显著水平。多变量显著性检验达到显著,表示不同年龄组在三个变量上的差异比较中,至少有一个依变量的平均数有显著差异,至于是哪一个依变量造成的,需进一步进行单因子单变量方差分析,以找出三组样本在依变量上平均数的差异情形。进行单因子单变量方差分析时,因为有三个依变量,所以总共要进行三次 ANOVA。在每个依变量进行 ANOVA 分析时,如果方差分析的 F 值达到显著水平,则进一步要进行事后多重比较。MANOVA 多变量方差分析程序中同时提供 ANOVA 及其事后比较结果。

表 10-56　误差变异量的 Levene 检验等式(a)

	F 检验	分子自由度	分母自由度	显著性
经营_实践性	.401	2	27	.674
活动_实践性	1.192	2	27	.319
辅导_实践性	1.719	2	27	.198

检验各组别中依变量误差变异量的虚无假设是相等的。

a 设计：截距 + 年龄

表 10-56 为单变量个别方差同质性检验统计量。"经营_实践性""活动_实践性""辅导_实践性"三个依变量同质性检验的 F 值分别为 0.407,1.192,1.719,显著性 p 值分别为 0.674,0.319,0.198,均未达 0.05 显著水平,表示三个依变量均符合方差同质性假定,此结果与上述采用 BOX 多变量方差同质性检验结果可相互呼应。

表 10-57　受试者间效应项的检验

来　源	依变量	型Ⅲ平方和	自由度	平均平方和	F 检验	显著性	净相关Eta 平方
校正后的模型	经营_实践性	77.741(a)	2	38.871	10.482	.000	.437
	活动_实践性	8.029(b)	2	4.015	.690	.510	.049
	辅导_实践性	52.802(c)	2	26.401	10.709	.000	.442
截距	经营_实践性	12689.500	1	12689.500	3421.879	.000	.992
	活动_实践性	11260.090	1	11260.090	1934.345	.000	.986
	辅导_实践性	4188.897	1	4188.897	1699.103	.000	.984

续表

来　源	依变量	型Ⅲ平方和	自由度	平均平方和	F 检验	显著性	净相关 Eta 平方
年龄	经营_实践性	77.741	2	38.871	10.482	.000	.437
	活动_实践性	8.029	2	4.015	.690	.510	.049
	辅导_实践性	52.802	2	26.401	10.709	.000	.442
误差	经营_实践性	100.125	27	3.708			
	活动_实践性	157.171	27	5.821			
	辅导_实践性	66.565	27	2.465			
总和	经营_实践性	13074.000	30				
	活动_实践性	11456.000	30				
	辅导_实践性	4273.000	30				
校正后的总数	经营_实践性	177.867	29				
	活动_实践性	165.200	29				
	辅导_实践性	119.367	29				

a R 平方 = .437（调过后的 R 平方 = .395）

b R 平方 = .049（调过后的 R 平方 = −.022）

c R 平方 = .442（调过后的 R 平方 = .401）

　　表 10-57 为"受试者间效应项的检验"，也就是不同年龄变量在三个依变量的单因子方差分析结果。三组受试者在三个依变量上的单变量方差分析检验的 F 值分别为 10.482（p = 0.000 < 0.05）、0.690（p = 0.510 > 0.05）、10.709（p = 0.000 < 0.05），表示不同年龄组教师在"教学经营"层面实践程度与"辅导追踪"层面实践程度的知觉有显著差异，多变量显著性检验达到显著，主要是由"经营_实践性""辅导_实践性"两个依变量所造成，年龄变量在此两个依变量的关联强度系数值分别为 0.395，0.401，年龄变量与"经营_实践性""辅导_实践性"两个依变量间的关系属强度关联。至于不同年龄组教师在教学活动层面实践程度的知觉则没有显著差异。

表 10-58　受试者间 SSCP 矩阵

			经营_实践性	活动_实践性	辅导_实践性
假设	截距	经营_实践性	12689.500	11953.448	7290.748
		活动_实践性	11953.448	11260.090	6867.849
		辅导_实践性	7290.748	6867.849	4188.897
	年龄	经营_实践性	77.741	−23.743	−14.426
		活动_实践性	−23.743	8.029	10.649
		辅导_实践性	−14.426	10.649	52.802
误差		经营_实践性	100.125	29.943	1.560
		活动_实践性	29.943	157.171	13.151
		辅导_实践性	1.560	13.151	66.565

以型Ⅲ的平方和为基础

　　表 10-58 为"受试者间 SSCP 矩阵"（Between-Subjects SSCP Matrix）统计量，"截距"栏三排数据为截距的 SSCP 矩阵，"年龄"栏排数据为组间 SSCP 矩阵（Q_s 矩阵）、误差（Error）栏排数据为组内 SSCP 矩阵，也就是 SSCP 矩阵的误差值（Q_e 矩阵）。

表 10-59   残差 SSCP 矩阵

		经营_实践性	活动_实践性	辅导_实践性
叉积平方和	经营_实践性	100.125	29.943	1.560
	活动_实践性	29.943	157.171	13.151
	辅导_实践性	1.560	13.151	66.565
协方差	经营_实践性	3.708	1.109	.058
	活动_实践性	1.109	5.821	.487
	辅导_实践性	.058	.487	2.465
相关	经营_实践性	1.000	.239	.019
	活动_实践性	.239	1.000	.129
	辅导_实践性	.019	.129	1.000

以型Ⅲ的平方和为基础

表 10-59 中"叉积平方和"(Sum-of-Squares and Cross-Products)栏三排数据为组内 SSCP 矩阵,又称残差 SSCP 矩阵,也就是 SSCP 矩阵的误差值(Q_e 矩阵)。

Post Hoc 检验   多重比较

表 10-60   Scheffe 法

依变量	(I) 年龄	(J) 年龄	平均数差 (I−J)	标准误	显著性	95% 置信区间	
						下限	上限
经营_实践性	30 岁以下	31-39 岁	−2.93(*)	.866	.008	−5.17	−.69
		40 岁以上	.69	.885	.741	−1.60	2.98
	31-39 岁	30 岁以下	2.93(*)	.866	.008	.69	5.17
		40 岁以上	3.62(*)	.841	.001	1.44	5.80
	40 岁以上	30 岁以下	−.69	.885	.741	−2.98	1.60
		31-39 岁	−3.62(*)	.841	.001	−5.80	−1.44
活动_实践性	30 岁以下	31-39 岁	1.16	1.084	.570	−1.65	3.97
		40 岁以上	.19	1.109	.986	−2.68	3.06
	31-39 岁	30 岁以下	−1.16	1.084	.570	−3.97	1.65
		40 岁以上	−.97	1.054	.658	−3.70	1.76
	40 岁以上	30 岁以下	−.19	1.109	.986	−3.06	2.68
		31-39 岁	.97	1.054	.658	−1.76	3.70
辅导_实践性	30 岁以下	31-39 岁	2.69(*)	.706	.003	.86	4.51
		40 岁以上	3.08(*)	.721	.001	1.21	4.95
	31-39 岁	30 岁以下	−2.69(*)	.706	.003	−4.51	−.86
		40 岁以上	.39	.686	.851	−1.39	2.17
	40 岁以上	30 岁以下	−3.08(*)	.721	.001	−4.95	−1.21
		31-39 岁	−.39	.686	.851	−2.17	1.39

以观察的平均数为基础。

* 在水平 .05 上的平均数差异显著。

表 10-60 为单变量 Scheffe 法的事后比较结果。事后比较采用两两配对的方式,若是两个水平组别在依变量平均数的差异达到显著,则在"平均数差异 (I−J)"列中的平均数差异值旁加注"(*)"符号,由表中可知:在"经营_实践性"依变量方面,"31-39 岁"组显著高于"30 岁以下"组及"40 岁以上"组;在"辅导_实践性"依变量方面,"30 岁以下"

显著高于"31-39 岁"组,同时也显著的高于"40 岁以上"组。

上述多变量统计分析结果整理成如下三个摘要表:

【表格范例】

表 10-61 不同年龄教师在教学指标实践程度三个层面的描述统计量

层面变量	年龄	平均数	标准差	个数
经营_实践性	30 岁以下(A)	19.89	1.833	9
	31-39 岁(B)	22.82	1.940	11
	40 岁以上(C)	19.20	1.989	10
活动_实践性	30 岁以下(A)	19.89	3.018	9
	31-39 岁(B)	18.73	1.794	11
	40 岁以上(C)	19.70	2.406	10
辅导_实践性	30 岁以下(A)	13.78	1.481	9
	31-39 岁(B)	11.09	1.973	11
	40 岁以上(C)	10.70	1.059	10

表 10-62 不同年龄教师在教学指标实践程度三个层面多变量方差分析摘要表

变异来源	df	SSCP	多变量 Wilk's Λ	单变量 F 值 经营_实践性	活动_实践性	辅导_实践性
组间	2	$\begin{pmatrix} 77.741 & -23.743 & -14.426 \\ -23.743 & 8.029 & 10.649 \\ -14.426 & 10.649 & 52.802 \end{pmatrix}$	.288 ***	10.482 ***	.690n.s.	10.709 ***
组内	27	$\begin{pmatrix} 100.125 & 29.943 & 1.560 \\ 29.943 & 157.171 & 13.151 \\ 1.560 & 13.151 & 66.565 \end{pmatrix}$				

*** $p < .001$ n.s. $p > .05$

表 10-63 不同年龄教师在教学指标实践程度三个层面的单变量方差分析摘要表

变异来源	层面名称	SS	Df	MS	F	事后比较	ω^2
年龄	经营_实践性	77.741	2	38.871	10.482 ***	B > A、B > C	.395
(组间)	活动_实践性	8.029	2	4.015	.690n.s.	—	—
	辅导_实践性	52.802	2	26.401	10.709 ***	A > B、A > C	.401
Error	经营_实践性	100.125	27	3.708			
(误差)	活动_实践性	157.171	27	5.821			
	辅导_实践性	66.565	27	2.465			

n.s. $p > .05$、*** $p < .001$

第十一章 复回归分析

第一节 相关理论

在直线回归分析中如果只探讨一个自变量(independent variable)对一个依变量(dependent variable)的影响,则称为简单直线回归分析(simple linear regression analysis),简单直线回归的决定系数(R^2)等于自变量与依变量间积差相关系数的平方。回归分析中的自变量也称为预测变量(predictor)或解释变量(explanatory variable),而依变量又称为效标变量(criterion)或反应变量(response),回归分析(regression analysis)的主要目的在于描述、解释或预测。在回归分析中如果自变量有两个以上,则称为复回归分析或多元线性回归分析(multiple linear regression analysis)。多元线性回归的自变量与依变量必须均为计量变量(等距变量或比率变量),如果自变量是类别变量均需要转化为虚拟变量(dummy variables)或效果变量(effect variables)。虚拟变量是将类别变量(k 个水平)转换成 k–1 个二分变量,二分变量水平数值为 0 与 1;而效果变量则是将类别变量(k 个水平)转换成 k–1 个二分变量,二分变量水平数值为 1 与 –1。

简单直线回归图示如图 11-1(只有一个预测变量):

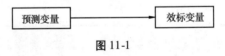

图 11-1

复回归分析图示如图 11-2(有两个以上的预测变量):

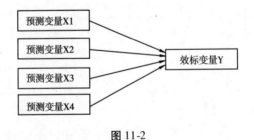

图 11-2

复回归分析的目的旨在找出一个自变量的线性结合(回归方程式),以能简洁说明一组预测变量与效标变量间的关系,如果可以还可说明自变量间的线性组合与效标变量间关系的强度有多大,整体解释变异量是否达到统计上的显著水平,在回归模型中哪些自变量对效标变量的预测力较大,原始回归模型中的自变量数目能否减少而对效标变量仍具有足够的预测力(黄俊英,2004)。应用多元线性回归时,所分析的数据必须符合以下的基本假定(assumptions)(王国川,2004;邱皓政,2005;Spicer,2005)。

1. 正态性(normality):对于预测变量的各个水平在效标变量上需呈正态分布,即残差为正态分布。正态性的假设即回归模型所得的样本预测值与样本实际值的残差值所形成的分布为正态分布。在回归分析中,通常可借检验效标变量是否为正态,借以了解残差是否为正态。

2. 效标变量的各个观察值必须是独立的。

3. 各预测变量彼此之间没有多元共线性关系(multicollinearity),即自变量彼此间的关系没有高度相关(相关系数 >0.70 以上)。复回归分析中变量间的最佳关系为自变量与效标变量有中高度的相关,而自变量本身间呈中度或低度相关。

4. 直线化(linearity):预测变量与效标变量间呈线性关系(linear relationship),即数据形态呈现的是任何形式的直线关系,而不应为曲线关系或其他非直线形态(nonlinearity),直线化的假定在回归分析中非常重要。若变量间的关系为非线性关系,必须采用曲线回归等非线性模式来处理,或将原始数据进行转换。

5. 残差独立性假定(independence):即不同预测变量所产生的残差间的相关为0,而误差项也需与自变量相互独立,虽然残差项出现自我相关也可进行参数估计,但标准误会产生偏误而降低统计检验力,回归模型不易达到显著。

6. 残差等分散性(homoscedasticity):残差的标准误在各观察体上保特恒定,特定自变量水平的误差项除了应呈随机化的正态分布外,其变异量应相等;残差等分散性也可说是方差同质性(homogeneity of variance),对于预测变量的各个水平在效标变量的方差应该是相同的。相对的,数据未能符合残差等分散性,即称为方差异质性(heteroscedasticity)。

直线多元回归分析中变量的属性:自变量(预测变量)为连续变量;依变量(效标变量)也是连续变量。如果效标变量不是连续变量,而是类别变量,则必须改用区别分析(discriminant analysis)或罗吉斯回归分析(logistic regression analysis,或译为逻辑斯回归分析)。在直线复回归分析中,若是自变量为类别变量最好不要纳入回归分析中,除非此类别变量与效标变量的关系甚为密切,或在先前的差异比较分析中,类别变量在依变量的差异显著。如果使用者要将类别变量纳入自变量(预测变量)中,要先转化成虚拟变量(dummy variable),不能未经转换即直接投入回归方程式中,否则即使间断变量被选入回归模型中,其回归系数也无法做出合理解释。

复回归的研究问题范例如:①工作压力五个层面——工作负荷、人际关系、专业知能、学生行为、角色冲突是否可以有效预测学校效能;②中学生的智力、毕业成绩、三年级模拟考平均成绩、期望动机四个变量是否可以有效预测其基本学力测验成绩;③警察人员婚姻态度三个面向——责任与承诺、情感亲密度、婚姻的维持与亲子关系三个面向——相互信任、友谊交往、情感交流是否可以有效预测警察人员的幸福感。在复回归分析中,若是以量表各层面(面向或构念)为预测变量,则面向加总(量表总分)的变量就不能再作为预测变量,否则会发生多元共线性问题,以上述警察人员幸福感的复回归而言,其研究架构图如图11-3:

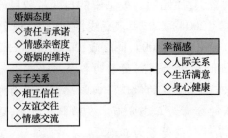

图 11-3

在上述架构中六个预测变量为:责任与承诺、情感亲密度、婚姻的维持、相互信任、友谊交往、情感交流,效标变量为警察人员的幸福感。在复回归分析中若是使用者再加入"婚姻态度量表"总分(变量名称为婚姻态度)及"亲子关系量表"总分(变量名称为亲子关系),则自变量共有八个,其中变量"婚姻态度"为"责任与承诺""情感亲密度""婚姻的维持"三个变量的加总,因而"婚姻态度"与上述三个变量间多半会呈现高度关系;相同的"亲子关系"自变量为"相互信任""友谊交往""情感交流"三个变量的加总,因而"亲子关系"与此三个变量间也可能呈现高度关系。此时自变量间的测量值分数发生了重复计分的情形,进行复回归分析时除会产生多元共线性问题,也违反了复回归分析的基本原理。

在多元回归分析中,SPSS 提供五种选取变量的方法:强迫进入变量法(enter)、逐步多元回归分析法(stepwise)、向前法(forward,又称向前进入法)、向后法(backward,又称向后进入法)、删除法(remove)。强迫输入法(Enter)是一种较常见的方法,强迫输入法即一般所称的复回归分析法,这是一种强迫投入式的复回归分析,强迫所有变量有顺序地进入回归方程式。在研究设计中,如果使用者事先建立假设,决定变量重要性层次,则强迫输入法较为适宜。若依相关理论与经验法则决定投入回归模型的自变量,以探讨不同区组的自变量对依变量的影响,则可采用阶层回归分析法,阶层回归分析法又称系列化多元回归分析(sequential multiple regression),使用系列化多元回归分析法必须根据相关的理论或逻辑法则,以决定变量投入的顺序。强迫进入变量法因为是将所有预测变量同时纳入回归模型中,以探讨整体回归模型对效标变量的解释力,因而又称为同时回归分析(simultaneous regression analysis),同时回归分析的目的在于解释所有自变量对依变量的整体预测力,又称为解释型回归分析。此外利用强迫进入变量法可以根据自变量的数目求出所有可能回归模型,以从中挑选一个最精简的回归模型。

在多元回归分析中,如果是用于描述、解释或控制,通常会使用强迫输入法(Enter),强迫输入法也就是同时多元回归分析法(simultaneous multiple regression),强迫输入法所得的回归模型为一种解释型(explanation)回归分析。此法是将所有自变量都投入回归方程式中,不论个别自变量对依变量的影响是否达到显著,都会出现在回归模型中。如果自变量彼此间的相关很高,则会出现多元共线性问题,此时,可在彼此相关系数较高的自变量中只取一个最重要的自变量投入回归方程式中;或采用逐步多元回归分析法(stepwise multiple regression),挑选只对依变量有显著预测力的自变量,其余对依变量影响未达显著水平的自变量会被排除在回归模型之外,逐步多元回归分析法通常用于预测,此外也可以采用具强韧性的统计方法如脊回归(ridge regression)、主成分回归分析(principal component regression)或潜在根回归(latent root regression)等方法。

第三种用于多元回归分析中的方法为阶层多元回归法(hierarchical multiple regression)。在社会行为科学领域中有时要探究不同区组(block)的自变量对依变量的影响,以得知不同区组自变量与依变量的关系,则可将自变量分成不同区组(或阶层)投入在回归方程式中。如以学生个人属性、班级属性、家庭属性三大变量来预测学生的学业成就时,为详细得知三大属性变量对学生学业成就的影响,可以分成三个区组投入回归方程式:第一个阶层只投入个人属性自变量,以探讨个人属性自变量对学业成就的影响;第二个阶层加入班级属性,以探讨个人属性、班级属性对学业成就的影响及班级属性对学业成就是否有显著的解释力;第三个阶层加入家庭属性,以探讨个人属性、班级属性、家庭属性对学业成就的影响及家庭属性对学业成就是否有显著的解释力。

多元回归分析中选取预测变量进入回归方程式的方法很多,何种最好,学者间观点也未尽一致,选取方法应与研究设计及研究规划有密切关系。学者 Hower(1987)综合多人意见,提出以下看法,供使用者参考:

①使用者应该优先使用强迫进入法或逐步多元回归分析法,若是预测变量不多,则应优先使用强迫进入法,使用此法时可经由共线性诊断统计量得知线性相依的情况。

②使用强迫进入法时,可根据研究规划时的相关理论,决定变量投入的顺序。

在多元回归分析中要留意共线性(collinarity)问题,所谓共线性指的是由于自变量间的相关太高,造成回归分析的情境困扰,自变量间如果有严重的多元共线性(multilinearilty)问题,即使采用统计回归(statistical regression)(又称逐步回归,stepwise regression)也可能发生被选入回归模型的预测变量的回归系数无法解释的矛盾现象。自变量间是否有多元共线性问题,可由下面三个主要数据加以判别:

1. 容忍度

容忍度(tolerance)等于 $1 - R_i^2$,其中 R_i^2 是此自变量与其他自变量间的多元相关系数的平方,即某一个自变量可以被其预测变量解释的变异量,$1 - R_i^2$ 表示某一个自变量无法被其预测变量解释的残差变异。容忍度的值界于 0 至 1 间,如果一个自变量的容忍度值太小,表示此变量与其他自变量间有共线性问题。其值如接近 0,表示此变量几乎是其他变量的线性组合,这个变量回归系数的估计值不够稳定,而回归系数的计算值也会有很大误差,在复回归分析中,容忍度值愈接近 0 表示多元共线性问题愈严重。一般的判别标准是容忍度值小于0.1,自变量间可能存有共线性问题。

2. 方差膨胀因素

方差膨胀因素(variance inflation factor;VIF)为容忍度的倒数,其公式如下:

$$VIF = \frac{1}{容忍度} = \frac{1}{1 - R_i^2}$$

由于 VIF 为容忍度值的倒数,因而当自变量的容忍度愈大(愈没有共线性问题),VIF 值会愈小,表示自变量间的共线性愈不明显,相对的若是变量的 VIF 的值愈大,表示自变量的容忍度愈小,变量间愈有共线性的问题。一般而言,方差膨胀因素值大于 10 时,表示自变量间可能有线性重合的问题。

3. 条件指标

条件指标(condition index;CI 值)CI 值愈大,愈有共线性问题。条件指标为最大特征值与个别特征值比例的平方根,条件指标值如果在 15 以上,则表示可能有多元共线性问题,条件指标值如果在 30 以上,则表示有严重的共线性问题(Tacq, 1997)。如果条件指标值在 100 以上,表示此回归模型分析的共线性问题十分严重,此时,应找出自变量间彼此高相关的变量,将其中的某些变量不要纳入回归分析的自变量中,或采用主成分回归分析法。

在自变量线性重合的诊断方面,也可以透过特征值的大小(eigenvalue;λ)来判断,特征值为效果变异与误差变异的比值。特征值比值愈小表示效果愈弱,当特征值愈接近 0 时,表示自变量间愈有可能有多元共线性问题,若特征值愈等于 0 时,表示自变量间有严重的多元共线性问题,特征值愈大,表示效果愈强,共线性的问题愈不明显。在共线性诊断中,特征值代表的是在常数项与 n 个预测变量所提供的总变异量(= n + 1)中,分别以各预测变量为中心所估计而得的预测变量间线性组合的变异量比例值。在计算特征值的同时,也可计算各变量间线性组合的回归系数变异误的方差比例(variance proportions),当同一个线性组合的 CI 值中,有两个或两个以上的预测变量间有较高的方差比例值时,表示这些变量间有共线性问题(邱皓政,2006)。在 SPSS 回归分析程序中,可以进行自变量间共线性的诊断,输出的报表中包括容忍值(允差值)、VIF 值、特征值、条件指标值与方差比例五项诊断值,其中容忍值(允差值)与 VIF 值仅提供个别预测变量与其他预测变量的共线性诊断,至于哪些预测变量间有明显共线性问题,则必须由方差比例值与特征值来判别。

多元共线性即是回归模型中的某些或全部自变量存在着完全的线性相关或高度线性关系的现象,若自变量间具有高度的线性组合关系时,回归所估计的参数值的变异量会变得很大,导致在统计推论时产生下列三种现象:①参数的置信区间扩大,导致在参数显著性检验时,错误拒绝虚无假设的概率大为提高;②在高度线性重合时,若观察值稍做变动,可能会产生完全不同的统计推论结果,即使整体回归模型检验的 F 值达到显著,但对个别参数进行显著性检验时会发现大部分或全部参数的 t 值均不显著的矛盾现象;③可能使个别参数的符号出现与理论不符合的怪异现象,即自变量的标准化回归系数与原先理论不符合(王保进,2002)。

为避免回归分析时多元共线性问题,使用者在进行回归分析之前应进行自变量间的相关分析,在预测变量的相关矩阵中如果发现有两个预测变量间的相关很高,如在 0.75 以上,可以依据先前研究理论探讨的准则挑选其中一个比较重要的变量纳入回归分析即可。如果预测变量不是连续变量,在纳入回归分析模型中要先转换成虚拟变量,否则会违反线性关系的基本假定。以下述家庭结构为例:1 代表完整家庭、2 代表单亲家庭、3 代表他人照顾家庭、4 代表隔代教养家庭,转成虚拟变量如表 11-1:

表 11-1

受试者编号	原始填答码	虚拟变量		
num	mar	mar_1	mar_2	mar_3
001	1	1	0	0
002	2	0	1	0
003	3	0	0	1
004	4	0	0	0

一个具有 N 个水平的类别变量经转换可得 N 个虚拟变量,但在实际纳入回归分析时,虚拟变量的数目只能有 N - 1 个,亦即最后一个水平不需要设定相对应的虚拟变量。

以上述为例,由于前三个虚拟变量代表家庭结构的前三种类别,这三个变量的类别数字如果皆设成0,表示非完整家庭、非单亲家庭、非他人照顾家庭,那第四种类别当然就属于隔代教养家庭。上述参照组为水平4(隔代教养家庭),虚拟变量 mar_1 为"完整家庭组与隔代教养家庭组"的对比、虚拟变量 mar_2 为"单亲家庭组与隔代教养家庭组"的对比、虚拟变量 mar_3 为"他人照顾家庭组与隔代教养家庭组"的对比。

第二节　回归分析操作界面的介绍

执行[分析(A)](Analyze)/[回归方法(R)](Regression)/[线性(L)](Linear)开启[线性回归]对话窗口,如图11-4。

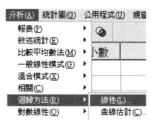

图 11-4

一、线性回归对话窗口

在[线性回归]对话窗口右边[依变量(D)]下的方格中要点选一个依变量(效标变量)、右边[自变量(I)]下的方格中至少要点选一个以上的预测变量(自变量),如果点选的预测变量只有一个,即为简单直线回归。[方法(M)]右侧的下拉式选单中提供了五种不同的回归分析时的自变量选取方法:[强迫进入变量法](Enter)、[逐步回归分析法](Stepwise)、[删除法](Remove)、[向后法](Forward)、[向前法](Forward),其中常用的方法为[强迫进入变量法]及[逐步回归分析法],如图11-5。

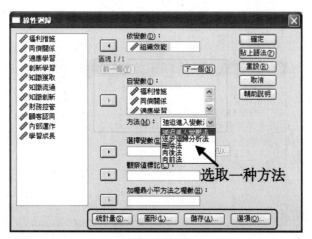

图 11-5

在[区块1/1]方框中,按[下一个(N)]钮出现[区块2/2],可界定第二组的预测变量,每按一次[下一个(N)]钮可界定一组预测变量,此种方法适用于所有可能回归模型的探究或阶层回归分析。如依变量为 Y、[区块1/1]方框中的自变量为 X1、X2;[区块

2/2]方框中的自变量为 X3、X4;[区块 3/3]方框中的自变量为 X5、X6。则三个回归模型中的第一个为 X1、X2 两个自变量来预测效标变量 Y;第二个为 X1、X2、X3、X4 四个自变量来预测效标变量 Y;第三个为 X1、X2、X3、X4、X5、X6 六个自变量来解释效标变量 Y。

上述回归系列型的区块操作和每个区块对效标变量解释变异的图示如表 11-2:

表 11-2

区 块	投入的预测变量	回归模型中的自变量
区块 1/1	X1、X2	X1、X2
区块 2/2	X3、X4	X1、X2、X3、X4
区块 2/2	X5、X6	X1、X2、X3、X4、X5、X6

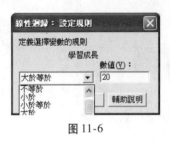

图 11-6

中间[选择变量(E)]选项的方格中可点选一个筛选变量,允许符合条件的部分观察值进行回归分析,其功能与执行[数据(D)](Data)/[选择观察值(C)](Select Cases)程序类似,如使用者在进行回归分析时,样本观察值的限制条件为在"学习成长"构念的得分要高于 20 分,进行回归分析时将"学习成长"变量点选至[选择变量(E)]下的方格中,按方格右边[法则(U)]钮,可开启[线性回归:设定规定]次对话窗口,在左边的条件式中选择[大于等于],右边[数值(V)]下的方格中输入 20。左边的条件式的下拉式选单中共有六个数学条件式:等于、不等于、小于、小于等于、大于、大于等于,如图 11-6。

二、[线性回归:统计量]次对话窗口

在[线性回归]对话窗口中按[统计量(S)…]钮,可开启[线性回归:统计量]次对话窗口,勾选各选项可输出相对应的统计量。[回归系数]方框中包括[估计值(E)]、[信赖区间(N)][1]、[共变异数矩阵(V)]三个选项;[残差]方框中包括[Durbin-Watson(U)]、[全部观察值诊断(C)]两个选项,其中[Durbin-Watson(U)]选项可以检验残差项间是否存在自我相关。右边的选项中常使用者为[模式适合度(M)]、[R 平方改变量(S)]、[共线性诊断(L)]三个统计量,如图 11-7。

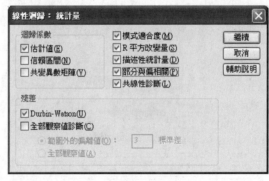

图 11-7

---

1 "信赖区间"也称"置信区间"。

三、[线性回归：图形]次对话窗口

在[线性回归]对话窗口中按[图形(L)...]钮，可开启[线性回归：图形]次对话窗口，此窗口的功能在于界定各种残差值的散布图与残差数据的诊断图的绘制。在左边方格清单中包括七个变量：依变量(DEPENDENT)通常作为 X 轴数据，"∗ZPRED"为标准化的预测值(standardized predicted values)，"∗ZRESID"为标准化的残差值(standardized residual)，"∗DRESID"为删除后标准化残差值，"∗ADJPRED"为调整后预测值(adjusted predicted value)，"∗SRESID"为 t 化残差值，"∗SDRESID"为删除后 t 化残差值。要绘出散布图，必须从上述变量中点选两个分别作为 Y 轴(Y 右边方格中)及 X 轴(X 右边方格中)。在[标准化残差图]方框中有[直方图(H)]、[常态机率图(R)][1]两个选项，这两个选项可用来检核残差值是否呈正态分布，[产生所有净相关图形(P)]选项可输出对每一个预测变量与效标变量的净残差图，如图 11-8。

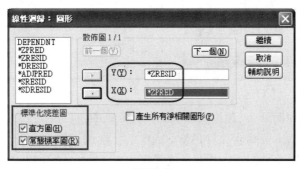

图 11-8

四、[线性回归：储存]次对话窗口

在[线性回归]对话窗口中按[储存(A)...]钮，可开启[线性回归：储存]次对话窗口，此窗口的功能在于将回归分析结果所得到的各种预测值、残差值及相关统计量各以一个新变量名称增列在[SPSS 数据编辑程序]窗口中。[预测值]方框中的选项包括[未标准化(U)]、[标准化(R)]、[调整后(J)]、[平均数与预测值的标准误(P)]四个；[残差]方框中的选项包括[未标准化(N)]、[标准化(A)]、[学生化(S)]、[已删除(D)]、[学生化去除残差(E)]五个；[影响统计量]方框中选项功能在于界定去除观察值后回归系数与预测值的改变情形，包括[DfBeta(B)]、[标准化 DfBeta(Z)]、[自由度适合度(F)]、[标准化 Df 适合度(T)]、[共变异数比值(V)]五个，如图 11-9。窗口下方有一个选项方格[将模式资讯输出至 XML 档案]，可将回归分析模型的相关信息存入 XML 档案中，以便进一步分析，在一般实际应用中，此次对话窗口应用的机会较少。

五、[线性回归：选项]次对话窗口

在[线性回归]对话窗口中按[选项(O)...]钮，可开启[线性回归：选项]次对话窗口，如图 11-10，此窗口的功能在于界定采用逐步回归分析法时，选择进入回归方程式的自变量的准则，及是否输出常数项(截距)等。[步进条件]方框中可以勾选的准则指标

---

1 本书 SPSS 界面图中"常态机率图"即"正态概率图"。

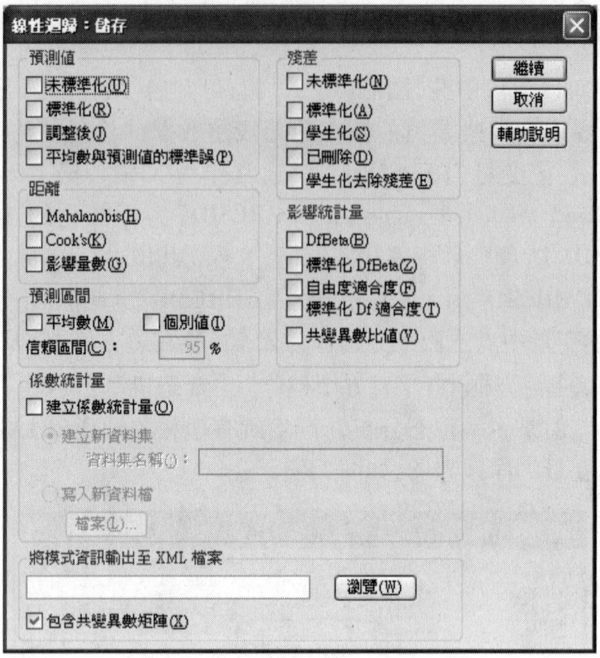

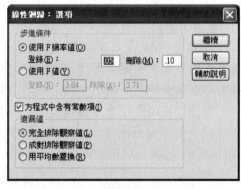

图 11-9

是使用 F 概率值或使用 F 值,预设选项为[使用 F 概率值(O)],其选取的临界标准是自变量的显著性概率值小于 0.05 时(PIN = 0.05),会被选入模型中,而当其显著性概率值大于 0.10 时(POUT = 0.10),自变量会从模型中被剔除。若改选取[使用 F 值(V)]选项,其选取标准是 F 值大于 3.84 时,自变量会被选入模型中,而当 F 值小于 2.71 时,自变量会被剔除于模型外。窗口中也预设方程式中包括常数项的输出,内定选项为[方程式中含有常数项(I)]。在回归分析程序中,此窗口选项最好不用更改它,直接采用 SPSS 内定的选项。

图 11-10

第三节　解释型回归分析——强迫进入变量法的应用

在一个以企业组织为研究对象的研究中,某管理学者想探讨企业组织环境、企业组织学习、企业知识管理对企业组织效能的影响。使用者拟定了一份"企业组织现况调查问卷",内含四种量表分别为"企业组织环境量表"(内分两个层面福利措施、同侪关系)、"企业组织学习量表"(内分两个层面适应学习、创新学习)、"企业知识管理量表"(内分三个层面知识获取、知识流通、知识创新)、"企业组织效能量表",并采用分层随机取样方式抽取 1 300 名企业员工,回收有效问卷 1 200 份。

【研究问题】

> 企业组织环境、组织学习、知识管理七个层面变量:福利措施、同侪关系、适应学习、创新学习、知识获取、知识流通、知识创新对企业组织效能是否有显著的解释力,其联合解释变异量多少?

一、操作程序

→菜单执行[分析(A)]/[回归方法(R)]/[线性(L)]程序,开启[线性回归]对话窗口。

→在左边变量清单中选取效标变量"组织效能"至右方[依变量(D)]下的方格中。
→在左边变量清单中选取投入回归模型的七个预测变量"福利措施""同侪关系""适应学习""创新学习""知识获取""知识流通""知识创新"至右边[自变量(I)]下的方格中。
→在[方法(M)]右边的下拉式选单中选取[强迫进入变量法]。

→按[统计量(S)...]钮,开启[线性回归:统计量]次对话视窗口,勾选[估计值(E)]、[模式适合度(M)]、[R 平方改变量(S)]、[描述性统计量(D)]、[共线性诊断(L)]等选项,在[残差]方框中勾选[Durbin-Watson(U)]选项→按[继续]钮,回到[线性回归]对话窗口。

【备注】 选取[模式适合度]选项可输出被选入模型和从模型中移除的变量,并显示多元相关系数 R^2、调整过后的 R^2 和方差分析摘要表;勾选[R 平方改变量],结果会列出 R 平方改变量,F 的改变量和 F 改变量的显著性;勾选[估计值]选项可输出回归系数 B 及其标准误、回归系数的显著性检验 t 值及 p 值、标准化回归系数等;勾选[共线性诊断]选项可输出共线性诊断的统计量;勾选[描述性统计量]选项可以输出依变量与预测变量的平均数、标准差与个数。

→按[图形(L)...]钮,开启[线性回归:图形]次对话窗口,在左边方格清单中选取" * ZPRED"(标准化的预测值)至右边[X(X):]提示轴的右方格中,选取" * ZRESID"(标准化的残差值)至右边[Y(Y):]提示轴的右方格中。在[标准化残差图]方框中勾选[直方图(H)]、[常态机率图(R)]两个选项→按[继续]钮,回到[线性回归]对话窗口→按[确定]钮。

二、输出结果

回归

表 11-3   叙述统计

	平均数	标准差	个数
组织效能	70.06	12.384	1200
福利措施	13.87	2.924	1200
同侪关系	14.47	2.726	1200
适应学习	25.05	4.786	1200
创新学习	17.39	3.573	1200
知识获取	28.42	5.505	1200
知识流通	20.92	3.656	1200
知识创新	13.43	3.072	1200

表 11-3 为 SPSS 输出效标变量与七个预测变量的描述性统计量,其包含平均数、标准差及有效观察值。在缺失值[1]的处理上,SPSS 内定的选项为[完全排除遗漏值(L)],只要某一个样本观察值在八个变量(七个预测变量加上一个效标变量)上有任一个变量为缺失值,此样本观察值就会被排除,从叙述统量摘要表中可以看出有效样本数有 1 200 位。

表 11-4   相关

		组织效能	福利措施	同侪关系	适应学习	创新学习	知识获取	知识流通	知识创新
Pearson 相关	组织效能	1.000	.639	.657	.678	.626	.666	.645	.630
	福利措施	.639	1.000	.761	.701	.717	.643	.658	.672
	同侪关系	.657	.761	1.000	.694	.664	.647	.659	.586
	适应学习	.678	.701	.694	1.000	.755	.720	.711	.647
	创新学习	.626	.717	.664	.755	1.000	.693	.735	.683
	知识获取	.666	.643	.647	.720	.693	1.000	.782	.712
	知识流通	.645	.658	.659	.711	.735	.782	1.000	.758
	知识创新	.630	.672	.586	.647	.683	.712	.758	1.000
显著性 (单尾)	组织效能	.	.000	.000	.000	.000	.000	.000	.000
	福利措施	.000	.	.000	.000	.000	.000	.000	.000
	同侪关系	.000	.000	.	.000	.000	.000	.000	.000
	适应学习	.000	.000	.000	.	.000	.000	.000	.000
	创新学习	.000	.000	.000	.000	.	.000	.000	.000
	知识获取	.000	.000	.000	.000	.000	.	.000	.000
	知识流通	.000	.000	.000	.000	.000	.000	.	.000
	知识创新	.000	.000	.000	.000	.000	.000	.000	.

SPSS 输出八个变量间的积差相关矩阵,如表 11-4,矩阵包括积差相关系数矩阵、相关系数显著性检验的概率值(p 值)矩阵、有效样本个数(此矩阵略)。从相关矩阵中可以看出各预测变量与效标变量间的强弱与方向,也可以检视预测变量间的相关情形,由此得

---

1 文中的"缺失值"对应本书 SPSS 操作界面图中的"遗漏值"。

知预测变量间是否有共线性问题。回归分析时,变量间最佳的关系是预测变量间的相关呈现中低度相关,而各预测变量与效标变量间的相关呈现高度相关。从相关矩阵中可以发现七个预测变量间均呈显著正相关(p<0.001),相关系数介于0.586至0.782之间,未有大于0.800者。其中"福利措施"与"同侪关系"两个自变量间的相关为0.761,"知识获取"与"知识流通"两个自变量间的相关为0.782,"知识流通"与"知识创新"两个自变量间的相关为0.758,表示这些预测变量间可能有共线性问题。七个预测变量间与效标变量"组织效能"间均呈显著正相关(p<0.001),相关系数介于0.626至0.678之间,表示七个预测变量间与效标变量间均呈现中度的相关。

表11-5 选入/删除的变量(b)

模型	选入的变量	删除的变量	方法
1	知识创新,同侪关系,适应学习,知识获取,创新学习,福利措施,知识流通(a)	.	选入

a 所有要求的变量已输入。
b 依变量:组织效能

在回归分析中,由于采用强迫进入变量法(Enter法),因而七个预测变量均会进入回归模型中,其进入的顺序依次为"知识创新""同侪关系""适应学习""知识获取""创新学习""福利措施""知识流通",被选入的自变量顺序与自变量对效标变量的重要性无关。

表11-6 模型摘要(b)

模型	R	R平方	调过后的R平方	估计的标准误	R平方改变量	F改变	分子自由度	分母自由度	显著性F改变	Durbin-Watson检验
1	.762(a)	.580	.578	8.048	.580	235.344	7	1192	.000	.636

a 预测变量:(常数),知识创新,同侪关系,适应学习,知识获取,创新学习,福利措施,知识流通
b 依变量:组织效能

表11-6为回归模型的模型摘要表,每个模型包括多元相关系数(R)、多元相关系数的平方(R Square)、调整后的R平方(Adjusted R Squar)、估计的标准误(Std. Error of the Estimate)、R平方改变量(R Square Change)、F改变值(F Change)、分子自由度(df1)、分母自由度(df2)、F改变量的显著性(Sig. F Change)、Durbin-Watson检验统计量。由表中可知七个预测变量与组织效能的多元相关系数为0.762,决定系数(R^2)为0.580,调整后的R^2为0.578,回归模型误差均方和(MSE)的估计标准误为8.048,由于是采用强迫进入变量法,只有一个回归模型,因而R^2改变量等于R^2统计量0.580,表示七个预测变量共可解释"组织效能"效标变量58.0%的变异量。

Durbin-Watson检验统计量可以检验模型中是否存在自我相关(autocorrelation),即观察体独立性(independence)的检验,当各预测变量的样本观察值间具有某种程度的直线关系时其相关系数不为0。当DW统计量数值愈接近2时,表示相关系数愈接近0,残差项间无自我相关;当DW统计量值愈接近0,表示相关系数愈接近1,残差项间愈呈现正向自我相关;当DW统计量值愈接近4,表示相关系数愈接近-1,残差项间愈呈现负向自我相关。DW统计量通常用于纵贯性的数据文件分析,如时间数列分析;若是数据属于横断性的数据文件,此统计量的高低对自我相关影响不大。

一般而言,DW统计量的数值范围介于0~2时表示误差项间的相关为正相关,DW

统计量的数值范围介于 2～4 时表示误差项间的相关为负相关,DW 统计量的数值刚好等于 2 时误差项间的相关为零相关,而当 DW 统计量的数值介于 2 + DW 上限值、2 – DW 下限值间则表示误差项间无自我相关。至于 DW 上限值与 DW 下限值两个数值是多少必须查 Durbin-Watson 的检验表方能得知。

在回归分析中,若是取样样本数太少,从样本所得的回归模型的 R^2 会高估(overestimated)总体的 R^2;此外,投入的自变量过多,与分析样本数的比值超过一定比例,回归模型所得 R^2 也会高估总体的 R^2。此时,自变量对效标变量的变异量解释应采用调整后的 R^2 值来取代原始的 R^2 值,调整后的 R^2 乃根据样本值与投入回归模型自变量的数目换算而来,其公式如下:

$$调整后 R^2 = 1 - (1 - R^2)\left(\frac{N - 1}{N - k - 1}\right) = \tilde{R}^2$$

上述公式中 N 为有效样本数、k 为投入自变量数目(非回归模型选入的自变量数)、R^2 为多元相关系数平方。以上述输出表格为例,有效样本数 N = 1 200、自变量数目 k = 7,多元相关系数平方 $R^2 = 0.580$,调整后的

$$R^2 = \tilde{R}^2 = 1 - (1 - 0.580)\left(\frac{1\,200 - 1}{1\,200 - 7 - 1}\right) = 0.578$$

如果有效样本数小于 60 且自变量个数较多(如超过 20 个),此时调整后 R^2 还是会高估总体的 R^2,使用者须使用下列公式把调整后的 R^2 再进一步调整(Tabachnick & Fidell, 2007):

$$R_S^2 = \frac{(N - k - 3)\tilde{R}^4 + \tilde{R}^2}{(N - 2k - 2)\tilde{R}^2 + k},或 \tilde{R}^4 = (\tilde{R}^2)^2 = \frac{2k(1 - \tilde{R}^2)^2}{(N - 1)(N - k + 1)}$$

表 11-7　方差分析(b)

模型		平方和	自由度	平均平方和	F 检验	显著性
1	回归	106691.346	7	15241.621	235.344	.000(a)
	残差	77197.686	1192	64.763		
	总和	183889.033	1199			

a 预测变量:(常数),知识创新,同侪关系,适应学习,知识获取,创新学习,福利措施,知识流通
b 依变量:组织效能

回归模型的方差分析摘要表 11-7 中变异量显著性检验的 F 值为 235.344,显著性检验的 p 值为 0.000,小于 0.05 的显著水平,表示回归模型整体解释变异量达到显著水平。回归模型的整体性统计检验的 F 值达到显著,表示回归方程式中至少有一个回归系数不等于 0,或者全部回归系数均不等于 0,亦即至少有一个预测变量会达到显著水平。至于是哪些回归系数达到显著,则要从下述的系数摘要表中的回归系数、相对应显著性检验的 t 值及其显著概率值加以判别。

表 11-8 系数(a)

模型		未标准化系数		标准化系数	t	显著性	共线性统计量	
		B 的估计值	标准误	Beta 分布			允差	VIF
1	(常数)	14.612	1.453		10.056	.000		
	福利措施	.331	.143	.078	2.313	.021	.309	3.240
	同侪关系	.955	.144	.210	6.625	.000	.350	2.860
	适应学习	.547	.086	.211	6.320	.000	.315	3.171
	创新学习	.054	.117	.015	.460	.646	.310	3.222
	知识获取	.403	.076	.179	5.323	.000	.310	3.222
	知识流通	.141	.123	.042	1.144	.253	.267	3.741
	知识创新	.596	.128	.148	4.646	.000	.348	2.874

a 依变量:组织效能

表 11-8 为回归模型的回归系数及回归系数的显著性检验,包括非标准化的回归系数(Unstandardized Coefficients, B 的估计值栏)、标准化的回归系数(Standardized Coefficients, Beta 分布栏)、回归系数显著性检验的 t 值及显著性概率值、共线性诊断的统计量(Collinearity Statistics)——允差(容忍度)及方差膨胀系数(VIF)。标准化回归系数(β)的绝对值愈大,表示该预测变量对组织效能效标变量的影响愈大,其解释依变量的变异量也会愈大。从系数摘要表中可以得出未标准化的回归方程式如下:

组织效能 = 14.612 + 0.331 × 福利措施 + 0.955 × 同侪关系 + 0.547 × 适应学习 + 0.054 × 创新学习 + 0.403 × 知识获取 + 0.141 × 知识流通 + 0.569 × 知识创新

将样本的七个变量原始得分代入上述公式,可以得到每位样本观察值在"组织效能"效标变量的"预测值";而将实际样本在"组织效能量表"上测得的实际分数的"实际值"减去"预测值",即可得出每位样本观察体的"残差值"(residual)。未标准化的回归系数(B 系数)通常用于以回归方程式来估计样本的预测值,较偏重实际取向。但由于非标准化回归系数包含常数项(截距),无法比较预测变量的相对重要性,因而通常会将原始回归方程式再转化为标准化回归方程式。标准化回归模型如下:

组织效能 = 0.078 × 福利措施 + 0.210 × 同侪关系 + 0.211 × 适应学习 + 0.015 × 创新学习 + 0.179 × 知识获取 + 0.042 × 知识流通 + 0.148 × 知识创新

标准化回归系数 β 因为已去除单位的影响,因而可作为自变量间解释力的比较。标准化回归系数的绝对值愈大,表示自变量对效标变量的影响愈大,和 B 系数相比之下,β 系数较偏重于学术取向。从标准化回归方程式中可以看出,七个预测变量中以"适应学习"及"同侪关系"两个自变量对依变量的影响较大,其次是"知识获取"与"知识创新"变量,重要性相对较低的两个预测变量为"创新学习"与"知识流通"。由于七个自变量的标准化回归系数值均为正数,表示其对依变量的影响均为正向,标准化回归系数 β 所呈现的正负值与之前积差相关系数所呈现的正负值相同,两者自变量对效标变量的影响均为正向。七个自变量回归系数显著性检验的 t 值分别为 2.313($p = 0.021 < 0.05$)、6.625($p = 0.000 < 0.05$)、6.320($p = 0.000 < 0.05$)、0.460($p = 0.646 > 0.05$)、5.323($p = 0.000 < 0.05$)、1.144($p = 0.253 > 0.05$)、4.646($p = 0.000 < 0.05$),回归系数未达显著的自变量有"创新学习"与"知识流通"。在回归分析中,未达显著水平的预测变量不一定与效标变量没有关系,以"创新学习"与"知识流通"两个自变量而言,其与"组织效能"变

量的积差相关系数分别为 0.626（p = 0.000）、0.645（p = 0.000），均达到显著的正相关，且其相关程度为中度关系，但在回归模型中回归系数却未达显著水平，表示这两个自变量与其他自变量间可能有某种程度的关系，如"创新学习"与"适应学习""福利措施"变量间的相关分别为 0.755（p = 0.000）、0.717（p = 0.000）；而"知识流通"与"适应学习""知识获取"间的相关分别为 0.711（p = 0.000）、0.782（p = 0.000）。在回归分析中，若是自变量间也有中高度的相关存在，则某些与依变量有关系的变量会被排除于回归模型之外。

用容忍度（Tolerance）及方差膨胀系数（VIF）可检验多元回归分析是否有多元共线性问题。容忍度值愈接近 0 时，表示变量间有线性重合问题（多元共线性问题愈严重）；而方差膨胀系数值如大于 10，则表示变量间有线性重合问题。上述七个自变量的容忍度值均在 0.300 附近，方差膨胀系数值均在 4.000 以下，未大于评鉴指标值 10，表示进入回归方程式的自变量间多元共线性的问题不是很明显。

表 11-9　共线性诊断（a）

模型	维度	特征值	条件指标	方差比例							
				（常数）	福利措施	同侪关系	适应学习	创新学习	知识获取	知识流通	知识创新
1	1	7.904	1.000	.00	.00	.00	.00	.00	.00	.00	.00
	2	.027	17.024	.67	.01	.00	.00	.01	.00	.00	.13
	3	.020	19.831	.06	.18	.14	.01	.01	.04	.03	.23
	4	.014	23.588	.07	.18	.03	.17	.16	.07	.01	.29
	5	.012	25.958	.11	.01	.17	.00	.42	.32	.01	.03
	6	.009	30.157	.01	.00	.05	.79	.28	.04	.07	.08
	7	.008	31.233	.02	.55	.54	.01	.01	.29	.02	.11
	8	.006	35.699	.06	.07	.07	.02	.11	.24	.87	.12

a 依变量：组织效能

a Dependent Variable：生活满意

表 11-9 为预测变量共线性的各种统计量，所谓多元共线性即数学上的线性相依（linearly dependent），指在回归模型中预测变量本身间有很高的相关。多元共线性的常用评鉴指标如容忍度（tolerance；TOL 值）、方差膨胀因素（variance inflation factor；VIF 值）、条件指标（condition index；CI 值）、特征值（eigenvalue）。在回归模型中如果 TOL 值小于 0.10，VIF 值大于 10，CI 值大于 30，特征值小于 0.01，则预测变量间可能存有多元共线性问题；相对的，在回归模型中如果 TOL 值大于 0.10，VIF 值小于 10，CI 值小于 30，特征值大于 0.01，则预测变量间多元共线性问题就不存在。范例中有七个预测变量，共可求出八个特征值（=7+1），八个特征值中小于 0.01 者有三个，相对应的条件指标值大于 30 者也有三个，最大的 CI 值为 35.699，表示自变量间有轻微共线性问题。

在共线性诊断统计量中，方差比例（Variance Proportions）为特征值个数所构成的方形矩阵，因为有 8 个特征值，所形成的特征向量为 8×8 矩阵，每一个纵列八个方差比例的总和均为 1，当两个预测变量在同一横排特征值上的方差比例值愈接近 1，表示变量间的关系愈密切，此时特征值的数值会愈小，这两个变量愈有多元共线性问题。从方差比例来看，未有两个变量同时在某一个特征值上的方差比例值高于 0.800 或 0.700 以上，表示自变量间的线性重合并不严重,此结果与上述采用方差膨胀系数(VIF)及容忍度值(允差栏)所得的结果相同。

表 11-10　残差统计量(a)

	最小值	最大值	平均数	标准差	个数
预测值	35.41	93.08	70.06	9.433	1200
残差	-27.214	30.197	.000	8.024	1200
标准化预测值	-3.673	2.441	.000	1.000	1200
标准化残差	-3.382	3.752	.000	.997	1200

a 依变量:组织效能

表 11-10 为残差统计量,包括预测值、残差、标准化预测值、标准化残差的描述性统计量(最小值、最大值、平均数、标准差、有效样本数),最小化的残差值为 -27.214、最大化残差值为 30.197,转化为标准化残差值后,最小的标准化残差值为 -3.382、最大的标准化残差值为 3.752。

图 11-11 为回归标准化残差值的直方图(Histogram),此直方图可以检验样本观察值是否符合正态性的基本假定,钟形曲线为完全正态分布曲线,当标准化残差值的次数分布愈接近钟形曲线时,样本愈符合正态分布。由图中标准化残差值的直方图分布情形可知,样本观察值大致符合正态性的假定,回归标准化残差值多数在三个标准差范围内,没有极端值出现。

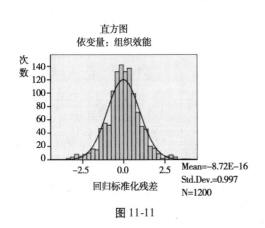

图 11-11

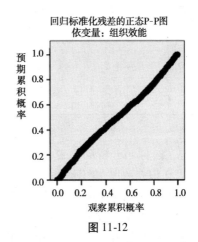

图 11-12

图 11-12 为样本标准化残差值的正态概率分布图(Normal P-P Plot of Regression Standardized Residual),如果标准化残差值的累积概率分布呈一条左下至右上的四十五度角直线,则样本观察值即符合正态性假定。由图中可知,标准化残差值的累积概率点大致分布在四十五度角的直线附近,因而样本观察值十分接近正态分布的假定。

图 11-13 为标准化残差值(Standardized Residual)与标准化预测值(Standardized Predicated Value)的交叉散布图(Scatterplot),此图可以检验样本观察值是否符合正态性的假定及检验残差值是否符合方差齐一性的假定。若散布图的点在 0 值上下呈水平的随机分布时,表示样本观察值符合正态性及方差齐一性的假定。由图中可知,散布图的点大致于 0 值上下呈水平的随机分布,因而样本观察值符合正态性及方差齐一性的假定(残差等分散性假定)。

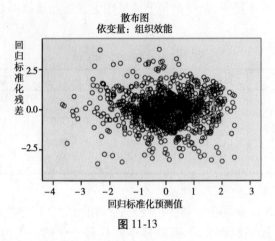

散布图
依变量：组织效能

图 11-13

上述解释型回归分析输出报表可以统整为以下表 11-11：

【表格范例】

表 11-11   组织环境、组织学习、组织知识管理对组织效能的复回归分析摘要表

预测变量	B	标准误	Beta(β)	t 值
截距	14.612	1.453		10.056
福利措施	.331	.143	.078	2.313*
同侪关系	.955	.144	.210	6.625***
适应学习	.547	.086	.211	6.320***
创新学习	.054	.117	.015	.460n.s.
知识获取	.403	.076	.179	5.323***
知识流通	.141	.123	.042	1.144n.s.
知识创新	.596	.128	.148	4.646***
R = .762 R^2 = .580 调整后 R^2 = .578 F = 235.344***				

n. s. p > .05   *** p < .001

从上述复回归分析摘要表 11-11 可以发现"福利措施""同侪关系""适应学习""创新学习""知识获取""知识流通""知识创新"七个自变量与"组织效能"效标变量的多元相关系数为 0.762，多元相关系数的平方为 0.580，表示七个自变量共可解释"组织效能"变量 58.0% 的变异量。七个自变量的标准化回归系数均为正数，表示七个自变量对"组织效能"效标变量的影响均为正向。在回归模型中，对"组织效能"效标变量有显著影响的预测变量为"福利措施""同侪关系""适应学习""知识获取""知识创新"五个。从标准化回归系数来看，五个显著回归系数的自变量中，"适应学习"与"同侪关系"的 β 系数绝对值较大，表示这两个预测变量对企业组织效能有较高解释力，"创新学习"与"知识流通"两个预测变量的回归系数均未达显著，表示这两个预测变量对企业组织效能变量的变异解释甚小。

第四节   预测型回归分析——逐步多元回归法的应用

在使用强迫输入法时，由于要求所有预测变量一次进入回归方程式中，因而如果预测变量间彼此间有很高的相关，可能会发生多元共多线性的问题。某些预测变量与其他

自变量间因存在多元共线性关系,因而相对应的标准误变大,使得回归系数没有达到统计上的显著水平而被忽略,如果在多元回归分析中,使用者主要目的在于描述或解释(如阶层回归分析),则要注意多元共线性的问题。

如果多元线性回归的目的在于预测(prediction),即从数个自变量中找出对效标变量最具预测力的自变量以建构一个最佳的回归分析模型,则使用者可以采用逐步多元回归分析(stepwise multiple regression analysis)。逐步多元回归也称为统计回归分析(statistical regression analysis),因为此法是根据统计准则(statistical criteria)依序选取自变量进入回归模型中。逐步多元回归分析也是一种探索性的复回归方法,此方法同时使用前进选取法(forward method)与后退删除法(backward method)两种方法,运用计算机特性筛选出一个最佳的复回归分析模型。逐步多元回归分析也可作为解决多元共线性问题的策略之一,只是其主要目的在于预测,与解释型复回归分析不同,它适合做探索性的研究使用,但如果自变量间有极高度的共线性问题,即使采用统计回归的方法所选取的自变量间的 β 系数也有可能产生无法解释的现象。如相关理论中 X 变量与效标变量间的相关为正相关,显示 X 变量对 Y 变量的影响是正向的,但在回归模型中 X 变量的 β 系数值却为负数,此时在回归方程式中 X 变量对 Y 变量影响的解释和之前理论或经验法则的结果刚好相反,两者呈现矛盾现象。采用逐步回归分析法时,被选取进入回归模型的自变量对效标变量的预测力均会达到显著性,个别回归系数显著性检验的 t 值或增加的解释变异量的 F 值的显著性(p)均会小于 0.05,而没有进入回归模型的自变量对效标变量均没有显著的预测力。

【研究问题】

> 组织环境两个层面、组织学习两个层面、组织知识管理三个层面是否对组织效能有显著的预测力?
> 研究问题中的自变量共有七个:"福利措施""同侪关系""适应学习""创新学习""知识获取""知识流通""知识创新",效标变量为"组织效能",采用的方法为复回归方法中的逐步回归分析法。

一、操作程序

→执行[分析(A)]/[回归方法(R)]/[线性(L)]程序,开启[线性回归]对话窗口。

→在左边变量清单中选取效标变量"组织效能"至右方[依变量(D)]下的方格中。
→在左边变量清单中选取投入回归模型的七个预测变量"福利措施""同侪关系""适应学习""创新学习""知识获取""知识流通""知识创新"至右边[自变量(I)]下的方格中。
→在[方法(M)]右边的下拉式选单中选取[逐步回归分析法]。

→按[统计量(S)…]钮,开启[线性回归:统计量]次对话视窗,勾选[估计值(E)]、[模式适合度(M)]、[R 平方改变量(S)]、[共线性诊断(L)]等选项,如图 11-14→按[继续]钮,回到[线性回归]对话窗口。

→按［图形（L）...］钮，开启［线性回归：图形］次对话窗口，在左边方格清单中选取" ＊ZPRED"（标准化的预测值）至右边［X（X）：］提示轴的方格中，选取" ＊ZRESID"（标准化的残差值）至右边［Y（Y）：］提示轴的方格中。在［标准化残差图］方框中勾选［直方图（H）］、［常态机率图（R）］两个选项→按［继续］钮，回到［线性回归］对话窗口→按［确定］钮。

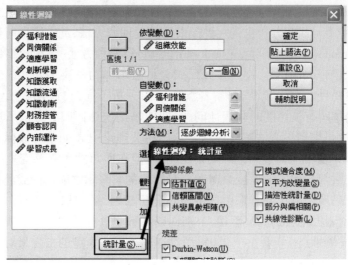

图 11-14

二、输出结果

表 11-12   模型摘要（f）

模型	R	R 平方	调过后的R 平方	估计的标准误	变更统计量				
					R 平方改变量	F 改变	分子自由度	分母自由度	显著性F 改变
1	.678(a)	.459	.459	9.109	.459	1018.224	1	1198	.000
2	.726(b)	.526	.526	8.530	.067	169.274	1	1197	.000
3	.751(c)	.563	.562	8.193	.037	101.313	1	1196	.000
4	.760(d)	.577	.576	8.064	.014	39.544	1	1195	.000
5	.761(e)	.580	.578	8.047	.002	6.171	1	1194	.013

a 预测变量：（常数），适应学习

b 预测变量：（常数），适应学习，同侪关系

c 预测变量：（常数），适应学习，同侪关系，知识创新

d 预测变量：（常数），适应学习，同侪关系，知识创新，知识获取

e 预测变量：（常数），适应学习，同侪关系，知识创新，知识获取，福利措施

f 依变量：组织效能

表 11-12 为回归模型的"模型摘要"表，回归模型根据各自变量对效标变量的预测力高低而逐一进入回归模型中，回归系数未达显著的自变量则被排除于回归模型之外，因而进入各回归模型的自变量的回归系数均达显著水平，而回归模型整体检验的结果也会达到显著（参考下面方差分析摘要表）。在模型 1 中，进入回归方程式的自变量为"适应

学习"(模型 1 中的多元相关系数为 0.678,在多元相关系数的旁会加注进入回归模型的自变量),其解释量为 45.9%。在模型 2 中,进入回归方程式的自变量为"适应学习""同侪关系",两者的联合解释变异量(R^2)为 52.6%,其中"同侪关系"自变量的解释量(ΔR^2)为 6.7%(=0.526−0.459=0.067),此数据为"R 平方改变量"列数据,增加量的 F 值等于 169.274(F 改变栏数据),显著性概率值 p=0.000<0.05,R 平方改变量显著性检验的 p 值呈现在"显著性 F 改变"列中。

在模型 3 中,进入回归方程式的自变量为"适应学习""同侪关系""知识创新",三者的联合解释量(R^2)为 56.3%,其中"知识创新"自变量的解释量(ΔR^2)为 3.7%(=0.563 −0.526=0.037),增加变异量显著性检验的 F 值为 101.313,显著性概率值 p=0.000< 0.05。在模型 4 中,进入回归方程式的自变量为"适应学习""同侪关系""知识创新"与"知识获取",四个预测变量的联合解释量(R^2)为 57.7%,其中"知识获取"自变量的解释量(ΔR^2)为 1.4%(=0.577−0.563=0.014),增加变异量显著性检验的 F 值为 39.544,显著性概率值 p=0.000<0.05。在模型 5 中,进入回归方程式的自变量为"适应学习""同侪关系""知识创新""知识获取""福利措施",五个预测变量的联合解释量(R^2)为 58.0%,其中"福利措施"自变量的解释量(ΔR^2)为 0.2%(=0.580−0.577=0.003),小数点第三位的差异为四舍五入时所产生的误差值,增加变异量显著性检验的 F 值为 6.171,显著性概率值 p=0.013<0.05。

在多元回归分析中,投入的七个预测变量对"组织效能"效标变量具有显著预测力的变量依其解释变异量的大小依序为"适应学习""同侪关系""知识创新""知识获取""福利措施"五个,显著性改变的 F 值分别为 1 018.224,169.274,101.313,39.544,6.171,均达 0.05 的显著水平,每个自变量进入回归模型后所增加的个别解释量均达显著(p<0.05)。五个自变量对"组织效能"效标变量的预测力分别为 45.9%,6.7%,3.7%, 1.4%,0.2%,共同解释了变异量的 58.0%。

表 11-13 为五个回归模型的整体显著性检验,由于采用的是逐步多元回归分析法,因而每个回归分析模型的整体显著性检验的 F 值均会达到显著水平(p<0.05)。回归模型整体检验的 F 统计量达到显著水平,表示在每个回归分析模型中,进入回归方程式的预测变量对"组织效能"效标变量的解释力全部达到显著,即进入回归方程式的所有自变量其回归系数均不等于 0。五个回归分析模型的整体显著性检验的 F 值分别为 1 018.224 (p<0.001)、665.260(p<0.001)、514.445(p<0.001)、408.154(p<0.001)、329.171 (p<0.001),均达到显著水平。方差分析的 F 统计量可以检验整个回归模型是否达到统计上的显著性。以模型 3 为例,在回归方程式中有三个自变量,其回归方程式为 $Y=\beta_0+\beta_1 X_1+\beta_2 X_2+\beta_3 X_3+\varepsilon$,整体回归方程式显著性检验的方差分析的 F 值达到显著,表示至少有一个回归系数对效标变量的影响达到显著。

表 11-13 方差分析(f)

模型		平方和	自由度	平均平方和	F 检验	显著性
1	回归	84486.153	1	84486.153	1018.224	.000(a)
	残差	99402.879	1198	82.974		
	总和	183889.033	1199			
2	回归	96801.632	2	48400.816	665.260	.000(b)
	残差	87087.401	1197	72.755		

续表

模型		平方和	自由度	平均平方和	F 检验	显著性
	总和	183889.033	1199			
3	回归	103602.677	3	34534.226	514.445	.000(c)
	残差	80286.355	1196	67.129		
	总和	183889.033	1199			
4	回归	106174.335	4	26543.584	408.154	.000(d)
	残差	77714.698	1195	65.033		
	总和	183889.033	1199			
5	回归	106573.934	5	21314.787	329.171	.000(e)
	残差	77315.098	1194	64.753		
	总和	183889.033	1199			

a 预测变量：(常数)，适应学习

b 预测变量：(常数)，适应学习，同侪关系

c 预测变量：(常数)，适应学习，同侪关系，知识创新

d 预测变量：(常数)，适应学习，同侪关系，知识创新，知识获取

e 预测变量：(常数)，适应学习，同侪关系，知识创新，知识获取，福利措施

f 依变量：组织效能

表 11-14　系数(a)

| 模型 | | 未标准化系数 | | 标准化系数 | t | 显著性 | 共线性统计量 | |
		B 的估计值	标准误	Beta 分布			允差	VIF
1	(常数)	26.127	1.402		18.641	.000		
	适应学习	1.754	.055	.678	31.910	.000	1.000	1.000
2	(常数)	18.660	1.432		13.026	.000		
	适应学习	1.109	.071	.429	15.525	.000	.519	1.927
	同侪关系	1.632	.125	.359	13.011	.000	.519	1.927
3	(常数)	16.908	1.387		12.191	.000		
	适应学习	.796	.075	.308	10.564	.000	.430	2.323
	同侪关系	1.320	.124	.291	10.610	.000	.487	2.054
	知识创新	1.050	.104	.261	10.065	.000	.545	1.835
4	(常数)	15.179	1.393		10.901	.000		
	适应学习	.620	.079	.240	7.819	.000	.377	2.654
	同侪关系	1.155	.125	.254	9.216	.000	.465	2.150
	知识创新	.749	.113	.186	6.607	.000	.447	2.235
	知识获取	.443	.070	.197	6.288	.000	.361	2.772
5	(常数)	15.147	1.390		10.901	.000		
	适应学习	.576	.081	.223	7.115	.000	.359	2.784
	同侪关系	.984	.143	.217	6.902	.000	.358	2.797
	知识创新	.662	.118	.164	5.597	.000	.409	2.447
	知识获取	.441	.070	.196	6.270	.000	.361	2.773
	福利措施	.347	.140	.082	2.484	.013	.324	3.088

a 依变量：组织效能

表 11-14 为五个回归模型的回归系数及回归系数的显著性检验,包括非标准化的回归系数(B)及其标准误、标准化的回归系数(β)、回归系数显著性检验的 t 值及显著性概率值,共线性诊断的统计量包括容忍度(允差)及方差膨胀系数(VIF)。从容忍度及 VIF 指标值可检验多元回归分析是否有多元共线性问题,容忍度值愈接近 0 时,表示变量间愈有线性重合问题(多元共线性问题愈严重);而方差膨胀系数值如大于 10,则表示变量间有线性重合问题。

上述五个回归分析模型的容忍度值(允差栏数值)介于 0.324 至 0.409 间,VIF 值未大于评鉴指标值 10,表示进入回归方程式的自变量间没有线性重合(多元共线性)的问题,因此使用的回归分析法为逐步回归分析法。每个模型表示进入回归方程式的自变量,从五个模型中可以看出被选入的自变量的顺序依次为"适应学习""同侪关系""知识创新""知识获取""福利措施",其他两个与"组织效能"效标变量呈中度显著相关的自变量"创新学习"与"知识流通"则被排除于回归模型之外。

在回归分析中如果使用者直接采用逐步回归(stepwise regression)分析法,再来进行自变量间线性重合的诊断,即判别自变量间是否有线性重合的问题,是没有实质的意义的,因为此时发生共线性间的自变量已被选入回归模型中,可能某些自变量与效标变量间的相关很低而被选入回归模型中,而某些与效标变量相关甚高的预测变量被排除于回归模型外;此外,也可能发生被选入回归模型的预测变量无法对效标变量做出合理的诠释,如在积差相关中两者为显著正相关,但在回归模型中,标准化回归系数却是负值,或是预测变量标准化回归系数的方向(正负号)呈现与理论假设或经验法则相互矛盾的现象。

在回归分析中,多元共线性的诊断结果中若发现中高度的线性重合问题,较常使用的解决方法为剔除预测变量间呈现显著高度相关的变量、采取逐步回归分析法、采用主成分回归分析(principal component regression)或再增加样本观察值人数。因为逐步回归分析法是用来校正变量间发生多元共线性问题,使用者若是使用了逐步回归分析法后,再来检验自变量间线性重合的问题是没有必要的,而且也没有实质意义。

【表格范例】

上述预测型多元逐步回归的结果统整如下摘要表 11-15:

表 11-15 组织环境、组织学习、组织知识管理对组织效能的逐步多元回归分析摘要表

投入变项顺序	多元相关系数	决定系数 R^2	增加量 (ΔR^2)	F 值	净 F 值 (ΔF)	B	Beta (β)
截距						15.147	
1. 适应学习	.678	.459	.459	1018.224***	1018.224***	.576	.223
2. 同侪关系	.726	.526	.067	665.260***	169.274***	.984	.217
3. 知识创新	.751	.563	.037	514.445***	101.313***	.662	.164
4. 知识获取	.760	.577	.014	408.154***	39.544***	.441	.196
5. 福利措施	.761	.580	.002	329.171***	6.171*	.347	.082

*$p < .05$ ***$p < .001$

在上述逐步多元回归分析摘要表 11-15 中可以发现:七个预测变量中对"组织效能"有显著的预测力的变量共有五个,依序为"适应学习""同侪关系""知识创新""知识获取""福利措施"。五个预测变量与"组织效能"依变量的多元相关系数为 0.761、决定系

数(R^2)为 0.580,最后回归模型整体性检验的 F 值为 329.171(p = 0.000 < 0.05),因而五个预测变量共可有效解释"组织效能"58.0% 的变异量。

从每个变量预测力的高低来看,对"组织效能"最具预测力的为"适应学习"自变量,其解释变异量为 45.9%;其次为"同侪关系",其解释变异量为 6.7%;其余三个自变量的预测力分别为 3.7%,1.4%,0.2。从标准化的回归系数来看,回归模型中的五个预测变量的 β 值分别为 0.223,0.217,0.164,0.196,0.082,均为正数表示其对"组织效能"的影响均为正向。

非标准化回归方程式如下:

组织效能 = 15.147 + 0.576 × 适应学习 + 0.984 × 同侪关系 + 0.662 × 知识创新 + 0.441 × 知识获取 + 0.347 × 福利措施

标准化回归方程式如下:

组织效能 = 0.223 × 适应学习 + 0.217 × 同侪关系 + 0.164 × 知识创新 + 0.196 × 知识获取 + 0.086 × 福利措施

第五节　阶层回归分析——强迫进入变量法

【研究问题】

　　某管理学者想研究企业组织环境、组织学习与组织知识管理对组织效能的影响,采取分层随机取样方法,抽取企业员工 1 200 位填写"组织效能及其影响因素问卷",内含四大量表:"组织效能量表""组织环境量表""组织学习量表""组织知识管理量表"。三大区组共包含七个预测变量:"福利措施""同侪关系""适应学习""创新学习""知识获取""知识流通""知识创新"。此学者根据相关理论文献,将自变量分成三大区组投入回归方程式中,区组一为投入组织环境自变量(包括福利措施、同侪关系两个构念),用于研究组织环境对组织效能的影响;区组二再投入组织学习自变量(包括适应学习、创新学习两个构念),以研究组织环境、组织学习四个变量对组织效能的影响及探讨组织学习变量对组织效能是否有显著的解释力;区组三加入组织知识管理自变量(包括知识获取、知识流通、知识创新三个构念),以同时研究组织环境、组织学习、组织知识管理对组织效能的影响及探讨组织知识管理变量对组织效能是否有显著的解释力。

　　阶层回归分析法中,使用者在决定自变量的阶层时最好能依据相关的理论、文献或经验法则,以决定自变量进入的顺序。在回归模型的解释上,如果进入的自变量阶层顺序不同,则对效标变量的影响也会不同,相对的,在研究解释上也会有所差异。阶层回归分析主要是使用强迫进入法(Enter),在回归方程式中,不论个别自变量的回归系数是否达到显著,均会出现在回归模型之中,使用者所关注的是多元线性回归整体性检验是否达到显著,如果多元线性回归整体性检验的 F 值达到显著,表示所有自变量对效标变量的 R 及 R^2 不是概率所造成的,即回归模型中的回归系数至少有一个不等于 0 或者全部的回归系数均不等于 0,也就是所投入的自变量间至少有一个预测变量对效标变量的解释(或两者间的相关)达到显著水平。其次是多元相关系数的平方值(R^2)的大小,如果 R^2 值很小,表示自变量对效标变量的解释力很低;相对的,如果 R^2 值很高,表示自变量对效标变量的解释力很大。

上述研究问题如以阶层回归分析其操作程序与结果解释为何？

一、操作程序

→菜单执行[分析(A)]/[回归方法(R)]/[线性(L)]程序,开启[线性回归]对话窗口。

→在左边变量清单中选取效标变量"组织效能"至右方[依变量(D)]下的方格中。
→在左边变量清单中选取区组一的两个预测变量(组织环境两个层面)"福利措施""同侪关系"至右边[自变量(I)]下的方格中。
→在[方法(M)]右边的下拉式选单中选取[强迫进入变量法](Enter)。

→在[区块1/1]的方框中按[下一个(N)]钮,出现[区块2/2]的方框,设定区组二的自变量。
→在左边变量清单中选取区组二的两个预测变量(组织学习两个层面)"适应学习"、"创新学习"至右边[自变量(I)]下的方格中。

→在[区块2/2]的方框中按[下一个(N)]钮,出现[区块3/3]的方框,设定区组三的自变量。
→在左边变量清单中选取区组三的三个预测变量(组织知识管理三个层面)"知识获取""知识流通""知识创新"至右边[自变量(I)]下的方格中。

→按[统计量(S)...]钮,开启[线性回归:统计量]次对话视窗口,勾选[估计值(E)]、[模式适合度(M)]、[共线性诊断(L)]等选项→按[继续]钮,回到[线性回归]对话窗口。

→按[继续]钮,回到[线性回归]对话窗口→按[确定]钮。

【备注】 [线性回归]的对话窗口中,如要回到前一个区组设定的自变量方框,则按[前一个(V)]钮,如要跳到下一个区组,按[下一个(N)]钮。后面区组的自变量包括之前所有区组加入的自变量,如区组1(区块1/1)中的自变量为"福利措施""同侪关系"两个,在区组2(区块1/1)中再加入"适应学习""创新学习"两个,则区组2(阶层2)中的自变量共有四个为"福利措施""同侪关系""适应学习""创新学习"。

[区块1/1]方框中选入的预测变量为区组一的自变量,区组一的自变量为"福利措施""同侪关系"两个,如图11-15。

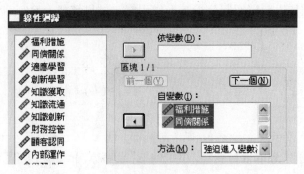

图 11-15

　　［区块 2/2］方框中选入的预测变量为区组二的自变量,区组二的自变量为"适应学习""创新学习",如图 11-16,此时在回归模型中的自变量中包含［区块 2/2］与［区块 1/1］方框中所点选的变量"福利措施""同侪关系""适应学习""创新学习"。

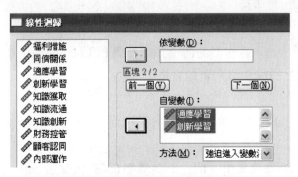

图 11-16

　　［区块 3/3］方框中选入的预测变量为区组三的自变量,区组三的自变量为"知识获取""知识流通""知识创新",如图 11-17,此时在回归模型中的自变量中包含［区块 3/3］、［区块 2/2］与［区块 1/1］方框中所点选的变量"福利措施""同侪关系""适应学习""创新学习""知识获取""知识流通""知识创新"。

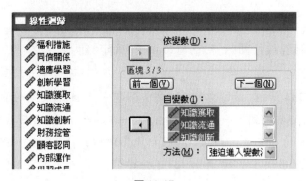

图 11-17

二、输出结果

表 11-16　选入/删除的变量(b)

模型	选入的变量	删除的变量	方法
1	同侪关系，福利措施(a)	.	选入
2	创新学习，适应学习(a)	.	选入
3	知识创新，知识获取，知识流通(a)	.	选入

a 所有要求的变量已输入。

b 依变量:组织效能

表 11-16 为三个阶层模型中被选入的变量。在模型 1 中被选入的变量有"同侪关系""福利措施"两个组织环境变量。在模型 2 中被选入的变量有"创新学习""适应学习"两个组织学习变量,因而在回归模型 2 中的预测变量共有四个为"同侪关系""福利措施""创新学习""适应学习"。在模型 3 中被选入的变量有"知识创新""知识获取""知识流通"三个组织知识管理变量,因而在回归模型 3 中的预测变量共有七个为"同侪关系""福利措施""创新学习""适应学习""知识创新""知识获取""知识流通"。

表 11-17　模型摘要(d)

模型	R	R 平方	调过后的 R 平方	估计的标准误	变更统计量				
					R 平方改变量	F 改变	分子自由度	分母自由度	显著性 F 改变
1	.691(a)	.477	.476	8.961	.477	546.417	2	1197	.000
2	.737(b)	.544	.542	8.381	.066	86.728	2	1195	.000
3	.762(c)	.580	.578	8.048	.037	34.716	3	1192	.000

a 预测变量:(常数),同侪关系,福利措施

b 预测变量:(常数),同侪关系,福利措施,创新学习,适应学习

c 预测变量:(常数),同侪关系,福利措施,创新学习,适应学习,知识创新,知识获取,知识流通

d 依变量:组织效能

表 11-17 为三个阶层回归的模型摘要表,每个模型包括多元相关系数(R)、多元相关系数的平方(R Square)、调整后的 R 平方(Adjusted R Squar)、估计的标准误(Std. Error of the Estimate)、R 平方改变量(R Square Change)、F 改变值(F Change)、分子自由度(df1)、分母自由度(df2)、F 改变量的显著性(Sig. F Change)。三个阶层的解释变异量分别为 $0.477,0.544,0.580$,三个阶层的 R 平方改变量分别为 $0.477,0.066,0.037$,均达 0.05 的显著水平,其 F 改变量统计量分别为 $546.417,86.728,34.716$,显著性检验的概率值 p 值等于 0.000,均达到 0.05 显著水平。在阶层 1 中,"同侪关系""福利措施"两个组织环境自变量对组织效能的解释变异为 47.7%,此解释力达到统计上的显著水平($\Delta F = 546.417, p = 0.000 < 0.05$);区组二的回归模型中再投入知识学习两个自变量,则组织环境与知识学习四个自变量共可解释组织效能 54.2% 的变异量,排除组织环境两个变量的影响,组织学习两个自变量对组织效能的解释力为 6.6%,此解释力达到统计上的显著水平($\Delta F = 86.728, p = 0.000 < 0.05$);最后区组三的回归模型中再投入组织知识管理三个

自变量,则组织环境、组织学习、知识管理七个预测变量共可解释组织效能 58.0% 的变异量,排除组织环境、组织学习的影响后,组织知识管理三个自变量对组织效能的解释力为 3.7%,此解释力也达到统计上的显著水平($\Delta F = 34.716$, $p = 0.000 < 0.05$)。

表 11-18　方差分析(d)

模型		平方和	自由度	平均平方和	F 检验	显著性
1	回归	87761.861	2	43880.931	546.417	.000(a)
	残差	96127.171	1197	80.307		
	总和	183889.033	1199			
2	回归	99946.320	4	24986.580	355.706	.000(b)
	残差	83942.712	1195	70.245		
	总和	183889.033	1199			
3	回归	106691.346	7	15241.621	235.344	.000(c)
	残差	77197.686	1192	64.763		
	总和	183889.033	1199			

a 预测变量:(常数),同侪关系,福利措施

b 预测变量:(常数),同侪关系,福利措施,创新学习,适应学习

c 预测变量:(常数),同侪关系,福利措施,创新学习,适应学习,知识创新,知识获取,知识流通

d 依变量:组织效能

表 11-18 为各阶层整体解释变异量显著性检验,亦即三个阶层回归方程式的显著性检验。三个阶层整体解释变异量显著性检验的 F 值分别为 546.417,355.706,235.344,其显著性检验的 p 值均为 0.000,小于 0.05 的显著水平,表示三个阶层模型整体解释变异量均达到显著水平。各回归模型的整体性统计检验的 F 值达到显著,表示各回归方程式中,至少有一个回归系数不等于 0,或者全部回归系数均不等于 0,亦即至少有一个预测变量会达到显著水平。在每个阶层的回归分析统计模型中,至少均有一个预测变量的回归系数达到显著,至于是哪些回归系数达到显著,则要从下述的系数表中的 β 值、相对应显著性检验的 t 值及其显著性概率值加以判别。

表 11-19　系数(a)

模型		未标准化系数		标准化系数	t	显著性
		B 的估计值	标准误	Beta 分布		
1	(常数)	24.015	1.426		16.844	.000
	福利措施	1.404	.137	.332	10.285	.000
	同侪关系	1.836	.146	.404	12.535	.000
2	(常数)	17.635	1.419		12.429	.000
	福利措施	.599	.144	.141	4.156	.000
	同侪关系	1.140	.147	.251	7.768	.000
	适应学习	.807	.085	.312	9.480	.000
	创新学习	.425	.114	.123	3.747	.000

模型		未标准化系数		标准化系数	t	显著性
		B 的估计值	标准误	Beta 分布		
3	（常数）	14.612	1.453		10.056	.000
	福利措施	.331	.143	.078	2.313	.021
	同侪关系	.955	.144	.210	6.625	.000
	适应学习	.547	.086	.211	6.320	.000
	创新学习	.054	.117	.015	.460	.646
	知识获取	.403	.076	.179	5.323	.000
	知识流通	.141	.123	.042	1.144	.253
	知识创新	.596	.128	.148	4.646	.000

a 依变量：组织效能

表 11-19 为三个回归方程式（三个阶层）的回归系数估计值，包括进入模型的变量名称、未标准化的回归系数（Unstandardized Coefficients）与标准误、标准化的回归系数（Standardized Coefficients）、个别变量显著性检验的 t 值及显著性。在阶层一的回归模型中，"福利措施""同侪关系"两个预测变量的影响均达显著，其标准化的回归系数分别为 0.332,0.404，回归系数显著性检验的 t 值分别为 10.285,12.535 5，均达 0.05 的显著水平，两个预测变量的 β 值均为正数，表示其对效标变量"组织效能"的影响为正向，即组织环境中的"福利措施"愈佳，员工"同侪关系"气氛愈好，则企业组织的"组织效能"会愈高。

在阶层二的回归模型中，主要的预测变量为组织环境与组织学习，四个预测变量"福利措施""同侪关系""适应学习""创新学习"的影响均达显著，其标准化的回归系数分别为 0.141,0.251,0.312,0.123，回归系数显著性检验的 t 值分别为 4.156,7.768,9.480,3.747，均达 0.05 的显著水平，四个预测变量的 β 值均为正数，表示其对效标变量"组织效能"的影响为正向，即企业员工知觉组织的福利措施愈佳，同侪关系气氛愈良好，组织的适应型学习与创新型学习做得愈积极，其感受到的"组织效能"会愈高。

在阶层三的回归模型中，主要的预测变量为组织环境、组织学习与组织知识管理。七个预测变量为"福利措施""同侪关系""适应学习""创新学习""知识获取""知识流通""知识创新"，所投入的七个自变量中，有五个预测变量的回归系数达到显著，五个达到显著的预测变量为"福利措施""同侪关系""适应学习""知识获取""知识创新"，其标准化的回归系数分别为 0.078,0.210,0.211,0.179,0.148，相对应的回归系数显著性检验的 t 值分别为 2.313,6.625,6.320,5.323,4.646，显著性 p 值均小于 0.05，五个达显著的预测变量的 β 值均为正数，表示其对效标变量组织效能的影响为正向。

在阶层二的回归模型中，组织学习两个层面"适应学习""创新学习"的预测力达到显著，表示这两个自变量均可以有效解释"组织效能"依变量，但当把组织知识管理三个自变量也投入回归模型中后（阶层三的回归模型），组织学习中的"创新学习"自变量则被排除于回归方程式外，亦即"创新学习"的预测力未达 0.05 显著水平。因而如未考虑组织知识管理变量时，"创新学习"变量对"组织效能"有显著的解释力；但如果同时考虑到知识管理变量时,则"创新学习"自变量的解释力就很低,此外,知识管理自变量的影响也很小。

【表格范例】

兹将以上阶层回归分析结果报表统整如表 11-20:

表 11-20

阶层变量	阶层内预测变量	阶层一		阶层二		阶层三	
		β	t 值	β	t 值	β	t 值
组织环境	福利措施	.332	10.285***	.141	4.156***	.078	2.313*
	同侪关系	.404	12.535***	.251	7.768***	.210	6.625***
组织学习	适应学习			.312	9.480***	.211	6.320***
	创新学习			.123	3.747***	.015	.460n.s.
组织知识管理	知识获取					.179	5.323***
	知识流通					.042	1.144n.s.
	知识创新					.148	4.646***
回归模型摘要	F 值	546.417***		355.706***		235.344***	
	R^2	.477		.544		.580	
	ΔF 值	546.417***		86.728***		34.716***	
	ΔR^2	.477		.066		.037	

n.s. $p > .05$　　$^*p < .05$　　$^{***}p < .001$

从上述阶层回归分析摘要表 11-20 来看,如未投入组织知识管理三个层面自变量,则组织环境两个层面与组织学习两个层面共可解释组织效能依变量 54.4% 的变异量。多元线性回归整体检验的 F 值为 355.706($p = .000$),达到 0.05 的显著水平。表示"福利措施""同侪关系""适应学习""创新学习"四个预测变量中至少有一个自变量的回归系数达到显著或全部的回归系数均达显著,此四个自变量的标准化回归系数 β 值分别为 0.141($p < 0.05$)、0.251($p < 0.05$)、0.312($p < 0.05$)、0.123($p < 0.05$),均达显著水平。由于 β 值均为正,表示此四个预测变量对组织效能的影响均为正向。如再投入组织知识管理层面的三个变量,则整体解释变异只增加 3.7%(ΔR^2),显著性改变的 F 值等于 34.716,达到 0.05 显著水平,表示"知识获取""知识流通""知识创新"三个自变量对组织效能也有显著的影响,阶层三元线性回归整体检验的 F 值为 235.344($p = 0.000$),达到 0.05 的显著水平,显示七个预测变量对组织效能有显著的解释力,其共同解释变异为 58.0%。

在阶层回归分析中,愈后投入回归模型的自变量,表示受到其他自变量影响的可能性愈大,其与效标变量间的净相关系数会愈低。不同的变量顺序对效标变量的解释会不同,因而使用阶层回归分析时,最重要的是要决定各阶层中所要投入的变量顺序,此方面应从相关的理论、文献或经验法则来决定,而不是依使用者个人的主观认定,因为不同的变量顺序安排会导致不同的回归模型,解释力的增加量会因不同的回归模型而有不同的解释,造成回归分析时解释的困难。以上述阶层回归问题为例,如使用者改以组织知识管理、组织学习、知识环境的区组顺序投入回归模型中,则对组织效能变量的解释也有不同。

第六节 虚拟变量回归分析——强迫进入变量法

多元回归分析中,自变量应为计量变量(等距变量或比率变量),如果自变量为间断变量(名义变量或次序变量),在投入回归模型时应先转为虚拟变量(dummy variable),以使间断变量具备连续变量的特性,再将转化后的虚拟变量作为多元回归的预测变量之一。在社会及行为科学领域中,常会发现许多使用者未将间断变量转化为虚拟变量,而直接以原始背景变量(如年龄、职务、婚姻状态、服务年资、学校规模等)投入回归模型中,如此,所使用的统计分析会违反多元回归分析的基本假定(自变量与依变量要均为计量变量)。

在虚拟变量的转换方面,如果间断变量有 k 个水平,则需要 k – 1 个虚拟变量,未经处理的水平称为参照组(reference group),作为参照组的水平的有效样本个数不能与其他水平数差异太多,而其水平定义也要明确,如水平组别中的"其他"则不适合作为参照组,因为此水平组别的定义不明确。

以学生"性别"而言,其水平数有两个,原先的编码中 1 表示男生、2 表示女生,转换为虚拟变量后,参照组如为女生,则男生的编码为 1,女生的编码为 0,性别虚拟变量表示"男生与女生的对比";如果参照组为男生,男生的编码为 0,女生的编码为 1,性别虚拟变量表示"女生与男生的对比"。参照组水平的定义不同,虚拟变量组别的对比便有所不同。如果是次序变量或有顺序的变量,如社经地位、教育程度,参照组可以选定等级最高、最低或中间的水平组别。如以最高或最低等级作为参照组,可以将各水平的回归系数与参照组相比较;如以中间的水平组别作为参照组,可以有效检视达到显著水平的系数(Hardy, 1993)。

以教育程度背景变量为例,如果其水平数有三个:1 表示"高中职"组、2 表示"专科大学"组、3 表示"研究所"组。因为有三个水平,所以要新建两个(=3 – 1)虚拟变量,虚拟变量是一个二分变量,两个水平数分别为 1 和 0,1 表示具有此项特质的观察值,0 表示不具有此项特质的观察值。在下表 11-21 中以水平 3 为参照组,虚拟变量的转换如下:

表 11-21

教育程度 (原变量)	教育程度_虚拟1 (水平1与水平3对比)	教育程度_虚拟2 (水平2与水平3对比)	说 明 (参照组为水平3)
1	1	0	代表是高中职组
2	0	1	代表是专科大学组
3	0	0	不是高中职组,也不是专科大学组,因而是研究所组——参照组

上述"教育程度_虚拟1"变量为"水平1与水平3"的对比,表示"高中职组与研究所组的对比",而"教育程度_虚拟2"变量为"水平2与水平3"的对比,表示"专科大学组与研究所组的对比",参照组为水平3(研究所组)。一个多分类别变量中设定不同的参照组,则投入回归模型后的解释也会有所不同。因而作为参照组的水平必须非常明确。以

不同"职务"背景变量为例,如果职务变量有四个水平为主任(水平 1)、组长(水平 2)、科任(水平 3)、级任(水平 4),以不同水平数作为参照组时,虚拟变量的界定也会有所不同。若以"科任"(水平 3)为参照组,则相应的虚拟变量的意义如表 11-22:

表 11-22

职务(原始变量)	职务虚拟_1	职务虚拟_2	职务虚拟_4
1 主任	1	0	0
2 组长	0	1	0
3 科任(参照组)	0	0	0
4 级任	0	0	1

由于"职务"背景变量为四分类别变量,若要投入回归模型中,则要转化并增列三个虚拟变量,若将参照组设定为水平 3(科任),"职务虚拟_1"虚拟变量为"水平 1 和水平 3"的对比(主任 & 科任),"职务虚拟_2"虚拟变量为"水平 2 和水平 3"的对比(组长 & 科任),"职务虚拟_4"虚拟变量为"水平 4 和水平 3"的对比(级任 & 科任)。

若改以"组长"(水平 2)为参照组,则相应的虚拟变量的意义如表 11-23:

表 11-23

职务(原始变量)	职务虚拟_1	职务虚拟_3	职务虚拟_4
1 主任	1	0	0
2 组长(参照组)	0	0	0
3 科任	0	1	0
4 级任	0	0	1

由于"职务"背景变量为四分类别变量,若要投入回归模型中则要转化并增列三个虚拟变量,若将参照组设定为水平 2(组长),"职务虚拟_1"虚拟变量为"水平 1 和水平 2"的对比(主任 & 组长),"职务虚拟_3"虚拟变量为"水平 3 和水平 2"的对比(科任 & 组长),"职务虚拟_4"虚拟变量为"水平 4 和水平 2"的对比(级任 & 组长)。

若是使用者要以"水平 4"(级任组)为参照组,则相应的虚拟变量的意义如表 11-24:

表 11-24

职务(原始变量)	职务虚拟_1	职务虚拟_2	职务虚拟_3
1 主任	1	0	0
2 组长	0	1	0
3 科任	0	0	1
4 级任(参照组)	0	0	0

因为"职务"背景变量为四分类别变量,若要投入回归模型中,则要转化并增列三个虚拟变量,若将参照组设定为水平 4(级任),"职务虚拟_1"虚拟变量为"水平 1 和水平 4"的对比(主任组 & 级任组对比),"职务虚拟_2"虚拟变量为"水平 2 和水平 4"的对比(组长组 & 级任组对比),"职务虚拟_3"虚拟变量为"水平 3 和水平 4"的对比(科任组 & 级任组对比)。

一、虚拟变量的回归实例

某教育学者想研究学校规模与国中教育人员的职务与其工作压力的关系。在职务背景变量方面共分四个水平:数值编码1为"主任"、数值编码2为"组长"、数值编码3为"科任"、数值编码4为"级任"。使用者除想进行单因子方差分析以研究不同职务的教育人员在工作压力知觉是否有所差异外,也想将职务变量投入回归模型内。此外,就学校规模变量而言,从单因子方差分析中使用者也发现不同学校规模的中学教师的工作压力有显著差异,从关联强度指数得知学校规模变量与教师工作压力间有强度关系,在复回归分析中也要把学校规模变量投入。

由于职务背景变量、学校规模变量均为间断变量,在进行回归分析时要先转化为虚拟变量。在学校规模变量上,其水平数有3,水平数值1为大型、水平数值2为中型、水平数值3为小型。使用者想研究大型&小型、中型&小型学校规模变量对教师工作压力的预测力,将参照组设为小型(水平3)。在职务变量方面,使用者界定的参照组为"水平3科任组",转换后的三个虚拟变量及其注解如下:"职务_虚拟1"为"主任与科任的对比"(水平1&水平3的比较)、"职务_虚拟2"为"组长与科任的对比"(水平2&水平3的比较)、"职务_虚拟4"为"级任与科任组的对比"(水平4&水平3的比较)。

上述原始变量、虚拟变量与虚拟变量标记意义如下表11-25。

表11-25

原始变量		规模变量的虚拟变量		职务变量的虚拟变量		
规模	职务	规模_虚拟1	规模_虚拟2	职务_虚拟1	职务_虚拟2	职务_虚拟4
1 大型	1 主任	1	0	1	0	0
2 中型	2 组长	0	1	0	1	0
3 小型#	3 科任#	0	0	0	0	0
1 大型	4 级任	1	0	0	0	1
2 中型	1 主任	0	1	1	0	0
3 小型#	2 组长	0	0	0	1	0
1 大型	3 科任#	1	0	0	0	0

#为该变量的参照组

【备注】　上述虚拟变量的标记如下:"规模_虚拟1"为大型与小型对比、"规模_虚拟2"为中型与小型对比、"职务_虚拟1"为主任与科任对比、"职务_虚拟2"为组长与科任对比、"职务_虚拟4"为级任与科任对比。

(一)学校规模变量的转换——参照组为"小型"组别(水平3)

1.建立"规模_虚拟1"虚拟变量

> 执行工具栏[转换]/[计算(C)]的程序,开启[计算变量]对话窗口。
> →在左边[目标变量(T)]下的方格中输入虚拟变量的变量名称:"规模_虚拟1",在右边的[数值表达式(E)]下的方格中键入新变量来源属性:"规模=1"。
> →按[类型&标记(L)…]钮,开启[计算变量:类型与标记]次对话窗口,选取[标记(L):]选项,在其右边方格键入虚拟变量的注解:"大型&小型"→按[继续]钮→按[确定]钮,如图11-18。

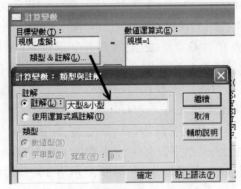

图 11-18

2. 建立"规模_虚拟 2"虚拟变量

执行工具栏[转换]/[计算(C)]的程序,开启[计算变量]对话窗口。
→在左边[目标变量(T)]下的方格中输入虚拟变量的变量名称:"规模_虚拟 2",在右边的[数值表达式(E)]下的方格中键入新变量来源属性:"规模 = 2"。
→按[类型 & 标记(L)…]钮,开启[计算变量:类型与标记]次对话窗口,选取[标记(L):]选项,在其右边方格键入虚拟变量的注解:"中型 & 小型"→按[继续]钮→按[确定]钮,如图 11-19。

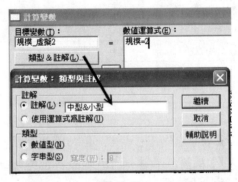

图 11-19

(二)样本职务模变量的转换——参照组为"科任"组别(水平 3)

1. 建立"职务_虚拟 1"虚拟变量

执行工具栏[转换]/[计算(C)]的程序,开启[计算变量]对话窗口。
→在左边[目标变量(T)]下的方格中输入虚拟变量的变量名称:"职务_虚拟 1",在右边的[数值表达式(E)]下的方格中键入新变量来源属性:"职务 = 1"。
→按[类型 & 标记(L)…]钮,开启[计算变量:类型与标记]次对话窗口,选取[标记(L):]选项,在其右边方格键入虚拟变量的注解:"主任 & 科任"→按[继续]钮→按[确定]钮,如图 11-20。

图 11-20

2.建立"职务_虚拟2"虚拟变量

执行工具栏[转换]/[计算(C)]的程序,开启[计算变量]对话窗口。
→在左边[目标变量(T)]下的方格中输入虚拟变量的变量名称:"职务_虚拟2",在右边的[数值表达式(E)]下的方格中键入新变量来源属性:"职务 =2"。
→按[类型 & 标记(L)…]钮,开启[计算变量:类型与标记]次对话窗口,选取[标记(L):]选项,在其右边方格键入虚拟变量的注解:"组长 & 科任"→按[继续]钮→按[确定]钮,如图 11-21。

图 11-21

3.建立"职务_虚拟4"虚拟变量

执行工具栏[转换]/[计算(C)]的程序,开启[计算变量]对话窗口。
→在左边[目标变量(T)]下的方格中输入虚拟变量的变量名称:"职务_虚拟1",在右边的[数值表达式(E)]下的方格中键入新变量来源属性:"规模 =4"。
→按[类型 & 标记(L)…]钮,开启[计算变量:类型与标记]次对话窗口,选取[标记(L):]选项,在其右边方格键入虚拟变量的注解:"级任 & 科任"→按[继续]钮→按[确定]钮,如图 11-22。

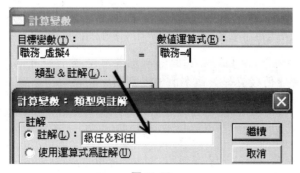

图 11-22

二、输出结果

表 11-26　选入/删除的变量(b)

模型	选入的变量	删除的变量	方法
1	级任 & 科任, 大型 & 小型, 组长 & 科任, 中型 & 小型, 主任 & 科任 (a)	.	选入

a 所有要求的变量已输入。

b 依变量:工作压力

表 11-26 为五个虚拟变量被选入回归方程式的顺序,依序为"级任 & 科任""大型 & 小型""组长 & 科任""中型 & 小型""主任 & 科任",被选入的变量顺序与虚拟变量对工作压力效标变量影响的重要性无关。

表 11-27　模型摘要(b)

模型	R	R 平方	调过后的 R 平方	估计的标准误	Durbin-Watson 检验
1	.855(a)	.731	.699	3.350	1.364

a 预测变量:(常数), 级任 & 科任, 大型 & 小型, 组长 & 科任, 中型 & 小型, 主任 & 科任

b 依变量:工作压力

表 11-27 为模型摘要表,包括多元相关系数、多元相关系数平方、调整后的 R^2、估计标准误、残差项自我相关 Durbin-Watson 检验统计量。由表中可知五个虚拟变量与效标变量工作压力间的多元相关系数为 0.855、决定系数(R^2)为 0.731、调整后的 R^2 为 0.699,回归模型误差均方和(MSE)的估计标准误为 3.350。由于是采用强迫进入变量法,只有一个回归模型,五个虚拟变量均投入回归方程式中,五个虚拟变量共可解释"工作压力"效标变量 73.1% 的变异量。

表 11-28　方差分析(b)

模型		平方和	自由度	平均平方和	F 检验	显著性
1	回归	1282.843	5	256.569	22.856	.000(a)
	残差	471.470	42	11.225		
	总和	1754.313	47			

a 预测变量:(常数), 级任 & 科任, 大型 & 小型, 组长 & 科任, 中型 & 小型, 主任 & 科任

b 依变量:工作压力

表 11-28 为回归方程式的方差分析摘要表,回归模型变异量显著性检验的 F 值为 22.856、显著性检验的 p 值为 0.000,小于 0.05 的显著水平,表示回归模型整体解释变异量达到显著水平。回归模型的整体性统计检验的 F 值达到显著,表示回归方程式中至少有一个回归系数不等于 0,或者全部回归系数均不等于 0,亦即至少有一个虚拟变量会达到显著水平。至于是哪些回归系数达到显著,则要从下述的系数摘要表中的回归系数、相对应显著性检验的 t 值及其显著概率值加以判别。

表 11-29 系数(a)

模型	未标准化系数		标准化系数	t	显著性
	B 的估计值	标准误	Beta 分布		
1 (常数)	15.971	1.205		13.258	.000
大型 & 小型	3.376	1.249	.248	2.702	.010
中型 & 小型	-3.418	1.260	-.274	-2.713	.010
主任 & 科任	9.203	1.461	.640	6.297	.000
组长 & 科任	4.382	1.292	.322	3.392	.002
级任 & 科任	6.783	1.507	.456	4.501	.000

a 依变量:工作压力

表 11-29 为回归模型的回归系数及回归系数的显著性检验,包括非标准化的回归系数(B 的估计值栏)、标准化的回归系数(Beta 分布栏)、回归系数显著性检验的 t 值及显著性概率值。五个虚拟变量的回归系数均达显著,表示五个虚拟变量对工作压力均有显著的解释力。以"大型 & 小型"虚拟变量而言,其 β(标准化回归系数)等于 0.248,回归系数为正,表示与小型规模学校相比之下,大型规模学校教师的工作压力较大;以"中型 & 小型"虚拟变量而言,其 β(标准化回归系数)等于 -0.274,回归系数为负,表示与小型规模学校相比之下,中型规模学校教师的工作压力较小。

就"主任 & 科任"虚拟变量而言,其 β(标准化回归系数)等于 0.640,回归系数为正,表示与科任职任教师相比之下,主任职任教师的工作压力较大;就"组长 & 科任"虚拟变量而言,其 β(标准化回归系数)等于 0.322,回归系数为正,表示与科任职任教师相比之下,组长职任教师的工作压力较大;就"级任 & 科任"虚拟变量而言,其 β(标准化回归系数)等于 0.456,回归系数为正,表示与科任职任教师相比之下,级任职任教师的工作压力较大。

虚拟变量对依变量的回归系数若达显著(回归系数显著性 t 统计量的显著性 p 小于 0.05),表示此虚拟变量对效标变量有显著的解释力,至于水平间的影响如何,要依据参照值与标准化回归系数的正负号来解释。如"水平 1& 水平 3"虚拟变量,变量标记中或变量名称中"&"符号后面的变量最好为参照组,这样在解释上比较方便,此时若是标准化回归系数 β 为正,表示与"水平 3"组别比较,"水平 1"组别在效标变量的测量值较高,就学业成就而言,表示与"水平 1"组别相比之下,组别 3 的学业成就显著较高;相对的,如果标准化回归系数 β 为负,表示与"水平 3"组别比较,"水平 1"组别在效标变量的测量值较低,以学业成就而言,表示与"水平 1"组别相比,组别 3 的学业成就显著较低。

虚拟变量的回归系数的解释和非虚拟变量的回归系数的解释不同,前者要跟参照组比较,后者则采用积差相关的解释原理。以学习动机、学习压力对学业成就的回归预测为例,如果两个预测变量的回归系数均达显著,学习动机的标准化回归系数 β 为正,而学习压力的标准化回归系数 β 为负,表示样本的学习动机愈强(测量值分数愈高),其学业成就愈佳(测量值分数愈高),样本的学习压力愈低(测量值分数愈低),其学业成就愈佳(测量值分数愈高)。自变量间若没有出现多元共线性问题,则回归方程式中标准化回归系数的正负号会和原先预测变量与效标变量的积差相关系数正负号相同。

第十二章 主成分回归分析与路径分析

第一节 高度多元共线性的回归解析

一、多元共线性的诊断

回归分析中的多元共线性也称为线性重合,预测变量间如果发生多元共线性问题,在复回归分析中有可能发生多元相关系数的平方(R^2)很高的情况,且发生线性回归模型整体检验的 F 值达到显著($p < 0.05$),但多数预测变量的回归系数检验的 t 值未达显著($p > 0.05$)的情况,因此多数的预测变量无法有效解释效标变量。复回归分析中共线性诊断指标包括容忍度、方差膨胀因素(VIF)、条件指标、特征值、方差比例。容忍度值介于 0 至 1 间,当容忍度值愈接近 0 时愈有共线性问题;方差膨胀因素值为容忍度值的倒数,因而方差膨胀因素值愈大愈有共线性问题,一般而言,方差膨胀因素值大于 10 时自变量间即有可能发生线性重合;条件指标值(CI)由特征值换算而来,条件指标值愈大,特征值相对会愈小,自变量间愈有可能发生线性重合,当特征值接近 0 或条件指标值在 30 以上时则有中度至高度的线性重合问题;方差比例值的检验由自变量在特征值数值大小判别,当自变量在某一个特征值的方差比例值愈接近 1 时,表示这几个自变量间愈有可能发生线性重合。

复回归分析中如果发生多元共线性问题,则可以采取以下几个处理策略:①利用逐步多元回归分析法,逐步多元回归法会分别计算各自变量对效标变量的解释力大小,由大至小挑选解释力最大且达显著的($p < 0.05$)变量进入回归模型;随后重新计算其余自变量对效标变量的解释力,并重新分析在回归模型中因新自变量的进入导致回归系数显著性的改变情形,如果未达显著标准($p > 0.10$),则会被排除于模型之外。依据此一判别原理重复挑选与排除变量,直到没有自变量可被选择或排除,此时的回归模型为最佳的回归模型。②利用主成分回归分析法(principal component regression),主成分主要建构发生线性重合的自变量的潜在变量(主成分)并作为新的预测变量。

回归分析中发生高度共线性问题时,会使得以一般最小平方法(ordinary least squares;OLS)估计所得的模型的参数估计量的标准差值被大幅度放大,进而使得系数显著性检验的 t 检验值明显变小,整体回归模型的显著性检验得到提高,最终得到一个不错的整体估计模型适度,但进一步研究结果会发现大部分自变量的个别参数都不显著,或是参数正负值无法作出合理解释,此时,可采用主成分分析法(principal component analysis），将关系密切的数个解释变量（预测变量）缩减为几个主成分，这些主成分可以以最大的变异量解释原先多数自变量，进而用萃取后的主成分作为新的预测变量。若是有 p 个变量间关系均很密切（有高度相关存在），可以经由主成分分析转换成 p 个彼此相关等于 0 的主成分，再投入于回归方程式中。

　　主成分分析和因素分析（factor analysis）的理念甚为类似，但两者也有差异之处。相似部分是两者都具有将原有数据变量缩减成少数几个可以描述大部分原数据信息内涵变量的功能。两者相异的地方为，主成分分析主要是利用原有的变量组合成几个新的变量，最后选取的变量个数较原有变量个数少，以达到数据缩减的目的，选取的个数变量虽然较少却可以解释原有变量大部分的变异，这些选取的变量（主成分）间两两相关均为 0；因素分析的目的主要是找寻及确认可以解释原有变量间交互关系的潜在因素或建构（construct）。此外，主成分分析中原有变量是用来组成新的变量（主成分），也称为形成性指标（formative indicators）；而因素分析程序中，原有变量是用来反映潜在因素或构念的存在，也称为反映性指标（reflective indicators）（林师模、陈苑钦，2006）。主成分分析是以方差分析为导向，而因素分析是以协方差为导向。主成分分析中的每个主成分是原有变量的线性组合，经由线性组合转换后的主成分分析彼此间均没有相关，由于主成分间彼此相关很低，因而投入于回归模型中的解释变量间不会发生有高度相关的情形。

二、解释变量间高度共线性范例解析

【研究问题】

> 以六个预测变量 X1、X2、X3、X4、X5、X6 来对效标变量 Y 进行多元回归分析。

（一）六个预测变量与效标变量间的相关矩阵

表 12-1　相关

		X1	X2	X3	X4	X5	X6	Y
X1	Pearson 相关	1	.793(**)	.648(**)	.639(**)	.688(**)	.925(**)	.779(**)
	显著性（双尾）		.000	.000	.000	.000	.000	.000
	个数	576	576	576	576	576	576	576
X2	Pearson 相关	.793(**)	1	.669(**)	.663(**)	.714(**)	.925(**)	.846(**)
	显著性（双尾）	.000		.000	.000	.000	.000	.000
	个数	576	576	576	576	576	576	576
X3	Pearson 相关	.648(**)	.669(**)	1	.546(**)	.522(**)	.778(**)	.595(**)
	显著性（双尾）	.000	.000		.000	.000	.000	.000
	个数	576	576	576	576	576	576	576
X4	Pearson 相关	.639(**)	.663(**)	.546(**)	1	.714(**)	.765(**)	.722(**)
	显著性（双尾）	.000	.000	.000		.000	.000	.000
	个数	576	576	576	576	576	576	576
X5	Pearson 相关	.688(**)	.714(**)	.522(**)	.714(**)	1	.772(**)	.768(**)
	显著性（双尾）	.000	.000	.000	.000		.000	.000
	个数	576	576	576	576	576	576	576
X6	Pearson 相关	.925(**)	.925(**)	.778(**)	.765(**)	.772(**)	1	.874(**)
	显著性（双尾）	.000	.000	.000	.000	.000		.000

续表

	X1	X2	X3	X4	X5	X6	Y
个数	576	576	576	576	576	576	576
Y　Pearson 相关	.779(**)	.846(**)	.595(**)	.722(**)	.768(**)	.874(**)	1
显著性（双尾）	.000	.000	.000	.000	.000	.000	
个数	576	576	576	576	576	576	576

** 在显著水平为 0.01 时（双尾），相关显著。

在上述相关矩阵中，六个预测变量与效标变量间呈现显著的正相关，相关系数介于 0.595 至 0.874 间，表示六个预测变量与效标变量 Y 间有中高度的关系存在。但自变量间的关系也呈现中高度的关系，其中自变量 X1、X2 与自变量 X6 间的相关系数分别为 0.925，0.925，呈现一种极高度的正相关，如表 12-1。

（二）采用同时回归分析——强迫进入法

表 12-2　模型摘要（b）

模型	R	R 平方	调过后的 R 平方	估计的标准误	Durbin-Watson 检验
1	.899(a)	.808	.806	2.040	2.053

a 预测变量:（常数），X6、X4、X3、X5、X2、X1

b 依变量:Y

X1、X2、X3、X4、X5、X6 六个自变量可以解释效标变量 Y 80.8% 的变异量，调整过后的 R^2 也高达 80.6%，表示六个自变量可以有效解释效标变量，如表 12-2。

表 12-3　系数（a）

模型		未标准化系数		标准化系数	t	显著性	共线性统计量	
		B 的估计值	标准误	Beta 分布			允差	VIF
1	（常数）	1.969	.750		2.624	.009		
	X1	-.182	.065	-.203	-2.818	.005	.065	15.353
	X2	.111	.067	.112	1.649	.100	.074	13.581
	X3	-.265	.050	-.198	-5.254	.000	.237	4.212
	X4	.095	.098	.035	.975	.330	.265	3.777
	X5	.472	.085	.171	5.522	.000	.353	2.834
	X6	.252	.042	.954	6.016	.000	.013	74.557

a 依变量:Y

在个别系数显著性检验方面，如表 12-3，自变量 X1、X3 的标准化回归系数呈现负值，其 β 系数分别为 -0.203，-0.198，两个回归系数显著性检验的 t 值分别为 -2.818，-5.254，均达到 0.05 显著水平，表示这两个预测变量对效标变量的影响为负向。此种结果和之前相关矩阵所呈现的结果互相矛盾，在回归方程式中自变量 X1、X3 的回归系数无法作出合理的诠释。从共线性统计量来看，自变量 X1、X2、X6 的容忍度值分别为 0.065，0.074，0.013，非常接近 0，三个变量的 VIF 值分别为 15.353，13.581，74.557，均大于 10，表示这三个变量和其他变量间有高度共线性问题，至于高度线性重合是哪些自变量造成的，要查看方差比例值数据。

表 12-4 共线性诊断(a)

模型	维度	特征值	条件指标	方差比例						
				(常数)	X1	X2	X3	X4	X5	X6
1	1	6.957	1.000	.00	.00	.00	.00	.00	.00	.00
	2	.019	19.276	.18	.00	.00	.29	.01	.01	.00
	3	.009	27.303	.81	.00	.00	.11	.04	.07	.00
	4	.007	31.889	.00	.04	.02	.06	.31	.03	.00
	5	.005	39.310	.00	.01	.00	.03	.26	.82	.00
	6	.003	45.464	.00	.12	.21	.01	.00	.03	.00
	7	.000	214.393	.00	.81	.76	.51	.38	.04	1.00

a 依变量:Y

从共线性诊断统计量摘要表 12-4 中可以发现,最大的条件指标值为 214.393,表示回归方程式中有高度的线性重合问题,再从方差比例值来看,自变量 X1、X2、X6 在第 7 个特征值的方差比例值分别为 0.81,0.75,1.00,方差比例值偏高表示多元回归程序中线性重合问题主要发生在自变量 X1、X2、X6 三个变量上面。

(三)采用逐步回归法——统计回归法

表 12-5 模型摘要

模型	R	R 平方	调过后的 R 平方	估计的 标准误	变更统计量				
					R 平方 改变量	F 改变	分子 自由度	分母 自由度	显著性 F 改变
1	.874(a)	.764	.763	2.255	.764	1853.111	1	574	.000
2	.886(b)	.785	.785	2.150	.022	58.461	1	573	.000
3	.893(c)	.797	.796	2.094	.012	32.423	1	572	.000
4	.898(d)	.807	.806	2.042	.010	30.555	1	571	.000

a 预测变量:(常数), X6
b 预测变量:(常数), X6, X5
c 预测变量:(常数), X6, X5, X3
d 预测变量:(常数), X6, X5, X3, X1

采用逐步回归分析法,四个被选入回归方程式的预测变量为 X6、X5、X3、X1,四个变量与效标变量的多元相关系数为 0.898,多元相关系数平方为 0.807,表示上述四个变量对效标变量 Y 联合解释变异量达 80.7%,其中以自变量 X6 的个别解释变异量最大,其解释量为 76.4%,如表 12-5。

表 12-6   系数（a）

模型		未标准化系数		标准化系数	t	显著性
		B 的估计值	标准误	Beta 分布		
1	（常数）	4.333	.777		5.580	.000
	<略>	<略>	<略>	<略>	<略>	<略>
4	（常数）	2.124	.738		2.880	.004
	X6	.313	.019	1.187	16.484	.000
	X5	.469	.083	.170	5.667	.000
	X3	−.310	.042	−.232	−7.337	.000
	X1	−.256	.046	−.285	−5.528	.000

a 依变量：Y

模型 4 中呈现四个具有预测力变量的回归系数，其中预测变量 X6、X5 的标准化回归系数为正数，表示其对效标变量 Y 的影响为正向，但其中预测变量 X6 的 β 系数值的绝对值大于 1，如表 12-6，超出回归分析模型中 β 系数的临界值。β 系数为不具特定单位的标准化回归系数值，其系数性质与积差相关系数类似，范围介于 −1 至 +1 之间，β 系数的绝对值愈大，表示其对效标变量的影响愈大，独自的解释变异愈高，但预测变量 X6 的回归系数虽达显著，却出现不合理的数值。此外，预测变量 X3、X1 的标准化回归系数为负值，表示其对效标变量 Y 的影响为负向，即 X3、X1 的测量值愈高，效标变量 Y 的测量值会愈低，此种结果和先前进行积差相关的结果刚好相反，前后的结果解释自相矛盾，在变量间的相关分析中，变量 X3、X1 和效标变量 Y 间的积差相关系数为 $0.595（p = 0.000 < 0.05）$、$0.779（p = 0.000 < 0.05）$，表示变量 X3、X1 和效标变量 Y 间呈现显著的正相关，但在逐步回归分析中，两个变量的 β 系数却为负数，这是回归分析中第二个不合理地方。

在复回归分析中，若是自变量有共线性问题，则采用逐步回归法，可以借由统计回归的数学换算排除自变量间线性重合或线性相依的问题，但若是自变量间共线性程度较为严重，即使采用逐步多元回归法也会产生上述情形，如某些具预测力的自变量其回归系数无法作出合理解释，或是回归系数的正负号与理论相异，或与相关系数产生相互矛盾的现象，或是回归分析模型中回归系数出现不符回归理论的数值。上述回归分析范例的解决方法是采用下列介绍的主成分回归分析法，或是先删除预测变量 X6。因为预测变量 X6 与其余五个预测变量间呈现高度的正相关，尤其是与变量 X1、变量 X2 的相关系数高达 0.925，表示预测变量 X6 与预测变量 X1、变量 X2 所欲测得的态度或潜在特质完全相同，此变量没有必要投入回归模型中。

（四）将自变量 X6 事先从预测变量中移除

由于 X6 变量与预测变量 X1、X2 间的相关甚高，且产生高度线性相依问题，因而在进行统计回归程序时可以不用将变量 X6 纳入预测变量之中，而改以变量 X1、X2、X3、X4、X5 五个预测变量来预测效标变量 Y。

表 12-7 模型摘要

模型	R	R 平方	调过后的 R 平方	估计的 标准误	变更统计量				
					R 平方 改变量	F 改变	分子 自由度	分母 自由度	显著性 F 改变
1	.846(a)	.715	.715	2.474	.715	1 443.280	1	574	.000
2	.878(b)	.771	.770	2.223	.055	137.564	1	573	.000
3	.886(c)	.785	.784	2.152	.015	39.431	1	572	.000
4	.892(d)	.795	.794	2.103	.010	28.101	1	571	.000

a 预测变量:(常数), X2

b 预测变量:(常数), X2, X5

c 预测变量:(常数), X2, X5, X4

d 预测变量:(常数), X2, X5, X4, X1

表 12-7 为模型摘要表,采用的方法为逐步回归分析法,四个被选入回归方程式的预测变量为变量 X2、X5、X4、X1,四个变量与效标变量的多元相关系数为 0.892、多元相关系数平方为 0.795、调整后的 R 平方为 0.794。上述四个变量对效标变量 Y 联合解释变异量达 79.5%,其中以自变量 X2 的解释变异最大,其解释量为 71.5%,自变量 X2、X4 在第一次统计回归中被排除在回归模型之外,在第二次统计回归中则被纳入回归方程式之内。

表 12-8 系数(a)

模型		未标准化系数		标准化系数	t	显著性
		B 的估计值	标准误	Beta 分布		
1	(常数)	7.158	.806		8.883	.000
	X2	.839	.022	.846	37.991	.000
2	<略>	<略>	<略>	<略>	<略>	<略>
4	(常数)	1.929	.770		2.505	.013
	X2	.445	.034	.449	13.141	.000
	X5	.588	.086	.213	6.839	.000
	X4	.443	.079	.162	5.635	.000
	X1	.156	.029	.174	5.301	.000

a 依变量:Y

从系数摘要表 12-8 中得知进入回归模型的四个预测变量的标准化回归系数没有出现不合理的数值,且四个预测变量的 β 系数均为正数,β 系数分别为 0.449,0.213,0.162,0.174,与先前积差相关所得结果的方向相同,表示四个预测变量对效标变量的影响均为正向,四个进入回归模型的预测变量的测量值愈高,效标变量 Y 的测量值也愈高,同时统计回归所获得的回归方程式中的回归系数可以得到合理的解释。

第二节　主成分回归分析法的应用

【研究问题】

> 某使用者以学生的"阅读成绩""写作能力""口语表达""推理成绩""空间概念"五个变量来预测学生资优班"甄试表现"成绩。其中五个自变量为学生中学三年级的"阅读成绩""写作能力""口语表达""推理成绩""空间概念"成绩,效标变量为资优班甄选的"甄试表现"成绩。请问学生的"阅读成绩""写作能力""口语表达""推理成绩""空间概念"五个变量是否可以有效预测学生资优班"甄试表现"成绩。

一、一般复回归结果说明

(一)变量间的相关矩阵操作与结果

1. 操作程序

在工具栏执行[分析(A)](Analyze)/[相关(C)](Correlate)/[双变量(E)](Bivariate)开启[双变量相关分析]对话窗口。
→在左边变量清单中将目标变量"阅读成绩""写作能力""口语表达""推理成绩""空间概念""甄试表现"六个点选至右边[变量(V)]下的方框中。 →在下方[相关系数]方框中勾选[Pearson 相关系数(N)]选项,[显著性检验]方框中选取内定的[双尾检验(T)]→按[确定]钮。

2. 输出结果

表 12-9　相关

		阅读成绩	写作能力	口语表达	推理成绩	空间概念	甄试表现
阅读成绩	Pearson 相关	1	.902	.719	.670	.682	.806
	显著性(双尾)		.000	.000	.000	.000	.000
	个数	130	130	130	130	130	130
写作能力	Pearson 相关	.902	1	.739	.611	.628	.804
	显著性(双尾)	.000		.000	.000	.000	.000
	个数	130	130	130	130	130	130
口语表达	Pearson 相关	.719	.739	1	.743	.745	.855
	显著性(双尾)	.000	.000		.000	.000	.000
	个数	130	130	130	130	130	130
推理成绩	Pearson 相关	.670	.611	.743	1	.923	.798
	显著性(双尾)	.000	.000	.000		.000	.000
	个数	130	130	130	130	130	130

续表

		阅读成绩	写作能力	口语表达	推理成绩	空间概念	甄试表现
空间	Pearson 相关	.682	.628	.745	.923	1	.802
概念	显著性（双尾）	.000	.000	.000	.000		.000
	个数	130	130	130	130	130	130
甄试	Pearson 相关	.806	.804	.855	.798	.802	1
表现	显著性（双尾）	.000	.000	.000	.000	.000	
	个数	130	130	130	130	130	130

表 12-9 为五个自变量与效标变量间的相关矩阵，"阅读成绩""写作能力""口语表达""推理成绩""空间概念"五个自变量与效标变量"甄试表现"的相关系数分别为 0.806（$p = 0.000$）、0.804（$p = 0.000$）、0.855（$p = 0.000$）、0.798（$p = 0.000$）、0.802（$p = 0.000$），均达 0.05 显著水平，相关系数绝对值在 0.798 以上，表示五个预测变量与效标变量间均呈现显著的高度关系。再从五个自变量间的相关矩阵来看，五个自变量间的积差相关系数介于 0.611（$p = 0.000$）至 0.923 间（$p = 0.000$），呈现显著的中度或高度相关。其中预测变量"阅读成绩"与"写作能力"间的相关系数高达 0.902（$p = 0.000 < 0.05$），"推理成绩"与"空间概念"间的相关系数高达 0.932（$p = 0.000 < 0.05$），由于两组预测变量间呈现高度的相关，因而在复回归分析中可能会发生线性重合问题。

（二）复回归分析操作与结果

1. 操作程序

→菜单执行［分析（A）］/［回归方法（R）］（Regression）/［线性（L）］（Linear）程序，开启［线性回归］对话窗口。
→在左边变量清单中选取效标变量"甄试表现"至右方［依变量（D）］下的方格中。 →在左边变量清单中选取投入回归模型的预测变量"阅读成绩""写作能力""口语表达""推理成绩""空间概念"，将之点选至右边［自变量（I）］下的方格中。 →在［方法（M）］右边的下拉式选单中选取［强迫进入变量法］。
→按［统计量（S）…］钮，开启［线性回归:统计量］次对话视窗口,勾选［估计值（E）］、［模型适合度（M）］、［共线性诊断（L）］等选项→按［继续］钮,回到［线性回归］对话窗口。

2. 输出结果

表 12-10　模型摘要

模型	R	R 平方	调过后的 R 平方	估计的标准误
1	.920（a）	.847	.841	8.954

a 预测变量:(常数), 空间概念, 写作能力, 口语表达, 阅读成绩, 推理成绩

表 12-10 为回归模型摘要表,五个自变量与效标变量"甄试表现"的多元相关系数 (R)等于 0.920,决定系数(R^2)为 0.847,调整后的 R 平方等于 0.841,估计标准误为 8.594,五个自变量共可解释效标变量 84.7% 的变异量,预测变量对依变量的解释力相当高。

表 12-11　方差分析(b)

模型		平方和	自由度	平均平方和	F 检验	显著性
1	回归	55138.055	5	11027.611	137.553	.000(a)
	残差	9941.053	124	80.170		
	总和	65079.108	129			

a 预测变量:(常数),空间概念,写作能力,口语表达,阅读成绩,推理成绩
b 依变量:甄试表现

表 12-11 为整体回归模型检验的统计量,方差分析的 F 值等于 137.553 8,显著性概率值 $p = 0.000 < 0.05$,达到 0.05 显著水平,表示五个自变量中至少有一个自变量的回归系数达到显著,即回归模型中至少有一个回归系数不等于 0,或者全部回归系数均显著不等于 0。

表 12-12　系数(a)

模型		未标准化系数		标准化系数	t	显著性	共线性统计量	
		B 的估计值	标准误	Beta 分布			允差	VIF
1	(常数)	-20.502	2.344		-8.745	.000		
	阅读成绩	.174	.111	.136	1.558	.122	.162	6.180
	写作能力	.299	.118	.219	2.524	.013	.164	6.099
	口语表达	.818	.143	.360	5.728	.000	.311	3.212
	推理成绩	.229	.127	.170	1.807	.073	.140	7.158
	空间概念	.194	.125	.147	1.558	.122	.138	7.260

a 依变量:甄试表现

表 12-12 为回归模型中个别回归系数参数的估计值,"阅读成绩""写作能力""口语表达""推理成绩""空间概念"五个预测变量的标准化回归系数(β 值)分别为 0.136, 0.219,0.360,0.170,0.147,回归系数显著性检验的 t 值分别为 1.558(p = 0.122 > 0.05),2.524(p = 0.031 < 0.05),5.718(p = 0.000 < 0.05),1.807(p = 0.073 > 0.05), 1.558(p = 0.122 > 0.05)。其中"阅读成绩""推理成绩"与"空间概念"三个预测变量的回归系数均未达显著水平。在共线性统计量中,"阅读成绩""写作能力""推理成绩""空间概念"四个预测变量的容忍度值(允差栏)均小于 0.200,而 VIF 值则均大于 6.000 以上,表明回归模型中可能有线性相依问题。

表 12-13　共线性诊断(a)

模型	维度	特征值	条件指标	方差比例					
				（常数）	阅读成绩	写作能力	口语表达	推理成绩	空间概念
1	1	5.747	1.000	.00	.00	.00	.00	.00	.00
	2	.115	7.076	.47	.00	.01	.00	.05	.04
	3	.078	8.595	.52	.06	.08	.01	.02	.02
	4	.036	12.602	.01	.07	.01	.91	.02	.02
	5	.013	21.187	.00	.05	.03	.00	.80	.90
	6	.011	22.552	.00	.82	.87	.08	.11	.02

a 依变量:甄试表现

表 12-13 为共线性诊断的指标,包括特征值、条件指标、方差比例。其中第五个维度的特征值为 0.013、条件指标值为 21.187,特征值很接近 0,条件指标值大于 20,因而自变量间可能存在多元共线性问题。再从方差比例值来看,自变量"推理成绩"与"空间概念"在第五个特征值的方差比例值分别为 0.80,0.90,非常接近 1,表示"推理成绩"与"空间概念"可能产生多元共线性问题。第六个维度的特征值为 0.011、条件指标值为 22.552,特征值很接近 0,条件指标值大于 20,因而自变量间可能存在多元共线性问题。再从方差比例值来看,自变量"阅读成绩""写作能力"在第六个特征值的方差比例值分别为 0.82,0.87,非常接近 1,表示"阅读成绩"与"写作能力"两个变量也可能产生多元共线性问题。由于回归方程式中的自变量产生线性重合,因而虽然"阅读成绩""推理成绩""空间概念"与效标变量有高度相关,但在复回归分析仍被排除于回归模型之外,且对效标变量没有显著的影响。

二、抽取预测变量主成分

（一）新增预测变量"阅读成绩""写作能力"的潜在变量

1. 操作程序

执行工具栏[分析(A)]/[数据缩减(D)](Reduction)/[因子(F)](Factor)程序,开启[因子分析]对话窗口。 →在左边变量清单中将"阅读成绩""写作能力"两个变量选入右边[变量(V):]下的空格中。
→按[分数(S)…]钮,开启[因子分析:产生因素分数]次对话窗口,勾选[因素储存成变量(S)]选项,在[方法]方框中点选[回归方法(R)]选项,如图 12-1,按[继续]钮,回到[因子分析]对话窗口。
→按[萃取(E)…]钮,开启[因子分析:萃取]次对话窗口,抽取因素方法选取内定的[主成分],点选[相关矩阵]、[未旋转因子解]等项,固抽取因素为限定的特征值大于 1 者,在[特征值:]后面的空格内选取内定数值 1,如图 12-2,→按[继续]钮,回到[因子分析]对话窗口→按[确定]钮。

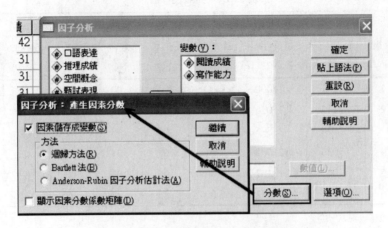

图 12-1

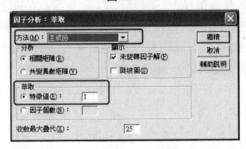

图 12-2

2. 输出结果

表 12-14　因子分析

	初始	萃取
阅读成绩	1.000	.951
	1.000	.951

萃取法:主成分分析。

表 12-14 为每一个变量初始值的共同性及以主成分方法(principal component method)抽取主成分后的共同性(Communalities)。共同性愈高,表示该变量与其他变量所欲测量的共同特质愈多;相反的,共同性愈低,表示该变量与其他变量所欲测量的共同特质愈少。上表中最后的共同性值为 0.951,表示变量"阅读成绩"与变量"写作能力"所欲测量的共同特质很多。

表 12-15　解释总变异量

成分	初始特征值			平方和负荷量萃取		
	总和	方差的%	累积%	总和	方差的%	累积%
1	1.902	95.123	95.123	1.902	95.123	95.123
2	.098	4.877	100.000			

萃取法:主成分分析。

表 12-15 为以主成分方法抽取主成分的结果,初始特征值(Initial Eigenvalues)有两个(因有两个变量,故初始特征值有两个,其总和等于 2),两个特征值分别为 1.902,0.098(特征值的总和等于相关矩阵对角线元素的总和 2),其解释变异量分别为 95.123%,4.877%。第二个特征值不但远小于 1,而且非常接近 0,似乎可将之删除。两个变量经主成分分析法所抽出的第一个主成分可以解释全体总变异量的 95.123%,再从表 12-16 主成分分析的加权系数来看,两个变量相对应的加权系数分别为 0.975,0.975,正好反映"阅读成绩"与"写作能力"两个变量均匀贡献于第一个主成分,因而两个变量适合以第一个主成分(新的潜在变量)来取代。

表 12-16 成分矩阵为各变量在主成分上的加权系数,加权系数是根据各变量的共同性估计得来,其性质与复回归分析中的标准化回归系数相同。将每一变量在各主成分上系数值的平方加总,即可求得各变量的共同性。

表 12-16 成分矩阵(a)

	成分
	1
阅读成绩	0.975
写作能力	0.975

萃取方法:主成分分析。
a 萃取了 1 个成分。

经由主成分分析结果得知变量"阅读成绩"、变量"写作能力"可以用一个潜在变量来取代,此主成分变量名称可以命名为"语文能力"。主成分分析时,在[因子分析:产生因素分数]次对话窗口中勾选[因素储存成变量(S)]选项,执行完因子分析程序后,会在数据文件中新增一个因素变量"FAC1_1"。

(二)新增预测变量"推理成绩""空间概念"的潜在变量

1. 操作程序

执行工具栏[分析(A)]/[数据缩减(D)]/[因子(F)]程序,开启[因子分析]对话窗口。
→在左边变量清单中将"推理成绩""空间概念"两个变量选入右边[变量(V):]下的空格中。

→按[分数(S)...]钮,开启[因子分析:产生因素分数]次对话窗口,勾选[因素储存成变量(S)]选项,在[方法]方框中点选[回归方法(R)]选项,按[继续]钮,回到[因子分析]对话窗口。

→按[萃取(E)...]钮,开启[因子分析:萃取]次对话窗口,抽取因素方法选取内定的[主成分],点选[相关矩阵]、[未旋转因子解]等项,因抽取因素为限定的特征值大于 1 者,在[特征值:]后面的空格内选取内定数值 1→按[继续]钮,回到[因子分析]对话窗口→按[确定]钮。

---

2. 输出结果

表 12-17　因子分析:共同性

	初始	萃取
推理成绩	1.000	.961
空间概念	1.000	.961

萃取法:主成分分析。

表 12-17 为每一个变量初始值的共同性及以主成分方法抽取主成分后的共同性。共同性愈高,表示该变量与其他变量所欲测量的共同特质愈多;相反的,共同性愈低,表示该变量与其他变量所欲测量的共同特质愈少。上表中最后的共同性值为 0.961,表示变量"推理成绩"与"空间概念"所欲测量的共同特质很多。

表 12-18　解释总变异量

成分	初始特征值			平方和负荷量萃取		
	总和	方差的%	累积%	总和	方差的%	累积%
1	1.923	96.145	96.145	1.923	96.145	96.145
2	.077	3.855	100.000			

萃取法:主成分分析。

表 12-18 为以主成分方法抽取主成分的结果,初始特征值(Initial Eigenvalues)有两个(因有两个变量,故初始特征值有二个,其总和等于 2),分别为 1.923,0.077(特征值的总和等于相关矩阵对角线元素的总和 = 2),其解释变异量分别为 95.145%,3.855,第二个特征值不但远小于 1,而且非常接近 0,似乎可将之删除。两个变量经主成分分析法所抽出的第一个主成分可以解释全体总异量的 95.145%,再从下表主成分分析的加权系数来看,两个变量相对应的加权系数分别为 0.981,0.981,正好反映"推理成绩"与"空间概念"两个变量均匀贡献于第一个主成分,因而两个变量适合以第一个主成分(新的潜在变量)来取代。

表 12-19　成分矩阵(a)

	成分
	1
推理成绩	.981
空间概念	.981

萃取方法:主成分分析。

a 萃取了 1 个成分。

表 12-19 成分矩阵为各变量在主成分上的加权系数,加权系数是根据各变量的共同性估计得来,其性质与复回归分析中的标准化回归系数相同。将每一变量在各主成分上系数值的平方加总,即可求得各变量的共同性。经由主成分分析结果得知变量"推理成绩"与变量"空间概念"可以用一个潜在变量来取代,此主成分变量名称可以命名为"数学能力"。主成分分析时,在[因子分析:产生因素分数]次对话窗口中勾选[因素储存成变量(S)]选项,执行完因子分析程序后,会在数据文件中新增一个因素变量"FAC1_2"。

三、主成分回归分析

1. 操作程序

→菜单执行［分析(A)］/［回归方法(R)］/［线性(L)］程序,开启［线性回归］对话窗口。
→在左边变量清单中选取效标变量"甄试表现"至右方［依变量(D)］下的方格中。 →在左边变量清单中选取投入回归模型的预测变量"口语表达""语文能力""数学能力",将之点选至右边［自变量(I)］下的方格中。 →在［方法(M)］右边的下拉式选单中选取［强迫进入变量法］。
→按［统计量(S)...］钮,开启［线性回归:统计量］次对话视窗口,勾选［估计值(E)］、［模型适合度(M)］、［共线性诊断(L)］等选项→按［继续］钮,回到［线性回归］对话窗口。

2. 输出结果

回归

表 12-20　模型摘要

模型	R	R 平方	调过后的 R 平方	估计的标准误
1	.920(a)	.847	.843	8.892

a 预测变量:(常数),数学能力,语文能力,口语表达

表 12-20 为回归模型摘要表,三个自变量与效标变量 Y 的多元相关系数(R)等于 0.920,决定系数(R^2)为 0.847,调整后的 R 平方等于 0.843,估计标准误为 8.892。R 平方改变量(ΔR^2)等于 0.847,三个自变量共可解释效标变量 84.7% 的变异量,自变量对依变量的解释力相当高。之前在以原始五个自变量对依变量的复回归分析中,自变量对依变量的解释变异量为 84.7%。变量"阅读成绩""写作能力"改成主成分"语文能力","推理成绩"与"空间概念"两个变量改成主成分"数学能力"投入回归模型中,"口语表达""语文能力""数学能力"三个预测变量对效标变量的解释变异量为 84.7%,与原先相比几乎没有差异。

表 12-21　方差分析(b)

模型		平方和	自由度	平均平方和	F 检验	显著性
1	回归	55116.780	3	18372.260	232.366	.000(a)
	残差	9962.327	126	79.066		
	总和	65079.108	129			

a 预测变量:(常数),数学能力,语文能力,口语表达

b 依变量:甄试表现

表 12-21 为整体回归模型检验的统计量,F 值等于 232.366,p = 0.000 < 0.05,达到显著水平,表示三个自变量中至少有一个自变量的回归系数达到显著,即回归模型中至少

有一个回归系数不等于0,或者全部回归系数均显著不等于0。

表 12-22   系数(a)

模型		未标准化系数		标准化系数	t	显著性	共线性统计量	
		B 的估计值	标准误	Beta 分布			允差	VIF
1	(常数)	15.752	3.581		4.398	.000		
	口语表达	.832	.139	.367	5.982	.000	.324	3.090
	语文能力	7.769	1.219	.346	6.376	.000	.413	2.422
	数学能力	6.823	1.242	.304	5.493	.000	.397	2.517

a 依变量:甄试表现

表 12-22 为回归模型个别参数的估计值,其中"口语表达"、主成分一"语文能力"、主成分二"数学能力"三个预测变量的标准化回归系数(β 值)分别为 0.367,0.346,0.304,回归系数显著性检验的 t 值分别为 5.982($p = 0.000 < 0.05$)、6.376($p = 0.000 < 0.05$)、5.493($p = 0.000 < 0.05$),均达到显著水平,表示这三个自变量均能有效解释效标变量。从共线性统计量来看,原先投入五个自变量时,容忍度值介于 0.138 至 0.311 间、VIF 值介于 3.212 至 7.260 间;而改以主成分回归分析时,容忍度值介于 0.324 至 0.431 间、VIF 值介于 2.422 至 3.090 间。容忍度值(允差栏值)变大,VIF 值变小,表示变量间发生多元共线性的可能性更小,甚至没有多元共线性问题。

表 12-23   共线性诊断(a)

模型	维度	特征值	条件指标	方差比例			
				(常数)	口语表达	语文能力	数学能力
1	1	2.118	1.000	.01	.01	.03	.03
	2	1.537	1.174	.01	.00	.09	.08
	3	.323	2.560	.00	.00	.64	.61
	4	.022	9.762	.99	.99	.24	.27

a 依变量:甄试表现

表 12-23 为共线性诊断结果,与原先复回归相比,条件指标值(CI)最大值由 22.552 变成为 9.762,特征值最小值由 0.011 变成 0.022;再从方差比例指标来看,没有两个自变量在某一个特征值的方差比例值接近 1 或大于 0.65 的情形,可见变量间没有线性重合问题。因而经由主成分回归分析后,以变量间抽取的主成分建构新的自变量(能测出变量共同特质的潜在变量)可以有效解决预测变量间的多元共线性问题。

第三节   路径分析

路径分析(path analysis)或称径路分析,又称结构方程式模型(Structural Equation Models)或同时方程式检验模型(Simultaneous Equation Models),因为它同时让所有预测变量进入回归模型之中,路径分析不仅关注变量间的相关,更关注变量间的因果关系。

一、路径分析的一般步骤

一般而言,路径分析基本步骤可简要归纳如下:

1.提出初始理论模型图

使用者须根据相关理论、文献数据或经验法则建构一个可以检验的初始模型,并绘出一个没有路径系数的路径图(path diagram)。

路径图中的因果关系以箭头表示,箭头所指向者为"果"(effect)(依变量),箭头起始处为"因"(cause)(自变量)。以多元回归分析而言,箭头所指的变量为回归方程式的效标变量,箭头起始处为回归方程式中的预测变量。在结构方程模型中,因变量(自变量)又称外因变量或称外衍变量(exogenous variable),表示这些变量的变异量不是路径模型中的其他变量所能决定的,而是受到路径模型外的其他变量影响;果变量(依变量)又称内因变量或称内衍变量(endogenous variable),表示这些变量的变异量是路径模型中的其他变量所决定的,有时内因变量具有中介变量(mediated variable)的性质,对于某一变量而言,他是依变量,但对于其他变量而言,他是自变量,因而内因变量可能为因变量,也可能为果变量。

使用者在制作因果关系(cause-effect relationship)模型图时,须有理论性的架构作为背景,亦即因果关系模型图可形成的理论性解释。假定为"果"的依变量由其他为"因"的自变量所影响,在两个变量之间,一个变量为因,另一个变量为果,此为单向的因果模型图。以影响学童学习成就的相关因素为例,在根据相关文献理论研究后,建构的初始模型图如图 12-3,其中"父母亲的收入"与"学童成就动机"变量为中介变量,对内因变量"学童学习成果"而言,两个变量均为外因变量(自变量),但对"父母亲的教育程度"与"学童的智力"两个外因变量而言,"父母亲的收入"与"学童成就动机"变量又变为内因变量(果变量)。

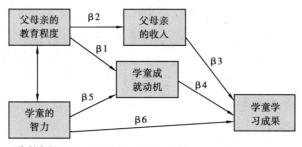

(资料来源, Agresti & Finlay, 1986, p.511)

图 12-3

因果模型架构的初始图通常包括直接效果与间接效果。在直接效果中如果路径系数达到显著,表示两个变量间有直接因果关系存在;在间接效果中如果路径系数达到显著,表示两个变量间有间接因果关系存在。以上图为例,学童的成就动机对学习成果的影响是一种直接效果,因为两者间没有通过中介变量的影响;而父母亲的教育程度与学童的学习成果两个变量间则是一种间接效果的影响,它可能先影响学童的智力、父母亲的收入或学童的成就动机,再对学童的学习效果产生影响。间接效果的影响路径是多元的,并非每个中介变量的影响均会达到显著。

"父母亲教育程度"对"学童学习成果"影响的间接效果值有两个:

间接效果值1:父母亲教育程度→学童成就动机→学童学习成果,路径的间接效果值 $= \beta1 \times \beta4$。

间接效果值 2：父母亲教育程度→父母亲的收入→学童学习成果，路径的间接效果值 = β2 × β3。

"父母亲教育程度""学童学习成果"没有直接效果的影响，因而其总效果值 = (β1 × β4) + (β2 × β3)。

"学童智力"对"学童学习成果"影响的间接效果值：学童智力→学童成就动机→学童学习成果，路径的间接效果值 = β5 × β4；"学童智力"对"学童学习成果"影响的直接效果值为 β6，因而"学童智力"对"学童学习成果"影响的总效果值 = β5 × β4 + β6。

2. 采用同时回归分析法

路径分析程序的第二个步骤就是选用适当的回归模型（通常选用 Enter 法，Enter 法又称强迫进入法或强迫进入变量法），以估计径路系数并检验其是否显著，进而估计残差系数（residual coefficient），残差系数就是为因的自变量无法解释依变量的变异部分，根据残差系数可以求得疏离系数。

在路径分析中，选用的分析方法为一般复回归分析法（multiple regression analysis），而路径系数就是回归方程式中的标准化回归系数（standardized regression coefficients；Beta 值）。在回归模型方法中选用的是强迫进入法（Enter），即为一般所谓的复回归，让所有欲进行复回归分析的预测变量同时进入回归方程式，再从每个变量 t 值的大小与概率值检验 Beta 值的影响是否达到显著，根据 β 值将各外因变量对内因变量影响路径系数找出。

所谓的残差系数是依变量变异量中自变量无法解释的部分，这是一种残差变异，所代表的图示称为残差变量路径（residual variable path）。残差系数的求法为 1 减掉决定系数（ R^2 ）再开根号，公式为 $\sqrt{1 - R^2}$ 。此残差变异又称为疏离系数（coefficient of alienation），疏离系数值越高，表示自变量与依变量的多元相关越低，即自变量用于解释依变量的总变异量越少；相对的，疏离系数值越低，表示自变量与依变量的多元相关越高，即自变量用于解释依变量的总变异量越多。

3. 理论的评估与修正

评估理论模型时可再删除不显著的路径系数，然后重新计算新模型的路径系数。在删除部分影响的路径后，会成为一种限制模型（restrict model）。由于预测变量数的改变，路径系数也会跟着改变，因而要重新进行复回归分析。

路径分析的原型图（prototype）有以下几个特征（Tacq，1997）：

1. 量化的（quantitative）：量化的研究，相关与回归分析的应用。
2. 辨认的（identified）：辨认求出模型方程式最佳解决方法。
3. 递归的（recursive）：反复使用一般最小平方估计法来解决代表因果模型的数学方程式。
4. 静态的（static）：多数均使用一次短暂时间的调查数据，以致不会有外在的、干扰问题发生（相对于动态模型，观察是在不同时间进行）。
5. 直接的观察（directly observed）：不必探究因果变量与指标变量间或潜在变量与外显变量间的差异。无法观察的变量又称潜在变量（latent

variables)、假设构念(hypothetical constructs)或理论概念(theoretical concepts)。要整体考虑或结合因果分析(CSA)与潜在结构分析(LSA)结果,并采用统计学家 Joreskog 等人发展出来的线性结构关系(LISREL)方法,此方法可同时进行潜在变量、观察变量间因果模型的检验。

6. 线性的(linear):变量间呈线性关系才能应用相关与回归分析方法,并使结果易于解释。

7. 相加性(additive):只有相加而没有乘积性质,因而不会包括与交互作用有关的名词。

8. 标准化(standardized):在一个群体或相似群体中可以相互比较。

9. 没有多元共线性问题(multicollinearity):多元共线性愈大,容忍度愈小,标准误(standard error)就变得很大,正确率会变得很小。没有多元共线性问题,可避免无效参数的估计。

在社会科学领域中,多数研究对象为人,而人的诸多内隐行为与心理特质无法观察与测量,这些均是存在于显性变量间的潜在变量。由于路径分析无法解决潜在变量的问题,因而在因果关系的检验中,有越来越多的使用者采用线性结构方程模型(linear structural equation model;简称 LISREL)来解决此方面的问题;此外,在验证性因素的检验上,也采用 LISREL 方法以检验因素层面题项与数据的适配性。图 12-4 为学习成就、智力、社经地位的共变结构模型图,其中包含诸多的潜在变量。

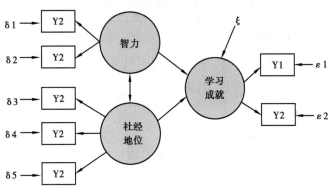

图 12-4

LISREL 的理论架构主要由两个部分构成,一是结构模型(structural model),另一个是测量模型(measurement model)。前者表示潜在变量之间的关系,后者表示测量指标及潜在变量之间的关系。潜在变量中被假定为"因"者称之为潜在自变量(latent independent variables)或外因变量(exogenous variables);被假定为"果"者则称之为潜在依变量(latent independent variables)或内因变量(endogenous variables)。潜在变量间的因果关系必须靠理论来建立,而理论主要是从三个不同来源而来:一是先前的实证研究;二是对实际行为、态度或现象的观察与经验所得;三是其他理论所提供的分析观点。

二、研究问题

某成人教育研究学者在研究成年人的生活满意度时,根据相关理论与文献认为影响成年人生活满意度的主要变量有四个:成年人本身的"薪资所得""身体健康""社会参与"与"家庭幸福",其中"薪资所得""身体健康""社会参与""家庭幸福"四个变量对"生活满意"变量均有直接影响效果,而"薪资所得""身体健康"两个变量又会通过"家庭幸福"变量对"生活满意"产生影响,其路径分析假设模型图如图 12-5:

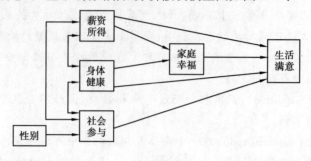

图 12-5

使用者为检验其假设模型图是否可以获得支持,采用分层随机取样方式抽取 30 ~ 39岁、40 ~ 49 岁、50 ~ 59 岁、60 ~ 69 岁组的成年人各 70 位,总共有效样本数为 420 位,让每位受试者填写"生活感受问卷",其中包含"薪资所得调查资料""身体健康知觉量表""社会参与程度量表""家庭幸福感受量表""生活满意知觉量表"。请问使用者所提供的路径分析假设模型图与实际调查数据是否可以适配?

三、因果模型图分析

上述路径分析的因果模型图共包含三个复回归分析模型:

(一)第一个复回归分析模型

第一个复回归分析模型中的自变量为性别变量(水平数值 0 为男生、水平数值 1 为女生),效标变量为"社会参与"变量,如图 12-6。

(二)第二个复回归分析模型

第二个复回归分析模型中的自变量为"薪资所得"与"身体健康"变量,效标变量为"家庭幸福"感变量,如图 12-7。

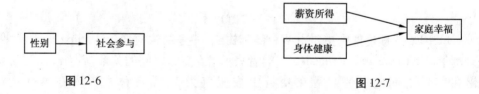

图 12-6

图 12-7

(三)第三个复回归分析模型

第三个复回归分析模型中的自变量为"薪资所得""身体健康""社会参与""家庭幸福"变量,效标变量为"生活满意"变量,如图 12-8。

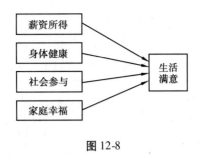

图 12-8

四、操作程序

（一）求变量间的积差相关

从工具栏执行［分析（A）］/［相关（C）］/［双变量（E）］开启［双变量相关分析］对话窗口。
→在左边变量清单中将目标变量"薪资所得""身体健康""社会参与"三个点选至右边［变量（V）］下的方框中。 →在下方［相关系数］方框中勾选［Pearson 相关系数（N）］选项，［显著性检验］方框中选取内定的［双尾检验（T）］→按［确定］钮。

（二）第一个复回归分析

→菜单执行［分析（A）］/［回归方法（R）］/［线性（L）］程序，开启［线性回归］对话窗口。
→在左边变量清单中选取效标变量"社会参与"至右方［依变量（D）］下的方格中。 →在左边变量清单中选取投入回归模型的预测变量"性别"，将之点选至右边［自变量（I）］下的方格中。 →在［方法（M）］右边的下拉式选单中选取［强迫进入变量法］→按［确定］钮。

（三）第二个复回归分析

→菜单执行［分析（A）］/［回归方法（R）］/［线性（L）］程序，开启［线性回归］对话窗口。
→在左边变量清单中选取效标变量"家庭幸福"至右方［依变量（D）］下的方格中。 →在左边变量清单中选取投入回归模型的预测变量"薪资所得""身体健康"，将之点选至右边［自变量（I）］下的方格中。 →在［方法（M）］右边的下拉式选单中选取［强迫进入变量法］→按［确定］钮。

（四）第三个复回归分析

→菜单执行［分析（A）］/［回归方法（R）］/［线性（L）］程序，开启［线性回归］对话窗口。

→在左边变量清单中选取效标变量"生活满意"至右方［依变量（D）］下的方格中。
→在左边变量清单中选取投入回归模型的四个预测变量"薪资所得""身体健康""家庭幸福""社会参与"，将之点选至右边［自变量（I）］下的方格中。
→在［方法（M）］右边的下拉式选单中选取［强迫进入变量法］→按［确定］钮。

五、输出结果

（一）外因变量间的积差相关

表 12-24　相关

		薪资所得	身体健康	社会参与
薪资所得	Pearson 相关	1	.438（**）	.538（**）
	显著性（双尾）		.000	.000
	个数	420	420	420
身体健康	Pearson 相关	.438（**）	1	.576（**）
	显著性（双尾）	.000		.000
	个数	420	420	420
社会参与	Pearson 相关	.538（**）	.576（**）	1
	显著性（双尾）	.000	.000	
	个数	420	420	420

** 在显著水平为 0.01 时（双尾），相关显著。

表 12-24 为三个外因变量（外因观察变量）间的相关矩阵，"薪资所得"与"身体健康""社会参与"变量间的相关系数分别为 0.438（p = 0.000 < 0.05），0.538（p = 0.000 < 0.05），均达到 0.05 显著水平，而"身体健康"与"社会参与"变量间的相关系数为 0.576（p = 0.000 < 0.05），呈显著正相关，如表 12-24。

（二）第一个复回归分析结果

表 12-25　模型摘要

模型	R	R 平方	调过后的 R 平方	估计的标准误
1	.216（a）	.047	.044	14.787

a 预测变量：（常数），性别

"性别"变量与效标变量"社会参与"的多元相关系数为 0.216，多元相关系数平方为 0.047，如表 12-25，表示性别变量可以解释社会参与 4.7% 的变异量，无法解释的变异为 0.953，疏离系数为 $\sqrt{1-R^2} = \sqrt{1-0.047} = \sqrt{0.953} = 0.976$。

表 12-26　系数(a)

| 模型 | 未标准化系数 | | 标准化系数 | t | 显著性 |
	B 的估计值	标准误	Beta 分布		
1　(常数)	41.705	1.064		39.181	.000
性别	6.538	1.448	.216	4.515	.000

a 依变量:社会参与

上述标准化回归系数等于 0.216($t=4.515$, $p=0.000<0.05$),如表 12-26,表示与男生相比之下,女生的社会参与程度较高。

(三)第二个复回归分析结果

表 12-27　模型摘要

模型	R	R 平方	调过后的 R 平方	估计的标准误
1	.683(a)	.467	.464	6.913

a 预测变量:(常数),身体健康,薪资所得

表 12-27 为第二个复回归的回归分析模型摘要表,自变量为"身体健康""薪资所得",依变量为"家庭幸福感"变量,回归分析的 R^2 等于 0.467,表示依变量可以被两个自变量解释的变异量为 46.7%,无法解释的变异量为 53.3%,疏离系数等于 $\sqrt{1-R^2}=\sqrt{1-0.467}=\sqrt{0.533}=0.730$。

表 12-28　系数(a)

| 模型 | 未标准化系数 | | 标准化系数 | t | 显著性 |
	B 的估计值	标准误	Beta 分布		
1　(常数)	6.226	1.069		5.825	.000
薪资所得	.309	.023	.531	13.344	.000
身体健康	.176	.027	.256	6.447	.000

a 依变量:家庭幸福

表 12-28 为第二个复回归分析中的系数值,其中标准化回归系数(Beta 值)为路径系数值。"薪资所得"变量对"家庭幸福感"变量的影响系数为 0.531($t=13.344$, $p=0.000<0.05$),达到 0.05 显著水平;"身体健康"变量对"家庭幸福感"变量的影响系数为0.256($t=6.447$, $p=0.000<0.05$),达到显著水平。"薪资所得"与"身体健康"两个外因变量对内因变量"家庭幸福感"的影响均达显著。

(四)第三个复回归分析结果

表 12-29　模型摘要

模型	R	R 平方	调过后的 R 平方	估计的标准误
1	.881(a)	.776	.774	9.577

a 预测变量:(常数),家庭幸福,社会参与,身体健康,薪资所得

表 12-29 为第三个复回归的回归分析模型摘要表,自变量为"身体健康""薪资所得"

"家庭幸福感""社会参与"四个变量,依变量为"生活满意度"变量。回归分析的 R^2 等于 0.776,表示依变量可以被四个自变量解释的变异量为 77.6%,无法解释的变异量为 22.4%,疏离系数等于 $\sqrt{1 - R^2} = \sqrt{1 - 0.776} = \sqrt{0.224} = 0.473$。

表 12-30　系数(a)

模型		未标准化系数		标准化系数	t	显著性
		B 的估计值	标准误	Beta 分布		
1	(常数)	−22.674	1.662		−13.642	.000
	薪资所得	.475	.040	.383	11.738	.000
	身体健康	.269	.044	.184	6.127	.000
	社会参与	.256	.041	.192	6.222	.000
	家庭幸福	.689	.068	.323	10.154	.000

a 依变量:生活满意

表 12-30 为第三个复回归分析中的系数值,其中标准化回归系数(Beta 值)为路径系数值,"薪资所得""身体健康""社会参与""家庭幸福感"四个外因变量对内因变量"生活满意度"变量的影响系数分别为 0.383(t = 11.738、p = 0.000),0.184(t = 6.127、p = 0.000),0.192(t = 6.222,p = 0.000),0.323(t = 10.154、p = 0.000),均达到 0.05 显著水平,其中以"薪资所得"及"家庭幸福"感变量对"生活满意度"变量的影响较大。

【图标范例】

将上述路径分析的路径系数及相关统计量填入原先的理论模型图中,如图 12-9:

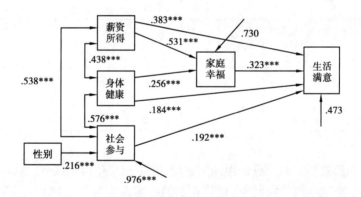

图 12-9

依据变量间标准化回归系数值可以得知各外因变量对内因变量的直接效果值:"薪资所得"对"家庭幸福"和"生活满意"两个内因变量的标准化直接效果值(简称为直接效果值)分别为 0.531,0.383;"身体健康"对"家庭幸福"和"生活满意"两个内因变量的直接效果值分别为 0.256,0.184;"社会参与"对"生活满意"内因变量的直接效果值分别为 0.192;"家庭幸福"对"生活满意"内因变量的直接效果值分别为 0.323;"性别"变量对"社会参与"的直接效果值为 0.216。路径分析模型图中的七条路径系数的显著性检验均达 0.05 的显著水平。

间接效果值与总效果值情况:

"薪资所得"对"生活满意"变量的间接效果值(薪资所得→家庭幸福→生活满意的路径)等于 0.531 × 0.323 = 0.172,总效果值等于直接效果值加上各间接效果值为 0.172 +

$0.383 = 0.555$。

"身体健康"对"生活满意"变量的间接效果值(身体健康→家庭幸福→生活满意的路径)等于 $0.256 \times 0.323 = 0.083$,总效果值等于直接效果值加上各间接效果值为 $0.083 + 0.184 = 0.267$。

"性别"变量对"生活满意"变量的间接效果值(性别→社会参与→生活满意的路径)等于 $0.216 \times 0.192 = 0.041$。

第十三章 逻辑斯回归与区别分析

第一节 逻辑斯回归分析

在回归分析中,预测变量(predictor variable)与效标变量(criterion variable)通常是连续变量,如果自变量(预测变量)是间断变量,在投入回归模型前要转化为虚拟变量。如果依变量是间断变量且为二分名义变量,则可使用逻辑斯回归(Logistic regression)分析法,Logistic 回归分析中自变量是等距或比率变量,依变量则是二分的类别变量。如果依变量为间断变量且为三分以上名义变量,则可使用区别分析法(discriminant analysis,或译为判别分析),区别分析的自变量(预测变量)为连续变量(等距或比率变量),依变量(一般称为分组变量)则是间断变量(名义变量或次序变量)。

区别分析属于多变量分析的一种,其依变量通常是三分名义以上变量。若是自变量为连续变量,依变量为二分名义变量,除可采用区别分析法,也可以采用 Logistic 回归分析。Logistic 回归分析与多元回归分析的最大差异在于依变量性质的不同,使得两者在参数估计与假设上也有所差异。进行复回归分析时,回归模型必须符合正态性的假定;但 Logistic 回归分析的假定是观察值样本在依变量上的概率分布呈 S 形分布,此分布情形又称 Logistic 分布(Hosmer & Lemeshow, 2000)。此外,在参数估计方面,复回归通常通过一般最小平方法(ordinary least square)让残差值极小化,以得到自变量参数的最佳估计值;而 Logistic 回归分析则是通过极大似然估计(maximum likelihood estimation;MLE)使依变量观察次数的概率极大化,进而得到自变量参数的最佳估计值(王保进,2004)。与最小平方法相比,极大似然估计法可以用于线性模型,也可以用于更复杂的非线性模型,由于 Logistic 回归是非线性模型,因此极大似然是其最常用的估计法(王济川、郭志刚,2004)。

在线性回归中估计回归模型参数的方法为一般最小平方估计法(ordinary least square estimation;OLSE)与极大似然估计法(maximum likelihood estimation;MLE)。与一般最小平方估计法相比,极大似然估计法可适用于线性回归模型,也可以适用于非线性的回归模型,由于逻辑斯回归是一种非线性回归模型,因而皆以极大似然估计法作为其模型的估计方法。由于 Logistic 回归分析采用极大似然法求解回归参数,因此回归模型也是通过概似值[1](likelihood)进行整体检验。概数的对数值是个负数,所以通常先取概似值的自

---

1 "概似值"也称为"似然性"。

然对数后再乘以 -2，以便进行统计量检验。概似值的统计量在 SPSS 输出表格中以"-2 对数概似"栏表示，此数值越小，表示回归方程式的概似值越接近 1，回归模型的适配度越佳；相对的，此数值越大，表示回归方程式的概似值越小，回归模型的适配度越差。

Logistic 回归分析广泛地应用于依变量为二分类别变量的回归模型，此二分类别变量的编码不是 0 就是 1，国内相关的多变量统计书籍有人将之译为逻吉斯回归分析，又有人将之译为逻辑斯回归分析，其实两者所使用的统计分析是相同的。逻辑斯回归分析的中心概念是 logit（逻辑），它是胜算（odds）的自然对数。若 p 表示事件发生的概率、$1-p$ 表示事件不发生的概率，则事件发生的概率与不发生的概率与多项式关系如下：

事件发生的概率与函数关系为 $\qquad p = \dfrac{e^{f(x)}}{1 + e^{f(x)}}$

事件不发生的概率与函数关系为 $\qquad 1 - p = \dfrac{1}{1 + e^{f(x)}}$

则胜算（odds）$= \dfrac{p}{1-p} = \dfrac{\dfrac{e^{f(x)}}{1 + e^{f(x)}}}{\dfrac{1}{1 + e^{f(x)}}} = e^{f(x)}$，由于胜算不是线性模型，若是取其自然对数就可转换为线性方程式，胜算自然对数转换如下：

$$\ln\left[\frac{p}{1-p}\right] = \ln\left[e^{f(x)}\right] = f(x) = B_0 + B_1 X_1 + B_2 X_2 + \cdots + B_k X_k$$

若是 $k=1$，则胜算自然对数的转换式为简单线性模型。

$$\ln\left[\frac{p}{1-p}\right] = \ln\left[e^{f(x)}\right] = f(x) = B_0 + B_1 X_1$$

若胜算 1 表示第一组案例中事件发生的次数与事件不发生次数之间的比值（事件发生的概率）；胜算 2 表示第二组案例中事件发生的次数与事件不发生次数之间的比值，两组案例中胜算的比值称为胜算比（odds ratio；简称 OR）。如男生通过信息技能检验的胜算为 0.800，女生通过信息技能检验的胜算为 0.200，男女通过信息技能检验胜算比值为 $0.800 \div 0.200 = 4$，表示男生通过信息技能检验的概率约为女生通过信息技能检验概率的 4 倍；相对的，胜算比值也可以表示为 $0.200 \div 0.800 = 0.25$，表示女生通过信息技能检验的概率约为男生通过信息技能检验概率的 0.25 倍。

Logistic 回归模型的显著性检验包括整体模型检验及个别参数检验两个部分。整体模型适配度（goodness of fit）的检验是比较每一个观察值的预测概率与实际概率间的差异。整体模型适配度检验的方法有以下四个指标：Pearsonχ^2 值、离差值（Deviance；D 统计量）、Hosmer-Lemeshow 检验法、讯息测量指标（information measure）（王济川、郭志刚，2004）。在 SPSS 统计软件中，会提供 Pearsonχ^2 值、Hosmer-Lemeshow 检验法数据统计量，当 Pearsonχ^2 值达到显著，表示所投入的自变量中至少有一个自变量能有效预测样本在依变量的概率；Hosmer-Lemeshow 检验法（统计量简称为 HL）刚好相反，当其检验值未达显著水平时，表示整体模型的适配度佳，若是 HL 统计量显著性概率值 $p < 0.05$，则表示回归模型的适配度不理想。

在逻辑斯回归分析中，最理想的回归模型是 χ^2 检验值统计量达到显著而 HL 统计量未达 0.05 显著水平，但在实际研究中有时会出现 χ^2 检验统计量与 HL 统计量均达到 0.05 显著水平的情形，此种情形在样本数很大时愈有可能出现，此现象一方面呈现自变量对分组依变量有显著的解释与预测力，一方面又呈现回归模型的适配度不佳的情形，若是使用者在逻辑斯回归分析中遇到此种情形,可从自变量的相关矩阵来判别,看自变量间是否有高度共线性问题。

　　由于 χ^2 检验值易受到样本数的影响,因此学者 Hair 等人(1998)建议对 Logistic 回归模型做整体适配度检验时最好同时使用上述两种方法,以做综合判断。个别参数的显著性检验的主要指标有以下两种:Wald 检验值、Score 检验值。当 Wald 检验值达到显著水平,表示该自变量与依变量间有显著关联,可以有效预测观察值在依变量的概率值。根据正态分布理论,Wald 统计量的计算不难,但其值会受到回归系数的影响,即当回归系数的绝对值很大时,Wald 检验值的估计标准差就会膨胀,于是导致 Wald 统计量变得很小,以致犯第二类型的错误率增加,即本应拒绝虚无假设却未能拒绝,反而接受虚无假设,因而导致错误的结论(Jennings, 1986;Menard, 1995)。在个别参数显著性的检验中,如发现回归系数的绝对值很大,最好再参考 Score 检验值是否达到显著水平,以作为个别参数显著性的检验指标或使用概似比[1]检验法(likelihood ratio)(王保进,2004;王济川、郭志刚,2004)。

　　逻辑斯回归分析的适用时机图(三个预测变量)如图 13-1:

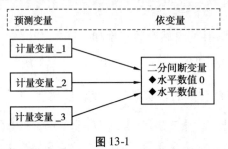

图 13-1

五个预测变量的范例如图 13-2:

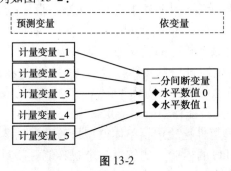

图 13-2

一、列联表预测的逻辑斯回归分析

(一)操作程序

→从菜单执行[分析(A)](Analyze)/[叙述统计(E)](Descriptive Statistics)/[交叉表(C)…](Crosstabs)程序,开启[交叉表]对话窗口。
→将变量清单中的变量"生活压力"选入右边[列(O)]下的方格中;将变量"自杀意念"选入右边[直行(C)]下的方格中。

---

1 "概似比"又称"似然比"。

→按[格(E)]钮,出现[交叉表:单元格显示]次对话窗口,勾选[观察值(O)]、[横列(R)]、[直行(C)]选项→按[继续]钮,回到[交叉表]对话窗口。

→按[统计量]钮,出现[交叉表:统计量]次对话窗口,勾选[卡方统计量(H)]、[Phi与 Cramer's V 系数(P)]选项→按[继续]钮,回到[交叉表]对话窗口。

→按[确定]钮

(二)列联表输出结果

交叉表

表 13-1　生活压力 ＊ 自杀意念　交叉表

| | | | 自杀意念 | | 总和 |
			无自杀意念（水平数值0）	有自杀意念（水平数值1）	
生活压力	高生活压力（水平数值0）	个数	4	24	28
		生活压力内的 %	14.3%	85.7%	100.0%
		自杀意念内的 %	18.2%	85.7%	56.0%
	低生活压力（水平数值1）	个数	18	4	22
		生活压力内的 %	81.8%	18.2%	100.0%
		自杀意念内的 %	81.8%	14.3%	44.0%
总和		个数	22	28	50
		生活压力内的 %	44.0%	56.0%	100.0%
		自杀意念内的 %	100.0%	100.0%	100.0%

表 13-1 为生活压力与自杀意念两个变量所构成的 2×2 的交叉表,在 28 位高生活压力组的样本中,有自杀意念者有 24 位,占所有高生活压力组样本的 85.7%,无自杀意念者有 4 位,占所有高生活压力组样本的 14.3%;在 22 位低生活压力组的样本中,有自杀意念者有 4 位,占所有低生活压力组样本的 18.2%,无自杀意念者有 18 位,占所有低生活压力组样本的 81.8%。50 位样本观察值中,有自杀意念者共有 28 位,其中高生活压力组有 24 位、低生活压力组有 4 位;无自杀意念者共有 22 位,其中高生活压力组有 4 位、低生活压力组有 18 位。

表 13-2　卡方检验

	数值	自由度	渐近显著性（双尾）	精确显著性（双尾）	精确显著性（单尾）
Pearson 卡方	22.803(b)	1	.000		
连续性校正(a)	20.145	1	.000		
概似比	24.764	1	.000		
Fisher's 精确检验				.000	.000
线性对线性的关连	22.347	1	.000		
有效观察值的个数	50				

a 只能计算 2×2 表格。

b 0 格（.0%）的预期个数少于 5。最小的预期个数为 9.68。

表 13-2 为单元格次数、百分比的卡方检验统计量,在 2×2 的单元格中若有单元格的期望次数小于 5,应采用耶兹校正值,上表的耶兹校正值为"连续性校正"栏的数据,其卡方值为 20.145、显著性概率值 p = 0.000 < 0.05,由于四个单元格中没有出现期望次数小于 5 者,因而直接察看"Pearson 卡方"栏的数据,卡方值等于 22.803、自由度为 1,显著性 p = 0.000,达到 0.05 显著水平,表示"生活压力"变量与"自杀意念"变量间有显著的关联存在,两个变量间不是相互独立的。

表 13-3　对称性变量

		数值	显著性近似值
以名义变量为主	Phi 值	-.675	.000
	Cramer's V 值	.675	.000
有效观察值的个数		50	

a 未假定虚无假设为真。

b 使用假定虚无假设为真时的渐近标准误。

表 13-3 为关联系数统计量,由于两个变量均为二分名义变量,二者之间的相关应采用 Φ 相关法。在对称性量数摘要表中,Phi 值等于 -0.675,p = 0.004 < 0.05,达到显著水平,表示两个变量间不是相互独立,而是有显著的关联存在。Phi 值是由卡方值转换而来,其显著概率值与卡方检验相同,两者之间的关系为:$\chi^2 = N\Phi^2$。Cramer's V 系数值也为 0.675,p = 0.000 < 0.05,达到显著水平,Cramer's V 系数也可作为 2×2 列联表的关联系数。从调整后的残差来看,在高生活压力组中,有自杀意念的人数或百分比(调整后的残差值 = 4.8)显著高于无自杀意念的人数或百分比(调整后的残差值 = -4.8);在低生活压力组中,有自杀意念的人数或百分比显著低于无自杀意念的人数或百分比。

表 13-4　生活压力 ＊ 自杀意念　交叉表

			自杀意念		总和
			无自杀意念	有自杀意念	
生活压力	高生活压力	个数	4	24	28
		调整后的残差	-4.8	4.8	
	低生活压力	个数	18	4	22
		调整后的残差	4.8	-4.8	
总和		个数	22	28	50

Φ 相关适用于两个变量均为二分名义变量的情况,如果有一个变量是三分名义变量以上,则不应采用 Φ 相关作为关联系数,而应采用列联相关或 Cramer's V 系数值,如果列联表是方形的,如 3×3,4×4,5×5 等正方形列联表(两个变量的水平数相同),其关联系数为列联系数(coefficient of contigency);如果交叉表为 2×3,2×4,3×4,3×5 等长方形的列联表(两个变量的水平数不相同),其关联系数最好采用 Cramer's V 系数值。列联系数、Cramer's V 系数值也适用于 2×2 方形的列联表。

在[交叉表:统计量]的次对话窗口[名义的]的方框中,如勾选[Lambda 值(L)]选项,会出现 Lambda(λ)关联系数检验值。λ 值界于 0 至 1 间,用以说明某一个变量可以有效预测另一个变量的比率,λ系数本身具有削减误差比率(proportioned reduction in error; PRE)的特性。所谓削减误差比率指的是以一个类别变量去预测另一个类别变量时,能够减少的误差比例,λ系数越大,表示削减误差比率值越大,以一个类别变量去预测另一个类别变量的正确性越高,两个变量间的关联性越强,因而λ值也可表示知道某一个变量可增加预测另一个变量的正确性的百分比。

表13-5　方向性量数

			数值	渐近标准误(a)	近似T分布(b)	显著性近似值
以名义量数为主	Lambda 值	对称性量数	.636	.126	3.491	.000
		生活压力依变量	.636	.129	3.293	.001
		自杀意念依变量	.636	.129	3.293	.001
	Goodman 与 Kruskal Tau 测量	生活压力依变量	.456	.142		.000(c)
		自杀意念依变量	.456	.142		.000(c)

a 未假定虚无假设为真。

b 使用假定虚无假设为真时的渐近标准误。

c 以卡方近似法为准。

表13-5为预测关联性指标,λ预测关联指标值表示若知悉样本在第一个变量的讯息,可以有效预测样本在第二个变量的讯息,对称性量数(symmetric)为0.636,不区分自变量和依变量,可以增加63.6%的预测力。"自杀意念依变量"栏的λ系数为0.636,表示当知道样本生活压力的高低情形可以增加预测样本有无自杀意念倾向的正确性达63.6%。例如我们知道样本生活压力情形为高生活压时,最好预测样本会有自杀意念;相对的,若知道样本生活压力情形为低生活压时,最好预测样本不会有自杀意念。

(三)使用逻辑斯回归分析的摘要结果

表13-6　变量在方程式中

		B	S. E.	Wald	自由度	显著性	Exp(B)
步骤0	常数	.241	.285	.717	1	.397	1.273

表13-7　变量在方程式中

		B	S. E.	Wald	自由度	显著性	Exp(B)
步骤1(a)	生活压力(1)	3.296	.773	18.188	1	.000	27.000
	常数	-1.504	.553	7.404	1	.007	.222

a 在步骤1中选入的变量:生活压力。

表13-7中高生活压力而有自杀意念的观察值比例为$\frac{24}{28} = 0.857$,低生活压力而有自杀意念的观察值比例为$\frac{4}{22} = 0.182$,高生活压力而没有自杀意念的观察值比例为$\frac{4}{28} =$

0.143,低生活压力而没有自杀意念的观察值比例为 $\frac{18}{22}=0.818$。

当生活压力为高分组(水平数值编码为 0),有自杀意念与无自杀意念比例的比值称为胜算(odds) $=0.857 \div 0.143 = 5.993$,胜算(odds)又称相对风险(relative risk;简称 RR),表示在高生活压力组的样本中,假设无自杀意念样本的比例为 1 人,则有自杀意念样本的比例为 5.993 人。当样本为低生活压力组时(水平数值编码为 1),有自杀意念与无自杀意念比例的比值 $=0.182 \div 0.818 = 0.222$,表示在低生活压力组的样本中,假设无自杀意念样本的比例为 1 人,则有自杀意念样本的比例只有 0.222 人。

以事件发生的概率符号表示:

事件发生的概率(比例) $=p$　　事件不发生的概率(比例) $=1-p$

胜算(odds) $=\dfrac{p}{1-p}$

把事件发生概率 p 进行 Logisitic 函数换算后,就能将 Logit p(p 的自然对数)以预测变量与回归系数以线性方程式表示:

$$\text{Logit}p = \ln\left(\frac{p}{1-p}\right) = \sum b_i x_i = 3.296 \times 生活压力 - 1.504$$

$$p = \frac{e^{3.296 \times 生活压力 - 1.504}}{1 + e^{3.296 \times 生活压力 - 1.504}}$$

高生活压力组(生活压力水平数值为 0)胜算的自然对数(又称 Logit)为 $3.296 \times 0 - 1.504 = -1.504$,胜算的自然对数再取其指数 $= e^{(-1.504)} = 2.71828^{(-1.504)} = 0.222$,此部分的函数运算若以 Excel 表示为" $= \text{EXP}(-1.504)$ ",生活压力为低分组(水平数值编码为 1),有自杀意念与无自杀意念比例的比值 $=0.182 \div 0.818 = 0.222$,胜算数值的自然对数为 $3.296 \times 1 - 1.504 = 1.792$(此数值 $= 3.296 - 1.504 = 1.792$),胜算数值的自然对数再取其指数 $= e^{(1.792)} = 2.71828^{(1.792)} = 6.001$。

若不管生活压力测量值划分的组别,全部样本中有自杀意念与无自杀意念的人数分别为 28,22 人,有自杀意念与无自杀意念的人数比值 $= \frac{28}{22} = 1.273$,1.273 所代表的意义是取样样本中有自杀意念的人数是无自杀意念的人数的 1.273 倍,将 1.273 取其数字的自然对数,则 $\text{Ln}(1.273) = 0.241$,求出某数字的自然对数的 Excel 函数表达式为"LN(数值) $= \text{LN}(1.273)$ ",上述中的 1.273 等于步骤 0 摘要表中的"Exp(B)"变量列中的数字($e^{(B)}$),数值 0.241 等于步骤 0 中的常数项的 B 列数字。

若考虑到生活压力高低的差异后,在高生活压力组的样本中有自杀意念与无自杀意念人数的比值(胜算) $= 24 \div 4 = 6.000$,$\text{Ln}(6.000) = 1.792$,在低生活压力组的样本中,有自杀意念与无自杀意念人数的比值(胜算) $= 4 \div 18 = 0.222$(等于步骤 1 中的常数栏"Exp(B)"列的数字),$\text{Ln}(0.222) = -1.504$(等于步骤 1 中的常数项"B"列中的数字),将 $6.000 \div 0.222 = 27.000$(等于步骤 1 中的生活压力变量栏"Exp(B)"列中的数字),$\text{Ln}(27.000) = 3.296$(等于步骤 1 中的生活压力栏"B"列的数字)。27.000 表示的是高生活压力组中有自杀意念与无自杀意念人数的胜算(比值),是低生活压力组中有自杀意念与无自杀意念人数胜算(比值)的 27.000 倍,数值 27.000 称为胜算比(odds ratio;简称 OR)。可见,以生活压力的高低可以有效预测样本是否有自杀意念的倾向。

胜算比的概念再以下列 2×2 列联表说明,在一个信息技能检验中,非信息相关科系参加的人数有 24 位,未通过的人数有 15 位、通过的人数有 9 位;信息相关科系参加的人数有 155 位,未通过的人数有 5 位、通过的人数有 150 位,列联表的单元格人数如表 13-8:

表 13-8

		科系	
		非信息相关科系	信息相关科系
信息技能检验结果	未通过	15	9
	通过	5	150

胜算比值等于 $\dfrac{15/5}{9/150} = \dfrac{3}{0.06} = 50$,或胜算比值等于 $\dfrac{9/150}{15/5} = \dfrac{0.06}{3} = 0.02$,在 SPSS 的输出报表中,以依变量水平数值编码等于 1 者的胜算为分子,第一个胜算比值的分子为非信息相关科系样本中“未通过”与“通过”的概率(比值)= 15 ÷ 5 = 3,其分母为信息相关科系样本中“未通过”与“通过”的概率(比值)= 9 ÷ 150 = 0.02,两个胜算的比值即为胜算比。胜算比值为 50 表示信息相关科系样本参加信息技能检验,通过与非通过的概率是非信息相关科系的 50 倍。

相对风险比值(relative risk ratio;简称为 RR)$= \dfrac{15/(15+5)}{9/(9+150)} = \dfrac{0.75}{0.57} = 13.16$

在逻辑斯回归分析中胜算比的内涵接近效果值(effect size),当胜算比值愈接近 1,表示效果值愈小,效果值的计算如下:

$$d = \frac{\ln(odds\_ratio)}{1.81} = \frac{\ln(50)}{1.81} = \frac{3.91}{1.81} = 2.16$$

$$\eta^2 = \frac{d^2}{d^2 + 4} = \frac{2.16^2}{2.16^2 + 4} = \frac{4.67}{8.67} = 0.54$$

二、预测变量为连续变量的逻辑斯回归分析

使用逻辑斯回归分析的摘要结果

表 13-9 变量在方程式中

		B	S.E.	Wald	自由度	显著性	Exp(B)
步骤 0	常数	.241	.285	.717	1	.397	1.273

表 13-10 变量在方程式中

		B	S.E.	Wald	自由度	显著性	Exp(B)
步骤 1(a)	生活压力_1	.237	.067	12.678	1	.000	1.268
	常数	−7.028	2.063	11.600	1	.001	.001

a 在步骤 1 中选入的变量:生活压力_1

当预测变量未进入回归模型时,常数项 B 栏的数值为 0.241,标准误为 0.285,如表 13-9,常数项的指数值为 $e^{(0.241)} = 1.273$,以 Excel 表达式函数表示为“= EXP(0.241)”。代表有自杀意念的样本数(28 位)为没有自杀意念样本数(22 位)的 1.273 倍,即若调查样本中无自杀意念样本人数有 100 人,则有自杀意念样本人数有 127.3 人。

“生活压力_1”预测变量进入回归模型后,逻辑斯回归式为:

$$\ln\left(\frac{p}{1-p}\right) = \ln\left(\frac{有自杀意念}{没有自杀意念}的胜算\right) = 0.237 \times 生活压力\_1 - 7.028$$

("生活压力_1"为计量的预测变量)

其中 p 为有自杀意念的概率,此式可写成如下:

$$P(X) = \frac{e^{(0.237\times 生活压力\_1 - 7.028)}}{1 + e^{(0.237\times 生活压力\_1 - 7.028)}}$$

若是样本的生活压力测量值总分为 29,则 $P(X) = \dfrac{e^{(0.237\times 29 - 7.028)}}{1 + e^{(0.237\times 29 - 7.028)}} = \dfrac{0.856\,4}{1.856\,4} =$

$0.461\,3$。表示有自杀意念的概率为 $0.461\,3$。因为 $P(X)$ 的概率值小于 0.50,所以要进行预测的话会预测这些样本观察值的自杀意念为"没有自杀意念倾向"者;相对的,若是样本的生活压力测量值总分为 30,则 $P(X) = \dfrac{e^{(0.237\times 30 - 7.028)}}{1 + e^{(0.237\times 30 - 7.028)}} = \dfrac{1.085\,5}{2.085\,5} = 0.520\,5$,表示有自杀意念的概率为 $0.520\,5$,因为 $P(X)$ 的概率值已大于 0.50,所以要进行预测的话会预测这些样本观察值的自杀意念为"有自杀意念倾向"者。

当样本观察值在生活压力测量值得分为 29 分,有自杀意念的概率为 $0.461\,3$,没有自杀意念的概率为 $1 - 0.461\,3 = 0.538\,7$,两者的比例值为 $\dfrac{0.461\,3}{0.538\,7} = 0.856\,3$,胜算小于 1.000;当样本观察值在生活压力测量值得分为 30 分,有自杀意念的概率为 $0.520\,5$,没有自杀意念的概率为 $1 - 0.520\,5 = 0.479\,5$,两者的比例值为 $\dfrac{0.520\,5}{0.479\,5} = 1.085\,5$,胜算大于

1.000。两者的胜算比(OR 值)$= \dfrac{1.085\,5}{0.856\,3} = 1.268$,胜算比值为步骤 1 表中的"生活压力_1"栏最后一列"Exp(B)"中的数值。胜算比值 1.268 也表示当样本观察值在生活压力量表中的得分每增加 1 分时,则有自杀意念比没有自杀意念概率的胜算就会增加 0.268 倍或 26.8%($= 1.268 - 1 = 0.268 = 26.8\%$);若是样本在生活压力量表中的得分每增加 10 分时,则有自杀意念比没有自杀意念概率的胜算就会增加 2.68 倍。

逻辑斯回归分析中的系数代表个别预测变量相邻一个单位间的效标变量是 1(水平数值为 1)与 0(水平数值为 0)胜算的比率,此比率即为胜算比。当回归系数的值为正数时,则 $e^{正数} > 1$,表示预测变量的数值愈大,则效标变量水平数值为 1 的概率就会增加;相对的,当回归系数的值为负数时,则 $e^{负数} < 1$,表示预测变量的数值愈小,则效标变量水平数值为 1 的概率就会减少(陈正昌,等,2005)。

在逻辑斯回归分析中所得到的预测值是概率值,因而会以一个概率值为分割点把数据划分成 0 与 1,若是使用者没有界定,一般均以概率值 0.500 作为分割点,之后再与实际搜集的数据进行比较,以得到下列的交叉表:

表 13-11

	预测值		边缘总数
实际值	0(概率值≤0.500)	1(概率值>0.500)	
水平数值 0	A(分类正确值)	B(分类错误值)	A + B
水平数值 1	C(分类错误值)	D(分类正确值)	C + D
边缘总数	A + C	B + D	

上述交叉表 13-11 中,单元格 A 表示以回归模型预测样本在效标变量中的水平数值为 0,而样本实际值的水平数值也为 0 的情况,因而是分类正确值;单元格 D 表示以回归模型预测样本在效标变量中的水平数值为 1,而样本实际值的水平数值也为 1 的情况,因而是分类正确值。分类正确的总数为 $(A+D)$,样本观察值总人数为 $(A+B+C+D)$,因而整体分类正确率为 $[(A+D) \div (A+B+C+D)] \times 100\%$,数值越高,表示回归模型的预测力越大,回归分析的效度越好;相对的,数值越低,表示回归模型的预测力越小,自变量与效标变量间的关联程度越低,回归分析的效度越差。预测项目分割点(cutoff point)的默认值为概率值 0.50,当概率值小于 0.50 时,被归于低概率样本,其水平数值编码为 0;当概率值大于 0.50 时,被归于高概率样本,其水平数值编码为 1。

在上述表 13-11 中,实际值的水平数值为 0,而预测值水平数值也归于 0 者为单元格 A 的人数,单元格 A 的人数占实际值的水平数值为 0 总人数(单元格 A + 单元格 B)的百分比等于 $\frac{A}{A+B} \times 100\%$,此百分比称为特异性(specificity),特异性即正确分类的未发生事件数 (A) 与实际事件未发生的总数 $(A+B)$ 的比值。当实际值的水平数值为 1,而预测值水平数值也归于 1 者为单元格 D 的人数,单元格 D 的人数占实际值的水平数值为 1 总人数(单元格 C + 单元格 D)的百分比等于 $\frac{D}{C+D} \times 100\%$,此百分比称为敏感性(sensitivity),敏感性即正确预测事件发生的样本数 (D) 与实际事件发生的总样本数 $(C+D)$ 的比值。特异性与敏感性代表分类交叉表中预测正确的部分。

相对的,若样本实际值水平数值为 0,而预测值水平数值则归于 1 者为单元格 B 的人数,此单元格的人数占预测值为 1 总人数 $(=B+D)$ 的百分比为 $\frac{B}{B+D} \times 100\%$,此百分比值称为伪阳性率(false positive rate),伪阳性率为错误分类未发生的事件为发生事件的案例 (B) 与预测发生事件总数 $(B+D)$ 的比值。如果样本是实际值水平数值为 1,而预测值水平数值则归于 0 者为单元格 C 的人数,此单元格的人数占预测值为 0 总人数 $(=A+C)$ 的百分比为 $\frac{C}{A+C} \times 100\%$,此百分比值称为伪阴性率(false negative rate),伪阴性率为错误分类发生的事件为未发生事件的案例 (C) 与预测未发生事件总数 $(A+C)$ 的比值。伪阳性率与伪阴性率代表事件预测错误的部分。当分割点的概率值越高,敏感性会越来越低,特异性会越来越高,伪阳性率与伪阴性率均会越来越大,因而整体预测的准确率会越来越低。

三、逻辑斯回归分析范例

【研究问题】

> 某位心理辅导学者想研究技职院校学生的性别、人际压力、情感压力、学习压力、家庭压力、其他压力六个变量是否可以有效预测及解释技职院校学生的自杀意念。经随机取样方法抽取 100 名受试者填写生活压力量表及自杀意念倾向量表,根据受试者自杀意念倾向量表得分的高低,将 100 名受试者分成"有自杀意念"(42 人)、"无自杀意念"(58 人)两组。若根据学生性别及生活压力六个预测变量是否能解释及预测技职院校学生的自杀意念。

上述问题中生活压力五个面向均为计量变量,其变量名称分别是人际压力、情感压力、学习压力、家庭压力、其他压力,而技职院校学生性别变量是二分类别变量,水平数值 0 为女生、水平数值 1 为男生。生活压力五个面向的测量值越高,表示其相对应的生活压力越高。依变量为"自杀意念",是二分名义变量,两个水平分别为"无自杀意念",水平数值编码为 0;"有自杀意念"水平数值编码为 1。因而可采用 Logistic 回归分析,以研究六个自变量对技职院校学生自杀意念预测及分类的正确性。

(一)操作程序

执行工具栏[分析(A)]/[回归方法(R)](Regression)/[二元 Logistic(G)...](Binary Logistic)程序,出现[Logistic 回归]对话窗口,如图 13-3。
→将依变量"自杀意念"选入右边[依变量(D)]下的方格中,将六个自变量"性别""人际压力""情感压力""学习压力""家庭压力""其他压力"选入右边[共变量(C)]下的方格中,在[方法(M)]右边下拉式选单选取[输入]法(Enter),如图 13-4。

→按[储存(S)]钮,开启[Logistic 回归:储存]次对话窗口,勾选[概率(P)]、[各组成员(G)]选项,如图 13-5→按[继续]钮,回到[Logistic 回归]对话窗口。

→按[选项(O)]钮,开启[Logistic 回归:选项]次对话窗口,勾选[分类图(C)]、[Hosmer-Lemeshow 适合度(H)]、[估计值相关性(R)]、[迭代过程(I)]四项,如图 13-6→按[继续]钮,回到[Logistic 回归]对话窗口→按[确定]钮。

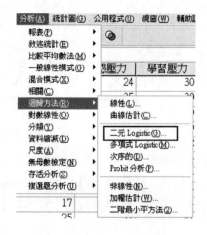

图 13-3

在[Logistic 回归](Logistic Regression)对话窗口中,右边[共变量(C)]下的方框为回归模型中的自变量(预测变量),在范例中为"性别""人际压力""情感压力""学习压力""家庭压力""其他压力"六个,[共变量(C)]的方框中至少要选取一个以上自变量。

[方法(M)]右边的下拉式选单中,包括七种 Logistic 回归分析逐步法:

1.[输入法](Enter 法),全部自变量均纳入回归模型中,在一般复回归中为强迫输入变量法。

2.[向前:条件法](Forward:conditional),此法乃根据 Score 检验与条件参数估计逐步选择模型中显著的自变量,在一般复回归分析程序中类似逐步多元回归分析法。

3.[向前:LR 法](Forward:LR),此法乃根据 Score 检验与概似比参数估计逐步选择

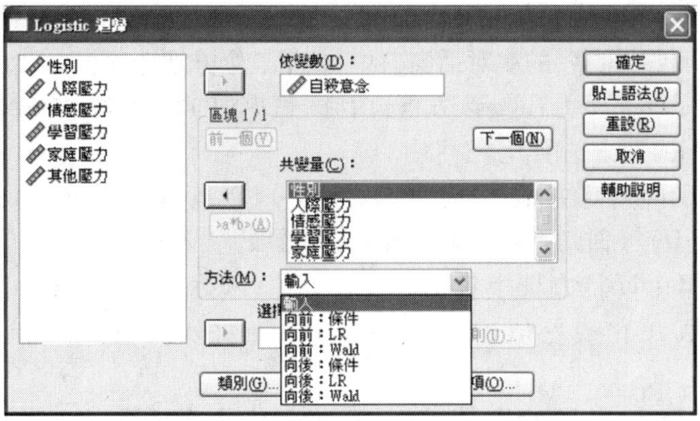

图 13-4

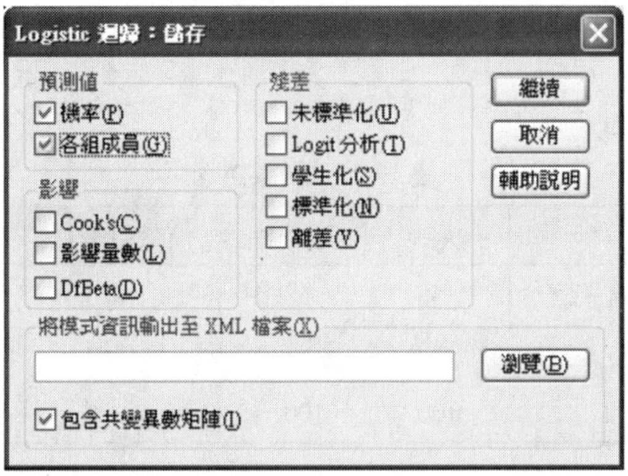

图 13-5

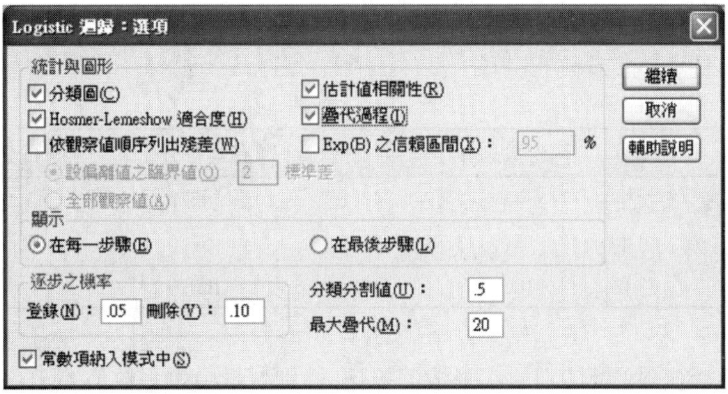

图 13-6

模型中显著的自变量。

4.向前:Wlad 法（Forward：Wlad）,此法乃根据 Score 检验与 Wald 检验逐步选择显著的自变量。

5.向后:条件法（Backward：conditional）,此法乃根据条件参数估计逐一剔除在模型中不显著的自变量,在一般复回归分析程序中类似逐步多元回归分析法。

6.向后:LR 法（Backward：LR）,此法乃根据概似比逐一剔除在模型中不显著的自变量。

7.向后：Wald 法（Backward：Wald）,此法乃根据 Wald 检验估计值剔除在回归模型中不显著的自变量。

在［Logistic 回归：储存］的次对话窗口中，包括三个方框选项：

1.［预测值］（Predicted Values）方框：内有［概率（P）］（Probabilities）及［各组成员］（Group membership）两个选项。

2.［影响］（Influence）方框：内有［Cook's（C）］距离值、［影响量数（L）］（Leverage values）、［DfBeta（D）］（回归系数差异量值）三个选项。

3.［残差］（Residual）方框中包括五种残差值：未标准化残差值（Unstandardized）、Logit 分析残差值、t 化残差值（Studentized）、标准化残差值（Standardized）、离差值（Deviance）。

在［将模型信息输出至 XML 档案（X）］方格中，可将模型以文档方式将相关信息储存。

（二）输出结果

次数分布表

表 13-12　自杀意念

		次数	百分比	有效百分比	累积百分比
有效的	无自杀意念	58	58.0	58.0	58.0
	有自杀意念	42	42.0	42.0	100.0
	总和	100	100.0	100.0	

表 13-12 为依变量自杀意念的编码情形，变量"自杀意念"为二分类别变量，水平数值 0 为"无自杀意念"、水平数值 1 为"有自杀意念"，100 位样本观察值中实际无自杀意念者有 58 位、自杀意念者有 42 位。

表 13-13　性别

		次数	百分比	有效百分比	累积百分比
有效的	女生	43	43.0	43.0	43.0
	男生	57	57.0	57.0	100.0
	总和	100	100.0	100.0	

表 13-13 为预测变量性别的水平数值标记，性别变量中水平数值等于 0 者为女生、水平数值等于 1 者为男生，全部有效样本观察值有 100 位。

表 13-14　相关

		自杀意念	人际压力	情感压力	学习压力	家庭压力	其他压力
自杀意念	Pearson 相关	1	.314(**)	.401(**)	.488(**)	.393(**)	.619(**)
	显著性（双尾）		.001	.000	.000	.000	.000
	个数	100	100	100	100	100	100
人际压力	Pearson 相关	.314(**)	1	.124	.324(**)	.027	.224(*)
	显著性（双尾）	.001		.219	.001	.788	.025

续表

		自杀意念	人际压力	情感压力	学习压力	家庭压力	其他压力
	个数	100	100	100	100	100	100
情感压力	Pearson 相关	.401(**)	.124	1	.173	.326(**)	.383(**)
	显著性（双尾）	.000	.219		.086	.001	.000
	个数	100	100	100	100	100	100
学习压力	Pearson 相关	.488(**)	.324(**)	.173	1	.226(*)	.453(**)
	显著性（双尾）	.000	.001	.086		.024	.000
	个数	100	100	100	100	100	100
家庭压力	Pearson 相关	.393(**)	.027	.326(**)	.226(*)	1	.388(**)
	显著性（双尾）	.000	.788	.001	.024		.000
	个数	100	100	100	100	100	100
其他压力	Pearson 相关	.619(**)	.224(*)	.383(**)	.453(**)	.388(**)	1
	显著性（双尾）	.000	.025	.000	.000	.000	
	个数	100	100	100	100	100	100

** 显著水平为 0.01 时（双尾），相关显著。

* 在显著水平为 0.05 时（双尾），相关显著。

表 13-14 为五个计量的预测变量与效标变量间的相关矩阵,由于效标变量为二分类别变量,生活压力五个面向为连续变量,因而其相关方法为点二系列相关,点二系列相关适用于一个变量为等距或比率变量,另一个变量为真正的名义二分变量。上表中自杀意念与生活压力五个面向的点二系列相关均达显著正相关,由于自杀意念水平数值编码中 1 为有自杀意念、0 为无自杀意念,点二系列相关为显著正相关,表示与无自杀意念样本（水平数值为 0）相比之下,有自杀意念的样本（水平数值为 1）有较高的人际压力、情感压力、学习压力、家庭压力与其他压力。

表 13-15　观察值处理摘要

未加权的观察值（a）		N	百分比
所选的观察值	包含在分析中	100	100.0
	遗漏观察值	0	.0
	总和	100	100.0
未选的观察值		0	.0
总和		100	100.0

a 如果使用加权的话,观察值总数请参阅分类表。

表 13-15"观察值处理摘要表"为样本基本数据信息,包括有效观察值（100 位）、缺失值（0 位）,未被选取的个数（0 位）及总样本数（100）。

表 13-16　依变量编码

原始值	内部值
无自杀意念	0
有自杀意念	1

表 13-16 为依变量的水平编码值及其数值标记,依变量的两个水平编码值分别为 0,1(系统执行时的内部编码),0 表示无自杀意念组、1 表示有自杀意念组。在建数据文件时二分类别变量的依变量的编码水平要编为 0 和 1,1 表示发生的事件,0 表示未发生的事件。

区块 0:开始区块

表 13-17　迭代过程(a,b,c)

迭　代		-2 对数概似	系数 Constant
步骤 0	1	136.059	-.320
	2	136.058	-.323
	3	136.058	-.323

a 模型中包含常数。
b 起始的 -2 对数概似:136.058。
c 因为参数估计值变化小于 .001,所以估计工作在迭代数 3 时终止。

表 13-17 为迭代过程,包括迭代步骤、概似比的对数值及常数项的估计值。迭代过程在运算时,如果常数项系数估计值的差异小于 0.001 时,则停止迭代运算过程(注 c 说明)。上表中常数项在第三次迭代的估计值等于 -0.323,与第一次迭代的估计值(等于 -0.323)差异小于 0.001,表示达到聚敛标准,因此不用进行下一阶段的迭代过程。上表中第二列为概似比的对数值、第三列为其常数项(Constant)的估计值。

表 13-18　分类表(a,b)

观　察			预测		
			自杀意念		百分比修正
			无自杀意念	有自杀意念	
步骤 0	自杀意念	无自杀意念	58	0	100.0
		有自杀意念	42	0	.0
	概要百分比				58.0

a 模型中包含常数。
b 分割值为 0.500。

表 13-18 为逻辑斯回归初步分类结果,未分类前无自杀意念的样本有 58 位、有自杀意念的样本有 42 位,无自杀意念的样本占总数的 58.0%。因为无自杀意念的样本数较多,只用常数项预测时,事件发生的概率全部预测为有自杀意念者,其预测正确性为 58.0%。由于此表只是以常数项为预测变量,并不是回归模型对依变量正确的预测分类情形,因而其实质意义不大。

表 13-19　变量在方程式中

		B	S. E.	Wald	自由度	显著性	Exp(B)
步骤 0	常数	-.323	.203	2.538	1	.111	.724

表 13-19 为只包括常数项的逻辑斯回归模型,常数项的估计值为 -0.323、估计标准误为 0.203,Wald 检验值等于 2.538,在自由度等于 1 时,未达 0.05 的显著水平,胜算比值为 0.724。当所有预测变量皆未进入回归模型且只以常数项来预测时,胜算值 $= e^{(-.323)} = 0.724 = \dfrac{42}{58}$,表示"有自杀意念"比"无自杀意念"的胜算为 0.724,有自杀意念的比例为(事件发生比率):

$$\frac{e^{(-0.323)}}{1 + e^{(-0.323)}} = 0.420 = \frac{42}{100} = 42.0\%$$

无自杀意念样本的比例为(事件未发生比率):

$$1 - \frac{e^{(-0.323)}}{1 + e^{(-0.323)}} = 0.580 = \frac{58}{100} = 58.0\%$$

【备注】 $e^{(-0.323)}$ 以 Excel 函数计算为" $= EXP(-0.323)$ ",其数值结果等于 $0.723\,97$。

表 13-20　变量不在方程式中

		分数	自由度	显著性
步骤 0　变量	性别	28.045	1	.000
	人际压力	9.839	1	.002
	情感压力	16.112	1	.000
	学习压力	23.797	1	.000
	家庭压力	15.474	1	.000
	其他压力	38.279	1	.000
概要统计量		51.383	6	.000

表 13-20 为仅包括常数项的初步逻辑斯回归模型,即自变量未纳入模型中的分数(Score)检验值结果。进行逻辑斯回归分析时,一开始所有自变量都不会纳入回归模型中,此时若以 Score 对每一自变量参数估计值进行显著性检验,如果所有自变量的系数值都未达显著水平,就表示全部自变量对依变量都不具有解释与预测的效果,此时则停止逻辑斯回归分析工作。当至少有一个自变量的系数值达到显著水平,就进一步将该自变量选入回归模型中,并进行逻辑斯回归的参数估计(王保进,2004)。并进一步根据使用者界定的方法逐一挑选或剔除自变量,直到进入回归模型的自变量的估计值均为显著为止。由于本范例采用强迫进入法(Enter 法),因而不管 Score 检验值是否达到显著,自变量均会被纳入回归模型中。由表中知悉,六个自变量的 Score 检验值分别为 28.045,9.839,16.112,23.797,15.474,38.279,由于是初步逻辑斯回归分析,进行运算前检验的分数值均会达到显著。

区块 1:方法 = 输入

表 13-21 迭代过程(a,b,c,d)

迭代		-2 对数概似	系 数						
			Constant	性别	人际压力	情感压力	学习压力	家庭压力	其他压力
步骤 1	1	79.530	-4.727	-.664	.023	.017	.031	.028	.042
	2	72.861	-7.544	-.730	.033	.030	.054	.041	.062
	3	72.050	-9.121	-.691	.036	.039	.069	.048	.070
	4	72.029	-9.446	-.678	.037	.041	.072	.050	.071
	5	72.029	-9.456	-.678	.037	.041	.072	.050	.071
	6	72.029	-9.456	-.678	.037	.041	.072	.050	.071

a 方法:选入。

b 模型中包含常数。

c 起始的 -2 对数概似:136.058。

d 因为参数估计值变化小于 0.001,所以估计工作在迭代数 6 时终止。

表 13-21 为自变量投入回归模型后的迭代过程,由于采用 Enter 法进行参数估计,因而六个自变量皆投入迭代过程。其中步骤六常数项与六个自变量的系数估计值就是最后所建立的 Logistic 回归模型的系数值。当六个预测变量进入回归模型后,"-2 对数概似"(-2LL)的数值为 72.029、常数项为 -9.456,性别、人际压力、情感压力、学习压力、家庭压力、其他压力六个预测变量的系数分别为 -0.678,0.037,0.041,0.072,0.050,0.071。

表 13-22 模型系数的 Omnibus 检验

		卡方	自由度	显著性
步骤 1	步骤	64.030	6	.000
	区块	64.030	6	.000
	模型	64.030	6	.000

表 13-22 为整体模型系数显著性的检验结果。六个自变量所建立的回归模型的整体模型适配度检验的卡方值等于 64.030,$p = 0.000 < 0.05$,达到显著水平,表示在投入的六个自变量"性别""人际压力""情感压力""学习压力""家庭压力""其他压力"中至少有一个自变量可以有效地解释与预测样本在自杀意念有、无的分类结果,至于是哪几个自变量则需要进行个别参数系数显著性的估计结果方能得知。若是采取向前逐步回归法或向后逐步回归法则进入回归模型的自变量均会达到显著。

表 13-23 模型摘要

步骤	-2 对数概似	Cox & Snell R 平方	Nagelkerke R 平方
1	72.029(a)	.473	.636

a 因为参数估计值变化小于 0.001,所以估计工作在迭代数 6 时终止。

表 13-23"模型摘要"表为自变量与依变量间的关联强度检验结果,关联强度的性质与多元回归分析中的 R^2 值(决定系数)类似,但 Logistic 回归分析中的关联强度旨在说明回归模型中的自变量与依变量关系的强度,无法说明依变量的变异量可以被自变量解释

的百分比(因 Logistic 回归分析中的依变量不是连续变量,不能以解释变异量来解释)。"Cox-Snell R^2"与"Nagelkerke R^2"值分别为 0.473,0.636,表示所投入的六个自变量与自杀意念效标变量间有中强度的关联。"-2 对数概似"($-2LL$)的数值为 72.029,与上述迭代过程中的最后一栏数值相同。

表 13-24 Hosmer 和 Lemeshow 检验

步骤	卡方	自由度	显著性
1	15.102	8	.057

表 13-24 为回归模型的整体适配度检验结果,采用的是 Hosmer-Lemeshow 检验法。如果 Hosmer-Lemeshow 检验值未达显著水平,表示模型适配度佳(此解释与上述采用卡方检验正好相反)。表中 Hosmer-Lemeshow 检验值等于 15.012,$p = 0.057 > 0.05$,未达显著水平,整体回归模型的适配度良好,表示自变量可以有效预测依变量。此处"Hosmer-Lemeshow"卡方检验统计量的性质与结构方程模型中适配度检验的卡方值性质十分接近,当卡方值未达显著时,表示模型的适配度或契合度佳。在逻辑斯回归模型的假设验证方面,"Hosmer-Lemeshow"检验的卡方统计量越小越好,卡方值越小越不会达到显著,表示回归模型越佳。

表 13-25 Hosmer 和 Lemeshow 检验的列联表格

		自杀意念 = 无自杀意念		自杀意念 = 有自杀意念		总和
		观察	期望	观察	期望	
步骤 1	1	9	9.723	1	.277	10
	2	10	9.512	0	.488	10
	3	10	9.212	0	.788	10
	4	10	8.832	0	1.168	10
	5	9	8.298	1	1.702	10
	6	3	5.576	7	4.424	10
	7	4	3.593	6	6.407	10
	8	1	2.203	9	7.797	10
	9	1	.931	9	9.069	10
	10	1	.120	9	9.880	10

表 13-25 为 Hosmer-Lemeshow 的适配度检验。在交叉表的单元格中有观察次数与期望次数,根据观察次数与期望次数的数值采用 $\sum \frac{(F_O - F_E)^2}{F_E}$ 公式,可以计算上述卡方值($= 15.102$)。

表 13-26   分类表（a）

观　察		预　测		
		自杀意念		百分比修正
		无自杀意念	有自杀意念	
步骤 1 自杀意念	无自杀意念	51	7	87.9
	有自杀意念	5	37	88.1
	概要百分比			88.0

a 分割值为 .500

表 13-26 为逻辑斯回归模型的分类预测结果,此表与区别分析中的分类结果表 (classification results)类似。原先 58 位无自杀意念的观察值,根据逻辑斯回归模型进行分类预测,有 51 位被归类于无自杀意念组(分类正确)、7 位被归类于有自杀意念组(分类错误);原先 42 位有自杀意念的观察值,根据逻辑斯回归模型进行分类预测,有 5 位被归类于无自杀意念组(分类错误)、37 位被归类于有自杀意念组(分类正确)。整体分类正确的百分比为$(51+37)\div100=88.0\%$。分类的正确性越高,表示所建立的逻辑斯回归模型的整体适配性越佳,自变量对依变量的影响越大。

从上述分类表中可以计算出敏感性、特异性、伪阳性、伪阴性四个数值:

$$敏感性 = \frac{D}{C+D} = \frac{37}{5+37} = 0.881 ; 特异性 = \frac{A}{A+B} = \frac{51}{51+7} = 0.879$$

$$伪阳性 = \frac{B}{B+D} = \frac{7}{7+37} = 0.159 ; 伪阴性 = \frac{C}{A+C} = \frac{5}{51+5} = 0.089$$

表 13-27

		预测值	
		无自杀意念	有自杀意念
实际值	无自杀意念	51(A)	7(B)
	有自杀意念	5(C)	37(D)

表 13-28   变量在方程式中

	B	S.E.	Wald	自由度	显著性	Exp(B)
步骤 1(a) 性别	-.678	.769	.778	1	.378	.508
人际压力	.037	.028	1.771	1	.183	1.037
情感压力	.041	.032	1.700	1	.192	1.042
学习压力	.072	.031	5.429	1	.020	1.075
家庭压力	.050	.042	1.401	1	.237	1.051
其他压力	.071	.026	7.249	1	.007	1.073
常数	-9.456	2.729	12.003	1	.001	.000

a 在步骤 1 中选入的变量:性别, 人际压力, 情感压力, 学习压力, 家庭压力, 其他压力。

表 13-28 为回归模型中个别自变量显著性的参数估计。第一列为投入变量名称(共

有六个自变量),第二列为自变量系数估计值,第三列为系数估计标准误(S.E.),第四列为个别参数检验的 Wald 值,第五列为自由度,第六列为显著性概率值,第七列为胜算比(odd ratio)。由表中可知,在投入的六个自变量中,只有"学习压力"与"其他压力"两个变量的 Wald 检验值达显著,其余四个自变量——性别、人际压力、情感压力、家庭压力的 Wald 检验值系数均未达 0.05 显著水平,因而技职院校学生的"学习压力"与"其他压力"两个变量可以是预测与解释技职院校学生有无自杀意念的重要预测变量。

所谓胜算比(odd ratio;OR)乃在说明自变量与依变量间的关联,若有一个虚拟自变量 X 的胜算比为 3,表示在该自变量上,测量值为 1 的观察值在依变量 Y 上为 1 的概率是测量值为 0 的观察值的 3 倍,胜算比值越高,表示自变量与依变量的关联程度越强。上述"学习压力"变量的胜算比为 1.075,表示样本在学习压力测量值增高 1 分,技职院校学生"有自杀意念比无自杀意念的胜算"的概率就增加 0.075(7.5%);"其他压力"变量的胜算比为 1.073,表示样本在其他压力测量值增高 1 分,技职院校学生"有自杀意念比无自杀意念的胜算"的概率就增加 0.073(7.3%)。五个计量生活压力预测变量回归系数均为正数,取其相对应的指数值后数值均大于 1,表示预测变量的测量值越高,有自杀意念比无自杀意念的胜算也越大;相对的,若是计量预测变量回归系数为负数,取其相对应的指数值后数值会小于 1,表示预测变量的测量值越高,有自杀意念比无自杀意念的胜算值会越小。

表 13-29　相关矩阵

	Constant	性别	人际压力	情感压力	学习压力	家庭压力	其他压力
步骤 1　Constant	1.000	-.548	-.349	-.624	-.551	-.407	-.275
性别	-.548	1.000	.003	.480	.051	.216	.321
人际压力	-.349	.003	1.000	.013	-.152	.144	-.086
情感压力	-.624	.480	.013	1.000	.269	-.060	.023
学习压力	-.551	.051	-.152	.269	1.000	.007	-.085
家庭压力	-.407	.216	.144	-.060	.007	1.000	-.013
其他压力	-.275	.321	-.086	.023	-.085	-.013	1.000

表 13-29 为变量参数估计值的相关矩阵,此相关矩阵并不是变量间的积差相关系数矩阵。

图 13-7 为 SPSS 输出的样本预测概率散布图,SPSS 预设的切割点(cutoff point)为 0.50,当预测概率大于 0.50 时,样本就被归类于效标变量水平数值为 1 者,即被归类于"有自杀意念"组;当预测概率小于 0.50 时,样本就被归类于效标变量水平数值为 0 者,即被归类于"无自杀意念"组。在概率值 0.50 右边标示为 1 者表示回归模型分类为"有自杀意念"组,而样本在依变量的水平编码实际上也是为 1(有自杀意念),因而标示为 1 者表示分类正确;而标示为 0 者表示回归模型分类为"有自杀意念"组,而样本在依变量的水平编码实际上却为 0(无自杀意念),因而标示为 0 者表示分类错误。在概率值 0.50 左边标示为 0 者表示回归模型分类为"无自杀意念"组,而样本在依变量的水平编码实际上也是为 0(无自杀意念),因而标示为 0 者表示分类正确;而标示为 1 者表示回归模型分类为"无自杀意念"组,而样本在依变量的水平编码实际上却为 1(有自杀意念),因而标

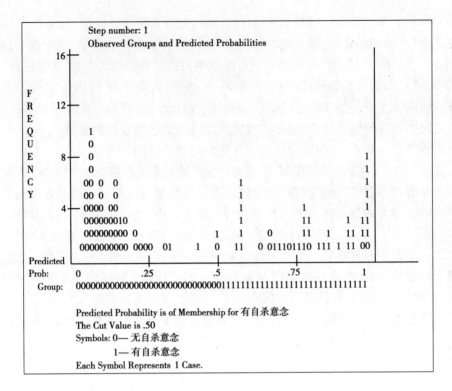

图 13-7

示为 1 者表示分类错误。从上述预测分类图中可以看出,横坐标概率值 0.50 右边标示为 0 者有七个,表示分类错误的样本有 7 位,此 7 位实际上无自杀意念,但回归模型预测却归类为"有自杀意念";横坐标概率值 0.50 左边标示为 1 者有五个,表示分类错误的样本有 5 位,此 5 位实际上有自杀意念,但回归模型预测却归类为"无自杀意念"。

【表格范例】

上述 Logistic 回归分析的报表可整理成如下 13-30,13-31 两个表格:

表 13-30   整体模型的适配度检验及个别参数显著性的检验摘要表

投入变量名称	B	S. E.	Wald 值	Df	关连强度
性别	−.678	.769	.778	1	Cox-Snell R^2 = .473
人际压力	.037	.028	1.771	1	Nagelkerke R^2 = .636
情感压力	.041	.032	1.700	1	
学习压力	.072	.031	5.429*	1	
家庭压力	.050	.042	1.401	1	
其他压力	.071	.026	7.249*	1	
常数	−9.456	2.729	12.003	1	
整体模型适配度检验	χ^2 = 64.030*** Hosmer-Lemeshow 检验值 = 15.102 n. s.				

* p < .05   *** p < .001   n. s. p > .05

从表 13-30 可以发现"性别""人际压力""情感压力""学习压力""家庭压力""其他压力"六个自变量对有无自杀意念组别预测的回归模型的整体模型显著性检验的 χ^2 =

64.030(p = 0. 000 < 0. 05），达到 0. 05 显著水平；而 Hosmer-Lemeshow 检验值为 15. 102
(p > 0. 05）未达显著水平，表示"性别""人际压力""情感压力""学习压力""家庭压力"
"其他压力"六个自变量所建立的回归模型适配度(goodness of fit）非常理想。从关联强
度系数而言，Cox-Snell 关联强度值为 0. 473，Nagelkerke 关联强度指标值为 0. 636，表示自
变量与依变量间有中度的关系存在，六个自变量可以解释自杀意念变量总变异的
47.3% ,63.6% 。

再从个别参数的显著性指标来看，学习压力、其他压力两个自变量的 Wald 指标值分
别为 5. 429,7. 249，均达 0. 05 显著水平，表示学习压力、其他压力两个自变量与有无自杀
意念组别间有显著关联，这两个变量可以有效预测与解释有、无自杀意念组别。两个变
量的胜算比值分别是 1. 075,1. 073，表示样本在学习压力测量值增高 1 分，技职院校学生
"有自杀意念比无自杀意念的胜算"的概率就增加 0. 075（7.5%）；样本在其他压力测量
值增高 1 分，技职院校学生"有自杀意念比无自杀意念的胜算"的概率就增加 0. 073
（7.3%）。

表 13-31　预测分类正确率交叉表

		预测值		正确百分比
		无自杀意念	有自杀意念	
实际值	无自杀意念	51	7	87.9
	有自杀意念	5	37	88.1
总预测正确率				88.0

从表 13-31 预测分类正确率交叉表来看，原先 58 位无自杀意念的观察值根据逻辑斯
回归模型进行分类预测，有 51 位被归类于无自杀意念组（分类正确）、7 位被归类于有自
杀意念组（分类错误）；原先 42 位有自杀意念的观察值根据逻辑斯回归模型进行分类预
测，有 5 位被归类于无自杀意念组（分类错误）、37 位被归类于有自杀意念组（分类正
确）。整体分类正确的百分比为(51 + 37) ÷ 100 = 88.0% 。

（三）采用［向前：条件法］法的输出结果

区块 1：方法 = 向前逐步回归分析法（条件的）

表 13-32　迭代过程(a,b,c,d,e)

迭　代		-2 对数概似	系　数			
			Constant	其他压力	学习压力	情感压力
步骤 1	1	94.689	-2.797	.082		
	2	91.841	-3.732	.111		
	3	91.742	-3.944	.118		
	4	91.742	-3.954	.119		
	5	91.742	-3.954	.119		
步骤 2	1	88.081	-4.079	.067	.038	

续表

迭 代		−2 对数概似	系 数			
			Constant	其他压力	学习压力	情感压力
	2	83.130	−5.924	.094	.060	
	3	82.786	−6.590	.103	.069	
	4	82.783	−6.655	.104	.069	
	5	82.783	−6.655	.104	.069	
步骤 3	1	84.130	−4.883	.057	.038	.031
	2	77.248	−7.604	.079	.067	.051
	3	76.465	−8.951	.087	.082	.062
	4	76.449	−9.185	.088	.085	.063
	5	76.449	−9.191	.088	.085	.063
	6	76.449	−9.191	.088	.085	.063

a 方法:向前逐步回归分析法(条件的)。

b 模型中包含常数。

c 起始的 −2 对数概似:136.058。

d 因为参数估计值变化小于 .001,所以估计工作在迭代数 5 时终止。

e 因为参数估计值变化小于 .001,所以估计工作在迭代数 6 时终止。

步骤 3 为最后一组的回归模型,经过六次的迭代过程,"−2 对数概似"收敛于 76.449,进入回归模型的自变量有其他压力、学习压力、情感压力三个,如表 13-32。

表 13-33 模型系数的 Omnibus 检验

		卡方	自由度	显著性
步骤 1	步骤	44.317	1	.000
	区块	44.317	1	.000
	模型	44.317	1	.000
步骤 2	步骤	8.958	1	.003
	区块	53.275	2	.000
	模型	53.275	2	.000
步骤 3	步骤	6.334	1	.012
	区块	59.610	3	.000
	模型	59.610	3	.000

因为回归模型中达到显著的自变量有三个,故模型会出现三个步骤,步骤 1 中被挑选至回归模型的自变量为"其他压力",整体模型的卡方值为 44.317($p = 0.000 < 0.05$),达到显著;步骤 2 中被挑选至回归模型的自变量为"学习压力",卡方值增加量为 8.958($p = 0.003 < 0.05$),整体模型的卡方值为 53.275($= 8.958 + 44.317$)($p = 0.000 < 0.05$),达到显著;步骤 3 中被挑选至回归模型的自变量为"情感压力",卡方值增加量为 6.334($p = 0.012 < 0.05$),整体模型的卡方值为 59.610($= 6.334 + 53.275$)($p = 0.000 < 0.05$),达到显著。由于回归分析采取的是向前逐步回归分析法,因而被挑选至回归模型

的自变量的个别回归系数均会达到显著。

表 13-34　模型摘要

步骤	−2 对数概似	Cox & Snell R 平方	Nagelkerke R 平方
1	91.742(a)	.358	.482
2	82.783(a)	.413	.556
3	76.449(b)	.449	.604

a 因为参数估计值变化小于 .001,所以估计工作在迭代数 5 时终止。
b 因为参数估计值变化小于 .001,所以估计工作在迭代数 6 时终止。

步骤 3 中的"−2 对数概似"为 76.449,"Cox & Snell R 平方"值为 0.449,"Nagelkerke R 平方"值为 0.604,如表 13-34 三个达到显著的自变量与样本有无自杀意念倾向间有中度的关联。

表 13-35　Hosmer 和 Lemeshow 检验

步骤	卡方	自由度	显著性
1	18.532	6	.005
2	47.745	8	.000
3	32.039	8	.000

"Hosmer 和 Lemeshow 检验"表 13-35 为回归模型适配度检验统计量,HL 统计量的卡方值为 32.039,显著性概率值 p = 0.000 < 0.05,达到显著水平,表示其他压力、学习压力、情感压力所构成的逻辑斯回归模型的适配度不佳。

表 13-36　分类表(a)

观　察			预　测		
			自杀意念		百分比修正
			无自杀意念	有自杀意念	
步骤 1	自杀意念	无自杀意念	51	7	87.9
		有自杀意念	12	30	71.4
	概要百分比				81.0
步骤 2	自杀意念	无自杀意念	51	7	87.9
		有自杀意念	6	36	85.7
	概要百分比				87.0
步骤 3	自杀意念	无自杀意念	51	7	87.9
		有自杀意念	5	37	88.1
	概要百分比				88.0

a 分割值为 .500

在步骤 3 的交叉表 13-36 中,为"其他压力""学习压力""情感压力"所组成的逻辑斯回归模型对效标变量的分类结果。在无自杀意念组样本中分类正确的样本数有 51 位,在无自杀意念组样本中分类正确的样本数有 37 位,整体分类正确的百分比为(51 + 37) ÷ 100 = 88.0%。

表 13-37   变量在方程式中

		B	S. E.	Wald	自由度	显著性	Exp(B)
步骤 1(a)	其他压力	.119	.023	26.278	1	.000	1.126
	常数	−3.954	.748	27.917	1	.000	.019
步骤 2(b)	学习压力	.069	.025	7.447	1	.006	1.072
	其他压力	.104	.024	19.412	1	.000	1.109
	常数	−6.655	1.351	24.256	1	.000	..001
步骤 3(c)	情感压力	.063	.026	5.907	1	.015	1.066
	学习压力	.085	.029	8.324	1	.004	1.089
	其他压力	.088	.024	13.326	1	.000	1.093
	常数	−9.191	1.942	22.387	1	.000	.000

a 在步骤 1 中选入的变量:其他压力。
b 在步骤 2 中选入的变量:学习压力。
c 在步骤 3 中选入的变量:情感压力。

在步骤 1 中被选入的回归模型的自变量为"其他压力",步骤 2 被选入的回归模型的自变量为"学习压力",步骤 3 被选入的回归模型的自变量为"情感压力",胜算比值分别为 1.093,1.089,1.066。由于胜算比值大于 1,表示三个压力变量测量值的分数越高,越有可能被归于有自杀意念的组别。由于各回归系数均为正数,取其相应的指数后会大于 1,表示的是"其他压力""学习压力""情感压力"自变量的得分越高,有自杀意念比无自杀意念的胜算也越大。逻辑斯回归模型为:

$$\log\left(\frac{p}{1-p}\right) = 0.063 \times 情感压力 + 0.085 \times 学习压力 + 0.088 \times 其他压力 - 9.191$$

$$p = \frac{e^{(0.063 \times 情感压力 + 0.085 \times 学习压力 + 0.088 \times 其他压力 - 9.191)}}{1 + e^{(0.063 \times 情感压力 + 0.085 \times 学习压力 + 0.088 \times 其他压力 - 9.191)}}$$

若是预测值 p 的概率大于 0.5,则样本被归于有自杀意念组;相对的,若是预测值 p 的概率小于 0.5,则样本被归于无自杀意念组。

第二节   区别分析

区别分析(discriminant analysis)与逻辑斯回归分析常用来进行对观察体的预测与分类。其自变量为连续变量(计量变量),依变量为间断变量,如果依变量是二分名义变量则可采用区别分析或逻辑斯回归分析,若是依变量为三分以上类别变量则要采用区别分析。

一、理论基础

区别分析的主要目的在于计算一组预测变量(自变量)的线性组合,对依变量(间断变量)加以分类,并检查其再分组的正确率。自变量间的线性组合,即为区别函数。

在回归分析中,预测变量(predictor variable)与效标变量(criterion variable)通常是连续变量,自变量(预测变量)如果是间断变量,要投入回归模型要转化为虚拟变量。如果依变量是间断变量且为二分名义变量,则可使用"逻辑斯回归"方法,Logistic 回归分析法中的自变量仍是等距或比率变量,而依变量则是二分的类别变量。如果依变量为间断变量且为三分以上名义变量,则可使用区别分析法(discriminant analysis,或译为判别分析)。区别分析的自变量(预测变量)为连续变量(等距或比率变量),而依变量(一般称为分组变量)是间断变量(名义变量或次序变量)。

在行为科学领域中,区别分析应用的实例很多,如某教育学者根据高中毕业生的在校成绩、社经地位、投入动机、家长支持度变量作为自变量,以研究学生是否考上大学的预测变量,此时的依变量分为"考取公立大学""考取私立大学""未录取"等三类,此三类为三分类别变量;如果依变量只分为两个水平"录取"与"未录取",则除了采用区别分析方法外,也可用 Logistic 回归分析法。此外,如以员工的工作承诺、工作满意、组织气氛等变量来预测组织的绩效表现,此时的依变量为组织的绩效表现,分为"高绩效""中绩效""低绩效"三类。依变量如果是间断变量,使用者若以回归分析进行预测以研究自变量对依变量的解释变异量,则会出现严重的错误。

区别分析与多变量方差分析及多元回归分析有密切关系,开始时依使用者根据的分类标准将观察体或受试者划分成两个以上的群组,接着使用区别分析程序来辨认计量性预测变量的一个线性组合,此线性组合能最适切展现群体间差异的特征。预测变量的线性组合类似多元回归方程式的右边乘积和,区别分析中它是变量与区别函数系数的乘积总和(加权总和)。区别分析与 MANOVA 的基本原理相近,两者的计算过程也相当类似,都是在使组间的变异量与组内变异量的比值最大化,但 MANOVA 的目的在于了解各组样本究竟在哪几个依变量的平均数差异值达到显著水平;而区别分析则是通过得到观察值在自变量(此自变量在 MANOVA 中为依变量)的线性组合方程函数,来了解观察值在依变量上分类的正确性,进而知悉究竟是哪几个预测变量可以有效区分(differentiation)观察值在依变量上的分类(王保进,2004)。

就预测的效用而言,区别分析有两种取向:一是预测取向的区别分析(predictive discriminant analysis,PDA);一是描述取向的区别分析(descriptive discriminant analysis,DDA)(Huberty,1994)。预测取向的区别分析其功用与回归分析类似,主要在于解释与预测。其概念基础与回归分析有许多相同的地方,它的主要目的在于计算一组预测变量(或称区别变量)的线性组合,以对另一个分组变量重新加以分类,并检查其分组的正确性。预测取向的区别分析与回归分析概念相似之处在于两者都是在求得一组自变量(预测变量)的线性组合,其加权值在回归分析中称为回归系数,在区别分析中则称为区别函数系数,两者都有原始的系数(未标准化的系数)与标准化的系数。不过,区别分析通常会计算单一预测变量与线性组合分数(实际上就是效标变量的预测值)的相关系数。不过,许多学者建议在进行回归分析时,仍应留意结构系数(傅粹馨,1996)。描述取向的区别分析主要使用分组变量或称为解释变量(explanatory variable),以了解它与预测变量或称为反应变量(response variable)的关系,此种描述取向的区别分析与多变量方差分析(multivariate analysis of variance)的关系较为密切(陈正昌,等,2003)。

区别分析的基本原理与单因子多变量方差分析十分类似,两者计算的过程也相似,都是在使组间的变异量与组内变异量的比值极大化,因而在单因子多变量方差分析的显著检验后,进一步可以采用区别分析法(林清山,1988)。但两者间也有差异存在,MANOVA 检验的目的在于了解各组样本究竟在哪几个依变量上的平均数差异达到显著水平;而区别分析则是通过得到观察值在自变量(这些自变量在 MANOVA 检验中为依变量——计量数据)的线性组合函数,了解观察值在依变量(MANOVA 检验中为自变量——分组变量)上分类的正确性,进而了解究竟是哪几个自变量可以有效区分观察值在依变量的分类(王保进,2004)。

区别分析的自变量(预测变量)必须是连续变量(等距/比率变量),而依变量则属间断变量,如果预测变量为非连续变量,也应转化为虚拟变量。为探讨集群分析(cluster)后的群组划分的正确性,部分学者认为使用者在使用集群分析法后,可进一步以区别分析法加以检验。由于区别分析与多变量方差分析中的变量属性刚好相反,多变量方差分析中自变量是名义或次序变量,而依变量则为连续变量,因而也有学者提出在多变量方差分析中,如果整体检验显著,也可以用区别分析作为其追踪检验,以找出最能解释依变量的自变量。

区别分析适用的变量属性关系图如图 13-8、图 13-9:

自变量有三个、依变量为三分类别变量:

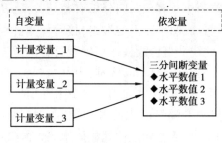

图 13-8

自变量有五个、依变量为四分类别变量:

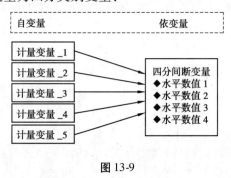

图 13-9

【研究问题】

　高职学生的学业成就、人际关系、考试焦虑是否可以有效区别学生不同的生活压力程度。

在上述研究问题中,使用者根据抽样样本在"生活压力量表"的测量值高低,将学生的生活压力感受分为"高度生活压力组""中度生活压力组""低度生活压力组",其水平数值编码分别为 1,2,3,变量名称为"生活压力",此变量为三分类别变量。学业成就、人际关系、考试焦虑三个自变量均为计量变量(连续变量),研究问题中的自变量为计量变量,而依变量为分组变量,采用的统计分析方法为区别分析。

二、操作程序

(一)步骤 1

执行工具栏[分析(A)]/[分类(Y)](Classify)/[判别(D)](Discriminant)程序,开启[判别分析]对话窗口,如图 13-10。

(二)步骤 2

在左边变量清单中将依变量"生活压力"选入右边[分组变量(G)]下方格中,将自变量选入右边[自变量(I)]下的方框中,勾选[一同输入自变量]选项,如图 13-11。

图 13-10

图 13-11

(三)步骤 3

选取[分组变量(G)]下方格的"生活压力(??)"选项,按[定义范围(D)...]钮,开启[判别分析:定义范围]次对话窗口,在[最小值(I)]的右边方格中输入依变量最小的水平数值编码 1,在[最大值(A)]的右边方格中输入依变量最大的水平数值编码 3→按[继续]钮,回到[判别分析]对话窗口,如图 13-12。

图 13-12

(四)步骤 4

按[统计量(S)]钮,开启[判别分析:统计量]次对话窗口,在[描述性统计量]方框中勾选[平均数(M)]、[单变量 ANOVA(A)](比较每一变量中各分组的平均数差异是否达到显著)、[Box'Sm 共变异数相等性检验(B)](进行多变量的正态性检验)选项。在[判别函数系数]方框中勾选[Fisher's 线性判别函数系数(F)]及[未标准化(U)](使用区别变量的原始数值来计算非标准化区别系数)选项。在[矩阵]方框中勾选[组内相关矩阵(R)]、[组内共变异数矩阵(V)]、[各组共变异数矩阵(E)]选项→按[继续]钮,回到[判别分析]对话窗口,如图 13-13。

(五)步骤 5

按[分类(C)...]钮,开启[判别分析:分类结果摘要]次对话窗口。在[事前概率]

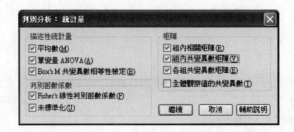

图 13-13

方框中选取［所有组别大小均等（A）］选项，在［使用共变异数矩阵］方框中选取［组内变量（W）］选项，在［显示］方框中勾选［逐观察值的结果（E）］（呈现每笔观察值实际编码、预测组别编码、概率及区别分数）、［摘要表（U）］（呈现分类结果交叉表），勾选最下方［用平均数置换遗漏值（R）］选项→按［继续］钮，回到［判别分析］对话窗口，如图 13-14。

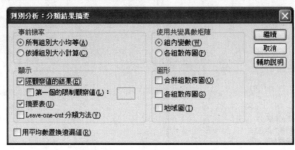

图 13-14

（六）步骤 6

按［储存（A）］钮，开启［判别分析：储存］次对话窗口，此窗口的选项功能可将每笔观察值区别分析的数据结果以相对应的变量存于原先数据文件中，以便之后进一步的分析。对话窗口内包含［预测的组群（P）］、［区别分数（D）］、［各组别成员的事后概率（R）］三个选项，在范例中勾选［预测的组群（P）］、［区别分数（D）］→按［继续］钮，回到［判别分析］对话窗口→按［确定］钮，如图 13-15。

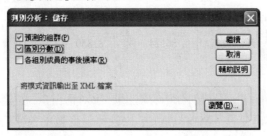

图 13-15

三、输出结果

判别

表 13-38 观察值处理摘要分析

未加权的观察值		个数	百分比
有效的		50	100.0
排除	缺失值或超出范围的组别码	0	.0
	至少一个缺失值的区别变量	0	.0
	缺失值或超出范围的组别码，以及至少一个缺失值的区别变量	0	.0
	总和	0	.0
总和		50	100.0

表 13-38 为样本的相关讯息——观察值处理摘要表，包括有效样本数、依变量的缺失值或超出范围的的组别码、至少一个缺失值的区别变量（自变量）等。若样本在自变量上的缺失值太多，则在[判别分析：分类结果摘要]次对话窗口。选取一个[用平均数置换遗漏值（R）]选项。

表 13-39 组别统计量

生活压力		平均数	标准差	有效的 N（列出）	
				未加权	加权
高度生活压力	学业成就	65.21	11.130	14	14.000
	人际关系	27.36	9.920	14	14.000
	考试焦虑	55.07	5.327	14	14.000
中度生活压力	学业成就	70.58	7.321	19	19.000
	人际关系	42.58	6.406	19	19.000
	考试焦虑	42.32	6.065	19	19.000
低度生活压力	学业成就	86.24	8.850	17	17.000
	人际关系	53.88	13.110	17	17.000
	考试焦虑	30.41	7.575	17	17.000
总和	学业成就	74.40	12.510	50	50.000
	人际关系	42.16	14.410	50	50.000
	考试焦虑	41.84	11.627	50	50.000

表 13-39 为自变量的描述性统计量，上述描述性统计量乃以原分组变量（依变量）作为自变量，而以原先计量变量为依变量所输出的描述性统计量。范例中为高生活压力组、中生活压力组、低生活压力组的高职学生在学业成就、人际关系、考试焦虑三个计量变量的平均数、标准差及其原先实际被划分的组别数，其中高度生活压力组的样本数有14 位、中度生活压力组的样本数有 19 位、低度生活压力组的样本数有 17 位、总样本观察

表 13-40 　各组平均数的相等性检验

	Wilks' Lambda 值	F 检验	分子自由度	分母自由度	显著性
学业成就	.499	23.573	2	47	.000
人际关系	.469	26.652	2	47	.000
考试焦虑	.294	56.371	2	47	.000

值有 20 位。

　　表 13-40 为各组平均数的相等性检验,即三组预测变量的平均数差异检验。以高、中、低生活压力三组为自变量,而以学业成就、人际关系、考试焦虑三个计量变量为依变量执行单变量方差分析,F 值愈大(Wilks' Λ 值愈小),平均数的差异值就愈大。由上表可知,不同生活压力组样本在学业成就、人际关系、考试焦虑的 F 值均达显著差异,其 F 值分别为 23.573(p = 0.000 < 0.05)、26.652(p = 0.000 < 0.05)、56.371(p = 0.002 < 0.05),表示不同生活压力组的样本在"学业成就""人际关系"知觉、"考试焦虑"感受上有显著的不同。

表 13-41 　合并组内矩阵(a)

		学业成就	人际关系	考试焦虑
相关	学业成就	81.448	62.724	−9.943
	人际关系	62.724	101.439	−8.575
	考试焦虑	−9.943	−8.575	41.471
相关	学业成就	1.000	.690	−.171
	人际关系	.690	1.000	−.132
	考试焦虑	−.171	−.132	1.000

a 共变量矩阵有 47 个自由度。

　　表 13-41 为合并组内矩阵,共变量矩阵有 47 个自由度。上半部的联合组内共变量是由 3 组的组内协方差矩阵相加而成。而下半部的联合组内相关矩阵是由联合组内共变量转换而得。如"学业成就"与"人际关系"变量的相关为 $0.690 = \dfrac{62.724}{\sqrt{81.448}\sqrt{101.439}} = \dfrac{62.724}{90.896}$,此计算式和积差相关(全体相关矩阵)不同,积差相关的求法虽然也与上述类似,不同的是积差相关是由全体协方差矩阵求得。

表 13-42 　共变量矩阵

生活压力		学业成就	人际关系	考试焦虑
高度生活压力	学业成就	123.874	90.995	−11.709
	人际关系	90.995	98.401	5.434
	考试焦虑	−11.709	5.434	28.379
中度生活压力	学业成就	53.591	8.868	−5.249

续表

生活压力		学业成就	人际关系	考试焦虑
	人际关系	8.868	41.035	−13.693
	考试焦虑	−5.249	−13.693	36.784
低度生活压力	学业成就	78.316	100.342	−13.790
	人际关系	100.342	171.860	−14.199
	考试焦虑	−13.790	−14.199	57.382
总和	学业成就	156.490	146.527	−91.894
	人际关系	146.527	207.647	−110.586
	考试焦虑	−91.894	−110.586	135.198

a 总共变量矩阵有 49 个自由度。

表 13-42 为各组内及全体的共变量矩阵。如果将全体的协方差矩阵乘以其自由度，即是全体的 SSCP 矩阵。要呈现全体的共数数矩阵及其自由度，在[判别分析:统计量]次对话窗口中勾选[全体观察值的共变异数(T)]选项即可。各矩阵中对角线的数字为方差，其余为两个变量间的共变量。将最后一大栏的总和方差共变量矩阵中的每一单元格数值减去上述合并后组内方差共变量矩阵相对应的单元格数值可得到组间方差共变量矩阵，根据组间方差共变量矩阵与组内方差共变量矩阵可以求出区别分析中的区别方程式。

分析

表 13-43　Box 共变量矩阵相等性检验对数行列式

生活压力	等级	对数行列式
高度生活压力	3	11.317
中度生活压力	3	11.129
低度生活压力	3	12.130
合并组内	3	12.068

打印出的行列式的等级与自然对数属于组别共变量矩阵。

表 13-43 为 SPSS 所输出的分组变量（依变量）各组组内方差共变量矩阵的对数行列式值（Log Determinants）与等级阶数（rank）。在区别分析中若是计量变量（自变量）间有高度的多元共线性问题，对数行列式值会接近 0，且等级列的数值不会等于自变量的个数。表中显示“高度生活压力”组、“中度生活压力”组、“低度生活压力”组的对数行列式值分别为 11.317，11.129，12.130，其数值均远大于 0，此外等级列数值为 3，与自变量的数目相同，所以区别分析中自变量之间没有高度多元共线性问题。

表 13-44　检验结果

Box's M 共变量相等性检验		25.659
F 检验	近似值	1.934
	分子自由度	12
	分母自由度	9160.617
	显著性	.026

相等总体共变量矩阵的虚无假设检验。

表 13-44 为各组内协方差矩阵相等性的假设检验，Box's M 值 =25.659，转换成 F 值为 1.934，p =0.026 <0.05，达到显著水平，拒绝虚无假设，接受对立假设，表示各组的组内协方差矩阵不相等，此时应使用个别组内协方差矩阵进行分析，此称为二次区别分析；相对的，若是 Box's M 值统计量未达 0.5 显著水平，表示符合区别分析的假定，可以使用联合组内协方差矩阵为分析的基础。区别分析是个富有相当强韧性(robust)的统计方法，因此，即使违反同质性假定仍可进行统计分析，不过在解释时要谨慎些(Sharma，1996；陈正昌，等，2003)。在 SPSS 手册中也建议：如果 N/p 的比率很大，很容易违反同质性的假定，此时较佳处理方法即是将第一类型的错误值 α 设小一点，如由 0.05 改为 0.01(SPSS，2000)。

典型区别函数的摘要

表 13-45　特征值

函数	特征值	方差的%	累积%	典型相关
1	3.169(a)	92.7	92.7	.872
2	.251(a)	7.3	100.0	.448

a 分析时会使用前 2 个典型区别函数。

表 13-45 为典型区别函数摘要表，第一列为区别方程(函数)的编号、第二列为特征值(Eigenvalue)、第三列为解释变异量(% of Variance)、第四列为累积解释变异量(Cumulative)、第五列为典型相关系数值(Canonical Correlation)(此值是把分类变量化为一组虚拟变量，而把预测变量当成另一组变量而求得的线性组合)。区别函数数目 $q = \min(p, g-1)$，本例中有三个自变量(p)、三个组别(g)，因此 $q = \min(3, 2)$，可以得到两个区别函数。其中第一个区别函数的特征值 =3.169，可解释依变量 92.7% 的变异量；第二个区别函数的特征值 =0.251，可解释依变量 7.3% 的变异量。第三列的解释变异量为每个区别函数的特征值与总特征值的比值，如：

$$0.927 = 3.169 \div (3.169 + 0.251) \times 100\% = 3.169 \div 3.420 \times 100\% = 92.7\%$$

$$0.073 = 0.251 \div (3.169 + 0.251) \times 100\% = 0.251 \div 3.420 \times 100\% = 7.3\%$$

每个区别函数的特征值是由其典型相关求得：$\lambda = \dfrac{\rho^2}{1-\rho^2}$，以第二个区别方式的特征值为例，特征值等于 $\lambda = \dfrac{0.448^2}{1 - 0.448^2} = \dfrac{0.200\ 7}{0.799\ 3} = 0.251\ 1$

摘要表 13-45 中有两个典型区别函数，特征值越大，表示此函数越有区别力。典型相关系数表示区别分数与组别间关联的程度，相当于方差分析中的 eta 平方值(效果值)

（以组别为自变量，以区别分数为依变量）。

表 13-46　Wilks' Lambda 值

函数检验	Wilks' Lambda 值	卡方	自由度	显著性
1 到 2	.192	75.964	6	.000
2	.800	10.289	2	.006

表 13-46 为向度缩减分析，亦即检验区别函数的显著性。区别分析对区别函数显著性的检验是采用逐一剔除法。首先，先检验所有的区别函数，如表中 Wilks' Lambda 值 = 0.192，卡方值 = 75.964，自由度等于 6，显著性 p = 0.000 < 0.05，已经达到显著水平，表示两个区别函数中，第一个区别函数对依变量有显著的预测力；其次，剔除第一区别函数的影响后，第二区别函数的 Wilks' Lambda 值 = 0.800，卡方值 = 10.289，自由度等于 2，p = 0.006 < 0.05，达到显著水平，表示第二个区别函数对依变量的解释力也达显著。

两个典型区别函数值的显著性检验均达显著。第一栏中"1 到 2"表示两个区别函数（函数 1、函数 2）的平均数（形心）在三个组别的差异情形，卡方值为 Wilks' Λ 值的转换，借以检验其差异是否达到显著，这里 χ^2 值为 75.964，p = 0.000 < 0.001，达到显著水平。"2"表示在排除第一个函数（典型变量）后，函数 2 在三个组别间形心的差异检验，由于 p = 0.006 < 0.01，因而函数 2 也达到显著。两个典型区别函数的检验结果均达显著，表示两个区别方程皆能有效解释样本在依变量上的变异量。

第一个典型区别函数的 Wilks' Λ 值 = $[1/(1 + \lambda_1)] \times [1/(1 + \lambda_2)] = [1/(1 + 3.169)] \times [1/(1 + 0.251)] = 0.239\ 9 \times 0.799\ 4 = 0.191\ 7 \approx 0.192$

第二个典型区别函数 Wilks' Λ 值 = $1/(1 + \lambda_2) = 1/(1 + 0.251) = 0.799\ 4 \approx 0.800$

第一个典型区别函数的自由度 = $p(g - 1)$ = 自变量 × (组别数 - 1) = 3 × 2 = 6。

第二个典型区别函数的自由度 = $(p - 1)(g - 2)$ = (自变量 - 1) × (组别数 - 2) = 2 × 1 = 2。

表 13-47　标准化的典型区别函数系数

	函　数	
	1	2
学业成就	−.117	1.373
人际关系	−.411	−1.089
考试焦虑	.796	.100

表 13-47 为两个典型区别函数的标准化系数（称为标准化典型区别函数系数——Standardized Canonical Discriminant Function Coefficients），标准化区别系数代表各自变量在各区别函数上的相对重要性，系数值越大，代表该自变量在区别函数的重要性越大。从标准化典型区别函数（Standardized Canonical Discriminant Function）值中，可以看出预测变量在组别区别函数中的相对的贡献度。两个标准化典型区别函数分别为：

第一个典型区别函数

D_1 = 0.796 × 考试焦虑 − 0.117 × 学业成就 − 0.411 × 人际关系

第二个典型区别函数

$$D_2 = 1.373 \times 学业成就 - 1.089 \times 人际关系 + 0.100 \times 考试焦虑$$

从标准化典型区别函数值大小可以看出，"考试焦虑"变量与第一个典型区别函数关系较密切；"学业成就"与"人际关系"变量与第二个典型区别函数关系较密切。标准化典型区别函数系数计算是由未标准化区别函数系数乘以联合组内协方差矩阵主对角线的平方根而得。如第一区别函数的学校组织文化的原始加权系数为 0.124（看下面典型区别函数系数报表），而联合组内协方差矩阵对角线组织文化系数值为 41.471（看合并组内矩阵表格），其标准化典型区别函数系数 $= 0.124 \times \sqrt{41.471} = 0.796$，标准化典型区别函数系数的绝对值有可能大于 1。

表 13-48　结构矩阵

	函　数	
	1	2
考试焦虑	.870(*)	.009
人际关系	−.597(*)	−.155
学业成就	−.536	.605(*)

区别变量和标准化典型区别函数之间的合并后组内相关。
变量系依函数内相关的绝对大小加以排序。
* 在每个变量和任一区别函数之间的最大绝对相关

表 13-48 为结构矩阵（Structure Matrix）。结构矩阵系数为预测变量与典型区别函数的联合组内相关系数，此系数为联合组内相关系数矩阵乘标准化区别函数系数矩阵而得。"*"号表示区别变量与标准化典型区别函数的相关值（含正/负相关）较大。相关系数的绝对值愈大者，表示此变量与区别函数的相关越高，对区别函数的影响力越大。从此结构矩阵中可以看出，"考试焦虑"变量、"人际关系"变量对第一个区别函数的影响力较大；而"学业成就"变量对第二个区别函数的影响较大。其结果与上述用标准化典型区别函数呈现的结果相同，根据结构系数负荷量的值进一步可为每个区别函数命名。运用结构系数的优点有两个：一为可以避免共线性问题，二是在小样本的分析时会比较稳定（SPSS，2000）。

表 13-49　典型区别函数系数

	函　数	
	1	2
学业成就	−.013	.152
人际关系	−.041	−.108
考试焦虑	.124	.015
（常数）	−2.489	−7.409

未标准化系数

表 13-49 为未标准化的区别函数系数。SPSS 内定选项中不列出未标准化的区别函数系数，因为在实际报表分析时这个系数的实用性不大，尤其是区别函数不只一组时（SPSS，2000）。

表 13-50 各组重心的函数

生活压力	函 数	
	1	2
高度生活压力	2.358	.408
中度生活压力	.091	-.619
低度生活压力	-2.043	.357

未标准化的典型区别函数以组别平均数加以评估

表 13-50 为分类变量(依变量)各组样本在区别函数的形心(centroid)。形心系数值由未标准化区别函数系数乘上各组平均数而得。形心的意义与平均数相同,它是在计算得出每一观察值在区别函数的区别分数后,依变量各组样本在区别函数的平均数。当两组样本的形心差异值越大,表示两组间在该区别函数上的差异越大(王保进,2004)。由上表可知,三组的第一个区别函数的形心明显不同(2.358,0.091,-2.043),因此第一区别函数可以明显区分三组;而第二个区别函数的形心亦有差异(0.408,-0.619,0.357),因此第二个区别函数也可以明显区分三组,第二个区别函数虽可区分生活压力高中低三组,但其区别差异性明显不如第一个区别函数。

分类统计

表 13-51 分类处理摘要

处理过		50
排除	缺失值或超过范围的组别码	0
	至少一个遗漏区别变量	0
用于输出中		50

表 13-51 为分类统计摘要表,有效分类的样本数为 50、缺失值为 0。

表 13-52 组别的事前概率

生活压力	事前	分析中使用的观察值	
		未加权	加权
高度生活压力	.333	14	14.000
中度生活压力	.333	19	19.000
低度生活压力	.333	17	17.000
总和	1.000	50	50.000

表 13-52 为区别分析的组别的事前概率值,如果没有理论基础为根据,通常会假设分发到各组的概率均相等。事前概率的界定方式会影响常数项及事后概率的计算,也会影响分类结果的正确性,但对于其他系数则无显著影响。由于在[判别分析:分类结果摘要]次对话窗口中,[事前概率]方框选取[所有组别大小均等(A)]选项,因而三组事前的概率都是 0.333。

表 13-53　分类函数系数

	生活压力		
	高度生活压力	中度生活压力	低度生活压力
学业成就	1.301	1.174	1.350
人际关系	－.403	－.200	－.218
考试焦虑	1.557	1.261	1.012
（常数）	－80.877	－64.958	－68.833

Fisher's 线性区别函数

分类函数系数可将观察值分类，分类时采用 Fisher 方法，特称为 Fisher's 线性区别函数，每一群组均有一组系数，如：

1. 第一群组分类函数

$$F_1 = 1.301 \times 学业成就 - 0.403 \times 人际关系 + 1.557 \times 考试焦虑 - 80.877$$

2. 第二群组分类函数

$$F_2 = 1.174 \times 学业成就 - 0.200 \times 人际关系 + 1.261 \times 考试焦虑 - 64.958$$

3. 第三群组分类函数

$$F_3 = 1.350 \times 学业成就 - 0.218 \times 人际关系 + 1.012 \times 考试焦虑 - 68.833$$

观察值分类时，将每一个观察值代入三个群组的分类函数，用其分类函数值大小来比较，函数值最大者代表的是观察值所属的群组。

表 13-54　依观察值计算统计量

观察值个数	实际组别	最高组别					第二高组别			区别函数	
		预测组别	P(D>d | G=g)		P(G=g | D=d)	到重心的 Mahalanobis 距离平方	组别	P(G=g | D=d)	到重心的 Mahalanobis 距离平方	函数 1	函数 2
			p	自由度							
原始的 1	1	1	.405	2	.990	1.808	2	.010	11.064	3.412	－.427
2	1	1	.198	2	.955	3.235	2	.045	9.323	3.081	－1.239
3	1	1	.537	2	.784	1.243	2	.212	3.856	1.351	.887
4	1	1	.371	2	.964	1.984	2	.035	8.600	1.855	1.723
5	1	1	.457	2	.966	1.566	2	.034	8.232	2.959	－.690
6	1	1	.425	2	.966	1.711	2	.034	8.409	2.988	－.738
7	1	1	.540	2	.829	1.231	2	.171	4.388	2.185	－.688
8	1	1	.901	2	.984	.210	2	.016	8.501	2.815	.420
9	1	1	.952	2	.969	.099	2	.031	6.970	2.365	.722
10	1	1	.895	2	.974	.222	2	.026	7.469	2.377	.879
11	1	1	.578	2	.996	1.096	2	.004	11.963	3.023	1.216
12	1	1	.709	2	.992	.689	2	.008	10.436	2.833	1.088
13	1	1	.433	2	.672	1.673	2	.319	3.165	1.133	.823
14	1	1	.093	2	.589	4.740	2	.342	5.828	.631	1.734

续表

观察值个数	实际组别	预测组别	最高组别				第二高组别			区别函数	
			P(D>d|G=g)		P(G=g|D=d)	到重心的Mahalanobis距离平方	组别	P(G=g|D=d)	到重心的Mahalanobis距离平方	函数1	函数2
			p	自由度							
15	2	2	.577	2	.616	1.099	1	.375	2.088	1.012	−.120
16	2	2	.608	2	.763	.995	1	.232	3.376	1.052	−.885
17	2	2	.611	2	.848	.985	1	.146	4.498	.925	−1.157
18	2	2	.641	2	.748	.890	1	.208	3.452	.508	.226
19	2	2	.575	2	.755	1.105	1	.164	4.159	.318	.407
20	2	2	.433	2	.656	1.676	1	.293	3.292	.552	.590
21	2	2	.962	2	.874	.078	3	.074	5.003	.082	−.341
22	2	2	.255	2	.629	2.730	1	.241	4.645	.291	1.020
23	2	1(**)	.471	2	.872	1.506	2	.128	5.350	2.395	−.819
24	2	2	.763	2	.786	.541	3	.208	3.203	−.633	−.746
25	2	2	.674	2	.946	.788	1	.042	7.028	.449	−1.432
26	2	2	.717	2	.739	.665	3	.236	2.945	−.352	.065
27	2	2	.691	2	.677	.739	3	.313	2.281	−.611	−.123
28	2	2	.038	2	.923	6.562	3	.076	11.546	−1.075	−2.900
29	2	2	.003	2	.988	11.816	3	.012	20.671	−.659	−3.974
30	2	3(**)	.641	2	.639	.888	2	.359	2.040	−1.131	.120
31	2	3(**)	.577	2	.575	1.099	2	.422	1.716	−1.048	.027
32	2	2	.905	2	.835	.201	3	.138	3.806	−.198	−.278
33	2	2	.688	2	.945	.749	3	.045	6.857	−.149	−1.451
34	3	3	.654	2	.770	.849	2	.228	3.287	−1.178	.675
35	3	3	.918	2	.858	.171	2	.142	3.770	−1.643	.255
36	3	3	.976	2	.923	.049	2	.076	5.033	−1.862	.485
37	3	2(**)	.458	2	.644	1.561	1	.317	2.977	.635	.505
38	3	2(**)	.625	2	.627	.940	3	.364	2.028	−.669	−.018
39	3	3	.955	2	.961	.091	2	.039	6.493	−2.314	.222
40	3	3	.638	2	.939	.899	2	.061	6.351	−2.427	−.510
41	3	3	.670	2	.965	.800	2	.035	7.417	−2.617	−.330
42	3	3	.695	2	.983	.728	2	.017	8.862	−2.820	.003
43	3	3	.811	2	.977	.418	2	.023	7.873	−2.627	.078
44	3	3	.200	2	.995	3.221	2	.005	13.683	−2.399	2.116
45	3	3	.259	2	.994	2.703	2	.006	12.908	−2.411	1.959
46	3	3	.177	2	.996	3.464	2	.004	14.664	−3.733	−.423
47	3	3	.788	2	.797	.475	2	.202	3.224	−1.359	.440
48	3	2(**)	.525	2	.713	1.288	3	.230	3.549	−.164	.486
49	3	3	.471	2	.995	1.506	2	.005	12.029	−3.266	.252
50	3	3	.163	2	.998	3.624	2	.002	16.025	−3.883	−.134

** 分类错误的观察值

　　表 13-54 为每一观察值的实际分组摘要表(Casewise Statistics),包括观察值编号(Case Number)、实际组别(Actual Group)、预测组别(Predicted Group)、条件概率。实际组别为使用者依生活压力量表高低标准实际划分的组别(依原分组变量的水平数值编码),而预测组别为根据样本学业成就、人际关系与考试焦虑三个计量变量所预测区分的生活压力组别,"＊＊"符号表示实际划分组别与预测区分的组别不符合。根据此表,使用者可以发现,编号为 23 的学生样本,依区别分析结果,最有可能归类为第一组(高度生活压力组),但在实际测量划分上,却归类为第二组(中度生活压力组),因而在其预测组别 1 的旁边出现两个"＊＊"号。从上述样本观察值的计算统计量摘要表中可以得知以学业成就、人际关系与考试焦虑三个计量变量来区别样本学生生活压力组别时,区别预测错误的样本数有 6 位,实际值组别与预测值组别符合者有 44 位。

表 13-55　分类结果(a)

	生活压力	预测的各组成员			总　和
		高度生活压力	中度生活压力	低度生活压力	
原始的　个数	高度生活压力	14	0	0	14
	中度生活压力	1	16	2	19
	低度生活压力	0	3	14	17
％	高度生活压力	100.0	.0	.0	100.0
	中度生活压力	5.3	84.2	10.5	100.0
	低度生活压力	.0	17.6	82.4	100.0

a88.0％的原始组别观察值已正确分类。

　　表 13-55 为分类结果摘要表,分类结果摘要表的对角线为正确分类的个数,其余为错误分类的个数。左边的项目为原始的分类结果(实际生活压力量表测得的结果),高度生活压力组样本有 14 位、中度生活压力组样本有 19 位、低度生活压力组样本有 17 位。直列为重新分类的组别及百分比,即以学业成就、人际关系、考试焦虑三个自变量来区别预测样本在生活压力高低组别的情形。以 19 位中度生活压力组样本而言,经区别函数区别预测后,1 位被归于高度生活压力组、16 位被归于中度生活压力组、2 位被归于低度生活压力组,因而分类正确的样本数有 16 位,分类错误的样本数有 3 位。全部正确分类的百分比为 88.0％,整体分类正确性的求法如下:

$$(14 + 16 + 14) \div 50 = 0.880 = 88.0\%$$

【表格范例】

　　由以上报表解析,可以将区别分析结果整理成以下两个表格。

表 13-56　学生学业成就、人际关系、考试焦虑对不同生活压力程度组的区别分析摘要表

自变量	标准化典型区别系数		结构系数		未标准化区别函数	
	第一函数	第二函数	第一函数	第二函数	第一函数	第二函数
学业成就	−.117	1.373	−.536	.605	−.013	.152
人际关系	−.411	−1.089	−.597	−.155	−.041	−.108
考试焦虑	.796	.100	.870	.009	.124	.015
截距					−2.489	−7.409

第一个区别函数:$\lambda = 3.169$　Wilks'$\Lambda = .192$　卡方值 $= 75.964$＊＊＊

第二个区别函数:$\lambda = .251$　Wilks'$\Lambda = .800$　卡方值 $= 10.289$＊＊

＊＊ p<.01　＊＊＊ p<.001

表 13-57　分类正确率交叉表

生活压力	实际分类样本	区别预测结果分类		
		高度生活压力	中度生活压力	低度生活压力
高度生活压力	14	14 100.0%	0 0.0%	0 0.0%
中度生活压力	19	1 5.3%	16 84.2%	2 10.5%
低度生活压力	17	0 0.0%	3 17.6%	14 82.4

总预测正确率 = 88.0%

从表 13-57 中可以发现学生学业成就、人际关系与考试焦虑三个自变量可以有效区别高职学生生活压力高、中、低三个组别,有两个区别函数达到显著,第一个区别函数的 Wilks' Λ 为 0.192($p < 0.001$)、第二个区别函数的 Wilks' Λ 为 0.800($p < 0.01$)。从标准化典型区别系数值而言,与第一区别函数相关较密切者为考试焦虑变量;与第二个区别函数相关较密切者为学业成就与人际关系变量。因而第一区别函数主要借由考试焦虑而有效区别不同生活压力程度的学生样本。以第二区别函数来看,对不同生活压力程度组的区别分析中,则以学业成就与人际关系两个变量的区别力较高。

此外,从分类正确率交叉表 13-57 来看,在 14 位高度生活压力组样本中被三个自变量区别分类正确的样本有 14 位,分类正确预测率为 100.0%;在 19 位中度生活压力组样本中被三个自变量区别分类正确的样本有 16 位,分类正确预测率为 84.2%;在 17 位低度生活压力组样本中被三个自变量区别分类正确的样本有 14 位,分类正确预测率为 82.4%。就全体总预测率而言,三个自变量区别不同生活压力组样本的百分比为 88.0%,其区别力甚佳。

第十四章 探索性因素分析实例解析

因素分析的操作程序一般分为探索性因素(exploratory factor analysis;EFA)与验证性因素分析(confirmatory factor analysis;CFA),就探索性因素分析而言,就是检验各量表的建构效度。探索性因素分析中的"探索"(exploratory)表示使用者在因素分析程序中可能要经由多次的因素分析程序,才能求出量表的最佳因素结构——此因素结构中,各因素是一个有意义的构面(或称向度、面向或层面),构面包含的题项所测得的潜在特质或行为构念是十分相似的。一般在量表编制时,使用者会根据文献或相关理论,将量表所要测得的构念分为几个构面,再根据各构面的属性编制 5 至 10 题的测量指标项目(题项),之后再经学者专家审核,建立专家效度。由于使用者在编制各测量题项时,其所归属的构面较为明确,因而在进行因素分析时可作为因素命名的主要依据。

编制完问卷初稿,再经学者专家审核后研究问卷便已具有专家效度,专家效度也是内容效度的一种,主要是由专家学者及该领域实务工作者就各构面所包含测量题项的适切性加以检验,包括测量题项表达的含义、题项词句的通顺与完整、题项所要测得的构面潜在特质是否适宜等。使用者统整专家学者提供的意见后,对量表构面的测量题项进行适度的修正,修正完后问卷会较之前使用者编制的问卷更为全面,此时使用者必须进行问卷预试程序。在问卷预试样本的选取上,若是使用者要进行探索性因素分析,且研究的总体为一般群体,预试样本的人数最好为量表测量题项总数的 5 倍以上。预试样本人数若是为量表测量题项数的 5 至 10 倍间,则探索性因素分析结果的因素结构会较为稳定,即因素分析程序萃取的共同因素及因素构面所包含的测量题项会与原先使用者编制的架构较为接近。

多数的探索性因素分析必须经过多次的[探索]与[试探]程序,才能发掘较佳的因素结构。较适宜的因素结构是指测量题项萃取的共同因素构面名称与原先使用者编制的大致相同,且萃取共同因素保留的测量题项与原先使用者编制的题项归类(归于那个构面)的内容差异最小。探索性因素中的最佳分析结构使用者必须经多次试探比较后才能找出,而非是进行一、两次因素分析即可获得。预试问卷分析中,使用者首先应进行项目分析,项目分析即每个题项的适切性分析,就测验与评量的观点而言,量表的项目分析类似成就测验的鉴别度分析,一个良好的评量试题必须具有高的鉴别度(即高分组在测量试题答对的百分比必须显著高于低分组在测量试题答对的百分比)。量表项目分析的程序即从统计分析的观点,筛选适切性高的测量题项,筛选出的测量题项再纳入因素分析的程序,这些经项目分析后保留的测量题项并不一定全部是正式问卷的题项,因为在因素分析与信度检验中均有可能再将测量题项删除,尤其是在因素分析的程序中。

量表问卷预试过程分析流程如图 14-1 在项目分析与因素分析的程序中,使用者可能会删除部分的测量题项,在信度检验时有时使用者会再从各构面中删除少数的测量题项。一般而言,在项目分析程序中,若使用者也把测量题项删除后的内部一致性 α 系数的变化情形作为项目分析的指标之一,则在信度检验时再删题的可能性就很低。信度检核时,使用者除进行量表各构面(共同因素)的内部一致性 α 系数检验外,也要同时检验各构面加总后的总量表的内部一致性 α 系数,构面(向度/层面)信度指标的判别方面,较适宜的指标值为 α 系数大于 0.70 以上,较为宽松的指标值为 α 系数在 0.60 以上。

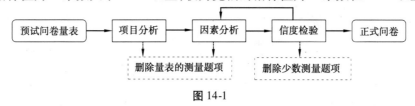

图 14-1

　　在预试问卷分析的三个阶段中,对多数使用者而言最感困扰与不易的是第二阶段因素分析的程序(项目分析与信度检验较为简易),因为多数使用者对探索性因素分析程序的内涵没有真正了解,以为探索性因素分析只要进行一次或两次即可求出量表的建构效度,结果多数使用者会发现量表的因素结构虽然出现,但萃取共同因素包含的测量题项与使用者原先编制的并未完全符合,有些共同因素由于包含测量题项的差异过大,甚至无法命名,或是共同因素包含的测量题项变量并未与使用者之前归类的题项相同等。此种现象在预试样本对象不多或量表题项变量较多的情况下容易出现。其实,此种现象在探索性因素分析程序中是常见的输出结果,因为预试样本个数在非大样本的情况下,因素结构会较不稳定,为发掘较适宜的因素结构,使用者必须不断试探与尝试,反复地增删测量题项变量,才能找出一个具最佳建构效度的因素结构。

　　在探索性因素分析程序中,如果使用者经由反复试探与尝试还是无法找出一个与使用者原先编制量表构面符合的因素结构,此时,使用者可改为以量表各因素构面所包含的测量题项变量进行单一构面的因素分析,在此种程序中使用者可将萃取共同因素的个数限定为 1,之后,再依因素结构中测量题项因素负荷量的高低值,保留因素负荷量较高的测量题项,每个构面可保留 3 至 6 个测量题项,总量表的测量题项保留在 20 至 25 题间较为适宜。

　　探索性因素分析的流程如图 14-2。

　　探索性因素分析的程序中,使用者必须将未符合项目分析指标的测量题项排除,之后再将符合项目分析指标值的题项变量纳入因素分析中。在因素分析程序中,使用者首要考虑的是萃取共同因素的方法,其中常用的两种方法为主成分分析法与主轴因素分析法。第二要考虑的是决定保留共同因素的准则。两种常用的方法之一为保留特征值大于 1 的因素(此为因素分析内定选项),之二为限定萃取共同因素的个数。如使用者在量表编制之初,很明确的将量表划分为四个构面向度,则进行因素分析时,可直接限定共同因素的个数为 4。第三要考虑的是决定因素转轴的方法,两种转轴法分别为直交转轴法与斜交转轴法,如果因素构面间不相关,或因素构面的相关很低,或因素间的夹角大致呈直角,则使用者可采用直交转轴法,在直交转轴法的方法中最常用者为最大变异法,若是使用者认定因素构面间有某种程度的相关,则必须采用斜交转轴法。第四要考虑的是因素结构的检验,各共同因素包含的题项变量是否与原先使用者编制的测量题项相同,若是一个共同因素包含不同构面向度的题项变量,则使用者必须逐题删除测量题项,再进行因素分析程序重新检验新的因素结构,由于每删除一个题项变量,整个因素结构均会改变,因而使用者必须再进行因素分析程序,否则无法得知新的因素结构中共同因素所包含的测量题项。

　　问卷、量表、构面及测量题项的架构如图 14-3,一份问卷中可能包含二至四种不同的量表,这些量表彼此间是独立的,因而量表因素分析的进行与量表建构效度的检验必须是以"量表"为分析单位,而量表中经项目分析保留的测量题项均可作为因素分析的题项变量,使用者不能将问卷中所包含的不同量表的测量题项变量同时纳入因素分析的程序中。

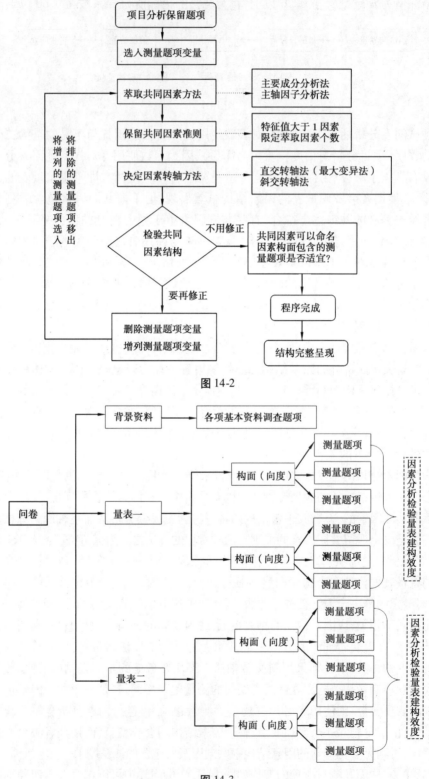

图 14-2

图 14-3

表 14-1 为一份校长情境领导量表,使用者根据相关理论,建构的校长情境领导构念及四个构面向度如图 14-4(测量题项取自叶东兴的预试问卷,2009):

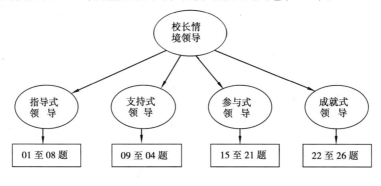

图 14-4

表 14-1　校长情境领导量表

	非常不同意	少部分同意	一半同意	大部分同意	非常同意
1. 校长具有强烈的动机及责任感。………………………………	☐	☐	☐	☐	☐
2. 校长对教师教学任务的要求有明确的规范与准则。…………	☐	☐	☐	☐	☐
3. 校长的理念能让教师们充分了解他对教师的期望。…………	☐	☐	☐	☐	☐
4. 校长能预见学校未来发展的蓝图,并提出能完成发展蓝图的计划时间表。	☐	☐	☐	☐	☐
5. 校长为了学校,会努力改善学校现况。 ……………………	☐	☐	☐	☐	☐
6. 校长为了学校并提出前瞻性的计划需求。…………………	☐	☐	☐	☐	☐
7. 校长会主动分享学校未来发展愿景的做法与想法。…………	☐	☐	☐	☐	☐
8. 校长会明确地说明学校的行政决策。………………………	☐	☐	☐	☐	☐
9. 校长待人亲切和气,给人好感。……………………………	☐	☐	☐	☐	☐
10. 校长时时关心全校师生的福利措施与需求。 ……………	☐	☐	☐	☐	☐
11. 校长对工作认真的同仁,给予支持与鼓励。………………	☐	☐	☐	☐	☐
12. 校长对教师在教学工作上的良好表现,会给予实质奖励。……	☐	☐	☐	☐	☐
13 校长对教师的需求,会尽量给予帮忙。……………………	☐	☐	☐	☐	☐
14. 校长真诚待人,能得到同仁的认同。………………………	☐	☐	☐	☐	☐
15. 校长会让教师参与讨论,接纳不同意见并汇整,以形成共识。 ………	☐	☐	☐	☐	☐
16. 校长会兼顾各方面的需求,建立一个共同参与、透明平等的校风。 ……	☐	☐	☐	☐	☐
17. 校长常关怀教师对教育工作积极参与。……………………	☐	☐	☐	☐	☐
18. 校长常鼓励有专长的教师,积极参与校务的决定。………	☐	☐	☐	☐	☐
19. 无论是课程教学或是各项行政事务,校长总是会征求同仁的意见。……	☐	☐	☐	☐	☐

续表

	非常不同意	少部分同意	一半同意	大部分同意	非常同意
20.校长让同仁参与表达出学校的共同目标与愿景。…………	□	□	□	□	□
21.校长能充分授权并分层负责,让教师有专业自主的空间。…………	□	□	□	□	□
22.校长会设定目标,鼓励教师以积极进取的态度来完成。………	□	□	□	□	□
23.校长常有创意的想法,引导教师从多元角度思考问题。………	□	□	□	□	□
24.校长会透过各种学习机会,让教师了解自己的潜能发挥长才。………	□	□	□	□	□
25.校长在教学上或行政上,鼓励教师勇于挑战与创新。………	□	□	□	□	□
26.校长本身会不断吸取新知,并鼓励教师在有效教学中获得自我实现。	□	□	□	□	□

表 14-2　校长情境领导量表测量题项的描述性统计量摘要表

	个数	最小值	最大值	平均数	标准差	偏　态		峰　度	
	统计量	统计量	统计量	统计量	统计量	统计量	标准误	统计量	标准误
AA01 指导式	123	1	5	3.58	1.159	−.592	.218	−.508	.433
AA02 指导式	123	1	5	3.48	1.104	−.412	.218	−.659	.433
AA03 指导式	123	1	5	3.49	1.066	−.421	.218	−.608	.433
AA04 指导式	123	1	5	3.29	1.114	−.350	.218	−.555	.433
AA05 指导式	123	1	5	3.54	1.125	−.394	.218	−.671	.433
AA06 指导式	123	1	5	3.36	1.117	−.353	.218	−.679	.433
AA07 指导式	123	1	5	3.39	1.164	−.237	.218	−.917	.433
AA08 指导式	123	1	5	3.44	1.146	−.462	.218	−.697	.433
AB09 支持式	123	1	5	3.75	1.157	−.817	.218	.002	.433
AB10 支持式	123	1	5	3.38	1.083	−.222	.218	−.665	.433
AB11 支持式	123	1	5	3.56	1.049	−.380	.218	−.421	.433
AB12 支持式	123	1	5	3.28	1.098	−.097	.218	−.833	.433
AB13 支持式	123	1	5	3.49	1.035	−.057	.218	−.787	.433
AB14 支持式	123	1	5	3.43	1.095	−.240	.218	−.657	.433
AC15 参与式	123	1	5	3.46	1.081	−.358	.218	−.575	.433
AC16 参与式	123	1	5	3.47	1.027	−.130	.218	−.767	.433
AC17 参与式	123	1	5	3.40	1.046	−.250	.218	−.619	.433
AC18 参与式	123	1	5	3.22	1.037	−.139	.218	−.515	.433
AC19 参与式	123	1	5	3.29	1.061	−.444	.218	−.260	.433
AC20 参与式	123	1	5	3.35	1.032	−.201	.218	−.610	.433
AC21 参与式	123	1	5	3.64	1.041	−.653	.218	.016	.433
AD22 成就式	123	1	5	3.34	.948	−.208	.218	−.362	.433
AD23 成就式	123	1	5	3.16	1.112	−.255	.218	−.699	.433
AD24 成就式	123	1	5	3.15	1.022	−.112	.218	−.595	.433
AD25 成就式	123	1	5	3.29	1.061	−.361	.218	−.355	.433
AD26 成就式	123	1	5	3.37	1.118	−.444	.218	−.579	.433

表 14-3　变量间的相关矩阵摘要表 I

	AA01 指导	AA02 指导	AA03 指导	AA04 指导	AA05 指导	AA06 指导	AA07 指导	AA08 指导	AB09 支持
AA01 指导	1	.877	.844	.820	.781	.814	.810	.751	.513
AA02 指导	.877	1	.844	.764	.778	.790	.784	.765	.545
AA03 指导	.844	.844	1	.810	.774	.809	.810	.796	.652
AA04 指导	.820	.764	.810	1	.787	.863	.821	.752	.541
AA05 指导	.781	.778	.774	.787	1	.815	.763	.792	.642
AA06 指导	.814	.790	.809	.863	.815	1	.900	.798	.546
AA07 指导	.810	.784	.810	.821	.763	.900	1	.847	.597
AA08 指导	.751	.765	.796	.752	.792	.798	.847	1	.665
AB09 支持	.513	.545	.652	.541	.642	.546	.597	.665	1
AB10 支持	.704	.703	.732	.715	.709	.692	.720	.735	.693
AB11 支持	.655	.721	.706	.679	.690	.695	.672	.673	.624
AB12 支持	.610	.651	.623	.689	.703	.758	.746	.708	.515
AB13 支持	.638	.647	.703	.692	.727	.713	.752	.730	.685
AB14 支持	.661	.648	.738	.662	.720	.684	.697	.756	.805
AC15 参与	.626	.640	.745	.685	.684	.706	.731	.744	.755
AC16 参与	.678	.688	.784	.717	.705	.745	.750	.756	.688
AC17 参与	.681	.713	.765	.708	.671	.677	.720	.721	.693
AC18 参与	.664	.659	.733	.746	.677	.710	.751	.725	.669
AC19 参与	.641	.705	.727	.696	.661	.720	.736	.722	.682
AC20 参与	.686	.744	.745	.758	.646	.751	.766	.735	.658
AC21 参与	.566	.607	.683	.607	.601	.625	.610	.641	.762
AD22 成就	.654	.688	.750	.727	.646	.720	.732	.758	.655
AD23 成就	.652	.664	.686	.736	.728	.712	.742	.715	.695
AD24 成就	.627	.671	.709	.682	.693	.693	.689	.729	.635
AD25 成就	.661	.684	.742	.724	.682	.727	.729	.709	.621
AD26 成就	.626	.660	.729	.663	.687	.662	.677	.679	.693

表 14-4　变量间的相关矩阵摘要表 II

	AB10 支持	AB11 支持	AB12 支持	AB13 支持	AB14 支持	AC15 参与	AC16 参与	AC17 参与	AC18 参与
AA01 指导	.704	.655	.610	.638	.661	.626	.678	.681	.664
AA02 指导	.703	.721	.651	.647	.648	.640	.688	.713	.659
AA03 指导	.732	.706	.623	.703	.738	.745	.784	.765	.733
AA04 指导	.715	.679	.689	.692	.662	.685	.717	.708	.746
AA05 指导	.709	.690	.703	.727	.720	.684	.705	.671	.677
AA06 指导	.692	.695	.758	.713	.684	.706	.745	.677	.710
AA07 指导	.720	.672	.746	.752	.697	.731	.750	.720	.751
AA08 指导	.735	.673	.708	.730	.756	.744	.756	.721	.725
AB09 支持	.693	.624	.515	.685	.805	.755	.688	.693	.669
AB10 支持	1	.834	.721	.754	.724	.747	.788	.827	.750

续表

	AB10 支持	AB11 支持	AB12 支持	AB13 支持	AB14 支持	AC15 参与	AC16 参与	AC17 参与	AC18 参与
AB11 支持	.834	1	.757	.727	.716	.734	.787	.736	.655
AB12 支持	.721	.757	1	.714	.661	.691	.723	.657	.701
AB13 支持	.754	.727	.714	1	.797	.767	.777	.735	.717
AB14 支持	.724	.716	.661	.797	1	.817	.788	.780	.740
AC15 参与	.747	.734	.691	.767	.817	1	.868	.759	.766
AC16 参与	.788	.787	.723	.777	.788	.868	1	.793	.780
AC17 参与	.827	.736	.657	.735	.780	.759	.793	1	.788
AC18 参与	.750	.655	.701	.717	.740	.766	.780	.788	1
AC19 参与	.715	.668	.695	.727	.758	.783	.797	.758	.805
AC20 参与	.767	.711	.707	.721	.729	.789	.818	.773	.839
AC21 参与	.747	.665	.527	.726	.712	.700	.742	.681	.673
AD22 成就	.718	.688	.678	.697	.773	.743	.776	.746	.782
AD23 成就	.772	.659	.687	.721	.750	.716	.744	.712	.766
AD24 成就	.727	.664	.657	.684	.742	.689	.738	.727	.759
AD25 成就	.708	.683	.645	.727	.751	.762	.782	.743	.783
AD26 成就	.743	.711	.596	.744	.761	.743	.755	.799	.722

表 14-5　变量间的相关矩阵摘要表 Ⅲ

	AC19 参与	AC20 参与	AC21 参与	AD22 成就	AD23 成就	AD24 成就	AD25 成就	AD26 成就
AA01 指导	.641	.686	.566	.654	.652	.627	.661	.626
AA02 指导	.705	.744	.607	.688	.664	.671	.684	.660
AA03 指导	.727	.745	.683	.750	.686	.709	.742	.729
AA04 指导	.696	.758	.607	.727	.736	.682	.724	.663
AA05 指导	.661	.646	.601	.646	.728	.693	.682	.687
AA06 指导	.720	.751	.625	.720	.712	.693	.727	.662
AA07 指导	.736	.766	.610	.732	.742	.689	.729	.677
AA08 指导	.722	.735	.641	.758	.715	.729	.709	.679
AB09 支持	.682	.658	.762	.655	.695	.635	.621	.693
AB10 支持	.715	.767	.747	.718	.772	.727	.708	.743
AB11 支持	.668	.711	.665	.688	.659	.664	.683	.711
AB12 支持	.695	.707	.527	.678	.687	.657	.645	.596
AB13 支持	.727	.721	.726	.697	.721	.684	.727	.744
AB14 支持	.758	.729	.712	.773	.750	.742	.751	.761
AC15 参与	.783	.789	.700	.743	.716	.689	.762	.743
AC16 参与	.797	.818	.742	.776	.744	.738	.782	.755
AC17 参与	.758	.773	.681	.746	.712	.727	.743	.799
AC18 参与	.805	.839	.673	.782	.766	.759	.783	.722
AC19 参与	1	.878	.718	.780	.737	.761	.855	.765
AC20 参与	.878	1	.728	.798	.779	.759	.819	.741

续表

	AC19 参与	AC20 参与	AC21 参与	AD22 成就	AD23 成就	AD24 成就	AD25 成就	AD26 成就
AC21 参与	.718	.728	1	.698	.653	.651	.711	.768
AD22 成就	.780	.798	.698	1	.826	.769	.780	.747
AD23 成就	.737	.779	.653	.826	1	.823	.737	.769
AD24 成就	.761	.759	.651	.769	.823	1	.807	.771
AD25 成就	.855	.819	.711	.780	.737	.807	1	.821
AD26 成就	.765	.741	.768	.747	.769	.771	.821	1

若是使用者以"校长情境领导量表"所有的题项进行因素分析,经多次探索删题结果后,量表的因素构面还是无法合理命名,或因素构面所包含的测量题项与原先的差异很大,则使用者可采用以各因素构面的测量题项进行单因素构面的因素分析,此种单因素构面因素分析的图示如图 14-5:

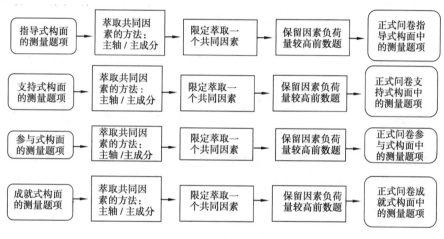

图 14-5

上述问卷题项的编码共有四种。以第一题测量题项的变量编码为例,"AA01 指导式",其中第一个字母 A 表示问卷中的第一份量表(校长情境领导量表),第二个字母 A 表示此测量题项为量表中的第一个构面(指导式领导向度),数字"01"表示量表预试的测量题项的编号(第一题),"指导式"为构面名称,便于因素结构的解读,最后加注的文字向度名称也可以省略,变量名称可简化为"AA01"。再以"AD22 成就式"变量为例,此测量题项为校长情境领导量表(编码 A)的第四个构面向度(编码 D),变量相对应的测量题项编号为第 22 题,此向度名称为"校长成就式领导"。

第一节 探索性因素分析的步骤

1. 执行工具栏[分析(A)](Analyze)/[资料缩减(D)](Data Reduction)/[因子(F)](Factor)程序,开启[因子分析]对话窗口→在左边变量清单中将校长情境领导 26 个题变量选入右边[变量(V)]下的方格中。

2. 按[描述性统计量(D)]钮,开启[因子分析:描述性统计量]次对话窗口,勾选

[KMO 与 Bartlett 的球形检定(K)]与[反映像(A)]选项→按[继续]钮,回到[因子分析]对话窗口。

3. 按[萃取(E)]钮,开启[因子分析:萃取]次对话窗口,在[萃取]方框中选取[因子个数(N)]选项,后面空格输入 4(限定抽取四个共同因素)→按[继续]钮,回到[因子分析]对话窗口。

4. 按[转转法(T)]钮,开启[因子分析:转轴法]次对话窗口,在[方法]方框中选取[最大变异法(V)]选项→按[继续]钮,回到[因子分析]对话窗口。

5. 按[选项(O)]钮,开启[因子分析:选项]次对话窗口,在[系数显示格式]方框中勾选[依据因素负荷排序(S)]选项→按[继续]钮,回到[因子分析]对话窗口→按[确定]钮。(若没有勾选[依据因素负荷排序(S)]选项,则依题项变量被选入的顺序输出结果)

一、全部题项均纳入

取样适当性量数 KMO 值为 0.952,指标值大于 0.900,如表 14-6,表示变量间有共同因素存在,量表题项适合进行因素分析。

表 14-6　KMO 与 Bartlett 检验

Kaiser-Meyer-Olkin 取样适切性量数		.952
Bartlett 球形检验	近似卡方分配	4232.968
	自由度	325
	显著性	.000

限定萃取四个共同因素时,转轴前四个共同因素的特征值分别为 19.061,1.238, 0.666,0.608,采用直交转轴的最大变异法后,四个共同因素的特征值分别为 6.795, 6.057,5.681,3.040,四个共同因素可以解释测量题项 82.977%的变异量,如表 14-7。

表 14-7　解释总变异量

成　分	初始特征值			平方和负荷量萃取			转轴平方和负荷量		
	总和	方差的 %	累积 %	总和	方差的 %	累积 %	总和	方差的 %	累积 %
1	19.061	73.312	73.312	19.061	73.312	73.312	6.795	26.135	26.135
2	1.238	4.763	78.074	1.238	4.763	78.074	6.057	23.298	49.432
3	.666	2.563	80.637	.666	2.563	80.637	5.681	21.851	71.283
4	.608	2.340	82.977	.608	2.340	82.977	3.040	11.694	82.977

萃取法:主成分分析。

第二个共同因素中,包含"成就式领导"与"参与式领导"测量题项,共同因素二中由于第 25 题(AD25)的因素负荷最大,因而考虑先将之删除。在一个共同因素中若是包含不同向度的测量题项,使用者可保留测量题项较多的构面,而删除非归属于原构面中因素负荷量最大的测量题项,因为因素负荷量最大表示此测量题项与此共同因素关系最为密切,若将此种测量题项删除后,整个共同因素的因素结构会重新调整。范例中共同因素二包含成就式领导构面四个测量题项,参与式领导构面三个测量题项,依照上述删题原则使用者可删除第 19 题(AC19),但第三个共同因素中也有成就式领导构面的测量题项,使用者在探索中也可删除第 25 题(AD25),如表 14-8。

表 14-8　转轴后的成分矩阵(a)

	成　分			
	1	2	3	4
AA01 指导式	.855	.264	.273	.159
AA02 指导式	.787	.313	.305	.194
AA06 指导式	.738	.396	.212	.366
AA03 指导式	.728	.364	.447	.136
AA04 指导式	.721	.436	.221	.285
AA05 指导式	.699	.240	.397	.324
AA07 指导式	.698	.424	.253	.356
AA08 指导式	.630	.377	.396	.311
AD25 成就式	.390	.710	.393	.191
AC19 参与式	.352	.703	.406	.254
AC20 参与式	.403	.688	.363	.302
AD24 成就式	.373	.676	.373	.229
AC18 参与式	.379	.667	.367	.306
AD22 成就式	.394	.660	.392	.251
AD23 成就式	.389	.616	.396	.299
AB09 支持式	.242	.301	.819	.151
AC21 参与式	.296	.397	.730	.122
AB14 支持式	.362	.417	.658	.290
AD26 成就式	.347	.549	.598	.160
AC15 参与式	.331	.455	.577	.399
AB13 支持式	.384	.351	.558	.452
AB10 支持式	.410	.354	.554	.465
AC17 参与式	.407	.466	.549	.302
AC16 参与式	.385	.486	.519	.425
AB12 支持式	.394	.388	.186	.757
AB11 支持式	.400	.246	.504	.594

萃取方法:主成分分析。

在删题过程中,不同的删题程序或删除的题项变量不同,所获得的因素结构可能也会不同,因而若是使用者删除某个测量题项变量后,发现因素结构的解释更为不易,可把原来被删除的题项变量重新纳入,再删除别的题项变量。此外,若是一个测量题项在两个共同因素转轴后的共同因素负荷量均大于0.45,使用者可自行判别此题项变量是否删除,若是将此题项变量归之于其中一个共同因素,而符合使用者原先编制的理论架构,则此测量题项也可保留。

二、删除第 25 题(AD25)

第二个共同因素中,包含"支持式领导""成就式领导"与"参与式领导"三个构面的测量题项,第四个共同因素均为"支持式领导"题项。共同因素二中"支持式领导"构面测量题项有四题,"参与式领导"构面测量题项有四题,"成就式领导"构面测量题项有一题,共同因素的因素结构和之前完全不同,共同因素二中因素负荷量最大的测量题项为第 9 题,由于第 9 题(AB9)的因素负荷量最大,因而考虑将之删除,如表 14-9。

表 14-9　转轴后的成分矩阵(a)

	成　分			
	1	2	3	4
AA01 指导式	.856	.283	.240	.168
AA02 指导式	.789	.321	.282	.207
AA06 指导式	.739	.225	.388	.363
AA03 指导式	.731	.466	.325	.147
AA04 指导式	.722	.239	.429	.278
AA05 指导式	.701	.396	.225	.326
AA07 指导式	.699	.264	.429	.342
AA08 指导式	.630	.401	.383	.294
AB09 支持式	.243	.820	.288	.140
AC21 参与式	.302	.757	.329	.147
AB14 支持式	.366	.671	.390	.289
AD26 成就式	.355	.641	.471	.186
AC15 参与式	.335	.594	.423	.404
AC17 参与式	.409	.571	.435	.309
AB13 支持式	.387	.567	.317	.464
AB10 支持式	.410	.560	.334	.473
AC16 参与式	.388	.541	.451	.435
AC18 参与式	.380	.399	.666	.283
AC20 参与式	.406	.404	.666	.294
AD22 成就式	.396	.424	.661	.226
AC19 参与式	.359	.455	.654	.259
AD24 成就式	.378	.414	.652	.216
AD23 成就式	.388	.417	.642	.259
AB12 支持式	.392	.184	.413	.743
AB11 支持式	.403	.507	.201	.626

三、删除第 9 题(AB09)

第二个共同因素中,包含"成就式领导"与"参与式领导"两个构面的测量题项,共同因素二中由于第 22 题(AD22)的因素负荷量最大,因而考虑先将之删除(此步骤中由于共同因素四只包含支持式领导一个测量题项,使用者也可以考虑先将共同因素四中的第 12 题删除),如表 14-10。

表 14-10　转轴后的成分矩阵(a)

	成　分			
	1	2	3	4
AA01 指导式	.853	.249	.313	.138
AA02 指导式	.789	.281	.370	.155
AA06 指导式	.728	.397	.226	.382
AA03 指导式	.726	.364	.464	.106
AA04 指导式	.716	.431	.248	.277
AA07 指导式	.688	.451	.237	.373
AA05 指导式	.686	.285	.350	.353
AA08 指导式	.615	.442	.338	.327
AD22 成就式	.387	.690	.390	.214
AC18 参与式	.376	.688	.365	.276
AD23 成就式	.380	.687	.342	.282
AD24 成就式	.368	.682	.379	.206
AC19 参与式	.354	.679	.432	.232
AC20 参与式	.405	.668	.413	.253
AC21 参与式	.293	.407	.742	.058
AD26 成就式	.343	.519	.656	.101
AB11 支持式	.393	.192	.640	.512
AB10 支持式	.403	.347	.635	.378
AC17 参与式	.403	.458	.613	.221
AB14 支持式	.347	.489	.588	.286
AC16 参与式	.373	.478	.579	.372
AB13 支持式	.363	.375	.573	.432
AC15 参与式	.319	.487	.564	.381
AB12 支持式	.378	.386	.247	.749

四、删除第 22 题(AD22)

第二个共同因素中,包含"支持式领导""成就式领导"与"参与式领导"三个构面的测量题项,共同因素无法命名,共同因素二中由于第 21 题(AC21)的因素负荷量最大,因而考虑先将之删除,如表 14-11。

表 14-11　转轴后的成分矩阵(a)

	成　分			
	1	2	3	4
AA01 指导式	.854	.320	.228	.147
AA02 指导式	.792	.380	.251	.167
AA03 指导式	.730	.479	.329	.120
AA06 指导式	.730	.230	.393	.382
AA04 指导式	.719	.259	.418	.279
AA07 指导式	.690	.243	.450	.370

续表

	成　分			
	1	2	3	4
AA05 指导式	.684	.347	.284	.356
AA08 指导式	.620	.351	.417	.334
AC21 参与式	.298	.759	.368	.075
AD26 成就式	.347	.677	.488	.112
AB10 支持式	.405	.641	.319	.394
AB11 支持式	.396	.639	.147	.540
AC17 参与式	.406	.627	.432	.231
AB14 支持式	.352	.606	.453	.300
AC16 参与式	.376	.589	.455	.381
AB13 支持式	.363	.570	.368	.439
AC15 参与式	.321	.570	.476	.386
AC18 参与式	.379	.385	.687	.269
AC19 参与式	.357	.450	.678	.225
AD24 成就式	.374	.410	.661	.206
AC20 参与式	.409	.434	.660	.249
AD23 成就式	.388	.378	.648	.289
AB12 支持式	.379	.243	.384	.751

五、删除第 21 题（AC21）

共同因素四中只包含一个测量题项（AB12），共同因素包含的测量指标项目少于三题，因而第 12 题（AB12）可考虑删除（在因素分析中每个构面最少的测量题项要有三题以上），如表 14-12。

表 14-12　转轴后的成分矩阵（a）

	成　分			
	1	2	3	4
AC19 参与式	.752	.359	.286	.258
AC18 参与式	.734	.380	.261	.289
AD24 成就式	.724	.382	.292	.180
AC20 参与式	.723	.410	.285	.284
AD23 成就式	.691	.390	.285	.283
AD26 成就式	.661	.357	.515	.020
AC15 参与式	.590	.310	.517	.310
AB14 支持式	.588	.348	.537	.197
AC17 参与式	.585	.407	.570	.075
AC16 参与式	.574	.367	.533	.305
AA01 指导式	.285	.852	.297	.116
AA02 指导式	.325	.792	.352	.116
AA03 指导式	.438	.732	.390	.074

续表

	成　分			
	1	2	3	4
AA06 指导式	.381	.716	.213	.450
AA04 指导式	.428	.713	.217	.319
AA07 指导式	.444	.677	.219	.424
AA05 指导式	.325	.674	.371	.315
AA08 指导式	.456	.611	.319	.334
AB11 支持式	.283	.378	.742	.335
AB10 支持式	.456	.400	.634	.251
AB13 支持式	.477	.349	.539	.377
AB12 支持式	.349	.348	.392	.710

六、删除第 12 题（AB12）

第二个共同因素中主要的题项为"支持式领导"构面,第三个共同因素全部为"参与式领导"构面的测量题项,因而可考虑删除共同因素二中的"参与式领导"构面的题项,其中第 17 题（AC17）的因素负荷量最大,因而考虑将之删除,如表 14-13。

表 14-13　转轴后的成分矩阵（a）

	成　分			
	1	2	3	4
AA01 指导式	.839	.315	.240	.166
AA02 指导式	.779	.372	.301	.141
AA06 指导式	.769	.264	.332	.323
AA04 指导式	.736	.262	.372	.300
AA07 指导式	.723	.277	.393	.329
AA03 指导式	.704	.424	.360	.216
AA05 指导式	.687	.374	.107	.501
AA08 指导式	.632	.360	.318	.414
AB11 支持式	.424	.775	.230	.182
AB10 支持式	.414	.669	.346	.300
AC17 参与式	.380	.612	.480	.265
AC16 参与式	.393	.606	.507	.279
AC15 参与式	.336	.596	.504	.309
AB13 支持式	.382	.584	.282	.477
AB14 支持式	.335	.573	.350	.506
AD26 成就式	.301	.534	.409	.500
AC20 参与式	.428	.374	.730	.245
AC19 参与式	.366	.368	.708	.316
AC18 参与式	.392	.338	.674	.355
AD23 成就式	.383	.313	.433	.655
AD24 成就式	.351	.314	.471	.622

七、删除第 17 题（AC17）

取样适当性量数 KMO 值为 0.952，指标值大于 0.900，如表 14-14，表示变量间有共同因素存在，量表题项适合进行因素分析，删除题项变量"AD25 成就式""AB09 支持式""AD22 成就式""AC21 参与式"、"AB12 支持式""AC17 参与式"六个题项后，保留的二十个题项变量间有共同因素存在。

表 14-14   KMO 与 Bartlett 检验

Kaiser-Meyer-Olkin 取样适切性量数		.956
Bartlett 球形检验	近似卡方分配	3182.041
	自由度	190
	显著性	.000

最后二十题的共同性数值介于 0.784 至 0.897 之间，表示每个测量变量对共同因素的影响均十分重要，如表 14-15。

表 14-15   共同性

	初 始	萃 取
AA1 指导式	1.000	.885
AA2 指导式	1.000	.840
AA3 指导式	1.000	.846
AA4 指导式	1.000	.839
AA5 指导式	1.000	.846
AA6 指导式	1.000	.873
AA7 指导式	1.000	.866
AA8 指导式	1.000	.791
AB10 支持式	1.000	.818
AB11 支持式	1.000	.861
AB13 支持式	1.000	.784
AB14 支持式	1.000	.803
AC15 参与式	1.000	.873
AC16 参与式	1.000	.880
AC18 参与式	1.000	.844
AC19 参与式	1.000	.872
AC20 参与式	1.000	.897
AD23 成就式	1.000	.884
AD24 成就式	1.000	.877
AD26 成就式	1.000	.809

限定萃取四个共同因素时，转轴前四个共同因素的特征值分别为 14.975，1.017，0.542，0.455，采用直交转轴的最大变异法后，四个共同因素的特征值分别为 6.178，4.112，3.672，3.026，四个共同因素可以解释二十个测量题项 84.942% 的变异量，如表 14-16。

表 14-16 解释总变异量

成 分	初始特征值			平方和负荷量萃取			转轴平方和负荷量		
	总和	方差的 %	累积 %	总和	方差的 %	累积 %	总和	方差的 %	累积 %
1	14.975	74.873	74.873	14.975	74.873	74.873	6.178	30.890	30.890
2	1.017	5.083	79.956	1.017	5.083	79.956	4.112	20.559	51.449
3	.542	2.712	82.668	.542	2.712	82.668	3.672	18.362	69.811
4	.455	2.273	84.942	.455	2.273	84.942	3.026	15.130	84.942

第 15 题与第 16 题(AC15 参与式、AC16 参与式)在共同因素二与共同因素三的因素负荷量均大于 0.45,这两个题项原先编制归属于"参与式领导"构面,因而使用者可优先将之归于共同因素三(其因素负荷量分别为 0.583,0.547),若是共同因素三(参与式领导构面)的测量题项较多,也可以考虑删除这两个题项变量。范例中,要保留二十题的测量题项,因而保留这两个测量题项。第 26 题(AD26 成就式)题项变量在共同因素二与共同因素三的因素负荷量也均大于 0.45(在共同因素二的因素负荷量为 0.509,在共同因素三的因素负荷量为 0.572),使用者也可自行决定此题项变量是否删除。表 14-17 的输出结果为依照各共同因素的因素负荷量的大小排序出现。

表 14-17 转轴后的成分矩阵(a)(依据因素负荷量大小排序)

	成 分			
	1	2	3	4
AA1 指导式	.844#	.287	.217	.207
AA2 指导式	.783#	.331	.252	.232
AA6 指导式	.772#	.280	.364	.257
AA4 指导式	.743#	.250	.360	.310
AA7 指导式	.728#	.285	.431	.262
AA3 指导式	.711#	.396	.358	.238
AA5 指导式	.699#	.409	.119	.420
AA8 指导式	.641#	.379	.360	.327
AB11 支持式	.424	.764#	.221	.222
AB10 支持式	.425	.631#	.295	.390
AB13 支持式	.391	.622#	.350	.350
AC15 参与式	.336	.610	.583#	.218
AC16 参与式	.394	.602	.547#	.251
AB14 支持式	.348	.592#	.394	.419
AC20 参与式	.427	.334	.700#	.337
AC19 参与式	.367	.342	.696#	.368
AC18 参与式	.400	.302	.647#	.417
AD24 成就式	.366	.306	.378	.712#
AD23 成就式	.396	.323	.363	.701#
AD26 成就式	.318	.509	.349	.572#

打开[因子分析:选项]次对话窗口,在[系数显示格式]方框中取消[依据因素负荷

排序(S)]选项,则输出结果会依题项顺序输出结果,表 14-18 中的数字为因素负荷量大小,一般因素负荷量大小的取舍标准为 0.45 以上。较为宽松的标准为因素负荷量数值在 0.40 以上。若一个测量题项在两个共同因素的因素负荷量均大于 0.45,使用者可依据原先测量题项归属的构面将之归类,如果测量题项足够,则此种跨因素构面的测量题项也可以考虑将之删除。

表 14-18　转轴后的成分矩阵(a)(依照题项顺序排列)

	成　分			
	1	2	3	4
AA1 指导式	.844	.287	.217	.207
AA2 指导式	.783	.331	.252	.232
AA3 指导式	.711	.396	.358	.238
AA4 指导式	.743	.250	.360	.310
AA5 指导式	.699	.409	.119	.420
AA6 指导式	.772	.280	.364	.257
AA7 指导式	.728	.285	.431	.262
AA8 指导式	.641	.379	.360	.327
AB10 支持式	.425	.631	.295	.390
AB11 支持式	.424	.764	.221	.222
AB13 支持式	.391	.622	.350	.350
AB14 支持式	.348	.592	.394	.419
AC15 参与式	.336	.610	.583	.218
AC16 参与式	.394	.602	.547	.251
AC18 参与式	.400	.302	.647	.417
AC19 参与式	.367	.342	.696	.368
AC20 参与式	.427	.334	.700	.337
AD23 成就式	.396	.323	.363	.701
AD24 成就式	.366	.306	.378	.712
AD26 成就式	.318	.509	.349	.572

最后因素分析结果测量题项保留二十题,指导式领导构面八题、支持式领导构面四题、参与式领导构面五题、成就式领导构面三题,如表 14-19。

【表格范例】

表 14-19　校长情境领导量表探索性因素分析结果摘要表

	指导式领导	支持式领导	参与式领导	成就式领导	共同性
AA1 指导式	.844#	.287	.217	.207	.885
AA2 指导式	.783#	.331	.252	.232	.840
AA3 指导式	.711#	.396	.358	.238	.846
AA4 指导式	.743#	.250	.360	.310	.839
AA5 指导式	.699#	.409	.119	.420	.846
AA6 指导式	.772#	.280	.364	.257	.873
AA7 指导式	.728#	.285	.431	.262	.866
AA8 指导式	.641#	.379	.360	.327	.791
AB10 支持式	.425	.631#	.295	.390	.818

续表

	指导式领导	支持式领导	参与式领导	成就式领导	共同性
AB11 支持式	.424	.764#	.221	.222	.861
AB13 支持式	.391	.622#	.350	.350	.784
AB14 支持式	.348	.592#	.394	.419	.803
AC15 参与式	.336	.610	.583#	.218	.873
AC16 参与式	.394	.602	.547#	.251	.880
AC18 参与式	.400	.302	.647#	.417	.844
AC19 参与式	.367	.342	.696#	.368	.872
AC20 参与式	.427	.334	.700#	.337	.897
AD23 成就式	.396	.323	.363	.701#	.884
AD24 成就式	.366	.306	.378	.712#	.877
AD26 成就式	.318	.509	.349	.572#	.809
特征值	6.178	4.112	3.672	3.026	
解释方差%	30.890	20.559	18.362	15.130	
累积解释方差%	30.890	51.449	69.811	84.942	

注:采用主成分分析,配合直交转轴的最大变异法进行因素轴间的转轴。

上述因素结构由原先校长情境领导量表26个测量题项采用探索性因素分析程序的逐题删除法所获得,其测量题项变量删除的顺序如下:"AD25 成就式"(第25题)→"AB09 支持式"(第9题)→"AD22 成就式"(第22题)→"AC21 参与式"(第21题)→"AB12 支持式"(第12题)→"AC17 参与式"(第15题)。经因素分析删除的题项共6题,最后保留的测量题项有20题。

第二节 信度检验

执行工具栏[分析(A)]/[尺度(A)](Scale)/[信度分析(R)](Reliability Analysis)程序,开启[信度分析]对话窗口→将共同因素—"指导式领导"测量指标题项变量"AA1 指导式"至"AA8 指导式"选入右边[项目(I)]下的方格中,在[模式(M):]下拉式选单中选取内定[Alpha 值]。

按[统计量(S)]钮,开启[信度分析:统计量]对话窗口,在[叙述统计量对象]方框中勾选[删除项目后的量尺摘要(A)]→按[继续]钮,回到[信度分析]对话窗口,按[确定]钮。

一、指导式领导构面

指导式领导构面八个题项的内部一致性 α 系数为 0.971,如表 14-20。

表 14-20　可靠性统计量

Cronbach's Alpha 值	项目的个数
.971	8

表 14-21 中最后一列为该测量题项删除后,构面内部一致性 α 系数的改变情形,若是某一个题项删除后,内部一致性 α 系数值比原先的 α 系数高出许多,则该测量题项也可以考虑删除。如果在之前项目分析中,使用者也采用此一量数作为题项适切性的判别指

标之一,则因素分析后的信度检验较不会出现再删题的情形。

表 14-21　项目总和统计量

	项目删除时的 尺度平均数	项目删除时的 尺度方差	修正的项 目总相关	项目删除时的 Cronbach's Alpha 值
AA1 指导式	23.99	51.057	.892	.966
AA2 指导式	24.09	52.017	.876	.967
AA3 指导式	24.08	52.305	.891	.966
AA4 指导式	24.28	51.841	.879	.967
AA5 指导式	24.02	52.024	.856	.968
AA6 指导式	24.21	51.365	.910	.965
AA7 指导式	24.18	50.886	.900	.966
AA8 指导式	24.13	51.721	.858	.968

二、支持式领导构面

支持式领导构面四个题项的内部一致性 α 系数为 0.926,如表 14-22。

表 14-22　可靠性统计量

Cronbach's Alpha 值	项目的个数
.926	4

三、参与式领导构面

参与式领导构面五个题项的内部一致性 α 系数为 0.956,如表 14-23。

表 14-23　可靠性统计量

Cronbach's Alpha 值	项目的个数
.956	5

四、成就式领导构面

成就式领导构面三个题项的内部一致性 α 系数为 0.916,如表 14-24。

表 14-24　可靠性统计量

Cronbach's Alpha 值	项目的个数
.916	3

第三节　校长情境领导量表第二种探索性因素分析结果

一、全部 29 题作为因素分析变量

共同因素二中包含参与式领导构面四题、参与式领导构面三题,从保留较多测量题项的构面观点而言,可将参与式领导构面的测量题项删除,在参与式领导构面的测量题项中以第 19 题的因素负荷量最大(=0.703),因而将第 19 道(AC19 参与式)题项变量删

除，如表 14-25。

表 14-25　转轴后的成分矩阵(a)

	成　分			
	1	2	3	4
AA01 指导式	.855	.264	.273	.159
AA02 指导式	.787	.313	.305	.194
AA06 指导式	.738	.396	.212	.366
AA03 指导式	.728	.364	.447	.136
AA04 指导式	.721	.436	.221	.285
AA05 指导式	.699	.240	.397	.324
AA07 指导式	.698	.424	.253	.356
AA08 指导式	.630	.377	.396	.311
AD25 成就式	.390	.710	.393	.191
AC19 参与式	.352	.703	.406	.254
AC20 参与式	.403	.688	.363	.302
AD24 成就式	.373	.676	.373	.229
AC18 参与式	.379	.667	.367	.306
AD22 成就式	.394	.660	.392	.251
AD23 成就式	.389	.616	.396	.299
AB09 支持式	.242	.301	.819	.151
AC21 参与式	.296	.397	.730	.122
AB14 支持式	.362	.417	.658	.290
AD26 成就式	.347	.549	.598	.160
AC15 参与式	.331	.455	.577	.399
AB13 支持式	.384	.351	.558	.452
AB10 支持式	.410	.354	.554	.465
AC17 参与式	.407	.466	.549	.302
AC16 参与式	.385	.486	.519	.425
AB12 支持式	.394	.388	.186	.757
AB11 支持式	.400	.246	.504	.594

二、删除第 19 道测量题项（AC19 参与式）

共同因素二包含支持式领导构面四题、参与式领导构面四题、成就式领导构面一题。若保留支持式领导构面，则在非属于支持式领导构面的测量题项中，以第 21 题的因素负荷量最大（AC21 参与式题项变量的因素负荷量为 0.748），因而删除第 21 题（AC21 参与式）的测量题项变量。

表 14-26   转轴后的成分矩阵(a)

	成 分			
	1	2	3	4
AA01 指导式	.855	.278	.253	.166
AA02 指导式	.793	.318	.282	.205
AA06 指导式	.738	.223	.381	.375
AA03 指导式	.730	.458	.342	.145
AA04 指导式	.717	.228	.438	.290
AA07 指导式	.698	.265	.408	.364
AA05 指导式	.695	.391	.244	.322
AA08 指导式	.629	.402	.368	.315
AB09 支持式	.245	.825	.276	.153
AC21 参与式	.302	.748	.358	.132
AB14 支持式	.362	.666	.400	.294
AD26 成就式	.344	.608	.543	.164
AC15 参与式	.337	.599	.410	.412
AB13 支持式	.384	.567	.329	.457
AC17 参与式	.407	.561	.448	.309
AB10 支持式	.405	.556	.351	.466
AC16 参与式	.388	.540	.449	.437
AD24 成就式	.364	.378	.699	.227
AD25 成就式	.396	.423	.672	.207
AD22 成就式	.389	.404	.666	.254
AD23 成就式	.376	.392	.655	.291
AC18 参与式	.379	.388	.649	.315
AC20 参与式	.412	.398	.636	.321
AB12 支持式	.393	.197	.369	.764
AB11 支持式	.399	.509	.227	.598

三、删除第 21 道测量题项(AC21 参与式)

共同因素三包含支持式领导构面题项变量三题、参与式领导构面题项变量三题,如表 14-27。由于共同因素四主要为支持式领导构面的测量题项,因而共同因素三最好保留参与式领导构面测量题项。在共同因素三中归属于支持性领导构面的第 9 题(AB09 支持式)因素负荷量最大(因素负荷量为 0.824),因而将题项变量第 9 题(AB09 支持式)删除。

表 14-27 转轴后的成分矩阵（a）

	成 分			
	1	2	3	4
AA01 指导式	.850	.270	.261	.180
AA02 指导式	.786	.306	.285	.231
AA06 指导式	.741	.388	.184	.391
AA03 指导式	.725	.374	.433	.160
AA04 指导式	.716	.450	.188	.308
AA07 指导式	.700	.414	.248	.364
AA05 指导式	.697	.253	.410	.302
AA08 指导式	.632	.378	.408	.297
AD24 成就式	.365	.714	.347	.223
AD25 成就式	.393	.704	.356	.234
AD22 成就式	.390	.688	.356	.263
AC18 参与式	.378	.668	.348	.322
AC20 参与式	.409	.668	.319	.358
AD23 成就式	.379	.667	.373	.278
AD26 成就式	.338	.591	.547	.192
AB09 支持式	.245	.326	.824	.139
AB14 支持式	.361	.428	.686	.264
AC15 参与式	.332	.441	.595	.402
AC17 参与式	.396	.484	.543	.315
AB13 支持式	.382	.362	.539	.464
AC16 参与式	.382	.485	.496	.455
AB12 支持式	.393	.364	.185	.759
AB11 支持式	.386	.267	.467	.629
AB10 支持式	.396	.395	.498	.500

四、删除测量题项第 09 题（AB09 支持式）

共同因素四只包含一个测量题项（第 12 题），如表 14-28，无法单独成为一个构面，因而将第 12 题（AB12 支持式）题项变量删除。

表 14-28 转轴后的成分矩阵（a）

	成 分			
	1	2	3	4
AD24 成就式	.748	.357	.284	.207
AD25 成就式	.730	.391	.347	.150
AD22 成就式	.725	.378	.298	.257
AD23 成就式	.718	.360	.268	.330
AC18 参与式	.695	.368	.320	.302
AD26 成就式	.674	.345	.513	.021
AC20 参与式	.670	.408	.357	.279

续表

	成 分			
	1	2	3	4
AB14 支持式	.580	.338	.547	.207
AA01 指导式	.290	.850	.299	.117
AA02 指导式	.317	.794	.363	.111
AA03 指导式	.440	.728	.400	.071
AA06 指导式	.384	.709	.229	.447
AA04 指导式	.441	.701	.224	.325
AA07 指导式	.432	.669	.248	.429
AA05 指导式	.332	.667	.360	.329
AA08 指导式	.455	.600	.329	.349
AB11 支持式	.283	.380	.738	.311
AB10 支持式	.434	.396	.647	.258
AC17 参与式	.549	.405	.604	.080
AC16 参与式	.540	.365	.576	.292
AC15 参与式	.544	.309	.572	.297
AB13 支持式	.453	.345	.562	.374
AB12 支持式	.324	.345	.421	.704

五、删除第 12 道测量题项（AB12 支持式）

共同因素二包含成就式领导构面题项变量五题、参与式领导构面题项变量两题，如表 14-29，因而以保留成就式领导构面测量题项为主，在参与式领导构面中以第 18 题（AC18 参与式）的因素负荷量最大（数值等于 0.696），因而将此题项变量删除。

表 14-29　转轴后的成分矩阵(a)

	成 分			
	1	2	3	4
AA01 指导式	.827	.282	.143	.337
AA06 指导式	.771	.380	.355	.157
AA02 指导式	.766	.333	.097	.430
AA04 指导式	.735	.444	.238	.215
AA07 指导式	.726	.415	.396	.154
AA05 指导式	.693	.303	.415	.253
AA03 指导式	.688	.403	.271	.370
AA08 指导式	.634	.414	.466	.192
AD24 成就式	.367	.756	.230	.254
AD23 成就式	.401	.723	.303	.212
AD22 成就式	.398	.720	.304	.236
AD25 成就式	.381	.711	.302	.280
AC18 参与式	.397	.696	.318	.257
AC20 参与式	.428	.684	.263	.335

	成　分			
	1	2	3	4
AD26 成就式	.295	.642	.322	.442
AB13 支持式	.376	.395	.653	.339
AC15 参与式	.321	.481	.625	.360
AB14 支持式	.329	.505	.602	.332
AC16 参与式	.375	.508	.512	.435
AB11 支持式	.384	.312	.361	.703
AB10 支持式	.392	.456	.313	.633
AC17 参与式	.361	.538	.306	.566

六、删除第 18 道测量题项（AC18 参与式）

共同因素三包含支持式领导构面题项变量两题、参与式领导构面题项变量两题,共同因素四包含支持式领导构面题项变量两题、参与式领导构面测量题项一题,如表14-30,共同因素四主要为支持式领导构面,因而共同因素三必须保留参与式领导构面的测量题项,共同因素三中支持式领导的测量题项以第 13 题(AB13 支持式)的因素负荷量最大(因素负荷量等于 0.659),因而将此题项删除。

表 14-30　转轴后的成分矩阵(a)

	成　分			
	1	2	3	4
AA01 指导式	.828	.265	.150	.345
AA06 指导式	.774	.361	.365	.164
AA02 指导式	.766	.326	.102	.433
AA04 指导式	.740	.413	.256	.232
AA07 指导式	.732	.382	.413	.167
AA05 指导式	.695	.306	.402	.247
AA03 指导式	.691	.382	.285	.377
AA08 指导式	.638	.397	.474	.196
AD24 成就式	.371	.768	.237	.255
AD23 成就式	.405	.728	.312	.215
AD22 成就式	.403	.705	.327	.246
AD25 成就式	.386	.698	.324	.288
AD26 成就式	.296	.654	.327	.437
AC20 参与式	.436	.632	.305	.362
AB13 支持式	.380	.374	.659	.339
AC15 参与式	.327	.436	.653	.372
AB14 支持式	.333	.494	.609	.330
AC16 参与式	.379	.468	.539	.447
AB11 支持式	.383	.299	.368	.700
AB10 支持式	.395	.427	.329	.643
AC17 参与式	.366	.497	.332	.584

七、删除第 13 道测量题项（AB13 支持式）

共同因素二主要为成就式领导构面,此构面的测量题项共有五题,其中非归属于成就式领导构面的测量题项为第 20 题（AC20 参与式）,如表 14-31,因而在共同因素二中必须把第 20 题（AC20 参与式）的题项变量删除,如此共同因素二可简化为成就式领导构面的题项变量。

表 14-31　转轴后的成分矩阵（a）

	成　分			
	1	2	3	4
AA01 指导式	.831	.251	.338	.153
AA06 指导式	.785	.348	.169	.355
AA02 指导式	.767	.304	.415	.131
AA04 指导式	.747	.399	.227	.260
AA07 指导式	.745	.366	.166	.408
AA05 指导式	.711	.365	.325	.213
AA03 指导式	.695	.342	.359	.341
AA08 指导式	.649	.389	.220	.444
AD24 成就式	.376	.779	.282	.203
AD23 成就式	.415	.753	.255	.238
AD26 成就式	.308	.666	.461	.279
AD25 成就式	.394	.665	.271	.386
AD22 成就式	.407	.660	.228	.414
AC20 参与式	.441	.562	.311	.450
AB11 支持式	.395	.293	.716	.335
AB10 支持式	.407	.432	.665	.279
AC17 参与式	.374	.470	.577	.364
AC15 参与式	.341	.382	.367	.720
AC16 参与式	.391	.415	.433	.613
AB14 支持式	.352	.500	.373	.540

八、删除第 20 道测量题项（AC20 参与式）

共同因素四中的第 14 题（AB14 支持式）非归属于参与式领导构面,且此题在共同因素二的因素负荷量也高达 0.505,如表 14-32,因而可将测量题项第 14 题（AB14 支持式）从因素结构中删除。

表 14-32　转轴后的成分矩阵（a）

	成　分			
	1	2	3	4
AA01 指导式	.831	.248	.345	.145
AA06 指导式	.787	.344	.177	.347
AA02 指导式	.769	.296	.429	.114
AA04 指导式	.750	.393	.242	.244
AA07 指导式	.748	.362	.176	.399

续表

	成　分			
	1	2	3	4
AA05 指导式	.705	.371	.297	.251
AA03 指导式	.695	.343	.364	.337
AA08 指导式	.649	.389	.211	.460
AD24 成就式	.377	.779	.278	.210
AD23 成就式	.417	.751	.252	.244
AD26 成就式	.306	.670	.456	.287
AD25 成就式	.399	.660	.286	.368
AD22 成就式	.411	.658	.239	.402
AB11 支持式	.393	.292	.719	.333
AB10 支持式	.406	.429	.670	.275
AC17 参与式	.375	.468	.584	.357
AC15 参与式	.344	.379	.370	.719
AC16 参与式	.394	.411	.443	.603
AB14 支持式	.350	.505	.352	.568

九、删除第 14 道测量题项（AB14 支持式）

共同因素三中的第 17 题非归属于支持式领导构面的指标变量，如表 14-33，因而将测量题项第 17 题（AC17 参与式）从因素结构中删除。

表 14-33　转轴后的成分矩阵(a)

	成　分			
	1	2	3	4
AA01 指导式	.840	.255	.347	.099
AA02 指导式	.776	.303	.429	.064
AA06 指导式	.774	.353	.195	.366
AA04 指导式	.740	.397	.247	.260
AA07 指导式	.732	.374	.202	.415
AA05 指导式	.714	.385	.317	.182
AA03 指导式	.695	.358	.391	.285
AA08 指导式	.645	.409	.254	.416
AD24 成就式	.377	.787	.293	.159
AD23 成就式	.414	.756	.267	.209
AD26 成就式	.308	.681	.483	.210
AD25 成就式	.388	.672	.317	.339
AD22 成就式	.403	.670	.274	.370
AB11 支持式	.395	.297	.739	.273
AB10 支持式	.406	.433	.684	.223
AC17 参与式	.380	.481	.616	.271
AC15 参与式	.333	.405	.444	.663
AC16 参与式	.379	.430	.499	.568

十、删除第 17 道测量题项（AC17 参与式）

经过以上探索性因素分析后,四个共同因素(构面)包含的测量题项均与原先使用者编制修订的大致相同,共同因素一为指导式领导构面、共同因素二为成就式领导构面、共同因素三为支持式领导构面、共同因素四为参与式领导构面,如表 14-34。虽然以最大变异法进行直交转轴萃取的四个共同因素均可以合理命名,且与原先使用者编制的构面相同,但共同因素三支持式领导与共同因素四参与式领导构面的测量指标变量各只有两题,构面或因素的测量指标项太少,一般在量表构念的各构面的指标变量数目中,每个构面或因素的测量指标数最好在三题以上,所以使用者必须从原先删除的测量指标中再逐题重新选入两个构面的测量指标,看构面中是否可以包含三个测量指标题项。

表 14-34　转轴后的成分矩阵(a)

	成　分			
	1	2	3	4
AA01 指导式	.843#	.266	.316	.127
AA02 指导式	.777#	.318	.400	.101
AA06 指导式	.776#	.355	.170	.364
AA04 指导式	.745#	.403	.208	.269
AA07 指导式	.741#	.376	.146	.422
AA05 指导式	.710#	.395	.321	.181
AA03 指导式	.704#	.369	.326	.328
AA08 指导式	.652#	.415	.202	.426
AD24 成就式	.378	.797#	.255	.178
AD23 成就式	.413	.766#	.244	.212
AD26 成就式	.316	.699#	.408	.263
AD25 成就式	.393	.679#	.252	.376
AD22 成就式	.411	.677#	.207	.393
AB11 支持式	.385	.328	.748#	.311
AB10 支持式	.410	.463	.646#	.265
AC15 参与式	.340	.417	.376	.695#
AC16 参与式	.385	.446	.438	.604#

十一、增列第 19 道测量题项（AC19 参与式）

之前最先删除的第 19 道(AC19 参与式)题项变量,重新纳入因素分析后,结果其归属的构面与原先编制者相同,因而再将测量题项第 19 题(AC19 参与式)保留,此时共同因素三参与式领导构面的测量指标变量有三题,如表 14-35。

表 14-35　转轴后的成分矩阵(a)

	成　分			
	1	2	3	4
AA01 指导式	.844	.247	.181	.282
AA06 指导式	.784	.325	.357	.183
AA02 指导式	.772	.295	.211	.338
AA04 指导式	.751	.382	.273	.220
AA07 指导式	.751	.341	.407	.168
AA05 指导式	.715	.390	.173	.339
AA03 指导式	.712	.314	.394	.299
AA08 指导式	.664	.380	.397	.238
AD24 成就式	.376	.770	.269	.255
AD23 成就式	.416	.761	.214	.294
AD26 成就式	.319	.641	.391	.381
AD22 成就式	.418	.630	.437	.227
AD25 成就式	.391	.604	.547	.195
AC15 参与式	.360	.331	.702	.399
AC16 参与式	.402	.369	.627	.452
AC19 参与式	.388	.531	.625	.189
AB11 支持式	.398	.291	.329	.750
AB10 支持式	.418	.445	.271	.667

十二、增列第 13 道测量题项（AB13 支持式）

在支持式构面删除的题项中，逐一增列测量题项至因素分析变量方格中，以增列第 13 道（AB13 支持式）题项的因素结构较为符合原先使用者编制的架构。虽然此测量题项在共同因素三的因素负荷量为 0.543，但在共同因素四的因素负荷量为 0.440，如表 14-36，所以若将之归属于共同因素四亦可。

表 14-36　转轴后的成分矩阵(a)

	成　分			
	1	2	3	4
AA01 指导式	.846	.265	.158	.286
AA02 指导式	.777	.329	.161	.340
AA06 指导式	.775	.330	.376	.180
AA04 指导式	.747	.384	.277	.223
AA07 指导式	.738	.344	.438	.167
AA03 指导式	.711	.361	.351	.289
AA05 指导式	.704	.354	.223	.357
AA08 指导式	.655	.385	.418	.233
AD24 成就式	.380	.782	.211	.272
AD23 成就式	.414	.738	.208	.315
AD22 成就式	.419	.670	.377	.222

续表

	成　分			
	1	2	3	4
AD25 成就式	.388	.665	.470	.195
AD26 成就式	.313	.664	.346	.396
AC19 参与式	.383	.601#	.553	.178
AC15 参与式	.346	.379	.701	.369
AC16 参与式	.392	.417	.611	.427
AB13 支持式	.397	.374	.543#	.440
AB11 支持式	.393	.303	.331	.739
AB10 支持式	.413	.437	.281	.668

　　四个共同因素转轴后的特征值分别为 6.093, 4.546, 3.033, 2.525, 其解释变异量分别为 32.069%, 23.924%, 15.963%, 13.288%, 累积的解释变异量为 85.245%, 如表 14-37。上述删题的程序为: AC19 参与式→AC21 参与式→AB09 支持式→AB12 支持式→AC18 参与式→AB13 支持式→AC20 参与式→AB14 支持式→AC17 参与式。共删除九题, 之后再重新增加题项变量: AC19 参与式→AB13 支持式→最后因素结构。

表 14-37　解释总变异量

成　分	平方和负荷量萃取			转轴平方和负荷量		
	总和	方差的%	累积%	总和	方差的%	累积%
1	14.218	74.830	74.830	6.093	32.069	32.069
2	.995	5.237	80.067	4.546	23.924	55.993
3	.551	2.899	82.966	3.033	15.963	71.956
4	.433	2.278	85.245	2.525	13.288	85.245

【表格范例】

表 14-38　校长情境领导量表探索性因素分析结果摘要表

	指导式领导	成就式领导	参与式领导	支持式领导	共同性
AA01 指导式	.846#	.265	.158	.286	.892
AA02 指导式	.777#	.329	.161	.340	.852
AA03 指导式	.711#	.361	.351	.289	.843
AA04 指导式	.747#	.384	.277	.223	.832
AA05 指导式	.704#	.354	.223	.357	.798
AA06 指导式	.775#	.330	.376	.180	.884
AA07 指导式	.738#	.344	.438	.167	.882
AA08 指导式	.655#	.385	.418	.233	.806
AB10 支持式	.413	.437	.281	.668#	.886
AB11 支持式	.393	.303	.331	.739#	.902
AB13 支持式	.397	.374	.543	.440#	.786
AC15 参与式	.346	.379	.701#	.369	.891

续表

	指导式领导	成就式领导	参与式领导	支持式领导	共同性
AC16 参与式	.392	.417	.611#	.427	.883
AC19 参与式	.383	.601	.553#	.178	.846
AD22 成就式	.419	.670#	.377	.222	.816
AD23 成就式	.414	.738#	.208	.315	.858
AD24 成就式	.380	.782#	.211	.272	.873
AD25 成就式	.388	.665#	.470	.195	.850
AD26 成就式	.313	.664#	.346	.396	.816
特征值	6.093	4.546	3.033	2.525	
解释变异量%	32.069	23.924	15.963	13.288	
累积解释变异量%	32.069	55.993	71.956	85.245	

上述探索性因素分析程序先为逐题删除,之后再从原删除变量中逐一增列入题项变量中,最后重新检验因素结果。由于使用者删除的题项不同,因而最后保留的因素结构可能不同,使用者必须从数个不同因素结构中选取一个最简约、最适宜的因素结构。所谓最简约表示量表总题项变量最少,但萃取的共同因素可以最大地解释题项变量;最适宜表示各因素构面的测量题项差异不太大,且测量题项数为4至6题。

第四节　校长情境领导量表第三种探索性因素分析结果

使用者在因素分析程序中,若是依下列顺序逐一删除测量题项:AB12(第12题)→AD25(第25题)→AC21(第21题)→AB11(第11题)→AC15(第15题)→AC17(第17题),则最后的因素结构中各构面所包含的测量题项与原先使用者编制的也大致相同。共删除的题项变量有六个,最后保留的题项变量有二十题。

最后的因素结构中萃取四个共同因素,四个共同因素分别命名为指导式领导、支持式领导、参与式领导与成就式领导。指导式领导构面包含八个测量题项,支持式领导构面包含四个测量题项,参与式领导构面包含四个测量题项,成就式领导构面包含四个测量题项,校长情境领导最后保留的测量题项共有20题,如表14-39。

表14-39　转轴后的成分矩阵(a)(依题项变量顺序排列)

	成分			
	1	2	3	4
AA01 指导式	.853#	.236	.243	.198
AA02 指导式	.789#	.249	.315	.224
AA03 指导式	.722#	.395	.359	.210
AA04 指导式	.749#	.199	.358	.345
AA05 指导式	.725#	.459	.070	.366
AA06 指导式	.787#	.243	.346	.275
AA07 指导式	.740#	.308	.398	.241

续表

	成　分			
	1	2	3	4
AA08 指导式	.654#	.455	.312	.273
AB09 支持式	.229	.827#	.269	.244
AB10 支持式	.464	.500#	.375	.388
AB13 支持式	.447	.634#	.347	.251
AB14 支持式	.377	.715#	.340	.312
AC16 参与式	.444	.511	.558#	.255
AC18 参与式	.403	.366	.630#	.370
AC19 参与式	.375	.406	.695#	.293
AC20 参与式	.432	.319	.727#	.319
AD22 成就式	.400	.351	.533	.505#
AD23 成就式	.390	.387	.344	.695#
AD24 成就式	.371	.344	.378	.687#
AD26 成就式	.348	.516	.368	.516#

　　校长情境领导量表从 20 个测量题项中萃取四个共同因素,四个共同因素未转轴前的特征值分别为 14.883,1.091,0.570,0.404,转轴后四个共同因素的特征值分别为 6.423, 4.049,3.644,2.831,四个共同因素可以解释所有测量题项 84.739% 的变异量,如表 14-40。

表 14-40　解释总变异量

成　分	平方和负荷量萃取			转轴平方和负荷量		
	总和	方差的%	累积%	总和	方差的%	累积%
1	14.883	74.413	74.413	6.423	32.117	32.117
2	1.091	5.454	79.867	4.049	20.247	52.364
3	.570	2.851	82.718	3.644	18.219	70.583
4	.404	2.021	84.739	2.831	14.156	84.739

【表格范例】

　　若是使用者认为指导式领导构面所包含的测量题项太多(总问卷题项数尽量达到简约原则),如表 14-41,可考虑先删除此构面中因素负荷量较低的第 8 题(AA08 指导式,因素负荷量为 0.654),删除后再检验新的因素结构,其中第 5 题的因素负荷量最低,且此测量题项在第二个共同因素的因素负荷量也大于 0.450,因而若要再删除测量题项可考虑删除第 5 题(AA05 指导式),测量题项"AA05 指导式"在共同因素一的因素负荷量为 0.722、在共同因素的因素负荷量为 0.461,也具有跨因素效度的属性。删除第 8 题 (AA08)后的因素结构如表 14-42:

表 14-41 校长情境领导量表探索性因素分析结果摘要表

因素构面 / 测量题项	指导式领导	支持式领导	参与式领导	成就式	共同性
AA01 指导式	.853#	.236	.243	.198	.882
AA02 指导式	.789#	.249	.315	.224	.835
AA03 指导式	.722#	.395	.359	.210	.850
AA04 指导式	.749#	.199	.358	.345	.848
AA05 指导式	.725#	.459	.070	.366	.876
AA06 指导式	.787#	.243	.346	.275	.874
AA07 指导式	.740#	.308	.398	.241	.858
AA08 指导式	.654#	.455	.312	.273	.807
AB09 支持式	.229	.827#	.269	.244	.867
AB10 支持式	.464	.500#	.375	.388	.756
AB13 支持式	.447	.634#	.347	.251	.785
AB14 支持式	.377	.715#	.340	.312	.866
AC16 参与式	.444	.511	.558#	.255	.835
AC18 参与式	.403	.366	.630#	.370	.830
AC19 参与式	.375	.406	.695#	.293	.875
AC20 参与式	.432	.319	.727#	.319	.918
AD22 成就式	.400	.351	.533#	.505#	.823
AD23 成就式	.390	.387	.344	.695#	.903
AD24 成就式	.371	.344	.378	.687#	.871
AD26 成就式	.348	.516	.368	.516#	.789
特征值	6.423	4.049	3.644	2.831	
解释变异量%	32.117	20.247	18.219	14.156	
累积解释变异量%	32.117	52.364	70.583	84.739	

表 14-42 转轴后的成分矩阵(a)(依题项变量顺序排列)

	成 分			
	1	2	3	4
AA01 指导式	.857	.250	.241	.189
AA02 指导式	.790	.261	.316	.215
AA03 指导式	.722	.405	.359	.203
AA04 指导式	.751	.211	.354	.345
AA05 指导式	.722	.466	.070	.365
AA06 指导式	.783	.245	.347	.283
AA07 指导式	.728	.302	.405	.255
AB09 支持式	.223	.829	.269	.238
AB10 支持式	.463	.513	.372	.377
AB13 支持式	.445	.640	.342	.249
AB14 支持式	.371	.718	.341	.310
AC16 参与式	.441	.517	.557	.252

续表

	成 分			
	1	2	3	4
AC18 参与式	.399	.372	.629	.371
AC19 参与式	.371	.412	.695	.291
AC20 参与式	.429	.327	.725	.316
AD22 成就式	.389	.351	.538	.512
AD23 成就式	.388	.397	.341	.693
AD24 成就式	.362	.349	.381	.688
AD26 成就式	.350	.535	.362	.500

删除指导式构面中的第 8 题及第 5 题后,校长情境领导量表只保留 18 道题项变量。

"校长情境领导量表"从 18 个测量题项中只萃取四个共同因素,四个共同因素未转轴前的特征值分别为 13.048,1.043,0.514,0.385,转轴后四个共同因素的特征值分别为 5.346,3.835,3.274.2,894,四个共同因素可以解释所有测量题项 85.279% 的变异量,四个共同因素的解释变异量分别为 29.703%,21.307%,18.189%,16.080%,如表 14-43。

表 14-43 解释总变异量

成 分	平方和负荷量萃取			转轴平方和负荷量		
	总和	方差的%	累积%	总和	方差的%	累积%
1	13.408	74.486	74.486	5.346	29.703	29.703
2	1.043	5.797	80.283	3.835	21.307	51.010
3	.514	2.856	83.139	3.274	18.189	69.199
4	.385	2.139	85.279	2.894	16.080	85.279

【表格范例——最后的因素分析结果】

在表 14-44 因素结构的因素分析程序中,删除测量题项变量的顺序如下:AB12 支持式(第 12 题)→AD25 成就式(第 25 题)→AC21 参与式(第 21 题)→AB11 支持式(第 11 题)→AC15 参与式(第 15 题)→AC17 参与式(第 17 题)→AA08 指导式(第 8 题)→AA05 指导式(第 5 题),共删除题项变量有 8 题,最后保留的测量题项共 18 题。其中指导式领导构面保留 6 题、支持式领导构面保留 4 题、参与式领导构面保留 4 题、成就式领导构面保留 4 题。

表 14-44 校长情境领导量表探索性因素分析结果摘要表

因素构面 测量题项	指导式 领导	支持式 领导	成就式 领导	参与式 领导	共同性	正式问卷题号
AA01 指导式	.870#	.266	.256	.152	.917	01
AA02 指导式	.803#	.268	.338	.179	.863	02
AA03 指导式	.736#	.420	.312	.232	.869	03
AA04 指导式	.735#	.220	.319	.396	.848	04
AA06 指导式	.759#	.254	.242	.426	.880	05
AA07 指导式	.717#	.323	.232	.445	.870	06

续表

因素构面 / 测量题项	指导式领导	支持式领导	成就式领导	参与式领导	共同性	正式问卷题号
AB09 支持式	.216	.827#	.311	.194	.866	07
AB10 支持式	.466	.525#	.426	.299	.764	08
AB13 支持式	.418	.653#	.198	.424	.820	09
AB14 支持式	.365	.724#	.358	.287	.867	10
AC16 参与式	.429	.526#	.326	.515#	.832	11
AC18 参与式	.380	.373	.436	.607#	.842	12
AC19 参与式	.357	.410	.417	.622#	.856	13
AC20 参与式	.426	.336	.438	.636#	.891	14
AD22 成就式	.400	.364	.593#	.425	.824	15
AD23 成就式	.380	.395	.680#	.318	.864	16
AD24 成就式	.362	.341	.730#	.301	.872	17
AD26 成就式	.356	.536	.572#	.253	.805	18
特征值	5.346	3.835	3.274	2.894		
解释变异量%	29.703	21.307	18.189	16.080		
累积解释变异量%	29.703	51.010	69.199	85.279		

在上述三种不同的探索性因素分析程序中,以最后建构的因素结构较为适宜,因为在此因素结构中,各构面保留的测量题项差距最少,而每个构面的测量题项均在三题以上,且与原先使用者编制划分的构面相同,此外,萃取保留的四个因素可以解释校长情境领导量表18题测量题项的总变异高达85.279%,表示量表的建构效度良好。

第五节　组织沟通量表探索性因素分析解析

以下再以一份有19个题项的组织沟通量为例,假定经项目分析后,19个测量题项均加以保留,因而在因素分析程序中,19个题项变量均作为因素分析的变量。

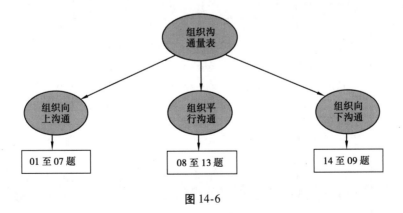

图14-6

表 14-45   组织沟通量表

	非常不同意	少部分同意	一半同意	大部分同意	非常同意
1. 我对学校教师有意见反映时,校长或主任接纳的程度,感到满意。………	□	□	□	□	□
2. 对学校教师遭遇问题而能向上反映的管道,我感到满意。…………	□	□	□	□	□
3. 学校教职员会很乐意主动找校长、主任、组长沟通意见。…………	□	□	□	□	□
4. 当提出相反意见时,校长(主任)所表现的态度,我感到满意。…	□	□	□	□	□
5. 校长(主任)和我讨论问题时,会征询我的意见和感受。………	□	□	□	□	□
6. 有效向上沟通有助于提升学校的整体效率。…………………	□	□	□	□	□
7. 当我权益受损时,向学校反映校长所处理的态度,我感到满意。…	□	□	□	□	□
8. 我与同事互动,在沟通时彼此对讯息了解的速度感到满意。………	□	□	□	□	□
9. 本校教职员彼此间,会乐意主动地找对方相互沟通意见。………	□	□	□	□	□
10. 我与别学科或不同领域教师和谐的程度,我感到满意。………	□	□	□	□	□
11. 各处室的沟通均能彼此尊重对方感受,我感到满意。…………	□	□	□	□	□
12. 各处室彼此信息传送管道,能得到配合,我感到满意。………	□	□	□	□	□
13. 各处室其他会办或协办事项,都能配合执行,我感到满意。……	□	□	□	□	□
14. 校长或主任作决策时,都会向教师详细说明新措施的内容。……	□	□	□	□	□
15. 校长或主任很乐意主动找教职员沟通意见。 ………………	□	□	□	□	□
16. 校长或主任推展校务发展时,尊重参与者的意见。…………	□	□	□	□	□
17. 校长向下沟通的方式有助于提升学校的整体效率与效能。……	□	□	□	□	□
18. 学校主管都会事先告知工作如何完成,使我了解。…………	□	□	□	□	□
19. 学校主管对工作完成后的励赏说到做到,令我满意。………	□	□	□	□	□

表 14-46   组织沟通量表测量题项的相关矩阵 I

	BA01 向上	BA02 向上	BA03 向上	BA04 向上	BA05 向上	BA06 向上	BA07 向上	BB08 平行	BB09 平行
BA01 向上	1	.830	.665	.741	.669	.374	.679	.363	.410
BA02 向上	.830	1	.681	.706	.713	.366	.611	.325	.408
BA03 向上	.665	.681	1	.615	.645	.326	.490	.301	.391
BA04 向上	.741	.706	.615	1	.725	.303	.666	.348	.402
BA05 向上	.669	.713	.645	.725	1	.338	.655	.278	.417
BA06 向上	.374	.366	.326	.303	.338	1	.349	.537	.485
BA07 向上	.679	.611	.490	.666	.655	.349	1	.362	.401
BB08 平行	.363	.325	.301	.348	.278	.537	.362	1	.673
BB09 平行	.410	.408	.391	.402	.417	.485	.401	.673	1
BB10 平行	.461	.437	.432	.374	.439	.620	.341	.650	.773
BB11 平行	.508	.484	.477	.474	.501	.224	.394	.456	.568
BB12 平行	.484	.477	.483	.464	.489	.198	.355	.399	.481
BB13 平行	.545	.539	.486	.420	.447	.286	.346	.464	.533

续表

	BA01 向上	BA02 向上	BA03 向上	BA04 向上	BA05 向上	BA06 向上	BA07 向上	BB08 平行	BB09 平行
BC14 向下	.721	.674	.635	.694	.702	.322	.653	.339	.460
BC15 向下	.681	.685	.645	.719	.708	.282	.622	.426	.482
BC16 向下	.696	.587	.563	.643	.723	.228	.651	.383	.436
BC17 向下	.626	.641	.600	.562	.680	.454	.604	.305	.405
BC18 向下	.591	.499	.526	.579	.541	.144	.535	.331	.303
BC19 向下	.679	.633	.585	.609	.574	.344	.592	.378	.427

表 14-47　　组织沟通量表测量题项的相关矩阵 Ⅱ

	BB10 平行	BB11 平行	BB12 平行	BB13 平行	BC14 向下	BC15 向下	BC16 向下	BC17 向下	BC18 向下	BC19 向下
BA01 向上	.461	.508	.484	.545	.721	.681	.696	.626	.591	.679
BA02 向上	.437	.484	.477	.539	.674	.685	.587	.641	.499	.633
BA03 向上	.432	.477	.483	.486	.635	.645	.563	.600	.526	.585
BA04 向上	.374	.474	.464	.420	.694	.719	.643	.562	.579	.609
BA05 向上	.439	.501	.489	.447	.702	.708	.723	.680	.541	.574
BA06 向上	.620	.224	.198	.286	.322	.282	.228	.454	.144	.344
BA07 向上	.341	.394	.355	.346	.653	.622	.651	.604	.535	.592
BB08 平行	.650	.456	.399	.464	.339	.426	.383	.305	.331	.378
BB09 平行	.773	.568	.481	.533	.460	.482	.436	.405	.303	.427
BB10 平行	1	.562	.447	.537	.479	.446	.416	.388	.314	.405
BB11 平行	.562	1	.838	.726	.488	.502	.483	.386	.451	.474
BB12 平行	.447	.838	1	.810	.553	.524	.540	.353	.516	.547
BB13 平行	.537	.726	.810	1	.598	.513	.517	.394	.487	.553
BC14 向下	.479	.488	.553	.598	1	.787	.749	.638	.709	.708
BC15 向下	.446	.502	.524	.513	.787	1	.753	.671	.678	.673
BC16 向下	.416	.483	.540	.517	.749	.753	1	.652	.642	.623
BC17 向下	.388	.386	.353	.394	.638	.671	.652	1	.476	.586
BC18 向下	.314	.451	.516	.487	.709	.678	.642	.476	1	.676
BC19 向下	.405	.474	.547	.553	.708	.673	.623	.586	.676	1

一、全部题项纳入因素分析

共同因素一同时包含向上沟通构面及向下沟通构面,使用者以保留向上沟通构面的测量题项为主,因而将向下沟通构面测量题项删除,在向下沟通构面测量题项中,以第14题(BC14 向下)的因素负荷量最大(因素负荷量数值为 0.797),如表 14-48,因而先将第14题(BC14 向下)删除。将符合项目分析准则的题项变量全部纳入因素分析程序中,出现的因素结构通常较为凌乱,若是逐题删除之后的因素结构的共同因素无法合理命名,使用者可能要从第一次输出的因素结构中重新选择删除题项的程序,因为不同的删题程序会导致之后因素结果的不同。

表 14-48　转轴后的成分矩阵(a)

	成　分		
	1	2	3
BA01 向上	.808	.235	.226
BA05 向上	.806	.195	.192
BA04 向上	.802	.196	.165
BC14 向下	.795	.340	.173
BC15 向下	.794	.304	.195
BA02 向上	.782	.211	.230
BA07 向上	.775	.055	.233
BC16 向下	.765	.322	.141
BC17 向下	.765	.028	.299
BC19 向下	.704	.344	.188
BA03 向上	.699	.261	.200
BC18 向下	.675	.412	−.010
BB12 平行	.325	.865	.153
BB11 平行	.295	.801	.283
BB13 平行	.325	.786	.279
BA06 向上	.262	−.119	.822
BB10 平行	.234	.339	.800
BB08 平行	.163	.305	.757
BB09 平行	.231	.390	.743

二、删除第 14 题(BC14 向下)

在共同因素三中包含"向上沟通"构面题项变量一题、"平行沟通"构面题项变量三题,如表 14-49,因而尝试将"向上沟通"构面的第 6 题(BA06 向上)删除,其因素负荷量为 0.821。

表 14-49　转轴后的成分矩阵(a)

	成　分		
	1	2	3
BA01 向上	.811	.245	.222
BA05 向上	.808	.205	.187
BA04 向上	.804	.205	.160
BA02 向上	.788	.221	.223
BC15 向下	.786	.311	.196
BA07 向上	.776	.063	.230
BC17 向下	.769	.036	.295
BC16 向下	.759	.330	.142
BA03 向上	.702	.269	.195

	成　分		
	1	2	3
BC19 向下	.699	.351	.189
BC18 向下	.662	.418	−.006
BB12 平行	.318	.869	.153
BB11 平行	.296	.805	.280
BB13 平行	.313	.788	.283
BA06 向上	.265	−.119	.821
BB10 平行	.227	.339	.803
BB08 平行	.165	.305	.756
BB09 平行	.227	.390	.745

三、删除第06题（BA06 向上）

共同因素二与共同因素三的因素构面均为"平行沟通"向度,两个因素各包含三题测量题项,如表 14-50。因素结构的变化最好是能在一个共同因素中删除一个题项变量后,让此共同因素中原先的题项变量与另一共同因素的测量题项归属于同一个共同因素。在共同因素二中由于第 12 题（BB12 平行）的因素负荷量最高（数值为 0.885）,因而将第 12 题（BB12 平行）删除。之所以删除第 12 题（BB12 平行）是因为第 13 题（BB12 平行）与第 11 题（BB11 平行）可能受到此题项变量的影响而单独成一共同因素。因而若将第 12 题（BB12 平行）删除,可能第 13 题（BB12 平行）与第 11 题（BB11 平行）会与共同因素三的题项变量合并为一个因素构面。

表 14-50　转轴后的成分矩阵(a)

	成　分		
	1	2	3
BA01 向上	.809	.267	.197
BA05 向上	.808	.212	.178
BA04 向上	.804	.201	.167
BC15 向下	.787	.276	.245
BA07 向上	.786	.043	.230
BA02 向上	.786	.252	.188
BC17 向下	.776	.065	.230
BC16 向下	.758	.291	.203
BA03 向上	.697	.301	.168
BC19 向下	.692	.380	.169
BC18 向下	.649	.419	.038
BB12 平行	.292	.885	.207
BB13 平行	.295	.797	.320
BB11 平行	.281	.776	.363
BB09 平行	.251	.255	.841
BB10 平行	.251	.256	.826
BB08 平行	.192	.188	.817

四、删除第 12 题（BB12 平行）

共同因素三与共同因素二的因素名称重合,因素构面名称均为"组织平行沟通",共同因素三只包含 2 题测量题项,其中第 13 题(BB13 平行)的因素负荷量较高(数值等于 0.800),如表 14-51,因而将第 13 题(BB13 平行)删除。

表 14-51　转轴后的成分矩阵(a)

	成　分		
	1	2	3
BA05 向上	.817	.204	.177
BA04 向上	.804	.180	.200
BA07 向上	.799	.239	.013
BA01 向上	.789	.195	.325
BC17 向下	.782	.234	.059
BC15 向下	.777	.253	.295
BA02 向上	.771	.191	.293
BC16 向下	.758	.226	.272
BA03 向上	.677	.169	.352
BC19 向下	.664	.168	.448
BC18 向下	.613	.036	.511
BB09 平行	.253	.857	.202
BB10 平行	.240	.829	.246
BB08 平行	.189	.818	.160
BB13 平行	.263	.365	.800
BB11 平行	.270	.429	.709

五、删除第 13 题（BB13 平行）

共同因素一主要为"向上沟通"构面的测量题项,因而须将其余构面的测量题项删除,其中不属于"向上沟通"构面的测量题项中以第 17 题(BC17 向下)的因素负荷量(因素负荷量等于 0.737)最高,如表 14-52,因而将第 17 题(BC17 向下)删除。原先与第 8 题(BB08 平行)、第 9 题(BB09 平行)、第 10 题(BB10 平行)分离的第 11 题(BB11 平行),由于将第 12 题(BB12 平行)及第 13 题(BB13 平行)题项变量删除后,四个题项聚合成一共同因素(组织平行沟通向度)。

表 14-52　转轴后的成分矩阵(a)

	成　分		
	1	2	3
BA02 向上	.849	.229	.182
BA05 向上	.803	.211	.276
BA01 向上	.771	.243	.353
BA03 向上	.747	.242	.203
BC17 向下	.737	.200	.255

	成　分		
	1	2	3
BA04 向上	.718	.199	.398
BC15 向下	.620	.292	.551
BA07 向上	.616	.192	.454
BC16 向下	.581	.251	.571
BB09 平行	.250	.869	.106
BB10 平行	.294	.860	.036
BB08 平行	.049	.818	.289
BB11 平行	.361	.602	.253
BC18 向下	.326	.155	.847
BC19 向下	.494	.256	.632

六、删除第 17 题(BC17 向下)

将第 17 题(BC17 向下)删除后,新的因素结构的共同因素所包含的测量题项与使用者原先编制的相同,共同因素一的构面名称为"组织向上沟通",共同因素二的构面名称为"组织向下沟通",共同因素三的构面名称为"组织平行沟通",三个共同因素的测量题项分别包含 6 题、4 题、4 题,如表 14-53。若是使用者认为共同因素一包含的测量题项太多,可删除第 07 题(BA07 向上),因为此题在共同因素一的因素负荷量最低(= 0.544),此外,此测量题项在共同因素二的因素负荷量也高达 0.541,表示第 7 题(BA07 向上)测得的构面特质有跨因素构面的特性。

表 14-53　转轴后的成分矩阵(a)

	成　分		
	1	2	3
BA02 向上	.848	.244	.220
BA05 向上	.762	.363	.206
BA01 向上	.761	.405	.234
BA03 向上	.747	.248	.235
BA04 向上	.710	.444	.188
BA07 向上	.544	.541	.189
BC18 向下	.277	.845	.152
BC19 向下	.443	.664	.254
BC16 向下	.500	.648	.251
BC15 向下	.556	.616	.291
BB09 平行	.229	.142	.869
BB10 平行	.296	.062	.858
BB08 平行	.014	.307	.819
BB11 平行	.400	.226	.595

七、删除第 07 题（BA07 向上）

删除第 07 题（BA07 向上）后，三个共同因素所包含的测量题项与原先使用者编制的相同。共同因素一的因素构面名称为"组织向上沟通"，包含的测量题项有 5 题；共同因素二的因素构面名称为"组织平行沟通"，包含的测量题项有 4 题；共同因素三的因素构面名称为"组织向下沟通"，包含的测量题项有 4 题，如表 14-54 。共同因素三中的第 16 题（BC16 向下）、第 15 题（BC15 向下）的因素负荷量分别为 0.618,0.601，这两个测量题项在共同因素一的因素负荷量分别为 0.529,0.583，也均大于 0.50，表示这两个测量题项也有跨因素构面的特质，若是共同因素三还有其他的测量题项，将来要删除题项时可依序删除第 16 题（BC16 向下）及第 15 题（BC15 向下）。共同因素三包含的测量题项的因素结构虽然不是最佳的，但就探索性因素分析结果而言，亦属一个尚佳的因素结构。

表 14-54   转轴后的成分矩阵（a）

	成　分		
	1	2	3
BA02 向上	.859	.220	.212
BA05 向上	.777	.209	.323
BA01 向上	.777	.236	.367
BA03 向上	.750	.227	.253
BA04 向上	.732	.192	.402
BB09 平行	.236	.872	.123
BB10 平行	.299	.855	.057
BB08 平行	.030	.824	.288
BB11 平行	.398	.588	.242
BC18 向下	.306	.146	.858
BC19 向下	.466	.252	.658
BC16 向下	.529#	.253	.618
BC15 向下	.583#	.288	.601

表 14-55   共同性

	萃　取
BA01 向上	.795
BA02 向上	.831
BA03 向上	.679
BA04 向上	.734
BA05 向上	.752
BB08 平行	.762
BB09 平行	.830
BB10 平行	.824
BB11 平行	.563
BC15 向下	.784
BC16 向下	.726
BC18 向下	.852
BC19 向下	.714

三个共同因素未转轴前的特征值分别为 7.554, 1.596, 0.695, 转轴后的特征值分别为 4.279, 2.983, 2.583, 从 13 个测量题项中萃取的三个共同因素共可解释原测量题项总变异的 75.734%, 如表 14-56。

表 14-56　解释总变异量

成　分	平方和负荷量萃取			转轴平方和负荷量		
	总和	方差的%	累积%	总和	方差的%	累积%
1	7.554	58.110	58.110	4.279	32.918	32.918
2	1.596	12.275	70.385	2.983	22.949	55.868
3	.695	5.349	75.734	2.583	19.866	75.734

萃取法:主成分分析。

【表格范例】

表 14-57　组织沟通量表探索性因素分析结果摘要表

因素构面 测量题项	向上沟通	平行沟通	向下沟通	共同性	正式问卷题号
BA01 向上	.777#	.236	.367	.795	01
BA02 向上	.859#	.220	.212	.831	02
BA03 向上	.750#	.227	.253	.679	03
BA04 向上	.732#	.192	.402	.734	04
BA05 向上	.777#	.209	.323	.752	05
BB08 平行	.030	.824#	.288	.762	06
BB09 平行	.236	.872#	.123	.830	07
BB10 平行	.299	.855#	.057	.824	08
BB11 平行	.398	.588#	.242	.563	09
BC15 向下	.583	.288	.601#	.784	10
BC16 向下	.529	.253	.618#	.726	11
BC18 向下	.306	.146	.858#	.852	12
BC19 向下	.466	.252	.658#	.714	13
特征值	4.279	2.983	2.583		
解释变异量%	32.918	22.949	19.866		
累积解释变异量%	32.918	55.868	75.734		

表 14-57 的因素结构从原先 19 题的题项变量,经逐题删除法后保留 13 题的测量题项,其删题的顺序为:第 14 题"BC14 向下"→第 6 题"BA06 向上"→第 12 题"BB12 平行"→第 13 题"BB13 平行"→第 17 题"BC17 向下"→第 7 题"BA07 向上"→确定的因素结构。

第六节　教师工作投入量表探索性因素分析范例解析

在一项教师工作投入量表中,使用者依据理论文献依"教师工作专注""教师工作认同""教师工作参与""教师工作乐趣"四个构面编制 29 个测量题项,构面及其测量题项如图 14-7 和表 14-58:

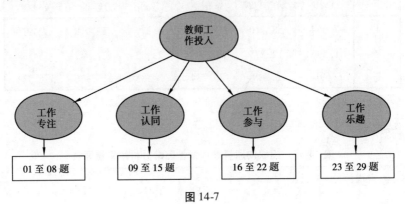

图 14-7

表 14-58　中学教师工作投入量表

	非常不同意	少部分同意	一半同意	大部分同意	非常同意
01. 我把大部分的时间与精力投注在我的工作上。	□	□	□	□	□
02. 我通常事前会准备好教材、教具并预习教学进度。	□	□	□	□	□
03. 下班后即使没有加班费,我仍会将未完成的事情做完或带回家继续做。	□	□	□	□	□
04. 我会为指导或引导学生课业而广泛搜集有关资料或自编补充教材。	□	□	□	□	□
05. 对于工作上遭遇的难题,我会请教他人,力求解决。	□	□	□	□	□
06. 下班后,我仍然会专注构思学校的工作。	□	□	□	□	□
07. 若有需要,我会配合学校的安排,担任各项职务,并且尽力完成。	□	□	□	□	□
08. 我经常在下班后仍和家长讨论学生在校的学习情形。	□	□	□	□	□
09. 我能认同学校的教育目标。	□	□	□	□	□
10. 我乐意配合学校行政措施推行各项教学工作。	□	□	□	□	□
11. 我常和别人分享我的教学经验。	□	□	□	□	□
12. 我喜欢目前服务的学校,乐于向人介绍学校的特色与目标。	□	□	□	□	□
13. 我觉得教师应具备教师专业自律,才能受人尊重。	□	□	□	□	□
14. 我对本校教学或行政工作体制认同。	□	□	□	□	□
15. 参与学校工作事务对达成目标认同具有正面影响。	□	□	□	□	□
16. 我经常在参加学校召开的各项会议中,提供改进意见。	□	□	□	□	□
17. 我致力于教学或行政工作,毫无怨言。	□	□	□	□	□
18. 我会主动参与学校社团举办的各项活动。	□	□	□	□	□
19. 我会主动参加与教学相关主题的进修活动,以提升教学绩效。	□	□	□	□	□

	非常不同意	少部分同意	一半同意	大部分同意	非常同意
20. 我会主动提供学校在教学或行政教育的兴革意见。…………	□	□	□	□	□
21. 我会主动利用课余时间,尽心指导学生课业增进学习能力。…	□	□	□	□	□
22. 我会主动关心校务工作与发展。…………………………	□	□	□	□	□
23. 我和同仁们及学生相处得很融洽,且对教育环境感到满意。……	□	□	□	□	□
24. 我喜欢我学校的同仁和学生。…………………………	□	□	□	□	□
25. 能和学生们一起教学相长,让我感到很快乐。…………	□	□	□	□	□
26. 每天到学校上班让我感到很愉快。………………………	□	□	□	□	□
27. 我常和朋友讨论我的教学工作和学校中的趣闻。………	□	□	□	□	□
28. 我尽力做好份内的工作,负责尽职,乐在其中。………	□	□	□	□	□
29. 没有其他工作比学校教职更让我满意。…………………	□	□	□	□	□

表 14-59 教师工作投入量表测量题项的描述性统计量摘要表

	个　数	最小值	最大值	平均数	标准差	偏　态		峰　度	
	统计量	统计量	统计量	统计量	统计量	统计量	标准误	统计量	标准误
CA01 专注	123	3	5	4.23	.687	−.329	.218	−.860	.433
CA02 专注	123	3	5	4.28	.631	−.295	.218	−.642	.433
CA03 专注	123	1	5	4.17	.912	−1.270	.218	1.685	.433
CA04 专注	123	2	5	4.21	.692	−.458	.218	−.248	.433
CA05 专注	123	3	5	4.41	.570	−.299	.218	−.787	.433
CA06 专注	123	1	5	3.77	.998	−.531	.218	−.095	.433
CA07 专注	123	1	5	4.11	.838	−.883	.218	.903	.433
CA08 专注	123	1	5	3.41	1.085	−.166	.218	−.768	.433
CB09 认同	123	2	5	3.89	.818	−.350	.218	−.386	.433
CB10 认同	123	2	5	4.15	.674	−.346	.218	−.138	.433
CB11 认同	123	2	5	4.01	.945	−.490	.218	−.847	.433
CB12 认同	123	1	5	3.95	.913	−.691	.218	.099	.433
CB13 认同	123	2	5	4.50	.606	−1.029	.218	1.221	.433
CB14 认同	123	1	5	3.78	.883	−.425	.218	−.092	.433
CB15 认同	123	2	5	4.13	.757	−.568	.218	−.028	.433
CC16 参与	123	1	5	3.29	1.054	.028	.218	−.821	.433
CC17 参与	123	1	5	3.80	.947	−.423	.218	−.424	.433
CC18 参与	123	2	5	3.60	.894	.108	.218	−.811	.433
CC19 参与	123	2	5	3.92	.785	−.165	.218	−.675	.433
CC20 参与	123	1	5	3.50	.987	−.041	.218	−.789	.433
CC21 参与	123	2	5	3.91	.820	−.286	.218	−.555	.433
CC22 参与	123	2	5	3.68	.961	−.112	.218	−.967	.433
CD23 乐趣	123	2	5	4.13	.701	−.331	.218	−.399	.433

续表

	个　数	最小值	最大值	平均数	标准差	偏　态		峰　度	
	统计量	统计量	统计量	统计量	统计量	统计量	标准误	统计量	标准误
CD24 乐趣	123	3	5	4.20	.720	−.311	.218	−1.021	.433
CD25 乐趣	123	2	5	4.36	.691	−.761	.218	.036	.433
CD26 乐趣	123	1	5	4.03	.849	−.635	.218	.269	.433
CD27 乐趣	123	3	5	4.18	.747	−.304	.218	−1.147	.433
CD28 乐趣	123	3	5	4.38	.659	−.601	.218	−.638	.433
CD29 乐趣	123	1	5	4.05	.922	−.736	.218	.023	.433

表 14-60　教师工作投入量表相关矩阵摘要表 I

	CA01 专注	CA02 专注	CA03 专注	CA04 专注	CA05 专注	CA06 专注	CA07 专注	CA08 专注	CB09 认同	CB10 认同
CA01 专注	1	.610	.435	.570	.619	.518	.428	.424	.437	.512
CA02 专注	.610	1	.359	.522	.414	.322	.425	.337	.327	.347
CA03 专注	.435	.359	1	.267	.307	.493	.341	.319	.365	.439
CA04 专注	.570	.522	.267	1	.445	.367	.399	.321	.213	.302
CA05 专注	.619	.414	.307	.445	1	.293	.458	.314	.462	.420
CA06 专注	.518	.322	.493	.367	.293	1	.401	.653	.382	.379
CA07 专注	.428	.425	.341	.399	.458	.401	1	.538	.483	.597
CA08 专注	.424	.337	.319	.321	.314	.653	.538	1	.400	.501
CB09 认同	.437	.327	.365	.213	.462	.382	.483	.400	1	.564
CB10 认同	.512	.347	.439	.302	.420	.379	.597	.501	.564	1
CB11 认同	.502	.436	.388	.398	.526	.419	.465	.460	.510	.526
CB12 认同	.397	.308	.394	.263	.385	.410	.446	.401	.619	.491
CB13 认同	.372	.319	.288	.193	.399	.259	.298	.135	.373	.380
CB14 认同	.299	.169	.322	.224	.244	.250	.309	.256	.558	.496
CB15 认同	.431	.370	.466	.322	.408	.376	.599	.334	.578	.621
CC16 参与	.405	.346	.383	.285	.319	.477	.364	.504	.445	.528
CC17 参与	.384	.214	.438	.364	.300	.490	.429	.485	.555	.508
CC18 参与	.456	.357	.336	.442	.320	.403	.440	.540	.446	.424
CC19 参与	.536	.542	.558	.439	.349	.436	.524	.414	.599	.503
CC20 参与	.509	.449	.452	.373	.411	.490	.472	.553	.492	.531
CC21 参与	.560	.365	.284	.423	.464	.415	.432	.483	.401	.410
CC22 参与	.520	.430	.240	.385	.417	.428	.571	.541	.447	.465
CD23 乐趣	.466	.326	.440	.348	.441	.242	.423	.329	.496	.445
CD24 乐趣	.472	.403	.473	.311	.404	.381	.400	.380	.536	.498
CD25 乐趣	.552	.354	.358	.337	.564	.214	.302	.307	.430	.556
CD26 乐趣	.437	.350	.406	.309	.396	.241	.399	.422	.595	.594
CD27 乐趣	.527	.538	.400	.402	.501	.407	.559	.385	.514	.485
CD28 乐趣	.476	.453	.313	.270	.477	.320	.475	.354	.455	.519
CD29 乐趣	.422	.287	.361	.330	.398	.288	.322	.308	.518	.477

表 14-61　教师工作投入量表相关矩阵摘要表 Ⅱ

	CB11 认同	CB12 认同	CB13 认同	CB14 认同	CB15 认同	CC16 参与	CC17 参与	CC18 参与	CC19 参与	CC20 参与
CA01 专注	.502	.397	.372	.299	.431	.405	.384	.456	.536	.509
CA02 专注	.436	.308	.319	.169	.370	.346	.214	.357	.542	.449
CA03 专注	.388	.394	.288	.322	.466	.383	.438	.336	.558	.452
CA04 专注	.398	.263	.193	.224	.322	.285	.364	.442	.439	.373
CA05 专注	.526	.385	.399	.244	.408	.319	.300	.320	.349	.411
CA06 专注	.419	.410	.259	.250	.376	.477	.490	.403	.436	.490
CA07 专注	.465	.446	.298	.309	.599	.364	.429	.440	.524	.472
CA08 专注	.460	.401	.135	.256	.334	.504	.485	.540	.414	.553
CB09 认同	.510	.619	.373	.558	.578	.445	.555	.446	.599	.492
CB10 认同	.526	.491	.380	.496	.621	.528	.508	.424	.503	.531
CB11 认同	1	.475	.365	.297	.445	.409	.423	.411	.454	.462
CB12 认同	.475	1	.415	.627	.567	.458	.634	.438	.520	.509
CB13 认同	.365	.415	1	.285	.464	.255	.330	.162	.294	.250
CB14 认同	.297	.627	.285	1	.644	.545	.498	.366	.423	.399
CB15 认同	.445	.567	.464	.644	1	.558	.459	.392	.583	.517
CC16 参与	.409	.458	.255	.545	.558	1	.551	.612	.495	.766
CC17 参与	.423	.634	.330	.498	.459	.551	1	.615	.574	.657
CC18 参与	.411	.438	.162	.366	.392	.612	.615	1	.596	.644
CC19 参与	.454	.520	.294	.423	.583	.495	.574	.596	1	.624
CC20 参与	.462	.509	.250	.399	.517	.766	.657	.644	.624	1
CC21 参与	.509	.399	.306	.312	.441	.514	.453	.588	.600	.542
CC22 参与	.499	.449	.150	.342	.452	.635	.526	.644	.585	.747
CD23 乐趣	.419	.586	.346	.603	.431	.436	.607	.450	.511	.487
CD24 乐趣	.479	.650	.411	.506	.389	.399	.513	.427	.507	.405
CD25 乐趣	.472	.392	.388	.358	.396	.362	.346	.365	.371	.351
CD26 乐趣	.562	.520	.414	.491	.465	.466	.518	.449	.533	.480
CD27 乐趣	.683	.470	.488	.309	.480	.339	.409	.390	.570	.435
CD28 乐趣	.534	.494	.581	.371	.524	.380	.449	.302	.472	.462
CD29 乐趣	.404	.480	.601	.416	.461	.399	.481	.392	.492	.397

表 14-62　教师工作投入量表相关矩阵摘要表 Ⅲ

	CC20 参与	CC21 参与	CC22 参与	CD23 乐趣	CD24 乐趣	CD25 乐趣	CD26 乐趣	CD27 乐趣	CD28 乐趣	CD29 乐趣
CA01 专注	.509	.560	.520	.466	.472	.552	.437	.527	.476	.422
CA02 专注	.449	.365	.430	.326	.403	.354	.350	.538	.453	.287
CA03 专注	.452	.284	.240	.440	.473	.358	.406	.400	.313	.361
CA04 专注	.373	.423	.385	.348	.311	.337	.309	.402	.270	.330
CA05 专注	.411	.464	.417	.441	.404	.564	.396	.501	.477	.398
CA06 专注	.490	.415	.428	.242	.381	.214	.241	.407	.320	.288
CA07 专注	.472	.432	.571	.423	.400	.302	.399	.559	.475	.322

续表

	CC20 参与	CC21 参与	CC22 参与	CD23 乐趣	CD24 乐趣	CD25 乐趣	CD26 乐趣	CD27 乐趣	CD28 乐趣	CD29 乐趣
CA08 专注	.553	.483	.541	.329	.380	.307	.422	.385	.354	.308
CB09 认同	.492	.401	.447	.496	.536	.430	.595	.514	.455	.518
CB10 认同	.531	.410	.465	.445	.498	.556	.594	.485	.519	.477
CB11 认同	.462	.509	.499	.419	.479	.472	.562	.683	.534	.404
CB12 认同	.509	.399	.449	.586	.650	.392	.520	.470	.494	.480
CB13 认同	.250	.306	.150	.346	.411	.388	.414	.488	.581	.601
CB14 认同	.399	.312	.342	.603	.506	.358	.491	.309	.371	.416
CB15 认同	.517	.441	.452	.431	.389	.396	.465	.480	.524	.461
CC16 参与	.766	.514	.635	.436	.399	.362	.466	.339	.380	.399
CC17 参与	.657	.453	.526	.607	.513	.346	.518	.409	.449	.481
CC18 参与	.644	.588	.644	.450	.427	.365	.449	.390	.302	.392
CC19 参与	.624	.600	.585	.511	.507	.371	.533	.570	.472	.492
CC20 参与	1	.542	.747	.487	.405	.351	.480	.435	.462	.397
CC21 参与	.542	1	.713	.391	.418	.390	.452	.495	.519	.461
CC22 参与	.747	.713	1	.451	.434	.394	.475	.434	.477	.295
CD23 乐趣	.487	.391	.451	1	.729	.546	.627	.456	.512	.498
CD24 乐趣	.405	.418	.434	.729	1	.616	.606	.559	.566	.578
CD25 乐趣	.351	.390	.394	.546	.616	1	.721	.447	.597	.538
CD26 乐趣	.480	.452	.475	.627	.606	.721	1	.547	.651	.616
CD27 乐趣	.435	.495	.434	.456	.559	.447	.547	1	.726	.499
CD28 乐趣	.462	.519	.477	.512	.566	.597	.651	.726	1	.616
CD29 乐趣	.397	.461	.295	.498	.578	.538	.616	.499	.616	1

一、因素分析删题步骤

（一）29 道题全部纳入因素分析

共同因素一中包含"工作乐趣"与"工作认同"两个构面，其中工作乐趣构面的测量题项有 6 题、工作认同构面的测量题项有 5 题，因为以保留工作乐趣构面为主，所以优先删除工作认同构面的测量题项，在工作认同构面的测量题项中以第 14 题的因素负荷量最大（因素负荷量等于 0.634），如表 14-63，因而将第 14 题（CB14 认同）删除。将符合项目分析的题项变量全部纳入因素分析变量中，由于测量题项数目较多，因而第一次出现的因素结构会较为凌乱，此时决定删除题项并没有所谓的对错，若是使用者删除题项后，因素结构的共同因素还是无法合理命名，使用者应重新删除不同的题项变量。

表 14-63 转轴后的成分矩阵(a)

	成　分			
	1	2	3	4
CD26 乐趣	.744	.294	.287	.084
CD23 乐趣	.710	.358	.163	.103
CD24 乐趣	.692	.243	.270	.194
CD25 乐趣	.689	.161	.454	−.088
CD29 乐趣	.682	.115	.288	.202
CB14 认同	.634	.334	−.174	.362
CD28 乐趣	.613	.089	.494	.223
CB12 认同	.584	.327	.058	.453
CB09 认同	.547	.297	.147	.443
CB13 认同	.530	−.209	.349	.381
CB10 认同	.463	.306	.267	.444
CC18 参与	.231	.771	.230	.104
CC22 参与	.204	.765	.370	.087
CC20 参与	.239	.727	.245	.309
CC16 参与	.300	.695	.080	.301
CA08 专注	.052	.590	.298	.363
CC17 参与	.448	.583	.032	.360
CC21 参与	.255	.568	.477	.075
CC19 参与	.322	.483	.343	.408
CA02 专注	.098	.189	.694	.237
CA01 专注	.243	.314	.692	.206
CA05 专注	.352	.142	.643	.102
CD27 乐趣	.403	.095	.617	.372
CA04 专注	.070	.337	.613	.077
CB11 认同	.346	.246	.545	.287
CB15 认同	.426	.244	.177	.627
CA06 专注	−.044	.404	.313	.613
CA03 专注	.254	.179	.219	.574
CA07 专注	.176	.321	.416	.497

(二)删掉第 14 题(CB14)

在共同因素二的八个测量题项中,"工作参与"构面的测量题项有 7 题,"工作专注"构面的测量题项只有 1 题,如表 14-64,因而就共同因素二而言,主要为工作参与构面的向度。所以应将不是工作参与构面的第 8 题(CA08 专注)删除,第 8 题的因素负荷量为 0.592。

表 14-64 转轴后的成分矩阵(a)

	成　分			
	1	2	3	4
CD26 乐趣	.762	.333	.193	.115
CD25 乐趣	.734	.179	.378	-.053
CD29 乐趣	.711	.156	.176	.239
CD24 乐趣	.701	.279	.191	.219
CD23 乐趣	.685	.390	.133	.109
CD28 乐趣	.666	.113	.387	.267
CB13 认同	.578	-.178	.233	.422
CB12 认同	.543	.367	.020	.455
CB09 认同	.524	.333	.098	.453
CC18 参与	.214	.775	.238	.104
CC22 参与	.200	.757	.386	.090
CC20 参与	.223	.738	.236	.312
CC16 参与	.244	.708	.107	.287
CC17 参与	.418	.626	-.023	.368
CA08 专注	.059	.592	.271	.378
CC21 参与	.275	.557	.472	.090
CC19 参与	.320	.493	.322	.416
CA02 专注	.146	.152	.712	.250
CA01 专注	.282	.285	.704	.220
CA04 专注	.089	.290	.685	.072
CA05 专注	.403	.124	.624	.126
CD27 乐趣	.462	.098	.538	.411
CB11 认同	.391	.247	.486	.319
CA06 专注	-.039	.403	.292	.624
CB15 认同	.375	.259	.194	.615
CA03 专注	.260	.203	.161	.588
CA07 专注	.189	.320	.396	.510
CB10 认同	.456	.329	.223	.458

（三）删掉第 8 题（CA08）

共同因素三包含"工作专注"构面4题、"工作乐趣"构面1题、"工作认同"构面1题，共同因素中主要包含"工作专注"的构面，如表 14-65，因而不属于"工作专注"构面的测量题项可考虑将之删除，其中第 27 题（CD27 乐趣）的因素负荷量（数值等于 0.537）大于第 11 题（CB11 认同）的因素负荷量，因而先将第 27 题（CD27 乐趣）题项变量删除。

14-65　转轴后的成分矩阵(a)

	成　分			
	1	2	3	4
CD26 乐趣	.768	.336	.178	.133
CD25 乐趣	.754	.186	.356	− .046
CD29 乐趣	.706	.160	.163	.262
CD24 乐趣	.698	.280	.181	.242
CD28 乐趣	.677	.109	.375	.269
CD23 乐趣	.662	.408	.124	.153
CB13 认同	.571	− .177	.221	.430
CB12 认同	.515	.367	.025	.489
CB09 认同	.502	.330	.102	.479
CC18 参与	.189	.772	.254	.141
CC22 参与	.184	.755	.402	.115
CC20 参与	.187	.733	.258	.352
CC16 参与	.210	.706	.126	.325
CC17 参与	.382	.626	− .009	.411
CC21 参与	.269	.553	.480	.106
CC19 参与	.271	.497	.338	.466
CA02 专注	.142	.136	.717	.258
CA01 专注	.284	.270	.708	.226
CA04 专注	.084	.282	.691	.085
CA05 专注	.416	.118	.618	.122
CD27 乐趣	.469	.083	.537	.407
CB11 认同	.408	.225	.488	.307
CB15 认同	.332	.260	.207	.649
CA03 专注	.225	.190	.175	.618
CA06 专注	− .022	.340	.317	.602
CA07 专注	.194	.284	.411	.502
CB10 认同	.457	.309	.228	.462

(四)删掉第 27 题(CD27)

由于共同因素三主要为"工作专注"构面的测量题项,因而共同因素四中"工作专注"构面的题项变量可考虑将之删除,其中第 3 题(CA03 专注)的因素负荷量最大(因素负荷量等于 0.660),因而将第 3 题(CA03 专注)题项变量删除,如表 14-66。

表 14-66　转轴后的成分矩阵(a)

	成　分			
	1	2	3	4
CD26 乐趣	.771	.345	.160	.113
CD25 乐趣	.755	.162	.369	− .037
CD29 乐趣	.715	.156	.157	.249

续表

	成　分			
	1	2	3	4
CD24 乐趣	.698	.275	.166	.243
CD28 乐趣	.693	.158	.331	.211
CD23 乐趣	.658	.392	.120	.165
CB13 认同	.594	−.173	.217	.402
CB12 认同	.527	.364	.012	.478
CB09 认同	.518	.339	.085	.456
CB10 认同	.477	.300	.230	.452
CC22 参与	.195	.779	.381	.095
CC18 参与	.188	.775	.240	.149
CC20 参与	.197	.731	.248	.356
CC16 参与	.217	.694	.126	.333
CC17 参与	.386	.618	−.021	.417
CC21 参与	.281	.579	.459	.083
CC19 参与	.284	.505	.318	.462
CA01 专注	.297	.243	.725	.253
CA02 专注	.158	.140	.711	.261
CA04 专注	.089	.260	.704	.118
CA05 专注	.431	.109	.627	.122
CB11 认同	.425	.268	.448	.267
CA03 专注	.234	.146	.189	.660
CB15 认同	.360	.254	.208	.633
CA06 专注	−.006	.323	.318	.624
CA07 专注	.221	.313	.387	.467

（五）删掉第 3 题（CA03）

共同因素一包含 7 题"工作参与"构面的测量题项，此外，也包含 1 题工作专注构面的测量题项，如表 14-67，由于共同因素一主要为工作参与构面题项，因而不属于工作参与构面的第 6 题（CA06 专注）可考虑将之删除。

表 14-67　转轴后的成分矩阵（a）

	成　分			
	1	2	3	4
CC20 参与	.775	.192	.260	.229
CC18 参与	.769	.245	.265	−.008
CC22 参与	.736	.180	.391	.105
CC16 参与	.732	.204	.135	.242
CC17 参与	.691	.408	−.004	.254
CC19 参与	.591	.277	.329	.309
CC21 参与	.535	.252	.466	.137

	成　分			
	1	2	3	4
CA06 专注	.490	−.024	.316	.382
CD26 乐趣	.304	.759	.181	.207
CD25 乐趣	.088	.758	.393	.086
CD24 乐趣	.300	.735	.193	.175
CD23 乐趣	.391	.714	.152	.085
CD29 乐趣	.167	.663	.164	.361
CD28 乐趣	.140	.584	.326	.445
CB12 认同	.450	.482	.015	.450
CA01 专注	.276	.286	.735	.202
CA04 专注	.277	.125	.718	.005
CA02 专注	.188	.132	.713	.217
CA05 专注	.087	.359	.625	.272
CB11 认同	.284	.356	.448	.345
CB15 认同	.371	.207	.185	.715
CB13 认同	−.109	.445	.195	.625
CA07 专注	.388	.090	.366	.554
CB10 认同	.362	.372	.222	.533
CB09 认同	.408	.434	.080	.512

（六）删掉第 6 题（CA06）

在共同因素四中包含"工作认同"构面 4 个测量题项，此外也包含工作专注构面 1 个测量题项，如表 14-68，由于共同因素三包含较多的工作专注构面题项，因而共同因素四中的工作专注构面的第 7 题（CA07 专注）可考虑将之删除，让共同因素四中的题项变量都成为工作认同构面的测量题项。

表 14-68　转轴后的成分矩阵(a)

	成　分			
	1	2	3	4
CC18 参与	.777	.214	.278	.015
CC20 参与	.773	.172	.267	.256
CC22 参与	.738	.128	.401	.166
CC16 参与	.727	.193	.139	.260
CC17 参与	.688	.438	.001	.212
CC19 参与	.592	.260	.336	.328
CC21 参与	.534	.226	.474	.163
CD24 乐趣	.302	.761	.202	.123
CD25 乐趣	.099	.730	.406	.096
CD26 乐趣	.319	.724	.196	.229
CD23 乐趣	.410	.696	.170	.075
CD29 乐趣	.171	.685	.170	.321

续表

	成 分			
	1	2	3	4
CD28 乐趣	.139	.581	.329	.447
CB12 认同	.448	.516	.017	.409
CA01 专注	.262	.307	.733	.178
CA04 专注	.273	.126	.723	-.007
CA02 专注	.185	.115	.716	.236
CA05 专注	.086	.345	.628	.287
CB11 认同	.275	.360	.447	.347
CB15 认同	.363	.198	.181	.748
CA07 专注	.377	.068	.362	.603
CB13 认同	-.118	.497	.188	.569
CB10 认同	.356	.358	.222	.564
CB09 认同	.405	.440	.082	.510

(七)删掉第 7 题(CA07)

共同因素二主要为工作乐趣构面,共同因素二的五个题项变量中前四个题项变量均为工作乐趣构面的测量题项,第五个题项变量则属于工作认同构面的测量题项,如表 14-69,因而在此步骤中将共同因素二中的最后一个题项变量第 12 题(CB12 认同)删除。

14-69　转轴后的成分矩阵(a)

	成 分			
	1	2	3	4
CC20 参与	.804	.154	.272	.196
CC16 参与	.767	.132	.146	.253
CC18 参与	.743	.280	.287	-.051
CC22 参与	.739	.176	.401	.057
CC17 参与	.674	.475	.015	.180
CC19 参与	.623	.252	.341	.265
CC21 参与	.550	.165	.479	.192
CD24 乐趣	.243	.781	.227	.215
CD23 乐趣	.339	.764	.194	.115
CD26 乐趣	.297	.669	.218	.357
CD25 乐趣	.058	.658	.431	.283
CB12 认同	.469	.509	.031	.392
CA01 专注	.274	.243	.744	.226
CA04 专注	.250	.162	.728	-.044
CA02 专注	.224	.057	.717	.225
CA05 专注	.111	.276	.633	.329
CB11 认同	.309	.302	.454	.361

续表

	成 分			
	1	2	3	4
CB13 认同	−.021	.240	.192	.775
CB15 认同	.490	.088	.172	.672
CD28 乐趣	.184	.430	.337	.584
CD29 乐趣	.190	.518	.188	.532
CB10 认同	.422	.309	.221	.513
CB09 认同	.457	.402	.090	.480

(八)删掉第12题(CB12)

共同因素二所包含的测量题项均为工作乐趣构面,而在共同因素四中包含工作认同与工作乐趣两个构面的测量题项,如表14-70,由于共同因素四主要是为测得教师的工作认同,因而必须删除工作乐趣构面的测量题项。其中第28题(CD28乐趣)的因素负荷量(=0.590)高于第29题(CD29乐趣)(因素负荷量等于0.541),因而先将第28题(CD28乐趣)的题项变量删除。

14-70 转轴后的成分矩阵(a)

	成 分			
	1	2	3	4
CC20 参与	.810	.149	.258	.203
CC16 参与	.776	.132	.120	.261
CC18 参与	.754	.279	.268	−.043
CC22 参与	.748	.180	.382	.062
CC17 参与	.677	.450	.016	.180
CC19 参与	.626	.244	.339	.270
CC21 参与	.560	.178	.455	.199
CD24 乐趣	.251	.768	.224	.211
CD23 乐趣	.351	.754	.182	.117
CD25 乐趣	.085	.691	.376	.293
CD26 乐趣	.322	.686	.167	.366
CA01 专注	.278	.255	.740	.229
CA04 专注	.249	.168	.737	−.043
CA02 专注	.219	.063	.731	.225
CA05 专注	.113	.288	.632	.329
CB11 认同	.313	.306	.449	.361
CB13 认同	−.020	.243	.186	.775
CB15 认同	.484	.073	.180	.671
CD28 乐趣	.197	.446	.305	.590
CD29 乐趣	.208	.531	.150	.541
CB10 认同	.434	.316	.192	.520
CB09 认同	.457	.383	.094	.479

（九）删掉第 28 题（CD28）

共同因素三主要为工作专注构面的测量题项，第 11 题题项变量则归属于工作认同构面，如表 14-71，因而必须将共同因素三中的第 11 题（CB11 认同）删除。由于删除第 28 题（CD28 乐趣）后，原先归属于共同因素四的第 29 题（CD29 乐趣）变回到共同因素二工作乐趣构面中，这是因为第 29 题与第 28 题间的相关较高，使用者将 28 题删除后，第 29 题反而与共同因素二的工作乐趣构面的指标变量间的关系更为密切，因而回到共同因素二。此种结果与使用者原先编制的构面大致符合。

表 14-71　转轴后的成分矩阵（a）

	成　分			
	1	2	3	4
CC20 参与	.810	.152	.254	.210
CC22 参与	.766	.181	.373	.035
CC16 参与	.765	.142	.120	.285
CC18 参与	.754	.275	.257	-.017
CC17 参与	.670	.448	.012	.201
CC19 参与	.617	.248	.340	.287
CC21 参与	.573	.190	.453	.159
CD24 乐趣	.249	.774	.226	.187
CD23 乐趣	.351	.754	.179	.107
CD25 乐趣	.084	.704	.383	.251
CD26 乐趣	.319	.699	.173	.334
CD29 乐趣	.192	.553	.165	.518
CA01 专注	.273	.264	.744	.222
CA02 专注	.225	.067	.735	.199
CA04 专注	.251	.162	.733	-.033
CA05 专注	.103	.302	.641	.316
CB11 认同	.307	.321	.456	.342
CB13 认同	-.045	.276	.213	.746
CB15 认同	.452	.092	.197	.699
CB10 认同	.407	.332	.204	.543
CB09 认同	.424	.396	.106	.524

（十）删除第 11 题（CB11）

删除第 11 题（CB11 认同）后，四个共同因素所包含的测量题项和原先使用者编制的相同，其中教师工作参与构面保留 7 题、教师工作乐趣构面保留 5 题、教师工作专注构面保留 4 题、教师工作认同构面保留 4 题，全部测量题项有 20 题，如表 14-72。若是使用者想再删除测量题项，可优先删除第 21 题（CC21 参与），因为在共同因素一中第 21 题（CC21 参与）的因素负荷量最低（因素负荷量等于 0.580）。在因素结构中若是共同因素所包含的题项变量与原先使用者编制的构面及其包含的测量题项的归类相同，使用者必须删除因素负荷量最低的题项变量，而不是因素负荷量最高的题项变量。

表 14-72 转轴后的成分矩阵(a)(依因素负荷量大小排序)

	成 分			
	1	2	3	4
CC20 参与	.813	.155	.248	.207
CC22 参与	.772	.189	.357	.023
CC16 参与	.768	.144	.114	.281
CC18 参与	.755	.274	.253	-.018
CC17 参与	.671	.444	.004	.199
CC19 参与	.619	.248	.342	.293
CC21 参与	.580	.196	.440	.152
CD24 乐趣	.252	.775	.218	.185
CD23 乐趣	.351	.753	.177	.108
CD25 乐趣	.091	.716	.373	.243
CD26 乐趣	.327	.706	.151	.320
CD29 乐趣	.193	.551	.169	.527
CA01 专注	.279	.273	.746	.226
CA02 专注	.230	.072	.738	.208
CA04 专注	.254	.163	.737	-.022
CA05 专注	.114	.317	.627	.307
CB13 认同	-.042	.278	.215	.755
CB15 认同	.457	.098	.194	.700
CB10 认同	.416	.343	.186	.530
CB09 认同	.431	.403	.087	.512

最后确定的因素结构中,各共同因素中的测量题项的因素负荷量均在 0.500 以上(一般取舍标准为因素负荷量的数值大于 0.45),如表 14-73。教师工作投入量表探索性因素分析程序中,因素结构的题项变量删除的顺序如下:第 14 题(CB14 认同)→第 8 题(CA08 专注)→第 27 题(CD27 乐趣)→第 3 题(CA03 专注)→第 6 题(CA06 专注)→第 7 题(CA07 专注)→第 12 题(CB12 认同)→第 28 题(CD28 乐趣)→第 11 题(C114 认同)→确定因素结构,最后保留 20 个指标变量。

表 14-73 转轴后的成分矩阵(a)(依题项变量顺序排序)

	工作参与	工作乐趣	工作专注	工作认同
CA01 专注	.279	.273	.746#	.226
CA02 专注	.230	.072	.738#	.208
CA04 专注	.254	.163	.737#	-.022
CA05 专注	.114	.317	.627#	.307
CB09 认同	.431	.403	.087	.512#
CB10 认同	.416	.343	.186	.530#
CB13 认同	-.042	.278	.215	.755#
CB15 认同	.457	.098	.194	.700#
CC16 参与	.768#	.144	.114	.281
CC17 参与	.671#	.444	.004	.199
CC18 参与	.755#	.274	.253	-.018

续表

	工作参与	工作乐趣	工作专注	工作认同
CC19 参与	.619#	.248	.342	.293
CC20 参与	.813#	.155	.248	.207
CC21 参与	.580#	.196	.440	.152
CC22 参与	.772#	.189	.357	.023
CD23 乐趣	.351	.753#	.177	.108
CD24 乐趣	.252	.775#	.218	.185
CD25 乐趣	.091	.716#	.373	.243
CD26 乐趣	.327	.706#	.151	.320
CD29 乐趣	.193	.551#	.169	.527

最后二十题的共同性数值介于 0.601 至 0.760 之间,如表 14-74,表示每个测量指标变量对共同因素的影响均十分重要。

表 14-74   共同性

	萃 取
CA01 专注	.760
CA02 专注	.646
CA04 专注	.635
CA05 专注	.601
CB09 认同	.619
CB10 认同	.607
CB13 认同	.695
CB15 认同	.746
CC16 参与	.702
CC17 参与	.686
CC18 参与	.710
CC19 参与	.647
CC20 参与	.789
CC21 参与	.592
CC22 参与	.760
CD23 乐趣	.733
CD24 乐趣	.746
CD25 乐趣	.719
CD26 乐趣	.730
CD29 乐趣	.647

限定萃取四个共同因素时,转轴前四个共同因素的特征值分别为 9.751,1.683,1.377,0.956,采用直交转轴的最大变异法后,四个共同因素的特征值分别为 4.702,3.507,3.009,2.549,四个共同因素的解释变异量分别为 23.510%,17.533%,15.047%,12.742%,因个共同因素共可解释二十个测量题项 68.834% 的变异量,如表 14-75。

表 14-75 解释总度异量

成 分	平方和负荷量萃取			转轴平方和负荷量		
	总和	方差的%	累积%	总和	方差的%	累积%
1	9.751	48.754	48.754	4.702	23.510	23.510
2	1.683	8.414	57.167	3.507	17.533	41.044
3	1.377	6.885	64.052	3.009	15.047	56.091
4	.956	4.782	68.834	2.549	12.743	68.834

【表格范例——确定的因素结构】

表 14-76 教师工作投入量表因素分析结果摘要表

因素构面 / 测量题项	工作参与	工作乐趣	工作专注	工作认同	共同性	正式问卷题项
CA01 专注	.279	.273	.746#	.226	.760	01
CA02 专注	.230	.072	.738#	.208	.646	02
CA04 专注	.254	.163	.737#	-.022	.635	03
CA05 专注	.114	.317	.627#	.307	.601	04
CB09 认同	.431	.403	.087	.512#	.619	05
CB10 认同	.416	.343	.186	.530#	.607	06
CB13 认同	-.042	.278	.215	.755#	.695	07
CB15 认同	.457	.098	.194	.700#	.746	08
CC16 参与	.768#	.144	.114	.281	.702	09
CC17 参与	.671#	.444	.004	.199	.686	10
CC18 参与	.755#	.274	.253	-.018	.710	11
CC19 参与	.619#	.248	.342	.293	.647	12
CC20 参与	.813#	.155	.248	.207	.789	13
CC21 参与	.580#	.196	.440	.152	.592	14
CC22 参与	.772#	.189	.357	.023	.760	15
CD23 乐趣	.351	.753#	.177	.108	.733	16
CD24 乐趣	.252	.775#	.218	.185	.746	17
CD25 乐趣	.091	.716#	.373	.243	.719	18
CD26 乐趣	.327	.706#	.151	.320	.730	19
CD29 乐趣	.193	.551#	.169	.527	.647	20
特征值	4.702	3.507	3.009	2.549		
解释变异量%	23.510	17.533	15.047	12.743		
累积解释变异量%	23.510	41.044	56.091	68.834		

二、信度检验结果

（一）教师"工作认同"构面

教师工作认同构面四个测量题项的内部一致性 α 系数为 0.798，如表 14-77。

表 14-77   可靠性统计量

Cronbach's Alpha 值	项目的个数
.798	4

（二）教师"工作专注"构面

教师工作专注构面四个测量题项的内部一致性 α 系数为 0.818，如表 14-78。

表 14-78   可靠性统计量

Cronbach's Alpha 值	项目的个数
.818	4

（三）教师"工作参与"构面

教师工作参与构面七个测量题项的内部一致性 α 系数为 0.913，如表 14-79。

表 14-79   可靠性统计量

Cronbach's Alpha 值	项目的个数
.913	7

（四）教师"工作乐趣"构面

教师工作乐趣构面五个测量题项的内部一致性 α 系数为 0.880，如表 14-80。

表 14-80   可靠性统计量

Cronbach's Alpha 值	项目的个数
.880	5

参考文献

中文部分

内田治(2007)。SPSS 使用手册意见调查的统计分析。台北:鼎茂。

王文中(2000)。统计学与 Excel 资料分析之实习应用。台北:博硕文化。

王文科(1991)。教育研究法。台北:五南图书出版公司。

王保进(2002)。窗口版 SPSS 与行为科学研究。台北:心理出版社。

王保进(2004)。多变量分析:程序包与资料分析。台北:高等教育文化事业有限公司。

王国川(2002)。图解 SAS 在变异数分析上的应用。台北:五南图书出版公司。

王国川(2004)。图解 SAS 窗口在回归分析上的应用。台北:五南图书出版公司。

王瑞安(1998):公立非正规成人教育机构员工工作压力、工作倦怠与学习需求之关系研究。高雄师范大学成人教育研究所硕士论文(未出版)。

王济川、郭志刚(2004)。Logistic 回归模型——方法与应用。台北:五南图书出版公司。

余民宁(1997)。心理与教育统计学。台北:三民书局股份有限公司。

余民宁(2002)。教育测验与评量——成就测验与教学评量。台北:心理出版社。

吴冬友、杨玉坤(2003)。统计学。台北:五南图书出版股份有限公司。

吴宗正(1996)。回归分析。台北:三民书局股份有限公司。

吴忠武、陈立信、陈明辉、刘应兴,译(2004)。应用统计学。台北:华泰文化事业股份有限公司。

吴明清(1991):教育研究。台北:五南图书出版公司。

吴明隆(1997):小学生数学学习行为与其计算机焦虑、计算机态度关系之研究。高雄师范大学教育学系博士论文(未出版)。

吴明隆(2002)。SPSS 统计应用实务。台北:松岗计算机图书公司。

吴齐殷,译(DeVellis, R. F. 著)(1998):量表发展:理论与应用。台北:弘智文化事业有限公司。

沈明来(1998):实用多变量分析。台北:九州岛图书文物有限公司。

周文钦(2004)。研究方法实征性研究取向。台北:心理出版社。

林生传(2002)。教育研究法。台北:心理出版社。

林邦杰(1979)。因素分析及其应用。辑于陈定国、黄俊英编著:企业研究应用技术大全(第二册,19-1 ～ 19-37)。台北:大世纪出版公司。

林师模、陈苑钦(2006)。多变量分析。台北:双叶图书出版公司。

林清山(1992)。心理与教育统计学。台北:东华书局。

林清山(2003)。多变项分析统计法(五版)。台北:东华书局。

邱皓政(2000)。量化研究与统计分析——SPSS 中文窗口版数据分析范例解析。台北:五南图书出版公司。

邱皓政(2005)。量化研究法(二)统计原理与分析技术。台北:双叶图书出版公司。

邱皓政(2006)。量化研究与统计分析——SPSS 中文窗口版数据分析范例解析。(第三版)台北:五南图书出版公司。

马信行(1999)。教育科学研究法。台北:五南图书出版公司。

张春兴(1989)。张氏心理学辞典。台北:东华书局。

张郁雯(2000)。信度。载于王文中等人编著:教育测验与评量——教室学习观点(页77-99)。台北:五南图书出版公司。

张绍勋(1998)。SPSS For Windows 多变量统计分析。台北:松岗计算机图书公司。

张绍勋、张绍评、林秀娟(2004a)。SPSS For Windows(上册)统计分析——初等统计与高等统计。台北:松岗计算机图书数据股份有限公司。

张绍勋、张绍评、林秀娟(2004b)。SPSS For Windows(下册)统计分析——初等统计与高等统计。台北:松岗计算机图书数据股份有限公司。

张汉宜(2003)。教学实验中的考验力分析。高雄师范大学教育学系博士论文(未出版)。

郭生玉(1987)。心理与教育测验。台北:精华书局。

郭生玉(1988)。心理与教育测验。台北:精华书局。

陈正昌(2002)。行为及社会科学统计学。台北:巨流图书有限公司。

陈正昌、程炳林(1994)。SPSS、SAS、BMDP 统计软件在多变量统计上的应用。台北:五南图书公司。

陈正昌、程炳林、陈新丰、刘子键(2005)。多变量分析方法——统计软件应用(四版)。台北:五南图书出版公司。

陈李绸,译(2000;T. Kubiszyn & G. Borich 著)。教育测验与评量。台北:五南图书出版公司。

陈明华(2004)。高中职学校行政主管时间管理现况及其策略运用之研究。高雄师范大学成人教育研究所组织发展与领导专班硕士论文(未出版)。

陈英豪、吴裕益(1991)。测验与评量(修订一版)。高雄:复文图书出版社。

陈顺宇(2004)。多变量分析。台北:华泰书局。

傅粹馨(1996)。多元回归分析中之结构系数与逐步回归。教育资料与研究,11,24-35。

傅粹馨(1997)。多变量方差分析的显著性检验。教育与研究,5,1-14。

傅粹馨(1998)。典型相关分析:与其他统计方法之关系。高雄师大学报,9,173-186。

傅粹馨(1998a)。影响积差相关系数与信度系数之因素。教育学刊,14,193-206。

傅粹馨(1998b)。典型相关分析简介。教育研究,6,25-40。

傅粹馨(2002a)。主成分分析和共同因素分析相关议题之探究。教育与社会研究,3,107-132。

傅粹馨(2002b)。信度、Alpha 系数与相关议题之探究。教育学刊,18,163-184。

彭仁信(1994)。李克特式量表中选项问题之探究——以学生在疏离量表上的反应为研究案例。高雄师范大学教育研究所硕士论文(未出版)。

黄俊英(2004)。多变量分析。台北:华泰书局。

储全滋(1992)。抽样方法。台北:三民书局。

谢季宏、涂金堂(1998)。t 检验的统计考验力之研究。教育学刊,14,93-114。

英文部分

Afifi, A. A., & Clark, V. (1990). Computer-aided multivariate analysis. (2nd ed.). New York: Chapman & Hall.

Agresti, A., & Finlay, B. (1986). Statistical Methods for the Social Sciences (2nd ed.).

Ahmanan, J. S., & Glock, M. D. (1981). Evaluating student progress: Principles of tests and measurement. (6th ed.). Boston: Allyn and Bacon.

Airasian, P. W., & Gay, L. R. (2003). Educational research: Competencies analysis and application (7th ed.) Englewood Cliffs, N. J.: Prentice-Hall.

Anastasi, A. (1988). Psychological testing. (6th ed.). New York: Macmillan Publishing.

Anastasi, A. (1988). Psychological testing. (6th ed.). New York: Macmillan Publishing.

Bartlett, M. S. (1951). The goodness of fit of a single hypothetical discriminant function in the case of several groups. Annuals of Eugenics, 16,199-214.

Benton, R. L. (1991, January). The redundancy index in canonical correlation analysis. Paper presented at the annual meeting of the Southwest Educational Research Association. San Antonio. (ERIC Document Reproduction Service No. ED 334 215).

Bird, K. D. (1975). Simultaneous contrast testing procedures for multivariate experiments. Multivariate Behavioral Research, 10, 343-351.

Black, T. H. (1993). Evaluation and social science research. London: Sage Publications.

Borg, W. R., & Gall, M. D. (1983). Educational Research: An introduction (4th ed.). New York: Longman.

Borgen, F., & Seling, M. (1978). Uses of discriminant analysis following MANOVA: Multivariate statistics for multivariate purposes. Journal of Applied Psychology, 63, 689-697.

Bray, J. H., & Maxwell, S. E. (1985). Multivariate analysis of variance. Newbury Park: Sage.

Bryman, A., & Cramer, D. (1997). Quantitative Data Analysis with SPSS for Windows. London: Routledge.

Camines, E. G., & Zeller, R. A. (1979). Reliability and validity assessment. Beverly Hills, CA: Sage.

Campo, S. F. (1990, January). Canonical correlation as the most general parametric method: Implication for educational research. Paper presented at the annual meeting of the Southwest Educational Research Association. Austin. (ERIC Document Reproduction Service No. ED 315 440).

Chase, C. I. (1978). Measurement for educational evaluation. (2nd ed.). Reading, Massachusetts: Addison-Wesley.

Clark-Cater, D. (1997). The account taken of statistical power in research published in the British Journal of Psychology. British Journal of Psychology, 88, 71-83.

Cliff, N. (1988). The eigenvalue-greater-than-one rule and

the reliability of components. Psychological Bulletin, 103, 276-279.

Comrey, A. L. (1973). A first course in factor analysis. New York: Academic Press.

Comrey, A. L., (1988). Factor analytic methods of scale development in personality and clinical psychology. Journal of Consulting and Clinical Psychology, 56, 754-761.

Conover, (1980). Practical Nonparametric Statistics(2nd ed.). New York: Wiley & Sons.

Cortina, J. M. (1993). What is coefficient Alpha? An examination of theory and applications. Journal of Applied Psychology, 78(1), 98-104.

Cowles, M., & Davis, C. (1982). On the origins of the .05 level of statistical significant. American Psychologist, 37, 553-558.

Creswell, J. W. (2002). Educational research: Planning conducting, and evaluating quantitative and qualitative research. Upper Saddle River, N. J.: Pearson Education, Inc.

Crocker, L., Algina, J. (1986). Introduction to classical and modern test theory. Chicago: Holt, Rinehart and Winston.

Cronbach, L. (1951). Coefficient alpha and the internal structure of tests. Psychometrika, 16, 297-334.

Cronbach, L. (1951). Coefficient alpha and the internal structure of tests. Psychometrika, 16, 297-334.

Cronbach, L. J. (1990). Essentials of psychological testing(5th ed.). New York: Happer Collins.

Cureton, E. E. (1957). The upper and lower twenty-seven percent rule, Psychometrika, 22, 293-296.

DeVellis, R. F. (1991). Scale Development Theory and Applications. London: SAGE.

Ebel, R. L. (1979). Essentials of educational measurement. (3rd ed.). Englewood Cliffs, NJ: Prentice Hall.

Ebel, R. L., & Frisbie, D. A. (1991). Essentials of educational measurement. (5th ed.). Englewood, NJ: Prentice Hall.

Fan, C. T. (1952). Item analysis table. Princeton, NJ: Educational Testing Service.

Fan, X., & Thompson, B. (2001). Confidence intervals about score reliability coefficient please: An EPM guidelines editorial. Educational and Psychological Measurement, 61(4), 517-531.

Ford, J. K., MacCllum, R. C., & Tait, M. (1986). The application of exploratory factor analysis in applied psychology: A critical review and analysis. Personnel Psychology, 39, 291-314.

Gardner, P. L. (1995). Measuring attitudes to science: Unidimensionality and internal consistency revisited. Research in Science Education, 25(3), 283-289.

Gay, L. R. (1992). Educational Research Competencies for Analysis and Application. New York: Macmillan.

Girden, E. R. (1992). ANOVA: Repeated measures. Newbury Park: Sage Publication.

Gorsuch, R. L. (1983). Factor Analysis. Hillsdale, NJ: Lawrence Erlbaum.

Gorsuch, R. L. (1988). Exploratory factor analysis. In J. Nesselroade & R. B. Cattell (Eds.), Handbook of multivariate experimental psychology(pp.231-258). New York: Plenum Press.

Greenhouse, S. W., & Geisser, S. (1959). On methods in the analysis of profile data. Psychometrika, 24, 95-122.

Gulliksen, H. (1987). Theory of mental test. Hillsdale, NJ: Lawrence Erlbaum Associates.

Haberman, S. J. (1978). Analysis of dispersion of multinomial responses. Journal of the American Statistical Association, 77, 568-580.

Hair, J. F., Anderson, R. E., Tatham, R. L., & Black, W. C. (1998). Multivariate data analysis(5th ed.). Englewood Cliffs, NJ: Prentice-Hall.

Hardy, M. A. (1993). Regression with dummy variable. Newbury Park: Sage.

Harman, H. H. (1960). Modern factor analysis. Chicago: The University of Chicago Press.

Harman, H. H. (1976). Modern factor analysis(3rd ed.). Chicago: The University of Chicago Press.

Harris, R. J. (1975). A primer multivariate statistics. NY: Academic.

Hays, W. L. (1988). Statistics for Psychologist. New York: Holt, Rinehart & Winston.

Hays, W. L. (1994). Statistics. (5th ed.). Orlando, FL: Holt, Rinehart and Winston.

Henson, R. K. (2001). Understanding internal consistency reliability estimates: A conceptual primer on coefficient alpha. Measurement and Evaluation in Counseling and Development, 34, 177-189.

Hinkle, D. E., & Oliver, J. D. (1983). How large should the sample be? A question with no simple answer? Or... Educational and Psychological Measurement, 43, 1041-1060.

Hosmer, D. W., & Lemeshow, S. (2000). Applied logistic regression. (2nd ed.). New York: John Wiley & Sons.

Howell, D. C. (1987). Statistical Methods for Psychology

(2nd ed.). Boston: Duxbury Press.

Huberty, C. J. (1993). Historical origins of statistical testing practices: The treatment of Fisher versus Neyman-Pearson views in textbooks. Journal of experimental education, 6, 317-333.

Huberty, C. J. (1994). Applied dicriminant analysis. New York: John Wily.

Huynh, H., & Feldt, L. (1976). Estimation of the Box correction for degrees of freedom from sample data in the randomized block and split plot designs. Journal of Educational Statistics, 1, 69-82.

Jennings, D. E. (1986). Judging inference adequacy in logistic regression. Journal of the American Statistical Association, 81, 987-990.

Johnson, D. E. (1998). Applied multivariate methods for data analysis. Pacific Grove, CA: Duxbury Press.

Judd, C. M., Smith, E. R., & Kidder, L. H. (1991). Research methods in social relations. Fort Worth, TX: Halt, Rinehart and Winston.

Kaiser, H. F. (1960). The application of electronic computers to factor analysis. Educational and Psychological Measurement, 20, 141-151.

Kaiser, H. F. (1970). A second-generation Little Jiffy. Psychological, 35, 401-415.

Kaiser, H. F. (1974). Little Jiffy, Mark IV. Educational and Psychological Measurement, 34, 111-117.

Kazdin, A. E., & Bass, D. (1989). Power to detect differences between treatments in comparative psychotherapy outcome research. Journal of Consulting and Clinical Psychology, 57, 138-147.

Kelley, T. L. (1939). The selection of upper and lower groups for the validation of test items. Journal of Educational Psychology, 30, 17-24.

Kenny, D. A. (1987). Statistics for social and behavioral science. Boston: Little, Brown and Company.

Kiess, H. O. (1989). Statistical concepts for the behavioral science. Boston: Allyn & Bacon.

Kim, T. S., & Mueller(1978). Factor analysis: Statistics methods and practical issues. Newbury Park, CA: Sage.

Kirk, R. E. (1982). Experimental Design Procedures for the Behavior Sciences. Belmont, CA: Brooks-Cole.

Kirk, R. E. (1995). Experimental Design Procedures for the Behavior Sciences (3rd ed.). Pacific Grove, CA: Brooks/Cole.

Klecka, W. R. (1980). Discriminant analysis. CA: Sage Publications, Inc.

Kleinbaum, D. G, Kupper, L. L., & Muller K. E. (1988). Applied Regression Analysis and Other

Multivariable Methods(2nd ed.). Boston: PWS-KENT.

Lewis-Beck, M. S. (1993). Regression Analysis. London: SAGE.

Loo, R. (2001). Motivational orientations toward work: An evaluation of the Work Preference Inventory (Student form). Measurement and Evaluation in Counseling and Development, 33, 222-233.

MacDonald, R. P. (1999). Test theory: A unified treatment. Mahwah, NJ: Lawrence Erlbaum.

Menard, S. (1995). Applied logistic regression analysis. Thousand Oaks, CA: Sage.

Merrian, S. B. (1988). Case study research in education: A qualitative approach. San Francisco & London: Jossey-Bass Publishers.

Meyer, G. E. (1993). SPSS A Minimalist Approach. Orlando: Holt, Rinehart and Winston.

Neuman, W. L. (2003). Social research methods: Qualitative and quantitative approaches (5th ed.). Boston: Allyn & Bacon.

Noll, V. H., Scannell, D. P., & Craig, R. C. (1979). Introduction to educational measurement. (4th ed.). Boston: Houghton Mifflin.

Nunnally, J. C. (1978). Psychometric Theory(2nd ed.). New York: McGraw-Hill.

Olson, C. L. (1976). On choosing a test statistic in multivariate analysis of variance. Psychological Bulletin, 83(4), 579-586.

Pedhazur, E. J. (1982). Multiple regression in behavior research: Explanation and prediction (2nd ed.). New York: Holt, Rinehart & Winston.

Pedhazur, E. J. (1997). Multiple regression in behavioral research: Explanation and prediction. (3rd ed.). New York: Harcourt Brace College Publishers.

Reinhart, B. (1996). Factors affecting coefficient alpha: A mini Monte Carlo study. In B. Thompson (Ed.), Advanced in Social Science Methodology(Vol. 4, pp. 3-20). Greenwich, CT: JAI Press.

Reise, S. P., Waller, N. G., & Comery, A. L. (2000). Factor analysis and scale revison. Psychological Assessment, 12(3), 287-297.

Rossi, J. (1990). Statistical power of psychological research: What have we gained in 20 years? Journal of Consulting and Clinical Psychology, 58, 646-656.

Sadlmeier, P., & Gigerenzer, G. (1989). Do studies of statistical power have an effect on power of studies? Psychological Bulletin, 105, 309-316.

Sax, G., & Newton, J. W. (1997). Principles of educational and psychological measurement(4th ed .).

Belmont, CA: Wadsworth.

Spicer, J. (2005). Making sense of multivariate data analysis. London: Sage.

SPSS Inc. (1998). SPSS BASE 8. 0-Applications Guide. Chicago: SPSS Inc.

SPSS Inc. (1999). SPSS BASE 10.0 使用者指南 Chicago: SPSS Inc.

SPSS (1999). SPSS Base 10. 0 Applications guide. Chicago: Editor.

SPSS (2000). Advanced statistical analysis using SPSS. Chicago: Editor.

Stevens, J. (1979). Comment on Olson: Choosing a test statistic in multivariate analysis of variance. Psychological Bulletin, 86(2), 355-360.

Stevens, J. (1992). Applied Multivariate Statistics for the Social Sciences (2nd ed.). Hillsdale, NJ: Lawrence Erlbaum.

Stevens, J. (1996). Applied multivariate statistics for the social science. Mahwah, NJ: Lawrence Erlbaum.

Stevens, J. (2002). Applied multivariate statistics for the social science (4th Ed.). Mahwah, NJ: Lawrence Erlbaum.

Sudman, S. (1976). Applied Sampling. New York: Academic Press.

Tabachnick, B. G., & Fidell, L. S. (1989). Using Multivariate Statistics (2nd ed.). New York: Harper & Row.

Tabachnick, B. G., & Fidell, L. S. (2007). Using multivariate statistics(5th Ed.) Needham Heights, MA: Allyn and Bacon.

Tacq, J. (1997). Multivariate Analysis Techniques in Social Science Research. London: SAGE.

Thompson, B. (1984). Canonical correlation analysis: Uses and interpretation. Newbury Park: Sage.

Thompson, B. (1988a, April). Canonical correlation analysis: An explanation with comments on correct practice. Paper presented at the annual meeting of the Southwest Educational Research Association. New Orelean. (ERIC Document Reproduction Service No. ED 315 440).

Thompson, B. (1988b, November). Canonical methodology mistakes in dissertation: Improving dissertation quality. Paper presented at the annual meeting of the Southwest Educational Research Association. Louisvile. (ERIC Document Reproduction Service No. ED 315 440).

Thompson, B. (1991). A primer on the logic and use of canonical correlation analysis. Measurement and Evaluation in Counseling and Development, 24, 80-95.

Thompson, B. (1994). Guideline for authors. Educational and Psychological Measurement, 54, 837-847.

Thompson, B. (1996). Variable important in multiple regression and canonical correlation. Advances in Social Science Methodology, 4, 107-135.

Tinsley, H. E. A., & Tinsley, D. J. (1987). Uses of factor analysis in counseling psychology research. Journal of Counseling Psychology, 34, 414-424.

Tzeng, O. S. (1992). On reliability and number of principal components jojinder with Cliff and Kaiser. Perceptual and Motor Skill, 75, 929-930.

Widaman, K. F. (1990). Bias in pattern loading represented by common factor analysis and component analysis. Multivariate Behavioral Research, 25 (1), 89-95.

Zwick, W. R., & Velicer, W. F. (1986). A comparison of five rules for determining the number of factors to retain. Psychological Bulletin, 99, 432-442.

知识生产者的头脑工具箱

很多做研究、写论文的人，可能还没有意识到，他们从事的是一项特殊的生产活动。而这项生产活动，和其他的所有生产活动一样，可以借助工具来大大提高效率。

万卷方法是为辅助知识生产而存在的一套工具书。

这套书系中，

有的，介绍研究的技巧，如《会读才会写》《如何做好文献综述》《研究设计与写作指导》《质性研究编码手册》；

有的，演示 STATA、AMOS、SPSS、Mplus 等统计分析软件的操作与应用；

有的，专门讲解和梳理某一种具体研究方法，如量化民族志、倾向值匹配法、元分析、回归分析、扎根理论、现象学研究方法、参与观察法等；

还有，

《社会科学研究方法百科全书》《质性研究手册》《社会网络分析手册》等汇集方家之言，从历史演化的视角，系统化呈现社会科学研究方法的全面图景；

《社会研究方法》《管理学问卷调查研究方法》等用于不同学科的优秀方法教材；

《领悟方法》《社会学家的窍门》等反思研究方法隐蔽关窍的慧黠之作……

书，是人和人的相遇。

是读者和作者，通过书做跨越时空的对话。

也是读者和读者，通过推荐、共读、交流一本书，分享共识和成长。

万卷方法这样的工具书很难进入豆瓣、当当、京东等平台的读书榜单，也不容易成为热点和话题。很多写论文、做研究的人，面对茫茫书海，往往并不知道其中哪一本可以帮到自己。

因此，我们诚挚地期待，你在阅读本书之后，向合适的人推荐它，让更多需要的人早日得到它的帮助。

我们相信：

每一个人的意见和判断，都是有价值的。

我们为推荐人提供意见变现的途径，具体请扫描二维码，关注"重庆大学出版社万卷方法"微信公众号，发送"推荐员"，了解详细的活动方案。